Jakob Lorber

Die Haushaltung Gottes

Band 2

Jakob Lorber

Die Haushaltung Gottes

Originaltext in neuer Rechtschreibung

Band 2

Project True-blue Jakob Lorber

Bibliografische Information der Deutschen Nationalbibliothek
Die Deutsche Nationalbibliothek verzeichnet diese Publikation
in der Deutschen Nationalbibliografie, detaillierte bibliografische
Daten sind im Internet über http://dnb.dnb.de abrufbar

Verlag:
BoD · Books on Demand GmbH, In de Tarpen 42,
22848 Norderstedt, bod@bod.de
Druck:
Libri Plureos GmbH, Friedensallee 273, 22763 Hamburg

ISBN: 978-3-7693-9878-6

Kapitel 1

Der Herr verspricht den Urvätern ewige Liebe und Schutz in Abwesenheit

Am 7. Januar 1842

1. Und der Abedam fragte sie: „So hört denn, Ich habe mit großem Wohlgefallen die Entäußerung eurer Herzen vernommen; also seid ihr alle wahrlich am allerbesten daran, – aber also, wie Ich jetzt unter euch bin, ihr wisst, kann Ich eures freien Lebens wegen nicht verbleiben und muss euch als sichtbarer Vater bald wieder verlassen!

2. Wie dann, so Ich nicht mehr unter euch fußwandeln werde, und ihr bedürft höherer Kräfte und Mächte? Wer wird da wirkend unter euch in Meinem Namen auftreten?

3. Wer wird euch da sogleich beschützen vor jeglichem Übel, und wer wird alsbald abwenden alle grausamlich argen Nachstellungen der Welt von euren Herzen, so da niemandem von euch allen innewohnen möchte eine höhere Kraft und Macht als ein teurer Nachlass von Mir an euch alle, als ein mächtiger Schutz gegen alle Nachstellungen und Versuchungen der Schlange?

4. Bedenkt euch, und antwortet Mir! Amen."

5. Und alle die also prüfend Gefragten antworteten einstimmig: „O Emanuel, Deine Worte sind mehr denn nur die allerreinste Wahrheit allein; o Abba, sie sind Liebe!

6. Daher, wenn unsere fleischlichen Augen auch nicht mehr Dich, o heiliger Vater, Selbst zu sehen werden von Dir die unaussprechliche Gnade haben, wie wir sie jetzt allerunwürdigstermaßen haben, so wirst Du, o Abba, aber ja doch Deine Liebe nicht von uns mit Deiner zurückgekehrten heiligen Sichtbarkeit nehmen, sondern uns verlassenen Kindern gestatten, unsere Herzen an Deiner unendlichen und über alles heiligen Vaterliebe zu wärmen und neu zu beleben.

7. O Abba! Dieses allein bitten wir von Dir, dass Du uns allen ewig Vater verbleiben möchtest und uns mit Deiner segnenden Hand nie verlassen möchtest, so haben wir alle der Kraft und Macht genug, allen Versuchungen zu widerstehen und alle Gefahren der Welt anzukämpfen und vollends zu besiegen!

8. Dein heiliger Wille geschehe jetzt, wie allzeit und ewig! Amen."

9. Und der Abedam rief mit starker, bewegter Stimme aus: „Wahrlich, wahrlich, sage Ich euch, so ihr Meine Liebe habt, da habt ihr alles; ja mehr, als es alle Himmel der Himmel ewig je erfassen möchten!

10. Ihr habt euch den höchsten Lohn auserkoren, welcher euch ewig bleiben wird, und niemand wird ihn euch nehmen!

11. Wahrlich, der in Meiner Liebe treu verbleiben wird, von dem wird der Tod fliehen und weichen wie der Schnee vor den heißen Strahlen der Mittagssonne des Sommers!

12. Und so denn bleibe Ich in der Liebe bei euch jetzt, wie in alle Ewigkeit der Ewigkeiten! Amen."

Kapitel 2

Die Warnung des Herrn vor der
Verführung und Abwendung

Am 8. Januar 1842

1. Und alle waren außer sich vor Freuden und dankten in ihren Herzen inbrünstigst dem Abedam für solche Verheißung, die da wahrlich ist eine Verheißung aller Verheißungen, da in ihr das nur allein wahre Leben und also auch alle lebendige Kraft und Macht zur Bezwingung und Besiegung aller Dinge wohnt.

2. Da solches diese Urväter wohl wussten, darum bewarben sie sich auch alle auf das Emsigste und allein Sorgsamste darum, ja, das alleinige Bewerben um Meine Liebe und ihr verbundene Gnade war ihre alleinige Sorge, und das lebendige Streben danach die einzige Schule und Selbstaufgabe ihres irdischen Lebens; darum aber auch schon ihre Kinder in einem Alter von sechs bis zehn Jahren weiser und unvergleichbar verständiger waren denn jetzt in dieser nota bene allerfinstersten, wahrhaft allerscheußlichsten Zeit aller Zeiten die allergrößten Gelehrten, die nun nicht viel mehr wissen, als damals die Kinderchen an den Brüsten der Mütter wussten.

3. Denn diese Muttermilch enthielt damals, selbst materiell genommen, nicht selten mehr, denn jetzt in dieser sogenannten aufgeklärten Zeit die größten von Staub und Motten der Gelehrten zernagten Bibliotheken.

4. Was aber enthält jetzt die Muttermilch?! Ich mag es nicht aussprechen! Oh, was war das Weib damals, und was ist es jetzt!

5. Ich sage euch, unter sieben Tausenden gibt es kaum eine, die da nicht durch ihre überverteufelte Putz- und Gefallsucht nicht selten in einer Sekunde – wohlverstanden in einer Sekunde! – bei hundert Todsünden begeht!

6. Denn wie sehen jetzt ihre verfluchten Kleider aus, besonders an den öffentlichen Orten!

7. Ich mag sie nicht näher bestimmen; nur so viel sage Ich euch, dass zu Hanoch selbst in den letzten allerverworfensten Zeiten die offenbarsten Tageshuren viel züchtiger und ehrsamer sich kleideten und die Hauptschamteile ihres Leibes bei weitem mehr verborgen hielten denn jetzt ein Frauenzimmer von der züchtigsten Art!

8. Hatte damals eine solche Tageshure eine Sache mit dem Mann, so war sie selbst in diesem sich ganz hingebenden Moment also verschleiert und bedeckt, dass der lüsterne Mann von ihr lediglich nichts zu sehen bekam denn allein, darum er zu ihr kam.

9. Aber jetzt fängt schon ein zehnjähriges Kind von einem Frauenzimmer an, ihre hervorstechenden Reize zu erkennen, besieht sich zu wiederholten Malen in einem verteufelten Spiegel, – und wird sie dann erwachsener und erwachsener und gewahrt an sich einen nur einigermaßen üppigen Leib, da möchte sie sich aber auch schon beinahe ganz halbnackt tragen, wenn es nur halbwegs Mode wäre und die Stadtwachen solches duldeten!

10. Doch, was sie sich offenbar zu tun nicht getraut, das tut sie doch vollkommen in ihrem Herzen und studiert und sinnt nur darauf, alle Männer zu verbrennen und zu vergeilen.

11. Wahrlich, wahrlich, sage Ich, eine Frauensperson in der Zeit ist ärger denn ein Hunderttausend der ärgsten Teufel aus der untersten Hölle! Die fliehen doch vor

Meinem Namen; eine solche Weibsfigur aber lacht nur über Mich und Meinen Namen und beugt sich nicht im Allergeringsten vor Mir, und also auch noch viel weniger vor Meinem Namen, vor dem sich doch alle Himmel, alle Welten und alle Höllen vor Ehrfurcht beugen müssen!

12. Wahrlich, wahrlich, sage Ich euch – wie Ich es vielen in der Zeit schon gesagt habe, entweder offenbar durch wohlvernehmliche Worte oder durch ein heimliches Gefühl im Herzen –, es wäre den Frauenzimmern dieser Zeit unaussprechlich viel besser, so da wäre jede von zehn Millionen Teufeln besessen! Da wäre sie doch noch davon zu befreien; denn für alle diese zehn Millionen Teufel langte die Kraft Meines Namens hinreichend aus, sie alle auszutreiben.

13. Rufe aber auch Meinen Namen zehn Jahre lang über eine jetztzeitige Putzfigur aus, und sie wird von ihrer grenzenlosen Schamlosigkeit und Putz-, Hoffart-, Gefall- und Fang- und Verlocksucht auch nicht einen Faden fahrenlassen!

14. Meinst du, derlei Geschöpfe werden dereinst in die Hölle kommen, etwa in die unterste? Da irrst du dich! So arg und böse und überschrecklich es da auch immer aussehen mag und wirklich aussieht und ist, so wäre aber dieser Ort doch noch viel zu gut für derlei Wesen; denn alle Satane und Teufel allda fliehen doch vor Meinem Namen, müssen sich auf den Boden werfen sogar schon vor jeglichem dahin gesandten Strafengel. Tun solches auch diese Weltfiguren?!

15. Daher ist für sie auch schon gehörig gesorgt auf eine selbst für die höchsten Engel unerhörte Weise!

16. Wenn sie dieses ihr scheußliches Erdenleben gar bald elendst genug beenden werden müssen und sich nicht vom Grunde aus bessern werden und werden Mir Früchte der wahren innersten Buße bringen, wahrlich, wahrlich, wahrlich, diese Brut soll dereinst die ganze unendliche Fülle Meines Zornes ewig, ewig, ewig auf das Allerfühlbarste empfinden!

17. O du, Meine reine Ghemela, siehe, welch ein endloser Unterschied da nun waltet zwischen dir und zwischen den Weibern und Mägden dieser Zeit! Welch eine Kluft, – die zwei Unendlichkeiten scheidet.

18. Du, o Ghemela, ruhst auf Meinem Herzen; diese aber haben sich so weit, Mich verachtend, von Mir entfernt, dass sie Meine sonst endlos weit langende Hand doch nimmerdar zu erreichen vermag. Siehe, sie sind in eine zweite Unendlichkeit von Mir abgewichen, ja, in die Unendlichkeit Meines allerbittersten Zornes sind sie gewichen!

19. Doch nichts mehr davon, – sonst könnte Ich vor der Zeit ergrimmen!

20. Daher gehen wir wieder in unsere schöne Urzeit zurück!

21. Und da der hohe Abedam ihre tief dankbarsten Herzen ansah, da erregte Er Sich abermals und sagte laut zu allen:

22. „Wahrlich sage Ich euch, die ihr seid von nun an Meine auserwählten Kinder, Ich werde euch nie verlassen!

23. Solange ihr eure Herzen werdet zu Mir gekehrt haben, da werde Ich sein mit Meiner Liebe segnend bei euch allen und jeglichem besonders nach dem Maße seiner Liebe zu Mir und daraus zu seinem Bruder; und die flammenden Herzens sollen Mich sogar nicht selten zu Gesicht bekommen, besonders wenn sie ihre Herzen vom Anbeginn ihres Seins rein erhalten haben und sich nicht so leicht haben von der Welt berennen lassen!

24. Behaltet in euren Herzen diese Verheißung; denn also sollt ihr sein und bleiben in aller Kraft, Macht und unbesiegbaren Stärke aus dieser Verheißung heraus, darum euch alle Naturwelt untertan sein soll.

25. Wenn ihr aber von der Verheißung in euren Herzen abweichen werdet, so werdet ihr nach dem Verhältnis eurer Abweichung auch eure Stärke nach und nach verlieren, und Ich werde euch dann stets fremder und fremder werden, und Meine Ohren werden eurem Mund verschlossen werden!

26. Beachtet dieses wohl, und bedenkt es tief in euren Herzen, wer Der ist, der dieses jetzt zu euch geredet hatte! Amen."

Kapitel 3

Lamech und Ghemela werden von Abedam zusammengeführt

Am 10. Januar 1842

1. Nach dieser Rede aber berief der hohe Abedam den Lamech zu Sich und stellte ihn der Ghemela vor und fragte sie:

2. „Meine geliebteste Ghemela, sehe diesen Mann an; sein Name ist Lamech, der da ist dir gleich voll der lebendig flammenden Liebe zu Mir. Siehe, diesen Mann will Ich dir geben; denn Ich weiß, er wird dich eher nicht anrühren, als bis Ich ihn zu dir führen werde.

3. Daher hast du nichts zu fürchten; denn also rein du bist in deinem Herzen und bist voll Keuschheit, siehe, desgleichen ist es auch er! Wie du nach ihm kein Verlangen in deinem Herzen trägst, sondern allein nach Mir, also ist auch er beschaffen; wie du vor ihm fliehen möchtest, siehe, desgleichen möchte auch er!

4. Siehe, er ist in allem dir vollends ähnlich; wie du, so hat auch er an Meiner Brust der heißesten Liebe Tränen geweint!

5. Und siehe, so jung er auch noch ist, so ist er aber doch voll der höchsten Weisheit, deren nur je ein freier Mensch fähig ist, und besitzt eine große Macht und Stärke nun, die ihm geworden ist aus seiner ebenso mächtigen Liebe zu Mir!

6. So du dich aber von seiner wahren Liebeweisheit aus Mir in ihm überzeugen magst, so gestatte Ich dir, ihm was immer für eine Frage zu geben, darauf er dir dann antworten mag aus seinem eigenen Herzen.

7. Und also frage du ihn, als so du Mich fragen möchtest!"

8. Die Ghemela aber scheute sich sehr vor dem Lamech und getraute sich ihn nicht anzusehen und sagte zum Abedam:

9. „O Du mein allein allergeliebtester Jehova, siehe, ich kann nichts herausbringen; denn ich fürchte mich ganz gewaltig vor ihm!

10. Wenn ich Dir gehorchen soll, da befreie Du, mein allein geliebtester Jehova, mein Herz von dieser großen Angst!

11. Ich, Deine Dich allein liebende Ghemela, bitte Dich darum; aber nur, so Du es willst!"

12. Und der Abedam rührte sie an und sprach zu ihr: „Ghemela, du Reine, dir geschehe nach deiner Liebe zu Mir! Amen."

13. Und alsbald durchströmte die Brust der Ghemela ein sanftes Wehen; sie ward von ihrer Angst befreit, richtete sich auf, bekam Mut und fragte sogleich den Lamech:

14. „Lamech! Könntest du mich, eine arme Magd vor deiner Urstammgröße,

8

neben deiner Liebe zu Jehova wohl auch noch lieben?

15. Wäre dir solches möglich? Denn siehe, ich mag nichts denn nur meinen Jehova lieben, und von Ihm aus erst dann alles andere, insoweit es Seine Liebe und Erbarmung in sich birgt und trägt und mir dienen kann zu einem Wegweiser zu Ihm! Möchtest du mir nun antworten auf diese meine Herzensfrage?"

16. Und der Lamech fiel hin auf die Brust des Abedam und sagte weinend: „O Du mein allerheiligster, von mir über alles geliebtester Abba Emanuel Abedam!

17. Vergib mir; siehe, mein Herz ist von der Liebe zu Dir also heiß erfüllt, dass es keiner anderen Liebe mehr fähig ist denn allein der süßesten, reinsten, heiligen Liebe zu Dir!

18. O Du mein heiliger, guter, liebevollster Vater, solches weißt Du ja; habe ich denn gesündigt vor Dir, darum Du mich jetzt strafen willst?

19. Wer auch diese Ghemela sein mag, siehe, ich habe ja nie nach ihr verlangt, wie nach keinem Wesen ihres Geschlechtes! Mein Herz war ja allzeit nur nach Dir gerichtet; solches weiß ja jeder meiner Väter vom Seth abwärts bis zu meines Leibes Vater Mathusalah!

20. O Abba Emanuel! Sei mir barmherzig und gnädig, so ich etwa, mir unbewusstermaßen, vor Deinen allsehendsten, allerheiligsten Augen einen Fehltritt gemacht habe, und erlasse mir diese mir so schrecklich groß scheinende, ja in aller Wahrheit übel groß vorkommende Strafe, – und gestatte mir, zu schweigen auf die Frage, obschon sie ist voll des reinsten Verlangens, aber dennoch kam aus einem Munde einer solchen ich noch nie erkannt habe! O

Abba, Emanuel, Abedam! Dein heiliger Wille! Amen."

21. Und der Abedam aber griff dem Lamech unter den Arm und hob ihn ein wenig von der Erde, stellte ihn dann wieder sanft auf den Boden und sagte darauf zu ihm:

22. „Höre, Lamech, du bist ein eigener Mensch; deine Liebe zu Mir ist größer denn dein Vertrauen! Du liebst Mich aus allen deinen Kräften, – ja, mit aller dir ertragbar möglichen Glut deines Herzens liebst du Mich; aber was dein Vertrauen betrifft, so steht dieses in gar keinem Verhältnis mit deiner so glühenden Liebe.

23. Wie kann es dir aber bei Meiner Liebe gegen dich und bei deiner Liebe gegen Mich auch nur selbst um die Mitte [der] Nacht beifallen, Ich möchte oder könnte dir, da Ich dir aus dem Himmel einen Lohn in aller Reinheit bestimmte, eine Strafe bescheiden?!

24. Könntest du solches gegen einen weltfremden Menschen, der dich über alles lieben würde, verhängen?

25. Wie magst du denn so etwas dir von Mir beifallen lassen? Und das aus purer Schwäche deines fest sein sollenden Vertrauens zu Mir?

26. Siehe, was sich Mir nähern kann wie diese Ghemela, eine allerreinste Tochter des Zuriel, und daher sicher Meiner Liebe vollends würdig ist; was Ich auf Meinen Händen getragen habe, – wie sollte dir so etwas je zu einer Strafe gereichen?!

27. Daher aber sagte Ich dir jetzt dieses, auf dass du dir solches wohl zu Gemüte führen solltest und sollst wohl bedenken, welchen Wert eine Gabe hat, die du aus Meiner Hand empfängst!

28. Siehe, sie hat außer ihrem Vater nie noch einen Mann in ihrem Herzen erkannt, darum sie eine große Angst ergriff bei der

Nennung deines Namens schon, geschweige erst beim Anblick deiner Person!

29. Ich forderte sie auf, dich um etwas zu befragen, da bebte sie vor großer Scheu vor dir am ganzen Leibe; allein sie gedachte bei ihrer großen Furcht, dass sie Mir Gehorsam schuldig ist, darum sie Mich um Stärkung bat, um Mir gehorchen zu können.

30. Hast du denn solches an ihr nicht bemerkt? Wie kannst du denn hernach Meinen Willen, durch sie an dich gerichtet, für eine Strafe halten?

31. Kennte Ich dich nicht in deiner Reinheit und größten Liebe zu Mir, so wärest du jetzt dieses Lohnes verlustig geworden! Allein für dich spricht die reine Flamme deines Herzens; daher hast du keine Schuld vor Mir, sondern allein eine kleine vor der reinsten Ghemela.

32. Gebe ihr darum, was sie, durch Meinen Willen getrieben, von dir verlangte, damit du auch diese Schuld tilgst! Amen."

33. Und der Lamech erkannte seinen Irrtum, bat die zitternde Ghemela um Vergebung und gab ihr dann eine wahrhaft Meiner würdige Versicherung seiner reinen Liebe zu ihr, darob er, sie und alle Umstehenden zu den freudigsten Tränen gerührt wurden.

34. Und also wurde sie sein alleiniges geliebtes Weib; es blieben aber beide keusch bis in die späteste Zeit, da der Lamech hundertzweiundachtzig Jahre alt wurde und sodann erst auf Mein Geheiß den Noah zeugte.

35. Seht, das war eine Ehe, wahrhaft im Himmel geschlossen! Also sollen alle Ehen geschlossen sein – und werden!

Kapitel 4

Der wahre Gottesdank. Lamech und Ghemela, das reinste Ehepaar der Urzeit

Am 11. Januar 1842

1. Du wünschst des Lamech Rede an die Ghemela zu vernehmen; so mag sie hier ja auch folgen.

2. Also lautete aber die Abbitte und die Liebeversicherung von Seiten des Lamech an die Ghemela, nachdem er zuvor noch Mir tiefst im Herzen für die Ermahnung dankte, wie da nun folgt:

3. „O Abba Abedam! Du siehst und sahst ja schon von Ewigkeit her mein Herz, – dass es schon von der frühesten Kindheit sich mit nichts als nur mit Dir beschäftigte, von nichts als nur von Dir und Deinen endlosen Wunderwerken nicht selten sogar manchmal zum Überdruss der Väter unermüdet gerne plauderte, – ja dass ich selbst oft aus allen meinen Stimm- und Leibeskräften in meiner übergroßen Freude, so ich nur den Namen Jehovas nennen hörte, sang und sprang.

4. Solches hast Du, o Abba Abedam, allzeit an mir gesehen, und all die Väter waren nicht selten zeitweise Zeugen meines lauten Frohsinns in Deinem Namen.

5. Siehe, weil ich nie etwas anderes denn allein nur Dich in meinem Herzen liebend erfasst habe, darum auch kam es mir nun ganz entsetzlich vor, meine Liebe zu Dir teilen zu müssen; denn ich wusste nicht, wie innigst die Liebe der Ghemela mit Deinem Herzen verbunden ist! Allein Dir, o Abba, alle Liebe, allen Preis, alles Lob, allen Dank, dass Du mir nun erleuchtet hast mein Herz, darum ich jetzt ersehe, dass durch den Besitz Ghemelas meine Liebe zu Dir nicht nur nicht geteilt, sondern

nur mit ihrer Liebe um vieles verstärkt und vermehrt wird!

6. Du hast ihr ein ewiges Zeugnis gegeben, wie rein sie ist, und wie vollends Deiner Liebe würdig.

7. Ja, ich erkenne nun, wie sie Dich erwählt hat zum alleinigen Gegenstand ihrer reinsten und heißesten Liebe; so hast auch Du sie Dir erwählt für Dein der allerunendlichst höchsten Liebe vollstes, über alles heiligstes Vaterherz!

8. Ja, ich erkenne nun auch, dass Du mich allergnädigst ausersehen hast, dieses herrliche Kleinod Deiner Liebe mir anzuvertrauen, auf dass ich es mit Deiner Liebe und Gnade in mir Dir getreu beschützen und so rein, wie es jetzt, Dir wohlgefällig, ist, fortwährend erhalten solle!

9. Siehe, o Abba Abedam, solches erkenne ich nun durch Deine heilige Vatermilde und durch Deine Gnade; es ist alles herrlich und recht! Aber nun kommt eine andere Frage, welche da ist eine Frage von der höchsten Wichtigkeit für mich, und diese Frage lautet:

10. ,O du allerliebevollster, heiliger, guter Vater! Wie aber soll ich Dir danken für solche Gnade, Liebe und Erbarmung, dass Du mich Nichts – vor Dir – gewürdigt hast eines solchen heiligen Amtes, da ich beschützen und bewahren soll diejenige, die Du auf Deinen heiligen Händen getragen hast und hast sie gesegnet für Dich und hast ihr Herz erfüllt mit Deiner Liebe?'

11. O Abba, sage mir doch gnädigst, was ich nun tun soll, um Dir für diese so endlose Gnade doch nur einigermaßen gebührendst danken zu können!"

12. Und der Abedam entgegnete ihm: „Höre du, Mein geliebter Lamech, so jemand die Größe Meiner Erbarmung und Gnade an sich und in sich lebendigst erkennt, dass er dann in seinem Herzen zu Mir für immer erbrennt, so zwar, dass er sich Dankes ohnmächtig fühlt ob der Größe Meiner Wohltat an ihm, und findet auch keine Worte, mit denen er das seines Dankes ausdrücken möchte, wovon sein ganzes Inneres in den höchsten und reinsten Flammen der Liebe seines Herzens zu Mir steht, – siehe, das ist der Mir wohlgefälligste Dank!

13. Denn, wer noch mit Worten Mir danken und Mich loben und preisen kann, der hat die Größe Meiner Wohltat, die Ich ihm angedeihen ließ, noch nicht in ihrer endlosen Größe zu beachten angefangen, und hat auch Mich, den großen, heiligen Geber, noch nicht erkannt, darum dann er auch noch die innerste Tiefe der wahren Demut in sich nicht ergriffen hat und seine Zunge mag auf weltliche Weise in Bewegung zu setzen!

14. Siehe, an einem solchen Zungendanke habe Ich kein Wohlgefallen, und wenn er selbst aus den Worten der allerhöchsten Engel bestünde!

15. Wie es aber mit dem Wortdanke sich verhält, so verhält es sich auch mit dem Tatdanke. Wer da dächte, er könne sich durch seine Handlungen Mir dankbar bezeigen, so sie entsprechen möchten vollends Meinem Willen, siehe, der auch ist in einer großen Irre; denn was kann jemand denn tun, dass Ich seines Dienstes benötigte, als könnte Ich solches ohne ihn nicht zuwege bringen?

16. Wer da Meinen Willen mag vollziehen, durch wen mag er denn solches?

17. Ist es nicht Meine Kraft in ihm, die solches ihn vollbringen macht, dafür er Mir ja doch wieder nur den höchsten Dank schuldig ist?!

18. Wie möchte aber jemand Mir damit danken, dafür er Mir nur den Dank alles Dankes schuldet?!

19. Wer Mir alsonach aber allein gültig und wohlgefällig danken will, der danke Mir durch die Liebe wortlos in der tiefsten Demut seines Herzens, und Ich werde seinen Dank ansehen und ihn also annehmen, als wäre er etwas vor Mir!

20. Und siehe, du Mein geliebter Lamech, also ist auch dein Dank ein rechter Dank, darum du nicht weißt, wo du anfangen und wo du enden sollst, da dich die Erkenntnis der Größe Meiner Liebe und Erbarmung zu dir verschlungen hatte und du nichts mehr und weiter kannst als Mich nur über alles zu lieben!

21. Damit du aber vollkommen bist versichert Meines Wohlgefallens, so wende dich nun zu der Ghemela, und gebe ihr die verlangte Antwort! Amen."

22. Und der Lamech trat alsbald hin zu der Ghemela und sagte zu ihr: „Ghemela, du reinste Geliebte Jehovas, du wirst mir ja wohl vergeben in deinem reinen, von heiliger Liebe erfüllten Herzen, darum ich aus eben dem Grunde mich gegen dich unartig benommen habe; denn siehe, da ich vor dir nie ein Wesen deiner Art angesehen habe und alle meine Sinne nur zu deinem und meinem Jehova gerichtet waren, so war es ja wohl auch natürlich, dass ich dich für ein paar Augenblicke übersehen mochte, da ich fürchtete, meine Liebe zwischen dir und Jehova teilen zu müssen, zu welcher unklugen Idee mich – glaube es mir – so ganz eigentlich deine Frage selbst verleitete. Allein, wie du es selbst sicher verständlich genug vernommen haben wirst, da mir hier mein, dein und unser aller allein geliebtester Abba Abedam Emanuel allergnädigst die Augen geöffnet

hatte und gezeigt hat Seine heilige Absicht und mir nun vollends klar geworden ist, dass ich meine Liebe zu Ihm allein nicht zu teilen nötig habe zwischen Ihm und dir, sondern dass ich dadurch meine Liebe zu Ihm nur erhöhen kann, und das stets mehr und mehr, und dazu noch vollends erkannt habe deine Reinheit – darum glaube ich auch fest, du wirst mir aus demselben heiligen Grunde meine Unart nachsehen, aus welchem Grunde ich mich gegen dich ein wenig versündigt habe!"

23. Und die Ghemela schob ein wenig ihr überreiches Goldhaar von ihrem Angesicht und sah den Lamech freundlichst an.

24. Als der Lamech nun ihr himmlisch schönes Antlitz gesehen hatte, da verlor er beinahe den Atem und wandte sich alsbald wieder an den Abedam und sagte in der tiefsten Rührung seines Herzens:

25. „Nein, nein, o Du heiliger Vater! Solch eines überhimmlischen Lohnes bin ich mitnichten würdig! Wahrlich, wahrlich, vor diesem überhimmlischen Engel bin ich ja nur ein finsterer, sündiger Wurm im Staub der Erde!

26. Nein, nein, Du heiliger Vater! Jetzt erst erkenne ich meine vollste Unwürdigkeit! O wie gar nichts muss vor Dir meine Liebe zu Dir gegen die Liebe dieses reinsten Engels sein!

27. Wahrlich, es wäre mir leichter, mit den offensten Augen schnurgerade in die Mittagssonne zu schauen, als nur drei Augenblicke lang das Antlitz dieses überhimmlisch reinen und unaussprechlich schönen Engels Deiner Liebe, o Du heiliger Vater, anzublicken!

28. Wenn Zuriel ihr Vater ist, wenn es überhaupt möglich ist, dass ein Mensch je Vater eines solchen Engels sein oder werden kann, so gebe, o Du heiliger Vater, ihm

sie wieder zurück, auf dass er sie fürder noch, wie bis jetzt, beschütze und getreulichst bewahre! Doch Dein heiliger Wille geschehe!"

29. Es fing aber der Zuriel an zu weinen und trat hin zum Lamech und sagte zu ihm: „O Lamech, warum schlägst du meine Tochter aus, da sie dir doch Jehova Selbst zuerkannt hat? Sei nicht so hart, und siehe hin, wie sie weint!"

30. Der Abedam aber sagte zum Zuriel: „Zuriel, sei ruhig und kümmere dich nicht der Tränen Ghemelas, und denke dir: Was Ich zusammengefügt habe, wird keine weltliche Macht mehr trennen!

31. Siehe, der Lamech ist nicht hart, sondern nur zu weich ist er, darum Ich ihn nun feste, auf dass er wird der Mann deiner, aber mehr noch – verstehe es! – Meiner Tochter!

32. Und du, Lamech, beuge dich zur Ghemela, reiche ihr deine rechte Hand, und erhebe sie dir zum Weibe, und stelle sie an deiner Liebe Seite vor Mir her, damit Ich euch segne für alle Zeiten der Zeiten! Amen."

33. Und der Lamech ließ sich nun zu diesem Geschäft nicht mehr zwei Gebote geben, sondern er gehorchte reinen Geistes, bückte sich zur Ghemela nieder und redete sie mit folgenden Worten an:

34. „O Ghemela, du meine schutzbefohlene Liebe Abba Emanuels, so lasse dich denn erheben von mir, der ich deiner vollends unwürdig bin, aber doch der heilige Vater mich deiner gewürdigt hat, – ja, lasse dich erheben zu meinem reinsten in Jehova geliebtesten Weib! Amen."

35. Und die Ghemela erhob sich behände und ging mit ihm vor Jehova hin; und Er segnete sie und befahl ihnen vorzugsweise, die Reinheit der Herzen beständig zu bewahren und zu behalten die Keuschheit ihr Leben lang. Und sie gelobten und wurden das reinste Ehepaar der Urzeit.

Kapitel 5

Einsegnung des Ehepaares. Stiftung weiterer vier Ehen durch Abedam

Am 12. Januar 1842

1. Nach dieser Handlung aber berief der Abedam den Jared, Henoch und Mathusalah zu sich und sagte zu ihnen:

2. „Hört, eure freundschaftliche, brüderliche und väterliche Hütte ist hinreichend geräumig, um neben dem Lamech auch sein Weib zu beherbergen!

3. So lange ihr miteinander in Frieden und Eintracht untereinander unter einem Dach, Mich allein liebend, wohnen werdet, werde auch Ich Wohnung nehmen mitten unter euch; ob sichtbar oder unsichtbar, das sei eurer Liebe einerlei!

4. Ich werde Mich euch öfter zeigen und segnen euer Haus!

5. Und so denn nehmt das junge Ehepaar auf in Meinem Namen! Amen."

6. Und die drei fielen vor dem Abedam nieder und dankten in der allertiefsten Demut dem Abedam für diese hohe Gnade und übergroße Erbarmung.

7. Der Abedam aber hieß sie wieder aufstehen, und zu empfangen nach Sitte der Liebe von alters her das junge Ehepaar.

8. Und alsbald erhoben sie sich und nahmen das Ehepaar in ihre Mitte und segneten es. Und nachdem sie es gesegnet hatten, küssten sie zuerst die Ghemela und dann den Lamech auf die Stirne und gelobten, ihnen allzeit ihren väterlichen Segen

im Namen des Herrn angedeihen zu lassen; nach dem aber führten sie das Ehepaar nach dem Willen Abedams auch hin zum Adam und zur Eva, damit der Adam den Lamech und die Eva aber die Ghemela segnete.

9. Es waren aber diese ersten Menschen der Erde also gerührt, dass sie kaum die Segensworte über die Lippen zu bringen vermochten, und die Eva sagte weinend zum Adam: „Siehe, du Haupt meines Lebens, dieses Paar sagt mir stillschweigend, wie wir uns vor dem Herrn hätten verhalten sollen!

10. Oh, da wäre unter unseren Füßen keine finstere Schlammtiefe entstanden!

11. O dass doch je der Fluch von der Erde wieder genommen werden könnte!"

12. Und der Abedam sagte zur Eva: „Du hast einen gerechten Kummer; doch siehe, hier schon vor Deinen Augen ist von Mir der Grund gelegt zu derjenigen Quelle, aus welcher seiner Zeit ein lebendiges Wasser quellen wird über die ganze Erde und wird sie waschen vom alten Fluch.

13. Aus der Ghemela aber wird die reine Linie ihren Anfang nehmen, und wenn die Erde wird getauft werden mit dem lebendigen Wasser über und über, alsdann auch wird sie bald geläutert werden durch Lamechs Feuer aus den Himmeln, dadurch sie ganz gereinigt wird von ihrem Fluch und wird wieder werden zu einem Mir wohlgefälligen Stern am Himmel, da ihr Licht weite Strahlen spenden wird durch all die ewigen Räume der Unendlichkeit!

14. Wie die Erde soll kein anderer Stern der Ewigkeit erzählen die höchsten Wunder Meiner Erbarmung!

15. Doch nirgends auch wehe der Schlange so sehr als auf diesem Schauplatz Meiner Erbarmungen!

16. Ich sage dir, Eva: Wo Ich Meine größten Erbarmungen ausgegossen habe, da auch soll Mein höchster Grimm ausgegossen werden!

17. Alle zahllosen Sterne sollen gerichtet werden nach ihrer Art von den Engeln; aber der Erde Schlangenbrut und Nattergezücht werde Ich Selbst richten und werde ihr geben den verdienten Lohn im ewigen Feuer Meines allerhärtesten Grimmes und allerbittersten Zornes.

18. Wahrlich, wahrlich, in dem allerdichtesten Zornfeuer Meines Grimmes wird der Drache Kahins mit allen seinen Gefangenen seine große Bosheit ewig büßen müssen, und es wird da ihrer endlos großen Schmerzen ewig nimmer ein Ende sein; und des großes Angst-, Jammer- und Schmerzgeschrei wird von niemandem mehr gehört werden; sie werden in die vollste Vergessenheit übergehen, dass da von niemandem mehr je ihrer gedacht werden soll.

19. Ich aber werde ewig gegen sie Meine Ohren verstopfen, Meine Augen gänzlich abwenden von ihnen und sie gänzlich aus Meinem Herzen vertilgen.

20. Damit auch Ich ihrer gänzlich vergessen werde können, so sollen ihre Namen auch ganz aus Meiner Liebe Erinnerung vertilgt werden und sollen allein aus Meinem höchsten lebendigen Feuerzorn ein ewig allerschrecklichstes Leben haben, das ohne Ende sein wird wie das Meiner Liebe und aller Meiner Kinder in der allerhöchsten Wonne und Überseligkeit!

21. Darum Eva, lebe Mir und sei unbekümmert! Du magst ja die Erde doch nicht reinigen mit all deiner Sorge; darum habe

Ich dir jetzt dieses enthüllt, dass du ruhig sein sollst der Erde wegen.

22. Siehe, es wird bald kommen, dass der Sünde Flut ihre Wogen über die Berge selbst zusammenschlagen wird und wird sie treiben bis zu den Wolken; aber siehe, dieses Ehepaares Früchte werde Ich tragen auf Meinen Händen über alle die tötenden Wogen und werde ihnen dann zubereiten ein neues, reines und überfruchtbares Land! Darum freue dich dieser Meiner großen Verheißung in der Ruhe und Liebe deines Herzens; denn Ich habe dich verjüngt und gereinigt in dieser Ghemela! Verstehe es wohl in deinem Herzen! Amen."

23. Darauf aber berief Er den Mathusalah zu sich und den Zuriel samt dessen anderen vier Töchtern und sprach:

24. „Mathusalah, siehe, du hast noch vier wohlgeratene Söhne, die Mir lieb sind und wert und teuer; siehe hier ihre Weiber!

25. Und du, Zuriel, siehe da hinter dem Lamech die vier Brüder, die Ich deinen Töchtern geben will!"

26. Und der Zuriel weinte vor Freude und sagte: „O Jehova, wie bin ich solcher Gnade von Dir würdig geworden?"

27. Und der Abedam entgegnete ihm: „Dieweil du tapfer gekämpft hast mit aller Welt und hast diese deine einzigen fünf Kinder Mir so rein wieder sehender gegeben, wie rein Ich sie dir als Blinde gegeben habe!

28. Doch aber sollen diese vier Paare nicht im Hause Jareds wohnen, sondern sie werden schon in gerechter Entfernung um die Hütte Jareds ihre neuen, reinen Wohnungen mit allem versehen antreffen, da sie wohnen sollen in aller Reinheit ihrer Herzen und aller Keuschheit ihrer Gemüter; so werde Ich zur gerechten Zeit auch ihnen Kinder des Lichtes geben in gerechter Zahl!

29. Und nun kommt auch ihr vier neuen Paare zu Mir, damit Ich auch euch segne und euch annehme zu Meinen Kindern! Amen."

30. Und die vier Paare fielen hin zu den Füßen Abedams und dankten Ihm in der Tiefe ihrer Herzen.

31. Er aber richtete sie auf und segnete sie und übergab sie endlich den Segnungen der Väter und sagte endlich zu dem vor übergroßen Freuden weinenden Zuriel:

32. „Zuriel, jetzt komme aber auch du her zu Mir und empfange für deine Treue den größten Lohn!

33. Siehe, jetzt mache Ich dich zu einem großen Engel und setze dich zu einem treuen Wächter und unsichtbaren Beschützer aller Meiner Kinder, – und du wirst von nun an allzeit Mein Angesicht schauen und dich freuen in Meinem Licht! Amen!"

34. Und Er rührte den Zuriel an, – und der Zuriel ward leuchtend mehr denn die Sonne und verschwand bald aus aller Angesichte.

Kapitel 6

Zuriel als Schutzengel und Leiter. Die Liebesprobe von Ghemela und Lamech

Am 13. Januar 1842

1. Als aber alle, die da anwesend waren, sahen, was da geschehen war, ergriff sie eine große Angst, und sie fürchteten sich sehr ob dieser Tat, und keiner getraute sich, den hohen Abedam um etwas zu fragen. Allein die Ghemela sammelte sich nach kurzer Zeit und ging hin zum Abedam,

fiel vor Ihm nieder, bat Ihn in der Tiefe ihres Herzens um die gnädigste Erlaubnis, Ihn um etwas fragen zu dürfen.

2. Und der Abedam aber erwiderte, ihr zuvorkommend: „Meine überaus geliebte Ghemela, ist dir nicht ein wenig bange um deinen Zuriel, der da war der Vater deines Leibes?"

3. Und die Ghemela bejahte diese Frage im Herzen und gab äußerlich mit ihrem unschuldigen Kopfnicker das wohl geratene Anliegen ihres Herzens zu verstehen.

4. Und der Abedam aber sagte zu ihr, sie tröstend: „Meine überaus geliebte Ghemela, meinst du etwa, der Zuriel ist darum aus dem Dasein verschwunden, dieweil du ihn nicht mehr mit deinen Augen sehen kannst?

5. O sei darüber vollends getröstet, du wirst ihn noch öfter zu sehen bekommen und mit ihm von noch viel herrlicheren Dingen reden können, als du bis jetzt je gesprochen hast mit ihm!

6. Dass er aber hier im Angesichte aller solche große Gnade empfing, geschah vorerst deinetwegen, damit er dir und deinem Mann ein treuer Wächter und Beschützer werden solle gegen alle Versuchungen der Welt; und so Ich zu euch je und je kommen werde, soll er Mich euch allzeit vorher getreulichst ankündigen.

7. Und zum Zweiten aber soll er nun auch aller der Kinder aus dem Mittag ein allgemeiner geheimer Leiter sein, darum er durchschauen wird alle ihre Herzen inwendig und wird sie nach Meinem Willen auch gewaltigst erschüttern können, so er in ihnen irgendeine Untreue entdecken oder gewahren wird; und sie werden dann leichtlicher wieder zu Mir kehren und hören dann in ihrem eigenen Herzen Meinen Vaterruf, wie auch gar wohl verstehen den inneren Donner Gottes.

8. Und endlich werden heute noch mehrere vom Mittag her zugerichtet werden, um hinabzusteigen in die Tiefe zu der großen Weltstadt Hanoch, um auch dort den Kindern der Welt, deren ein Teil ist voll der höchsten Gräuel, ein Teil aber unter der härtesten Knechtschaft und niedrigsten Sklaverei blutet, Meinen Namen zu verkünden und ihnen zu predigen ernste Buße und wahre Besserung und unverzügliche Rückkehr zu Dem, der schon so lange langmütigst, geduldigst und barmherzigst ihrer Rückkehr harrt!

9. Doch diese Erbarmung wird die letzte sein den Kindern der Schlange!

10. Siehe nun, du Meine allerliebste Ghemela, solches Geschäft wird nun die große Treue Zuriels in Anspruch nehmen; und also habe Ich seiner vonnöten, damit an ihm der Drache merke, dass ein Kleiner von Mir aus größer und stärker ist denn er mit all seinen zahllosen argen bösen Rotten!"

11. Und die Ghemela ward voll Freuden in ihrem liebevollsten und dankbarsten Herzen und fiel dem Abedam wieder zu Füßen.

12. Aber der Abedam hob sie alsbald wieder auf und setzte sie wieder auf Seinen Arm und fragte sie, ob sie nun noch ein Anliegen habe.

13. Sie aber konnte nicht reden vor zu großer Freude, weil sie jetzt sah, dass sie ihr Jehova in der Ehe mit dem Lamech ebenso liebhat wie zuvor, da sie noch keinen Mann an ihrer Seite hatte.

14. Der Abedam aber drückte sie ans Herz und rief den Lamech herbei und fragte ihn: „Lamech, wie bist du zufrieden mit der Ghemela? Siehe, sie vergisst deiner

auf Meiner Hand! Was sagt dir dazu dein Herz?"

15. Und der Lamech antwortete, sich an die Brust Abedams werfend: „O Vater, Du heiliger, lieber Vater! So Du mein Herz jetzt nicht zusammenhältst, so vernichtet es eine nie empfundene endlos große Liebe zu Dir.

16. (Weinend) O Vater, als Du mir diese überhimmlisch reine Ghemela zuerkanntest und gegeben hast aus Deiner heiligen Hand, da dachte ich, wie werde ich Dich lieben können wie zuvor, so ich meine Liebsorge allein zu Dir werde teilen müssen mit der Ghemela?

17. Und als ich sie dann erhob, da fürchtete ich mich, dass sie meine Hand verunreinigt haben möchte, darum sie dann nimmer so rein und Dir so lieb sein möchte, wie sie ehedem war.

18. Allein, da ich sie, die Du mir zur Verwahrung und Beschützung übergabst, nun wieder auf Deiner Hand sitzend erschaue, – o Vater, Du lieber, heiliger Vater! – siehe, so ist's nun völlig aus mit meinem Herzen!

19. So Du mich nicht erhältst, so sterbe und vergehe ich vor zu großer, über alles dankbarster Liebe zu Dir, o Du mein, mein, mein überheiliger, überguter Vater!"

20. Und der Abedam beugte sich nieder zum Lamech und sagte zu ihm: „Geliebter Lamech! Siehe, der Vater hat noch eine freie Hand; setze auch du dich darauf und erfahre, wie sehr Ich euer aller Vater bin!"

21. Und der Lamech getraute sich nicht, denn er hielt sich für viel zu unwürdig; aber der Abedam ermutigte ihn, – und alsbald erhob der Abedam auch ihn und drückte ihn an die heiligste Brust und sagte dann zu beiden:

22. „Wie ihr jetzt seid, also bleibt fortan, so werdet ihr dieses heiligen Platzes nie, ja ewig nie verlustig werden!

23. Ihr seid das erste Kindleinpaar, die Ewigkeiten her Ich auf Meinen Händen trage erschaulich; solches aber soll ein ewiges Gedenkzeichen für alle nachfolgenden Kinder bleiben, dass nur diejenigen wahrhaft Meine Kinder sein und werden werden, welche sich von Mir werden ergreifen, ziehen und also wie ihr auf Meinen Händen tragen lassen.

24. Welche aber nicht eurem Beispiel nachfolgen werden, diese werden auch wenig Liebe und noch viel weniger Lebens von Mir empfangen.

25. Nun aber sehe du, Mein Lamech, die Seele Meiner und deiner Ghemela an!"

26. Hier blies Abedam dem Lamech in die Augen; und der Lamech ersah die Ghemela in einer also glänzendst lichten Gestalt, deren Glanz unvergleichlich heller war als das Zentrallicht aller Sonnen.

27. Er fuhr bei diesem Anblick zusammen; als er aus dieser Betäubung sich nach und nach erholte, da erst fing er an zu weinen und wusste sich vor Liebe zu Mir nicht zu helfen.

28. Der Abedam aber sagte zur Ghemela: „Ghemela, siehe, der reine Lamech weint vor Liebe zu Mir! Trockne mit deinen Haaren ihm die herrlichen Tränen aus den Augen; und solche Tat soll allzeit dir und allen deinen Nachfolgerinnen zukommen!"

29. Und die Ghemela umarmte zum ersten Mal mit ihren zartesten, weichsten und wahrhaft himmlisch schönsten Armen den Lamech; mit ihrer Stirne und mit ihren überzarten Wangen aber trocknete sie Lamechs herrliche Tränen aus seinen Augen, da beide der heilige Vater in diesem Moment noch auf Seinen Händen trug.

30. Darauf aber trug Er sie hin zu den Vätern, küsste sie beide und gab sie dann segnend wieder den Vätern mit der Bemerkung:

31. „So rein, wie diese hier sind, sollen Mir alle geborenen Kinder wiedergegeben werden! Ich bin ihr Ursprung, zu diesem Ursprung sollen sie also wiederkommen für ewig. Amen."

Kapitel 7

Abedams Lehre über das Strahlengestein und die Sorgen um die Zukunft

Am 14. Januar 1842

1. Und als der Abedam die Ghemela und den Lamech den Vätern übergeben hatte, da trat Er alsbald hin zu den vier anderen Ehepaaren und sagte zu ihnen:

2. „Hört! Was Ich euch jetzt sagen werde, das sollt ihr dann auch alsbald ins Werk setzen, das heißt heute noch nicht, aber wohl schon an den nächsten Werktagen.

3. Solches aber ist, das Ich euch sage: Im Innern der Erde gibt es eine Art Gestein, das da ein rötliches Aussehen hat und ist nicht also hart als ein anderes Gestein; so man es aber hebt, da hat es ein Gewicht, das da merklicher ist denn das Gewicht eines anderen gleich großen Steines. Dieses Gestein entsteht aus den von der Erde verschlungenen Strahlen der Sonne und ist fast allenthalben in den Bergen vorhanden, weil eben nur die Berge in sich zumeist hohle Gänge haben, in deren steter Feuchtigkeit die von der Erde verschlungene Kraft der Strahlen aus der Sonne sich sammelt, für sich selbst mit Hilfe der Einwirkung des anderen nächtlichen Gestirns

am Firmament eine eigene Aus- und Gegenkräftigung (Polarität) bekommt, endlich nach und nach fester und gediegener wird. Und sooft das Gewässer der Erde von 13.555 Jahren zu 13.555 Jahren mit der halben Rückkehr der Sonne seine Aus- und Gegenkräftung wechselt und bei dem jeweiligen nahe 7.000 Jahre langen Vollüberstand dieses in den hohlen Gängen der Gebirge angesammelte Strahlengestein gehörig durchsalzt, so ist dieses Gestein dann beim abermaligen Rücktritt der Gewässer schon also reichlich und solid vorhanden, dass es die nächsten 13.555 Jahre nicht leichtlich verbraucht werden. Das Zurückgebliebene, Unverbrauchte dieses Strahlengesteines, wenn es auch schon mehrere tausend Gewässerstandswechslungen durch bestanden hat, so wird es darum doch nicht schlechter, sondern gerade nur besser.

4. Seht, bis jetzt ist dieses Strahlengestein noch von niemandem benützt worden, außer seit einiger Zeit von einem Königssohn aus Hanoch. Jedoch wurde diesem nur der Unrat des Gesteins gezeigt; und doch hat die Erde schon seit ihrer Entstehung mehr als tausend Erhöhungen mit derselben Zahl solche Gewässerstandsveränderungen erlitten!

5. Und es ist ein großer Nutzen in Bergen für die Weisen aus der Liebe verborgen; solches offenbare aber Ich euch darum, dass ihr es weise benützen sollt.

6. Sammelt es, und läutert es im Feuer, und Ich werde euch durch euren Geist zur rechten Zeit eingeben, wie und wozu ihr es verwenden sollt!

7. Seid ihr aber einmal Meister der Kunst geworden, dann lehrt es auch euren Brüdern, und lehrt aber ihnen allen auch

den weisen, uneigennützigen Gebrauch davon.

8. Darum aber habe Ich euch neue Wohnungen zubereitet und sie dazu gehörig mit allem versehen, dessen ihr euch bei dieser neuen Kunst werdet allerzweckmäßigst bedienen können. Den Gebrauch aller der schon vorrätigen Werkzeuge wird euch alle der Geist lehren. Obschon einige von euch schon seit den ersten Zeiten Versuche gemacht haben, die euch von Mir geschenkten Werkzeuge nachzumachen, so wollte die Sache aber doch niemandem so ganz gelingen, da ihr nicht das rechte Metall gefunden habt; doch da Ich Selbst euch nun das rechte angezeigt habe, also werdet ihr euch nun selbst dieselben Werkzeuge verfertigen können, wie ihr sie sonst immer schon verfertigt heimlich von Mir erhieltet.

9. Jedoch, wie sonst allzeit Ich euch allen alles dieses gab ganz umsonst, also müsst es auch ihr tun; da ihr euch aber damit beschäftigen werdet, um zu nützen euren Brüdern, da mögen dann wohl auch eure Brüder darauf sehen, dass sie euch versehen mit Speise und Trank.

10. Doch niemals für eure Arbeit sollt ihr solches verlangen; sondern das man euch bringen wird, das esst und genießt dankbar! Aber auch keiner solle darum etwas von euch verlangen, darum er euch etwas gegeben hatte; sondern allein die Liebe sei euer gegenseitiger Verkehr!

11. Das also zubereitete Gestein aber möget ihr Sideleheise benamsen.

12. Seid vollkommen in allen Dingen und mächtig in der lebendigen Liebe, so werde auch Ich beständig mit Meiner segnenden Hand unter euch sein und werde euch ziehen, lehren und zurichten in allen Vollkommenheiten! Amen."

13. Es trat aber nach dieser Lehrrede Abedams alsbald der Adam zu Ihm und fragte Ihn: „Heiliger, liebevollster Vater, Du hast vorher des Erdgewässerwechselstandes erwähnt. Siehe, so vielleicht gar bald demnach das Meer unsere gegenwärtig bewohnten Ländereien verschlingen wird, was wird da mit uns denn geschehen?

14. Möchtest Du uns darüber nicht auch einen Wink geben, so Dein heiliger Wille es wäre?!"

15. Und der Abedam lächelte über diese Frage und sagte dann zum Adam: „Adam, sorge dich lieber um etwas Besseres, so du dich schon durchaus sorgen willst; denn diese Sorge ist zu eitel töricht.

16. Denke dir von jetzt an noch eine Zeitdauer von dreizehntausend Jahren! Wahrlich, in dieser Zeit wird dich in einem ganz anderen Zustand deines Seins das Wesen der Erde wohl gar wenig mehr kümmern, – und Menschen, die in der Zeit die Erde bewohnen werden, werden Zeit genug haben, der rückkehrenden Flut zu weichen, nachdem ihr Steigen und Fallen also langsam vor sich geht, dass dasselbe nur von tausend zu tausend Jahren erst einen bemerkbaren Unterschied gibt, und zudem all das Gewässer erst von dieser nördlichen Erdhälfte seinen Rücktritt begonnen hatte.

17. Siehe daher, wie eitel und leer deine törichte Furcht ist!

18. Ich sage dir aber, wie auch euch allen, sorgt euch allein um die Reinheit eurer Herzen und um die wahre innerste Liebe zu Mir! Was aber die Leitung der Weltkörper betrifft, da seid mit eurer Sorge ferne; denn solche zu leiten und ordentlich zu erhalten verstehe nur Ich allein, und Meine Macht, Kraft und Gewalt und Meine

Weisheit genügt ewig der ganzen Unendlichkeit!

19. Ich sage euch, ihr seht noch matte Sternengruppen aus den endlosen Fernen der weiten Unendlichkeit zur Nachtzeit zu euch herabschimmern, und der Erde späteste Bewohner werden sie auch noch sehen; und doch war die alte Erde noch nicht gegründet, als sie aus ihrem nahe Ewigkeiten langem Sein zunichte geworden sind!

20. Also wird es auch dieser Erde und diesem sichtbaren Himmel ergehen; doch Meine Worte und Meine Kinder werden nimmerdar vergehen!

21. Möchtest du, Adam, dich nicht etwa auch darum zu sorgen anfangen?

22. Darum aber sage Ich euch, sorgt euch um alles der Welt gar nicht, sondern lasst in allem Mich sorgen; denn ihr könnt mit allen euren Sorgen auch nicht ein Stäubchen zuwege bringen.

23. Darum ihr aber schon sorgen wollt, da sorgt ihr allein, sorglos zu werden, und dass eure Herzen rein und stets voller und voller von der wahren inneren Liebe zu Mir werden möchten; denn darin besteht allein das ewige, unzerstörbare Leben, dass ihr Mich allzeit erkennt und über alles liebt! Amen."

Kapitel 8

Die Sendung der zehn Boten: Auftrag zur Befreiung und Bekehrung der sündigen Stadt Hanoch

Am 15. Januar 1842

1. Nach dem aber berief der Abedam den Sethlahem, den Kisehel, dessen sechs Brüder und noch zwei Söhne des Kisehel, die da nicht minder ihrem Vater waren voll Eifer, Feuergeistes und voll von allerlei nützlichen Erkenntnissen in allerlei Dingen, so dass da nun in allem zehn Männer vor dem Abedam standen.

2. Da sie aber vor Ihn hinkamen, fielen sie alsbald auf ihre Angesichter nieder vor Ihm und lobten und priesen überlaut Seinen allerheiligsten Namen Jehova.

3. Als aber der Abedam sah, dass sie ihrem Herzen genug getan hatten, da hieß Er sie alsbald erstehen und sagte zu ihnen: „Hört, ihr Männer aus dem Mittag! Was Ich euch nun enthüllen werde, das tut unverzüglich an dem von Mir euch in eurem Geist angezeigten Tag!

4. Solches aber verlangt von eurem freien Willen Meine Liebe und Erbarmung, dass ihr euch bedünken sollt, hinabzugehen in die Tiefe zur Stadt Hanoch, allda ihr Menschen antreffen werdet, die von Mir lediglich nichts mehr wissen und leben mit und untereinander, ärger, ärger – denn Hunde, Katzen, Wölfe, Bären, Löwen, Tiger, Hyänen und Schlangen auf einem Haufen beisammen!

5. Sie stinken schon bis in den obersten Himmel vor Unzucht und der allerscheußlichsten Hurerei und ermorden sich gegenseitig, und vergießen das Blut ihrer Brüder und Schwestern und schonen sogar ihrer Alten nicht.

6. Ja, Ich sage euch, ihr Frevel geht so weit, dass ihr König, der da auch Lamech heißt, Mir sogar vor noch gar nicht langer Zeit einen Krieg angekündigt hat und wollte aus großem Grimm gegen Mich, darum Ich sein arges, grausames Kriegsheer unter der Anführung Tatahars des Bösen von den reißenden Tieren vernichten ließ, die Erde sogar mit Feuer vernichten.

7. Allein das ist nicht das ärgste der vielen Laster, die er gegen Mich begeht; sondern hört und vernehmt:

8. Da Ich es zuließ, dass ihm alle seine Beischläferinnen untreu wurden aus Furcht um ihr Leben und entflohen sind hierher, und zwar unter die Mittnächtler, und ihm auch noch entflohen sind seine beiden Weiber und seine Tochter Naëme, – seht, darum hat er nun einen solchen Hass gegen Mich, dass er nichts anderes tut, als allein fast Tag und Nacht nur nachsinnt, wie er Mich so recht auf die allerschändlichste Weise verunheiligen möchte und könnte. Er hat allenthalben Wächter und Spione aufgestellt, die da die Menschen beobachten und behorchen müssen, was sie tun und reden. Er hat ein Loch in die Erde machen lassen, füllte es zur Hälfte mit Unrat, zeichnete Meinen Namen auf eine mit Unflat beschmierte Tafel aus Stein, verfluchte hernach die Tafel und warf sie dann vor vieler Augen unter den scheußlichsten Lästerungen in das besagte Loch und gebot darauf den niedrigsten Sklaven zu scheißen und endlich mit von ihm verfluchter Erde das Loch wieder zuzuwerfen.

9. Gleich darauf kündigte er sich ihnen selbst als den allein allerhöchsten Gott an und gebot dann jedem bei Strafe des martervollsten Todes, ihn anzubeten.

10. Und die Wächter und Spione müssen streng nun darauf achten und hören, dass ja von niemandem Mein Name mehr genannt wird; wer solches täte, dem stehen die entsetzlichsten Todesstrafen bevor!

11. Den Sklaven verbot er das Reden so ganz und gar, dass, so von einem was immer für ein Wort vernommen möchte werden, ihm sogleich die Zunge aus dem Mund

gerissen werden solle; so sie sich aber verständigen wollten untereinander, da sollen sie solches mit tierartigem Gebrüll tun.

12. Auch sollen sie nicht also wie er auf zwei Füßen gehen, sondern auf allen Vieren gleich den Tieren, das heißt auf den Händen und Füßen; gerade stehen dürften sie nur bei der Arbeit.

13. Auch darf sich dieses Sklavenvolk nicht paaren. Wehe dem, der nun mit einem Weib etwas hätte; dem stehen die schändlichsten Verstümmelungen bevor.

14. Aus dem Grunde er nun auch schon Tausende von den Sklavenweibern und ihren Töchtern hinrichten ließ.

15. Seht, also geht es nun in der Tiefe zu! Es gibt aber außer Hanoch noch zehn große Städte, welche diesem Meinem größten Feind alle dienstbar sind, und es geht in keiner um ein Haar nun besser zu denn in Hanoch.

16. Seht nun ferner, und hört: Das Blut der Armen schreit zu Mir um Rache; darum habe Ich Mich ihrer erbarmt und will euch als Rächer und Befreier dieses Volkes hinabsenden; doch sollt ihr niemanden töten, auch den Lamech nicht; sondern ihnen allen verkündiget frei und offen Meinen Namen und Meinen Zorn und das nahe bevorstehende Gericht Meines Grimms, so sie sich nicht möchten alsbald in der strengsten Buße und Reue über alle ihre Frevel zu Meinem Namen wenden!

17. Den Lamech selbst aber lasst mit eigenen Händen das besagte Loch aufgraben, die mit Meinem Namen bezeichnete Tafel wieder herausnehmen, sie reinigen mit reinem Wasser und sie dann erst waschen mit den Tränen seiner Reue!

18. So er sich aber solches zu tun weigern wird, dann macht Gebrauch von eurer Macht und lasst eine Plage um die andere

über ihn kommen, und das so lange fort, bis er sich in euren Willen fügen wird!

19. Hebt nicht nur seine, sondern jede Herrlichkeit auf, so dass sie sich alle als Brüder und Schwestern vollends gleich sein sollen, und nur die Weisesten aus dem gemeinsten Volk setzt ein zu ferneren Leitern des Volkes; aber lasst sie nicht beziehen je die Paläste der Könige, sondern in den einfachsten und niedrigsten Hütten sollen sie wohnen.

20. Wenn sie von euch als fähig erkannt werden und als tüchtig zur Leitung und Aufsicht, dann legt auch ihnen eure Hände auf die Stirne und auf die Achsel, und erteilt ihnen dadurch die nötige Kraft.

21. Fürchtet allda niemanden, und lasst euch selbst nicht blenden von der großen Pracht und Üppigkeit dieser Städte; denn all die Städte sind jetzt da unten und werden allzeit sein Werke der Schlange. Daher lasst euch von keinem Glanz bestechen, sondern seid als Meine Propheten diesen Völkern äußerlich überstreng ernstlich und unerbittlich, aber innerlich desto voller von der wahren Nächsten- und Bruderliebe.

22. Für euch aber sei dort keines Bleibens; sondern so ihr werdet alles geordnet haben, dann kehrt wieder zurück in eure Heimat, und kehrt ohne wichtige Ursachen nicht mehr zu leicht wieder zurück in die Tiefe.

23. So ihr aber von der Tiefe heimziehen werdet, da wascht euch zuvor am ganzen Leibe, damit ihr nicht den Tod auch hierher verschleppt; denn die Tiefe ist nun voll Pestilenz und voll Todes geworden.

24. Und nun empfangt Meinen Segen, und seid standhaft, stark, mächtig und gewaltig in allen Dingen, solange ihr nach Meinen Worten handeln werdet!

25. Die ganze Natur gehorche eurem Wink, und die Vögel der Luft sollen untertan sein eurem Wort; so das Feuer, so die Luft, so das Wasser, also auch alles Getier, und alle bösen und finsteren Mächte.

26. Aber hütet euch ja, niemandem etwas zuleide zu tun, – sondern nur jemandem zu helfen!

27. Den Hartnäckigen könnt ihr strafen, aber nicht, dass er nur leide, sondern, dass er besser werde!

28. Solches alles beachtet wohl in Meinem Namen! Amen.

29. Mein Segen mit und in euch. Amen, Amen, Amen."

Kapitel 9

Sethlahems Rede über Demut und Liebe

Am 17. Januar 1842

1. Nach dieser Bestimmungsrede Abedams dankten die Zehn allerinbrünstigst Ihm, darum sie fürs Erste erkannt haben Jehovas unendliche Barmherzigkeit, Liebe, Geduld, Langmut und Sanftmut, und fürs Zweite, darum Er ihnen eine so große Gnade erwies, dass Er gerade sie, die sich nun für die Allerunwürdigsten hielten, erwählt hat zu Werkzeugen Seiner großen Erbarmungen.

2. Und der Sethlahem öffnete endlich seinen Mund und sagte zu allen seinen Miterwählten: „Brüder, jetzt ist meine Weissagung in die herrlichste Erfüllung übergegangen!

3. Ich habe euch allen ja zu öfteren Malen gesagt, so ihr manchmal behauptet habt, dass der erhabenste, heiligste, große Jehova nur an den erhabenen, großen und glänzenden Dingen Sein Wohlgefallen

haben könne, dass solches sicher nicht der Fall sein wird, sondern auf uns bezogen gerade nur im Gegenteil.

4. Je geringer jemand ist, je ärmer, je demütiger, je furchtsamer vor Ihm und sich zurückziehender von der Welt, je einfältiger in aller seiner Rede und Handlung, je sich geringschätzender denn alle seine Brüder, je dienstfertiger gegen alle, und je weniger um sich selbst besorgt, desto wohlgefälliger wird man ganz sicher Ihm werden; denn also schloss ich:

5. ‚Hätte Jehova Sein größtes Wohlgefallen an den großen und glänzenden Dingen, so würde Er auch sicher ihnen Zungen und eine bei weitem größere Sprachvollkommenheit gegeben haben, als wir sie je zu fassen vermöchten; uns aber hätte Er dann stumm gelassen.

6. Allein, wer hat noch je einen Baum reden gehört, wer je einen Berg, wer einen Strom, wer das Meer, wer je die Erde, die Sonne, den Mond und die Sterne?'

7. Und ich redete weiter, weiter durch die Gnade des Herrn, als ihr mir das Gras und andere kleine sprachlose Dinge entgegenhieltet: ‚Das bescheidene Gras, wenn es auch nicht sprechen kann, ist sicher um tausend Male gesegneter denn ein stolzer, hochmütiger Baum; man darf nur die unschätzbare Nützlichkeit desselben betrachten.

8. Es gibt uns das Brot, es ernährt unsere Kühe, Schafe und Ziegen; wie viele Tiere und Tierchen, die wir gar nicht kennen, leben vom Segen des bescheidenen Grases, während von einer stolzen und hohen Zeder nicht einmal ein hungriger Bär etwas herabreißen kann zur Stillung seines Hungers!'

9. Und wieder weiter sprach ich zu euch: ‚Seht an die Bäume! Je kleiner sie sind, desto gesegneter und lieblicher und süßer ist auch ihre Frucht, und wir genießen sie mit großer Freude, dankbar dem heiligen Geber.

10. Wer aber möchte seine Zähne an die harte, ungenießbare Frucht der großen, hohen und überaus majestätischen Eiche setzen und ihren Segen mit den Schweinen teilen? Oder wer mit den Raben um die taube Frucht der Zedern einen eigennützigen Streit eingehen? Und die Zapfen der hohen Tannen, – wessen Gaumen möchte diese Kost wohl behagen?'

11. Und noch weiter redete ich zu euch: ‚Seht die Gewässer, die Flüsse und die Bäche! Solange sie bescheiden bleiben und recht klein in ihren Betten, so lange auch bleiben sie rein bis auf den Grund, dass es eine wahre Lust ist, sie anzusehen; fangen sie aber an zu wachsen und werden größer und mächtiger, wie werden sie da auch alsbald trüber! Und was früher das bescheidene reine Bächlein gesegnet hatte, das und noch viel mehreres zerstört und verheert hernach der mächtig angeschwollene Bach, Fluss und Strom!

12. Der segenvolle Regen fällt nur in kleinen Tröpfchen; ist er aber angeschwollen zu großen Tropfen, da kommt er mit großem Sturm und schlägt, was er sonst in seiner Bescheidenheit hätte aufrichten und beleben mögen, nur verderbend zu Boden.'

13. Und ich hätte euch noch manches gesagt über die stete Armut und Geringfügigkeit; allein damals schwebte in euren Herzen noch ein ganz anderer Geist, und alle eure Gottwohlgefälligkeitsbegriffe prangten entweder auf den höchsten Gebirgsspitzen, wo nicht gar manchmal über allen Sternen!

14. Allein, was ich selbst damals nur mühsam für mich, für euch und alle meine Kinder der Schöpfung abgelauscht habe, seht, dasselbe zeigt mir und uns allen jetzt in übergroßer Klarheit der große Abedam Jehova Emanuel Selbst, dass Er nicht ansieht das Ansehen, die Größe, den Glanz und die Pracht der Dinge dieser Welt, und ist Ihm eine Mücke lieber denn ein Mamelhud; denn der Mücke gab Er sogar ein Flügelpaar zum Fliegen, aber das Mamelhud muss sich schwerfällig und mühsam fortschleppen auf der Erde Boden und suchen für seinen großen Bauch die nötige Nahrung.

15. Also seht nun die Erfüllung meiner Weissagung, o Brüder! Wie herrlich hat es sich nun vor unseren Augen enthüllt!

16. Der Herr, unser aller allmächtiger Schöpfer, unser heiliger Vater, Jehova der Ewige, der Unendliche in Seiner Liebe und Weisheit, Er, das Licht alles Lichtes, die Kraft aller Kräfte, die ewige Macht aller Mächte, Er – Er Selbst hat es uns allen nun gezeigt, dass vor Ihm nur die Niedrigkeit der wahren Demut im Verband mit der reinen Liebe zu Ihm etwas gilt, und alles andere aber gänzlich ohne Wert ist.

17. O Brüder, wer fasst da die unendliche Größe Seiner Erbarmung, Liebe und Gnade?!

18. Er hätte uns ja ebenso leicht können zur Gewinnung Seiner Vaterliebe und somit des ewigen Lebens das Hochstreben, den Glanz und alle Prachtsucht zur Bedingung geben! Allein nur äußerlich betrachtet, abgerechnet Seine ewige Ordnung, wie entsetzlich teuer wäre uns dann Seine Gnade zu stehen gekommen?!

19. Aber wie leicht nun ist das ewige Leben zu gewinnen! Denn in meiner größten Niedrigkeit kann ich es und jeder erhalten als ein freies Geschenk von Ihm, dem so überguten, heiligen Vater!

20. O Du lieber Vater Du, wie überaus freue ich mich nun, darum Dir nur die demütige Niedrigkeit wohlgefällt, und nicht der Glanz, den ich und wir alle uns nie hätten zu eigen machen können!

21. O nehme dafür den ewigen Dank unserer Herzen gnädigst an; Dir allein sei daher alle Ehre, aller Ruhm und aller Preis von uns allen, dass Du uns angesehen hast in unserer Niedrigkeit und hast uns erwählt zur Dämpfung und Löschung der Hoffart der Welt in Deinem Namen!

22. Erhalte uns alle aber auch in der beständigen Demut und Liebe zu Dir und allen Brüdern ewig! Amen."

Kapitel 10

Die Demut des Kisehel und die Erkenntnis des Sethlahem

Am 18. Januar 1842

1. Und nachdem der Sethlahem diese seine wohl zu beachtende Rede beendet hatte, ermutigte sich auch der Kisehel und trat hin zum Sethlahem und richtete folgende recht sehr zu beherzigende Worte an ihn, sagend nämlich:

2. „Bruder Sethlahem, du weißt ja, worin unser Unterricht oder vielmehr unser Erkennen, das wir noch hier empfingen, bestand!

3. Jehova ward uns verkündigt worden auf eine Art, die selbst unsere größten Gedanken von Ihm rein vernichtete.

4. Wir wussten wohl von Seiner unendlichen Größe, Macht und Kraft, wir plauderten gar vieles manchmal von Seiner möglichen Wesenheit, – aber welcher aus

uns allen hätte sich damals auch nur unterstanden zu denken, Jehova, der ewige, heilige Vater wäre gleich uns ein Mensch, wenn auch der allerunendlichst vollkommenste?!

5. Da wir uns aber eben durch unsere schiefe Erkenntnis den Jehova nicht als einen Menschen, sondern als etwas dem Wesen nach also Ungeheures, davon wir uns alle auch nicht den leisesten Begriff mehr machen konnten, vorstellten, so war dann ja auch einerseits natürlich, dass unsere freilich überläppischen Gottwohlgefälligkeitsbegriffe nicht viel anders ausfallen konnten, als unsere Vorstellung von Ihm Selbst beschaffen war.

6. Siehe also, lieber Bruder, es waren wohl unsere Herzen beständig mit Gott beschäftigt, allein du hattest zwar die Gnade, Jehova von einer richtigeren Seite erfasst zu haben denn ich; wer aber hätte zwischen uns den Schätzrichter [Schiedsrichter] machen sollen oder können?

7. Welchen tastbaren Beweis hättest du für deine Ansicht und deinen Glauben aufstellen können, dadurch uns deine richtigeren Ideen wären einleuchtend geworden?

8. Siehe, auch du hattest nichts denn allein für dich deinen Glauben, also wie ich für meine Ansicht nichts hatte als leider freilich wohl nur meinen irrigen Glauben.

9. Und so lebtest du zwar im Licht, aber du warst blind und ahntest das Licht nur, weil der zugleich erwärmende Strahl dasselbe gewisserart dich in der Nähe gewahren ließ.

10. Ich aber hatte zwar offene Augen, stand aber in der dichtesten Finsternis und sah darum fürs Erste nichts und konnte dazu fürs Zweite auch kein Licht ahnen, weil durch die große Nacht meiner Gedanken sich auch nicht ein besserer Strahl ziehen und verbreiten wollte.

11. Und so glaube ich nun, lieber Bruder, wir sollten uns jetzt dessen nicht mehr rühmen, das vergangen ist, ob es der Wahrheit auch entweder näher oder ferner war; denn das eigentlich Rechte hatte doch keiner, und hätte er es auch gehabt, womit aber mochte er es verbürgen?

12. Dass unser aller heiliger Vater ist gleich uns ein Mensch, und ist ein einiger Gott; siehe, das fehlte uns allen! Der Irrtum lag nicht in unserem Willen, sondern nur in unserer Vorstellung. Wir waren samt und sämtlich arme Toren und ich der größte wohl darunter; doch jetzt hat Der da, der nun unter uns ist heilig, überheilig, gut, übergut, unser aller liebevollster Vater uns allen aus unserer großen Not, Blindheit und Armut geholfen. Er steht sichtbar vor uns, und wir alle erkennen in Ihm den ewigen, heiligen Vater und den allmächtigen, ewigen Schöpfer aller Dinge; darum auch sei aller Dank, alles Lob, aller Preis, alle Ehre, aller Ruhm, alle Liebe und alle Anbetung Ihm von uns und allen unseren Kindern dargebracht!

13. Es ist zwar, lieber Bruder, deine Weissagung in vielen Stücken eingetroffen, besonders was die Erörterung dessen betrifft, was die dem Vater und Herrn allein wohlgefällige Demut, Niedrigkeit und Unansehnlichkeit betrifft; aber von dem, dass der Jehova auch ist ein Mensch, von Seiner so endlosen Liebe, Gnade und unbegreiflich allerhöchsten Erbarmung, – Bruder, davon hat wohl uns allen nie etwas geträumt. Und wennschon aus uns jemand von Ihm eine solche Vorstellung gehabt hatte, so war es der stets stille und verschlossene Zuriel mit seinen Töchtern; allein, er zog sich ja stets also in die

verborgensten Winkel zurück, und es war schwer, auch nur ein Wort aus ihm zu locken.

14. Wir alle Übrigen wussten aber ja zusammen nichts! Solches ist dir selbst ja erst gestern durch den lieben Henoch klar geworden, wie weit wir es mit unserer Weisheit und Weissagung gebracht haben!

15. Ich meinesteils – abgesehen von dem, dass du der Wahrheit stets unbestimmbar näher warst denn ich – aber denke nun also:

16. Wir sollten uns unseres früheren Zustandes wie immer auf gar keine Art mehr rühmen, sondern dafür lieber allein Dem, der da unter uns ist, alle Ehre und allen Ruhm darbringen.

17. Dein Gutes bleibt gut, insofern es von Ihm aus gut ist; für sich allein und von dir aus allein aber ist es um kein Haar besser denn mein ehedem Grundfalsches.

18. Doch ich sage dir jetzt, mein Bruder, ich danke dem Herrn für meine damalige Finsternis; denn sie war ja der Grund meiner jetzigen Demut und war dadurch ja auch eine große, wennschon verhüllte Gnade von Ihm.

19. Dass sie aber eine Gnade war, siehe, das erkenne ich daraus, dass ich mich ihrer nie werde rühmen können.

20. Du aber hattest Licht, und es zieht dein Herz der Ruhm dieser Gnade! Wahrlich, Bruder, du bist zwar mir gleich erwählt, aber so du mir nun dein früheres Licht für meine frühere Nacht geben möchtest, so möchte ich mich sehr lange bedenken, zu tauschen mit dir.

21. Darum rate ich dir um deiner selbst willen, für die Zukunft nicht mehr viel Erwähnens davon zu machen, sondern bleibe lieber ganz mein lieber, demütiger Bruder! Denn siehe, vor Dem, der Sich jetzt uns naht, stehen wir beide ja gleich blank und nackt; darum bleibe du mein lieber Bruder jetzt, wie ewig! Amen."

22. Nach diesem letzten Wort war auch schon der hohe Abedam bei ihnen eingetroffen, legte Seine Hände auf beider Achseln und sagte: „Zu diesem Amen spreche auch Ich Mein mächtiges Amen.

23. Wahrlich, Kisehel, du bist stark geworden und bist aus allen der mächtigste; darum sollst du auch ein Führer sein der übrigen! Dir, Sethlahem, aber solle die Weissagung verbleiben; doch so wahr auch deine Rede war und so wohl getroffen jedes Bild, ist Mir die Rede Kisehels lieber, darum er mehr, denn du für dich, die rechte Demut predigte.

24. Siehe, dich hat deine Rede erhöht, den Kisehel aber die seine erniedrigt! Was meinst du nun, derwelche Mir näher kam?

25. Siehe, es ist gut also zu reden, wie du früher geredet hast; aber es ist nicht gut, von sich zu reden! Denn wer immer da etwas Wahres spricht, woher kommt ihm denn solches?

26. Darum sollst du dich dessen nicht einmal sichtbar freuen, darum Ich dir mehr gab denn deinem Bruder, da dich sonst dein Bruder an Meiner statt rühmen möchte, der du doch nur ein schwaches Werkzeug Dessen warst, der dich berufen hatte, und dem allein aller Ruhm gebührt!

27. Euer allergrößter Ruhm aber sei eure Demut und wahre, innere Liebe zu Mir; dann werdet ihr leben!

28. Siehe, solches ist Mein Wille! Dein Wort ist wahr und gut, da es ist aus Mir; aber lebe du vorerst ganz danach, so wirst du leben ewig! Amen."

Kapitel 11

Abedams Lehre über wahre Demut.
Berufung des Kisehel als Führer der Boten

Am 19. Januar 1842

1. Der Kisehel aber, als er solche Erhöhung vom Abedam vernommen hatte, sah den Abedam wehmütig an und wollte zu reden anfangen; allein der Abedam kam ihm zuvor und sagte zu ihm:

2. „Kisehel, Ich habe es schon in deinem Herzen gelesen, was du Mir sagen und um was du Mich bitten möchtest!

3. Du möchtest gerne der Geringste verbleiben; du möchtest nicht ein Führer der anderen sein, sondern möchtest dich lieber von den anderen führen lassen.

4. Solches ist das Bestreben in dir, dass du lieber möchtest von den anderen bestimmt werden, als dass du die anderen bestimmen sollst; du möchtest viel lieber gehorchen, als den anderen Verhaltungsregeln vorschreiben.

5. Du möchtest lieber der Letzte als der Erste Meiner Knechte sein und möchtest gerne der Stärkste sein, um allen zu dienen, und möchtest aber doch auch wieder der Schwächste sein, um vor niemandem etwas voraus zu haben!

6. Siehe, also erst lobe Ich dich ganz vollkommen; du bist Mir ein überwerter Mann geworden. Das ist das Größte: Wer wahrhaft sein will der Letzte und der Geringste, der ist bei Mir der Größte; denn nichts als die wahre Demut macht euch wahrhaft groß vor Mir!

7. Weil du aber also wahrhaft vom Grunde aus demütig bist, darum du in allem vor deinen Brüdern und Kindern sogar möchtest aus großer Liebe zu Mir sein der Allergeringste und hast dadurch das herrlichste Wort Sethlahems nicht verschmäht in deinem Herzen und hast es lebendig gemacht in dir durch die Tat vor Mir in deiner Liebe zu Mir; siehe, darum auch bist du wahrhaft der Erste aus allen den Erwählten!

8. Denn sie brauchen keinen Führer in der Weisheit, da sie damit alle hinreichend ausgestattet sind; sie brauchen keinen Führer in der Liebe, – denn sie alle kennen Mich und haben Herz genug, um Mich über alles zu lieben; sie brauchen keinen Führer in der Kraft, – denn solche haben sie empfangen dir gleich; sie brauchen keinen Führer in der Macht, – denn Ich habe keinem einen geringeren Teil gegeben.

9. Auch brauchen sie keinen Führer in der Gewalt, – denn jeder von euch hat den gerechten Anteil von Mir erhalten; und sie brauchen keinen Führer in Meiner Gnade, – denn ihr seid alle von Mir ja für einen und denselben Zweck erwählt worden.

10. Aber sie brauchen einen Führer in der beständigen Demut! Denn alles kann jeder von Mir empfangen und kann sich nehmen aus Meinem unendlichen Vorrat, so viel er nur immer will: er kann lieben, so viel er mag und will; er kann sich nach seinem Wunsch also stärken durch den Glauben, dass es ihm ein Leichtes wird, mit seinem Willen Berge zu versetzen; er kann seinen Willen selbst also mächtig machen, dass seinem Wort Tausende und abermals Tausende werden folgen müssen; er kann sich in der Bestimmtheit seiner Rede eine solche Gewalt zu eigen machen, dass ihm alles wird blindlings gehorchen müssen. Allein nicht also auch verhält es sich mit der Demut; diese ist jedes Menschen Eigentum.

11. Diese kann und darf Ich niemandem geben, sondern – wie du es jetzt soeben

von Mir Selbst erfährst – nur lehren und begehren. Das ist der Acker, da Ich ernten will, da Ich nicht säe und den eigentlichen Samen streue in das Erdreich, und doch ernten will!

12. Die Demut ist das Einzige, das ihr Mir geben könnt, ohne es eigentlich vorher von Mir empfangen zu haben.

13. In der wahren Demut besteht die eigentliche, allerhöchste Freiheit des Lebens, daher auch die größte Vollkommenheit desselben. Durch die Demut könnt ihr sogar euch in Mir der unantastbaren Heiligkeit Meiner Gottheit nahen; ja die wahre Demut ist des Menschen höchste Weisheit, die höchste Liebe, die höchste Kraft alles Lebens, die Macht und die höchste Gewalt, vor der die ganze Unendlichkeit ehrfurchtvollst erbebt!

14. Die Demut ist die innerste, allerhöchste Kraft, Macht und Gewalt in Mir Selbst. Alles, was da füllt die ganze Unendlichkeit, ist durch die Demut entstanden und ist aus ihr hervorgegangen.

15. Begreifst du nun, Mein geliebter Kisehel, warum Ich dich zum Führer der übrigen berufen habe?

16. Siehe, dieweil du wahrhaft von ganzem Herzen aus vollkommen demütig bist!

17. Dieses aber ist auch dasjenige, was allen deinen Miterwählten mehr oder weniger mangelt.

18. Es kann aber alles heilige, von Mir Selbst euch Gegebene bei Ermangelung der gerechten Demut in Verderbliches statt Segnendes verkehrt werden, so diese höchste Kraft in euch nicht bei weitem vorherrschend ist vor allem anderen.

19. Bei dir aber ist sie der bedeutendst vorherrschende Zug nun deines Lebens; darum auch sollst du – und bei dieser Gelegenheit sage Ich dir sogar: – musst du

ihnen allen ein leitendes Vorbild sein und eine lebendige Regel, nach welcher sie sich zu richten haben, wollen sie Segen bringen der Erde alldort, da so übermächtig sie drückt der alte Fluch der hochmütigen und lügenhaften Schlange.

20. Euch allen aber rate Ich, ja unverzüglich in die Fußstapfen des Kisehel zu treten, sonst möchtet ihr wohl statt des Segens, dahin ihr berufen seid, nur noch größeres Verderben bringen!

21. Bedenkt wohl diese Meine Worte, und tut danach, sonst werdet ihr fallen und das von euch gesegnet werden Sollende mit euch!

22. Hört, und versteht es wohl! Amen."

Kapitel 12

Der Herr ist der Erste der Führer. Demut als Grundfundament des Lebens

Am 20. Januar 1842

1. Auf diese Rede dankten alle dem Abedam für die so hohe Gnade, dass Er ihnen in der Demut des Kisehel einen Führer bestimmt hatte, und sagten dann einstimmig:

2. „O Abedam, auf dem Dein Vertrauen beruht, dem dürfen wir alle sicher wohl auch trauen! Daher Dir ewig Dank, Lob und Preis für den, welchen Du also gnädigst über uns gestellt hast; er wird uns allen sicher ein weiser Führer sein in Deinem allerheiligsten Namen und Deinem göttlichen Willen und Wohlgefallen! Amen."

3. Und der Abedam setzte hinzu: „Ja, Amen sage auch Ich; aber solches merkt euch alle noch hinzu:

4. Ich bin der Erste und stehe noch jedem näher denn der von Mir euch gegebene Führer.

5. Daher sollt ihr auch allzeit in eurem Herzen früher zu Mir denn zum Führer gehen, wann ihr eines Rates benötigt, und Ich werde dann eure Herzen empfänglich machen zur Aufnahme des Rates aus dem Munde des Führers und werde euch schon zuvor mit dem erfüllen, was euch hernach erst der Mund des Führers bestätigen wird; darum ihr dann das Wort des Führers nicht als sein Wort, sondern als Mein Wort in euch allen erkennen werdet.

6. Und so diene euch der Führer nicht etwa, als solle er euch Gesetze und Regeln vorschreiben, sondern nur, dass er euch bestätige Meinen Willen in euch.

7. Wenn aber jemand nicht eher selbst zu Mir kommen wird, der wird vom Führer dann harte Stöße gar oft empfangen, da ihm dieser Worte künden wird und Pflichten auferlegen, von denen ihm nie etwas geträumt hatte, und ihm dann auch die Ausübung derselben schwerer fallen wird, als wäre ihm ein ganzer Berg zum Tragen auferlegt worden.

8. Also – Ich bin der Erste; dann erst kommt der, der äußerlich Mein Wort in euch bestätigt! Amen."

9. Nach dem aber entließ sie der Abedam und hieß sie Ihm zu folgen und bei Ihm zu verweilen, solange Er sichtbar unter den Kindern verweilen werde.

10. Nach dem aber berief Er den Jura, den Bhusin und den Ohorion zu Sich.

11. Und als sich diese eiligst zu Ihm begaben und vor Ihm auf ihre Angesichter niederfielen, hieß Er sie alsbald wieder erstehen und sagte zu ihnen:

12. „Ihr werdet jetzt sicher alles vernommen haben, was alles schon hier erörtert worden ist, somit Meinen Willen vollkommen und klar, insoweit es jedem von euch zu handeln danach leicht möglich zusteht.

13. Doch euch habe ich nicht für die Tiefe bestimmt, – daher habt ihr da, wie alle anderen, auch keine Pflicht; aber nun bestimme Ich euch alle gleichermaßen für die Demut, wollt ihr wahrhaft Meine Kinder sein und haben ein vollkommen freies, ewiges Leben aus Mir.

14. Ich brauche euch nicht mehr über die Demut zu sagen, als Ich von ihr schon zu den Erwählten gesagt habe, sondern nur zu ermahnen habe Ich euch noch, dass auch ihr euch vor allem der Demut eurer Herzen befleißigen sollt; denn ohne die wahre, innere Demut seines Herzens kann Mich niemand wahrhaft liebend in seinem Herzen erfassen und dadurch dann leben ein vollkommenes, ewiges Liebeleben aus Mir.

15. Wann immer ihr Mich werdet lieben wollen, euer Herz aber wird nicht stark genug sein, Mich mit flammender Liebe zu erfassen, sondern wird sich müssen allein mit den trockenen Gedanken von Mir beschäftigend begnügen, welcher Zustand gleich ist dem, da jemand möchte recht mit Geisteswärme etwas ergreifen, hatte aber schon zuvor ein paar Nächte nicht geschlafen, darum sich ein Stumpfsinn gerade dann seiner bemächtigen wird und eine große Schlaflust, wann er sich's gerade vorgenommen hatte, im Feuer seines Geistes zu wirken, – so denkt, es fehlt euch an der wahren Demut; denn sie ist das eigentlichste Grundfundament alles Lebens.

16. Habt ihr aber das nicht, was ist da eure Liebe? – Ein nächtlicher Traum! – Was Meine Erbarmung an euch? – Das Berühren eines Steines mit einem Stock! – Was

Meine Gnade? – Ein Licht einem faulen Baumstock! – Mein Wort? – Ein unvernommener Schall einem toten Erdklotz! – Was Meine Liebe in euch? – Das Wehen eines sanften Windes über ein unempfindliches Steingeröll! – Ja, was am Ende Ich Selbst? – Nichts als ein schales Denkbild ohne Sein, oder was da ist einem Tier, das in der Meerestiefe und in dem Erdinnern schläft, der Strahl der Sonne!

17. Darum also befleißigt auch ihr euch vor allem der Demut! Wenn ihr derselben innerste Wurzel werdet gefunden haben, dann habt ihr auch vollends Mich gefunden in aller Macht, Kraft und Gewalt und Meine Liebe, Gnade und Erbarmung und das ewige Leben und dessen Herrlichkeit in allem dem!

18. Nehmt somit auch ihr Meinen Segen, und seid weise Führer und Lehrer aller eurer Kinder! Lehrt aber auch ihr sie alle, zuvor Mich zu suchen; und haben sie Mich gefunden in der wahren Liebedemut ihrer Herzen, dann erst sollen sie auch zu euch kommen und euch zeigen den großen Fund, den sie überkommen haben.

19. Ich aber erteile auch euch alle nötige Macht und Kraft; diese sollt ihr weise benützen, wann ihr irgend solltet einen Starrsinn merken.

20. Wie aber Ich euch zu leiten eure Kinder nun erwähle, also sollt auch ihr aus eurer Mitte erwählen jene, welcher Herzen ihr voll der wahren Demut finden werdet; aber ja etwa keinen, der danach strebte und möchte mehr sein und größer denn alle seine Brüder, anstatt der Geringste unter ihnen!

21. Auch den nicht, so er sich zu allergeringst stellte, um erwählt zu werden; denn einen Kriecher sollt ihr sogar so lange eures Landes verweisen, bis er, versehen mit Meinem Zeugnis im Herzen, zu euch zurückkehren wird, und wird euch bitten um die Aufnahme für den geringsten Knecht in eurem Land.

22. Solches alles beachtet wohl, und seid voll Freundlichkeit gegen alle Fremden, die Ich bald zu euch führen werde; dann werde Ich auch bei euch sein zu allen Zeiten! Amen. Mein Segen mit euch! Amen."

Kapitel 13

Ansehen und Führeramt

Am 21. Januar 1842

1. Und nachdem diese drei auch entlassen worden sind, wendete sich Abedam der Hohe zum Abedam, dem bekannten, und fragte ihn:

2. „Abedam, sage Mir, was soll Ich denn aus dir machen? Siehe, die Kinder im Abend haben noch keinen Führer; wie wär's denn, so Ich dich ihnen gäbe?"

3. Und der andere Abedam entgegnete: „O du bester Vater! Fürs Erste kann ich Dir auf diese Deine lebenvollste Frage nichts anderes zur Antwort geben als: Es geschehe Dein heiliger Wille! Denn Du weißt es ja ohnehin, dass ich allzeit bereit bin, für Dich ins Feuer zu gehen und mich in alles aus endloser Liebe zu Dir umgestalten zu lassen, was nur immer Dein heiliger Wille aus mir machen möchte!

4. Jedoch, weil dieses Führeramt denn doch immer mit einem gewissen Grad von Ansehen notwendig verbunden ist (vergebe mir, wenn ich gewohntermaßen von der Leber geradeheraus sage), welches, ich glaube es fest, auch Du Selbst nicht so ganz und gar vom Amt trennen kannst, solange

der Führer das sein und bleiben soll, wozu Du ihn allergnädigst erwählt hast, so möchte ich Dich bloß darum bitten, zuliebe meiner schon alten Demut, die mich eigentlich zu Dir geführt hat, mich samt meiner großen Dummheit mit diesem heiligen Amt zu verschonen. Siehe, es sind ja der Kinder in der großen Menge da; es werden sich sicher noch mehrere Kisehels darunter finden lassen!

5. Du weißt es ja, dass ich schon von jeher nur meine größte Freude an der möglichst geringsten Stellung hatte, dass ich allzeit um ganze tausend Male lieber gehorchte, als irgendeinem anderen ein Geschäft gab; darum also verschone mich mit diesem Amt!

6. Ja, so es Dir recht wäre, – so ganz im unbemerkten Stillen möchte ich wohl Deinen heiligen Namen verkünden, aber nur möchte ich dabei von niemandem als etwas beachtet werden!

7. Ich weiß zwar wohl von Dir aus, dass dann selbst die Demut aufhört, eine eigentliche Tugend zu sein, so man sie nur darum beachtet, weil man sich gewisserart eigenliebig in ihr am wohlsten befindet, – allein, o Du bester Vater, Du siehst ja mein Herz, dass solches bei mir ganz und gar nicht der Fall ist, sondern dass ich nur aus Liebe und allerhöchster Achtung zu Dir demütig und aus diesem Grunde aber auch gegen alle meine Brüder überaus gerne dienstfertig bin, was da solches alles ist meine alleinig große Freude! Darum also verschone mich mit diesem Amt; jedoch Dein heiliger Wille jetzt, wie allzeit! Amen."

8. Und der hohe Abedam fragte ihn abermals, sagend nämlich: „Also möchtest du wahrhaft kein Führer sein darum, da an diesem Amt irgendein Ansehen haftet, welches du mit dem Amt unzertrennlich glaubst, ohne so recht zu bedenken, dass Ich vielleicht das dir lästige Ansehen vom Amt doch zu trennen vermöchte?"

9. Und der bekannte Abedam erwiderte: „Ja, Herr und Vater Abedam, wenn solches möglich ist, dann magst Du mich zum Führer der Tiger, Hyänen, Löwen, Bären, Wölfe, Luchse, Füchse erwählen, so will ich Dir folgen bis ans Ende der Welt! Wenn Du mich senden möchtest in die Tiefen der Meere, so will ich gehen und dort vollziehen Deinen heiligen Willen; aber nur das Ansehen hinweg!

10. Ich für mich kann weder die Kraft, noch die Macht und noch die Gewalt gebrauchen, sondern allein Deine Liebe in meinem Herzen; denn so ich gleich den übrigen die Kraft, Macht und Gewalt hätte, wer möchte mich da beschützen vor des Amtes Ansehen?

11. So ich aber nur Deine Liebe habe in meiner untersten Geringheit, da kann ich jedermann dienen nach der Kraft Deiner Liebe in mir in der allerseligsten Demut meines Lebens!

12. So demnach Dein heiliger Wille es wäre, möchte ich ja wohl ein unbeachteter Führer in Deinem heiligen Namen sein. Amen."

13. Und der hohe Abedam sagte darauf zu ihm: „Höre, Abedam, dein Sinn ist gerecht und ganz würdig, sich Meines großen Wohlgefallens zu erfreuen; allein dein Erkennen in Meiner Ordnung der Dinge steht deinem reinen Sinn noch recht weit nach. Denn siehe, es kann ja doch in der Ordnung aller Dinge kein Amt irgend geben, das da nicht mit einem erforderlichen Grad von Ansehen verbunden sein sollte; denn ohne solches Ansehen wäre ja das Amt kein Amt, sondern es wäre bloß eine lose

Freistätte des Widerspruches, darin jedweder möchte lieber für seine eigene Torheit streiten, denn der Weisheit seines Bruders folgen.

14. Wenn aber das Amt versehen ist mit dem gehörigen Grad von Ansehen, welches da besteht in der erforderlichen Kraft, Macht und Gewalt, so wird der Frevler ja dadurch abgehalten, zu spotten dem Amt und Meiner Ordnung, und wird endlich genötigt, des Amtes Regel zu ergreifen, diese Regel dann wenigstens so lange gezwungen zu beobachten, bis er sich dieser Regel nicht also vollends bemächtigt hat, dass sie ihm zur Richtschnur des eigenen Lebens, wie aus ihm selbst hervorgegangen, eigen, fertig und geläufig wird.

15. Siehe nun du, Mein geliebter Abedam, solches kann das Amt ohne einen gerechten Grad des Ansehens nimmer bewirken.

16. Willst du daher Mir ein Diener sein, da musst du Meinen Willen ganz erfassen und danach dich verhalten und getreu handeln, und es darf nichts von deinem Willen dabei sein als nur allein der willige Gehorsam, welcher da ist der Same der wahren, inneren Demut.

17. Das Ansehen aber haftet ja ohnehin nicht an der amtshandelnden Person, sondern nur am Amt selbst, welches aber nichts anderes darstellt als Mich Selbst in Meiner Liebe, Gnade und Erbarmung, so es von Mir aus angeordnet und bestimmt wird samt denen, welche da das Amt zu führen haben. Möchtest du Mir daher das Ansehen Meiner Heiligkeit streitig machen?

18. Es wird zwar in der Zeit der Dinge der Welt wohl noch gar verschiedene Ämter geben, und die Menschen werden sich bis zum Tode abmühen, um ein solches Amt irgend zu erhaschen; diese Ämter werden dann freilich wohl schwerlich von Mir sein, und alle ihre Kraft, Macht und Gewalt wird sein eine euch allen noch fremde Weltmacht!

19. Doch also verhält es sich nicht mit dem Amt, das Ich dir hier auferlege! Dieses Amt erhältst du ja nur zufolge deiner großen Demut; daher nehme es an also, wie es alle [anderen] auch angenommen haben, und handle danach, so wirst du wahrhaft leben ein vollkommenes Leben aus und in Mir!

20. Und so empfange denn auch du Meinen Segen, und sei darum ein wahrer, getreuer und lebendiger Führer aller der Kinder des Abends.

21. Dem du aber die Hände auflegen wirst in Meinem Namen, der soll dir gleich ein Führer den Brüdern werden in aller Liebeweisheit aus Mir.

22. Und also nehme hin Meinen Segen, und wie du führst Meinen Namen, also sollst du auch fürder führen Mein Wort, Meine Liebe, Meine Gnade und Meine Erbarmung in aller Kraft, Macht und Gewalt! Amen."

Kapitel 14

Des bekannten Abedams Hingabe. Der törichte Wunsch, vom Herrn geprüft zu werden

Am 22. Januar 1842

1. Und der bekannte Abedam ward also durch und durch ergriffen von der großen Gnade des Herrn, dass er sich gar nicht finden konnte, um Ihm einen Dank darbringen zu können; er war im eigentlichsten Sinne des Wortes und der Bedeutung

sozusagen ganz weg und konnte weder reden noch deuten, noch stehen oder gehen.

2. Da aber der hohe Abedam dessen große Verlegenheit gar wohl gemerkt hatte, so trat Er zu ihm hin und rührte ihn an und sprach zu ihm:

3. „Abedam, tue dich auf; denn es ziemt sich nicht, dass ein Mann wie du in eine gar so große Verlegenheit gerät, dass er darob beinahe unsinnig wird. Siehe, solches taten nicht einmal die Mägde, als Ich ihnen gar große Dinge gezeigt hatte und sie auch nicht minder denn dich großer Gnaden teilhaftig werden ließ; und dazu noch kennst du Mich schon länger denn diese!

4. Daher sei ein Mann und nicht ein Hase im Angesichte eines Wolfes!

5. Auch darfst du dich jetzt ja noch nicht von Mir begeben, sondern [sollst] an Meiner Seite verbleiben wie ehedem; darum du jetzt aber eine wahre und nützliche Bestimmung deines Lebens von Mir erhalten hast, musst du denn darum unsinnig werden?

6. Ich sage dir aber, wenn du erst dein Amt ausübend antreten wirst, dann wird dir erst das größte Licht aufgehen; da wird es dir klar werden, dass Meine Ämter auf dieser Welt nichts weniger als etwa mit Honig überladen sind, sondern desto mehr mit Bitterkeiten aller Art.

7. Da erst wirst du Mir recht danken für die Mitgabe der Kraft, Macht und Gewalt, darum du erst einsehen wirst, wie arm du wärest in deinem Amt ohne diese Mitgabe.

8. Daher erhebe dich, und danke Mir erst, wenn du alle Süßigkeiten Meines dir nun gegebenen Amtes gekostet haben wirst! Amen."

9. Und nach diesen Worten erhob sich der Abedam, der bekannte, aus seiner Betäubung und fragte den hohen Abedam, ob er nun nicht etwas reden dürfte.

10. Und der hohe Abedam fragte ihn entgegen: „Untersuche zuvor deine Zunge, ob Ich sie mit irgendeinem Strick an den Gaumen oder an die Zähne angebunden habe!"

11. Und der bekannte Abedam erwiderte: „O Herr und Vater, solches ist mitnichten der Fall!"

12. Und der hohe Abedam sagte zu ihm: „Wenn solches nicht der Fall ist, so magst du ja immerhin reden, wie dir die Zunge gewachsen ist, – aber verstehe, nur nicht gar zu stark von der Leber weg, da die Galle ihr Haus hat, sondern dafür lieber etwas mehr vom Herzen weg, da das Leben sein Haus hat; verstehe es wohl! Amen."

13. Und der bekannte Abedam entwand folgende Worte seinem Herzen und sagte: „Abedam, Du großer, heiliger, allmächtiger, liebevollster, gnädigster, sanftmütigster, allerbester Vater! Jetzt erst kann ich Dir danken; jedoch nicht mit Worten, nicht mit Gebärden, nicht mit den Händen, nicht mit den Füßen, nicht mit dem Bauch, nicht mit dem Rücken und nicht mit dem Kopf will ich Dir danken, sondern allein in der stets größeren Demut, Geduld und Liebe meines Herzens will ich Dir danken, und in der Tat will ich Dir ein Opfer darbringen, ein Opfer der Ergebung in Deinen heiligen Willen, ein Opfer der Geduld, ein Opfer der Sanftmut, der Liebe, der Erbarmung und ein Opfer der Beharrlichkeit. Und möchtest Du auch Feuerbrände und glühende Steine auf mich herniederregnen lassen, wahrlich, sage ich Dir, Abedam wird nicht weichen, sondern in Deiner Treue beharren bis ans Ende seiner Tage, und möchten deren noch so viele folgen, als da ist des Sandes im Meer; denn

Du wirst mir doch sicher nicht über meine Kraft Lasten auferlegen?

14. Was aber mit meinen Kräften übereinkommt, das mag ja schon aussehen, wie es nur immer will; es wird alsbald auf meine Schulter genommen werden und dann allergeduldigst getragen bis ans Ende meiner von Dir bestimmten Zeit!

15. Versuche nur eine Probe mit mir zu machen! Stelle mich ins Feuer, oder schicke mich ins Wasser, oder lasse mich den Blitzen nachjagen, oder lasse, was Du, o Vater, nur immer willst und magst, über mich kommen, und ich werde es aus Liebe zu Dir geduldigst ertragen!

16. Doch nicht darum verlange ich solches von Dir, als wollte ich Dich von meiner Beharrlichkeit gewisserart überweisen, – denn Du weißt es ja schon von Ewigkeit her, wie viel ich standhaft werde zu ertragen imstande sein; sondern nur darum bitte ich Dich, mir eine solche Probe zuzulassen, damit ich daraus für mich selbst ersehen möchte, inwieweit sich meine Stärke der Beharrlichkeit erstreckt, und wie viel der Schwäche noch in mir verborgen ist, und ob ich bei der vielen Bitterkeit Deines Amtes an mir dasselbe vollends zu ertragen werde imstande sein. Dein heiliger Wille! Amen."

17. Und der hohe Abedam blickte ihn liebernstlich an und sagte dann zu ihm, ihn am Arm fassend:

18. „Abedam, Abedam, du nimmst dir viel vor! Aber bedenke auch dabei, wer Der ist, dem du solche Verheißungen machst!

19. Kennst du alle die unendlichen Versuchsmittel, die alle ewig Meinem Willen zu Gebote stehen? Meinst du, es hängt von dir ab, ob du stehen bleibst, oder ob du dich derfallst zu Tode?

20. Daher bleibe du nur getreu bei dem, was Ich dir anvertraut habe, und bitte dir nicht Lasten von Mir aus, die du in der Wirklichkeit nicht einmal mit halbgeöffneten Augen dir anzublicken getrauen möchtest, und Ich werde mit dir zufrieden sein! Und wenn du Mich schon um etwas bittest, so bitte Mich lieber darum, dass Ich alle Versuchungen von dir abwenden möchte, statt dich in Versuchungen zu führen! Dann wirst leichter du bestehen und wirst Mir wohlgefälliger sein, wenn du Mir in dem getreu verbleibst, über was Ich dich gestellt habe, als wenn du, von neuen Lasten zu Tode gedrückt, dann in aller Verzweiflung zu Mir rufen würdest: ‚Herr, errette mich, oder ich gehe zugrunde!'

21. Damit du aber die Torheit deiner Bitte so recht einsiehst, so will Ich dir nur eine Stechfliege auf eine Minute lang auf dein Angesicht setzen, und dir wird diese Minute lang genug werden! Und also geschehe deinem Wunsch nach! Amen."

22. Und im Augenblick saß eine große Stechfliege dem bekannten Abedam im Gesicht und fing ihn an gewaltig zu stechen. Der Abedam erschrak darüber also heftig, dass er beinahe in die Verzweiflung übergegangen wäre, da er der unaufhörlich stechenden Fliege nicht loswerden konnte, hätte ihn der hohe Abedam nicht vor der Zeit davon befreit.

23. Als er von der kleinen Last los war, fiel er dem Abedam alsbald zu den Füßen und dankte Ihm wie ein Neugeborener für diese Errettung vom nahen Untergang.

24. Und der hohe Abedam fragte ihn darauf: „No, – möchtest du nun auch noch eine kleine Feuerprobe machen?"

25. Und der bekannte Abedam erwiderte, am ganzen Leibe zitternd: „O Herr, verschone mich in alle ewige Zukunft nicht

nur mit der jetzt versprochenen Feuerprobe, sondern lasse auch nimmer eine solche hartnäckige Fliege über mein Gesicht kommen; denn Deine Versuchungen sind erschrecklich!"

26. Und der hohe Abedam sagte ihm darauf: „Du sollst verschont bleiben ewig; aber verschone auch du Mich mit jeder noch viel erschrecklicheren Torheit vor Mir und bleibe Mir getreu, Amen."

Kapitel 15

Ungehorsam aus Liebe

Am 24. Januar 1842

1. Nachdem der hohe Abedam den bekannten Abedam somit geordnet hatte, und dieser dadurch in sich erkannt hatte, dass er mit aller seiner Demut noch bei weitem nicht im rechten Grunde war, und dass eben der Herr ihn erst in den wahren Grund zurück in des Liebelebens Tiefe der Tiefen geführt hatte, da fing er erst auch wahrhaft dem Abedam zu danken an. Und der Abedam stärkte ihn und wandte Sich dann an den Henoch und sagte folgendes zu ihm:

2. „Henoch, wie du es selbst siehst, dass da noch eine und eine halbe Schattenwende abgehen von der geraden Mitte des Tages – es solle aber um eine Schattenwende vor der Mitte des Tages das Opfer des Volkes wegen angezündet werden –, so bliebe uns noch eine halbe Schattenwende übrig!

3. Was deucht dich, das da nützlich wäre, womit wir diesen Rest der Zeit zubrächten?"

4. Und der Henoch, ganz entflammt von der reinen Liebe zu Mir, sagte:

5. „O Abba, Du hast es schon bestimmt und hast zuvor geredet zu meinem Geist: ‚Henoch, siehe, die Kinder aus dem Morgen haben ihren Vater noch nicht zu Gesichte bekommen!

6. Gehe daher hin zu ihrer mäßigen Schar, und berufe alle zu Mir, damit sie Mich sehen und Ich sie segne!'

7. Da ich solches von Dir, o Du Abba, erfuhr, was könnte ich wohl noch denken, das da nötiger wäre, als was Dein heiliger Wille erheischt?"

8. Und der Abedam sprach weiter zum lieben, frommen Henoch: „Lieber Henoch, da du aber solches schon vorher vernommen hast in deinem Herzen, warum gingst du denn nicht sogleich und vollzogst Meinen Willen, sobald du solchen in dir gewahrtest?"

9. Und der Henoch erwiderte: „O Abba, wer kann sich von Dir trennen, solange er Dich wesenhaft lebendig vor Augen, Ohren und allen seinen Sinnen und vorzüglich aber vor und in seinem Herzen über alles liebend hat?!

10. Heilig, ja überheilig ist jegliches Wort, das Du, o Abba, zu unseren Herzen heimlich sprichst, – aber noch überheiliger bist Du Selbst!

11. Denn so Dein überheiliges Wort sich hören lässt in meinem Herzen, da hast Du, o Abba, es also gegeben, dass unsere unlauteren Herzen das Feuer Deiner unendlichen Heiligkeit ertragen können, welches da aus jeglichem Deiner Worte gleich einem großen Licht- und Feuerstrom sich in unsere vor unaussprechlicher Liebe und Ehrfurcht bebenden Herzen ergießt.

12. So Du, o Abba, aber wesentlich vor uns handelst und sprichst, da ist jedes Deiner über-, überheiligsten und

35

allerlebendigsten Worte ein unendliches Lichtfeuermeer!

13. Wenn Du nur ein Fünkchen dieser Deiner Worte, welche nur Dein heiligster Mund auszusprechen vermag, in mein Herz so ganz unverhüllt kommen ließest, was möchte da wohl aus mir werden?

14. Und so siehe, wie Du schon von Ewigkeiten her gesehen hast, die Ursache dieses meines Ungehorsams gegen Dein überheiliges Wort in mir bist Du, allerheiligster Vater, ja Selbst und meine Liebe zu Dir, die mich gefesselt und überinnigst an Dich, o Abba, gebunden hat.

15. Ich lebe ja nicht mehr ein Leben der mir von Dir gegebenen Natur, der ich durch Deine große Erbarmung schon lange gestorben bin, sondern Du allein bist nun alles Leben und alle Liebe in mir, so, dass ich nicht mehr ich, sondern nur Du alles in allem in mir bist.

16. Und so war auch das Dein Wille, dass ich bleibe, solange Du mich äußerlich nicht mahntest, werktätig zu vollziehen Deinen allerheiligsten Willen.

17. Jetzt aber hast Du mich gemahnt, und solches ist das heilige Zeichen zum Tataufbruch, und siehe, o Abba, meine Füße harren Deines Winkes, obschon ich ganz helle in mir erschaue, dass Du, o heiligster, liebevollster Vater, meines armseligen Dienstes nimmer bedarfst, sondern durch Deine endlose Vaterliebe mir nur etwas zu tun gibst und siehst dann meine nichtige Tat also gnädigst an, als wäre sie etwas vor Dir, während doch nur Du, o liebevollster Vater, es bist, der in Seiner unendlichen Liebe und Erbarmung Sich also unbegreiflich tiefst herablässt und handelt also verborgen mächtig durch das schwache Werkzeug gleich also, als handelte das Werkzeug für und von sich aus.

18. Darum Dir alle meine möglichst endloseste Liebe jetzt, wie in alle Ewigkeit der Ewigkeiten! Amen."

19. Und der Abedam sagte darauf zum Henoch: „Henoch, du hast Mir wahrlich eine vollgültigste Antwort gegeben, welcher durchaus mitnichten etwas auszustellen übrigbleibt; ja, es möchte wohl der Himmel erster, tiefsinnigster Cherub nicht mehr da gesagt haben, als was du Mir jetzt erwidert hast. Aber dessen ungeachtet dürfte doch noch etwas darinnen sein, was um der anderen willen eine stärkere Beleuchtung erfordern möchte, – und dieses ist, dass du als die Ursache deines Ungehorsams Mich vorher genannt hast.

20. Du magst die vollste Wahrheit geredet haben; dass sie aber an dir nicht zum Fehler werde und den anderen zum Ärgernis, so magst du sie wohl leuchtender werden lassen vor den Vätern, Brüdern und Kindern! Amen."

21. Und der Henoch sagte in der freudigsten Ehrfurcht vor dem Abedam, wie in der allerinnersten Liebe zu Ihm: „O Abba, also verstehe ich dieses, und also auch möchten es alle verstehen:

22. So da jemand hätte eine geliebte Braut, die da wäre voll der innigsten Liebe zu ihm, der Bräutigam aber käme einmal zu ihr in den Garten; als sie ihn nun erkennt und sich über so manches der rein himmlischen Liebe mit ihm bespräche und sie daraus ersähe, wie sehr sie auch der Bräutigam liebt; wenn ihr dann aber der Bräutigam sagte so ganz stille und unvermerkt: ‚Höre, du meine geliebte Braut, dort gen Morgen des Gartens wächst eine wunderbar schöne Blume! Möchtest du nicht alsbald hingehen und sie hierherbringen mir zu einem Gedenkzeichen deiner Liebe?'

23. Da aber die Braut den Bräutigam dabei ansieht, da vermag sie sich nicht zu trennen vor zu übermächtiger Liebe zu ihm und gedenkt nicht eher der unschuldigen reinen Blume, als bis sie der Bräutigam abermals lieblichst gemahnt der Blume.

24. Und also war ja der Bräutigam der süßen Schuld Träger durch seine Liebe, darum die Braut nahe des Blümchens vergessen hätte!"

25. Und der Abedam fragte darauf noch den Henoch: „Henoch, weißt du aber auch, wer dir nun dies Bild gab? Oder ist es auf deinem Grund gewachsen?"

26. Und der Henoch antwortete: „Ja, o Abba, es ist wahrhaft auf meinem Grund gewachsen; denn Du, o mein liebevollster, heiliger Vater, bist ja alleinig mein ewiger Grund!"

27. Und der Abedam sagte laut: „Hört ihr alle, also reden die Lebendigen allzeit aus dem wahren Grunde; denn Ich Selbst bin der ewige Grund aller ihrer Worte!

28. Darum trachtet alle nach dem, wonach der Henoch allzeit getrachtet hatte, so werdet auch ihr des Henoch festen Grund finden!

29. Du, Henoch, aber gehe nun und bringe Mir sieben Blümchen vom Morgen her, und lasse alle die übrigen den sieben folgen! Amen."

Kapitel 16

Henoch bringt die Kinder des Morgens zum Herrn

Am 25. Januar 1842

1. Und alsbald nach den Worten Henochs und nach der Vollbilligung derselben vom Abedam begab sich der Henoch hin zu den Kindern des Morgens, welche sich nahe an der Grotte Adams gelagert hatten.

2. Als er nun vollends bei ihnen ankam und sie seiner ansichtig wurden, da schrien sie vor Freude und sagten: „Sehet, sehet, der Henoch, der liebevolle, weise Lehrer Henoch, dessen Worten sogar der Erzvater Adam sich willigst unterwarf, kommt zu uns! Ja er ist schon zu uns gekommen und ist schon bei uns, unter uns und in uns!"

3. Und ein Vater des Morgens, namens Uranion, trat vor den Henoch hin und fragte ihn mit der größten und liebevollsten Ehrfurcht:

4. „Vater Henoch, du weisester Lehrer des großen Gottes, der da ist die ewige Liebe und Weisheit Selbst, welche heilige Absicht hat denn uns der hohen Gnade teilhaftig werden lassen, dass du selbst zu uns kamst?

5. Wahrlich, nichts Geringes magst du für uns im Hinterhalte haben!

6. So dein Wille es wäre, möchtest du uns es ja kundgeben; denn solches ist ja unser alleiniges Glück, und wir alle haben noch nie ein anderes gesucht, als nur etwas zu vernehmen von Dem, dessen Name zu heilig ist, als dass unsere Zungen würdig wären, ihn auszusprechen!

7. Daher, du allerehrwürdigster Vater Henoch, gebe uns kund, was dich zu unserer großen Armseligkeit hergeleitet hatte!"

8. Und der Henoch aber richtete darauf folgende Worte an sie und sagte: „So hört denn, ihr alle meine geliebten Väter, Brüder und Kinder! Fürs Erste danke ich euch für eure Liebe gegen mich und alle meine und eure Väter, Brüder und Kinder und lobe eure allzeit rechte Gottesfurcht und allerseligste Liebe des großen, heiligsten, liebevollsten und allersanft- und

langmütigsten Vaters in aller großen Demut eurer Herzen; setze aber fürs Zweite hinzu, dass eure große Liebe mich in alle Zukunft mit den nahe vergötternden Ausdrücken eurer liebwärmsten Gefühle verschonen möchte; denn seht, niemand als nur allein Gott, unser aller liebevollster, heiligster Vater ist es, dem allein alle Ehre, alles Lob, aller Ruhm, alle Liebe und alle Anbetung gebührt!

9. Wir aber sind alle gemeinschaftlich Brüder untereinander, da keiner dem anderen ein Herr sein solle, sondern, wie gesagt, nur ein Bruder und eine liebe Schwester und ein liebweiser Vater den Kindern und ein reiner, liebevoller Mann dem Weib, und so es dem heiligen Vater wohlgefällt, dass ein Bruder den anderen führe in aller Liebe, so dieser das Licht des Lebens verlor; was darüber ist, das alles sind wir nur dem heiligsten Vater schuldig.

10. Solches fasst in euer Herz, und hört nun weiter: Du, Uranion, hast mich schon gleich anfangs um die heilige Absicht gefragt, die mich zu euch hierher geführt hatte; so vernehme denn, was ich dir nun kundgeben werde:

11. Was möchtest du wohl von einem Menschen halten, dessen Wort also mächtig ist, dass es mit dem leisesten Wink schon einen Sturm, wie der gestrige es war, also zunichte macht, als wäre er nie dagewesen?

12. Der mit einem Wort diese ungeheure Prachtgrotte Adams, welche, wie es mehrere von euch heute früh werden bemerkt haben, vom Sturm bis zu Staubtrümmern zerstört ward, wieder also herzustellen vermochte, als wäre sie schon als ein Gebäude von Ewigkeit da gestanden!

13. Ja, ich sage dir, ein Mensch, vor dessen Hauch das Meer flieht, und vor dessen Stimme die ganze Unendlichkeit ehrfurchtsvollst erbebt, vor dessen Blick die Sonne erlischt, unter dessen Tritt alle Welt zunichte wird, und zu dem er sein Herz wendet, der wird erfüllt mit aller Macht, Kraft und Gewalt über alle Dinge der Welt, und sein Herz wird zu einem allerlebendigsten Feuerbrand der reinsten Liebe, der innersten Demut und des ewigen Lebens aus ihr!

14. Sage mir, was du wohl halten möchtest von ihm! Doch mich halte ferne jedem deiner Gedanken!"

15. Und der Uranion besann sich einige Augenblicke lang und gab endlich zur Antwort: „O Henoch, deine Worte klingen geheimnisvollst! Wenn es in aller Wahrheit irgendeinen solchen Menschen gäbe, welch ein Unterschied wäre da wohl zwischen ihm und zwischen Gott?!

16. Denn das du von ihm aussagst, ist ja alles, was möglicherweise wir uns von Gott denken können, und also müsste dieser Mensch entweder von aller Gottheit selbst durchdrungen und erfüllt sein, oder der Mensch ist Gott Selbst!

17. Denn sonst wäre solches unmöglich zu fassen, wenn da nicht angenommen werden könnte, wie ich es vorher dir kundgab! Denn obschon der Mensch von Gott aus großer, erstaunlicher Gnaden fähig ist, gleich wie ein kleines Gefäß, in welches wir sieben Handvoll Wasser tun können, da jeder Tropfen desselben ist ein Sammelplatz von sicher ungeahnten, zahllosen Wundern, aber wie es undenkbar ist, in dieses Gefäß das ganze ungeheure Meer zu bringen, so auch ist es undenkbar, dass es einen uns gleichen natürlichen Menschen geben soll, der für den Besitz rein göttlicher Größe, Kraft, Macht, Gewalt, Liebe, Gnade und Erbarmung also fähig sein

möchte, dass er bestünde und nicht alsbald vergehe unter der endlosen Schwere solcher rein göttlichen Fülle!

18. Daher also, geliebter Henoch, drücke dich für uns nicht also geheimnisvoll aus, sondern zeige uns allen klar, was hinter deinem also übermächtigen Menschen steckt!"

19. Und der Henoch erwiderte ihm: „Ich sage dir, Uranion, rufe deine sechs Brüder zu dir, und folge mir dann mit allen deinen tausend Kindern, und siehe dorthin, auf der Morgenhöhe Adams sollt ihr alle diesen mächtigsten Menschen wesentlich näher kennenlernen!"

20. Und der Uranion tat alles nach den Worten Henochs und stand mit seinen sechs Brüdern alsbald wieder ganz fertig da.

21. Und der Henoch besah die Ordnung und erbat sie dann, ihm zu folgen.

22. Fröhlich und voll der größten Erwartung gingen sie der herrlichen Morgenhöhe zu. Als sie derselben aber schon ganz nahe waren, da ergriff sie alle eine große Angst und Bangigkeit, so zwar, dass sie sich kaum weiter getrauten.

23. Der Henoch aber flößte ihnen Mut ein, ihm nur beherzt zu folgen; allein es wollte sein Wort nicht durchdringen. Und der Henoch ward verlegen, einen so schlechten Boten gemacht zu haben.

24. Als er sich aber umsah, siehe, da stand schon Abedam ihm zur Seite!

25. Der Henoch, darüber höchst erfreut, wollte Ihm sogleich seine Not kundgeben.

26. Aber der Abedam sagte zu ihm: „Lass jetzt nur alles gut sein! Soweit deine Kraft zu wirken bestimmt war, hat sie auch treulichst gewirkt; jetzt aber, da Ich dir zu Hilfe kam, hast du keine Sorge mehr, sondern lasse nun Mich sorgen!"

27. Darauf aber Sich zu den sieben wendend: „Warum fürchtet ihr euch denn weiterzugehen? Sagt es Mir! Vielleicht weiß Ich ein Mittel, das euch sicher alle Furcht benehmen wird!"

28. Und der Uranion sagte darauf: „Edelster Bruder und Freund! Es soll hier auf der vollen Höhe sich ein Mensch befinden, der da so mächtig sein soll, als wäre er Gott Selbst! Und dieser Gedanke hemmt unsere Glieder!"

29. Und der Abedam erwiderte ihm: „Wenn ihr sonst nichts fürchtet, dann ist eure Furcht nun schon zu Ende; denn seht, dieser fürchterliche Mensch bin Ich Selbst! Wahrlich ein Mensch, dem die ganze Ewigkeit und Unendlichkeit, alle Himmel und alle Erden, alle Engel, alle Menschen und alle Kreatur ewig untertan sind und auch ewig bleiben werden!

30. Allein, warum sollt ihr euch darum vor Mir fürchten? Folgt Mir nur mutig, und fürchtet nichts; denn ihr werdet Mich gar bald von einer ganz anderen Seite kennenlernen! Amen." Und sie alle folgten Ihm.

Kapitel 17

Uranion und Purista bei Adam und Eva.
Das Früchtewunder und das vom Blitz
entzündete Opfer

Am 26. Januar 1842

1. Da aber der Weg nur mehr einige hundert Schritte lang war, so versteht es sich auch schon von selbst, dass die noch übrige Reise nicht mehr gar lange angedauert hatte, besonders, wenn man noch

den allmächtigen Führer mit in Anschlag nimmt, bis sie die Vollhöhe erreicht haben.

2. Nun also da anlangend, verneigten sich alle die Kinder vor Adam und der Eva und sodann auch vor allen übrigen Hauptstammkindern. Als sie durch diese übliche Art nun allen die gebührliche Achtung und Liebe bezeigten, da ging alsbald der Uranion hin zum Adam und grüßte und dankte ihm im Namen aller und ließ dann hervortreten eine Urenkelin von ihm, namens Purista, welche da in einem aus einer Art Gebirgsgras mit eigener Hand geflochtenen Körbchen dem Adam auserlesene Früchte des Morgens zu überreichen hatte; und sie trat hervor und tat mit großer, zartester Freude, wie es ihr geboten war.

3. Als aber der Adam die überherrlichen Früchte besah, da fing er an, sich ganz gewaltig zu erstaunen, darum er noch nie ähnliche Früchte, und von solchem Wohlgeruch! – gesehen und empfunden hatte, und fragte darum die Purista: „Purista, du allerliebstes Töchterchen deines Vaters Gabiel, der da mir ist ein großer Liebling, komme her zu mir, und sage es mir, wo du denn diese gar so überherrlichsten Früchte für mich gesammelt hast!

4. Denn das sind ja Früchte, dergleichen meine Augen vom Uranbeginn meines Seins nie, nie noch gesehen haben! Das sind ja wahrhaft überparadiesische Früchte; ja ich möchte sie im Ernst himmlisch nennen!

5. Sage mir daher, wo du sie gesammelt hast!"

6. Als aber die Purista selbst die Früchte näher besah, da erschrak sie und wusste nicht, was sie darauf sagen sollte, denn die Früchte kamen ihr selbst nun ganz fremd vor.

7. Und sie rief ihren frommen Vater Gabiel herbei und fragte ihn heimlich: „Lieber Vater, hast du mir denn die Früchte heimlich ausgetauscht?

8. Denn siehe nur hin, das sind doch wahrlich die Früchte nicht, die unser kleines Gärtchen trägt?! Denn solche herrlichen Früchte haben wir ja selbst noch nie gesehen!"

9. Und der Gabiel sagte zu ihr: „Du meine einzige, geliebte Tochter, da ist ein Wunder geschehen! Wie sich die Sache verhält, also erzähle sie auch dem erhabenen Erzvater!"

10. Und die Purista trat nun schüchtern hin vor den Adam und erzählte ihm, wie sich die Sache verhielte.

11. Und der Adam erwiderte darauf: „Ja, ja, es ist, wie ich mir's heimlich sogleich gedacht habe; wir alle sind schon wieder um eine Gnade reicher!

12. Wo der heilige Vater, der allerbarmungs- und allerliebevollste, schon also im Voraus Sich wunderbar benimmt, was wird da erst Seine Enthüllung bieten?!

13. O du mein armseliges Herz! Wirst du wohl ertragen solche große Milde des Herrn, unseres allerheiligsten Vaters?

14. O Abedam, wer kann Dich loben, wer Dir danken, wer Dich preisen, wer Dich genug lieben und Dich anbeten nach Würde und Gebühr?!

15. Das Gefühl meiner Nichtigkeit und Deiner unendlichen und ewigen Allheit ist alles, was ich Dir zum Opfer darzubringen vermag!

16. Du meine geliebteste Purista aber kehre dich um! Sehe Den an, der gerade hinter dir steht, und danke Ihm aus allen deinen Kräften; denn Der ist es, der dein Körbchen mit diesen himmlischen

Früchten angefüllt hat, ohne dass du es merken konntest, wann!"

17. Und die Purista aber sagte darauf zum Adam: „O erhabener Vater der Väter, wenn er das getan hätte, so wäre das ja recht schlimm von ihm; denn er muss ja doch wohl auch wissen, dass ich niemanden mag und liebe denn allein meinen himmlischen Vater, und meinen Vater Gabiel und meine Mutter Aora!

18. Bis jetzt floh ich vor jedem Mann, und meine Sehnsucht war stets nur gerichtet nach oben zu dem allein Einen; wie konnte denn dieser Mensch mir solches getan haben?

19. Der muss ja gar nicht wissen, dass es eine Sünde ist, wenn er sich ohne den Willen Gottes einem Mädchen naht, so zwar, dass nicht einmal meine Eltern etwas davon wissen!

20. Siehe, das war ja schlimm von ihm – denn also weiß ich es von meinen Eltern aus –, und darum auch mag, darf und kann ich ihm nicht danken, und wären die Früchte noch vielmal herrlicher, als sie sind!

21. Sage du ihm nur, dass das recht schlimm von ihm war, und er solle das künftighin ja nicht mehr tun, – sonst möchte er sich wohl eine tüchtige Strafe vom himmlischen Vater zuziehen!

22. Für diesmal aber will ich den himmlischen Vater für ihn bitten, dass Er ihn gnädigst verschonen möchte!"

23. Nach diesen Worten bat sie auch inbrünstigst den himmlischen Vater um die Vergebung der Schuld an dem Menschen, der ihr dieses getan hatte.

24. Der Adam aber sagte zu ihr: „Du überschöne, herrlichste, zarteste Blume des erhabenen Morgens, – wahrlich sage ich dir, wenn der himmlische Vater nie noch eine Bitte von dir erhört hätte, da glaube es mir, diese wird Er sicher nicht unerhört lassen!

25. Ich kann und darf dir's jetzt noch nicht sagen, wie und warum; aber sei nur getröstet, du wirst es sicher gar bald erfahren!"

26. Und die Purista begnügte sich damit und wurde ruhig.

27. Es berief aber alsbald der Abedam den Henoch zu sich und sagte zu ihm: „Henoch, gehe nun hin und lege das Opferlamm geschlachtet auf den Altar und komme dann alsbald wieder hierher, und sehe dann zu, wie Ich ein Feuer aus dem Himmel auf den Altar werde herniederkommen lassen, welches das Opfer verzehren wird!"

28. Und der Henoch ging alsbald hin zum Altar und erfüllte des Herrn Willen.

29. Und als er zurückkam, da stürzte alsbald ein allerhellster Blitz herab, begleitet von einem welterschütternden Donner, so zwar, dass selbst der Henoch darob erschrak; und alsbald auch erbrannte mit sonnenhellen Flammen das Opfer am Altar, und blendend weiße Rauchwolken stiegen vom Altar zum Himmel empor.

30. Da fing's der armen Purista an schlecht zu gehen, und nicht minder allen Morgenkindern; denn sie merkten nun die vom Henoch verkündete Größe und Macht dieses ihnen noch unbekannten Menschen.

Kapitel 18

Uranions und Puristas Begegnung mit
dem erhabenen Abedam

Am 27. Januar 1842

1. Nach dieser außerordentlichen Wundertat, während das Opfer noch im vollen Brand stand, begab sich der Uranion alsbald, am ganzen Leibe bebend, hin zum Henoch und bat ihn, dass er ihm den Namen dieses so überaus wunderbar außerordentlichen Menschen sagen möchte.

2. Und der Henoch sagte zu ihm: „Lieber Uranion, so ich dir auch dessen Namen sage, wird er dir wohl zu irgendetwas nütze sein?

3. Siehe, also wie Er Sich hier heißen lässt, also gerade auch heißt ein anderer!

4. Du siehst daraus, dass die Namensbekanntschaft dir zur näheren Erkenntnis dieses Menschen der Menschen gar wenig dienen wird; daher erkundige dich nicht vorher um den Namen, sondern wende dich nur schnurgerade an Ihn, und sei versichert, dass Er dir in drei Augenblicken mehr sagen und dich über mehreres belehren wird, als ich es vermöchte in langen Ewigkeiten!

5. Daher wende dich nur an Ihn Selbst, und zwar ohne Furcht und irgendeine Scheu; denn so endlos mächtig Er auch ist, so ist Er aber doch auch ebenso endlos gut, liebevoll, barmherzig, gnädig, milde, sanft, zart, herablassend und die unbegreiflichste Demut Selbst.

6. Daher also scheue dich nicht, und wende dich nur an Ihn!"

7. Diese Worte ermutigten den Uranion; er ging sogleich hin vor den hohen Abedam und richtete folgende Worte an Ihn:

8. „Hoher, erhabenster, mächtigster Bruder – wenn ich dich also nennen darf –, möchtest du mir denn nicht kundgeben, wer und woher du bist? Denn wie ich jetzt gesehen habe, so sind dir ja Himmel und Erde in einem so hohen Grade untertan, dass, so ich nicht mit der größten mir denkbar möglichen Liebe an dem heiligen Vater der Himmel aller Erden hinge, ich sehr leicht glauben könnte, du wärest entweder dieser heilige Vater Selbst – oder aber doch wenigstens ein aller Himmel größter und mächtigster Geist aus der endlosen Reihe der vollkommensten Engel Gottes.

9. So es dein Wille wäre, möchtest du mir ja wohl einiges Licht über dich zukommen lassen."

10. Und der Abedam ergriff seine Hand und sagte zu ihm: „Uranion, sei über und über frohen Mutes; denn jetzt hat dich das ewige Leben ergriffen!

11. Gehe aber hin zum Gabiel und bringe ihn samt seiner kleinen Familie hierher, nämlich mit dessen Weib Aora und dessen einziger Tochter Purista, – und du wirst Mich dann an deren Seite in die volle Genüge deines Herzens kennenlernen! Amen."

12. Und der Uranion eilte sogleich hin zum Gabiel, richtete ihm den Wunsch Abedams aus und brachte ihn mit dem Weib und der Tochter sogleich vor den Abedam hin.

13. Als sie nun beim Abedam angelangt waren, da fragte alsbald der Gabiel den Abedam: „Mächtigster der Menschen, was verlangst du von mir?

14. Siehe hier mein geliebtes Weib, und da meine mir vom überheiligen, liebevollsten himmlischen Vater geschenkte Tochter! Du bist mächtig genug, um sie mir zu

nehmen, – das Teuerste, was ich habe auf der Erde!

15. So du solches willst, wer wird dich zurückhalten können?!

16. Aber siehe, ich habe aber noch etwas viel Köstlicheres, als da sind mein Weib und meine Tochter; siehe, dahier im Herzen ist es tief verborgen!

17. Es ist meine Liebe und mein vollstes Vertrauen auf den heiligen, großen, liebevollsten Vater und allmächtigsten Schöpfer Himmels und aller Erde.

18. Kannst und magst du mir auch diese nehmen?!"

19. Und die Purista klammerte sich an den Vater und sagte dann auch zum Abedam: „Guter, lieber, über alles mächtiger Mann, du wirst uns ja doch nicht trennen wollen?!

20. Denn der gute, weise Henoch hat uns ja allen gesagt, dass du auch sehr barmherzig wärest und gnädig!

21. Es gelte ja; – du wirst uns nicht trennen, sondern uns beisammen lassen in der allerseligsten Liebe zu unserem himmlischen Vater!

22. Du wirst ja doch auch diesen so heiligen und über alles guten Vater kennen und Ihn auch lieben, wie wir Ihn lieben!"

23. Und der Abedam fragte darauf die Purista: „Höre, du Meine allerzarteste Purista! Hast du denn den himmlischen Vater einmal gesehen?"

24. Und die Purista erwiderte: „Du musst nicht bloß ‚himmlischen Vater' sagen, sondern: ‚den überheiligen, liebevollsten himmlischen Vater' musst du sagen, nicht aber also glattweg ‚Vater', sonst getraue ich mir dir nicht zu antworten!"

25. Und der hohe Abedam korrigierte Sich nach ihrem frommsten Willen, –

darauf sie Ihm dann erst die verlangte Antwort gab, indem sie sagte:

26. „Wo wäre denn irgendein Mensch auf der ganzen Erde, der sich für so würdig halten möchte, darob er sich dann rühmen könnte, den überheiligen, liebevollsten, himmlischen Vater gesehen zu haben?!

27. Solches können vielleicht wohl die Engel, aber wir unwürdigen Menschen können ja doch solches nimmer!"

28. Und der Abedam fragte sie wieder: „Aber höre, du rein-zart-schönste Purista, – Adam ist doch auch nur ein Mensch, und er soll doch den überheiligen, liebevollsten, himmlischen Vater gesehen und gesprochen haben, nachdem er ist erschaffen worden.

29. Was sagst denn du darauf? Er ist doch auch nicht mehr als ein sündiger, unwürdiger Mensch vor Gott?!"

30. Und die Purista entgegnete darauf: „Aber was dir doch nicht alles einfällt! Ist denn der Erzvater auch also ein Mensch, wie wir alle sind?

31. Weißt du denn das nicht, dass Adam der erste Mensch dieser Erde ist und unmittelbar aus der allmächtigen Hand des überheiligen, himmlischen Vaters, der da ist voll der höchsten Liebe, Gnade und Erbarmung, hervorgegangen ist? Darum kann er Ihn ja wohl gesehen und gesprochen haben; ist aber solches auch bei uns Menschen der Fall? Denke doch nur ein bisschen nach!"

32. Und der Abedam: „Ja, da hast du freilich wieder recht, wenn sich die Sache also verhält; aber jetzt gib Acht, was Ich dir jetzt sagen werde!

33. Hättest denn du keine Sehnsucht, den überheiligen, liebevollsten himmlischen Vater zu sehen? Was sagst du Mir nun auf diese Meine sonderbare Frage?"

34. Und die Purista: „Ja, wohl wahr, eine höchst sonderbare Frage! Wer möchte Den nicht gerne sehen, besonders wenn man Ihn also über alles, alles, alles liebt wie ich?!

35. Aber verstehe, da müsste man aber auch ganz unbegreiflich noch viel, viel, viel frommer sein als ich!

36. Ich bin aber schon zufrieden, dass Sich der übergute, überheilige und liebevollste himmlische Vater von einem armseligen Geschöpf, wie ich es bin, nur lieben lässt und Sich mir und uns allen durch Seine Wunderwerke und durch den Mund gar frommster Männer zu erkennen gibt.

37. Sage, dürften wir unreinen Menschen etwa mehr von Ihm verlangen?

38. Oder ist das nicht schon so viel, das wir von Ihm empfangen, dass wir Ihm in alle Ewigkeit nicht genug werden dafür danken können?!"

39. Und der Abedam: „Ja, da hast du schon freilich wohl wieder recht und hast Mich wieder recht schön belehrt; aber siehe, Ich habe dessen ungeachtet denn doch schon wieder eine andere Frage:

40. Hast du dir denn noch nie vorgestellt, wie etwa der überheilige, liebevollste himmlische Vater aussehen möchte? Geh', geh', und sage es Mir!"

41. Und die Purista: „Aber, – ist das wieder eine Frage! Wer dürfte oder könnte das wohl? Gott ist ja überheilig und ist unendlich! Nein, ist aber doch das ein Gedanke!

42. Mir ist einmal nur ganz heimlich beigefallen, als könnte Er also aussehen wie vielleicht der Erzvater Adam, nur unendlichmal größer als er! Und wie lange habe ich mich hernach gefürchtet und habe geglaubt, eine solche Sünde wird mir gar nicht mehr verziehen werden!

43. Wie viele Nächte habe ich hernach gebetet und geweint, bis mir ein frommer alter Mann die Nachricht gebracht hatte, dass mir diese Schuld wieder nachgesehen ist! Siehe, das hat mich dann schon klug gemacht, und jetzt, wo ich schon siebenundzwanzig Jahre alt bin, lasse ich mich schon gar nicht mehr fangen!"

44. Und der Abedam: „Ja, du hast Mir nun schon wieder eine gescheite Antwort gegeben; aber gebe nun Acht, Ich werde dich denn doch noch fangen! Aber dann wirst du eine große Freude haben!"

Kapitel 19

Puristas weise Antworten. Die Suche nach Erkenntnis und Glaube

Am 28. Januar 1842

1. Und also sprach der Abedam weiter zu der Purista: „Du hast Mir zuvor gesagt: Der Adam ist aus der Hand des überheiligen himmlischen Vaters, der da ist voll der höchsten Liebe und aller Erbarmung, hervorgegangen; was möchtest denn du nun dazu sagen, so Ich vor euch allen behaupten möchte: Der Adam, wie er leibt und lebt, ist aus Meiner Hand hervorgegangen!

2. Und wenn du ihn der Überzeugung wegen recht ernstlich dann befragen möchtest, er es dir vollends bejahen möchte?!"

3. Und die Purista: „Mächtig bist du zwar wohl außerordentlich, aber ob du auch einen Menschen, und das noch unseren Erzvater Adam, frei erschaffen hast, das möchte ich wohl bezweifeln, – außer es müsste nur der überheilige, liebevollste himmlische Vater Selbst es also gewollt haben!

4. Und ist das der Fall, so bist ja doch wieder nicht du, sondern nur Er der erhabene, heilige Schöpfer des Adam, und du nur Sein starkes Werkzeug!

5. Was magst du dich hernach dessen rühmen, als wärest du selbst ein Schöpfer? Siehe, solches ist nicht fein von dir!"

6. Und der Abedam: „Aber siehe, du Meine zarteste Purista, Ich liebe ja den überheiligen, liebevollsten himmlischen Vater ebenso sehr und noch viel mehr, als alle Menschen zusammengenommen Ihn lieben! Und so das nicht der Fall wäre, und wäre Ich nicht demütig vom Grunde aus, könntest du da wohl behaupten und glauben, dass Mir solche Macht verliehen werden würde, dass Mir darum die ganze Unendlichkeit auf den leisesten Wink gehorchen muss?!

7. Was sagst du denn nun zu dem? Da Ich der nötigen Demut wegen [Mich] schon eigentlich gar nie rühmen kann, mag und darf?"

8. Und die Purista und ihre Eltern und der Uranion fingen hier ganz gewaltig an zu stutzen, und die herrliche Morgenperle ward nun verlegen und wusste nicht, was sie darauf sagen sollte.

9. Endlich aber ermahnte sie sich doch wieder und fragte ganz schüchtern, noch immer an ihrem Vater festhaltend, den Abedam: „Bist denn aber du auch wirklich also mächtig, dass da deiner Macht kein Ende ist?"

10. Und der Abedam: „Willst du ein Zeichen Meiner Macht, Meiner Stärke und Meiner Allgewalt sehen?"

11. Und die Purista: „Mir war der mächtige Blitz mit dem erschrecklichen Donner ja schon ein hinreichendes Zeichen deiner unbegreiflichen Macht; wer aber also mächtig ist wie du, der ist doch sicher auch stark und gewaltig.

12. Ob du aber auch wirklich endlos mächtig bist, – durch welches Tatzeichen könntest du mich schwaches Würmchen im Staube wohl überzeugen, da ich ewig nie werde Gott gleich die Unendlichkeit überschauen können?

13. Was möchte mir somit ein Zeichen nützen, welches du in irgendeinem endlos fernen Winkel der Unendlichkeit verrichten möchtest? Werde ich es sehen können und mich davon überzeugen?

14. Siehe, solches ist ja unmöglich! Was sollte mir hernach ein solches Zeichen nützen? Daher lasse es lieber gut sein, und verwende deine große Macht zu etwas Besserem als zur nichts fruchtenden Sättigung menschlicher Neugierde!"

15. Und der Abedam: „Gut gesagt, du Meine liebe Purista; so rein, wie du bist, wahrlich, ist die Sonne nicht!

16. Ich sehe schon, es wird hart werden, dich zu überreden; denn alles, was du Mir nur immer sagst, ist rein und vollends helle wahr! Du willst kein Zeichen, Meine Fragen beantwortest du, als redete der weiseste Engelsgeist aus dir, und also komme Ich durchaus zu kurz bei dir!

17. Aber Ich sehe schon die Ursache; du fürchtest dich noch immer, als möchte Ich dich trennen von deinen Eltern! Doch solches fürchte mitnichten; denn siehe, Ich will deinen Eltern lieber noch tausend solche lieben Töchterchen geben, wie du es bist, als nur ein Haar von deren Haupt trennen! Darum sollt ihr nicht eine solche Furcht vor Mir haben, sondern euch dafür lieber recht traulich zu Mir wenden, und ihr würdet da in einem Augenblick von Mir mehr empfangen denn also in vielen Jahren.

18. Wahr ist es, ihr hängt zwar metallfest an dem überheiligen, liebevollsten himmlischen Vater, – aber ihr kennt Ihn nicht! Darum also aber bin Ich ja zu euch gekommen, um euch diesen Vater, den ihr über alles zwar liebt, aber nicht im Geringsten richtig erkennt, vollends kennen zu lehren.

19. Siehe, du liebe, allerfrömmste Purista, wie hast du denn diese Meine Absicht in allen Meinen Fragen an dich so ganz und gar verkennen mögen? Siehe, das war eben nicht weise von dir!

20. Denn solches musstest du ja doch einsehen, dass Gott, dein heiliger Vater, solche Machtboten, wie Ich es bin, nicht ohne eine sicher liebevollste Absicht herab zu euch armen, schwachen Menschen kommen lässt, die dann aber auch sicher nicht böse sind und schlimm, wie du es heimlich gemeint hast, sondern allzeit nur übergut und voll der höchsten Liebe und Erbarmung zu euch.

21. Siehe, solches überdenke nun in dir, und verlange dann ein Zeichen von Mir, damit ihr alle daraus den heiligen, liebevollsten himmlischen Vater auch erkennen sollt, wie Er ist; denn solches ist Sein Wille an euch alle! Amen."

Kapitel 20

Purista und die Ihrigen erkennen den heiligen Vater in Abedam

1. Und die Purista ward darob sehr betroffen und fragte ihren Vater Gabiel: „Höre, Vater, das ist sicher ein mächtigster Bote vom Himmel herab! Wenn wir uns etwa jetzt versündigt hätten vor ihm, was wird dann aus uns werden?"

2. Und der Gabiel sagte zu ihr: „Siehe, meine Tochter, er ist ja noch da und sieht uns sehr mitleidig an; er wird es uns ja wieder vergeben!

3. So wir gefehlt haben, da haben wir in unserer großen Blindheit gefehlt; gehe hin zu ihm in unser aller Namen und bitte ihn um Vergebung!

4. O siehe, siehe, wie gut und mild er auf uns herabsieht! Gehe nur geschwind hin und bitte ihn um Vergebung; er wird es dir und uns allen sicher verzeihen!

5. Aber falle ja ehe nieder vor ihm; denn er scheint sehr heilig zu sein! Gehe also, gehe, ehe es zu spät sein möchte! Amen."

6. Und die Purista stürzte schnell hin zu den Füßen des Abedam und fing an zu weinen und zu schluchzen.

7. Der Abedam aber beugte Sich schnell nieder und hob sie empor und fragte sie: „Purista, was fehlt dir, darum du nun also weinst?"

8. Und die Purista antwortete noch weinend: „O du lieber Freund, mir ging aus deinen letzten Worten ein Licht auf, und es ward mir klar, dass du kein Erdenbewohner bist, sondern ein mächtiger Bote aus den Himmeln vom überheiligen Vater Selbst, der da ist voll der höchsten Liebe und Erbarmung! Siehe, ich muss dich ja doch gewiss beleidigt haben!

9. Möchtest du mir und uns allen denn nicht vergeben?!

10. Siehe, du hast mir ja noch ein Zeichen von dir zu verlangen übriggelassen; o du hoher Freund der armen Menschheit und des heiligen Gottes, so erlaube mir, dich nun darum zu bitten!"

11. Und der Abedam beugte Sich abermals nieder und nahm die Purista auf

Seinen Arm, drückte sie an Seine Brust und fragte sie dann mit der höchsten Milde:

12. „Purista, du reinste Perle des lichtvollen Morgens, welch Zeichen verlangst du somit von Mir?"

13. Und die Purista, vor Freude beinahe zerfließend, sagte mit liebezitternder Stimme: „O du herrlicher, mächtiger Freund! Jetzt kann ich kein Zeichen mehr von dir verlangen; denn – das ich – verlangen – wollte, – das hast du ja schon, meinem Wunsch zuvorkommend, – jetzt schon über alle meine mir je möglich denkbare Weise übergnädigst an mir und also sicher auch an uns allen vollzogen!"

14. Bei diesen Worten konnte sie vor lauterstem Dankgefühl nicht mehr weitersprechen.

15. Der Abedam aber drückte sie noch einmal an Sein Herz und trug sie dann ihren Eltern wieder in die Arme, welche auch vor Dankesfreuden über und über weinten.

16. Und der Gabiel sagte endlich: „Nein, so gut kann kein Engel sein! Weib – und du, meine Tochter, hier ist mehr, als der höchste Engel je fassen wird!"

17. Darauf konnte er nicht mehr reden. Darauf blickte die Purista den Abedam an. Er aber sagte zu ihr:

18. „Purista, Meine Tochter! Erkennst du Mich, deinen himmlischen Vater, denn noch nicht! Siehe, – Ich – Ich bin es ja Selbst!"

19. Bei diesen Worten erkannten sie alle den Vater; die Purista aber schrie laut auf und stürzte hin und umklammerte die Füße Abedams also krampfhaft, von ihrer allerheißesten Liebe gedrungen, und alles, was sie zu sagen vermochte, war:

20. „Vater! – Vater! – Vater! – Du mein Vater, – mein lieber Vater! Du heiliger,

liebevollster himmlischer Vater; mein, mein, mein lieber Vater!"

Kapitel 21

Uranions Lobpreisung des heiligen Vaters. Das höchste Lob ist die Sprachlosigkeit aus Liebe zum Herrn

Am 29. Januar 1842

1. Als nun auch der Uranion sah, wer der mächtige Mensch ist, fiel er alsbald auf sein Angesicht nieder und schrie laut: „O der unaussprechlichen Gnade, – o der unaussprechlichen, höchsten Gnade! O der unaussprechlichen, allerhöchsten, überheiligen Gnade! Wer aus uns allen hätte sich so etwas je zu denken getraut?!

2. Der Herr Gott Jehova Zebaoth, der Himmel und Erde und alles, was da ist in, auf und über den Himmeln, und in, auf und über der Erde, ja alles, was da lebt, strebt und sich bewegt in der Erde, auf der Erde und über der Erde und in allen den Gewässern und eben also, was da alles erfüllt die ewig unendlichen Räume, erschaffen hat! – Er – der überheilige, liebevollste himmlische Vater – ist als ein Mensch uneresgleichen zu uns armseligen Menschenkindern von Seiner unendlichen Höhe herab zur tiefst untersten, finsteren Erde gekommen!

3. Sonne, – wie magst, wie getraust du dich, nun deine Strahlen noch herabzusenden zur Erde, da sie dein Schöpfer, unser aller Vater, heilig, überheilig betritt?! Weiche mit deinem uns gleich unwürdigsten Glanz zurück; denn hier erglänzt ein Sandstäubchen, das Er mit Seinen allerheiligsten Füßen berührt, mehr nun in einem Augenblick als all dein Glanz von langen

Ewigkeiten her zusammengenommen! Darum schäme dich, so du jetzt noch zu glänzen vermagst!

4. Und du, unwirtliche Erde, du kalte Mutter des Todes, wie magst du noch bestehen?! Löse dich auf in den feierlichsten Lobgesang; treibe hervor die schönsten Blumen mit den herrlichsten Wohlgerüchen!

5. Ihr Berge alle, umwandelt euch zu leuchtenden Opferaltären; und ihr Bäume, und du auch, alles Gras helft, helft mir loben und preisen den heiligen Vater!

6. Denn Er nur alleinig ist würdig, zu nehmen alles Lob, allen Preis, alle Ehre, allen Ruhm, alle Liebe, allen Dank, alle Anbetung!

7. Fallt herab von den hohen Himmeln, ihr Sterne alle, und du, Mond, werde finster und stürze dich zur Erde herab, und betet alle an, hier betet an; denn Gott, Gott, – ein ewiger, heiliger Gott ist es, – der Vater, der überheilige, liebevollste himmlische Vater aller Engel und Menschen ist es! Hier vor uns allen ist Er! Ja mitten unter uns ist Er! Auf der Erde steht und redet Er mit uns, und lehrt aufrecht gehen uns Würmer im Staube!

8. Darum betet an, betet Ihn an, ihr, alle Ewigkeiten! Und du, Unendlichkeit, werde zu einem würdigeren großen Lobgesang des überheiligen Vaters, als das matte Lallen meiner wurmstichigen Zunge es ist!

9. Wo seid denn ihr Donner und Blitze nun, und ihr Winde alle, wo weilt ihr?

10. Hat euch nicht, wie mich, dieser überheilige, liebevollste, allmächtige Vater erschaffen? Wo seid ihr denn nun zu Seinem Lob? Oder hält euch die gebührende, höchste Ehrfurcht endlos bescheiden zurück?

11. Dann ist es würdig und recht, dass ihr stumm seid geworden wie eine Maus in der Erde, so sie über sich die Katze wittert!

12. O mein Herz, du armseliges Herz, möchtest nun loben und preisen Ihn, Ihn, – den Heiligen, – den Erhabensten, – und hast nicht einmal Raum, um aufzunehmen auch nur ein kleinstes Fünklein Seiner endlosen, allmächtigen Vaterliebe! Daher schweige lieber davon, was auszusprechen dir unmöglich ist!

13. Und du auch, matteste, wurmstichige Zunge, – verstumme; denn heilig, heilig, heilig ist nun selbst die Luft, welche dies mein unwürdiges und unlauteres Geplärr erfüllt!

14. O Du heiliger, Du überheiliger, Du dreimal über-, über-, überheiliger Vater! Sei mir endlos nichtigem Wurm im Staube vor Dir gnädig und barmherzig!"

15. Und alsbald trat der hohe Abedam hin zum Uranion, der noch zitternd mit dem Angesicht auf der Erde lag, beugte Sich zu ihm zur Erde nieder, erhob ihn, richtete ihn auf, und sagte dann zu ihm:

16. „O höre nun du, Mein geliebter Uranion, du hast Mir zwar das größte Lob dargebracht und hast mutig die Sonne geputzt, die Sterne herabgearbeitet von all den Himmeln, hast auch nicht verschont die Erde und hast gebührend gelobt und ausgezeichnet das winzige Sandkörnchen unter Meinen Füßen, hast nicht vergessen der Berge, der Bäume und des Grases, und den Blitzen, dem Donner und den Winden hast du ein rechtes Wort gegeben und hast nicht minder redlich besehen dein Herz!

17. Siehe, gerecht war darum dein großes Lob; aber eines sage Ich dir, – mehr als dein Lob enthielt das Lob, welches Mir die Purista und ihre Alten dargebracht haben

in gänzlicher, sprachloser, zerknirschter Stille ihrer Herzen!

18. Siehe, wer noch reden kann in Meiner Gegenwart, der ist noch ein Herr seines Herzens; wer aber in Meiner Liebe Gegenwart nicht mehr reden kann, dessen Herzens bin Ich ein Herr geworden und erfülle es dann mit Meiner Liebe und mit dem ewigen Leben aus ihr!

19. Du aber lebst nun auch, da du mit deinem Lob alles von dir warfst, was dir unnütze war vor Mir:

20. Deine eigene Weltsonne, welche da ist deine alte Liebeweisheit; deine Sterne, welche sind deine Erkenntnisse; deinen Mond, welcher ist der Menschheit oft wachsende, oft wieder abnehmende Eigenliebe.

21. Du bezwangst deine Berge; deine Erde löstest du auf in dir zu Meinem Lob, und all die Bäume deiner Wünsche und all das Gras deiner Begierden brachtest du Mir zum Opfer; die Winde deiner redlichen Bestrebungen riefst du herbei, und alle Blitze deines Weltlichtes und den Donner deines Ernstes brachtest du Mir zum Lob und hast nicht verschont deines ewigen Geistes aus Mir und deiner Seele, die da ist ein lebendiges Gefäß für ein unendliches Leben aus Mir, und hast dadurch frei gemacht dein Herz, damit Ich ein Herr des Lebens in selbem würde.

22. Siehe nun, da du darum stumm wurdest in deinem Herzen, ward Ich erst ein Herr im selben, und also hast du wahrhaft das ewige, unvergängliche Leben überkommen, und Ich werde dir fürder und fürder und fürder kein fremder und unbekannter Vater mehr sein, sondern stets ein wohlbekannter, dir stets gegenwärtiger, in dir allzeit ein stets wohlvernehmbarer, starker, mächtiger und allgewaltiger Vater werde Ich sein und leiten durch dich all deine Kinder; wie aber Ich dir sein werde und nun schon bin, also will Ich auch sein deinen sechs Brüdern und nach ihnen aber allen, die da wie du aller Welt den gerechten Abschied geben werden!

23. Doch beim Gabiel will Ich Mir eine neue Hütte erbauen, da Ich nicht selten einsprechen werde; denn einen reineren und festeren Platz hat die Erde nicht für Mich!

24. Gabiel, – siehe, Ich segne nun auch dich und dein Kind! Sie wird von Mir dereinst einen rechten Mann bekommen; dieser wird ihr geben eine Tochter, diese aber soll werden die Mutter eines neuen Volkes dieser Erde. Und der Lamech wird ihr einen Mann geben, der da wird wohnen allzeit bei Mir in Meinem großen Haus!

25. Und also empfangt alle Meinen Segen, und seid fröhlich und voll guten Mutes! Amen."

Kapitel 22

Das Heiligtum im Morgen – die Hütte der Purista

Am 31. Januar 1842

1. Und die drei fielen dem Abedam zu den heiligen Füßen und priesen und lobten Ihn in der sprachlosesten Zerknirschung ihrer Herzen, und es war die Stätte befeuchtet von Tränen ihrer Freude und ihres Dankes. Und der Abedam beugte sich zur Erde nieder und erhob sie alle alsbald wieder, richtete sie auf und flößte ihnen Mut und Beharrlichkeit in ihre Herzen.

2. Als die drei nun wieder wortaufnahmefähig wurden, da der Abedam Selbst zu

dem Behuf das Feuer ihrer Herzen ein wenig dämpfte, sagte Er in liebreichster Stimme zu ihnen:

3. „Wie ihr nun seid vor Mir und Ich durch die Liebe in euch und ihr also auch in Mir, also auch bleibt fortan, so werdet ihr Mich nie missen; denn wie ihr sein werdet bei Mir und in Mir, also werde auch Ich sein und bleiben bei euch und in euch fürder und fürder, und eures Friedens und eurer Ruhe wird nimmerdar ein Ende sein!

4. Ich sagte aber zu dir, Gabiel, du sollst Mir neben deiner Hütte eine neue Hütte errichten, darinnen Ich zu öfteren Malen Herberge nehmen würde; siehe, nun ist die Hütte schon erbaut! In eurem Herzen habt ihr Mir diese Wohnstätte bereitet, – das ist eine wahrhaft neue Hütte für Mich, in der allein es Mir nur wohlgefällt, Herberge zu nehmen.

5. Welche andere Hütte hättet ihr Mir auch errichten können?

6. Zum Zeichen aber sollt in eurer Heimat ihr auch wirklich schon eine Hütte treffen, welche Ich jetzt errichtet habe. In diese soll niemand aus den Männern mit bedecktem Haupt treten, und die Weiber aber sollen ihr Angesicht verhüllen, so sie in diese Hütte treten möchten; denn sie ist rein und heilig, und ist überfest. In der Mitte dieser Hütte werdet ihr einen Altar finden, über welchem ein unauslöschliches Feuer lodern wird und wird geben von sich einen großen Schein bei Tag und bei der Nacht, und es werden allzeit lichte Wolken entsteigen himmelwärts dieser hellen Flamme entlang.

7. Du, Meine allerreinste Purista, aber sollst Mir, sooft Ich zu euch kommen werde, auf diesem Herd der Liebe ein köstlich duftend Mahl bereiten; und es ist dir allein gestattet, offenen Antlitzes daselbst

dein Geschäft der reinen Liebe zu Mir zu verrichten!

8. Wann du aber für Mich eine Köchin machen wirst, da sammelt ihr zuvor frisches, reines Holz; und so Ich kommen werde zu den verschiedensten Zeiten – meistens unerwartet –, müsst ihr schon mit allem versehen sein, um Mich gehörig zu bewirten.

9. Darin aber soll das Zeichen bestehen, dass ihr an der Flamme allzeit merken werdet, wie euer Herz vor Mir bestellt ist!

10. Das reine, frische Holz soll die stets erneute und vermehrte Liebe eures Herzens bezeichnen und das zu bereitende Mahl eure gänzliche Hingebung und vollste Ergebung in Meinen Willen.

11. Wahrlich, so ihr solches halten werdet, werde Ich als froher Gast nicht ermangeln, oft, oft, oft bei euch eine gute Mahlzeit zu nehmen; würde oder könnte aber das Feuer in eurem Herzen erlöschen, so wird auch am Herd der reinen Liebe die Flamme matter und matter werden, und Ich ein seltener Gast bei euch!

12. Glücklich seid ihr alle, da ihr esst das Brot aus Meiner Hand als Kinder dankbar; aber unaussprechlich glücklich ist der, zu dem Ich komme als Gast, darum er hält für Mich einen schon beständig wohlbereiteten Tisch und ein wohlschmeckendes Gericht auf demselben und lässt darum nie ausgehen die Flamme an Meinem Herd, sondern unterhält sie nur lebhafter und lebhafter, – und so Ich auch verzöge und käme nicht sobald, er aber nur um desto eifriger wird um den Herd in der Hütte alles Lebens.

13. Wahrlich, so Ich dann unverhofft kommen werde und werde treffen Meinen Gastwirt in der vollsten Tätigkeit um Meinen Herd in Meiner Hütte, – Ich sage,

wahrlich, wahrlich, seines Lohnes und seiner Freude wird nimmerdar ein Ende werden!

14. Und also mache Ich euch drei nun zu einem solchen Gastwirt und gebe euch dazu eine Hütte, gemacht aus der Hütte eurer Herzen, und einen fertigen, allzeit feuerreichen Herd, der da ist gleich der unerschütterlich festen Treue, wie die Flamme auf demselben gleich der Flamme der reinen Liebe in euren Herzen zu Mir.

15. Bleibt Mir aber alsofort getreue Verwalter dieses euch anvertrauten Heiligtums im Morgen, so werdet ihr euch gar bald überzeugen, welche Fülle des Segens aus dieser Hütte hervorgehen wird über den ganzen Morgen und über alle Nachbarn des Morgens!

16. Und du, Meine liebe, reine Purista, du bleibst Meine Köchin in der Küche der Liebe und am Herd des ewigen Lebens; Ich aber werde dein Gast sein!

17. Wem ihr aber immer Speise und Trank reichen werdet in Meinem Namen, dem werdet ihr es also geben, als wenn ihr Mir Selbst ein Mahl bereitet hättet.

18. Ich aber werde es also ansehen und euch dafür segnen, als hätte Ich Selbst das Mahl verzehrt; wer aber aus dieser Hütte eine Kost nehmen will, der soll, mit frischem Holz beladen und wohlversehen, dahin kehren.

19. Wer da leer kommen wird aus- wie inwendig, der soll auch leer wieder heimkehren!

20. In der Hütte aber wirst du, Meine liebe, reine Purista, in gerechter Menge der reinsten Gefäße antreffen. In diesen sollst du die in eurem erweiterten Garten reichlich vorhandenen Früchte in der Art, als die da waren, welche du erstaunt dem Adam als eine Morgengabe überreichtest,

zu drei und drei in reinem Wasser sieden und sollst hinzusetzen einen großen Topf für Mich Tag für Tag, Morgen für Morgen, Mittag für Mittag, und Abend für Abend, und also auch einen nicht minder großen Topf für jeden, der da Kost nehmen will in gerechter und wohlwürdiger Weise; und für dich und deine Alten sollst du aber nehmen den kleinsten Topf und sollst legen hinein die kleinsten Früchte.

21. Wenn aber dann die Früchte werden weich und süß genug verkocht sein, da nehme den fremden Topf und stelle ihn zuerst vom Feuer! Dann tue desgleichen mit dem deinen; den Meinen jedoch sollst du nicht eher vom Feuer rücken, als bis Ich entweder Selbst kommen werde oder jemanden senden werde in Meinem Namen, der da Meine Kost entweder selbst verzehren wird, oder er wird sie verteilen an euch alle in Meinem Namen!

22. Und also segne Ich euch nun neu in diesem neuen Geschäft; verwaltet es getreu, so werde Ich euer euch allzeit segnender Gast verbleiben hier, wie einst jenseits ewig in Meinem großen Vaterhaus! Amen.“

Kapitel 23

Die Schönheit der Ghemela und Purista

Am 1. Februar 1842

1. Es waren aber einige der Väter in ihren Herzen begierig zu erfahren, welche von den beiden weiblichen Lieblingen Abedams wohl die Schönere wäre. Daher trat der Sänger Kenan hin zum Abedam und wollte Ihn fragen darum im Namen mehrerer.

2. Der Abedam aber kam ihm zuvor, und fragte ihn: „Kenan, bist du in deinem Herzen zufrieden, so Ich dir's bloß nur sage?"

3. Und der Kenan erwiderte Ihm: „Herr und Vater, was soll ich Dir nun für eine Antwort geben? Du siehst ja mein Herz! So viel weiß ich, dass mein und unser Verlangen von zweifacher Art ist: wir möchten das Angesicht der Purista auch sehen, wie wir – wennschon von ferne nur – das der Ghemela sahen, daneben aber auch ein Wort Deines Wohlgefallens vernehmen; denn sonst wissen wir nicht, wie wir daran sind, – welche von den beiden doch wohl größer ist vor Dir?

4. Siehe, wir haben uns schon darüber die Köpfe nahe zerbrochen und die Herzen zerstoßen und mögen darin zu keinem richtigen Urteil gelangen!

5. Es liegt freilich wohl nicht das Heil der Menschheit daran, aber das Dir Wohlgefälligere zu erkennen, dürfte ja doch auch kein geringer Nebenzweck dieses Erdenlebens sein! So also Dein heiliger Wille es wäre, möchtest Du uns ja gnädigst gewähren diese Bitte!"

6. Und der Abedam sagte darauf zum Kenan: „So lasse denn alle die Neugierigen hierherkommen, und wir wollen sehen, wo hinaus sich ihr Urteil erstrecken wird! Amen."

7. Und der Kenan berief alsbald diejenigen, die da seines Wunsches waren, dass sie alsbald herbeikämen; und der Abedam aber berief die Ghemala und die Purista zu Sich und nahm die Ghemela auf Seinen linken Arm und die Purista auf Seinen rechten und hieß ihnen mit sanfter Stimme sich zu enthüllen vor den Vätern.

8. Beide taten sogleich ihr reiches Haar aus dem Gesicht und blickten all die Väter ehrfurchtsvoll und liebfreundlichst an.

9. Als die neugierigen Väter aber diese zwei überirdischen Schönheiten erschauten, wurden sie, wie von einem Blitz getroffen, zur Erde geworfen, und keiner getraute sich mehr, seine Augen zu erheben, um die beiden Schönheiten noch einmal anzusehen und zu urteilen über sie!

10. Der Abedam aber fragte den Kenan: „Nun, du alter Sänger Meiner Ehre, was deucht dir nun: diewelche von diesen beiden ist denn schöner und diewelche Mir näher? Da du sie nun beide gesehen, da wirst du doch ein Urteil Mir geben nun können?!"

11. Und der Kenan sagte ganz zitternd: „O heiligster Vater, Du mächtiger Gott! O jetzt lass in die Haut eines Esels mich kriechen, mich größten Toren, mich Narren! Was hab' ich getan, und was hab' ich begangen?!

12. Ich wollte unsinnigerweise als Blinder den Richter gar machen, ja einen schandelenden Richter hier zwischen zwei leuchtendsten, himmlischen Sonnen, von denen die eine so nah und hehr als die andere vom heiligsten himmlischen Vater auf Händen getragen nun werden!

13. Ob links oder rechts, oder Sonne am Morgen und Sonne am Mittag und Abend, – diewelche ist schöner, diewelche mehr Sonne?

14. O Unsinn, o Unsinn! Wer hat dich genährt so lange verborgen in meiner doch sonstig durchleuchteten Brust?!

15. O Du heiliger Vater, Du ewige Liebe, vergebe mir elendem Tropf, mir Toren, mir Narren, mir Ochsen, mir Esel, mir Wurm im Staube, mir blindem Maulwurf, – und wolle nicht künden uns Schweinen vorher

von mir Schwein so törichst von Dir uns erbetenes heiliges Wort; denn wir sind es nicht würdig, zu hören die Stimme vom heiligsten Munde, nicht würdig zu hören ein Urteil, ein heiliges über die Engel der Engel der reinsten Himmel!

16. O welch eine Glorie, und was für ein Glanz! O Du ewige Milde, Du Demut, Du Treue, Du Liebe der Liebe, Du heilige, – was schaffst Du aus Dir doch für Wesen, für herrliche Kinder?!

17. Verstumme, du läppische Zunge, du finstere, du kalte; denn heilig, zu heilig ist Der, vor dem schales Geschwätz du entbindest, als möchtest oder könntest du im Ernst was Weises bezeichnen. Drum schweige nur, schweige, du schmutziges Werkzeug des Unsinns, der Narrheit, der größten Torheit!

18. O heiliger Vater, vergebe, vergebe uns blinden, uns elenden Toren, Dein heiliger Wille geschehe, Dein Amen, Dein Amen, Dein Amen!"

19. Und der Abedam ließ wieder verhüllen den beiden das Antlitz vor den Vätern und sagte zu ihnen: „Ihr seid Mir beide gleich teuer, und es ist keine minder denn die andere und keine mehr denn die andere; daher bleibt auch also, wie ihr nun seid, so werdet ihr Mir auch stets also nahe sein, wie ihr Mir jetzt seid! Amen."

20. Nach diesen Worten setzte sie der Abedam wieder übersanft auf die Erde. Die beiden aber ließen sich sogleich zu den Füßen Abedams nieder und fingen an, einstimmigen Herzens den Abedam mit folgenden kurzen, inneren Worten, welche sie nicht auszusprechen vermochten, zu danken, zu loben und zu preisen:

21. „Heiliger, liebevollster Vater, voll der höchsten Milde, Sanftmut, Geduld und Erbarmung, wie sind wir, wie können wir solcher Gnaden von Dir aus, Du überheiliger Vater, denn würdig sein?!

22. Du würdigst uns freilich; aber sind wir dieser Würdigung würdig?!

23. Die erhabenen Väter sind unsertwegen zuschanden geworden vor Dir und vor allen Kindern; wir haben und tragen allein die Schuld auf unseren Angesichtern, darum Deine heilige Gnade uns wahrscheinlich schöner gestaltet hat als vielleicht irgendein anderes, uns gleich schwächliches Weib!

24. Doch Dir, o Du überheiliger, allerbester, allerweisester, liebevollster Vater, sei ewiger Dank und alle unsere Liebe, Lob und Preis für alles, wie und warum Du uns also gestaltet hast; denn jegliche Gabe von Dir ist ja allzeit eine höchst weise und übergute Gabe!

25. Nur dauert uns hier der erhabenen Väter, darum sie unsertwegen hier also auf der Erde nun schmachten, trauern – und gar weinen!

26. O Du liebster, Du von uns aus allein allergeliebtester Vater, erbarme Dich ihrer und stärke sie wieder mit Deiner allein über alles heiligen Liebe, und vergebe aber auch uns, so wir doch sicher schuld daran sind, darum es den erhabenen Vätern nun also kläglich vor Dir geht! Dein heiliger Wille geschehe jetzt, wie in alle Ewigkeit der Ewigkeiten!"

27. Und der Abedam sagte zu ihnen: „Meine lieben Töchterchen, sorgt euch nicht ohne Not! Seht, die vor Mir sich also gerechtermaßen demütigen, denen geht es durchaus nicht also kläglich, wie ihr es meint, sondern gerade im Gegenteil nur; denn näher ist Mir niemand und Ich nie jemandem näher irgendwann als gerade im Zustand seiner größten Demütigung vor Mir. Solches ist aber nun auch der Fall bei

diesen Vätern, die ihr in euren zartesten Herzen bedauert vor Mir und euch selbst beschuldigt ohne Not und die allergeringste Schuld.

28. Oder möchtet ihr wohl glauben, dass der auch einer Sünde fähig ist trotz seines freiesten Willens, den Ich auf Meinen Armen trage?

29. O seid darum nur frohen und heiteren Mutes; denn solches habe Ich schon von Ewigkeit her vorgesehen! Darum habt ihr keine Schuld; geht aber hin zu den Vätern und heißt sie von Mir aus erstehen! Amen."

30. Und die beiden sprangen alsbald hin zu den Vätern und richteten an sie des Herrn Willen.

31. Und alsbald erhoben sich die Väter und priesen und lobten Gott mit lauter Stimme.

32. Der Abedam aber beschied zuerst die beiden zu den Ihrigen zurück und fragte darauf den Kenan:

33. „Nun, – welcher erkennst du nun den Preis zu?"

34. Der Kenan aber legte die Hand auf seinen Mund.

35. Und der Abedam sagte zu ihm: „So du quitt bist mit deinem Urteil, so bin es auch Ich; denn aus zwei Liebsten wird wohl keine die liebere sein!

36. Doch aber ist ein Unterschied zwischen ihnen; aber die Erde hat kein Auge für derlei Unterschiede!

37. Und also kehrt wieder auf eure vorige Stätte zurück! Amen."

Kapitel 24

Henochs Furcht vor der Sabbatsrede. Der Herr kann nicht als Gott, sondern nur als Mensch geliebt werden

Am 3. Februar 1842

1. Nachdem somit die etwas zu viel Neugierigen zufriedengestellt wurden und auch die Ghemala sich wieder befand an der Seite Lamechs, wie die Purista in der Mitte ihrer vor großer Freude zitternden Alten, da berief der hohe Abedam alsbald den Henoch zu Sich und sagte zu ihm:

2. „Höre, du, Mein geliebter, frommster Henoch! Ich sehe eine Furcht in deinem Herzen, und ein dich ängstigender Schatten steigt schon längere Zeit um dein ewig unsterbliches Herz herum, gleichwie da bekriecht eine lose, brutzeitige Fliege einen gesunden, frischen Apfel am Baum und untersucht mit ihrem Stechrüssel, da es ihr gelingen dürfte, die Schale der gesunden Frucht zu durchbohren, um einen argen Abkömmling ihres losen Geschlechtes in das Fleisch der Frucht zu schieben, damit er da zernage und möglichst zerstöre das Leben der Frucht.

3. Siehe, zu was nütze sonach eine solche Frucht? Zu welchem Ende dem freien Herzen eine Angst?

4. Du sollst von Mir eine Rede halten dem Volk als ein wahrer Hoherpriester Meiner Liebe, Erbarmung und Gnade.

5. Siehe, solches war ja schon lange eher der fromme Wunsch Adams, als Ich Selbst wesentlich noch zu euch kam!

6. Ich habe dich nun, wie vorher, lebendig bestätigt und habe dir gestern und heute davon gesagt, darum du ja keine Sorge tragen sollst, was du reden sollst, was du reden möchtest; denn Ich werde es

dir im Augenblick des Bedarfes treu geben, was du reden sollst, von Wort zu Wort. Und siehe, dessen ungeachtet fürchtest du dich!

7. Siehst du aber nicht ein, wie läppisch eine solche Furcht ist? Mich kannst du ja doch unmöglich mehr fürchten; denn du weißt es ja und hast es vorher aus Mir allzeit gewusst, dass Ich die allerhöchste Liebe Selbst bin.

8. Nun weißt du aber auch, dass Ich vom Grunde des Grundes aus demütig, überaus sanftmütig, milde, langmütig und überaus geduldig bin!

9. Was fürchtest du dann? Etwa deine Väter, deine Brüder oder deine Kinder? Siehe, das ist eitel von dir! Du lässt dich heimlich bedünken und sprichst bei dir: ‚Wie werde ich bestehen, so ich etwa doch noch werde müssen die bedungene Volkssabbatsrede halten, und höre, das noch dazu in der allerknappsten Gegenwart des Herrn der Ewigkeit und allmächtigsten Schöpfers der Unendlichkeit, – in der allerleuchtendsten Gegenwart der allerhöchsten Weisheit des heiligsten, liebe-, gnade- und erbarmungsvollsten Vaters?!

10. Wie wird sich mein armseliges Wort nun ausnehmen nach den heiligsten, allerwesenhaftesten, lebendigsten Worten, welche alle nun schon aus dem allerheiligsten Munde gleich einem endlosen Lichtstrom zu uns armseligsten Würmchen im Staube des Staubes geflossen sind!?‘

11. Siehe, sind nicht das deine eigenen Träumereien? Wozu aber taugen sie? Etwa zum Leben? Siehe und verstehe, um das Leben hast du dich doch sicher nicht mehr zu kümmern! Glaubst du etwa, solches sei Mir angenehm, so du schweigst und Ich rede an deiner statt?

12. Ich sage dir aber, solche Demut behagt Mir nicht, so du vor Mir mutlos wirst und fürchtest dich vor Meinen Ohren und hast Angst vor Meinen Augen.

13. Wohl aber habe Ich das größte Wohlgefallen an einem solchen Benehmen, das vollends gleicht der Verhaltungsweise der kleinen Kindlein, die da keine Angst und Furcht vor ihren Eltern haben, sondern sind allzeit voll guten Mutes und reden und schreien vor ihren Eltern darauf los, als wären sie die Herren im Hause; wenn es sie aber hungert und dürstet, da laufen sie doch in aller kindlichen Liebe und Ergebung zu den Eltern und bitten sie ums Brot, und so sie das Brot empfangen aus den Händen der Eltern, danken sie den Eltern mehr durch den frohen, heiteren Genuss desselben als durch eine zu übertriebene Ehrfurcht und Angst vor ihnen und daneben mit einem viele Amen langen, wenigsagenden Wortdanke!

14. Oder ist es nicht jedem Vater lieber und jeder Mutter ums Unaussprechliche angenehmer, so die Kinderherzen vor ihnen fröhlichen und heiteren Mutes genießen die dargereichte Gabe und sehen dabei gesund aus und frisch wie die Blümchen nach einem erquickenden Regen, als so die armen Kinderchen vor lauter Furcht, Angst und unermesslicher Hochachtung zittern vor dem Angesichte ihrer Alten und, so ihnen diese auch liebevollst das Brot reichen, sie sich aber dennoch nicht getrauen, das Brot zu nehmen und noch weniger zu genießen aus lauter übertriebener Ehrfurcht vor den Eltern, und sehen dabei aus wie ein verwelktes Gras, das mit schwachen Wurzeln aus einer mageren Steinspalte hervorwuchs?!

15. Siehe, ist solches nicht eine Torheit? Darin aber besteht die Regel der Liebe und

aller Weisheit aus ihr: Für den Begrenzten muss alles in den gerechten Schranken gehalten werden; denn das Unbegrenzte ist für den Begrenzten der Tod.

16. Du kannst Mich nicht lieben als Gott, sondern nur als Mensch; denn welche endliche Brust möchte wohl ertragen den unendlichen Gott, welche das endlose Feuer der göttlichen Liebe, welcher endlich geschaffene Geist die endlose Fülle der göttlichen Weisheit?!

17. Welches Kindlein kann wohl seine Mutter, wie es die Mutter liebt, wieder lieben? Und könnte es das mit seiner geringen Kraft, was würde aber da wohl gar bald aus dem Kindlein werden?

18. Und doch hätte da nur eine Beschränktheit mit der anderen zu tun; was soll aber erst daraus werden, wenn die Beschränktheit das Unendliche in jeder Hinsicht in sich aufnehmen möchte?

19. Siehe, Henoch, darum ist eitel deine Furcht, und leer deine Angst! Wer Mich aus allen seinen ihm verliehenen Kräften liebt, der tut genug, denn er hat erfüllt das ihm zugeteilte Maß; dazu aber bedarf es weder der Furcht, noch der Angst.

20. Ein Baum ist ein guter Baum, so er jährlich seine Äste füllt mit süßem Obst; welche Torheit aber wäre es, von diesem Baum zu verlangen, er solle die ganze Erde reichlichst mit seinen Früchten versehen!

21. Daher sei du nur heiteren Mutes, und erfülle Meinen Willen, so werde Ich ganz vollkommen zufrieden mit dir sein.

22. Trachte nicht, Mich endlos zufriedenstellen zu wollen, was selbst dem höchsten geschaffenen Geist unmöglich ist; sondern nach deinen Kräften endlich nur, damit das dir verliehene Maß voll werde. Für das Unendliche aber lasse nur Mich, deinen guten Vater, sorgen!

23. Die bedungene Rede aber gehört mit in dein Maß; daher richte dich nur mutig auf, und öffne vor all den Anwesenden deinen Mund in Meinem Namen. Amen."

Kapitel 25

Die große Macht des demütig Kleinsten. Henochs Sabbatsrede

Am 4. Februar 1842

1. Nach dieser Rede Abedams besah sich der Henoch von innen und fand in sich bestätigt, was ihm der hohe Abedam bezeugt hatte.

2. Er dachte aber weiter nach über die brutzeitige Fliege und über den gesunden Apfel und fragte darauf den Abedam:

3. „Heiliger, liebevollster Vater, darf denn der Satan sich auch Deinem Heiligtum nahen gleich der losen Fliege dem gesunden Apfel?

4. Siehe, wahrhaft, solches kommt mir seltsam vor, zu erfahren im Reich des Lebens und im Reich des Lichtes; – was hat da der Geist aller Finsternis zu schaffen?"

5. Und der Abedam erwiderte ihm: „Henoch, was kümmert dich das, so Meine Liebe und Erbarmung größer ist, als dass du sie ewig je fassen und begreifen wirst können?

6. So sich aber Meine Liebe und Erbarmung sogar bis zum endlos finstersten Geist erstrecken mag, wie magst du darum fragen, als könntest du in Meiner großen Nähe etwa zu kurz kommen?

7. Siehe, die Sonne der Welt ist ein großes Licht und spendet ihre Strahlen, und zwar den größten Teil derselben, in die endlos fernsten Weltenräume! Sollen sich aber darum die Erde und ihre Nachbarn

aufhalten, dass ihre lichte Mutter also verschwenderisch umgeht mit ihren Strahlen? Und könnten sie solches tun, würde sie da die lichte Mutter nicht alsbald fragen können:

8. ‚Kinder, was kümmert euch das; halte ich euch darum zu kurz, und hat von euch nicht ein jedes des Lichtes und der Wärme in gerechter, überflüssiger Menge?!'

9. Siehe, gerade also verhält es sich auch bei Mir! Darum kümmere dich nicht um Meine großen, unerforschlichen Wege, sondern bleibe unbesorgt auf den kleinen Meiner Liebe zu euch, und lasse unbesprochen die großen Reiche der Finsternis, so kannst du vollends versichert sein, der noch sehr starke Fürst des Todes wird mit dir und mit allen Brüdern deiner Liebe gar wenig zu tun und zu richten haben.

10. Ich sage dir zwar, es würden für dich Ewigkeiten nicht auslangen, um zu erforschen die Größe seiner Macht und Stärke; aber dessen ungeachtet ist er ein endlich erschaffener Geist, und da alle seine Macht für ewig aufhört, fängt erst Meine unendliche an.

11. Darum sei unbesorgt; denn so du in Meinen Händen bist, ist doch schon dein leisester Hauch mächtiger denn alle Stärke, Macht und Gewalt des Satans.

12. Er ist gleich einem hungrigen, brüllenden Löwen, dem es an der Nahrung gebricht. Wehe dem Tier, das ihm unterkommt, oder das seine schärfste Nase irgend aufgewittert hat; Ich sage dir, es möchte sogar dem Mamelhud schlecht ergehen bei diesem Kampf!

13. Aber so der Löwe auch ergrimmt hungrig brüllt, so beachtet er aber doch die nicht selten vielen Fliegen nicht, die um seine Ohren summen!

14. Siehe, darin liegt die große Macht des demütigst Kleinen. Eine Fliege wird oft einer ganzen Herde von Löwen zur Last, während eben diese Löwenherde der Fliege etwas ganz Unkümmerliches ist.

15. Du aber bist lange schon eine Mücke der Demut geworden; daher lasse den Löwen sein, dass er dir unschädlich ist, und mache dich sonach ganz unbekümmert an dein frommes Werk! Amen."

16. Und der Henoch dankte dem hohen Abedam für diese große Befreiung und Stärkung im Herzen auf das Inbrünstigste und sprach endlich: „Amen, dein heiliger Wille geschehe!

17. Und so vernehmt denn, alle ihr Väter, Brüder und Kinder, die ihr schon habt ein geöffnetes Ohr:

18. Wir sind hier in der Mitte des Tages des Herrn versammelt in der allerhöchsten Gegenwart des allerhöchsten, allerheiligsten, liebevollsten Vaters, welcher da ist Gott, Gott der Gewaltige, der Starke, der allmächtige Schöpfer Himmels und der Erde.

19. Was sollen wir tun, um diese unendliche Gnade, welcher die ganze Erde unwürdig ist, wenigstens im Anbetracht unserer Beschränktheit soviel als möglich zu würdigen?

20. So wir uns gegenseitig einen Dienst erweisen, da kann der Bediente dem, der ihm einen guten Dienst verrichtet hatte, einen bevorteilten Dienst entgegen erweisen.

21. Hat mich jemand hundert Schritte geführt, so führe ich ihn dafür zweihundert Schritte weiter – hundert Schritte, darum er mit mir den Weg gemacht hatte, und hundert Schritte, darum er mich geführt hatte –, und wir sind dann quitt, und niemand ist dem Bruder für einen erwiesenen

Dienst mehr als höchstens den dreifachen Gegendienst schuldig. Will er mehr tun, so steht solches in seiner freien guten Willkür; aber dann ist ihm auch der Bruder zu einem Gegenschuldner geworden.

22. Wer mir ein Stück Brot gibt, dem gebe ich drei Stücke zurück: ein Stück für das Stück, ein Stück für seinen guten Willen und ein Stück für die Mühe seiner Hand; sagt, kann er da mehr von mir verlangen?

23. Ja, wie ich gesagt habe, ein Leichtes ist, zu erwidern tausendfach – wenn es darauf ankäme –, nicht nur zwei- oder dreifach, des Bruders Dienst, des Bruders Wohltat, selbst wenn mir jemand mein Leben gerettet hätte, da er mich behände von einer Felsenwand losrisse, da sie sich schon zu rühren anfinge, um im nächsten Augenblick zusammenzustürzen über meinem Haupt, da ich erschlagen würde und zermalmt unter der großen Last der Felsentrümmer; ich kann ja doch noch sterben für ihn und ihn auf meinen Händen tragen mein Leben lang!

24. Aber was können wir denn hier tun? Was unserem Vater, unserem Schöpfer, Ihm, dem heiligen Geber aller guten Gaben, Ihm, der zuerst uns selbst uns gegeben hat, der uns die herrliche große Erde gab wie zu eigen für diese Zeit, – die Sonne, dies herrliche, wohltätige Licht, – die Sterne als zahllose Leuchten der Nacht und so den Mond! Und wer könnte die Schätze alle zählen, die Er uns gab?!

25. Zu allem dem aber kam Er nun auch Selbst zu uns, um uns alle noch mit unendlicheren Schätzen des ewigen Lebens für ewig zu bereichern!

26. Zu bereichern durch Seine Liebe, Erbarmung und Gnade, zu bereichern durch Sein lebendiges Wort, und mehr noch uns zu bereichern durch die unaussprechlichsten Verheißungen!

27. Hört, hört ihr Väter, Brüder und ihr Kinder alle! Was können wir denn diesem Wohltäter dafür tun? Was Ihm geben, das wir nicht zahllosfältig früher von Ihm empfangen hätten?!

Am 5. Februar 1842

28. O Väter, Brüder und Kinder, das ist wahrhaft eine der allergrößten und allerwichtigsten Fragen, – ja, das ist eine Frage und ein also endlos zu beantwortender Sinn in ihr, dass dazu wohl die ganze Ewigkeit zu kurz sein dürfte, um nur einen geringsten Teil dieser Frage aller Fragen zu beantworten!

29. So jemand fragen möchte: ‚Wie viel Sandkörner groß ist die Erde, und wie viel Tautröpfchen enthält das ganze, fast endlos große Meer, und endlich, wie viele Sternsonnen brennen in der ganzen weiten Unendlichkeit?', – seht, diese Fragen, so endlos groß sie auch zu klingen scheinen, möchte wohl schon ein nur einigermaßen tiefsinniger Cherub vielleicht zur Genüge beantworten! Ja, er möchte uns höchstwahrscheinlich den Sand der Erde auf eine Art vorzählen, dass uns allen dabei das Hören und Sehen verginge, und möchte uns die Tautröpfchen des Meeres auf eine Art vorführen, dass wir gar bald gerne alle ausrufen würden: ‚Verschone uns mit deiner großen Antwort; denn wir haben schon mit einem Tröpfchen in die große Genüge!'

30. Und also auch würde er höchstwahrscheinlich nicht ermangeln, uns die Zahl der Sternsonnen auf eine Art zu künden, dass darüber die ganze Erde also erbeben möchte, als wenn ihr unser überheiligster Abedam – wenn auch ganz leise –

ankündigen möchte: ‚Höre, du Treulose! Morgen will Ich dich waschen im Feuer Meines Grimmes!'

31. O Väter, Brüder und Kinder, groß zwar, ja unerträglich groß wären diese Antworten, – aber doch nicht unmöglich zu geben, wennschon für uns Würmer im Staub ungenießbar!

32. Sagt und urteilt aber dagegen, welcher allergrößte und allerweiseste der Urerzengel möchte sich denn an die gültige, ja – vor Gott gültige Beantwortung der in dieser meiner Rede vorliegenden allerhöchsten Hauptfrage wagen?

33. Seht, das ist jener erhabenste Grund, ja – in dieser Frage liegt er, über welchen die ganze Ewigkeit und die ganze Unendlichkeit ein ununterbrochenes allerehrfurchtsvollstes Stillschweigen beobachtet!

34. Ja, – hier schweigt der hohe, erhabene Engel und sinkt zerknirscht hin vor Dem, der ihn für ewig erschuf; denn auch ihm bleibt nichts anderes zu tun übrig, als nur aus allen Kräften zu lieben und anzubeten den überheiligen Vater, der ihn schon Ewigkeiten lang vorher geliebt hatte, ehe er noch wesenhaft ward!

35. Und alle die noch von keinem geschaffenen Engelsgeist gezählten Sonnen mit allen ihren großen Feuerbewohnern, was tun sie denn, oder was können sie tun? Hört! Unmöglich etwas anderes, als was der größte Urerzengel tut, – sie erfüllen in ihrer erhabenen ehrfurchtsvollsten Stille den heiligen Willen des großen überguten Vaters; und das ist alles, was sie zu tun vermögen. Ihr großes Lob kündet jede Sonne noch den endlos fernen Schöpfungen, und also verkünden sie sich gegenseitig stille durch ihre weiten Strahlen, dass nur ein Gott es ist und dieser Gott ein und

derselbe heilige, liebevollste Vater, der sie liebend schuf für Liebe, um zu lieben die fernen dunklen Räume auch und sie zu beleben mit der Liebe des heiligen Vaters.

36. O Väter, Brüder und Kinder, glaubt es mir, es ist die ganze Erde voll der Liebe des heiligen Vaters; denn wäre sie es nicht, wahrlich, wir hätten keinen Grund, darauf wir unsere Füße stellen möchten, und lange schon hätte selbst unsere Leiber der schreckliche Abgrund der ewigen Unendlichkeit verschlungen!

37. Seht also die lieberfüllte Erde, seht die Sonnen, die da sind voll der mächtigen Liebe des heiligen Vaters, darum sie tragen in weitgedehnten Kreisen ihre Erden, wie diese uns, und den steten Säugling, den ernstlieblichen Lehrer der Zeiten, den nächtlich uns leuchtenden Mond!

38. Was ist die belebende Wärme der Sonne denn anderes als Liebe?! Ja, Liebe des heiligen Vaters, in ihr ist sie! Und ihr Licht, ihr herrliches Licht! Was ist es denn sonst – als nur der so hehr scheinende Flammenglanz der heiligen Liebe des überguten, überheiligen Vaters in ihr?!

39. O Väter, Brüder und Kinder, betrachtet, betrachtet doch nur ein wenig die große Schöpfung um uns her; sie ist überall voll Liebe! Ja, ich sage mit dem allertüchtigsten Grunde alles Lebens, was ihr nur immer ansehen mögt – Kleines oder Großes, Nahes oder Fernes –, es strotzt alles zum Aufspringen vor Liebe des heiligen Vaters.

40. Alles, alles lobt, liebt und betet Ihn unablässig an. Keines fragt wie wir: ‚Was sollen wir tun? Wo sollen wir anfangen und wo enden das große Lob des heiligen Vaters?', sondern in stiller, innerer Wonne erfüllen sie den Willen des heiligen Vaters, und ferner Welten weite Räume sind noch

reichlich zeugend erfüllt von dem so mild, herrlich stillen Wirken einer ehrfurchtsvoll still liebend ergebenen Sonne und anderer lieberfüllter Dinge!

41. Nur wir Kinder, – hört! – wir Kinder eben dieses heiligen Vaters, wir lebendigen Kinder können noch – im wesenhaften Angesichte des Vaters fragen: ‚Was sollen wir tun?' Eine Frage, die kein Engel ewig je beantworten wird!

42. Und doch fragen wir in der Mitte der Wunder der Liebe, darum sie zerspringen möchten vor lauter Liebe: ‚Was sollen denn wir tun?'

43. Nichts, – nichts können wir tun, als nur zu lieben Ihn aus allen den von Ihm uns gegebenen Kräften und dankbar fröhlich genießen jegliche Gabe der ewigen Liebe aus Ihm!

Am 7. Februar 1842

44. Sonach, geliebteste Väter, Brüder und Kinder, da uns allen diese Frage ganz vollends unmöglich zu beantworten ist und alle unsere größtmöglichsten Gedanken zu klein sich verhalten zu der Größe unserer Schuld vor und zum allerheiligsten Vater, bleibt uns nichts anderes übrig, als unsere Herzen soviel als nur immer möglich zu erweitern, um diesen unseren überguten, überliebevollsten, überheiligsten Vater zu lieben über alles und, wenn unsere Liebe den allerhöchsten Brennpunkt erklimmen wird, vor Ihm im Staube unserer vollsten Nichtigkeit niederzufallen, vor Ihm uns zu demütigen bis auf das letzte Atom unseres Seins und Ihn dann in dieser unserer völligsten Zerknirschung mit nahe stummer Zunge im Geiste der reinsten Liebe und aller Wahrheit aus ihr anzubeten!

45. Nicht Brandopfer, nicht das Blut der Tiere, nicht der Rauch von den verbrannten Weizen- und Kornähren, sondern allein die im Geiste und in der Wahrheit reinen Vollbrandopfer unserer Herzen sind es, daran der überheilige Vater ein Wohlgefallen hat.

46. Darum wollen wir Ihm auch da, wo es Ihm am allermeisten wohlgefällt, nicht tote, sondern lebendige Opferaltäre errichten, auf welchen gleich wie in der neuen Hütte der herrlichsten Purista die reine Flamme unserer Liebe nimmerdar erlöschen soll, sondern nur stets gewaltiger und gewaltiger auflodern zur alleinigen Ehre Dessen, der nun überheilig unter uns weilt!

47. Ein jeder tue nach seinen Kräften und nach seinem Vermögen; denn wie es nicht gibt Blumen einer und derselben Art, sondern ihre Geschlechter ins also Endlose gehen, dass der Erde letzte Bewohner nicht einmal alle kennen werden, und es also auch gibt des Grases, der Bäume, der Tiere und also auch der Sterne am Himmel, – also gibt es auch nach der allerhöchstweisesten Ordnung Jehovas, unseres allerheiligsten Vaters, in jedem anderen Menschen undenkbar verschiedene Grade von geistigen Kräften aller guten Arten und also auch verschiedene Vermögen der Seele im Menschen.

48. So jemand da hat ein starkes Herz, der sei auch stark in der Liebe, auf dass durch die Liebe auch alle seine anderen Kräfte zum Leben gestärkt werden!

49. Wer da hat ein starkes Gesicht, der leite die Brennpunkte seiner Sehe in sein Herz, auf dass dadurch sein Dankopfer in ihm die lebendige Flamme fange, vollauf erbrenne und also sein Geist lebendig erstarke in der wahren Liebe zu Gott, der da ist unser liebevollster, überheiliger Vater nun unter uns allen, sichtbar uns allen!

50. Wer da hat ein starkes Gehör, der kann seine Schalltrichter hinwenden zu den Ohren seines Herzens, damit dadurch alles vernommene Getöne sich eine im Herzen zu einem wahren, kräftigen, dem Vater wohlgefälligen Lobgesang vor dem lebendigen Opferaltar der Liebe und alles wahren Lebens aus ihr in uns!

51. Wer da ist gar stark in seinen Gedanken über allerlei Dinge, der leite alle diese seine Gedanken zurück ins Herz; ja, in die Tiefe seines Herzens versenke er alle seine Gedanken, allda der lebendige Opferaltar der reinen Liebe aufgerichtet ist, lege sie da auf diesen geheiligten Altar und entzünde sie alle da mit der sonst vielleicht schwächeren Flamme seiner Liebe, damit dadurch lebhafter und lebhafter diese Flamme werde und Gott wohlgefälliger und er desto lebendiger durch und durch!

52. Wer da stark ist im Empfinden, der auch leite diese reiche Ölquelle hin auf den Altar der reinen Liebe im Herzen, damit die Flamme eine beständige Nahrung habe zur allerschuldigsten Verherrlichung des größten und allerheiligsten Namens Jehova in uns!

53. Wer da ist stark in Wahrnehmungen aller Art, diese Wahrnehmungen sind das frische Holz, das da jeder Hungrige und Durstige nach der Kost des Lebens zur Hütte der Purista als eine Mitopferung bringen soll.

54. Dieses Holz also legt reichlich auf den Altar des lebendigen Heiligtums in uns, damit dadurch die Flammen reicher und reicher werden zum wahren Preis und Lob Dessen, dem es also wohlgefiel, Sich in unserem Herzen eine heilige, lebendige Wohnung zu errichten!

55. Wer da stark ist in der Nächstenliebe, der führe seine Brüder und Schwestern in diese reine Hütte des Herrn, und versehe sie da reichlichst mit der Kost des Lebens! Wahrlich, das ist dem liebevollsten, heiligsten Vater der allerangenehmste Lobgesang, so sich ärmere Brüder und Schwestern reichlich an der Zahl in unserem Herzen an der heiligen Flamme der reinen Liebe in uns wärmen und zehren mit dankbarem Gemüt voll Freuden von der gastlichen Küche der herrlichen Purista, in uns!

56. O Väter, Brüder und Kinder, wahrlich, wahrlich, wahrlich, wir können nichts Größeres und dem heiligen Vater nichts Wohlgefälligeres tun, als so wir mit großer Liebe, Dienstfertigkeit und aller Freigebigkeit unsere ärmeren Brüder und Schwestern, wenn sie selbst aus der Tiefe zu uns kämen, mit großer Freudigkeit und Freigebigkeit aufnehmen und ihnen den bei weitem größeren Topf, als der für uns bestimmte es ist, aufsetzen und sie früher sättigen und tränken denn uns selbst!

57. Überaus wohlgemerkt: ja früher — denn uns selbst! Denn sonst wird sich der hohe, heilige Gast, der nun auch in uns allen die heilige Küche der Purista errichtet hat, wohl schwerlich je einfinden, da Speise der Liebe nehmen und uns segnen mit dem ewigen Leben!

Am 8. Februar 1842

58. Väter, Brüder und Kinder, in was immer alsonach sich sicher jemand stark fühlt, der denke und glaube es lebendig, dass da jegliche Stärke in uns ist eine Gnadengabe des überheiligen Vaters!

59. Was wäre demnach ein Mensch, der da hätte irgendeine Stärke und möchte dieselbe also benützen, als wäre sie pur sein eigen?

60. Ich sage euch, eine größere Eigenliebe könnte es gar nicht geben!

61. Denn so sich jemand da irgendein Werk seines Bruders zueignen möchte, der wäre doch sicher auch voll der Eigenliebe; aber da hätte er es doch nur mit seinem Bruder zu tun und wäre ein arger Dieb gegen seinen Bruder.

62. Bei der Zueignung einer Gabe Jehovas aber hat er es mit Gott zu tun, der da ist unser aller liebevollster, heiligster Vater, und dem allein alle Dinge, wie alle Mächte und Kräfte und Gewalten vollends zu eigen sind.

63. Seht und hört und versteht es, da wird ein solcher Eigenliebler ein Dieb gegen Gott, – welches da ist der Eigenliebe höchster Grad!

64. Wahrlich, in diesem Falle hört der Mensch auf, ein Kind des heiligsten Vaters zu sein, so zwar, dass er sich dadurch selbst dem Gericht überliefert und wird bloß ein Geschöpf nur, und bessert er sich nicht, ein Kind der Schlange sogar, ein Kind des Todes, und also auch ein Kind des Zorns und Grimms, ein Kind der Hölle, die da ist ein ewiges Grab voll des Fluches, voll der Verdammnis und voll des Zorngrimmfeuers aller ewigen Verworfenheit!

65. Daher – wie es schon gesagt wurde, liebe Väter, Brüder und Kinder, wer da von euch was immer für eine überwiegend fühlbare Stärke hat, der betrachte sie ja nicht als irgendein Eigentum, sondern als ein immerwährend neues Geschenk vom heiligen Vater, und gehe mit diesem alsbald in die Hütte der Purista im eigenen Herzen, lege diese heilige Gabe auf den Opferaltar im eigenen Heiligtum, trage dann selbst frisches Holz der wahren inneren Demut zu diesem heiligen Herd, lege es auf die vielleicht schon matte Flamme der reinen Liebe, damit diese wieder hell auflodere und die geopferte Gabe ergreife und sie verzehre zum alleinigen Lob, Ruhm und Preis Dessen, der da ist der alleinige heilige Geber aller solcher guten Gaben und da heißt Jehova, Gott von Ewigkeit, unendlich und über alles heilig und allmächtig, unser überheiliger Vater, voll der höchsten Liebe, Gnade und aller Erbarmung!

66. Denn nur Ihm allein gebührt alle Liebe, alles Lob, alle Ehre, aller Ruhm, aller Preis und alle Anbetung.

67. Was aber ist die wahre, reine Liebe in uns zu Gott? Sie ist die innigste Vereinigung unseres gesamten Lebens mit dem Leben alles Lebens in Gott, aus welchem Leben alles Leben, alles Sein und alle Dinge hervorgegangen sind!

68. ‚Gott allein lieben‘ heißt demnach nichts anderes, als in Gott Selbst ein neues, ewig unsterbliches, unvergängliches Leben beginnen, und zwar dadurch, dass wir alle unsere Kräfte als lauter Gaben des heiligsten Vaters auf den Altar in unserer eigenen von Gott errichteten Speisehütte des Geistes legen, dann hernach das heilige Flämmchen mit dem frischen Holz unserer Demut unterstützen, auf dass da ein Vollbrand wird, der alsonach alle unsere geopferten Kräfte ergreift, sie verzehrt und uns weltlichermaßen vernichtet.

69. Aber eben aus dieser Verrichtung geht erst dann ein neues Leben hervor, ja ein Leben in Gott, unser aller liebevollstem heiligem Vater!

70. Das ist der verordnete größte Speisetopf in der heiligen Hütte der herrlichen Purista. So darin die Früchte vollends weich gekocht werden, wird der hohe heilige Gast dann auch kommen und wird daselbst am heiligen Kindertisch mit Seinen

Kindern eine neue Mahlzeit halten, eine Mahlzeit der ewigen Liebe, Gnade und Erbarmung, ja eine Mahlzeit zum ewigen Leben!

71. Sehet, so wir solches tun, so ist das ein rechtes Lob, eine rechte Ehre, ein wahrer Ruhm, ein für uns höchster Preis und in unserer endlichen Vernichtung im heiligen Feuer der reinen Liebe in uns die alleinig wahre Anbetung, da wir da wahrhaft im Staube unserer vollkommenen Nichtigkeit vor Gott darniederliegen und uns einen in und durch das uns verzehrende Feuer der Liebe am neuen Opferaltare in unseren Herzen mit Gott, mit unser aller liebevollstem, allerheiligstem Vater!

72. Wahrlich, wahrlich, liebe Väter, Brüder und Kinder, so jemand nicht sich selbst ganz opfern wird auf diesem uns allen nun zur Genüge bekannten Altar in der Hütte der herrlichen Purista in uns und wird sich nicht verzehren lassen zu Staub, Rauch und Asche; wer sonach nicht diese wahre Feuerprobe wird bestehen wollen, der wird den sicheren Tod nicht aus sich bringen, und nie wird ihm eine Ghemela zum Lohn des ewigen Lebens werden!

73. Wer da lebt und atmet und empfindet die endlose Wohltat des Lebens und fühlt die unaussprechliche Süßigkeit desselben, der bedenke wohl, dass dies irdische Leben nur ein Probeleben ist und ist in allem eine Gabe des heiligen Vaters.

74. Wer es sich törichterweise wird aneignen wollen, wird es verlieren auf ewig, wer es aber in allem dem großen, heiligen Geber wieder also, wie es nun zur Genüge gezeigt wurde, wieder anheimstellen wird, sich selbst opfernd, der wird es behalten im reinsten Vollbestand für ewig, ewig, ewig in Gott, unser aller heiligstem, liebevollstem Vater!

75. Da wir aber nun alle vernommen haben, was da jedem von uns allen nottut vor Gott, so lassen wir es bei dem alleinigen Vernehmen nicht verbleiben, sondern machen das Vernommene durch Worte im eigenen Herzen stets vernehmbar, damit es von da übergehe in das Blut und vom Blut in alle Glieder unseres Wesens zur lebendigen Tat; denn so jemand das wahre, lebendige Wort aus Gott Selbst vernommen hat und ist ihm dadurch der Weg gezeigt worden, ja gezeigt der kürzeste und sicherste Weg, und er wandelt nicht sogleich vollkommen diesen Weg, der ist doch sicher ein allergrößter Tor, ein allerträgster Ochse und ein allerdümmster Esel darum, da ihn die Kraft des lebendigen Wortes ohnehin schon während des alleinigen Vernehmens gestärkt und wenigstens schon zur Hälfte lebendig erweckt hat, und er es dann überleicht hätte, durch seines eigenen freien Willens Tätigkeit sich vollends zu beleben.

76. Also, nicht beim alleinigen Vernehmen lasst es bewendet sein, sondern zur Tat, zur lebendigen Tat trage ein jeder tief in seinem Herzen diese Worte, so wird er sein ein wahrhaft Weiser in der Ordnung Jehovas, darum ihm lieber sein wird ein lebendiges Haus von tausend im schönsten Kreis stehenden schlanksten Zedern denn ein totes von behauenen Tannen, die da zwar auch in die Erde gesteckt sind, aber da sie selbst tot sind, so verfaulen sie auch bald in der Erde, und weht dann irgendein Sturm über diese toten Häuser, da stürzen sie alsbald ein und ertöten ihre Einwohner.

77. Das Haus aus den lebendigen Zedern ist ein sicheres Haus, indem wir allzeit den rechten Schutz finden darinnen.

78. So wir aber den Samen legen in die Erde, damit wir aus ihm mit der ehestmöglichsten Zeit zu einem lebendigen Haus kommen möchten, und zwar in dem Kreis wir den Samen gelegt haben, in dem möchten wir auch schon unser lebendiges Haus erschauen, – müssen wir da aber trotz unserer großen Begierde zum lebendigen Haus nicht zur nötigen Geduld übergehen und unterdessen ruhig wohnen in den behauenen toten Hütten, bis das lebendige Haus vollends dicht und reif dasteht und wir es dann beziehen können?! Und haben wir es einmal bezogen, wie voll Freuden sind wir da darum, dass wir ein also festes lebendiges Haus nun haben, das uns wohl decken kann vor jeglichem Sturm!

79. Aber wie oft läuft der Mensch durch mehrere Jahre mit dem Wasserschlauch um den Bäumchenkreis herum und begießt jegliches sorgsam, damit sie sich ja recht bald hoch über den Erdboden erheben sollen, und er die Stämme bald möchte mit den duftenden Zweigen des Myrten-, Lorbeer- und Balsampalmbaumes einzuflechten anfangen, und die Klüfte auszustopfen mit dem reichlichen Speick der Schafherdenhöhen, und mit wohlduftendem Moos, und also auch sonach vom Hauptmittelbaum ein wohlgeflochtenes Dach aus dem unzerstörbaren Goldstroh zu spannen bis zu den Seitenwandbäumen!

80. Seht, solches nennen wir weise; ja, solches ist auch wahrhaft weise getan! Übertragen wir aber diese weise Handlungsweise auch auf uns selbst!

81. Der allergesündeste Same ist nun im Übermaß ausgestreut. Des lebendigsten Wassers haben wir nun auch in der größten Menge. Der große, heilige, allmächtige Baumeister aller Dinge ist sichtbar unter uns. Wir sind alle erweckt. Wir sind in der heiligen Mitte des hellsten Tages. Die Herdealpen spenden schon überherrlich von den wohlduftendsten Kräutern reiche Wohlgerüche zu uns herab. Das Goldstroh ist allenthalben in großer Überfülle schön geraten vorhanden.

82. Wie wenig alsonach geht uns noch ab, zum Besitz der lebendigen Häuser im Geiste zu gelangen; o denkt, denkt doch, wie sehr wenig!

83. Und so denn ergreifen wir alle lebendigst tätig das lebendige, heilige Wort, das da ist ein Wort alles Lebens, aller Macht und aller Kraft unmittelbar aus Gott Selbst, und des Lamechs Lohn, die himmlische Ghemela oder die sich über alle Begriffe mild und sanft herablassende Liebe des überheiligen Vaters wird uns nicht entgehen! Ja sie ist schon bei uns, aber nur ergreifen müssen wir sie lebendigst, so werden wir das Ziel erreichen, das uns die endlose Güte und Liebe des überheiligen Vaters selbst vorgesteckt hat! Ein herrliches Ziel, ja ein überherrliches Ziel! Ein Ziel des allervollkommensten, ewigen Lebens!

84. Wahrlich, wenn das nicht aller unserer geringen Anstrengungen würdigst ist, so soll bei aller meiner mir nun gediegenst inwohnenden Kraft, Macht und Gewalt aus Gott, – ja ihr zur sicheren Folge soll die ganze Schöpfung in ihr altes Nichts zurückkehren und wir als Kinder mit ihr!

85. Einen Eid schwöre ich euch, ein großes Wahrzeichen gebe ich euch allen in der nun sichtbaren Gegenwart Jehovas, der da war, ist und ewig sein wird mein steter, mächtiger Zeuge, und sage nun, wie ich bisher jegliches Wort gesprochen habe, in Seinem Namen:

86. Wahrlich, wahrlich, wahrlich, – die ganze sichtbare Schöpfung drückt zu Tode ein alter zwiefach harter Fall! Mit alter Sünde ist alle Welt befleckt; auf uns alle hat sich der Tod vererbt, einmal im Geiste, und einmal im Fleische.

87. Kann Gott vermöge Seiner allerhöchsten Heiligkeit uns aber auch das Fleischleben nicht wiedergeben, so aber hat Er Sich doch in Seiner unendlichen Liebe unseres Geistes erbarmt und hat uns sonach im Geiste wieder zu Kindern Seiner Gnade, Erbarmung und endlosen Liebe aufgenommen, damit wir wieder des ewigen Lebens möchten teilhaftig werden.

88. Väter, Brüder und Kinder, jetzt ist es vor uns, das Leben und der Weg zu Ihm: Liebe das Leben, Demut der Weg! Ergreifen wir es mutig und tun danach, so werden wir in dieser großen Nähe des großen Urhebers und Urborns alles Lebens sicher nicht in den Tod übergehen, sondern nur in das ewige Leben selbst, welches nun zu uns gekommen ist und sicher auch ewig bei und in uns verbleiben wird! Amen, Amen, Amen.“

Kapitel 26

Anweisungen des Herrn an Henoch für die Sabbatsaufgaben und die Behandlung von Gefallenen

Am 10. Februar 1842

1. Nach der Beendung dieser Rede aus Mir begab sich der Henoch alsbald zu dem hohen Abedam und dankte Ihm aus der Tiefe seines Herzens wahrhaft der großen Sabbatsrede gemäß.

2. Und der hohe Abedam sagte darauf zu ihm: „Nun hast du denn doch gesehen und dich lebendigst überzeugt, wie sehr eitel deine frühere Furcht war!

3. Also, wie du jetzt rein aus Mir geredet hast, gerade also wirst du auch künftig in Meinem Namen reden zum Volk, das da sind deine Väter, Mütter, Brüder, Schwestern und Kinder jedes Geschlechtes.

4. Siehe, solches ist dein Hauptgeschäft von nun an an jedem Sabbat! Und so Ich dir irgend zeigen werde, dass da jemand ist, der sich abgewendet hatte von Mir und hat sein Auge gerichtet hinaus zur Welt, da gehe aber an jedem Tag hin, rufe den Verirrten in Meinem Namen und stelle seine Füße wieder auf den rechten Weg der Reue, Demut und Liebe zu Mir.

5. So sich aber derlei Fälle etwa mehren sollten, dass du nicht auslangen möchtest mit der Zeit, da erwähle du in Meinem Namen einen Tauglichen aus deiner Schule, und sende ihn gehörig ausgerüstet hin, und sei dabei unbesorgt; denn Ich werde so gut mit ihm sein wie mit dir!

6. Über den du in Meinem Namen deine Hände legen wirst, den auch will Ich alsbald erfüllen mit Meinem Geist, und er wird wahrsagen dir gleich und wird erbrennen im Eifer der Liebe zu Mir, darum sich alles Gras, alles Gesträuch, alle Bäume, Berge, Wässer, Winde, Luft, Feuer, Erde und alles Getier beugen wird vor ihm wie vor dir nun als Oberpriester selbst.

7. Wer da alsbald umkehren wird, dem soll Meine Gnade, Liebe und Erbarmung mehr als auf dem halben Weg entgegenkommen.

8. Wer aber da verstopfen wird sein Herz und Ohr und verschließen sein Auge vor euch, über den schwinge sieben Male Meine Zuchtrute in deiner Hand!

9. Kehrt er aber da noch nicht um, da treibe ihn hinaus von der Gemeinde; und

so er heulend und wehklagend wieder zurückkehren möchte voll Reue im Herzen, da sehe ihn an, ergreife seine Hand, erhebe ihn zu dir, führe ihn hierher, errichte ein Gastmahl, und lade viele dazu ein, auf dass da unter euch in Meiner Vaterliebe eine große Freude sei, darum ein Verlorener wieder also sich gefunden hat und ist zurückgekehrt zu seinem Vater in seinem Herzen.

10. Wahrlich, sage Ich dir, so ein Tiefgefallener wieder vollends zurückkehrt, da sollt ihr mehr Freude haben über ihn als über neunundneunzig Gerechte, die der Umkehr nicht bedürfen!

11. Denn so jemand lebendig ist und bleibt lebendig, das ist nichts mehr als billig; wer da im Licht ist, dem ist eine Irrung wohl nicht leicht möglich.

12. Der Schwachen Los aber ist ja, nur Geringes zu tragen auf wohlerleuchteten Wegen.

13. So Ich aber einem Starken eine größere Last zu tragen gebe in der Nacht, er verfehlt aber den Weg und hört nicht euren Ruf, und so er lange irrt und gelangt an kein Ziel, außer dass er gewahrt die Nähe des Unterganges und des Todes, und dann doch von selbst zurückkehrt den beschwerlichen Weg und gelangt weinend zu euch, und ihr habt dadurch nun wieder einen für ewig verlorengeglaubten und tief betrauerten Bruder gefunden, wie Ich einen verlorenen Sohn, – sagt, ist das nicht mehr denn neunundneunzig, die da ihre Füße freilich wohl gerechterweise niemals über die Türschwelle ihres Hauses gesetzt haben?

14. Darum soll groß sein eure Freude über einen, der verloren war, ja der tot war, und ist wieder lebendig geworden.

15. Der Gerechte hat nicht Ursache zu weinen, darum ihn nur eine leichte Bürde drückt; wer aber eine große Bürde hat auf seinem Nacken und fällt mit der Bürde und weint dann unter der Bürde, wer möchte da wohl ein also steinernes Herz haben und nicht betrauern den hart Gefallenen und alles aufbieten, um ihm wieder aufzuhelfen, so es nur möglich wäre?!

16. Und kann er das nicht und muss zu seinem größten Leidwesen den gefallenen Bruder unter der Last verschmachten sehen, wie wird es ihm sein ums Herz?!

17. Wenn sich aber dann doch wieder unvermutetermaßen der gefallene Bruder aufrichten wird, wer wird da nicht sogleich vor großer Freude hinzuspringen, den totgeglaubten Bruder an sein Herz drücken, ihn führen alsbald in sein Haus und ihm bereiten ein großes stärkendes Mahl?

18. Darum aber sage Ich euch allen hier dieses, dass ihr die Irrenden kräftig ermahnen sollt; und wer da euren Augen entschwand, den sollt ihr suchen kraft aller Meiner Liebe in euch.

19. Doch die Zuchtrute soll niemand schwingen eher über seinen Bruder, als bis Ich ihm zurufen werde: ‚Nun züchtige ihn mit dem Feuer deiner Liebe, lasse ihn gehen aus der Gemeinde zwar, damit sich an ihm niemand ärgern solle, aber dein Herz begleite ihn bis ans Ende der Welt!'

20. Dein letzter Abschiedsblick, wie jeder frühere, lasse den irrenden Bruder allzeit erfahren, dass er dein armer, gedrückter und gefallener Bruder ist, und dass er dir gleich, obschon ein darniederliegender Sohn Meiner Liebe ist!

21. Zorn sei euch vollends fremd, und aller Fluch sei ferne eurem Munde und doppelt ferne eurem Herzen!

22. Wie ihr euch aber verhalten werdet gegenseitig, also werde auch Ich Mich verhalten zu euch; wer da sündigen wird vor euch, der wird auch sündigen vor Mir.

23. So ihr ihn aber richten werdet, da werde zwar Ich ihn auch richten; aber wie, das weiß Ich.

24. Ihr aber werdet darum eurem Gericht nicht entgehen; wie aber das Gericht? Das weiß Ich auch!

25. Und nun sage Ich dir, geliebter Henoch, rüste sogleich einen Boten aus, und sende ihn hin in die Gegend, die da liegt zwischen Mitternacht und Morgen; denn es schwelgt dort ein Bruder mit einem Weib aus der Tiefe. Sein Name ist Hored und der des Weibes Naëme. Er weiß nicht, was hier ist; darum lasse ihm sagen, dass Ich ihn rufen lasse, darum er auch alsbald hierherkommen solle! Amen."

Kapitel 27

Lamel rettet Hored und Naëme

Am 11. Februar 1842

1. Und der Henoch dankte dem hohen Abedam für diesen Auftrag und ging dann alsbald hin zum Gabiel und sagte zu ihm:

2. „Gabiel, rufe herbei deinen Bruder Lamel; es bedarf seiner der Herr!"

3. Und der Gabiel vollzog sogleich, das ihm aufgetragen wurde durch den Henoch vom Herrn aus.

4. Als nun der Lamel herzueilenden Schrittes gekommen war, verneigte er sich voll der größten Ehrfurcht vor dem Henoch und fragte ihn:

5. „Ehrwürdigster Vater und Lehrer Henoch, du weiser Liebling des Herrn, des heiligen, liebevollsten Vaters, was verlangst du, sicher im Namen des Herrn, von mir, das ich tun soll? Siehe, ich bin bereit, bis ans Ende der Welt den Winden nachzujagen, so es des Herrn heiliger Wille wäre!"

6. Und der Henoch sagte darauf zu ihm: „Du bist vom guten Willen erfüllt, das wusste ich schon früher, ehe ich dich rufen ließ; darum aber bist du erwählt, dass du alsbald hingehen sollst, da dein Bruder Hored sich verborgen aufhält mit seinem Weib Naëme aus der Tiefe, da sie ist eine Tochter des Königs Lamech aus Hanoch und ward nicht gesegnet zuvor vom Adam und von all den anderen Vätern!

7. Sage ihm: Der Herr lasse ihm melden, er solle sogleich mit seinem Weib hierherkommen. Sollte er sich aber sträuben, sodann zeige ihm die Feinde, welche wohlbewaffnet ihn von Hanoch aus schon aufgespürt haben und nun lauern auf einen günstigen Augenblick, um ihn samt dem Weib der grausamsten Rache Lamechs zu überliefern!

8. Sage ihm, bis jetzt habe ihn noch des Herrn Hand beschützt! So er dir nicht alsbald folge, da werde der Herr Seinen Arm zurückziehen, und er werde dann zusehen können, wie er mit den tausend racheentflammtesten Feinden zurechtkommen wird, so sie gleich wütenden Löwen, Tigern und Hyänen über ihn herfallen werden!

9. So er aber einwilligen wird, da greife ihm und seinem Weib alsbald unter die Arme, und die Kraft des Herrn, mit der du jetzt, während ich meine Hände im Namen des Herrn über dich hielt, erfüllt wurdest, wird euch mit großer Schnelligkeit den auf euch losstürzenden Feinden entreißen.

10. Und so denn erhebe dich und eile, zu vollziehen des Herrn, unser aller

heiligsten und liebevollsten Vaters heiligsten Willen!

11. Die Gnade, Liebe und Erbarmung des Herrn sei mit dir jetzt, wie allzeit und ewig! Amen."

12. Kaum hatte der Henoch seine letzten Worte ausgesprochen, so sprang auch schon der Lamel gleich einem jungen Hirsch von dannen und kam, durch die ihm nun innewohnende Kraft geleitet, auch schon in wenigen Minuten vor einer höchst ärmlichen, von der Morgengegend nach der Mitternacht nahe eine Tagesreise entfernte Hütte an und fand daselbst, was er suchte.

13. Als der Hored seiner ansichtig wurde, sprang er hastig und grimmentbrannt aus seiner Hütte, packte sogleich den Lamel gewaltigst bei der Hand und schrie aus vollster Brust:

14. „Unglücklicher! Was führte dich hierher? Muss denn dich mein erster Fluch treffen, dich, Lamel, meinen sonst geliebtesten Bruder?!

15. Siehe, ich habe meinem Weib einen heiligen Schwur getan, den ersten Menschen, der hierherkäme und uns störe in unserer glücklichen einsamen Ruhe, zu erwürgen, und wenn das auch selbst der Adam wäre!

16. Ich verkroch mich darum in einen äußersten Winkel der Erde und wollte da leben, von keines Menschen Auge belauscht, darum ich das gefunden habe, was keiner noch fand, und bin endlos glücklich mit diesem meinem Fund!

17. Elender! Wer zeigte dir den Weg in diesen äußersten Winkel der Erde? Rede, oder ich zerreiße dich im Augenblick in tausend Stücke und gebe sie dann den Raben zur Speise!"

18. Der Lamel aber sah den wütenden Hored fest an und sagte dann zu ihm, ihn gleichsam fragend: „Hored! Also empfängst du deinen Retter, den der allmächtige Gott Selbst, der nun sichtbar unter uns wandelt und lehrt und wirkt auf der heiligen Höhe, zu dir als solchen gesandt hat?

19. Bevor jedoch, als du mich zu würgen und in Stücke zu zerreißen wirst anfangen, muss ich dir doch zeigen, dass fürs Erste sich jene, die mit der göttlichen Kraft ausgerüstet sind, nicht sogleich erwürgen und dann in Stücke zerreißen lassen, – und wenn es auch hundert Eidschwüre deinem Weib gelten sollte!

20. Damit du aber siehst, dass ich nicht dir gleich ein mächtig klingender Wortestoßer bin, sondern willens des Herrn wirklich vollmächtig bin, so komme her, da her zu dieser alten, männlich starken Zeder, und entwurzle sie, und schleudere sie dann über diesen Berg ins Angesicht deiner tausend auf dich lauernden Feinde aus Hanoch!

21. Kannst du das, dann fasse und erwürge mich, so du kannst und magst! Und fürs Zweite aber sehe dich bei dieser Gelegenheit auch ein wenig um, so dahier hinab ein wenig in die blanke Talebene, und sehe, wer alles sich noch heute gerade am Sabbat deiner Hütte naht, um dich zu ergreifen und dich dann samt deinem Weib der blutigsten Rache Lamechs für die Entführung seiner Tochter Naëme zu überantworten!"

22. Und der Hored sprang hin zu der Zeder und bäumte sich dabei sehr; aber die Zeder wollte sich nicht rühren.

23. Da er aber nichts richten konnte mit dem Baum, so schrie er den Lamel gewaltigst an, sagend: „Schurke! So entwurzle du sie!"

24. Und der Lamel rührte die Zeder bloß nur an, und der mächtige Baum stürzte zersplittert zusammen, als wäre er nie da gestanden.

25. Darauf zeigte der Lamel mit dem Finger ins Tal und zeigte dem Hored ein wohlausgerüstetes Heer aus Hanoch und fragte darauf den Hored: „Nun, warum zögerst du nun mit deiner Drohung? Willst du mich denn nicht zerreißen und –?"

26. Der Hored aber schrie überlaut auf: „Großer Gott! Ich bin nun verloren!

27. Ich habe es mir wohl immer gedacht, dass es also kommen wird!"

Am 12. Februar 1842

28. Und der Lamel sagte darauf zum Hored: „So du dir aber schon lange dachtest, dass es also kommen werde, warum kehrtest du denn nicht auch schon lange nach Hause in die Heimat deiner Väter, damit sie dich wie alle anderen gesegnet hätten, und dich sicher umso eher, darum du ein wirklicher Gesandter warst und konntest nicht dafür, dass dich der Lamech beschenkte mit der Naëme; sondern das dir der Lamech gab, war ja ohnehin eine gerechte Gabe, dir allein zugute kommend, die dir sicher niemand streitig gemacht hätte, und wenn du ihre große Schönheit uns allen auch hundert Male vor die Augen gestellt hättest!

29. Siehe Bruder, du hattest keine Ursache zur Flucht vor uns, und doch bist du geflohen! Warum aber bist du dennoch geflohen?

30. Siehe, ich will es dir sagen: Da du in die Tiefe gingst nach Hanoch, warst du ausgerüstet von all den Vätern durch ihre großen Segnungen mit großer Macht und Kraft, darum dann auch, als du nach Hanoch kamst, der feine Lamech, wohl

merkend, dass er dir nichts anhaben und auch nichts Gewaltiges antun kann, dafür den schlauen Weg ergriff und beschenkte dich mit der Naëme, um deiner los zu werden, und um dich auch mit der Schlange ärgsten Stricken zu binden.

31. Denn er dachte bei sich: ‚Ist er (nämlich du, Hored) wirklich von irgendeinem höchsten Wesen zu mir gesandt, etwa von dem alten Gott, dessen gewaltige Stimme ich schon einmal selbst vernommen hatte, bald nachher, als ich meine beiden Brüder erschlug, so wirst du nimmerdar von mir etwas annehmen, und am allerwenigsten das schon an einen Mann gebundene Weib!'

32. Allein gerade, da der Lamech sich's am wenigsten gedachte, ließest du dich von seiner Schlauheit berücken, nahmst an das ärgste Gift aus der Hand des schändlichsten Verräters gegen Gott! Und was war die Folge dieses Giftes? Ich sage dir: Nichts mehr und nichts weniger, als dass du sogleich hierher, schon von mehreren bewaffneten Spionen aus Hanoch verfolgt, flohst, ohne mehr darauf zu denken oder gedacht zu haben, ob dir die von den Vätern der reinen Höhen mitgeteilte Kraft wohl noch geblieben ist, oder nicht.

33. Lamech und deine Verfolger waren bis jetzt freilich noch in der Meinung, du seiest noch also mächtig, wie du es damals freilich vor kurzer Zeit noch warst; allein nun, da er der Schlange ein großes Opfer gebracht hat dadurch, dass er den Namen Jehovas auf das Allerschändlichste entehrt und am Ende gar verflucht hat, hat ihm diese auch deine gänzliche Ohnmacht gezeigt, und er sandte daher nun auch ein Heer von tausend der allerstärksten Männer aus Hanoch wohlbewaffnet hierher, darum sie dich fangen sollen und dich

überliefern seiner größten Rachgier und die Naëme aber als Zusammenhälterin des ganzen Reiches, was sie schon früher sein musste, nämlich eine allgemeine Hure allen den Großen seines Reiches, die ohne sie nun sämtlich abfallen von ihm.

34. Siehe, du glaubtest in deinem Freude-Neid gegen uns, deine Brüder, dich in der Erde äußersten Winkel verkriechen zu müssen, um von uns aus eine ungestörte Wonne genießen zu können! Wir glaubten es auch, es werde dir sicher nichts abgehen, und segneten dich dazu noch, so gut wir es nur immer konnten und mochten.

35. Allein der große, überheilige Lehrer und unser aller liebevollster Vater, der nun unter uns noch weilt, hat uns erst die Augen geöffnet und klärlich gezeigt, wie es mit dir und deinem Weib steht, hat eben darum mich zu dir gesandt, um dich und dein Weib zu retten, euch zu führen vor Ihn hin, damit auch ihr Seines Segens, Seiner Liebe und Gnade nicht ledig verbleiben sollt!

36. Hored, Bruder, – erkenne des Herrn Willen, rufe dein Weib aus der Hütte, und lasse dir und ihr von mir schnell unter die Arme greifen, damit ich im Namen des Herrn euch noch eher dem Untergang entreißen kann, bevor die schon sehr herangerückten Häscher Lamechs euch unrettbar ergreifen werden!"

37. Und der Hored rief dabei aus: „O Bruder Lamel, jetzt erst erkenne ich dich wieder! Kannst du uns retten, siehe, da ist mein Arm! Und siehe, da kommt sie schon atemlos aus der Hütte, die Naëme, und beut dir ihren Arm, wie du es verlangtest; und also geschehe des Herrn Wille! Amen."

38. Und alsbald auch ergriff der Lamel die Naëme; und als er kaum die beiden so recht fest angefasst hatte, so stürzten auch schon von allen Seiten die Feinde unter dem wildesten Geschrei auf die Hütte des Hored zu.

39. Als die Naëme solches vernahm und sah, da stieß sie einen heftigen Angstlaut aus, sagend: „Um des allmächtigen Gottes, wir sind verloren! Mein armer Hored!"

40. Und also schrie auch der Hored. Der Lamel aber sprach zu beiden: „Seht euch zuvor ein wenig um, und seht, wo ihr euch nun befindet; dann erst schreit, wenn es mehr nottut!"

41. Darauf schlugen beide ihre Augen auf und konnten sich nicht genug verwundern, da sie sich so ganz wohlbehalten auf der Höhe schon bei der Adamsgrotte befanden, an deren Ausgang gegen Morgen schon der Henoch und noch jemand mit ihm ihrer mit ausgestreckten offenen Armen harrten.

Kapitel 28

Der von Lamech gelegte Waldbrand

Am 14. Februar 1842

1. Da der Lamel aber alsbald sah den Henoch rasch auf sich zugehen und nicht minder rasch neben ihm den hohen Abedam, so ließ er alsbald die beiden los und fiel vor den zwei Entgegenkommenden zur Erde nieder und lobte, pries und dankte dem hohen Abedam für diese große Erbarmung und Liebe, die Er seinem Bruder Hored und dessen Weib Naëme zukommen ließ, und dann aber auch für die große Gnade, die Er ihm dadurch erwies, dass Er

ihn als einen wohlbemächtigten Retter für die beiden erkoren hat.

2. Als aber der hohe Abedam mit dem Henoch vollends zu den dreien gekommen war, da hieß Er alsbald den Lamel erstehen vom Boden und sagte darauf zu ihm:

3. „Lamel, du kennst Mich und den Henoch, – dein geretteter Bruder kennt Mich nicht, sondern allein den Henoch nur, und dessen Weib weder dich, den Henoch und am allerwenigsten Mich; daher lasse uns vorher schweigen von uns, wer alles und lauter wir sind, und auf einem anderen Weg die Morgenhöhe Adams erreichen und dann daselbst erst zu einer inneren Erkenntnis schreiten! Amen."

4. Als der hohe Abedam aber kaum noch diese Rede beendet hatte, siehe, da stieg alsbald hinter dem Morgen und Mittag ein gewaltiger Rauch auf, als wäre nahe ein ganzer Vierteil der Erde in Brand geraten.

5. Der Henoch aber wandte sich alsbald heimlich an den Abedam und sagte zu Ihm: „Heiliger Vater! Siehe dort, ein gewaltiger Qualm entsteigt der Tiefe! Was soll dies?"

6. Und der Abedam entgegnete ihm: „Gedulde dich nur über ein kurzes, und du wirst dich von der großen verwegenen Bosheit des Lamech gar bald überzeugen!

7. Siehe, darum der gestrige Sturm ganz besonders große Verheerungen in den Gärten Lamechs und unter seinen reichen Herden großen Schaden angerichtet hatte, also schickte er nun bewaffnete Knechte aus und versah sie mit brennenden Fackeln, damit sie all die Wälder anzünden sollen und somit in die Asche legen die Berge samt ihren Urbewohnern! Siehe, das steckt hinter dem Qualm!

8. Geht aber mit Mir dahin zum großen weißen Fels, und wir wollen die Brandleger noch auf frischer Tat einholen! Amen."

9. Und alsbald begaben sich die sämtlichen mit dem Abedam hier anwesenden fünf Personen dahin zum großen weißen Felsen.

10. Als sie da nach kurzem anlangten, so zeigte auch alsbald der hohe Abedam dem Henoch über einen großen und hohen Steinwandvorsprung hinab in die Tiefe die Brandleger.

11. Als der Henoch solches ersah, da ergriff ihn ein großer Eifer, so zwar, dass er alsbald zu dem Abedam mit starker Stimme rief:

12. „O Du, den nur mein Herz nennt! Hast Du gestern denn all die Blitze verbraucht? Siehe, hier wären nun einige Tausende ja überaus gut zu gebrauchen gegen diesen Frevel!

13. Der Wurm will sich gegen Gott auflehnen! O Herr! Jetzt möchte ich wahrhaft einen kleinen Gebrauch von Deiner mir verliehenen Kraft, Macht und Gewalt machen!

14. O Sonne, du leuchtende große Werkstätte der strafenden Blitze des Herrn, – jetzt, jetzt lasse schnell einige Tausende herab zur Erde sehr stark krachend zacken, und ein unerhörter Donner solle jeden begleiten, so dass darob die Erde erbeben solle bis zu ihrer inneren Grundfeste!"

15. Und der hohe Abedam ergriff des Henoch Hand und sagte zu ihm: „Halt, halt, Mein geliebter Henoch! So hitzig, wie die da unten angefangen haben, wollen wir die Sache durchaus nicht angehen!

16. Lassen wir die Blitze für diesmal nur ruhen; denn siehe, wir feiern ja heute den Sabbat, und dieser ist kein Tag des

Gerichtes, sondern ein Tag der Ruhe, des Friedens und der Liebe, der Gnade, der Erbarmung aus ihr und alles Segens aus Gott dem Herrn und Schöpfer aller Dinge und Vater aller Engel und Menschen!

17. Wehe aber aller Kreatur, so der Sabbat je sollte zu einem Tag des Fluches werden!

18. Daher erlassen wir auch heute diesen stockblinden Frevlern das Feuergericht und lassen dafür einen recht reichlichen Regen über das Werk der blindesten Tor- und Bosheit aus den Wolken entstürzen, – und du kannst versichert sein, dass da ein jeder Tropfen einem brennenden Baum besser zustattenkommen wird als tausend Blitze an der Stelle eines jeden einzelnen Tropfens.

19. Siehe, für jetzt wollen wir das Feuer noch mit Wasser dämpfen, denn die Zeit des Feuers fürs Feuer ist noch ferne; wann sie aber kommen wird, wehe dann den Bergen, Bäumen, Sträuchern und dem Gras der Erde.

20. Doch nun nichts mehr weiter vom Feuer. Du, Henoch, aber strecke nun in Meinem Namen deine Hände aus, und gebiete den Wolken, dass sie sich ansammeln sollen zu einem reichlichen Regen über diesen schon recht weit ausgedehnten Wälderbrand! Doch die Höhen sollen frei bleiben für heute, morgen und übermorgen; denn das ist die bestimmte Zeit Meiner sichtbaren Gegenwart für alle. Und somit erfülle Meinen Willen in dir! Amen."

Kapitel 29

Die Löschung des Waldbrandes. Abedam schlägt den Satan in die Flucht

1. Und alsbald dankte der Henoch in seiner Tiefe dem Abedam und streckte die Hände aus und sprach während des Ausgestrecktseins seiner Hände:

2. „Höre du, heitere Luft! Lasse von deinen Geistern und deinen Winden hierher versammeln ein regenschweres Gewölk, auf dass durch einen reichen Niedersturz in starken Tropfen gedämpft und gelöscht werde der Brand; und bis nicht der letzte Funke erloschen sein wird, sei deines Wirkens kein Ende im Namen Jehovas! Amen."

3. Und als der Henoch das Amen ausgesprochen hatte, so zogen auch schon Massen und Massen von den schwersten Wolken daher und ergossen sich sogleich in einem allermächtigsten Platzregen über die ganze, weite Gegend des Brandes.

4. Aber über den Wolken war es helle, und man sah ungehindert über dieselben hinaus und bemerkte gar bald auf der Oberfläche des Gewölkes einen starken Wirbel gleich den Ringen einer großen Schlange.

5. Und der Wirbel kam näher und näher, und dieser Wirbel war der Satan, nahm sogleich eine leuchtende Gestalt an und stellte sich vor dem Abedam hin und fragte Ihn:

6. „Was hast Du in meinem Eigentum zu tun? Weißt Du denn nicht mehr, welche Frist Du mir gegeben hast?

7. Daher ziehe von hier, und lasse mich ungestört in diesem meinem Eigentum schwelgen; denn ich, nicht Du, ich bin der Herr und Meister dieser Schöpfung!"

8. Der Abedam aber sagte zu ihm: „Satan, bis hierher und nicht weiter! Wenn du

diese heilige Scheidewand zwischen Mir und dir übertreten wirst, dann auch sollst du gerichtet werden und gewaltig erkennen, wer der Herr und wer da Gott ist von Ewigkeiten der Ewigkeiten her!

9. Nun aber hebe dich von dannen, und erkenne, wozu dir diese Zeit gegeben ist! Amen."

10. Und der Satan stieß ein furchtbares Geheul aus und stürzte ganz entzündet hinab in die Tiefe.

11. Darauf aber sagte der Abedam: „Siehe, das Feuer ist gelöscht, die Frevler in die Flucht geschlagen; so lasst uns denn im Frieden von dannen ziehen!

12. Dem Adam aber soll das vorderhand verschwiegen bleiben! Amen."

Kapitel 30

Auf dem Fußsteig der Demut zur Höhe. Horeds törichte Lamentation

Am 16. Februar 1842

1. Und alsbald zog diese kleine Gesellschaft einen schmalen Fußsteig unter der Grotte fort, welchen sonst die Kinder des Morgens benützten, um auf die Höhe zu den Hauptstammvätern zu gelangen und die Grotte aus Ehrfurcht vor dem Adam zu vermeiden und sie gewisserart nicht durch den täglichen Gebrauch zu verunheiligen, da sie dieselbe als etwas Heiliges ansahen.

2. Dieser Fußsteig war demnach ein Weg der Demut, darum ihn auch der hohe Abedam dazu ausersehen hatte, um fürs Erste den zwei Neuangekommenen zu zeigen, welchen Weg sie einzuschlagen haben, um auf die Höhe des Lebens zu gelangen, und fürs Zweite ihnen auch schon im Voraus gewisserart durch dieses Zeichen

zu sagen, auf welchem Weg allein sie Ihn lebendig erkennen können.

3. Und also wandelten sie diesen beschwerlicheren zwar, aber sonst viel näheren Weg fort. Die Naëme blieb öfter hängen mit ihrem schönen königlichen Gewand an den häufigen Dornhecken und hatte daher stets vollauf zu tun, um sich überall loszuwinden.

4. Da aber gegen die Vollhöhe der Weg immer gestrüppiger wurde, so fing's da auch an, der Naëme stets schlechter und schlechter mit dem Sichlosmachen zu gehen, so zwar, dass sie am Ende gar nicht mehr weiter konnte und fing darum an, zu weinen und um Hilfe zu rufen.

5. Allein, da sie vermöge ihrer steten Bandlerei ziemlich zurückblieb und die vier Männer somit schon eine ziemliche Strecke voraus waren, so vernahm man ihr Geschrei, wenigstens natürlich möglich, scheinbarerweise nicht und setzte fröhlich den Weg fort.

6. Als sie, die Männer, aber nun auf die freie Höhe gelangten, da blieb der Abedam stehen und wandte Sich zurück zu den Ihm schnell Folgenden und tat, als wollte Er sehen, ob mit Ihm alle wohlbehalten auf der Höhe angelangt sind, und fragte sie dann nach einer kurzen Rast dem Äußeren nach auch wirklich: „Also, Kinder Gottes, sind wir alle beisammen?"

7. Und Hored, erst jetzt sich von seinem Erstaunen über die Erscheinungen am weißen Felsen erholend, gewahrte bald, dass da sein geliebtes Weib abgeht, und erschrak darüber sehr. Da aber der Abedam dessen große Verlegenheit merkte, so berief Er ihn zu Sich und sagte zu ihm:

8. „Was sorgst du dich denn umsonst jetzt erst, und mochtest dich eher nicht umsehen nach deinem Weib, da sie sich

verhängt hatte mit ihren königlichen Kleidern an den Dörnern dieses schmalen Pfades und rief dabei um Hilfe dich, du aber warst taub für ihre Stimme?!

9. Kehre statt deiner törichten Sorge lieber um, und helfe ihr aus ihrer Not; denn es ist nicht weit dahin, da sie sich verhängt hatte an einer starken Dornenhecke!

10. Darum gehe und helfe ihr, und bringe sie alsbald wohlbehalten hierher; wir alle wollen dich erwarten! Amen."

11. Der Hored aber wurde nun noch trauriger, fiel zur Erde nieder und fing an, also zu flehen: „Hört mich, o Brüder in Gott, hört mich, oder so jemand ist ein Vater zu mir, der erhöre mich!

12. Gott, unser aller überheiliger Vater, soll nach der Verkündung meines Bruders Lamel nun wesenhaft sichtbar unter den Vätern der Höhe Sich liebevollst und barmherzigst befinden!

13. Wenn solches der Fall ist, dann ist mir ja alles klar!

14. Seine endlose Heiligkeit kann es ja nimmer zugeben, dass sich mein sicher unreines Weib nähern dürfte dieser so heiligen Höhe.

15. Was wird da wohl nützen mein Umkehren, so nicht einer aus euch mitgeht und mir hilft, mein Weib aus all den tausend Dörnerklauen loszumachen?

16. O Henoch, oder du, Bruder Lamel, oder du, fremder, sicher auch mächtiger Freund, verlasst mich nicht, und lasst nicht verschmachten mein armes Weib!

17. O ich sehe jetzt schon, dass ich euch bis hierher nicht hätte folgen sollen, darum ich ein großer Sünder geworden bin vor Gott, und auch vor euch, ihr Männer und Kinder nach dem Herzen Gottes!

18. Ja, ja, hier habe ich groß gefehlt! Ich will, ja ich muss zurück; aber nur einer

kehre wieder mit mir zurück und helfe mir, mein armes Weib befreien!

19. Dann aber zeige er mir irgend nahe dort am weißen Felsen einen Ort an; da will ich meine große Schuld mit meinem Weib beweinen mein Leben lang! Aber nur diesmal erhört mich, amen; euer Wille, amen!"

20. Während der Zeit aber, als der Hored seine Trauerbitte, auf der Erde liegend, hervorgebracht hatte, beschickte der Abedam alsbald den Lamel, die Naëme nachzubringen, und das ganz geordneterweise vollkommen unverletzt.

21. Es war aber der Hored noch nicht zu Ende mit seinem Jammerlied, als die Naëme schon ganz wohlbehalten sich unter ihnen befand.

22. Als er aber dann, wie oben kundgegeben wurde, mit seiner Lamentation fertig ward, so fragte ihn der Abedam:

23. „Hored, dieweil du dahier klagst, möchte die Naëme ja wohl zugrunde gehen! Was würde es dann ihr nützen, so wir sie nicht mehr treffen, da sie zurückgeblieben ist?

24. Und da du bemerktest, sie und du werdet euch der Heiligkeit des nun auf der Höhe Adams sichtbar gegenwärtigen Jehova nicht nahen dürfen, sage Mir darauf, wer da den Lamel bemächtigt hatte, dich samt deinem Weib zu retten vom Untergang in der Tiefe deiner törichten wollüstigen Verborgenheit?

25. Siehe, da solches derselbe heilige Jehova tat, was sollte Ihn denn nun hindern, euch vor Sich kommen zu lassen und euch auch zu segnen, so ihr des Segens würdig seid?

26. Stehe nun auf, du Tor, und lerne den heiligen Jehova besser kennen! Amen."

27. Und der Hored sagte darauf zum Abedam: „Mächtiger Freund, oder Bruder, oder Vater! Solange von euch mir hier einer die erbetene Hilfe für mein armes Weib und mich nicht zusagt, stehe ich von dieser Stelle nicht auf, und möchtet ihr mich darob mit Schlangen züchtigen! Wenn mein Weib meiner Torheit wegen zugrunde gehen musste, so will auch ich ihr zuliebe hier meine fahrlässige Torheit büßen vor Gott und all den Vätern!"

28. Da rief der Abedam alsbald die Naëme herbei und winkte ihr, den törichten Hored aufzurichten.

29. Und die Naëme eilte sogleich herbei und ergriff des Hored Hand, zu ihm folgende Worte sprechend:

30. „Aber Hored, warum klagst du hier meinetwegen? Siehe, ich bin ja schon lange wohlbehalten hier auf dieser himmlischen Höhe, gerettet auf dieses herrlichen fremden Freundes Wort durch deinen Bruder!

31. Darum erhebe dich doch nach dem Willen dieses edelsten Freundes!"

32. Und alsbald sprang der Hored auf vor Freuden und dankte mit tränenden Augen dem Fremden für die so schnelle und von ihm so ganz unvermutete Rettung seines Weibes.

33. Der Abedam aber sagte darauf zu ihm: „Hored, Hored, du bist noch sehr dumm; sage Mir, wie stellst du dir denn den Jehova vor?

34. Etwa als einen starken Wind, oder als eine hell lodernde Flamme, oder als eine Sonne, oder als einen großen zackenden Blitz?

35. Sage Mir, wie Er dir vorkommt! Amen."

36. Der Hored erwiderte bald darauf: „O Freund, um solches frage mich ja nicht; denn wer dürfte sich da je getrauen, Gott in eine immerhin endlich plumpe Form zu schieben?!

37. Gott ist ja ewig und unendlich! Für welche Form möchte Er da wohl taugen, Er, der unendliche Gott?!"

38. Und der Abedam entgegnete ihm: „Ja wahrlich, für deine noch sehr dumme Form sicher nicht!

39. Aber die Naëme, das Kind der Welt, soll Mir sagen, wie sie sich den heiligen Jehova vorstellt!"

40. Die Naëme aber lächelte hier und sagte endlich: „Du himmlisch guter, herrlicher Freund, vergebe mir, so ich mir darob auch keine rechte Vorstellung machen kann, die da Seiner würdig wäre; aber dabei kann ich dir doch nicht verhehlen, dass Er mir am allerliebsten in Deiner Form wäre!

41. Vergebe mir, so ich nun etwas auch noch recht Dummes gesagt habe!"

42. Der Abedam aber sagte zu ihr: „Sei getröstet, du schönes Weib; wahrlich sage Ich dir, in dieser Meiner Form wirst du gar bald den Jehova, den ewigen, unendlich mächtigen Gott, und in Ihm den heiligen, liebevollsten Vater erkennen! Amen."

Kapitel 31

Hored und Naëme auf der heiligen Höhe. Naëmes Sehnsucht nach Jehova und Horeds Strafe für seine Eifersucht auf Abedam

Am 17. Februar 1842

1. Nach diesen Worten begab sich die Gesellschaft wieder fürbass an den Ort und an die Stelle, welche schon bekannt ist.

2. Als Sich der hohe Abedam aber den Vätern nahte, so fielen diese alsbald, von der tiefsten Liebe und Ehrfurcht ergriffen, vor Ihm nieder, und es lobten und priesen Ihn einige laut, andere wieder mehr stille seufzend in ihren Herzen.

3. Diese ehrfurchtsvollste Niederlage auf der Höhe sowohl, als um den ziemlich weit im Umkreis gedehnten Berg war diesmal also allgemein, dass da außer den fünf Angekommenen sich niemand aufrecht stehend vorfand.

4. Es wären da auch der Henoch und der Lamel dem Beispiel der Allgemeinheit gefolgt, so es ihnen der Abedam insgeheim nicht ausdrücklich untersagt hätte der zwei Neuangekommenen wegen.

5. Das aber kam dem Hored auch höchst sonderbar vor, und nicht minder der erstaunten Naëme, dass sich nun alles auf die Angesichter zur Erde legte aus der höchsten Ehrfurcht, und sie sahen doch ringsum niemanden außer ihrer eigenen Gesellschaft, dem diese große Ehrfurchtsbezeigung zukommen sollte.

6. Darum auch nahte sich alsbald die Naëme dem Abedam und fragte ihn ganz zutraulich, sagend nämlich: „Höre, du vielgeachteter, mächtiger, guter Freund! Möchtest du mir denn nicht angeben und sagen, was dieses allgemeine Niederliegen und dieses Seufzen zu bedeuten hat? Wen geht denn das an?

7. Naht sich nun etwa gar mir unsichtbar von irgendwoher der heilige, große Jehova? Oder was soll das?

8. Warum solche allgemeine Demütigung? Ja, ja, es wird sicher der heilige, große, erhabene Jehova sein!

9. O lieber Freund, siehe, von meiner Kindheit an habe ich mir den stets verborgenen Wunsch getragen, den erhabenen, heiligen Jehova nur in meinem Leben einmal zu erblicken, da meine Mutter mich ganz heimlich von Ihm unterrichtet hatte nach der Lehre eines gewissen Farak, der da ein Bruder Hanochs soll gewesen sein und hatte mit Jehova, wie es mir gesagt wurde, viel Umgang gepflogen.

10. Siehe, lieber Freund, ich hatte das Unglück, die schönste Tochter der Tiefe zu sein, und wurde darum von meinem unglücklichen Vater gar oftmals an Wollüstlinge verkauft.

11. Vermöge meiner großen, mir vom Jehova verliehenen Üppigkeit aber konnte es doch wieder zu meinem Glück niemand länger denn höchstens zwei bis drei Augenblicke in meiner leiblichen Berührung vertragen; ja, es ging selbst meinem Bruder Thubalkain aus der Mutter Zilla nicht besser, darum er als ein Gemahl zu mir nicht vermögend war, in mir eine rechte Frucht zu zeugen.

12. Kurz, ich brauche dir nichts mehr davon zu sagen, als dass da alle möglichen Misshandlungen von Seiten meines unglücklichen Vaters Lamech nicht vermögend waren, mich von meinem Jehova zu trennen.

13. Der Hored, mein erster redlicher Retter, muss mir bezeugen, dass ich mich mit ihm die ganze Zeit unseres Alleinbeisammenseins von nichts als nur immer vom Jehova unterhalten wollte und ihn mir auch noch nicht einmal darob habe beiwohnen lassen, darum wir von niemandem gesegnet waren, obschon er mich deshalb zu öfteren Malen angegangen ist, was er als mein redlicher Retter auch nie leugnen wird, und was ihm aber in meiner unglücklichen Nähe auch ganz vollkommen zu verzeihen ist!

14. Siehe sonach, du guter, edler, mächtiger Freund, es ist gewiss doch möglichst viel von mir, einem Kind der Welt und der Schlange, dass ich das wenige vom Jehova Vernommene mochte in meiner gewiss unglücklichsten Lage in meinem Herzen verwahrt haben, dass ich trotz allen den weltlichen Stürmen, die sich alle um mich her stets mehr und mehr drängten und mich zu begraben drohten, dennoch so viel Kraft hatte und mein Herz stets für den mir geoffenbarten Jehova (das heißt von meiner Mutter Zilla aus ganz heimlich) möglichst rein erhielt!

15. Du kannst es mir sicher glauben: trotz dem, dass ich eine wahrhaft armselige, unglückliche Tochter des unglücklichsten Vaters bin, dessen Irrsinn größer ist, als dass selben je ein Mensch begreifen möchte, so habe ich aber doch in meinem Herzen nie etwas anderes geliebt als den mir bekannt gemachten Jehova, den heiligen Schöpfer aller Dinge, aller Tiere und aller Menschen!

16. O lieber, herrlicher Freund, du kannst es mir sicher glauben: jetzt, wo ich zum ersten Mal auf dieser heiligen Höhe eine so herrliche, große und weitgedehnte Anschauung der unbeschreiblichen Wunderwerke dieses Jehova genieße – und das noch dazu in meiner allerniedrigsten Unwürdigkeit –, jetzt ist's völlig aus mit meinem Herzen!

17. Ja, – ich möchte nun gerade sterben aus Liebe zu diesem meinem unaussprechlich wunderbar himmlisch heiligen Jehova!

18. O du lieber, herrlicher Freund, siehe, ich möchte dir so etwas recht Gescheites sagen über das, wie sehr ich den Jehova liebe; aber wo soll ich das hernehmen? Ich habe ja nie etwas lernen dürfen, damit ja meine unglückliche Schönheit des Leibes darunter etwa nicht verkümmert wäre!

19. Hätte ich die Mutter Zilla nicht an meiner Seite gehabt, ich glaube, mein harter Vater hätte mich nicht einmal reden lernen lassen!

20. Daher habe nur Geduld mit mir; bin ich auch nicht eben so jung mehr, als jung zu sein ich noch aussehe, so ist aber doch mein Herz noch also empfänglich, als wäre ich noch kaum einige dreißig Jahre Alters!

21. O lieber, herrlicher Freund! So nun von irgendwoher der heilige Jehova erscheinen wird, lasse mir – so es dir möglich ist – Ihn nur auf einen Augenblick ansehen!

22. O wenn ich solcher Gnade doch auch im Geringsten würdig wäre!"

23. Hier konnte sie nicht mehr reden, und große Tränen rollten über ihre schönsten Wangen, und aus ihren Augen strahlte die heißeste Liebe, die lebendigste Sehnsucht; Freude und Furcht kämpften gewaltig in ihrer Brust, dass sie darob am ganzen Leibe bebte.

24. Der Abedam aber berief alsbald den Hored zu Sich und sagte zu ihm: „Hored, du Sohn des lichten Morgens, siehe, hier ist ein verlassenes Weltkind aus der Tiefe! Dieses zittert vor großer Liebe und Sehnsucht, Furcht und Freude nach Jehova, – du aber hast dich noch nicht einmal gerührt als Sohn des Morgens und warfst dafür nur einige eifersüchtige Blicke auf Mich her!

25. Ich sage dir aber darum, dass Ich ein Herr bin und werde diese edle weibliche Pflanze dir jetzt nehmen und sie verpflanzen in einen anderen Garten, und du wirst sie fürder nicht mehr zu Gesicht bekommen, da du zufolge deiner eigenliebigen Eifersucht dich gegen Mich vergessen mochtest, darum Ich dich erretten ließ vom

Untergang durch deine große wollüstige Torheit.

26. Du kennst das alte Gesetz der Väter, warst selbst zu einem Lehrer gemacht von den Vätern, – sage Mir: Ist das die Frucht deines Amtes? Welch giftiges Insekt hat dich also verletzt, dass sich dein Herz zu einem Tigerherzen umgewandelt hatte?

27. Kennst du Mich, kennst du Gott?! Siehe, die Naëme, sie ahnt hier vor Mir, in wessen Nähe sie sich befindet!

28. Du aber stehst hier vor deinem Gott und Schöpfer – und bist stummer denn ein Baumklotz!

29. Gehe hin zur Grotte dort, und suche, ob dein Herz einer Reue fähig. Denn Ich, – der Ich jetzt Selbst mit dir solches rede, bin der sichtbare Jehova, Gott von Ewigkeit Selbst."

30. Hier fiel der Hored, wie von einem Blitz getroffen, zusammen.

31. Die Naëme aber fiel alsbald auf ihre Knie nieder, zitterte und weinte und sprach endlich mit bangender Stimme:

32. „O Jehova, sei mir armen Sünderin gnädig und barmherzig!"

Kapitel 32

Naämes große Liebe zu Jehova

Am 18. Februar 1842

1. Und alsbald wandte Sich der Abedam zu der Naëme und sagte zu ihr, sie gleichsam fragend: „Naëme, da du Mich batest, Ich möchte dir den heiligen Jehova zeigen, so Er von irgendwoher Sich den Vätern nahen möchte, bist du nun aber auch vollkommen zufrieden, dass Ich dir den Jehova in Mir Selbst gezeigt habe, und kannst du wohl glauben, dass Ich als Mensch auch zugleich Jehova, der ewige, große Gott bin?"

2. Diese Fragen fielen zwar anfangs der Naëme ein wenig auf, aber sie ermannte sich bald und erwiderte dem Abedam mit der allersanftesten Stimme, einer Stimme, die nur den wahrhaft edelst zartesten Weibern in ihren liebeandächtigsten Momenten eigen ist:

3. „Höchster, erhabenster, heiligster Gott! Ich arme Sünderin hätte es Dir ja geglaubt, so Du zu mir gesagt hättest: ‚Siehe, in diesem eben gegenwärtigen Mittagswind zieht Jehova, nur wenigen Vätern sichtbar, vorüber!'

4. Wahrhaft, mein Herz hätte des herrlichen Trostes in die große Genüge empfangen!

5. Um wie viel mehr kann ich Dir es nun glauben, da Du Dich mir unwürdigstem Weib Selbst wesenhaft in der mir – wie ich schon einmal früher bemerkte – allerangenehmsten, allerliebsten, allerherrlichsten menschlichen Gestalt und Form so übermilde, sanft und herablassend zeigst und Dich auf das Allerbarmherzigste mir offenbarst.

6. O Du Heiligster, ich weiß es wohl noch von meiner Mutter Zilla aus, dass Du in jeder Form von was immer Geschaffenem vollkommen allein wirkst und hast niemanden, der Dir da helfen könnte, oder dass Du benötigtest irgend jemandes Hilfe, sondern Du bist überall allein vollkommenst genug.

7. Aber ich weiß es auch eben von meiner Mutter aus, dass Du, was Deine Wesenheit betrifft, sicher nur als ein allervollkommenster Mensch anzusehen bist; und da wir, Deine Geschöpfe, selbst uns unmöglich je eine vollkommenere Vorstellung machen können als die

wunderherrliche von einem Menschen nur, so wäre ja doch jede andere Vorstellung von Dir in mir wenigstens Deiner umso unwürdiger, je entfernter von der menschlichen Form ich sie halten möchte!

8. O Du Überheiliger, ich könnte Dir noch so manches sagen, woraus alles ich Dich noch erkenne und überfest glaube, dass da niemand anderer als nur allein Du der heilige Jehova bist!

9. Aber siehe, ich möchte mich ja ungebührlicherweise verplauschen, und das könnte Dich – ja vielleicht heimlicherweise – doch ein wenig verdrießen! Und alles möchte sich wohl auch nicht schicken vor Dir, wie auch nicht vor diesen sicher allerwürdigsten Vätern, so ich es sagen möchte, was alles nun von Dir in meinem Herzen feurigst zeugt!

10. Doch Du siehst ja auch in mein Herz noch sicher vollkommener denn ich selbst; das wird Dir alles sagen, was mein ohnehin schwacher Mund zu sagen so gar gänzlich unvermögend wäre.

11. Nur diese Bitte lasse mich nicht unerhört Dir noch sagen: Dass Du den redlichen Hored nicht zu hart strafen möchtest, so er sich vor Deiner Heiligkeit etwas hatte zuschulden kommen lassen, – und sei seinet- und meinetwegen gnädig und barmherzig, und verstoße uns nicht von Dir ganz und gar!

12. Denn, so er gefehlt hat, da war ich ja die Schuldursache seines Vergehens, und daher magst Du auch strafen mich für ihn; ich aber bin ja ohnehin eine traurige Frucht der Nacht und der Sünde und trage als der Sünde allzeit sichere Strafe schon in mir den ewigen Tod!

13. Wie aber wäre es da dem Hored wohl möglich gewesen, an meiner armselig finsteren Seite sich Dir wohlgefällig gleich den anderen Vätern, die nie die Versuchungen Horeds verkostet hatten, zu erhalten?!

14. Siehe darum, Du guter, heiliger Jehova, bin ich nicht die alleinige Schuldträgerin an dem Fall Horeds vor Dir?

15. O darum sei auch ihm und mir armen Sünderin gnädig und barmherzig! Dein heiliger Wille! Amen."

16. Und der Abedam erwiderte ihr: „Meine Mir recht sehr lieb gewordene Naëme! Was da deine Bitte betrifft, so ist diese schon lange eher erhört worden, als du sie Mir noch vorgetragen hast; also darüber kann dein Herz vollkommen ruhig sein!

17. Aber du hast Mir vorhin gesagt, dass Du Mir noch so manches kundgeben könntest, woraus alles du Mich noch erkennst und darum nun auch fest an Mich glaubst und bist überzeugt, dass es da außer Mir nirgends mehr irgendeinen Jehova gibt.

18. Sorge dich nicht wegen des Verplauschens, – und möchtest du einen ganzen Tag oder ein ganzes Jahr oder dein Leben lang, ja ob du Mir eine Ewigkeit lang vorplauschen möchtest, so wird es Mich doch nie verdrießen; und was du zu Mir redest in deiner Liebe, das ist alles gar wohl schicksam vor Mir, wie vor allen den Vätern. Daher sage Mir es nur offen, was du ohnehin hart verschweigst!

19. Dass Ich dein Herz durch und durch schaue so wie die ganze Unendlichkeit auf einen Blick vom Kleinsten bis zum Größten, daran wird wohl niemand zweifeln, der Mich erkannt hat, besonders im eigenen Herzen; aber eben darum weiß Ich auch, was alles da noch hinter dir steckt, und möchte es der Väter wegen gerne haben,

dass du es Mir hier ohne Scheu kundgeben sollst durch deinen Mund.

20. Liebe Naëme, so du Mich wahrhaft liebhast, da gehe, und schütte dein Herz aus vor Mir, deinem lieben, heiligen Jehova! Amen."

21. Und die Naëme fing hier an, ganz zu glänzen vor Schönheit, Anmut und der allerfeurigsten Liebe und fragte den Abedam mit einer alles besiegenden, liebezitternden, furchtsam wohlklingendsten, wahrhaft jungfräulichst keuschen Stimme:

22. „O Du – überheiliger, mildester, lieblichster, sanftester, allersüßester Jehova! Darf ich, eine arme Sünderin, denn Dich auch lieben also, wie Dich hier Deine Kinder und Deine Töchter lieben dürfen? O darf ich das?! Ich, – ein Kind der Welt, eine Tochter Deines – o ich kann es nicht aussprechen! Also – ich auch – Dich lieben – dürfte?! O Du mein Jehova!"

23. Hier sank sie zusammen und weinte über und über, darum sie sich für zu unwürdig fühlte für Meine Liebe.

24. Der Abedam aber trat alsbald zu ihr hinzu, ergriff ihren Arm und hob sie behände auf und drückte sie dann schon im Angesichte aller Väter sichtbar heftig an Seine Brust und hielt sie eine Zeit lang also fest umfangen; und nachdem Er sie wieder etwas leichter gehalten vor Sich ließ, fragte Er sie wieder: „Nun, Meine geliebteste Naëme, wirst du Mich noch einmal fragen, ob du Mich lieben dürftest?"

25. Und die Naëme fiel bei dieser Frage dem Abedam zu den Füßen und benetzte dieselben mit ihren Tränen; ja mit den heißesten Liebetränen benetzte sie die allerheiligsten Füße Jehovas.

26. Der Abedam aber erregte Sich und sagte mit starker Stimme: „Kinder, da seht her! Hier zu Meinen Füßen liegt jetzt mehr, als was Sonne, Mond und alle Sterne bieten können! Es liegt hier eine neue Tochter der Buße, der Reue und – der allerhöchsten Liebe!

27. Leichter ist, Mich zu finden und zu lieben im Reich des Lebens – als im Reich des Todes; diese aber hat Mich schon im Tode gesucht und geliebt.

28. Daher aber soll sie auch mit einer Gegenliebe von Mir nun belohnt werden, dergleichen noch kein menschlicher Sinn auf der Erde je empfunden hat!

29. Ja, geliebteste Naëme, deine Hand behalte Ich für Mich, da du dein Herz schon so lange getreulichst Mir geweiht hast! Naëme, du gehörst nun Mir allein! Siehe, also räche Ich Meine Feinde, – nämlich mit der Vaterliebe!

Kapitel 33

Horeds Bekenntnis der eigenen Schwäche

Am 19. Februar 1842

1. Da aber der Hored nun erkannt hatte den Herrn, da fing es auch bei ihm an zu dämmern, dass er darob bei sich also zu denken anfing:

2. „Was will ich nun machen? Ich – ein armselig schwacher, ohnmächtiger Wurm im Staube, der nun nicht einmal mehr imstande ist, mit einem kaum armdicken Bäumchen es aufzunehmen; Er – ein Gott, ein ewiger Gott, die unendliche Urmacht, Kraft und Gewalt Selbst! Ich – ein abscheulicher Sünder; Er – die allerhöchste Heiligkeit!

3. Ich bin zusammengesetzt aus lauter Eigennutz, Eigenliebe, Eigenwohltat; Er – voll der allerhöchsten Liebe, Gnade, Erbarmung!

4. Ich bin voll Eifersucht, Zorn, Scheelsucht, Neid und Rachgier; Er – voll Milde, voll Sanftmut, voll Nachsicht, voll Geduld, voll Freigebigkeit!

5. Kurz, ich kann mich besehen, wo und wie immer ich mich nur will und mag, so finde ich mich in dem allerblanksten Widerspruch gegen Ihn!

6. Was soll ich, was will ich nun tun, was machen, was anfangen, was beginnen?

7. Er beschied mich zwar zur Grotte hin, da ich sehen solle, ob mein Herz noch irgendeiner Reue fähig ist; aber was wird mir das wohl nützen?

8. Kenne ich etwa nicht mein arges Herz, das da zur Reue gerade also aufgelegt ist wie ein Stein zur Aufnahme eines Druckes, dem er so lange widerstrebt, als er ist ein harter, unempfindlicher Stein?!

9. O Naëme, Naëme, du schuldlose Schuldnerin an mein hartes, eigennütziges Herz, jetzt erst wird mir klar, dass sich dir niemand als nur allein der Herr, dein Gott und Schöpfer, ungestraft nähern kann!

10. Ja, jetzt wird mir alles auf einmal klar, helle und vollends licht, – sie ward mir ja nur als Strafe beschert, darum ich in der armen Tiefe Aufsehens machte mit der mir verliehenen Macht, Kraft und Gewalt!

11. Ja, ja, also ist es; und ich war blind genug, die ziemlich lange Zeit her, in welcher ich im alleinigen, ungestörten Besitz dieser Strafe war, nicht zu sehen und zu gewahren, dass dieses mein süß scheinendes Verhältnis eigentlich nur ein ganz entsetzlich bitteres Strafverhältnis war!

12. Geil war ich ja von jeher schon, gleich wie da ist ein stinkender Bock und ein brünstiger Hirsch, und tat mir dabei auf meine große und starke Gestalt gar vieles zugute; was war nun natürlicher, als dass der Herr, dem meiner unverbesserlichen Torheit zu viel wurde, mich endlich wohlverdienter- und gerechtermaßen also strafen musste?!

13. Musste ich nicht schmachten vor der Naëme, und sie wollte mich nimmer erhören, so ich vor ihr brannte wie ein reifer, vollsaftiger Ölzweig?!

14. Und doch musste ich ihre unaussprechlichen Reize ansehen, also, dass mir nicht selten ganz finster vor den Augen wurde!

15. Ihr Antlitz, gleich der schönsten Morgenröte; ihre Augen, gleich zwei aufgehenden Sonnen; ihren Mund, gleich einer frisch aufblühenden Rose, wenn sie gerade mächtigst schön aus der vollen Knospe bricht; ihr herrliches Haar, das da spielt so prächtig wie ein herrlichster Strahlenstein; ihren Arm, der da so weiß ist wie der Schnee und so zart, sanft und weich wie junge Wolle; ihren Busen, dessen erhabenste Reize mit nichts zu vergleichen sind! Ja, ihr gesamtes Wesen, das da vor meinen Augen nichts Ähnliches findet auf der ganzen Erde, musste ich anschauen und durfte nichts genießen! Ja, nicht einmal umarmen durfte ich sie; und wenn ich mich vor ihr weinend gewälzt habe, so erhörte sie mich nicht, sondern gab mir dabei nur Lehren und Ermahnungen, die dem Munde Kenans oder Henochs sicher keine Schande gemacht hätten, darum ich sie auch nicht einmal verlassen konnte, um mich an ihr zu rächen, sondern sie nur stets mehr und mehr zu lieben genötigt war!

16. O du Strafe der Strafen! Du harte Strafe! O Vater Adam, jetzt erst sehe ich es klar vor mir; – darum du dich entzweit hast mit Gott, darum auch entzweite dich selbst Gott, nahm die Hälfte deines Ich aus dir, bildete daraus die Eva und gab sie dann dir zu einer dich stets gar gewaltig strafenden

Gehilfin, die da alle deine frühere Weltenstärke zu einer Staubwurmschwäche machte und dich sogar am Gängelband ohne das geringste Sträuben von deiner Seite aus dem hohen Paradies führte, – und du hast die Strafe nicht gemerkt, wie ich sie jetzt merke!

17. O Gott, o Du großer, mächtiger, heiliger Gott! Wer kann Deinen Rutenstreichen entgehen?

18. Du hast mich hart gezüchtigt, und ich gewahrte nicht die Härte Deiner Rute; Du warst mir barmherzig, nahmst mir ab der harten Strafe große Bürde, und ich als der größte Tor und Esel grämte mich dessen!

19. Doch jetzt erst erschaue ich die ganze Tiefe meiner Tollheit und danke Dir in mir, wie Dir noch kein Sterblicher gedankt hat, für diese Deine große Erbarmung an mir ärmstem Tropf!

20. Dank, Dank, Dank Dir, Du allein hast mich frei gemacht, und ich bin nun wahrhaft frei und gehöre Dir und mir nun wieder ganz vollends allein an.

21. Aber lasse mir am Ende dieses meines Dankes auch die Bitte hinzufügen, nämlich: dass Du mich in alle Zukunft mit derlei Strafen ewig verschonen möchtest! Willst und musst Du mich schon strafen, oder muss der Mensch überhaupt Deiner Ordnung gemäß gestraft werden, so strafe uns doch lieber mit Feuer, mit Gift und Skorpionen; aber mit Naëmen strafe uns nimmerdar, sonst geht die Erde unter unseren Füßen zugrunde!

22. Daher überlade uns Würmer nicht, und habe einmal doch satt des ewigen Strafens! Amen."

Kapitel 34

Abedam lehrt Hored die wahre Bedeutung von Liebe und Leben

Am 21. Februar 1842

1. Nach dieser inneren Selbstrede richtete sich der Hored auf und ging mutigen Schrittes hin zum Abedam und wollte da seinen Dank vor allen Vätern laut kundgeben; allein der Abedam kam ihm zuvor und sagte zu ihm:

2. „Hored, meinst du denn, dass Ich die stille Rede deines Herzens überhört habe? Das sei ferne deinem Gemüt!

3. Siehe, da du sahst, dass die Naëme für dich so gut als ganz rein verloren sei, da auch erst kehrtest du in dich zurück und konntest dich wenden zu Mir!

4. Du hast dich zwar gerecht zu Mir gewendet und hast dich gewendet in aller Wahrheit, – aber dein Umwenden war eine trockene Umkehr, darum du am Ende deiner Gemütssprache Mich mit aufgeregtem Herzen bitten mochtest, dass Ich, so da jemand ja schon gestraft werden solle, ihn lieber solle mit Feuer, Gift und Skorpionen strafen denn mit Naëmen, – und dass Ich ferner doch einmal des Strafens satthaben solle!

5. Siehe, aus derlei Bitten sieht noch gar wenig Liebe zu Mir und Liebe zum Nächsten heraus.

6. Dachtest du in dir auch die volle Wahrheit, so taugt aber diese dessen ungeachtet doch mitnichten ledig fürs Leben, wenn die Liebe ihr nicht vermählt ist!

7. Ich sage dir aber, so du geweint hättest um die Naëme, da wärest du Mir lieber gewesen denn also; denn da hättest du Mir gezeigt, dass dein Herz voll ist der Liebe, –

nur hätte sie eine schiefe Richtung, der aber leichtlich abzuhelfen wäre.

8. So aber hast du Mir gezeigt zwar offene Augen, aber ein verschlossenes Herz; die Augen aber taugen nicht zur Aufnahme des Lebens, sondern allein das Herz. Und siehe, gerade das da lebendig sein soll, ist tot in dir!

9. Dein Gedanke ist nur wahr bis zur Hälfte, darum in ihm keine Liebe ist; wäre aber Liebe in ihm, so hätte er sicher einen anderen Ausgang genommen als den unrichtigen; als hätte Ich als Vater nur gewisserart ein Wohlgefallen an dem Strafen! Wie töricht!

10. Meine ewige Ordnung der allerhöchsten und allerreinsten Liebe erkennst du als Strafe und bittest Mich, sagend: Habe einmal satt des Strafens!

11. Siehe, so Ich nun deine törichte Bitte erhören möchte, was würde da alsbald aus den Geschöpfen werden?

12. Damit du aber deine Torheit vollends einsiehst, so will Ich zu dem Behuf an jener alten, mächtig großen und starken Zeder deine Bitte erhören!

13. Nun, was sagst du dazu? Wo ist nun der mächtige Baum? Siehe, es ist auch nicht die leiseste Spur von ihm mehr übriggeblieben!

14. Merkst du nun, wohin die Erhörung deiner Bitte die Wesen führen möchte, und merkst du auch deine große Torheit, und wie viel des Lebens in dir waltet?

15. Ich solle euch lieber mit Feuer, Gift und Skorpionen strafen denn mit Naëmen! Siehe, es ist wahr, Ich gab das Weib dem Mann zu seiner Demütigung, darum Ich schon von Ewigkeit her wusste, wie es mit dem vereinzelten Herzen des Mannes stand.

16. In dieser alleinigen Hinsicht könnte – zur Hälfte nur – das Weib als eine kleine Strafe, an das hochmütige Herz des Mannes gerichtet, angesehen werden; wenn aber jemand dabei nur ein wenig weiter denkt, muss er da nicht alsbald gewahr werden, dass eben dieses scheinbare Strafmittel ein gar großes Mittel, ja eines der allerwichtigsten Mittel zur Erreichung des wahren vollkommen allerseligsten ewigen Lebens in Mir ist?!

17. Siehe, Ich sage es nun schon zum mehr denn zum tausendsten Mal, dass nur allein die Liebe zu Mir und also auch zum Bruder und zur Schwester das ewige Leben bedingt darum, da eben in Mir Selbst das urewige Grundleben alles Lebens in seiner ganzen heilig endlosen Ausdehnung nichts als pur Liebe ist!

18. So du alsonach die Liebe nicht hast, woher soll dir denn hernach das Leben kommen?

19. Denn wer Mich nicht aufnimmt in seinem Herzen, Der Ich nur ganz allein das Leben bin, wie und wodurch sollte der dann leben?

20. Ich aber bin die ewige Liebe Selbst; wessen Herz sonach liebeleer dasteht, steht das nicht gleichermaßen auch lebensleer und bar vor Mir?

21. Jetzt aber gehe zurück und mache eine kleine Betrachtung, und sehe, wer da zuerst dem Herzen des Kindes die Liebe durch die Liebe lehrt, wer das Herz zuerst für Liebe und Leben erweckt!

22. Wer nährt das ohnmächtige Kind aus eigener Brust? Wer gab dir denn die erste Kost und trug dich auf zarten, weichgepolsterten Händen vom Tode herüber ins erste Leben? Siehe an deine Mutter, du Tor!

23. Da du aber als Jüngling dann in der gefühlten werdenden männlichen Kraft dich stolz erheben wolltest, als wärest du berufen, Sonne, Mond und all die Sterne mit großer Verachtung zu zermalmen und also dich zu zerstreuen ins ewige Nichts, wer kam dir da entgegen, – wer fesselte da dein Herz für Liebe und Leben in dir, – wer führte dich da zuerst wieder in die eigene Wohnstätte des Lebens zurück, – wer lehrte dich da von neuem wieder die von deiner Mutter gelehrte, aber vergessene Liebe?

24. Wer, sage Mir, wer war der Engel, der dir mit dem ganzen Leibe stark zurief: ‚Hored, liebe, liebe, liebe – und lebe; aber liebe rein, liebe in Gott, und lebe in Gott, und lebe mir, und klopfe nicht an die Pforten des Todes!'?

25. Siehe, dahier zu Meinen Füßen ruht und liebt dieser Engel, den du mit Feuer, Gift und Skorpionen vertauschen möchtest; siehe, es ist die Naëme!

26. Gehe nun hin, bereue deine Torheit; und wenn du Liebe empfinden wirst in deinem Herzen, ja, Ich sage dir, mächtig starke Liebe zu Mir, deinem heiligen, guten, liebevollsten Vater, dann erstehe, und komme wieder, damit Ich dich segne mit dem ewigen Leben! Amen."

Kapitel 35

Horeds stille Einkehr in der Adamsgrotte

Am 22. Februar 1842

1. Nach dieser Rede Abedams aber fiel der Hored alsbald nieder auf sein Angesicht und bat inbrünstigst den Abedam, dass Er ihm sein Herz umgestalten möchte, da er sich nun zu ohnmächtig fühle und wohl einsehe, dass er aus sich gar nichts vermöge; daher möchte ihm der Abedam gnädig und barmherzig sein!

2. Und der Abedam aber sagte zu ihm: „Tue, was Ich dir geboten habe, so wird dir geholfen; denn an der bezeichneten Stelle habe Ich für dich ein Heilmittel bereitet! Und also gehe und ergreife es behände, so da dir am Leben etwas gelegen ist und an Meiner Gnade, Liebe und Erbarmung! Amen."

3. Und alsbald erhob sich der Hored, dankte bebenden Herzens und begab sich darauf sogleich hin zu der von hier bei zweitausend gute Schritte abstehenden Grotte.

4. Als er nun dort angekommen war, da betrachtete er eine Zeit lang die große Farbenpracht des Gesteins und fing an, darüber bei sich nachzudenken über die Ursache solcher Herrlichkeit; aber es wollte ihm nichts Befriedigendes einfallen.

5. Endlich aber kam er doch auf einen guten Gedanken und sagte demzufolge bei sich selbst: „Wenn der Sonne starker Strahl sich bricht in dieses edlen Gesteins wohlgeformten, glatten und allenthalben endlos verschiedenfarbig durchsichtigen Flächen, so erbrennen freilich diese Farben wie lebendig in unaussprechlicher Pracht und Majestät aus ihm.

6. Aber sind sie darum sein Eigentum? O nimmer, nimmer! Wenn die Sonne sich senkt hinter das Gebirge, dann auch sinkt all deine große Pracht hinab in die tiefe Nacht!

7. Welch ein Unterschied ist dann zwischen dir und dem allergemeinsten Sandstein, über welchen sogar die Ameise hurtig hinwegtrippelt, um nicht von seiner großen Unfruchtbarkeit ausgesogen und endlich gar tot gemacht zu werden?

8. Wird sonach nicht alles nur durch das Licht verherrlicht? Ja, ja, durch das Licht; aber, was ist dessen ungeachtet die Pracht aller Dinge im Licht? Eine Lüge, eine allerbarste Lüge?

9. Abedam, wie Er genannt wird von den Vätern, sagte mir zuvor ja etwas von einer halben Wahrheit; – siehe, siehe, – mir fängt an, nun daraus ein sonderbares Licht aufzugehen! Ja, ja, es kann fürwahr im Ernst gar wohl eine halbe Wahrheit geben!

10. Wer kann die Formenherrlichkeit der Dinge, wie zum Beispiel der Blumen, der edlen Steine, der Früchte, der Tiere und so auch der Menschen und von noch zahllos anderem hinwegstreiten? Aber ihre Herrlichkeit ist nur eine halbe Herrlichkeit ohne das Licht!

11. Was aber ist das herrliche Licht für sich, wenn seine Strahlen in die leere Unendlichkeit sich hinaus zerstreuen sollten, ohne irgend zu treffen eine Form und zu verherrlichen dieselbe?

12. Oder ist die sichtbare Form des Lichtes an oder für sich etwas wahrhaft charakteristisch Schönes?

13. Wer könnte die Sonne, den Mond, oder all die Sterne, oder ein Fackellicht für sich förmlich schön nennen? Das sind sie wahrlich nicht, und es hat schon ein einfachstes Blümchen mehr für sich denn die ganze höchst einförmig runde scheinbare Scheibe der Sonne, des Mondes und die gar wenig sagenden Punkte der Sterne!

14. Ja, ja, also überall nur eine halbe Wahrheit; die Form hat nur den halben Wert ohne Licht und das Licht den halben ohne Form!

15. Also, also verhielte es sich demnach auch mit dem Menschen, so sein Herz liebe- oder formleer dahin und daher sich wendet und wendet.

16. Der Verstand lässt zwar gleich der Sonne seine Strahlen auslaufen; aber was nützt es der Leerheit? Da nichts ist, welche Wirkung des Strahls, wenn er auffällt auf die schale Fläche des Nichts?

17. Ja wahrlich, in meinem Herzen ist nichts; gar nichts ist darinnen, keine Liebe, keine Reue, keine Trauer, keine Freude, keine Lust, auch sogar keine Begierde regt sich mehr in ihm.

18. Habe ich etwa eine Lust zum Leben? O nein, mir ist das Leben wie dem Stein sein buntes Strahlen! Habe ich etwa einen Hunger oder einen Durst? Auch da fühle ich keines von beiden!

19. Ich soll meine Torheit bereuen; ja, welche denn? Darum mein Herz leer ist und das Licht des Verstandes kein nütze ist, darum es von keiner Form aufgenommen wird in mir.

20. Die Reue ist ja eine kümmerliche Tochter der Liebe; so aber die Mutter irgendwo noch im weiten Felde ist, woher soll ich die Tochter nehmen?

21. Ich bin ein Tor; so sagte zu mir der Abedam Jehova. Ich glaube es auch fest, dass ich einer bin; denn Er, die ewige Wahrheit, hat mir solches bezeugt, – also muss ich ja ein Tor sein!

22. Aber warum bin ich denn ein Tor? Weil mein Herz form- oder liebeleer ist! Wenn es aber leer ist, woher soll es gefüllt werden?

23. Vom Licht sicher nicht; denn wo der Strahl nichts findet, da läuft er die Unendlichkeit durch und kehrt ewig nimmer zurück!

24. Also, woher nehmen und sättigen das Nichts? Doch – stille, stille! Was ist das? Was tönt da so übermächtig herrlich?

O Gott, Du großer, heiliger Jehova, jetzt lasse mich vergehen! Nein, nein, jetzt erst lasse mich leben!

25. Ich vernehme Töne, Töne, ach heilige Töne! Sie sind keine Worte, – ich verstehe sie nicht; aber sie sind ohne Verstand herrlicher, ja unendlichmal herrlicher denn ein allerverständliches Wort!

26. O Gott, nun wird mir schon etwas klar! Nämlich, dass ich ein großer Tor bin!

27. Ist das Wort nicht des Schalles Form? Und doch ist hier der Schall allein herrlicher denn seine Form!

28. Meine Weisheit ist nun zu Ende; diese Erscheinung hat alle meine Grundsätze zunichte gemacht.

29. Herr, hier liegt der Sünder blank vor Dir im Staube und hat nichts mehr zu sagen als: O lieber Vater, sei auch mir armem Sünder gnädig und barmherzig! Dein heiliger Wille! Amen."

Kapitel 36

Das Tonwunder in der Grotte und seine transformative Wirkung auf Hored

Am 23. Februar 1842

1. Es hatte aber diese Grotte das Eigentümliche – besonders um die dritte Stunde des Nachmittags, um welche Zeit es auch gerade schon diesmal war, wann sich alle Winde legten und eine vollkommene Windstille eintrat –, dass sich dann ein Getöne vernehmen ließ, das da große Ähnlichkeit hatte mit dem Tönen einer äußerst rein gestimmten Windharfe; nur war dies Tönen bei weitem großartiger und erhabener sowohl im Steigern als im Fallen und in dem, das ihr die Modulation oder das Übergehen nennt.

2. Dieses Wunder war freilich wohl schon ein älteres, aber bis auf den Hored hat es noch niemand entdeckt; allein, das Alter hebt das Wunder nicht auf, und noch weniger seine Tauglichkeit.

3. Dass die Sonne und die ganze Schöpfung schon ein gar altes Wunder sind, das wird wohl niemand bestreiten; hört aber etwa mit dem Alter dieser Wunder ihre gar wohlgeordnet bestimmte Tauglichkeit auf?

4. Gewiss nicht, denn die überalte Sonne leuchtet heutzutage noch gerade also, wie sie geleuchtet hatte zu den Zeiten Adams.

5. Und gerade also verhielt es sich mit diesem Tonwunder, da es schon vorhergesehen war von Ewigkeit für den Zweck, der jetzt im Hored vorliegt.

6. Solches aber wird hier aus diesem Grunde berührt, damit da nicht sogleich jemand sagen möchte: „Das war demnach ja nur eine ganz natürliche Erscheinung!"

7. Aus welcher Behauptung dann gewisserart entnommen werden solle, dass die natürlichen Erscheinungen weniger Wunder seien, als so ein leuchtender Berg plötzlich vom Firmament herabfiele.

8. Also dieses Tonwunder hatte auf den Hored also wohltätig gewirkt, dass er darüber vollkommen angefangen hat, in sich zu gehen, und ward ein Mensch vollkommen durch und durch voll Reue, Liebe und Leben.

9. Wie aber brachte dieses Wunder das zweite Wunder zuwege? Davon soll sogleich die Rede sein; und also hört denn:

10. Dieser Hored war von seiner Geburt an voll Liebe und voll des besten Geistes, darum er als Knabe schon Steine zur Hand nahm, so er nichts anderes im Ausbruchsmoment der Liebe erreichen konnte, und

sie mit großer Heftigkeit an sein Herz drückte.

11. Aus dieser Liebe aber entwickelte sich mit der Zeit eine gewisse Art von Naturliebe, die am Ende ein stärkeres Gewicht bekam als die Liebe zu Mir und die Liebe zu den Vätern, Brüdern und Schwestern. Was musste also vorderhand die natürliche Folge der Abirrung dieser Liebe sein?

12. Seht den Hored an, fragt seinen Zustand, und es wird jedermann alles klar werden, auf welche Art er endlich zu einem ganz puren, kalten Weltweisen geworden war.

13. Er fing da an, die Naturdinge mit schärferen Augen anzusehen. Er prüfte die Kräuter, – sie hatten für ihn kein Leben, das ihn fürder mehr noch erwärmen hätte können; er zerlegte die Bäume, – aber auch in ihnen fand er keine Lebenswärme; er stieg ins Wasser – und fand es kalt; wieder nahm er den Lehm – und fand ihn weich und sehr schmiegsam, dass er daraus allerlei bilden konnte. Aber er gewahrte alsbald zwei große Übel, nämlich: Solange ein solches Gebilde vermöge der innehaftenden Feuchtigkeit weich blieb, da war es auch durchaus kalt, dass sich davor die Haut schreckte; wärmte er es aber an der Sonne, so wurde es zwar fester und fester, aber drückte er es dann an seine Brust, so verursachte es ihm bedeutende Schmerzen, dass er darob von sich stieß sein hart gewordenes Werk.

14. Wieder nahm er Steine, schlug sie aneinander, dass darum aus ihnen nicht selten die reichlichsten flammenartigen Funken sprühten. Das nahm ihn wunder, darob er dann auch fast all die ihm vorkommenden Steine zerklopfte und in ihnen das Feuer suchte, aber auch ganz natürlicherweise nie eines fand und daraus dann also schloss: Die ganze Welt ist ein hungriger Tiger, der allzeit zum Fressen aufgelegt ist, aber dem Nachbarn etwas zu überlassen nimmerdar mag, außer einigen ungenießbaren toten Knochen!

15. Dergleichen Weisheitssätze, die ihm sehr wohl gefielen, hatte er mit der Zeit eine große Menge aus der Natur herausgezogen, so, dass er dadurch am Ende für einen großen Weisen des Morgens zu gelten anfing, welcher Weihrauch ihm auch am allermeisten wohlschmeckte, – darum er dann aber auch mit seiner Weisheit es also ins Große zu treiben anfing, dass sich vor ihm nicht einmal die Hauptstammväter zu reden getrauten, sondern alle lobten ihn und erteilten ihm den allgemeinen Segen, darum er dann auch stark genug wurde für einen Apostel in die Tiefe, dahin sich vor ihm niemand zu wandeln getraute.

16. Er wusste sich in Hanoch auf Meinen Namen einen großen Respekt durch Wort und Tat zu verschaffen und bekam darum das Beste zum Lohn für seine Weisheit und nicht wenig gefürchtete Macht. In diesem Lohn fand er den vollen Ersatz für alle seine an die stumme Natur verschwendete Liebe; da er aber diese Liebe fand, so liebte er unmäßig und verabschiedete aber dafür die Weisheit ganz und gar, darum er dann auch in alle Sinnlichkeit überging, dafür er nun an der Naëme Meine Strafe ersah, und das im geretteten Zustand, als seine Liebe wieder anfing, sich in die Weisheit zu verlieren.

17. Er wurde vor Mir sogar wieder zu seinem früheren Weisen voll Kälte.

18. Was war nun mit ihm zu tun? Ein zu sprechendes und knallendes Wunder hätte ihn töten müssen. Daher also auch war

dieser harmonische Balsam für ihn in den Stein gelegt, damit er daraus erfahren solle, dass Meine Liebe nicht nur das Herz im Menschen, sondern auch den allerhärtesten Stein erfüllt!

19. Wie aber diese Arznei dem Hored anschlug, – das zu erfahren, wollen wir ihm selbst einen sehr wohltuenden Besuch machen und das alles aus seinem Munde vernehmen und daselbst noch so manches lernen und erkennen! Amen.

Kapitel 37

Horeds stilles Gespräch mit der göttlichen Präsenz

Am 24. Februar 1842

1. Bei einer guten Stunde lang seufzte nun der Hored in einem etwas beschwerlich zugänglichen Winkel der Grotte, als da vom Morgen her ein leichter Wind zu wehen begann und dem herrlichen Tönen ein Ende machte.

2. Als sich aber die dem Hored so heilig vorkommenden Klänge verloren, da richtete er sich auch alsbald auf und fing an, mit sich folgendes Gespräch zu führen, sagend:

3. „O du herrliche, wunderbare Schöpfung Gottes, wie erhaben und heilig bist du, mit den Augen der Liebe betrachtet und tief gefühlt im liebenden Herzen, ja mit einem vor Gott nur einigermaßen liebegereinigten Herzen!

4. Welch ein Unterschied nun in mir! Vorher, vor einer Schattenwende kaum, war alles noch kalt um mich her und tot alles, – ja, mein Herz selbst war kalt und keiner Träne fähig mein Auge; jetzt lebt alles, – der harte Stein redet, das Gras sendet

duftende Lobgesänge zu den heiligen Höhen Gottes empor!

5. Durch die regen Äste der herrlichen Bäume rauscht eine heilige, reine Sprache, ein großes Wort über alle die Wälder der Erde; es tönte: ‚Gott ist die reinste Liebe! Und alles ist Liebe um Ihn, aus Ihm und durch Ihn!'

6. Oh, wie herrlich, wie schön, wie heilig, wie lebendig ist doch jetzt alles um mich her! Wie erhaben nun diese heiligen Berge und wie unaussprechlich erhaben heilig nun jene Morgenhöhe Adams, wo – wo – o die Größe, die Größe! Ich kann es nicht aussprechen!

7. O mein Herz, mein Herz! Jetzt eröffne dich überweit; ja über alle endlosen Schöpfungen hinaus erweitere dich, und erfasse, was dort auf jener heiligen Höhe sich nun befindet!

8. Erfasse es, erfasse es; denn Gott, der große, ewige, überheilige Schöpfer der Unendlichkeit – o Herz, erfasse es! – der liebevollste, allerheiligste Vater ist es! Ja, unser aller Vater ist es, der Sich dort befindet, sichtbar unter Seinen Kindern!

9. O Natur, o ihr Winde alle, du plätschernde Quelle, schweigt, schweigt nun; und ihr zwitschernden Bewohner der Äste der Zedern, und du auch, zirpende Grille, hemmt nicht das heilige Gefühl in meiner Brust!

10. Der heilige Vater, voll der allerhöchsten Liebe, unter Seinen Kindern dort auf jener heiligen Höhe! Er – der allmächtige Schöpfer, der ewige, alleinige Gott und Herr aller Dinge und Wesen als Vater unter Seinen Kindern! O Gedanke, o du lichteste, heiligste Wahrheit, welche Unendlichkeit kann dich fassen, welche Ewigkeit dich begreifen?!

11. Ja, heilig bist du, sonst armselige Brust, so dich dieser Gedanke nur anrührt! Der Vater – unter Seinen Kindern! O du zu endlos großer Gedanke, wer kann leben und dich denken in deiner Größe, in deiner unendlichen Unendlichkeit?!

12. Der Vater unter Seinen Kindern – und lehrt sie Selbst, lehrt sie erkennen Ihn, den heiligen Vater!

13. Auch an mein totes Ohr drang Seine heilige Vaterstimme, und ich verstand sie nicht; und meine Augen sahen Ihn, und ich erkannte Ihn nicht!? Hierher führte mich Sein Wort; des Vaters Wort führte mich hierher!

14. O du heilige Stelle, du Ort der lebendigen Verklärung meines Herzens, meines Geistes, – mit welchem ewigen Denkmal soll ich dich verzieren, mit welchem heiligen Wort dich nennen, dich, du heilige Stätte, dahin mich des Vaters Wort beschied?!

15. Ach, was ist doch der Mensch, der schwache Bewohner dieser Erde, dass Sich der ewige Gott seiner erbarmt und ihn aufnimmt zu einem Kind!

16. Ist der Mensch denn gut? Nein, das ist er durchaus nicht! Ist er denn etwa gar so überaus schön, darum Gott zu ihm kommt? Nein, nein, das ist er noch mehr durchaus nicht; denn wo die wahre Güte mangelt, da mangelt auch die wahre Schönheit.

17. Ist er etwa also liebenswürdig, darum der Herr herabkam zu ihm? O mitnichten; denn um liebenswürdig zu sein, muss man doch vorher notwendig gut und schön sein!

18. Ist der Mensch denn etwa reich an verschiedenen Gott fremden und seltsamen Dingen? O der unaussprechlichen Torheit, o des finstersten Gedankens, der sich immer noch möglicherweise der Zunge je bemächtigen kann!

19. Was hat der Mensch denn, das er nicht zuvor empfangen hätte?

20. Also – was ist – oder was hat denn hernach der armselige Mensch dieser mageren Erde, darum Gott zu ihm kam, ihn nun lehrt, führt und tröstet?

21. O du großes, undurchdringliches Geheimnis! Darum wir uns Kinder nennen dürfen, ist ja eben nur Seine endlose Erbarmung, ohne die wir jedem Stein gleich gutweg nichts als nur pure Geschöpfe sind, und das noch dazu voll Ungehorsam, während ein Stein viele tausend und abermals tausend Jahre sich ohne des Herrn Willen nicht von der Stelle rührt, dahin er gesetzt wurde von des heiligen Vaters allmächtiger Hand.

22. Oder war der heilige Gedanke in Gott, aus dem der Mensch, der undankbare Mensch hervorging, vielleicht noch göttlicher als der, aus dem mit der früheren, gleichen oder späteren Zeit ein Stein aus einem und demselben Gott hervorgehend ward?

23. Ja, ja, nichts, gar nichts ist und hat der Mensch vor Gott, sondern alles nur als pure Gnade von Ihm!

24. O du unaussprechliche Liebe, du unendliche Barmherzigkeit des Vaters, der da ist allzeit heilig, überheilig, wie soll dir denn das Herz danken, wie dich loben und preisen, mit welchen Worten der ganzen Erde würdig verkündigen solche endlose Milde von dir an uns arme Menschen, die wir uns unwürdigstermaßen deine Kinder nennen?!

25. O Vater, jetzt lasse in den Staub mich sinken; denn meine Augen sind nicht einmal würdig, dahin einen Blick zu tun, da Du noch weilst unter Deinen Kindern!

26. Du heiliger Vater – unter Deinen Kindern! Dieser Gedanke ist zu heilig, um noch einmal von mir Erdwurm gedacht zu werden!

27. Daher stille, stille, alles werde stille um mich her, damit auch ich vor der zu großen Heiligkeit des Vaters verstummen kann!

28. Denn was sollte da ein bestaubter Schlammwurm sprechen, worüber die ganze Unendlichkeit das erhabenst ehrfurchtsvollste Stillschweigen beobachtet! Also stille, stille, mein Herz und meine Zunge; denn alles um mich her ist nun stille geworden. Stille in Gott, stille; denn – der Vater ist in der Nähe!"

Kapitel 38

Bekehrung und Segnung des Hored durch Abedam

Am 25. Februar 1842

1. Nach diesen Worten verstummte die Zunge Horeds zwar, aber desto lauter wurde es in seinem Herzen; denn dieses suchte und suchte nun schickliche und wohltaugliche heilige Worte des Dankes und der würdigen Darstellung der dem Menschen nur immer höchst möglichen Liebe gegen Gott. Allein es war vergebens; je tiefer sich der Hored in sein Herz verkroch, und je emsiger er alle seine verborgensten Winkel durchsuchte, desto weniger auch konnte er finden, was er nun so gerne gefunden hätte.

2. Es berief aber ebenzeitig der Abedam zu Sich den Henoch, den Lamel, den Gabiel mit der Purista und den Lamech mit der Ghemela.

3. Als aber die Naëme den Namen ihres Vaters aussprechen hörte, da erschrak sie gewaltigst; denn sie glaubte, er sei sicher durch die kecke Nebelgestalt beim weißen Berg herauf an diese so heilige Stelle geführt worden.

4. Aber der Abedam beruhigte sie bald, indem Er zu ihr sagte: „Naëme, – wie magst du dich fürchten an Meiner Seite? Bin denn nicht Ich der Herr aller Dinge, Wesen, aller Unendlichkeit, aller Ewigkeit?!

5. Siehe, darum ist ja eitel deine Furcht; und zudem hat der von Mir berufene Lamech mit deinem Vater wohl nichts als allein nur den Namen gemein!

6. Denn dieser Lamech hat den Namen von Mir aus, der da sagt: Dieser ist Meiner Liebe, dieser ist für Mich, dieser hat Meinen Schatz in sich!

7. Was aber den gleichen Namen deines Vaters betrifft, so ward er ihm gegeben in gleicher Bedeutung vom Satan, der da ist Mein größter Feind.

8. Doch aber sollst du dir keine Sorge machen deines Vaters wegen; denn Ich bin auch ein gar über alles mächtiger Herr dessen, dem dein Vater ein getreuer, aber höchst unglücklicher Diener ist, und werde zu seiner Zeit auch ihm die Augen öffnen lassen.

9. Daher sei nun ganz vollkommen ruhig, du Meine neue Tochter der wahren Reue, Buße und Liebe, und folge Mir, fest an Mich angeschlossen, mit den übrigen Berufenen hin zur Stelle, da der Hored nun aus übergroßer Demut und Liebe zu Mir die Regsamkeit der Zunge verlor!

10. Und du, Seth, du Enos, du Kenan, du Mahalaleel, du Jared, und du auch, Mathusalah, aber geht nach Hause mit euren Weibern und anderen Kindern, und sorgt für Speise und Trank in gerechter

Menge; denn heute, morgen und übermorgen sollen alle Kinder am Tisch des Vaters speisen!

11. In euren Hütten aber sollt ihr alles in der gerechten Menge finden; nur tragt es unterdessen hierher!

12. Wir aber wollen uns nun begeben dahin, wo ein neuer, großer, treuer Bruder unserer harrt! Amen."

13. Der Hored aber merkte es bald, dass sich eine ganze Gesellschaft von der Morgenhöhe Adams gegen die Grotte bewegte; nur konnte er der ziemlichen Ferne wegen nicht entnehmen, wer da alles von der Gesellschaft ist.

14. Als aber die Gesellschaft seiner Stelle stets näher und näher kam, da erst erkannte er, um welche Zeit des Tages es nun sei, – nämlich er erkannte unter der Gesellschaft gar bald den hohen Abedam!

15. Jetzt aber war es auch aus bei ihm, dass er darob mit großer Liebeheftigkeit ausrief: „Nein, nein, das kann nicht sein, nimmer, nein!

16. Ich – ein Sünder, ja nahe ein Brudermörder, – ich, der da war über alle Böcke und Hunde voll der allerdicksten Geilheit und voll der allerunreinsten Gedanken, – ich, der größte Tor, sollte nun bestehen im Angesichte Dessen, der mich erschuf, im Angesichte Gottes, im Angesichte des allerheiligsten Vaters?

17. Erde, hast du nun keine weite Spalte irgendwo, die mich wohlbergend für alle Ewigkeiten aufnehmen möchte hinab in deinen tiefsten Grund?!

18. Oder du, hohe Grotte, kannst du nicht einen schwersten Stein auf mein Haupt fallen lassen, damit er mich zerschmettere bis zum nichtigen Staub?!

19. Wie werde ich bestehen nun vor Ihm? Ich in der größten, verworfensten, menschenlarvenmäßigen Niedrigkeit meines Herzens und Geistes?

20. Er, die allerhöchste Heiligkeit! O Zunge, – o Herz, was werdet ihr tun, wenn Er kommen wird, – bald kommen wird?

21. Wie wirst du, sündiges Auge, Gott schauen, – Gott, den Vater, die reinste, heiligste Liebe?!

22. Wie hören du, mein schlechtes Ohr, die heilige Stimme des Vaters, – ja, die Stimme, die du früher verkennen mochtest?!

23. Doch jetzt, mein Herz, es gilt den letzten Kampf, entweder zum Leben – oder zum Tode!

24. Ich habe nichts als ein weites Herz voll der heißesten Liebe nun nur allein zu Ihm, zu Ihm, dem allerheiligsten Vater! Ob sie rein ist, – Vater, das weiß ich nicht! Doch was Du auch immer mit mir machen wirst – ob mich wieder annehmen, oder verwerfen –, es wird ja doch nur Dein heiliger Wille geschehen, und dieser ist ja ewig allzeit über alles gut! Daher – geschehe Dein heiliger Wille!"

25. Bei diesem letzten Wort aber ergriff ihn schon der Abedam an der Hand und sagte darauf: „Hored, du Starker, du Heißer, du Fels der Liebe nun, jetzt komme her an die Brust deines ewigen, heiligen Vaters, und schmecke da zum ersten Mal, wie sich's da ruhen lässt, – ruhen im hellsten Bewusstsein des ewigen Lebens, – ruhen an der Brust des liebevollsten, heiligsten Vaters!

26. Mein Hored, wenn Ich komme, da gilt es allzeit dem Leben, aber nicht dem Tode!

27. Und also bist du nun auch für ewig lebendig. Siehe, hier ist auch die treue Naëme! Jetzt erst bist du für sie und sie für dich von Mir gesegnet; denn Ich habe sie

erwählt für Meine Hand. Darum aber gebe Ich sie jetzt dir, weil du eben jetzt zu Meiner Hand geworden bist!

28. Jetzt aber folge Mir an Meiner Hand mit den übrigen zum großen Sabbatsmahl daheim auf der Höhe! Amen."

Kapitel 39

Das Sabbatmahl auf der Morgenhöhe

Am 26. Februar 1842

1. Und der Hored folgte anfangs wonnestumm, denn diese Begegnung von Seiten des Abedam war für den Hored etwas zu unaussprechlich heiligst Großes, als dass er darüber hätte können seinem Herzen gehörig Luft machen. Er war förmlich wonnetot; nur der allerwilligste Gehorsam belebte seine Glieder.

2. Als sie aber ungefähr den halben Weg zurückgelegt hatten, da auch erst fing der Hored an, ein wenig aufzutauen von seiner übermäßigen Liebwonnestummheit und einen tiefen Odem zu schöpfen für ein erstes großes Wort in diesem neuen Zustand. Allein der Abedam sagte alsbald zu ihm: „Mein geliebter Hored, lasse nun in der Ruhe deine Zunge; so sehr auch immer du deine Zunge mit deinem Herzen in die volle Übereinstimmung zu bringen vermagst, so kannst du aber doch von Mir aus vollkommenst versichert sein, dass Mir dessen ungeachtet die alleinige Sprache deines Herzens viel lieber und angenehmer ist, als wenn sie durch der Zunge natürliche Rauheit vieles verliert an ihrer lebendigen Anmut, wenn auch der Wahrheit unbeschadet. Siehe, alles, was du nur immer ansiehst, predigt dir beständig die ewige Wahrheit, – aber nur die Liebe ist

das allerinwendigste, unsichtbarste Leben der Wesen!

3. Darum auch bleibe in dir, und zerstreue nicht fruchtlos, was dein Herz gesammelt hat; es wird aber schon für dich eine Zeit kommen, da du wirst Meine Äcker bestellen müssen! Darum spare deinen herrlichen Samen des Lebens aus Mir für die Zeit, wann Ich dich berufen werde!

4. Und so lasst uns im Frieden ziehen der Heimat zu, allda du noch so manches erfahren sollst! Amen."

5. Und also zog diese Gesellschaft an der Seite des Vaters der Morgenhöhe zu. Und als sie die Vollhöhe erreicht hatten, da war auch schon in hundert und hundert großen Körben ein überreiches Mahl wohl bereitet, bestehend aus lauter allerherrlichsten, edelsten, frischesten und wohlschmeckendsten Speisen, als: Früchten, Honig, Brot und in den Krügen reinster und köstlichster Beerensaft.

6. Als nun der Abedam sah, dass da alles in der Ordnung war, so segnete Er die Speise und den Trank und sagte dann zu den Vätern, welche die Speisen herbeigeschafft hatten: „Ruft herbei alle eure Kinder, und lasst sie behände austragen und verteilen die Speisen und den Trank an alles Kindervolk, und sie sollen alle davon essen und trinken und sollen fröhlich sein in Meinem Namen und sollen nun auch alle erfahren also von Munde zu Munde, dass Ich, ihrer aller Vater, sichtbar unter ihnen bin!

7. Drei Körbe aber sollen für uns hier auf der Vollhöhe verbleiben; und nun gehet und tuet!

8. Du, Lamel, aber sehe dorthin gen Abend! Siehe, gerade da, wo drei hohe Zedern den Scheitel eines Hügels schmücken, wirst du einen armen Vater mit seinem

92

Weib und seinen sieben Kindern, davon drei Knaben und vier Mägde sind, antreffen! Diese Familie ist noch von der alten, allerdrückendsten knechtlichen Ehrfurcht befangen, also zwar, dass sie sich nicht einmal ihre Füße von da weiter zu setzen getraut, woselbst sie der Hütte Adams ansichtig wird.

9. Darum hebe dich behände dahin, und bringe sie samt und sämtlich hierher zu Mir; und also gehe und tue!

10. Du, Lamech, aber nehme diesen mittleren Hauptkorb, und trage ihn hin zum Adam; und du, Gabiel, nehme den zweiten für dein Haus; und der dritte aber bleibe hier für Mich, für den Henoch, für den Jared, für Lamech und dessen Weib, für Meinen Namensgefährten, für Kisehel und Sethlahem und dessen anderen Brüder, für das Weib Zuriels, für dich, Meinen Hored, und die Naëme, für den Jura, Bhusin und Ohorion und für die Familie, die der Lamel sogleich hierherbringen wird!

11. Alle anderen sollen sich entweder um den Korb Adams setzen – und die da von Morgen her sind, um den Korb Gabiels!"

12. Es bedünkte aber dem Adam heimlich schmerzlich, darum der Abedam nicht an seinem Korb wollte teilnehmen.

13. Der Abedam aber sagte sogleich zu ihm: „Adam, ist denn ein Unterschied in den Körben? Du sollst aber darum nicht liebehrgeizig traurig sein, darum Ich die Schwachen um Mich her versammle!

14. Es stehen aber die drei Körbe ja hier ohnehin also aneinandergereiht, dass sie nur von geringen Zwischenräumen getrennt werden; wozu also des Rangkummers?

15. Bin Ich nicht der Vater, und bin Ich nicht hier in euer aller Mitte? Sei daher nun guten Mutes, und denke nicht nach der Rangzahl der Körbe, sondern lieber an Meine allgemeine Vaterliebe, so wird da sicher keines Unterschiedes sein, in welchen Korb Ich oder du greifst!

16. Meinst du aber etwa, dein Korb ist darum weniger gesegnet? Dieser Irre sei ledig! Amen."

17. Darauf wurde es alsbald wieder wärmer und heller in der Brust Adams, und er bat den Abedam um Vergebung. Der Abedam aber erwiderte ihm:

18. „Adam, wie sollte Ich dir denn deine Liebe zu Mir vergeben, als wäre sie eine Sünde? Daher sei nur vollkommen ruhig, denn diesen deinen Schmerz erzeugte ja deine Liebe zu Mir. Daher also sei ganz vollends ruhig, und genieße die Speise heiter! Amen."

19. Nach diesen Worten aber brachte auch schon der fertige Lamel seine überfromme Beute.

20. Der Abedam aber ging ihnen entgegen, dieweil sie sich sehr fürchteten, und sagte zu ihnen: „Kommt her, ihr Meine lieben Kindlein, und fürchtet euch nicht vor Mir, eurem ewigen, heiligen, überguten Vater!"

21. Und sie erkannten Ihn gar bald, fielen vor Ihm nieder und priesen und lobten Ihn überaus laut.

Kapitel 40

Die unbändigen Lobschreier. Adams Tischgebet und Abedams Segen

Am 3. März 1842

1. Und der Abedam ließ sie vollends zu Sich kommen und bedeutete dann ihnen, aufzuhören mit ihrem zu lauten Lob; sie aber schrien nur noch ärger: „Gelobt seist Du, heiliger Vater, gelobt Dein heiligster Name! Gepriesen seist Du, allmächtiger, großer Gott, Der Du ewig bist und unendlich! Dir allein gebührt alle Liebe, alle Anbetung, alle Ehre, aller Dank, alles Lob, aller Ruhm und alle unsere allergrößte Demut vor Dir! Nur Du allein bist würdig, solches alles von uns zu nehmen!"

2. Und also schrien sie fort und waren auf natürlichem Wege durchaus nicht zum Schweigen zu bewegen.

3. Da dem Abedam aber sattsam wurde des Lobes und auch die Väter nicht mehr auswussten, was da werden und geschehen solle, damit diese Lobschreier zum Schweigen gebracht werden möchten, da erhob alsbald der hohe Abedam Seine Hand und zog den Zeigefinger vom Aufgang bis zum Niedergang; und alsbald durchzuckte das ganze weite Firmament ein unerhört starker Blitz, dem sogleich ein so starker Donner folgte, dass darüber nahe die ganze Erde bis in ihren Grund erbebte.

4. Diese Erscheinung brachte unsere Lobschreier zum demütigsten Schweigen, und alle die Väter schlugen sich auf die Brust und glaubten, der hohe Abedam müsse diesmal äußerst zornig geworden sein.

5. Darum auch der Adam alsbald anfing, den neun Lobschreiern ihren Ungehorsam gegen des Herrn Wort heftig zu verweisen.

6. Allein, es trat alsbald der Abedam ins Mittel und sagte zum Adam: „Adam, warum ereiferst du dich denn, solange Ich hier unter euch bin?

7. Lasse die Sache nur Mir über, da Ich allein nur weiß, wozu alles dieses; du aber setze dich an deinen Korb, und genieße das Mahl mit den Kindern!

8. Also aber, wie diese neun, hast du Mich noch nie gelobt, obschon du Mich länger kennst; warum sollte es dich nun ärgern, so Ich ihr großes Lob mittels Meines Fingers mit starken Feuerzeichen über die ganze Unendlichkeit hinzeichnete und euch allen dadurch anzeigte, wie groß ihr Lob war?!

9. Ich sage dir aber, der du Mich nun als höchst erzürnt betrachtetest: Wohl dem, welchen da treffen wird solch ein Zorn von Mir; denn er wird ihn alsbald erwecken zum ewigen Leben!

10. Verstehst du solchen Zorn Meiner Vaterliebe an jene Kindlein, die sich aus lauter Liebe zu Mir, ihrem Vater, nicht zu helfen wissen, darum ihre Freude unbändig wird und taub ihr Ohr, da die zu große Liebe sie gefangen hält in aller heiligen Unmäßigkeit?!

11. Wahrlich, wahrlich sage Ich euch allen: Wer da nicht unmäßig und unbändig wird in der Liebe zu Mir, dessen Name wird nicht also geschrieben unter und über den Sternen wie die Namen dieser neun Armen der Erde, aber Überreichen der Liebe!

12. Adam, begreifst du nun dieses Zeichen und diesen Meinen Zorn?

13. Daher sei ruhig und verzehre heiter dein Mahl mit deinen Kindern! Amen."

14. Diese Worte aber gingen dem Adam gewaltig zu Herzen, darum er dann alsbald tief seufzend ausrief:

15. „O Vater, wenn es also ist, wer wird da das ewige Leben erreichen?!"

16. Der Abedam aber erwiderte darauf dem Adam: „Was seufzt du umsonst, so du nicht verstehst Meine Wege?

17. Sind denn die Sterne des Himmels alle gleich und alle Pflanzen der Erde? So ein Stern aber leuchtet – ob groß oder klein –, regt er nicht das Licht deiner Augen an, auf dass es in dir lebendig widerstrahlt? Und welche Pflanze hast du je tot dem Boden der Erde entwachsen sehen?

18. Darum wird auch der geringeren Herzens Liebende leben; aber nur wird sein Leben sein gleich seiner Liebe, und es wird darum auch sein ein großer Unterschied zwischen Leben und Leben unendlichfach.

19. Siehe, es lebt auch eine Sandmilbe; aber welch ein Unterschied zwischen ihrem und deinem Leben!

20. Daher kümmere dich nicht um die Frucht der Liebe, sondern um die Liebe selbst; denn die Frucht wird sein wie die Liebe! Verstehe solches wohl! Amen."

21. Und der Adam ward beruhigt und rief unter vielem Dank und Lob die Kinder zum Mahl und bedeutete auch dem Gabiel, solches im Namen des Herrn zu tun.

22. Und als sich darauf um die zwei Körbe reichlich die gehörigen Gäste versammelt hatten, da sagte der Adam mit aufgehobenen Händen:

23. „Kinder, nun lasst uns zuvor loben und preisen den heiligen Geber dieser herrlichen Speisen und dieses herrlichen Trankes, und lasst uns erbitten Seinen Segen!

24. O heiliger Vater Jehova Abedam, Dir danken wir, Dich loben und preisen wir, Dir sei aller Ruhm, alle Ehre, alle unsere Liebe, alle unsere Demut und vollste Anbetung im innersten Geiste der Liebe und aller Wahrheit aus ihr!

25. O heiliger Vater, segne uns und die Mahlzeit für uns nach Deinem heiligsten Willen! Amen."

26. Und der Abedam trat hinzu zum Korb Adams und segnete ihn und also auch den des Gabiel. Dann aber trat Er alsbald wieder zurück an Seinen Korb, berief die Erwählten zu Sich und ließ Sich mit ihnen zum Korb nieder; doch diesen Korb segnete Er nicht und sagte:

27. „Wo Ich bin, da ist auch der allerhöchste Segen vorhanden!

28. Daher esst und trinkt ohne Sorge, denn Ich, euer Vater, speise ja mit und unter euch, und in euch! Amen."

Kapitel 41

Die Mahlzeit. Der Herr rügt den sich per Vorfeuerung verehren lassen wollenden Adam

Am 4. März 1842

1. Und alle, die sich am Korb Abedams niedergelassen haben, dankten noch einmal dem Herrn, darum Er sie erwählt hatte für Seinen Korb und ihnen dadurch die unschätzbare Gnade zukommen ließ, mit Ihm aus einem Korb zu essen solche Früchte der Herrlichkeit der Liebe des Vaters, und aus einem und demselben Gefäß zu trinken des ewigen Lebens süßesten Saft.

2. Also lobten sie alle eine gute Zeit lang den Abedam für die hohe Gnade; und während die nachbarlichen Körbe schon nahe

über den dritten Teil geleert waren, hatte am Korb Abedams noch niemand eine Frucht angerührt.

3. Da aber das Loben und Preisen gar kein Ende nehmen wollte, so sah Seine Gäste der Abedam an und bedeutete ihnen, dass sie äßen die Früchte, gleichwie der anderen Körbe Gäste es tun; sie aber baten Ihn darauf, dass Er zuerst in den Korb greifen möchte, – das da auch alsbald geschah, worauf dann auch bald alles die Hände in den Korb steckte und mit großer, freudiger Ehrerbietung die Früchte verzehrte und die mit dem Saft gefüllten Gefäße leerte.

4. Und also dauerte die Mahlzeit bei einer guten Stunde lang, aber dessen ungeachtet wollten die Körbe samt den Gefäßen dennoch sich nicht erschöpfen lassen, und die letzteren Früchte waren auch stets wohlschmeckender und wohlschmeckender, so wie auch der Saft in den Gefäßen stets feiner und süßer, darum das Ende der Mahlzeit vollends glich dem Anfang, allda niemand der Erste sein wollte, um seine Hand in den Korb zu tragen, – also auch da keiner der Erste, der da zuletzt seine Hand trüge in den Korb. Und da sie den Abedam Selbst noch öfter sahen in den Korb greifen, so dachte da schon gar niemand an ein Aufhören; nur der Adam bemerkte, dass sich die Sonne ihrem Untergang nahe, und fragte den hohen Abedam, was nun zu tun sein solle und was geschehen, da die Zeit der gewöhnlichen Vorfeuerung herangekommen sei.

5. Der hohe Abedam aber fragte dagegen den Adam, sagend nämlich: „Adam, sage Mir doch einmal wohlverständlich, wem denn so ganz eigentlich diese Feuerung gelten soll, ob Mir, oder ob dem blauen Himmel und dessen später sichtbar werdenden Gestirnen und der noch sichtbaren Sonne und dem Mond, oder ob vielleicht gar dem Volk, oder allein dir?

6. Siehe, Ich weiß es kaum, was du damit je verbunden hast, noch was du jetzt verbinden möchtest oder auch schon wirklich verbindest; daher möchte Ich von dir darüber etwas Näheres vernehmen.

7. Für Mich wird oder kann diese törichte Sorge kaum gerichtet sein, denn möchte Ich so etwas wollen, da hätte Ich es auch schon lange von euch verlangt. Da aber Ich demnach so etwas ganz und gar nicht mag und will und es daher Mich auch durchaus nicht angehen kann, so sage Mir aus dem Grunde, wem da diese Beehrung mit der sogenannten Vorfeuerung gelten soll!"

8. Hier verstummte die Zunge des Adam, also zwar, dass er darob kein Wort über seine Lippen zu bringen vermochte.

9. Der Abedam aber bemerkte dem Adam darum und sagte: „Adam, ist es nicht also, dass du an dieser Vorfeuerung die meiste Freude fandest, darum du sie eigentlich ganz heimlicherweise auf dich selbst bezogst und wolltest dadurch anzeigen, dass nur durch dich der Weg zur Pforte des Lebens führt, – darum dir dann auch vor Mir gefeuert werden musste und du mehr hieltest auf die Pünktlichkeit der Vorfeuerung denn auf die Nachfeuerung, die da zu Meiner Verehrung bestimmt war?!

10. Siehe, aus diesem ganz heimlichen Grunde ließ Ich auch das Mir bestimmte Opferfeuer noch am Vormittag abbrennen, damit es flott würde von deiner großen Torheit; aber dessen ungeachtet scheinst du eben nicht die meiste Lust zu haben, deine alte Dummheit fahren zu lassen!

11. Ist denn das Mahl bei Mir nicht mehr wert denn das auf dich bezogene Vorfeuer?! Darum bleibt an den Körben und genießt, solange ihr mögt, und solange es euch schmeckt! Solches kannst auch du, Adam, tun! Sollte dir aber die Feuerung noch lieber sein denn diese lebendige Mahlzeit, so kannst du dir ja auch sogar diese Freude machen; aber nur müsstest du dabei dich sehr in Acht nehmen, dass das Feuer nicht allzu stark werden möchte, dich dann leicht ergriffe und verzehrte! Verstehst du diese Worte?

12. Ich aber sage dir: Verstehe sie wohl und bedenke, dass die Erde inwendig hohl ist und voll des allerbittersten Feuers, − und tue dann, wie es dich gelüstet, entweder zum Tode – oder zum Leben! Amen."

13. Da aber der Adam solche Worte vernommen hatte vom Abedam, da entsetzte er sich ganz gewaltigst und richtete folgende Worte voll Furcht und Zittern an ihn:

14. „O Abedam, Du bist heilig, gut und voll Liebe, Gnade und Erbarmung; aber wehe dem, der nur um ein Haarbreit über die Schranken Deines Willens seinen Fuß setzen möchte, − denn dann ist er auch schon zeitig für den Tod, da es bei Dir keinen Mittelweg gibt, sondern nur zwei äußerste Pole, nämlich den Pol des Lebens und den des Todes.

15. Und also ist auch Dein lebendiges Wort beschaffen, das da keine sanfte Rüge kennt, sondern entweder durch die alles übertreffende Sanftmut Welten erbaut oder aber auch im Gegenteil dieselben ebensobald wieder zerstört.

16. Darum bitte ich Dich, sei mir Schwachem gnädig und barmherzig; denn was da einmal geschehen ist, kann so leicht nicht wieder als ungeschehen angesehen

werden. Daher sei nur ruhig mit mir, und treibe mich nicht noch tiefer, als ich es ohnehin schon bin! Dein heiliger Wille! Amen."

17. Und der Abedam entgegnete ganz kurz dem Adam: „Adam, Adam, du sprichst viel für dich, aber auf Mich hast du vollends vergessen!

18. Fasst du, was das heißt, dass Ich hier bin, auf dem schlechtesten Platz Meiner unendlichen Schöpfung?

19. Was weißt du denn von der ewig unendlichen Heiligkeit Gottes?

20. Daher kehre behände zurück, und vertiefe dich nicht noch mehr in das Reich des Todes, sondern lieber dafür in Meine Liebe und nun gar große Gnade und Erbarmung!

21. Wenn du aber bis jetzt nur zwei Pole an Mir entdeckt hast, so ist das nur deine Schuld; frage aber diese neun Angekommenen, sie werden dir vom dritten Mittelpol große Wunder erzählen! Amen."

Kapitel 42

Pariholi ermahnt Adam im Auftrag des Herrn

Am 5. März 1842

1. Nach dieser kurzen Rede aber wandte sich der Abedam alsbald zu dem Vater der neun Armen vom Abend her, der da Pariholi hieß und seine Familie Pariholi Garthilli (das heißt so recht zu deutsch: die armen Schlucker, welche nichts haben und sich auch um nichts bewerben, sondern im gutglücklichen Vertrauen gleichsam gleich den Vögeln von der Luft Gottes leben), und sagte zu ihm:

2. „Höre du, Mein noch durchaus sehr armer Pariholi, getraust du dich, so Ich es wollte, dem Vater Adam mit den allersanftesten Worten zu sagen, dass gerade jener Mittelweg, den er bei Mir noch nicht gefunden hat, die ebenste Bahn Meines ewigen Liebewillens ist?"

3. Und der Pariholi erwiderte, von der allerhöchsten Ehrfurcht durch und durch ergriffen: „O – Du – über-über-überheiliger Jehova, Gott und Schöpfer aller Dinge und Vater aller der mit Dir heiligen Engel und mancher Dir wohlgefälligen Menschen!

4. Was sollte der Wurm vor Dir im Staube denn noch für einen anderen eigenen Willen haben als allein nur den, welcher allzeit ausgeht von Dir! Daher werde ich ja gar wohl tun, was und wie es da Dein heiligster Wille für gut und sicher überaus zweckdienlich erachtet!

5. Es ist aber ja das schon eine unbegreifliche Herablassung von Dir und ein Mittelweg aller Mittelwege, da Du milde fragst, wo Du nur gebieten könntest aus Deiner Macht!

6. Und dass Du uns allen – ob wir würdig oder auch zumeist sicher vollends unwürdig sind – dennoch also väterlich sichtbar werden mochtest, um uns allen zu zeigen aus Dir heraus den einzig wahren lichtvollsten Mittelweg alles Lebens, der da führt jeden, der nur eines guten Willens ist, o heiligster Vater, zu Deinem Herzen, welches nach meiner noch freilich schwachen Erkenntnis alleinig ist und ewig bleiben wird das ewige Leben!

7. Darum, o Du über-über-überheiligster Vater, aber wolle mich doch nicht fernerhin fragen, ob ich irgendwo und -wann erfüllen möchte Deinen allerheiligsten Willen, da ich zu sehr ein allerpurstes Nichts vor Dir bin, sondern gebe mir nach meiner Fähigkeit ein Gebot nur, und mein Nacken wird sich ja allzeit beugen nach Deinem allerheiligsten Willen!"

8. Und der Abedam sagte darauf zum Pariholi: „Höre, da du solches aus dir schon erkennst, da bist du ja schon auch ganz vollends tauglich zu einem Boten der Liebe und des Lebens aus Mir! Darum gehe nur hin zum Adam in Meinem Namen; und so dich der Adam fragen wird, warum du zu ihm gekommen bist, dann sage ihm, was du weißt aus dir von Mir!

9. Und also magst du ja gehen; Ich aber werde unterdessen deine Familie erwecken – höre! – zum ewigen Leben!

10. Und so du wieder hierher kehren wirst, da werden dich deine Kinder schon mit den lebendigsten Armen aufnehmen! Und also gehe und tue! Amen!"

11. Und alsbald erhob sich der Pariholi und machte die dreißig Schritte Weges hin zum Adam und blieb da vor ihm stehen gleich einer Säule, zumeist aus der hohen Ehrfurcht vor Adam, dann aber auch zufolge seiner großen Wortscheu, da er eine ungeschickte Zunge besaß.

12. Mit großer Furcht wartete er darum auf die bekannte Frage Adams. Und als ihn der Adam endlich ansah und ihm die bewusste Frage gab (denn das war eine alte Gewohnheitsfrage Adams), da wurde auf eine Zeit lang die frühere Säule nahe zu einer Schilfstaude und fing an, gewaltig zu wackeln und zu beben, und konnte für diesen ersten Augenblick keinen Laut von sich bringen; nur erst, als er vom Adam zum zweiten Mal mit derselben Frage ein wenig unsanft angedonnert wurde, da erst wurde er im Geiste erweckt, verlor all seine frühere Furcht und begann folgende sehr bemerkenswerte Worte an den Erdvater Adam zu richten, welche also lauteten:

13. „Höre, Vater Adam, du ungeborener erster Mensch der Erde, der du uns alle gelehrt hast durch deine dir näheren Kinder, denn unsereins es ist, dass da Jehova, der Heiligste, ist Gott und unser aller liebevollster Vater, dem allein alles Lob, aller Ruhm, alle Ehre, alle Liebe und alle Anbetung, wie alles Opfer zukommt und einzig allein nur gebührt! Wie konntest du nun im Angesichte aller deiner Kinder, die von dir aus samt und sämtlich also belehrt wurden, dich also umkehren und uns allen zeigen ein ganz anderes Gesicht, als das wir von dir notwendigerweise zu sehen berechtigt wären vermöge deiner Lehre an uns alle zur Zeit, da Jehova noch keines Sterblichen Auge gesehen hatte?!

14. Jetzt aber, da Er, o Wunder über Wunder, Gnade über Gnade, Güte über Güte, Liebe über Liebe, Erbarmung über Erbarmung, sichtbar unter uns wandelt, uns lehrt, führt, speist und tränkt mit den Ausflüssen Seiner unendlichen Vaterliebe, – jetzt, da Er im Zentrum Seiner Übermilde zu uns armseligsten Kindern kam und brachte uns Toten so große Verheißungen und, so wir nur wollen, das ewige Leben selbst, – jetzt also erst magst du uns zeigen, wie gar leer deine an uns gerichtete Lehre war und wie gering deine Achtung gegen Gott, darum du jetzt gerade an Ihm das verkennen magst, was Ihn zu uns allen geleitet hat durch Ihn Selbst!

15. O Vater, kehre um, denn du hast dein Angesicht abgewandt von Ihm, der zu uns kam aus höchster Liebe und Erbarmung, um uns zu erretten von der ewigen Nacht des Todes!

16. Siehe, Vater, da wir schwach waren, da hast du uns alle unterstützt mit deiner Kraft; darum aber verschmähe in dieser Zeit deiner Schwäche auch unsere Hände

nicht, da wir dir unter deine Arme nun greifen wollen, um dir nach des Vaters heiligem Willen wieder auf deine Füße zu helfen!

17. Darum auch kehre dich alsbald hin zu Dem, der da ist in unser aller Mitte, aber nicht irgendwo überferne außer uns!

18. O Vater, siehe, Er ist unter uns! Daher kehre dich zu Ihm hin allereiligst, amen; ja, ja, allereiligst, amen, amen, amen!"

Kapitel 43

Adams Reue

Am 7. März 1842

1. Als der Adam aber die Worte aus dem Munde des Pariholi vernommen hatte, da fing er erst an, über sich nachzudenken, und ersah dann auch vollends die Größe der noch in ihm versteckten Sünde vor Gott, darum Sich der hohe Abedam auch zum Korb Adams nicht setzen mochte, und ersah auch die große Ungnade, in welche er sich dadurch gestürzt hatte, da er neben Gott auch selbst als ungeborener Mensch verehrt sein wollte!

2. Solches sah er nun ein, aber nebst dieser Einsicht fragte er auch sein Herz: Wie werde ich nun diesen meinen allerunsinnigsten Fleck vor des Herrn Augen vertilgen aus meinem Leben?

3. Wer wird mich nun erretten und wer mich bewahren vor dem Ersticken in dem tiefsten Schlamm der allerunerhörtesten Schande – nun im Angesichte meines Gottes und aller meiner Kinder?!

4. Nach diesen Gedanken wandte er sich zu dem Boten Pariholi und sagte zu ihm: „Pariholi, du sagtest zuvor gar wohl

von der schnellen Umkehr; aber so ich dich fragen möchte: Wie ist solches für den, der sich unaussprechlich weit abgewendet hatte von Gott, so leicht möglich, wie du es dir unerfahrenermaßen vorstellst?

5. Welche befriedigende Antwort wirst du mir da geben? Aber bedenke wohl die unermessliche Tiefe meines jetzigen allererbärmlichsten Falles!

6. O du allerunglückseligster Gedanke und allerschändlichster Gedanke und meines Gottes allerunwürdigster Gedanke!

7. O du allerelendeste Vorfeuerung, wer hat dich je in mein Herz gesteckt, darum ich dich dann verordnen musste zu meinem jetzigen Untergang?!

8. O Sonne, beschleunige deinen Gang, damit deine Strahlen nicht zu lange mehr meine zu große Schande vor aller Erde erleuchten sollen!

9. O Parihoi, wo hast du nun ein tröstend Wort? Was kannst du mir sagen, das mich je wieder aufrichten könnte vor Gott? Wo ist nun die von dir besprochene mögliche schnelle Umkehr? Was kannst du mir nun sagen und was geben, damit ich nicht vollends vergehe vor der allerübermäßigsten Schande, die mich nun gefangen hält bis in die allerinnerste Wurzel dieses meines nun überelendesten Lebens?

10. Parihoi, o rede, rede, jetzt rede, so du kannst, darfst und magst!

11. Decke zu mit der Stimme deiner Brust mein Angesicht, damit es nicht allzu sehr dem Auge Dessen ausgesetzt ist, der da nun unter uns weilt!"

12. Und der Parihoi erwiderte darauf dem Adam: „O Vater Adam, so höre denn im Namen deines und meines Gottes Jehova, der da ist heilig, überheilig unter uns nun sichtbar dem Auge eines jeden wenn auch noch so ungewaschenen Kindes:

13. Wie kannst denn du noch fragen nach der Möglichkeit der schnellen Umkehr, der du doch der erste frei atmende Zeuge Seiner endlosen Erbarmung warst und kennst da somit die endlose Liebe Jehovas um mehrere Hunderte von Jahren länger denn ich, – und doch noch kannst du darüber fragen?

14. Siehe, die von dir seit dreihundert Jahren her verordnete, beständig übliche Vorfeuerung zu deiner Beehrung von unserer kindlichen Seite war ja eben eine noch versteckte Torheit deines Herzens vor Gott! Er sah dich schmachten unter dem schweren Druck solcher Bürde und hat Sich darum nun deiner gewaltig erbarmt und nahm dir diese drückende Last aus dem Herzen und hat dich nun vollends frei gemacht.

15. Wie kannst du, alter Vater, der du unser aller Urlehrer warst, denn nun noch fragen nach der Möglichkeit einer schnellen Umkehr, so Er dich schon lange vorher umgekehrt hat, als du noch dessen gedachtest, was alles Arges hinter dieser deiner Vorfeuerung stecken möchte?!

16. Warum wirst du denn darum ärgerlich in deinem Herzen, so der Herr, der heilige Vater, dir ein gewaltiges verborgenes Übel auch gewaltsam auszieht aus deinem Herzen?

17. Oder meinst du etwa, dass Er dich verderben will, so Er dich eben also gnädigst aufrichtet?

18. O Vater, sehe hin in jene heiligste Stelle, sehe an Sein Auge, Seinen Mund, sehe an Seine so väterlich liebefreundlichst weit ausgestreckten Arme! Welche allerhöchste Liebe strahlt aus Seinem allerheiligsten Angesicht zu dir herüber, Vater Adam! Und dennoch kannst du fragen

nach der Möglichkeit der schnellen Umkehr!

19. O Vater, es wäre mir nicht möglich, dir noch mehreres darüber zu sagen in der allerheiligsten Gegenwart Dessen, der dir aus jeglichem Haar Seines Hauptes überlaut zuruft:

20. ‚Adam, Mein Sohn, warum zögerst du so lange und eilst nicht in die offenen Arme deines ewigen, allerheiligsten Vaters, dessen endlose Liebe sich schon Ewigkeiten mit dir beschäftigte?!'

21. O Vater Adam, verstehst du diese Worte denn etwa noch nicht?"

22. Der Adam aber sprang nach diesen Worten freudeglühend auf und umarmte den Pariholi; nach dem aber sagte er zu ihm: „O Pariholi, wer gab dir solche Worte zu reden?

23. Wahrlich, der tiefe Abend hat in dir diese himmlische Frucht nicht zur Reife gebracht!

24. Daher eilen wir beide hin zu Ihm und umfangen Ihn mit den hellsten Flammen unserer Liebe; denn wahrlich wahr, jetzt hat Er in meinem Herzen das Vor- und Nachfeuer angezündet! Noch nie habe ich solchen Liebedrang empfunden denn eben jetzt; daher lasse uns schnell hineilen zu Ihm, – Ihm, dem liebevollsten, heiligsten Vater! Amen."

Kapitel 44

Die rechte Vorfeuerung: Hinwendung zum liebevollsten Vater und Trennung vom richterlichen Aspekt im Herzen

Am 8. März 1842

1. Und also geleitete der Pariholi den Adam hin zum Abedam. Der Abedam aber nahm den Adam, den äußerst Reuigen nun, überfreundlichst auf und sagte zu ihm: „Adam, wann wird denn einmal die Zeit kommen, da du Mich erkennen wirst von der väterlichen, nicht aber stets nur mehr und mehr von der richterlichen Seite?

2. Gestern hast du Mich gesehen von der demütigsten Seite, und Ich ließ Mich erst nach und nach erkennen von dir, wie von all deinen Kindern, damit da niemand durch Meine sichtbare Gegenwart verstört werden möchte in der Freiheit seines Herzens.

3. Da Ich Mich aber dann nach und nach erkennen ließ, also zwar, dass da niemand solle beeinträchtigt werden in der freien Sphäre seines Lebens vor Mir, so erkanntest du Mich zwar und bekanntest Mich mit dem Mund als den heiligen, liebevollsten Vater; aber dein Herz ließ diesem Vater nie vollen Raum, sondern da der Vater eingezogen ist, da zog auch der Richter mit Ihm, der da dein Herz dann zwang, Mich zu lieben, aber dabei doch stets dreimal mehr zu fürchten, als zu lieben.

4. Und in diesem Doppelverhältnis bist du geblieben bis auf diese Minute und konntest Mich nie so ganz liebend erfassen, dieweil du dich fürchtetest und konntest in dieser Furcht nimmer den Vater, sondern stets nur den Richter erschauen.

5. Jetzt weckte Ich dich zwar gewaltig, und du kommst als liebender Sohn nun zu Mir, doch die Liebe in deinem nun brennenden Herzen, die ist nicht dir eigen; denn Ich habe sie, um dich voll zu erwecken, ganz frei nun in dir angezündet. Ich sag's dir, der Vater und Richter sind noch nicht geschieden in dir! Jetzt erst suche mit eigener Kraft deines Lebens zu fassen den Vater in dir; ja erfasse Ihn vollends, und

101

scheide den kläglichen Richter von Ihm, der dir allzeit noch hinderlich war, zu erschauen die endlose Liebe des Vaters im hellsten Licht vor dir und vor allen den Kindern aus dir!

6. Jetzt erkenne, dass Ich nicht als Richter zu euch bin gekommen, wohl aber als liebevollster heiliger Vater, um allen den Kindern aus eigener Hand schon auf Erden zu geben den herrlichsten, heiligsten Samen fürs ewige Leben; dann wirst du ja endlich doch klärlich erschauen im eigenen flammenden Herzen, dass Richter und Vater sich ewig nicht einen im liebenden Herzen der Kinder, dass allzeit nur einzig der Vater allein oder Richter allein sich des Lebens bemeistern müssen, der Vater zum ewigen Leben, und Richter zum ewigen Tode des Geistes der Liebe.

7. Darum also scheide mit ruhiger Freude doch einmal den liebevollsten heiligen Vater vom lieblosen, zornigen, strengsten Richter in dir, dann wirst nimmer du beben und zittern vor Mir, sondern jauchzen und springen vor Freude und furchtloser kindlicher Liebe zu Mir, deinem ewigen liebevollsten, heiligsten Vater!

8. Des sei du versichert, dass alle, die Mich als den Vater anrufen, nie werden in Mir einen Richter erblicken; doch jene, die allzeit und leichter und lieber als strengsten, furchtbarsten Richter im schauernden Herzen den liebevollsten Vater bekennen, die werden auch das an Mir leider dann finden, ja unglücklichst finden den tötenden Richter, allda sie sonst liebenden Weges den liebevollsten Vater unfehlbar treu hätten gefunden.

9. Dies merke dir wohl, du Mein Adam, Mein Sohn: Was du suchst, das wirst du auch finden, entweder den liebenden Vater, den heiligen, guten, die ewige Liebe und's ewige Leben durch sie und in ihr, oder, wie schon bezeigt genugsam hier wurde, den Richter, den ewigen, ganz unerbittlichen, tötenden Richter der Toten, die nimmer sich wollten auf dieser sie prüfenden Erde in furchtloser, treuester und reiner Liebe zu Mir, ihrem liebevollsten Vater, hinwenden, damit Ich sie vollends belebend hätt' können ins ewige Leben des Geistes aufnehmen.

10. Dies merke dir wohl, ja lebendig im liebenden Herzen behalte es du, und behalte es jeder, dann wird sich der Richter bald vollends verlieren, und an seiner statt wird sich in eurem liebenden Herzen alleinig der liebevollste, heilige Vater die freundlichste und allerseligste Wohnung bestellen!

11. Verstehst du die Worte, die Ich jetzt gesprochen gar treulichst da habe?

12. Ja, Adam, verstehe sie tiefst in dem Herzen der Liebe und innersten Lebens aus Mir und in Mir; hör' und sehe und fühle es ewiglich! Amen."

13. Nach dieser Rede fiel der Adam alsbald dem Abedam an die Brust hin und weinte vor übermäßiger Wonne der heißesten Liebe; denn jetzt erst erkannte er vollends ungetrübt den heiligen Vater, darum er auch nicht zu reden vermochte, von der zu großen Seligkeit gefangen gehalten.

14. Der Abedam aber drückte ihn auch also fest an die Brust, dass da aus dieser Stellung ein jeder sehen und erkennen musste: Jehova ist ein wahrhaftester Vater aller Menschen. Und alles fing sich darauf an, traulichst zu Ihm hin zu drängen, und die ganze Höhe ward bald eingehüllt in helle, sanft wärmende Flammen der Liebe hin zum heiligsten Vater.

15. Und der Abedam bemerkte bei dieser wunderbarst heilig feierlichen

Gelegenheit: „Adam, siehe, das ist die rechte Vorfeuerung auf der Erde zu jener großen Nach- oder vielmehr Hauptfeuerung, welche dereinst nach diesem Leben in Meinem unendlichen Reich des ewigen Lebens folgen wird!

16. Daher bleibt auch stets bei der; diese ist die wahre und Mir, dem Vater, allein wohlgefällige. Versteht sie alle! Amen."

Kapitel 45

Pariholi erlangt den höchsten Lohn des Menschen: den Herrn über alles lieben zu dürfen

Am 9. März 1842

1. Nach dem aber wandte sich der Abedam zum Pariholi und sagte zu ihm: „Pariholi, siehe, ein jeder redliche und fleißige Arbeiter ist auch vollends seines Lohnes wert!

2. Ich habe für dich zwar unterdessen deine Familie belebt, wie du dich soeben selbst überzeugt haben wirst, da dich dein Weib und deine sieben Kinder mit offenen, schon unsterblichen Armen aufnahmen, als du mit diesem Meinem Sohn (dem Adam nämlich) hierher kehrtest. Allein dieses Lohnes Wohltat ist wohl groß für das Gefühl der Liebe eines Vaters, aber so der Vater dann auf sich selbst eine tiefere Frage macht, welche also lauten mag: ‚Was habe denn eigentlich ich selbst davon, so meine Familie ist unsterblich geworden und hat mich umfangen mit unsterblichen Armen, so ich selbst von mir aus daran doch keinen anderen Teil als nur die alleinige hohe Vaterfreude habe, meine Familie unsterblich zu wissen, gleich darauf

aber meine eigene Sterblichkeit durch und durch nur zu klar und deutlich in allen meinen Eingeweiden und Gliedern empfinde?'

3. Siehe, das ist doch eine ganz billige Frage, gestellt an das eigene Gefühl; und dieser Frage zufolge, die zwar nicht du, sondern nur Ich in dir gestellt habe, soll dir auch geschehen, was da geschehen ist deiner Familie, und ist dir schon widerfahren, da dich die Deinen in ihre Arme aufnahmen, und bist schon unsterblich dadurch gemacht worden, da Ich dich berufen habe, Mein Wort in dir zu tragen, dahin dich Meine Liebe beschied; allein dessen alles ungeachtet bist du als getreuester Überbringer Meines Willens an den Adam noch eines Lohnes wert.

4. Siehe, Ich überlasse es deinem ganz vollkommenst freien Willen. Frage dein Herz; was dieses nur immer wünscht, das soll dir auch alsbald werden!

5. Möchtest du die Sonne zu deinen Füßen haben, Ich sage dir: Wahrlich, sie wird sich Meinem Willen allerschnellst fügen müssen!

6. Oder willst du den Mond? Er wird sich fügen dem leisesten Meiner Winke!

7. Oder willst du all die Sterne? Ich versichere dir, sie werden wie Schneeflocken zu deinen Füßen fallen!

8. Oder willst du der Erde Eingeweide? Du kannst es Mir glauben, wie ein mächtig großer Schlangenknäuel wird es sich alsbald herauf zu deinen Füßen winden!

9. Also, was du nur immer wünschst, das soll dir – wie Ich es schon vorher gesagt habe – auch alsobald werden! Amen."

10. Der Pariholi aber fiel alsbald zu den Füßen des Abedam nieder und flehte weinend: „O Du liebevollster, heiligster Vater, Gott, Jehova! So Du mir Wurm im Staube vor Dir schon die Unsterblichkeit

allergnädigst gegeben hast, um was soll da die große Torheit meines Herzens Dich noch bitten?!

11. O Du überheiliger, allerbester Vater, ich werde Dir wohl für den kleinsten Teil Deiner heiligen Gaben an mich Unwürdigen ewig nie genug danken können; denn es liegt ja schon in einem jeglichen Atemzug eine so endlose Wohltat, von Dir an uns Menschen gespendet, dass sie alle Engel nie genug werden beloben können, anderer Dinge gar nicht zu gedenken!

12. Und ich abscheulicher Wurm des schmutzigsten Staubes vor Dir sollte mich erdreisten, etwa zu all dem noch gar im Ernst um Dinge als förmlich mir Taugenichts gebührenden Lohn zu bitten, die Deine allerheiligste Zunge vor mir ausgesprochen hat, oder etwa noch um andere Unerhörtheiten?!

13. Nein, nein, Vater, heiligster Vater! Eher lasse mich Scheusal vor Dir von allen Schlangen und Nattern der Erde zerreißen, bevor da mein Herz sollte nur den allerleisesten Gedanken hegen, von Dir mehr noch zu erbitten, als Du mir schon ohnehin also ewig unermesslichermaßen hast durch Deine endlose Vatergüte zukommen lassen, von all dem Unaussprechlichen ich auch nicht des Allerkleinsten im Allergeringsten würdig bin!

14. O heiligster Vater, dass Du meinen schwachen Dank für Deine so endlosen Wohltaten allergnädigst als etwas ansehen möchtest, und dass Du auch mir gestatten möchtest, Dich über alles zu lieben! Siehe, o heiligster Vater, das ist alles, um was sich mein Herz sehnt! Dein heiliger Wille geschehe!"

15. Bei diesen Worten Pariholis hielt sich der Abedam die Hand vor die Augen und barg Seine Tränen vor den anderen Vätern; aber bald zog Er Seine Hand weg von den Augen, erregte Sich gewaltig, und bog Sich nieder zum noch weinenden Pariholi, erhob ihn schnell und sagte dann zu ihm folgende Worte:

16. „Pariholi, du hast dir zwar das Geringste dem Anschein nach erbeten; aber wahrlich, sage Ich dir, es ist das Allerhöchste!

17. Und also sollst du aber im allervollsten Maße haben Meine Liebe, und deine ganze kleine Familie mit dir, nicht nur zeitlich, sondern ewig!

18. Deine Töchter sollen schön sein wie Morgensterne, und deine Söhne will Ich zieren mit einer Kraft in ihren Augen, dass sie die Schrift der Sterne dadurch sehen werden und lesen ihren Sinn!

19. Dein Weib soll teil an Meinem Herzen haben, wie du den vollsten an Meiner Liebe; Ich aber werde dich ewig nicht mehr verlassen!

20. Und also kommt alle her an Meine Vaterbrust! Amen."

Kapitel 46

Gott ist nicht das Leben, sondern nur das Licht des heiligen Vaters. Das alleinig wahre, sich selbst vollkommen frei bewusste Leben ist nur im Vater

Am 10. März 1842

1. Und alsbald stürzten alle, von der höchsten Liebe entflammt, hin zum Abedam; Er aber umfing sie alle, segnete sie und drückte sie dann an Seine Brust und sagte dann zu all den Umstehenden: „Kinder, seht hierher alle, die ihr hier seid: Also, wie der Adam und diese Familie Garthilli nun an Meiner Brust schon ein ewiges

Leben im Geiste ihrer großen Liebe und allergrößten Demut atmen, und wie es der Henoch, Jared, Lamech, Seth, Mathusalah, Enos, Kenan, Mahalaleel, Abedam der bekannte, Sethlahem, Kisehel und dessen Brüder, Jura, Bhusin, Ohorion, Zuriel, Uranion, Gabiel und dessen Brüder Lamel und Hored, und mit ihnen auch ihre Weiber und Kindlein und Kinder atmen, also auch sollen alle atmen im Geiste der Liebe zu Mir und aller Wahrheit aus ihr ein ewiges Leben!

2. Denn wahrlich sage Ich euch allen, da ist keiner, der da nicht wäre berufen von Mir! Aber doch sage Ich euch allen wieder: Es wird von all den Berufenen fürder keiner eher zu Meiner Brust gelangen, als bis er von selbst kommen wird in aller Liebe und Demut und wird dann im Herzen vor Mir bekennen, dass Ich sein Vater bin!

3. Wahrlich sage Ich zu euch allen, wer durch das Herz Mich nicht als Vater bekennen wird – und zwar als den alleinigen, wahren Vater –, der wird nicht gelangen zu Meiner Brust!

4. Wenn ihr aber ruft: ‚Abba!‘, da ruft es im Herzen, in der Demut, in der Liebe und aller Wahrheit aus ihr, so werde Ich euch erhören!

5. Wer von euch Kindern aber immerdar rufen wird: ‚Herr, Herr, Gott aller Gerechtigkeit, Gott der Gnade, Gott der Liebe und aller Erbarmung!‘, den werde Ich zwar nicht verwerfen und ihm lassen das Leben, – aber es wird sehr schwer halten, ob er je gelangen wird hierher an den Ort des allerseligst freiesten Lebens.

6. Denn Gott lässt Sich nicht umfassen, und der Herr aller Gerechtigkeit kann zufolge Seiner endlosen offenen Heiligkeit eine solche Annäherung nimmer zugeben, sondern allein der Vater, der alles in Seiner endlosen Liebe zu Seinen Kindern in Sich birgt, damit sie alle sich Ihm also vollkommen und im Geiste noch unaussprechlich inniger, als ihr es hier seht, nähern könnten und nähern sollten, um daselbst an Seiner Vaterbrust ewig zu genießen alles, was nur immer des Vaters ist.

7. Solches also merkt euch für alle Zeiten der Zeiten, dass nur allein der Vater das Leben hat und das Leben gibt; und der Vater allein ist das ewige Leben in Gott.

8. Gott Selbst ist nicht das Leben, sondern Er ist nur das Licht des Vaters, wie der Vater allein das Leben in Seinem Licht. Der Herr hat auch kein Leben, sondern das Leben ist allein des Vaters, denn der Herr ist nur des Vaters unendliche Macht, die Ihm allein ewig zu eigen ist!

9. Wer alsonach sich nicht an den Vater wendet vollkommen, wahrlich, der wird auch nicht zum Vater kommen; wer aber nicht zum Vater kommen wird, der wird wenig des Lebens in sich empfinden! Denn es ist zwischen Leben und Leben ein endloser Unterschied!

10. Auch der Stein lebt, darum er da ist; denn Dasein und Leben ist eins und dasselbe, darum alles gegebene Leben ist ein immerwährender Kampf zweier Gewalten, davon die eine strebt der Vernichtung, die andere aber dem Bestehen entgegen, davon aber keine irgend anders je kann den erwünschten Stand der Ruhe finden – denn allein in Mir, dem Vater.

11. Und also lebt auch der Stein; aber welch ein für euch undenkbarer Unterschied ist da zwischen dem Steinleben und dem Leben nur einer Milbe, – und welch einer dann erst im Vergleich mit dem Leben eines liebevollkommensten, allerseligsten, freiesten Engelsgeistes!

12. Daher werden zwar alle ein Leben haben auch in Gott und im Herrn; aber das alleinig wahre, sich selbst vollkommenst frei bewusste Leben ist nur im Vater, dem gegenüber alles andere Leben ein barer Tod ist!

13. Dies merkt euch alle wohl, und kehrt euch darum an den Vater, so ihr wahrhaft leben wollt!

14. Ihr alle seid berufen zu diesem Meinem Leben, und so kommt auch alle her, und nehmt es von Mir, und lasst euch erwählen von Mir, damit es dereinst nicht etwa heißen solle: ‚Von den Berufenen sind nur wenige erwählt worden!'

15. Dies fasset alle tiefst in euren noch sehr kalten Herzen! Amen."

Kapitel 47

Die Verlegenheit der zu Adam gesendeten Frageboten

Am 11. März 1842

1. Nach diesen Worten aber hatte sich auch die Sonne bereits hinter den Bergen vollends versteckt, und sonach war der Sabbat auch vergangen. Da all die Völkerschaften aber schon aus der Verkündigung, die am Morgen geschah, wohl wussten, dass diesmal, wie auch in alle Zukunft, am Abend keine Opferfeuer mehr abgebrannt werden, und daher aber auch nicht wussten, was sie nun tun sollten, ob bleiben, oder ob der Heimat zukehren, – so sandten sie von allen Seiten her Frageboten, die sich da erkundigen sollten auf der Höhe, was da nun zu tun sein dürfte.

2. Als sonach die besagten Boten auf der Höhe angelangt waren und sich in ihrer Absicht zum Adam, der nun noch dem Abedam auf der Brust lag, hinbegaben, da fragte sie alsbald der Abedam:

3. „Kinder, was ist der Sinn eurer Absicht? Warum seid ihr hierhergekommen?"

4. Die Boten aber kannten den Abedam noch nicht; denn die großen Zeichen konnten sie darum nicht erwecken, weil sie vorbereitungsweise auch schon den Henoch, Jared, Kenan, Enos und Seth ähnliche Wunder hatten verrichten sehen. Und so fiel demzufolge ihre Antwort auch natürlicherweise sehr schiefrig und etwas spitzig aus und lautete also:

5. „Was fragst du uns? Bist du doch weder Adam, noch Seth, noch Enos, noch einer aus der heiligen Reihe der Väter, noch haben wir dich zuvor gefragt, da doch an uns hierher Gesandten die Reihe des Fragens weilt!

6. Wo aber bist du geboren und wo erzogen worden, dass dir die Art noch also ganz und gar unbekannt ist, da es sehr hoch gefehlt und äußerst unschicksam ist, in der sicheren Gegenwart des erhabenen Erzvaters ihm mit einer sehr unzeitigen Zunge vorzugreifen?!

7. Wie magst du uns denn ‚Kinder' nennen, da wir deinem Aussehen nach ganz gut deine Urgroßväter sein könnten?

8. Und dann, welch eine läppische Frage: Was ist der Sinn unserer Absicht, und warum sind wir hierhergekommen? Wird etwa doch der Sinn unserer Absicht auf ein Haar derselbe sein, als warum wir hierhergekommen sind! Sieh, wie albern!

9. Das haben aber jetzt schon fast die meisten jungen Menschen, dass sie ganz entsetzlich vorlaut sind und merken nicht, dass da ihrem Mund eine Dummheit um die andere entfällt; darum sei auch du für die Zukunft klüger, und halte deine Zunge

hübsch im Zaum! Merke dir das für die Zukunft!"

10. Nach diesen Worten aber gingen sie weiter und suchten den Adam und fanden ihn nicht.

11. Es hatten aber im Augenblick innerlich vom Abedam alle, die da auf der Höhe waren, das Gebot erhalten, von Ihm zu schweigen, aber den Suchern dennoch zu zeigen, allwo sich der Adam befindet.

12. Und alsbald gelangten sie zum Seth und fragten ihn, wo sich der Erzvater befinde. Und der Seth zeigte ihnen den Adam sogleich mit dem Finger.

13. Da erstaunten sie sich gewaltig, wie sie da hatten können vorüberziehen, ohne den doch sehr kennbaren Adam bemerkt zu haben.

14. Der Seth aber sagte darauf ganz kurz zu ihnen: „Ja wahrlich, Kinder, es gehört ganz abscheulich viel Blindheit dazu, um das zu übersehen, und ganz entsetzlich viel Taubheit, um dieses Tages erweckendstes, großes, heiliges Geräusch zu überhören! Geht also dahin, und ihr werdet daselbst den Erzvater aller Väter wohl antreffen! Amen."

15. Dieser Bescheid hat die zwölf Boten also sehr ins Bockshorn gezwängt, dass sie nun dastanden wie versteinert und wussten nicht, was sie daraus machen sollten.

16. Der Seth aber ließ noch einen kleinen Donner los und sagte zu ihnen: „Was steht ihr Sabbats-Taugenichtse nun hier? Habe ich euch denn nicht gezeigt, wo der Adam ist?

17. Also wartet doch nicht so lange hier, bis euch etwa gar der Erdboden von selbst weitertragen wird, sondern geht wenigstens mir aus dem Angesicht!"

18. Als die Boten solchen Nachstoß erhielten, da sprangen sie von dannen, als wenn sie jemand gebrannt hätte, und wussten nicht, wohin sie sich nun flüchten sollten, denn es hatte sie eine große Angst und übergroße Scheu ergriffen, dass sie darob allen Mut verloren, sich noch dem strengen Adam zu nähern, da sie der sanfte Vater Seth schon also unsanft aufgenommen hatte.

19. Und zurück getrauten sie sich ohne die bescheidende Antwort auch nicht.

20. Was ist nun zu tun? Einer aus ihnen aber sagte: „Ja, was nützt uns, allhier in dieser kaum hundert Schritte weiten Ferne von den Vätern zu harren für nichts und nichts?

21. Gehen wir entweder ganz aus dem Angesichte der Väter, oder gehe einer von uns dahin, wo uns der Mensch mit den blonden, langen Haaren zuerst angeredet hatte, und frage ihn, da er unsere Absicht ohnehin zuerst hat wissen wollen, was da zu tun sein solle, und überbringe uns hernach die Nachricht.

22. Es wäre überhaupt gut, den etwas vorlauten Menschen etwas näher kennenzulernen; denn hinter dem muss sicher etwas Besonderes stecken, darum ihm der Adam, dem sich doch sonst sehr schwer zu nähern ist, also zugetan ist, dass er ihn sogar mit seinen Händen umfangen hält!

23. Welcher aus uns aber wird sonach dieses saure Amt über sich nehmen?"

Am 12. März 1842

24. Einer aus der Schar stimmte alsbald dem Vorwortführer bei und sagte dann zu den Umstehenden: „Ja, wahrlich ein saures Geschäft! Ich weiß nicht, was es sein dürfte, das ich lieber täte nun denn gerade das!

25. Wahrhaftig, ihr könnt mich abfäusten, dass ich darob blau werde wie der

Mittelpunkt des Himmels bald nach dem Untergang der Sonne, – und mir wird es lieber sein, als so ich nun noch einmal zu den erhabenen Vätern mich begeben sollte!

26. Brüder, es ist doch sonderbar, wie ich mir jetzt vorkomme; wahrhaft, es ist mir gerade also zumute, als wäre ich mit einer allerdümmsten Bubenschandstrafe irgendeines närrischen Vergehens wegen belegt worden!

27. Und in dieser Gemütsverfassung soll ich nun etwa gar den am Sabbat schon allzeit ganz entsetzlich erhabenen Vätern mich nahen?!

28. Nein, das soll doch sicher der allerletzte Gedanke meines ganzen Lebens sein, und sollte ich schon eine ganze Ewigkeit auf der Erde zu verleben und da nichts als lauter saure Äpfel auf ihr zu essen haben!

29. Ich somit für meinen Teil werde hier eine etwas größere Dunkelheit abwarten, um dann ganz sachte mich aus diesem lästigen Staub und nach meiner Heimat unvermerkt zu machen.

30. Das ist nun mein sehr zweckmäßiger Plan. Ich aber will dadurch dennoch keinem von euch eine Vorschrift machen, sondern jeder von euch tue, wie es ihm am allerbesten dünkt; ich bleibe aber vorderhand bei meinem ausgesprochenen Plan, – ja, ja, ich bleibe fest dabei!"

31. Und ein dritter richtete auch alsbald ein Wort an den Redner und sagte: „Wahrhaft, Freund und Bruder, dein Gedanke kann mir gefallen, darum auch ich dir gleich tun möchte; aber eines macht mich dabei bedenken, und das sind die Väter, Brüder und Kinder, die uns hierher gesandt haben und nun fruchtlos harren auf eine Antwort!

32. Ich glaube aber, da sich aus uns schwerlich einer mehr getrauen wird, hinauf zum Adam in dieser Hinsicht zu gehen, so wird es denn doch noch besser sein, der lieben Ehrlichkeit getreu zu bleiben und geraden Weges unverrichteter Dinge wieder zu den Unsrigen zurückzukehren und ihnen da ohne Umstände zu melden, was uns allhier widerfahren ist. Da allen die überaus wunderliche Sabbatserhabenheit der Erzväter bekannt ist, so wird es auch sicher niemanden ärgerlich wundernehmen, dass wir unverrichteter Dinge wieder zu ihnen zurückgekehrt sind!

33. Aber auch ich, wie du, Bruder, will damit niemandem etwas vorschreiben, sondern belasse jeden gerne bei seiner besseren Meinung."

34. Und alsbald auch meldete sich ein vierter und sagte, wie mit sich selbst redend: „Die Ideen sind nicht übel, aber die erste scheint mir dennoch die bessere zu sein, obschon am allersauersten.

35. Was könnte denn einem auch geschehen, so man in aller Demut noch einmal hinginge zum Adam? Das Leben wird er einem darob ja doch nicht nehmen?

36. Hat man dann von ihm etwas erfahren, so ist es dann auch wohl und gut, – und hat man nichts ausgerichtet, so ist man doch wenigstens vollkommen schuldlos vor denen, die unsereinen hierher beschieden haben; denn das muss ja schon sogar ein Kind von sieben Jahren einsehen, dass man vom Adam nicht also, wie von einem Baum ein Stückchen lockerer Rinde, eine erwünschte Antwort herauszwicken kann.

37. Antwortet er einem auf eine Frage, so ist das wohl und gut; und antwortet er nicht, nun, so wird darum die große Mutter

Erde ja auch noch keinen Sprung vom Aufgang bis zum Niedergang hin bekommen!

38. Man verneigt sich dann allerehrerbietigst und geht seines Weges wieder weiter.

39. Und was aber endlich den jungen fremden Mann betrifft, den der Adam umfasst hielt, so scheint er ja eben auch nicht vollends ein Tiger zu sein, obschon er sehr viel Ähnlichkeit hat mit dem Fremdling, den ich gestern sonderbar genug auf einem Tiger habe reiten sehen.

40. Kurz und gut, das Leben wird's nicht kosten! Dass ich sicher etwas angedonnert werde, das setze ich schon voraus, und weiteres, – was sollte mir oder was könnte mir noch Übleres begegnen?

41. Wer kennt den Adam nicht schon so lange, als er lebt? Er ist ein Mann stets voll donnernden Ernstes; und was da besonders an einem Sabbat herauskommt, wenn man ihm um etwas zu einer ungelegenen Zeit kommt, das weiß auch fast ein jeder aus uns.

42. Somit – wisst ihr, was – Brüder und Freunde, ich bin vollkommen bereit, hinaufzugehen und unser aller Glück zu versuchen! Wer es mit mir halten will, dem sei von mir sicher kein Hindernis in den Weg gelegt!

43. Ich glaube aber, es werden zwei oder drei einen Seth-artigen Stoß leichter vertragen denn allein einer; und so lasst uns noch einmal das Glück versuchen! Wer weiß, wozu die Sache noch alles gut sein wird?

44. Es ist aber ja schon eine alte Lehre bei uns, dass da alles Gute sein Schlechtes und alles Schlechte sein Gutes hat, gleichwie der Tag ohne die Nacht kein Tag und die Nacht ohne den Tag keine Nacht wäre.

45. Also auch lasst uns daher nicht zu lange bedenken; und wer da Mut hat, der mache sich mit mir auf den Weg!"

46. Es fingen aber fast alle an, sich hinter den Ohren ganz gewaltig zu kratzen, und einer um den anderen bemerkte: „Du hast freilich wohl ganz vollkommen recht; aber wenn – setzen wir den Fall – wir, ja wir alle, etwa dessen alles von dir Gesagten ungeachtet sollten den alten Adam über uns einen Fluch aussprechen hören – und wir wissen, dass Adams Stimme so gut wie Jehovas Stimme Selbst ist! –, wie dann? Was dann?"

47. Und alsbald ermannte sich der frühere Selbstredner und sagte in einem sehr unschlüssigen Ton: „Ja, – ja, – das habe ich freilich ganz vergessen!

48. Ja, jetzt bekommt die Sache ganz ein anderes Gesicht! Wahrlich, so hier guter Rat nicht teuer wird, so wird er es ewig nimmer!

49. Aber seht, seht, da kommen ja soeben zwei Männer den Hügel herab – und, wie es mir scheint, gerade auf uns zu!

50. Lasst uns sehen, ob sich mit ihnen nicht ein kleines unterhandelndes Geschäft machen lässt! Lasst nur mich voraustreten, so ihr euch etwa fürchtet!"

Kapitel 48

Die furchterfüllten Frageboten werden von Adam und Abedam aufgerichtet

Am 15. März 1842

1. Nach einer ganz kurzen Weile von kaum einigen Augenblicken sagte unser Hauptredner wieder zu den anderen mit etwas verlegener Stimme:

2. „Brüder und Freunde! So wahr wir alle vom Adam abstammen, – wenn mich meine Augen nicht also täuschen, dass ich eine Katze für einen Berg ansehe, – wahrlich, ich will keinen Zahn im Mund haben, wenn – ja, jetzt ist es klar, – erkennet ihr's nicht? Ja, ganz vollkommen klar ist es jetzt, diese zwei sind Adam und der fremde Mann!

3. Jetzt helfe uns, wer uns kann und mag! Zum Davonlaufen ist nun keine Zeit mehr, und es kommt mir auch vor, als wäre mir solches kaum möglich.

4. Nein, das wird jetzt eine ganz sonderbare Begebenheit werden! Brüder, wisst ihr was? Werfen wir uns nur sogleich nieder auf unsere Angesichter, sonst wird's hoch gefehlt sein!

5. Denn der Adam versteht durchaus keinen Scherz. Wenn schon sonst nichts herauskommt, so doch ganz sicher eine vollkommene, wenigstens zehn Jahre andauernde Verbannung!

6. Und ein jeder aus uns sehe nur zu, zu bitten, was nur immer seine Brust vermag, sonst – ich sage es euch – ist's vollkommen aus mit uns!

7. Richtig, seht, gerade auf uns los! Sie sind schon sehr nahe; jetzt nur niedergefallen!"

8. Und alsbald fielen alle zur Erde nieder und fingen an zu schreien: „O erhabenster Vater Adam, sei uns Frevlern gnädig und barmherzig! O erhabenster Erzvater, verschone uns mit deinem Grimm! O du übermächtiger, ungeborener, erster Mensch der Erde, lasse nicht deinen großen Zorn über uns!

9. O du Ebenmaß Gottes, du Sohn Jehovas, habe Nachsicht mit unserer unendlich großen Torheit!"

10. Und also schrien sie fort, als der hohe Abedam und der Adam schon lange bei ihnen standen.

11. Es fragte aber in der Stille der Abedam den Adam: „Höre, wie gefällt dir dieses Geschrei?"

12. Und der Adam entgegnete: „O Vater! Das ist ein großes Jammergeschrei; diesen Jammer habe ich in sie gelegt!

13. Gestern Vormittag hätte ich noch ein Wohlgefallen daran gehabt; jetzt aber möchte ich weinen vor Mitleid!

14. Die Armen fürchten sich vor mir, und ich weiß nicht, was alles aus Liebe ich für sie tun möchte!

15. O Du heiliger, liebevollster Vater, sei auch hier wieder gnädig und voll der Erbarmung, und mache wieder eine Torheit meines Herzens gut!"

16. Und der Abedam sagte zu ihm: „Siehe und glaube es Mir, das ist nicht die letzte Torheit, die du vor Mir begingst, und die Ich wieder gutzumachen habe; denn so viel Arbeit hast du Mir gemacht mit deiner eigen verschuldeten Blindheit, dass Ich bis ans Ende der Zeiten vollauf werde zu tun haben, um alles wieder in die ursprüngliche Ordnung zu bringen!

17. Siehe, also, wie diese dahier schmachten, schmachten noch gar viele hier, die da um uns her gelagert sind.

18. Die Familie Garthilli diene dir zu einem starken Beweis. Der Uranion und seine Nachkommen, wie kamen sie auf die Höhe? Und doch ist sein Haus des Morgens allerleuchtendstes.

19. Doch, was du getan hast, sei für dich in keiner Rechnung mehr; denn siehe, Ich habe es in Meine eigene Rechnung aufgenommen und weiß gar wohl, was Ich darum für alle Zeiten der Zeiten tun werde.

20. Allein jetzt ist noch eine kleine Reihe an dir. Rufe den, der da uns am nächsten auf der Erde liegt, beim Namen und heiße ihn mit guter Stimme erstehen, und wir wollen dann zusehen, was alles sich da machen wird lassen! Amen."

21. Und alsbald beugte sich der Adam zu unserem Hauptredner und Anführer nieder, ergriff seine Hand und rief ihm dann ins Ohr:

22. „Garbiel! Erstehe, – und mache ein Ende deinem leeren Geschrei!"

23. Der Garbiel aber sagte alsbald, noch auf der Erde liegend, zu den übrigen: „Brüder, hört nun auf zu schreien – es nützt nichts mehr, – sondern steht auf mit mir, und jeder sei auf das strengste Strafurteil gefasst! Denn ihr wisst es ja alle, dass, so irgendeinen Bittenden der erhabenste Vater an der linken Hand fasst und ihn aufzustehen heißt, solches soviel sagen will als: ‚Gehe nur eilends auf zwanzig Jahre lang weit über die Mitternacht hinaus vollends aus meinen Augen!'

24. O wehe uns, wehe uns! Also ist uns nicht einmal gestattet, unser Weib und unsere lieben Kinder mitzunehmen! O wehe, wehe uns allen, denn nun sind wir verloren!"

25. Und der Adam sagte darauf zum Garbiel: „Garbiel! Du bist ein großer Tor; solches hat nun für alle Zeiten der Zeiten ein Ende!

26. Fürchte dich nicht, es kommt von euch allen niemand je in eine Verbannung mehr; denn der euch noch fremde Mann und ich sind nun nicht hergekommen zu euch, um euch zu erdrücken, sondern um euch alle vollends aufzurichten und, so es möglich sein möchte, euch auch vollkommen zu beleben. Darum ersteht alle! Amen."

27. Als aber der Garbiel solche Worte aus dem sonst so überstrengen Munde Adams vernommen hatte, da sprang er alsbald auf wie ein junger Hirsch und wusste aus übergroßer Freude nicht, was er tun solle. Er umarmte sogleich den Adam und küsste sieben Mal seine Brust; dann aber umarmte er auch alsbald den ihm noch fremden Mann und sagte:

28. „Wer du auch immer sonst sein magst, – kurz, meiner nun aus ihren Schranken getretenen Liebe bist du doch wert! Liebt Jehova doch die Fliegen sogar; warum sollst du, wenn auch noch mir unbekannter Bruder, von meiner nun allgemein brennenden Liebe ausgeschlossen sein?!"

29. Und der Abedam bekam somit auch sieben feste Küsse auf die Brust.

30. Als er aber also beide abgeküsst hatte, da rief er zu den sich eben Erhebenden: „Brüder, daher kommt! Ach, was habe ich jetzt an der Brust dieses Fremden empfunden!

31. Da gibt es keine Worte dafür! Kommt, kommt, Brüder, und versucht es alle, wie überaus wohl es einem in seiner Nähe wird!

32. Nein, Brüder, Freunde, ich will mich in mein Herz beißen und mir die Haut abziehen lassen, wenn dieser herrliche Fremde je auf Erden irgend ist geboren worden!

33. Und diesem himmlischen Mann konnten wir früher eine solche Antwort geben!

34. Gibt es denn nun keinen hungrigen Tiger irgendwo, dass er uns alle dafür auffräße?!

35. O kommt, kommt und empfindet, was hier ist!"

Kapitel 49

Abedam enthüllt die wahre Absicht der Frageboten

Am 16. März 1842

1. Und die anderen elf begaben sich alsbald hin zum Adam und dann zum Fremden und taten – obschon etwas furchtsam noch –, was vorher der Garbiel getan hatte, und fanden beim Fremden wunderbar bestätigt, auf was sie der Garbiel aufmerksam gemacht hatte.

2. Da sie sich insgeheim aber also hoch verwunderten in ihren Herzen, da berief alsbald der Abedam den Garbiel zu Sich und fragte ihn, sagend nämlich:

3. „Garbiel, kannst du dich noch entsinnen der Frage, die Ich euch gab, als ihr auf der Vollhöhe angelangt seid?"

4. Und der Garbiel, etwas verblüfft, entgegnete darauf nach kurzem Sinnen: „Ja richtig, richtig, du hast uns auf der Höhe eine etwas sonderbare Frage gegeben, worauf wir dann auch dir eine sonderbar genug dumme Antwort gaben.

5. Ja, ja, richtig; mir fällt es nur nicht sogleich bei, wie die Frage gestellt war. Von der Absicht und vom Sinn ist darin etwas vorgekommen, – nur weiß ich nun nicht mehr recht, ob die Absicht in dem Sinn, oder der Sinn in der Absicht sich befand.

6. Der Frage zweiten Teil weiß ich wohl recht genau, nämlich: ‚Warum seid ihr hierhergekommen?' Aber den ersten Teil bringe ich nicht mehr ganz zurecht.

7. Sinn und Absicht stecken sicher beisammen; aber wie? Das ist nun für meine Armseligkeit eine ganz andere Frage!

8. Es ist aber doch wahrhaft sonderbar. Gerade früher war noch sogar die Rede davon unter uns, – und jetzt brächt' ich's nicht heraus und wenn jemand darum mich auch allergewaltigst ins Genick beißen möchte!

9. Nein, aber so dumm war ich denn doch in meinem ganzen Leben nicht! Das nun nicht mehr füreinander zu bringen!

10. Lieber, mir noch unbekannter Freund! Siehe, ich bin sonst nicht gar so dumm; aber die frühere große Angst hatte mir beinahe meinen eigenen Namen verschleppt! Und so ist es wohl verzeihlich, so ich dir notgedrungen den ersten Teil deiner Frage schuldig bleiben muss!

11. Du wirst die Frage sicher noch wissen? Möchtest du sie uns denn nicht einmal noch kundgeben?

12. Vielleicht finden wir jetzt eine bescheidenere Antwort darauf, als unsere grenzenlose, aufgeblähte Torheit sie gefunden hatte auf der Höhe.

13. So dein Wille es wäre; aber sei deshalb ja nicht ungehalten oder ärgerlich!"

14. Und der Abedam willfahrte sogleich dem Verlangen Garbiels und gab ihm somit die volle Frage von neuem.

15. Jetzt aber sprang der Garbiel auch vor Freuden, darum er nur die Frage wieder hatte, und sagte sogleich wieder, zu reden anfangend, darauf: „Ja, ja, also war es: ‚Was ist der Sinn eurer Absicht; und warum seid ihr hierhergekommen?'

16. Nun, lieber Freund, da du mich darum fragtest, – die Frage wäre durch deine gütige Hilfe nun wieder da. Was soll denn nun damit geschehen?"

17. Und der Abedam beschied darauf, sagend: „Nun, so du die Frage wieder hast, da gebe Mir die Antwort darauf! Siehe, das ist alles, darum Ich aus dir wissen wollte, ob die Frage noch unter euch sich befindet!"

18. Und der Garbiel fing an nachzusinnen und sagte darauf: „Ja, was der Frage zweiten Teil betrifft, da sind wir auf die Höhe gesandt worden, um da für alles Volk uns Rat zu holen, ob wir die Nacht hindurch hier – wie es sonst gewöhnlich war – verbleiben sollen oder nicht, darum heute alles ungewöhnlich vor sich ging und am Abend kein Opfer mehr abgebrannt wird.

19. Siehe, das ist die ganze Ursache unserer Hierherkunft, oder das ist das Ganze, darum wir auf die Höhe gekommen sind, und wird vielleicht sicher auch der Sinn unserer Absicht sein!

20. Was aber jedoch etwa mit dem Sinn in der Absicht es für eine andere Bewandtnis noch haben dürfte, siehe, lieber Freund, solches könnte ich dir wohl unmöglich erörtern. Daher wirst schon du so gut sein wollen und uns allen freundlichst kundgeben, welchen Sinn in deiner Absicht du birgst!“

21. Und der Abedam aber erwiderte ihm darauf: „So höre denn: Darum ihr gekommen seid auf die Höhe, hast du richtig beantwortet; aber darinnen lag nicht der Sinn eurer Absicht, – sondern in dem lag er, dass euer Herz da war mit heimlichem Ärger erfüllt und ihr unter der Hülle der zweiten Frage habt erforschen wollen, warum heute ohne euer Wissen und Wollen des Sabbats Feierlichkeit also verkehrt wurde. Siehe, ist es nicht also?

22. Da Ich euch dann alsbald erkannte und euch zuvorkommend darum fragte, so ließet ihr den Sinn eurer Absicht Mir sogleich merken dadurch, dass ihr Mir mit sehr unsanften Worten begegnet habt. Ist es nicht also?

23. Ihr wolltet zwar nur darum laut fragen, ob ihr bleiben oder heimziehen sollt; aber was da den Sinn eurer Absicht betrifft, darum wolltet ihr euch nur ganz heimlich spähend erkundigen und damit dann sättigen euren geheimen Ärger und bei günstiger Gelegenheit dann denselben ausschütten vor den Vätern, und das zwar schon am nächst bestimmten Streittag (am Dienstag), an dem die Väter euren Klagen allzeit ein williges Ohr schenken! Ist es nicht also?“

24. Und der Garbiel, ganz außer sich samt den übrigen und ganz betroffen, wurde ganz stumm und konnte kein Wort herausbringen.

25. Der Abedam aber sagte darauf zu allen: „Folgt Mir und dem Adam nun alle auf die Höhe; allda sollt ihr euch zuerst stärken mit Speise und Trank, da ihr heute noch nichts genossen habt, und sodann wollen wir von Meinem Sinn in Meiner Absicht einige gute Worte miteinander bei gutem Mut tauschen! Amen.“

Kapitel 50

Garbiels Erkenntnis

Am 17. März 1842

1. Nach dieser Einladung ermannte sich erst der sehr darüber erstaunte Garbiel, darum er nicht begreifen konnte, wie dieser fremde Mann solches also bis auf ein Haar wissen mochte, und begann darum folgende Worte an den Fremden zu richten, sagend nämlich:

2. „Höre, du über alles schätzbarster Freund, – du bist mir ein überaus rätselhafter Mann! Wie magst du also Verborgenstes in unserem Herzen lesen, wie schauen bis auf ein Haar, was darinnen vorgeht?

3. Nein, sage ich, nein, das ist zu viel für einen Menschen von meinem Schlag!

4. Siehe, du mein über alles nun schätzbarster Freund, ich glaube nun schon fest, dass es da mit dir nicht ganz natürlich zugeht!

5. Denn fürs Erste ist das außergewöhnliche Gefühl, das ich zuvor an deiner Brust empfand, und fürs Zweite aber nun noch mehr dein durchdringendster Blick, vor dem nicht einmal irgendein allerverborgenster Winkel unseres Herzens sicher ist, ein allersprechendster Beweis dafür.

6. Ich will es zwar nicht in Abrede stellen, dass es durch die Zulassung von oben sehr scharfsehende Menschen geben kann, wie also zum Beispiel den Henoch, Kenan, Jared, Enos und Seth, welche wirklich auch schon so manches Wunderbare bewirkt haben, als wie den heutigen Blitz – vorausgesetzt, dass etwa nicht du solches bewirkt hast! – und die schnelle Wiederherstellung der Grotte Adams – das heißt, wenn etwa auch nicht du da deine Hände ans Werk gelegt hast! – und die plötzliche Stillung des gestrigen Sturmes – wo nicht etwa auch du dich desselben angenommen hast!

7. Ja, wie ich sage, es ist durchaus nicht zu leugnen, dass sehr gottergebene Menschen durch Seine gnädige Zulassung so manches vermögen.

8. Aber so viel ist auch gewiss und vollends wahr, mein Herz ist bis zu diesem Zeitpunkt dennoch ganz verschont geblieben, und es hat nicht einmal der erhabenste Erzvater vermocht, je in diese innerste Falte des Lebens zu blicken!

9. Wie demnach du solches vermagst, weiß ich mir wahrlich nicht zu entziffern!

10. Da du aber solches vermagst, wer kann da neben dir bestehen?

11. Ich bin durch und durch nun mit einer großen Furcht erfüllt vor dir und bitte dich darum, uns allen deine allergütigste Einladung zu erlassen, dass wir dir folgen möchten auf die Höhe und sicher da unwürdigst genießen die im höchsten Grad unverdiente Kost aus der Schüssel Adams.

12. Denn was den ärgerlichen Sinn unserer geheimen Absicht betrifft, so sind wir darüber ja schon im Reinen; was aber deiner Absicht Sinn betrifft, so glaube ich, du hast ihn uns schon gegeben dadurch, da du uns allen gezeigt hast, inwieweit wir alle wahrhafte arge Schurken waren, aber in aller Zukunft nicht mehr sein und noch weniger je wieder werden werden, – des kannst du vollends versichert sein! Da du aber schon der Mächtigste der Höhe nun zu sein scheinst, darum der erhabenste Erzvater Adam dir selbst über die Maßen zugetan zu sein scheint, so gebe du uns den gütigen Bescheid darüber, darum wir hierhergekommen sind, damit wir noch, ehe denn sich die Strahlen der Abenddämmerung gänzlich verlieren, den Unsrigen die erwünschte Nachricht zu bringen vermöchten!

13. Allerliebster Freund, nur nehme diese meine Äußerung etwa nicht als eine unbedingte Forderung unseres Willens an den deinen und also auch an den des erhabensten Erzvaters Adam, sondern allein nur als eine ganz vom Herzen aus demütigste und also pflichtmäßigst bescheidene Bitte; denn so mein Verlangen etwa dir zuwider sein sollte, da wollen wir dir alle eher bis ans Ende der Welt folgen, als dir nur im Allergeringsten in irgendetwas je mehr zu widerstreben! Daher werde von uns allen dein sicher äußerst mächtiger Wille ganz vollkommen respektiert!"

14. Und der Abedam sagte darauf zu dem sehr gesprächigen Garbiel: „Höre, Ich sage dir, deine Zunge ist ein wahrhaftes

Meisterstück; denn du redest dich damit selbst blind und überhörst die lauten Forderungen deines Herzens, das da im Ernst keinen schlechten Grund hat! Siehe, alles, was du jetzt geredet hast, hat weder einen Kopf, noch einen Fuß, noch eine Hand, und noch auch irgendeinen Leib!

15. Denn das du nun geredet hast, ist lediglich nichts anderes als ein leerer Wind, mit welchem du dir deine Furcht hast aus deinem Leibe reden wollen.

16. Du sagtest: Wer kann da neben Mir bestehen, da Ich die Kunst verstehe, in des Lebens innerste Falten zu blicken!

17. Darum dich dann eine große Furcht anwandelt; siehe, das allein kam aus dem Herzen! Ich sage dir aber: Stecke du deine Zunge zwischen die Zähne und halte sie fest, auf dass sie nicht noch einmal dir dein eigenes Herz betrüge und dir glauben mache, als hättest du schon den Sinn Meiner Absicht mit euch allen erkannt!

18. Siehe, solches ist gar sehr eitel; denn gar bald wirst es du samt deinen Brüdern erkennen, dass den vollen Sinn Meiner Absicht mit euch allen auch der allerhöchste und vollkommenste Engelsgeist des obersten Himmels ewig nie erfassen und begreifen wird!

19. Was aber deine Botenfrage betrifft, so wissen alle nun schon ganz vollkommen, dass sie heute, morgen und übermorgen, also bis zum Streittag, allhier zu verweilen haben.

20. Und so hast du damit keinen entschuldigenden Grund mehr, auszubleiben und nicht zu folgen Meiner Einladung!

21. Da nun deine Furcht ersichtlich eitel ist und all die Deinen schon lange gehörig versorgt sind, so wirst du Mir ja doch folgen können?"

22. Und der Garbiel erwiderte unter Freudentränen: „Ja, wahrlich ja, jetzt folge ich Dir, wohin Du willst!

23. Denn mir geht nun eine große Ahnung auf, darum Du sagtest, wie unerforschlich der Sinn Deiner Absicht ist!

24. Ich wage es mit der Zunge zwar noch nicht auszusprechen, – aber dafür spricht es sich in meinem Herzen desto lauter aus durch eine vorher noch nie empfundene Liebe, dass Du ein Vater bist!

25. Und darum will ich Dir folgen ewig, wohin Du willst, ja ewig! Amen."

Kapitel 51

Abedams Lehre über das Licht, den rechten Weg und das ewige Liebeziel

Am 18. März 1842

1. Und der Abedam machte Sich zum Gehen und sagte, zum Garbiel Sich wendend: „Also folgt Mir! Wahrlich sage Ich euch, wer Mir folgt, der wandelt einen rechten Weg und wird nicht irre werden am Pfad des Lebens hin zum Leben!

2. Wer aber mag da ohne Licht wandeln durch einen gedehnten Waldweg in der dichten Nacht?

3. Die Welt aber ist der Wald, und des Menschen irdisches Leben der Weg, und die Zeit der Körper ist die dichte Nacht.

4. Wer da kein Licht hat, wird der wohl den gerechten schmalen Mittelweg treffen, der da allein nur führt wahrhaft den Wanderer hin zum heiligen Liebeziel, welches da ist das ewige Leben?

5. Ich aber bin ein wahrhaftes, untrügliches Licht Selbst und bin der Weg und das ewige Leben Selbst.

6. So ihr demnach Mir nachfolgt, da habt ihr des Lichtes in großer Menge, und es wird euch ewig nimmer möglich sein, den rechten Weg zu verfehlen, da das Licht der Weg selbst ist, und ihr werdet auch nimmer können verfehlen das heilige Liebeziel, welches ist das ewige Leben, da der Weg und das Licht das heilige Liebeziel selbst sind, welches da ist das wahrhafte ewige Leben.

7. Daher auch folgt Mir alle, und fragt nicht, wohin! Denn da Ich bin, ist überall der rechte Ort und überall das ewige Leben.

8. So aber da jemand ein Licht nähme zur Nachtzeit und möchte es stellen bald auf einen Weg, bald in ein Tal und bald an verschiedene Orte, – wird sich da das Licht irgend ausnehmen, als wäre es nicht am rechten Platz?

9. Ich sage euch aber, das Licht passt überall hin! Denn wer kann da behaupten und sagen: Diese oder jene Stelle taugt nicht für das Licht des Tages, nicht, dahin die Sonne spendet ihre Strahlen?

10. Also auch ist es mit dem Licht des Geistes. Darum da auch niemand fragen soll, so das Licht kommt über ihn, ob es tauge oder nicht tauge für ihn, oder ob er würdig ist des Lichtes oder nicht!

11. Sondern, wenn das Licht kommt, dann ergreife es jeder behände und lasse sich dienen das Licht! Denn so das Licht da ist, da ist es da, um allen zu dienen; ist es aber einmal hinweggestellt worden oder untergegangen, da wird der Würdige nicht minder dem Unwürdigen den Mangel des Lichtes gar trauernd empfinden.

12. Und er wird den Aufgang herbeirufen, aber der Aufgang wird dann sehr verzögert werden; und diese Zögerung wird jedem werden zu allen Zeiten zu einem großen und sehr harten Stein des Anstoßes.

13. Wehe aber denen, die am Tag fallen und wollen sich nicht aufrichten lassen vom Licht, solange dasselbe unter ihnen wandelt!

14. Wahrlich, sage Ich euch, sie werden hart aufstehen, wenn die Nacht sie ereilen wird!

15. So aber da jemand fällt in der Nacht, ist es dem nicht zu verzeihen?

16. Ja, Ich sage es euch, die in der Nacht Gefallenen werden sich ehedem und leichter aufrichten, wenn des Tages Licht kommen wird, als diejenigen, die da fallen am hellen Tag und sind zu träge, auf dass sie sich alsbald wieder aufrichten möchten, damit das Licht sie bringen könnte zum heiligen Liebeziel.

17. Ich sage euch daher noch einmal, ergreift das Licht mit euren Herzen, solange es unter euch ist; denn die Zeit des Lichtes ist kurz, – aber überlang die Zeit der Nacht!

18. Welcher es aber jetzt ergreifen wird, der wird daran dann aber auch ewig nimmer einen Mangel leiden.

19. Erkennt es aber endlich auch vollkommen, dass Ich Selbst es bin: das Licht alles Lebens und das urewigste alleinige Leben Selbst!

20. So ihr solches erkennt in eurem Herzen, so habt ihr das Licht und das Leben schon in euch vollends aufgenommen.

21. Was aber ist das Licht und das Leben, das heilige, das ewige?

22. Gott Selbst ist das Licht, und die ewige Liebe in diesem Licht ist das ewige Leben, und ist der Vater, von dem du, Garbiel, vorher aussagtest, als du Mir dein letztes Wort aus deiner großen Ahnung

gabst, und wohl bekanntest, dass Ich ein Vater sei!

23. Ja wahrlich, sage Ich euch, Ich bin der alleinig wahre Vater, und ihr alle seid Meine Kinder, so ihr Mich als Vater anerkennt!

24. Wer Mich aber nicht als Vater wird anerkennen wollen – und das vollends im Herzen –, dem werde Ich sein, was Ich bin dem Stein, nämlich ein ewig richtender Gott und Schöpfer!

25. Meine Kraft, Macht und Gewalt ist ohne Ende – also spricht Gott für Sich –, wer wird und will Mir widerstreben?

26. Aber der Vater schmiegt Sich zu den Kindern und verbirgt vor ihren furchtsamen Augen den allmächtigen Gott, damit sie Ihn alle in ihren Herzen ergreifen möchten und folgen Seinem wahren Vaterrufe.

27. Seht, Ich Selbst bin der Vater und rufe euch, Mir zu folgen!

28. Daher zaudert nicht, ihr Meine Kindlein, und folgt Mir; denn Ich bin ja euer aller heiliger und liebevollster Vater!

29. Hört, und folgt Mir! Amen, Amen, Amen."

Kapitel 52

Garbiels beeindruckende Rede über die Offenbarung des Abedam

Am 21. März 1842

1. Als der Abedam aber diese Rede beendet hatte, da fielen alsbald der Garbiel und all die übrigen auf ihre Angesichter nieder, und zwar nahe an den Füßen Abedams.

2. Garbiel aber, als er sich ein wenig erholt hatte, begann alsbald eine sehr beachtenswerte Rede an die Brüder und Freunde

zu richten, so zwar, dass der Adam selbst sagend dieser Rede ein großes Zeugnis gab und belobte den Redner also:

3. „Garbiel, ich habe schon viele Reden von menschlichen Zungen gehört, aber solche Worte sind von einem Ungeweckten noch kaum je zu meinen Ohren gedrungen!

4. Sei froh, denn Abedam hat schon Übergroßes an dir getan! Was erwartet dich noch alles, wenn dein Herz erst vollends eins wird mit Ihm in der reinen Liebe!"

5. Solches sprach der Adam zum Garbiel, als dieser seine Rede beendet hatte; die Rede des Garbiel aber lautete also:

6. „Freunde, Brüder! Habt ihr's gehört, habt ihr's vernommen, habt ihr's begriffen?!

7. Wer vermag solche Worte an unsere Ohren und Herzen zu richten?

8. Oder hat je, vom Erzvater angefangen bis auf unsere noch sprachunfähigen Kindlein, jemand solche Worte gehört?

9. ‚Nein, nein, nein!' müsst ihr alle sagen; denn das sind nicht Worte menschlicher Weisheit entstammend, auch nicht die eines allervollkommensten Engelsgeistes.

10. Denn wo ist da in der ganzen Unendlichkeit durch alle Ewigkeiten der Ewigkeiten ein Wesen erschaffen worden, das da vermöchte solches aus sich hervorzubringen?!

11. Freunde und Brüder, denkt, denkt! Wer kann das sein, ja wer muss das sein, muss notwendigst ewig sein, der da von Sich, ja ganz vollends von Sich, aussagen mag: ‚Ich bin das Licht, der Weg, das heilige Ziel!'? – Ja, das urewige alleinige Grundleben Selbst!

12. Freunde, Brüder! Solltet ihr etwa noch nicht merken, wer der Fremdling ist?

13. O dann müsstet ihr blinder sein denn der Mittelpunkt der Erde um die allerstockfinsterste Mitternacht und tauber denn ein allerhärtester Stein im allertiefsten Grund des Meeres!

14. Wahrlich wahr, so jemand aus uns solche Worte fest wie von sich aussprechen möchte, ich bin nun überklarst überzeugt, seine Zunge würde noch nicht das zweite Wort berühren, so wäre auch schon von solch einem Frevler nicht die allerleiseste Spur mehr vorhanden.

15. Ja, so die große Erde solches vermöchte, wenn sie hätte eine Zunge irgendwo in einem weitesten Mund, – wahrlich, schon der erste Gedanke, solches von sich auszusagen, müsste sie auf ewig vernichten!

16. Ja, der großen Sonne ginge es nicht um ein Haar besser!

17. Oder vermögt ihr solches nicht zu erfassen? So ihr es nicht vermögen solltet, da wage es nur einer oder der andere, solches von sich aus in aller Stille zu denken, ja zu denken sich als das heiligste, ja als das allerheiligste, urewige Leben alles Lebens, das Licht alles Lichtes, den Weg alles Weges und das heilige Endziel aller Dinge; ja denke einer sich als die allerhöchste Kraft aller Kräfte, als die allerhöchste Macht aller Mächte und als die allerhöchste Gewalt aller Gewalten – und bestehe aber dabei, ob er mag und kann!

18. Ich war noch nie ein Prophet; aber jetzt bin ich einer und sage mit der allerhöchstmöglichsten Sicherheit und allervollsten Überzeugung voraus, dass, so er sagen würde: ‚Ich bin die allerhöchste Gewalt aller Gewalten!‘, er auch alsbald

nimmerdar vermögen würde, das allerfeinste Gewebe einer Spinne zu zerreißen.

19. Und so er sagen möchte: ‚Ich bin die allerhöchste Macht aller Mächte!‘, ihn alsbald ein Sonnenstäubchen zu Boden drücken auf ewig möchte.

20. Und so er sagen möchte: ‚Ich bin die allerhöchste Kraft aller Kräfte!‘, ihm alsbald ein Mücklein zerbräche alle seine Gebeine und verzehrte seine Muskeln.

21. Und so er sagen möchte: ‚Ich bin das heilige Endziel aller Dinge!‘, ihn dann auch alsbald verschlingen möchte aller Ewigkeiten endlosester Abgrund ins Feuer der ewigen Vernichtung.

22. Und so er sagen möchte: ‚Ich bin der Weg alles Weges!‘, ihn die Erde alsbald verzehren möchte im Feuer ihres Zornes.

23. Und so er sagen möchte: ‚Ich bin das Licht alles Lichtes!‘, ihn alsbald die allerdichteste Finsternis umgeben möchte.

24. Und so er endlich sagen möchte: ‚Ich bin das heiligste, urewigste Leben alles Lebens selbst!‘, – wer möchte da die allerhöchste Geschwindigkeit des allerflüchtigsten Augenblickes bemessen, in welchem ihn solches Wort selbst von seinem innersten Leben aus zerstören würde und auf ewig vernichten also gänzlich, als wäre er nie dagewesen?!

25. O Freunde und Brüder, da wir nun solches verstehen und nun sicher mit allen Händen und Füßen sogar wohl begreifen und sehen den Fremdling, der da alles solches vor unseren Augen und Ohren von Sich aussagte, noch ganz wohl erhalten mächtig und kräftig vor uns stehen und hören Ihn uns alle zu Sich rufen, wie ein wahrer, ja alleinig wahrer Vater seine Kinder zu sich ruft, und unser Herz in uns laut schreit und sagt: ‚Ja, Du allein bist ein wahrer Vater, und wehe dem, der an sich mit diesem

allerheiligsten Namen den schändlichsten Frevel treiben möchte und sich noch ließe ‚Vater' rufen!', – Wer und was und woher ist demnach dieser Fremdling?

26. Seht, die unendlichen Himmel voll leuchtender Wunder, und die Erde voll Wunder, und unser Herz das größte Wunder, rufen und sagen es uns nun überlaut: ‚Jehova, Gott, der ewige Schöpfer aller Dinge, der heilige Vater, weilt bei Seinen Kindern auf der Erde!'

27. Brüder, versteht ihr nun das?!"

Am 22. März 1842

28. Nach dieser Rede Garbiels aber hieß der Abedam sie alle wieder erstehen von der Erde und sagte zu ihnen: „Kinder, nun ist es an der Zeit, dass ihr Mir folgt auf die Höhe, damit Ich euch da in der Gegenwart aller Väter innerlich zeige einen anderen Sinn in Meiner Absicht mit euch!

29. Denn seht, die Erde ist ein großes Feld, auf dem da wächst viel des Grases aller Art, viel der Gesträuche aller Art und viel der Bäume aller Art, und es bekriecht den Boden ein zahlloses Gewürm, und all die Wälder sind voll des Getieres aller Art, und die Wässer sind voll, und die Luft ist voll.

30. Wer achtet alles dessen, in wessen Herzen ist eine Ordnung alles dessen? Und doch ist das Herz aus dieser Ordnung!

31. Daher folgt Mir, damit euch da offenkundig dargetan werde ein anderer Sinn Meiner Absicht mit euch! Amen."

Kapitel 53

Besediels ehrfürchtige Betrachtung des Überheiligen

1. Und alsbald erhoben sich alle, voll der allerhöchsten Ehrfurcht, und folgten dem Abedam und dem Adam, am ganzen Leibe zitternd, teils aus zu großer Wonne, teils wieder aus großer Furcht vor der Heiligkeit, Macht, Kraft und Gewalt Gottes, und teils aber auch von der sich stets mehr meldenden Liebe in ihren Herzen zum heiligen Vater genötigt, auf die schon bekannte Höhe.

2. Ein Bruder des Garbiel aber ging hinter ihm her und sagte ganz leise zum Garbiel: „Höre, Bruder! Wenn ich jetzt diesen mit also überzahllosen Sternen übersäten Himmel anblicke, und wir wissen nun bereits alle vom Seth, Enos und auch gar helle vom Henoch aus, dass diese Sterne lauter unbegreiflich größte leuchtende Weltkörper sind, – Bruder, und wenn mir der Gedanke vorleuchtend sagt: ‚Besediel, siehe, da vorne geht aller dieser Wunder ohne Zahl und groß ohne Maß der Schöpfer, der allmächtig Überheilige! Ein heiliger Gedanke von Ihm, und der endloseste Raum wird leer alsbald dastehen, begraben in seine eigene ewige, unendliche Nacht; und wieder ein heiliger Gedanke von Ihm, der da vorne geht, und neue überherrliche Schöpfungen werden erglänzen durch die große Unendlichkeit!', – o Bruder, welch ein unaussprechliches Gefühl bemächtigt sich da meines Herzens!

3. Du hast zwar früher gesagt, ob wir noch nicht merkten, wer der Fremdling ist.

4. O ich sage dir, dass ich es schon bei Seiner ersten Ankunft gemerkt habe, und es ward mir klar, dass hinter Ihm etwas Unaussprechliches müsse verborgen sein;

denn solches verkündigten mir Seine Augen und Sein Mund, bevor Er noch ein überheiliges Wort an uns gerichtet hatte.

5. Oder hast du je solche Augen gesehen und einen solchen Mund?!

6. Welche Würde, welche Heiligkeit, welche Stärke, welche Macht, Kraft und Gewalt spricht sich da nicht auf das Allerklarste aus! Und wer möchte da nicht alsbald vor Wonne vergehen, so Er einen in der Nähe ansieht! Und wie höchst liebevollst einladend ist Sein Antlitz in einer geringen Entfernung!

7. Und entfernt man sich aber mehr und mehr von Ihm, so wird aber Sein Antlitz auch stets heilig ernster und gewinnt stets mehr an etwas, das da unbeschreiblich ist.

8. Ich weiß es kaum, ob es in einem Herzen mehr eine heilige, allerhöchste Ehrfurcht erregt oder ob mehr die tiefste Reue und die stärkste Sehnsucht, sich Ihm wieder stets mehr und mehr zu nahen, ja so es möglich wäre, sich mit Ihm gänzlich zu vereinen!

9. Und kommt man Ihm dann näher und näher, wie schleunig verschwindet da alles Ferngefühl, und eine früher nie empfundene heilige Liebe fängt da das Herz an dessen Stelle an anzuwehen, dass in ihr das Leben und die Vernichtung sich gleich endlos wonnig aussprechen!

10. O Bruder, nun frage ich dich, der du um vieles weiser bist denn ich, hast du solches nicht auch gefunden?

11. Da du mir schon so vieles gesagt hast, möchtest du mir denn nun nicht auch kundgeben, inwiefern ich meinem Gefühl trauen soll, oder inwiefern es vielleicht doch mit Irrtümlichem untermengt sein dürfte? So du etwas weißt, da gebe es mir alsbald kund!"

12. Und der Garbiel sagte zu seinem Bruder Besediel: „O Bruder! Glaube deinem Gefühl, glaube aber auch, dass solches nicht aus dir, sondern heilig aus Dem in dein Herz strömt, der da vorne uns alle führt der heiligen Höhe zu, – ja, Bruder Besediel, zu einer Höhe, die da nicht ist eine Höhe der Erde nur, sondern endlos viel mehr – eine Höhe des inneren ewigen Lebens aus Ihm! Solches ahne ich!

13. O Bruder und ihr Brüder alle, erweitert alsbald eure Herzen, und werft alles unnütze irdische Zeug hinaus, damit es in selben desto räumlicher und freier wird, um aufzunehmen all die großen Schätze, die da schon über uns reichlichst ausgeschüttet worden sind, und die noch ganz sicher über uns ausgeschüttet werden!

14. Lasse aber, liebster Bruder, vorderhand deine zu großen Gedanken; denn wahrlich wahr, mir kommt es vor, als wäre das zu endlos Große auch zu endlos heilig für unsere noch ungesegneten Herzen.

15. So aber jemand aus uns allen in seinem Herzen mit etwas beschäftigt ist oder sein will, der reinige es auf das Tätigste durch wahre Reue und Liebe zu Dem, der uns da führt!

16. Denn seht, wir alle sind dem Ziel nahe; die Väter fallen schon alle auf ihre Angesichter nieder beim Anblick Dessen, der uns führt!

17. O seht, seht, wie werden sie nun alle von einem heiligen Licht umflossen; wie erglänzt nun die Höhe!

18. O Brüder, weint und betet; denn heilig, heilig, heilig ist es hier!

19. O du mein armes, sündiges Herz, – wirst du wohl ertragen die bevorstehende Enthüllung, das Licht des ewigen Gottes, des heiligen Vaters?!"

Kapitel 54

Empfang der zwölf von den Vätern

Am 23. März 1842

1. Wie aber der Garbiel und der Besediel unterwegs sich miteinander besprachen, also besprachen sich auch all die anderen und kamen somit, allesamt und sämtlich von Mir geführt, eines wohlbereiteten und tieferbauten andächtigen Herzens auf der Vollhöhe an.

2. Als sie aber da anlangten, so hieß der Abedam all die Väter alsbald sich wieder aufrichten und empfangen die zwölf von Ihm und dem Adam selbst auf die Höhe Gebrachten.

3. Als aber die Väter solchen Wunsch vom Abedam vernommen, da streckten aber auch alsbald all die Väter, Weiber und Kinder ihre Arme aus nach den zwölfen, und so wurden diese auf das Allerliebreichste aufgenommen.

4. Nur der Seth getraute sich nicht hinzu; denn er fürchtete sich nun vor denen, die er früher also etwas unsanft angedonnert hatte.

5. Adam aber berief alsbald den Seth zu sich und fragte ihn, sagend nämlich: „Ahbel-Seth, warum bleibst du ferne, da alles, was da nur atmet auf dieser Höhe, der Stimme des überheiligen Vaters folgt?

6. Oder sind dir denn die Arme steif geworden, dass du sie nicht mochtest ausstrecken nach denen, die der heilige Vater Abedam Selbst hierhergebracht hatte? Oder hast du etwa gar Seinen Aufruf überhört?!"

7. Der Seth aber fiel alsbald nieder vor Adam und Abedam und sagte flehend: „O vergebt mir unbesonnenem Toren! Was ich getan habe, – –"

8. Hier fiel ihm alsbald Abedam ins Wort und sagte: „Das habe Ich getan, und darum war es recht und wohl getan!

9. Aber deine Furcht ist nun eitel, der zufolge du dich nun nicht getrautest, aufzunehmen diese, die doch Ich Selbst hierher geführt habe, und habe dann euch alle herbeigerufen und allen angezeigt, was ihr tun solltet!

10. Lege alsonach deine törichte Furcht beiseite, und folge dem Beispiel aller anderen, so wirst du dein Herz ledig machen und es ferne halten jeglichem Vorwurf deines eigenen Gewissens, – und das umso mehr, indem du vor Mir als ein Mann frei von aller Sünde dastehst! Verstehe es, und handle danach! Amen."

11. Und der Seth erhob sich alsbald und streckte auch alsbald seine Arme überfreundlichst zur Aufnahme nach den zwölfen aus.

12. Als diese aber bemerkten, dass auch der früher erzürnte Vater Seth die Arme nach ihnen ausstreckte, da fielen sie nahe alle hin zu seinen Füßen und baten ihn um Vergebung, darum sie früher ihm sicher durch ihre unüberlegte Torheit die Gelegenheit gegeben zu haben glaubten, dass er sich darob habe ärgern müssen.

13. Der Seth aber konnte vor lauter Liebergriffensein auch nicht ein Wort über seine Lippen bringen; doch was seine Zunge für eine kurze Zeit zu tun unvermögend war, das zeigten desto werktätiger seine Hände und seine Brust, indem er allerfleißigst einen um den anderen vom Boden mit eigenen Händen aufhob, ihn mit Zeichen aufrichtete im Herzen und dann an seine Brust drückte.

14. Als er nun auf diese Art werktätig gezeigt hatte, wie er eigentlich gar nicht und nie erzürnt war, sondern dass er das,

was er früher an ihnen getan hatte, sicher nur aus einem inneren höheren Antrieb getan hatte ihrer ewigen Lebenswohlfahrt wegen, aber dabei doch gewahrte, dass die zwölfe seine Zeichen nicht vollends verstehen mochten, so wandte er sich alsbald an den Abedam und deutete Ihm auf die Zunge und auf seine Brust.

15. Denn Seth hatte von der Geburt aus den Fehler, dass er da längere Zeit oft nicht ein Wort über seine Lippen zu bringen vermochte, wenn sich große Affekte seiner Seele bemächtigt hatten.

16. Und alsbald berührte Abedam des Seths Mund und Brust und sagte zu ihm: „Seth, Ich sage dir, tue auf deinen Mund, und ewig nimmer soll deine Zunge dir ihren Dienst versagen; und also mache nun Luft deinem Herzen! Amen."

17. Und alsbald ergoss sich aus Seth ein ganzer Strom von den allerherrlichsten Worten, welche also lauteten:

18. „O Kinder, o Kinder der Liebe des heiligen Vaters, hätt' ehedem ich nicht aus einem gar rechtlichen, heiligen inneren Trieb mit lauteren stärker erschallenden Worten euch müssen abweisen von meinem euch über die Maßen stark liebenden Herzen, – fürwahr, meine Freunde, mein Herz hätt' euch alle verschlungen vor heißester Liebe!

19. Ihr Kinder, ihr Freunde, doch wie ihr geflohen vor meinem an Adam, den Vater, euch weisenden Wort so schnell und so hart alle seid da hinab von der heiligen Höhe, da tat es mir wehe um euch, meine Kinder und Freunde, darum ihr, dahin euch mein Wort hat ganz ernstlich beschieden, nicht wolltet euch kehren und fragen daselbst den Adam, darum ihr herauf seid schon mühsam und furchtsam den Hügel gestiegen!

20. Und seht, solange der liebe, heilige Vater, von Adam geleitet, noch nicht eure Schar hat erreicht, so lange auch war es mir bange, ja überaus bange im liebenden Herzen um euch, meine Freunde und Kinder.

21. Doch als ich nach kurzem ersah den heiligen Vater so liebvollst euch alle an Seine Brust ziehen und drücken, da fiel mir ein drückender Stein, wie die Erde so schwer, denn auf einmal von meinem noch schmerzvollen Herzen, darum ich euch Kinder vor mir, eurem liebenden Vater, gar traurig da fliehen musst' sehen!

22. Doch nun lasst uns alles vergessen! Der heilige Vater hat also ja haben es wollen, darum sei auch ewig Ihm Dank und die reinste Liebe, der' unsere Herzen nur fähig je sind!

23. Und nun, Kinder und Freunde, wie ich es nun merke, so habt ihr heute noch nicht euch gestärkt mit Speise und Trank; darum kommt hierher an die Körbe, und esst und trinkt, was alles ihr darinnen nur findet, – denn alles ist gesegnet vom heiligen Vater!

24. O kommt, o kommt und nehmt zu euch diese Speise zum ewigen Leben!"

25. Und alsbald auch hieß der Abedam sie folgen dem Seth und tun, was ihnen der Seth angetragen hatte.

26. Und sie folgten dem Seth hin zum Korb Adams und aßen und tranken alle wohlgemut daraus.

Kapitel 55

Abedams Rede vom gerechten Dank

Am 29. März 1842

1. Als die zwölfe aber nun aufgestanden sind von den Körben, nachdem sie sich hinreichend gesättigt und gestärkt hatten, gingen sie alsogleich hin zum Abedam, zum Adam und zum Seth und dankten allerinbrünstigst für die so große Gnade, wie sie es sagten, darum sie sich sogar an dem Speisekorb Adams hatten also mit den allerwohlschmeckendsten Speisen sättigen dürfen.

2. Und der Garbiel sagte darauf zu den übrigen laut: „Brüder! Ich glaube, dass wir fast alle einen Gaumen haben; so ihr es aber empfunden habt, wie ich es mit meinem Gaumen empfunden habe, so müsst ihr alle samt und sämtlich mit mir stimmen und sagen:

3. Soweit wir der sonst nur mageren Erde Boden kennen, so bringt er keine solchen Früchte zum Vorschein, deren herrliche Form fürs Erste schon alles bisher Gesehene also weit übertrifft, wie das Licht der Sonne jenes sparsame des Mondes, wann er entweder zu leuchten beginnt oder endlich wieder zu leuchten aufhört.

4. Was aber den Wohlgeruch und den Wohlgeschmack betrifft, dafür hat die ganze Erde meines Erachtens kein vergleichbar treffendes Bild mehr, – außer so ich den Sinn der Worte Dessen, der da nun unter uns ist (der allerheiligste liebevollste Vater!), mit dem Sinn meiner leeren Zungenwetzerei vergleichen dürfte, welcher Unterschied endlos ist und ist für jede geschaffene Zunge ewig unaussprechlich!

5. Demnach also, liebe Brüder und Freunde, zu urteilen, haben diese Früchte sicher einen ganz unbegreiflich höheren Ursprung, als den wir alle nur schon zu gut für den gewöhnlichen kennen.

6. Da aber solches nimmer zu verneinen ist, was folgt dann als ewiger Pflichtanteil für uns?

7. Seht hierher auf mich, dieses Herz, das da schlägt in meiner Brust, will ich dafür dem allerhöchsten Geber solcher Gaben zu einem ewigen Dankopfer von der höchstmöglichen Liebe erbrennen lassen und, soviel es mir nur immer möglich tunlich sein wird, den heiligen Vater loben und preisen Tag für Tag, Stunde für Stunde, und alle Augenblicke für Augenblicke.

8. Denn übersüß waren diese Früchte und überherrlich ihr Wohlgeschmack! Darum wollen wir loben und preisen den heiligen Vater unser Leben lang; denn Er ist ja über und über gut und ist voll der allerhöchsten Liebe, Gnade und Erbarmung. Und solches alles währt bei Ihm ewiglich; darum sei auch ewig hochgelobt und gepriesen Sein heiliger Name! Amen."

9. Und alle korrespondierten, sagend: „Ja, ewig überhoch gelobt und über alles gepriesen sei unseres großen heiligen Vaters überheiliger Name! Amen."

10. Darauf erst fielen sie vor Abedam nieder und lobten und preisten Ihn über alle die Maßen aus dem allerinnersten Grund ihres Herzens.

11. Der hohe Abedam aber hieß sie alsbald wieder erstehen, und als sie sich alle wieder nach und nach aufgerichtet hatten, sagte Er zu ihnen:

12. „Kinder, es hat ein Vater wohl recht viele und große Freude an dankbaren Kindern, und an Kindern, die ihre Herzen füllen stets mehr und mehr mit wahrer kindlicher Liebe zum Vater.

13. Aber was bedünkt euch in dem Fall, so da irgendein Vater gäbe einem Kind einen kleinen reifen Apfel, das Kind aber dann über diese Gabe sofort also ergriffen würde und bliebe, dass es darob den Vater nimmerdar aufhören möchte zu loben Tag und Nacht; und so es der gute Vater auch beruhigen wollte, das Kind aber dessen ungeachtet den Vater in einem Atem doch fort und fort loben möchte, solange es nur noch irgendeiner Stimme fähig wäre, und täte dem Lob erst durch die gänzliche Unfähigkeit einen Einhalt. Also, was bedünkt euch in dem Fall?

14. Wie wird es dem guten Vater bei einer nächsten Gabe schwer werden ums Herz, so er schon im Voraus ersehen wird, welcher Dankmarter er dadurch sein liebes Kind wieder preisgeben wird!

15. Und was Schmerzhaftes aber wird ihm sein Herz erst sagen, wann er daran gedenken wird, seinem Kind eine höhere Gabe zukommen zu lassen, da es schon eine also geringe Gabe vor lauter Dankbarkeit beinahe um das Leben bringt!

16. Und wird das Kind mit der Zeit wirklich mit einer höheren Gabe belehnt werden, wie wird es aber für dieselbe gebührend zu danken imstande sein, so es sich schon erschöpft hatte in der Dankbarkeit für die frühere, kaum beachtenswerte Kleinigkeit?

17. So ihr nun Mir für einen euch dargereichten Flügel einer Mücke und für ein Härchen an eurem Leibe mit der euch nur immer möglich allerhöchsten Liebe danken, ja ewig danken wollt, da möchte Ich denn hernach doch auch von euch erfahren, wie und wie lange ihr Mir danken werdet, so Ich euch allen bescheren werde das allerhöchste Gut, welches ist das allerseligste und allerwonnevollste ewige Leben?

18. Oder, so ihr Mir für eine Nuss schon wollt die ganze Erde, den Mond, die Sonne und alle die Sterne zum Dankopfer bringen, was aber werdet ihr Mir dann erst hernach für die Gabe, die da besteht in einer ganzen Erde, bieten?

19. Seht daher, Meine überaus geliebten Kinder, also muss auch der Dank ein gerechter Dank sein, indem er ist eine liebevolle Bestätigung dessen, was jemand empfängt!

20. So aber jemand dankt für einen Strohhalm wie für eine Zeder, der ist dann ja entweder ein Tor, oder er stellt aus seinem Herzen eine lügenhafte Bestätigung über etwas aus, das er noch nie empfangen hatte.

21. Daher macht auch ihr ein Ende eures Lobens, und bereitet eure Herzen dafür lieber zum Empfang dessen aus Meiner Hand vor, was da endlos hoch über alle diese Früchte erhaben ist!

22. Geht aber zuvor in eure Herzen, und seht euch da ein wenig um; was ihr aber da finden werdet, das gebt Mir dann alle einstimmig kund! Amen."

Kapitel 56

Henochs Lehre über die Erweckung des Geistes

Am 30. März 1842

1. Nach dieser Rede Abedams aber traten die zwölfe nach der Weisung des Henoch einige Schritte zurück, der sie auch begleitete, bei ihnen bleibend, geistig in ihre Herzen, und zeigte durch eine kurze Rede, was das heißt, sich im eigenen Herzen umsehen und dann dessen gewahr

werden, was entweder im Herzen ist oder vorgeht. Die Rede aber lautete also:

2. „Hört, liebe Brüder, der allerheiligste, liebevollste Vater Abedam Jehova Emanuel Abba hat zu euch geredet, nachdem Er sattsam angehört hatte euer kindliches Lob:

3. ‚Seht euch in eurem Herzen um, und was ihr darinnen werdet finden, das gebt treulich Mir kund!' Also war der Sinn der überheiligen Rede.

4. Es hat aber auch der allerheiligste Vater gar wohl gesehen, dass ihr diesen Sinn nicht fassen werdet; darum gab Er mir heimlich im Herzen die Weisung, dass ich euch geleiten soll in euer Herz und also auch in den verborgenen Sinn dieser Seiner letzten Worte, die Er da am Schluss an euch alle gerichtet hatte.

5. Solches nimmt euch zwar ein wenig wunder, aber ihr werdet es alle gar bald ersehen, wie es eben nicht zu leicht ist, alsogleich seine Augen in sein eigenes Herz zu richten und vollkommen dasselbe zu beschauen dann.

6. Denn seht, bis jetzt war bei euch allen nur vorzugsweise der Verstand eures Kopfes die Leuchte eurer Seele, aber der ewig lebendige Geist, der da wohnt im Herzen der Seele, und der da ist das alleinig wahre, innerste, lebendige Licht des Lebens, der ist bei euch noch nie geweckt worden!

7. Ist aber dieser nicht geweckt, dann ist es auch umsonst, in sein Herz zu schauen; denn wo kein Licht ist, was sollte da wohl gesehen werden? Oder kann da jemand bei einer allerstockfinstersten Nacht nur eine Spanne weit vor sich hin sehen?

8. Also aber ist es auch umso mehr mit dem Geistesschauen im eigenen Herzen, daselbst niemand etwas zu erschauen

vermag, so da nicht eher lebendig geweckt wurde sein Geist.

9. Aber, werdet ihr nun fragen, wie und wodurch kann denn der Geist geweckt werden?

10. Seht, eben darum erhielt ich die Weisung, euch alle zu geleiten hierher; da wir aber schon bis hierher glücklich gelangt sind, da werden wir mit der Hilfe Dessen, der uns allen diese heilige Weisung gab, auch dahin gelangen, wohin wir alle nach dem allerhöchst besten und allervollkommensten heiligsten Willen Dessen gelangen müssen, der uns allen diese Weisung gab!

11. Also aber ist der Weg, und das ist das alleinige Weckmittel des Geistes, dass ihr alle euch im Herzen, das heißt in der allervollkommensten Liebe, an den allerheiligsten Vater wendet voll Vertrauen und voll gerechter, uneigennütziger Treue.

12. Wenn ihr aber gewahren werdet, dass es da in euren Herzen heißer und heißer wird, dann achtet auf euer Herz; denn dann ist die Entzündungs- und Lichtzeit auch schon da. Und so dann eure Herzen alle erbrennen werden zu Gott, dem allerheiligsten, liebevollsten Vater, da schaut in euch, und ihr werdet die Wunder des ewigen Lebens in euch erschauen!

13. Aber solches merkt euch gar wohl noch hinzu, dass ihr etwa ja nicht darum allein den allerheiligsten Vater zu lieben beginnt; denn der allerheiligste Vater will Seiner Selbst willen geliebt sein. Und dass eure Liebe nicht also sich gestalte, als möchte sie nur dauern von heute bis morgen; denn mit einer sich nur zeitlich gestalteten Liebe ist ja nicht einmal das schwache Weib zufrieden, geschweige erst der ewige Gott!

14. Es wird aber das Leben beschaffen sein, wie da beschaffen ist die Liebe. Ist die Liebe zeitlich, so wird auch das Leben ein vergängliches sein gleich der Liebe, welche da ist die alleinige Bedingung des Lebens; in solcher Liebe aber ist kein Licht.

15. Ist aber die Liebe für ewig gestaltet, so ist auch das Leben gleich ihr; und seht, solche ewige Liebe ist erst das lichte Wachwerden des ewigen Geistes, der da selbst nichts als pur Liebe ist.

16. Nun wisst ihr alles; tut danach, so werdet ihr euch gar wohl und bald innerlich zu beschauen vermögen! Amen."

17. Und der Besediel ergriff alsbald die Hand des Henoch und sagte zu ihm: „Mein mir über alles teurer Bruder! Mit welchen Ergießungen meines Herzens soll ich dir nun danken für diesen so überherrlichen Dienst, den du unseren allerbedürftigsten Herzen erwiesen hast?!

18. Siehe, in diesem Punkt war ich, wenigstens für mich genommen, noch bis auf diesen gegenwärtigen Augenblick blind; denn, wie du es wenigstens an mir sehr genau erraten hast, bis jetzt habe ich nur den alleinigen Verstand zu bilden gesucht und suchte daher alles zu zergliedern, was mir nur immer untergekommen ist, da ich mir dachte:

19. Gottes Vollkommenheit unterscheidet sich von unserer Unvollkommenheit bloß nur im allein allervollkommensten Verstand, – daher wir uns dann nur auch durch die alleinige Ausbildung unseres Verstandes Gott nähern können.

20. Dass ich dann zufolge dieses höchst irrigen Grundes das Herz nie beachtet habe, brauche ich dir hier nicht noch mit leeren Worten zu bekräftigen, indem du schon ohnehin zuvor gar trefflich gesehen hast, wie es mit unserem Herzen steht.

21. Aber wie ganz töricht und rein umsonst diese oft schauerliche Mühe war, sehe ich erst jetzt ein; denn was sollte dem Toten doch alle endlose Wissenschaft nützen?

22. Für tausend hohle Atemzüge wäre die Nacht ja ums Unaussprechliche besser; der Lebendige aber bedarf der Wissenschaft nicht.

23. Oder wozu sollte dem Todblinden wohl das Licht dienen, und wozu dem Lebendigen, dessen Geist selbst ein allerhellstes Licht ist?

24. Siehe, Bruder, solches war mir früher fremd; da du aber jetzt durch die Gnade des allerheiligsten Vaters nun an meine Brust gepocht hast, so hat sich in mir auch alsbald das Herz gemeldet und sagte:

25. ‚Liebe, Liebe, Liebe ist das große Wort alles Seins; hast du diese für ewig in Gott, so hast du auch alles Leben in und aus Gott und alles, was desselben ist.

26. Hast du aber diese nicht, dann hast du nichts als den puren Tod in dir.'

27. O Bruder, siehe, nun ist aber der Tod aus mir gewichen; was Großes hast du daher mir und sicher uns allen dadurch getan, dass du uns die Hauptquelle unseres Todes enthüllt hast!

28. Welches Dankes bist du daher auch von uns allen würdig?

29. Doch ich weiß nun schon, wem aller Dank gebührt; daher lasse mich nun hineilen zum allerheiligsten Vater!"

30. Der Henoch aber erwiderte ihm: „Gedulde dich nur noch ein weniges der Zeit, bis die anderen auch werden wie du, und du aber vollends leuchtend in deinem Herzen! Amen."

Kapitel 57

Henochs Lehre über das Reden. Garbiels innere Beschauung

Am 31. März 1842

1. Es trat aber auch alsbald der Garbiel zum Henoch hin und wollte mehr aus Zungenlust denn aus einem wahren, inneren Bedürfnis mit dem Henoch einige Worte zu tauschen anfangen.

2. Der Henoch aber kam ihm zuvor und sagte zu ihm: „Garbiel, höre, der Herr und unser aller liebevollster Vater lässt dir sagen, dass du nun schweigen sollst, so auch du geweckt werden willst!

3. Oder habe ich wohl früher durch die heilige Weisung Dessen, der da wandelt unter uns, auch die lustige Beweglichkeit der Zunge als ein Weckmittel euch anempfohlen?

4. Ich sage dir, achte dessen, was da ist gesagt worden, so wirst du den Weg in dein eigenes Herz finden, – aber nimmer durch die Fertigkeit deiner Zunge, welche dir eher den Weg ins ewige Leben zu versperren, als ihn zu eröffnen vermöchte!

5. Siehe, bis jetzt warst du der Erste oder dünktest dir vielmehr, ein Hauptmann unter deinen Brüdern zu sein; allein solches hat vor dem Herrn aller Heiligkeit, Liebe, Sanftmut und Geduld nicht den allergeringsten Wert, sondern allein ein liebevolles, reumütiges, zerknirschtes Herz.

6. Denn alles, was sich da hervortut auf der Welt, das steht bei Gott im Hintergrund; so aber jemand hier ein ganz unbeachteter, letzter Bewohner dieser Erde ist, der aber ist dafür der Allerangesehenste bei Gott.

7. Es hüte sich aber dennoch ein jeder, etwa des Eigennutzes wegen der Letzte zu

sein, sondern allein darum, dass er darob den liebevollsten Vater desto mehr in solch stiller Abgezogenheit lieben könnte und desto mehr sehnsüchtigsten Herzens werden möchte, zurückzukehren in die ewige Heimat, allda der überheilige Vater beständig wohnt als Gott aller Macht, Kraft, Gewalt und Stärke!

8. Falls du, lieber Bruder Garbiel, solches nicht solltest gewusst haben, so merke es dir jetzt, damit auch du an der baldigen Erweckung werdest einen Teil haben können!

9. Denn du wirst dich dem allerheiligsten und allerliebevollsten Vater nicht eher nähern können, als bis du dich werdest vollends beschaut haben in deinem Herzen.

10. Du weißt es aber so gut wie ich, welcher Unterschied da ist zwischen einer wohlreifen und einer notgezeitigten Frucht; seht aber alle zu, dass ihr etwa nicht zu den notzeitigen Früchten gerechnet werdet!

11. Es ist zwar heilig wahr, dass der große, heilige Zeitigmacher unter uns wohnt, lehrt und führt, – aber der da zu Ihm kommt mit einem unreifen Herzen, den wird Er belassen bis zur Vollreife des Herzens; ist aber diese einmal erfolgt, dann wird auch die Zeitigung des Geistes nicht ferne mehr sein.

12. Es ist aber nicht genug, dass da jemand geweckt würde nur für ein Jahr, Tag und Stunde; sondern der da geweckt wird, der wird geweckt für die ganze Ewigkeit.

13. Doch in der Zunge wohnt der Geist nicht, sondern allein im Herzen. Wer aber da hat eine geweckte Zunge, der hat darum noch nicht einen geweckten Geist im Herzen; denn die Zunge ist ein Teil des Kopfes und ist dessen Fuß und Arm.

14. Wenn aber der Geist erweckt ist, dann hat die Zunge des Kopfes lieber Ruhe denn eine zwecklose Bewegung; denn dann erst erschaut nach Innen der Verstand des Kopfes als das naturmäßige Licht der Seele, welch ein endloser Unterschied es ist zwischen der Zunge des Geistes und der des Fleisches.

15. Darum also tue auch du, lieber Bruder Garbiel, nach der Weisung des allerheiligsten Vaters, und schweige mit der Zunge, aber werde dafür desto liebgesprächiger in deinem Herzen zur Erweckung deines Geistes und zur sicheren Gewinnung des ewigen Lebens dafür und dadurch! Verstehe und beachte es wohl! Amen."

16. Als der Garbiel aber diese Rede vernommen hatte, da ward es ihm bange ums Herz, und er wusste nicht, was er nun tun solle, und fing darum an, bei sich nachzudenken. Da er aber nachdachte mehr und mehr, so wurde es immer lichter und heller in seinem Herzen, dass er darob verstummte, und schaute und schaute, wie da ein Licht ums andere anfing, emporzusteigen aus der Tiefe des Herzens, und wie da sein Herz sich anfing auszubreiten zu einer Weltengröße, und sah in der Mitte dieser ihm nun schon endlos groß scheinenden Welt einen hohen Altar aufgerichtet und auf diesem Altar stehen einen kräftigen Jüngling, mit weißen Kleidern angetan.

17. Und dieser Jüngling sah empor gen Himmel, aus welchem ein endlos starkes Licht sich über ihn ergoss; und aus diesem Licht klang es wie laut vernehmliche Worte:

18. „Garbiel, Garbiel, beschaue die Zeichen deiner Hand, die da ist an der Seite des Herzens, und schreibe mit diesen Zeichen das Wort auf steinerne Tafeln, und lehre solches auch deine Brüder tun!"

19. Und der Jüngling ward zu einem Mann und besah die Hand und fand fünfundzwanzig Zeichen auf derselben und fand auch ihre Namen und ihren Ursprung und ihre innere Bedeutung.

20. Und alle die anderen merkten ähnliche Zeichen in sich.

21. Der Henoch aber bekam die Weisung, sie zu erwecken, nachdem sie alle in dieser inneren Beschauung bei anderthalb Stunden zugebracht hatten.

22. Und alsobald auch erweckte sie der Henoch und geleitete sie in großer Freundlichkeit hin zum Abedam.

Kapitel 58

Vratahs Gesicht von der Schrift

Am 1. April 1842

1. Als sie denn nun vollends wieder beim Abedam angelangt sind und Ihm ihr Lob und ihren innersten Dank dargebracht haben, da befragte alsbald der Abedam einen aus den zwölfen, der da hieß Vratah, sagend nämlich:

2. „Nun denn, Mein geliebter Vratah, sage Mir kurz, was du gesehen hast in deinem Herzen und was alles entnommen!"

3. Und der Vratah, vor lauter übergroßer Demut am ganzen Leibes- und Seelenwesen bebend, sagte nach einer Weile, die er zu seiner Erholung benützen hatte müssen:

4. „O Du ewiger, heiliger, endlos mächtiger, starker, kräftiger, gewaltiger, milder, sanfter, geduldigster, erhabenster, allerweisester, gnädigster, aller Erbarmung und Liebe vollster Vater und Gott und Schöpfer

aller Dinge, wird es denn wohl nötig sein, Dir das zu sagen mit der Zunge, was Dir schon sicher von Ewigkeiten her klarer und ersichtlicher war als mir die Sonne am hellsten und allerreinsten Tag?"

5. Und der Abedam entgegnete ihm: „Wie aber magst du Mich um solches fragen?

6. Habe Ich denn nicht solches von dir verlangt? So du es aber weißt, dass Ich dein Geschautes und Vernommenes schon von Ewigkeit her klärlichst vorgesehen habe, wie kann es dir aber denn nun entgangen sein, dass Ich auch solches muss von Ewigkeit her vorgesehen haben, darum Ich dich jetzt fragte, obschon es Mir nur zu überhelle klar ist ins Unendliche, was du in dir geschaut und vernommen hast?!

7. Da du aber solches wenigstens jetzt einsehen musst, so frage nicht weiter, sondern antworte auf die Frage also, als wüsste Ich nicht, darum Ich dich frage; denn warum Ich dich frage, weiß Ich gar wohl, des kannst du vollends versichert sein, – und warum du Mir die Antwort geben wirst, die Mir schon von Ewigkeiten her wohlbekannt war, das weiß Ich auch.

8. Aber dessen ungeachtet will Ich, dass du Mir antwortest, so Ich dich frage, gerade also, als wüsste Ich es durchaus nicht, was du Mir für eine Antwort bringen wirst.

9. Solches aber merkt ihr alle euch; und wer da von euch immer gefragt wird, der antworte also!

10. Ich will aber mit euch nicht reden wie mit den Steinen, sondern wie ein Vater mit seinen lebendigen und wortfähigen Kindern.

11. Und also antworte du, Vratah, nur immerhin auf Meine frühere Frage! Amen."

12. Und alsbald ermannte sich der Vratah und fing da an, voll Dankgefühl in seinem Herzen kundzugeben, was er geschaut hatte in seinem Herzen.

13. Also aber lauteten die Worte, in welchen dargetan wurde das Gesicht Vratahs, nämlich:

14. „O Du, dessen Namen meine Zunge kaum mehr wagt auszusprechen, – so Du es willst, da muss jeder Wille weichen, und zuallererst der meinige!

15. Ich sah ein starkes Licht entstehen im Herzen, das glänzte mehr denn die Sonne in ihrer glanzvollsten Mitte; und da ich ein solches Licht in mir gewahrte, da wurde es finster außer mir auf der Erde, so zwar, dass ich da nichts mehr unterscheiden konnte.

16. Dieses Licht aber vermehrte sich stets mehr und mehr und wurde endlich also gewaltig, dass es mich selbst in allen meinen Teilen also mächtig zu durchleuchten anfing, dass ich mir an meiner äußeren Haut vorkam, als hätte mich das Licht der Sonne umflossen und würde durch dieses Licht meiner Haut dann erleuchtet ein großer Teil der Erde.

17. Und als das Licht aber auf die Erde fiel, da sahen alle Dinge anders aus als sonst mit den Augen des Fleisches.

18. So zum Beispiel sah ich ein Blättchen eines Baumes, das mir ein leichter, herrlich tönender Luftzug gerade in die rechte Hand trug, mit den allerseltsamsten Zeichen bezeichnet; und die schönen Zeichen fielen mir auf, also zwar, dass ich das Blättchen auf meine linke Hand legte, um es da länger betrachten zu können.

19. Doch als ich es also betrachtete, da fiel es mir denn auf einmal auf, dass das Blättchen auf ein Haar, möchte ich sagen, dieselben Zeichen hatte, welche ich da zu

gleicher Zeit an meiner Hand entdeckt habe; nur standen in meiner Hand gerade fünfundzwanzig solcher Zeichen einzeln für sich da, während dieselben Zeichen sich in mannigfachster Vergesellschaftung am Blättchen zu öfteren Malen wiederholten.

20. Und das Blättchen aber ward dann größer und größer, und es kam mir vor, als dehne es sich schon nahe über die ganze Erde aus.

21. Und wie sich aber das Blättchen stets mehr und mehr ausdehnte, so vermehrten sich aber auch die Zeichengruppierungen so sehr, dass es eine allerreinste Unmöglichkeit gewesen wäre, nur mehr einen allergeringsten Teil der endlosen Reihen und Gruppen zu überschauen.

22. Als ich aber mich stets mehr und mehr vertiefte in mein so überherrliches, wunderbarstes Bild, siehe, da erlosch auf einmal dieses Himmelslicht in mir; das Blättchen verschwand mit dem Licht und dem herrlichen Tönen der Luft, und des Henoch Stimme lud dann alsbald uns zu Dir, o Du überheiliger Vater, hierher!

23. Das ist alles, was ich gesehen habe nach Deinem allerheiligsten Willen und durch deine übergnädigste Zulassung. Dir allein alles Lob, alle Ehre, allen Dank, allen Ruhm, allen Preis, alle Liebe und alle Anbetung dafür ewig! Amen."

24. Und der Abedam belobte darauf seine Treue, und sagte darauf: „Siehe, geliebter Vratah, was du geschaut hast, ist das Reich Meiner Gnade auf der Erde!

25. Ich kann nicht stets also bei euch verbleiben, wie ihr Mich jetzt seht, und es wäre auch für niemanden zum Frommen des ewigen Lebens, so Ich auch bliebe und bleiben könnte.

26. Aber Zeichen, wie du sie und alle deine Brüder gesehen haben, will Ich euch hinterlassen, mittels welcher ihr jegliches Wort durch die Hilfe Meines Geistes, das aus Meinem Munde nun an euch alle erging, werdet selbst für die spätesten Nachkommen aufzeichnen können; und Ich werde da in solchem gezeichneten Wort allzeit unter euch sein heilig, gnädig, kräftig und mächtig!

27. Wie aber diese Zeichen werden zu führen sein, das wird euch Mein Geist durch Garbiel lehren! Amen."

Kapitel 59

Sehels Gesicht von Noah, der Arche und dem Bund

Am 5. April 1842

1. Und nachdem somit der Vratah den Willen des Abedam erfüllt hatte, und der Abedam ihm darüber die höchst tröstende Erhellung des inneren Schaubildes gab und der Vratah dem Abedam aus dem allertiefsten Grunde seines Herzens darob gedankt hatte, da rief der Abedam sobald einen anderen aus den zwölfen, der da Sehel hieß, beim Namen und fragte ihn mit abermals gleichlautenden Worten, sagend nämlich:

2. „Sehel, sage auch du Mir, was du geschaut und vernommen hast in deinem Herzen!"

3. Der Sehel aber ward wie vom Blitz getroffen, da er vernommen hatte, dass die Frage ihm zur Beantwortung gegeben ward, und konnte aus dem Grunde kein Wort über seine Lippen bringen, und das umso mehr, da er von Natur aus schon eine etwas hart beugsame Zunge hatte,

aber nicht etwa zufällig, wie es jetzt der Zeit gesagt und geglaubt wird auf eine allerüberblindeste, törichte Weise, sondern darum, da durch seine harte Zunge Meinem Namen eine große Verherrlichung geschehen solle.

4. Da somit der arme Sehel trotz alles Wollens und trotz aller Anstrengung nichts von sich zu bringen vermochte und darum in ein gewaltiges Furcht- und Angstfieber verfiel, da trat der Abedam hin zu ihm und sagte, ihn gleichsam fragend:

5. „Sehel, wie kommt es denn, dass du doch mit deinen Brüdern ohne Furcht und solche Angst zu reden vermagst, die dich doch im Vergleich mit Mir gar nicht lieben?

6. Siehe, Meine Liebe zu dir und euch allen ist so groß, dass aus ihrem Feuer die endlosen Schöpfungsräume, erfüllt mit zahllosesten Sonnen und Sonnengebieten, erbrennen; und doch sind alle diese Sonnen nur die allerkleinsten Fünkchen Meiner Liebe zu euch, und du getraust dich aus lauter Furcht und übergroßer Angst Mir nicht die verlangte Antwort zu geben! Wie kommt denn das?

7. Sage Mir im Herzen, ob dich schon je ein Bruder auf den Mund geschlagen hat, so du ihm auf eine Frage eine Antwort gabst!

8. Siehe, du verneinst Mir solches in deinem Herzen!

9. Da dich aber schon dein Bruder niemals schlug, der doch dir gleich ein schwacher Mensch ist, um wie viel weniger werde erst Ich dich schlagen, der Ich der allmächtige ewige Gott und dein wahrer, heiliger, liebevollster Vater Selbst bin!

10. Daher bezähme deine eitel törichte Furcht und gänzlich leere Angst, und rede offenen Herzens vor Mir und all den Vätern!

11. Aber sinne nicht zu lange nach den schicklichsten Worten, mit welchen du Mich anreden möchtest – denn daran habe Ich durchaus kein Wohlgefallen –, sondern wie es dir das Herz geben wird, also auch gebe du es Mir wieder, und Ich werde ein rechtes Wohlgefallen haben an der reinen, wahren Rede deines Herzens! Amen."

12. Diese Worte aus dem allerheiligsten Munde Abedams ermutigten unseren Sehel so sehr, dass ihn nicht nur alsbald alle Angst und Furcht gänzlich verließ, sondern auch die sonstige beständige Schwere seiner Zunge; und also begann er von sich zu geben, was alles Wunderbares er in dieser bestimmten Zeit in sich erschaut hatte.

13. Solches aber hat er geschaut in seinem Herzen, und also gab er es von sich, sagend nämlich: „O Du ewiger, lieber, heiliger Vater! Ja wahrhaft, wahrhaft, ich war ein übergroßer Tor; so klar und hell ist es noch vor meinen Augen und vor allen meinen Sinnen!

14. O Vater, Deine unendliche Liebe, Güte, Erbarmung und Gnade – und meine übertörichte Furcht und Angst vor Dir! O vergebe mir, Du lieber, heiliger Vater!

15. Siehe, es war bei mir nicht nur Deine heilige, sichtbare Gegenwart, darum ich nicht zu reden vermochte, sondern auch das außerordentlich Wunderbare, das ich in mir geschaut habe, eine stark wirkende Ursache auf meine ohnehin schwere Zunge.

16. Allein jetzt hat Dein allmächtiges Wort mich also vollends gestärkt, dass ich nun ganz ohne alle Furcht bin, darum ich nun zum ersten Mal aus dem allertiefsten Grunde, wie nur ganz allein Du unser aller heiliger Vater bist, erfahren habe. Und so will ich denn nun übergerne erzählen, was noch so wunderbar herrlich und

fürchterlich vor meinen Sinnen schwebt und tönt! Also ist es aber:

17. Anfangs gleich fing zu glühen an mein Herz so rot wie eine schöne Frühlingsrose, wenn des Morgenrots erste Strahlen sie begrüßen; aber dabei blieb es nicht, sondern die Röte wurde stärker und stärker, gerade also wie an einem schönsten Frühjahrsmorgen gegen den vollen Aufgang der herrlichen Sonne.

18. Und wie ich es unmöglich mir je hätte denken können, ging auch alsbald eine allerherrlichste Sonne in meinem eigenen Herzen auf und leuchtete über alle Maßen stark.

19. Mein Herz selbst aber wurde so groß, dass ich im selben einen wie ganz neuen Himmel, geschmückt mit zahllosen neuen Sternen, die in den allerherrlichsten Gruppen am Tage leuchteten, erschaute, und wie dann eine neue herrliche Erde auftauchte, wie aus großen Wasserfluten herauf, und brachte ein friedliches Geschlecht in einem langen Haus, das da auf den Wogen stand, mit sich.

20. Ja, solches alles sah ich in meinem eigenen Herzen, und sah noch mehr, wie da folgt.

21. Und dieses friedliche Geschlecht stieg aus dem langen Haus und brachte Dir alsbald ein wohlduftend Opfer dar. Der Rauch aber, der dem Opfer entstieg, sammelte sich in der Höhe und bildete bald einen überherrlichen großen Bogen über die weite, herrlich nun schimmernde Erde.

22. Und vom Bogen her kam eine Stimme, vollends gleich der Deinigen, und die Stimme war gerichtet an den Vater dieses Geschlechtes und verhieß ihm den Frieden und zeigte ihm an, dass der Bogen besage als sichtbares Zeichen, darum da die Erde nimmer solle von einer solchen Flut heimgesucht werden.

23. Und die Stimme sprach noch manches mit dem Vater dieses Geschlechtes; allein mir waren die ferneren Worte ganz unverständlich.

24. Auf dem Haus aber waren zu sehen seltene Zeichen, und der alte Mann ging hinzu und machte diese Zeichen nach auf eine rote steinerne Tafel; als er damit aber zu Ende war, da trat er zu seinen Kindern hin, zeigte ihnen die Tafel und sagte dann zu ihnen:

25. ‚Kinder, hier steht gezeichnet, wie es Gott gezeichnet hat auf dies schützende Haus: Sofort will Ich mit dem Menschen nicht mehr Krieg führen; dies war der letzte.

26. Wer aber aus euch Mir untreu wird, über den will Ich ein Gericht ergehen lassen bis zur großen Zeit aller Zeiten; darum sei Friede der Erde und ihren Bewohnern, die da sind und sein werden eines guten Herzens und im selben voll Treue zu Mir! Amen.‘

27. Siehe, solches habe ich gesehen und wohl vernommen; und weiter habe ich nichts gesehen und vernommen.

28. O heiliger Vater, nehme es gnädig auf; Dein heiliger Wille! Amen.“

29. Und der Abedam sagte darauf: „Sehel, du hast redlich gegeben, was du gefunden; jedoch die nähere Bedeutung dieses deines Gesichtes soll erst die Zeit, die arge, enthüllen!

30. Ich möchte aber, dass dieser Krieg unterbliebe! Aber nicht, wie Ich es möchte, sondern wie die Menschen es werden wollen, also auch wird es geschehen!

31. Die Zeichen aber sollst auch du bald näher kennenlernen! Amen.“

Kapitel 60

Über die Wissbegierde

Am 6. April 1842

1. Und da der Sehel solches vernommen hatte vom Abedam, was die Zeichen betrifft, ward er froh, darum auch er sie gar bald näher wird kennenlernen. Aber was da den durch die arge Zeit zu enthüllenden Krieg betrifft, das ging ihm durchaus nicht ein, darum er es nicht begreifen konnte, warum er denn eigentlich mit der Enthüllung der Zeichen nicht auch die des Gesichtes vom bezeichneten Krieg haben solle.

2. Dieser Forschgedanke beschäftigte ihn so sehr, dass er darüber sich ganz vergaß und verblüffte, so zwar, dass er sogar des gebührenden Dankes vergaß.

3. Der hohe Abedam aber fragte ihn nach einigen solchen stummen Augenblicken: „Sehel, was alles für unnützes Zeug lässt du durch dein Herz ziehen? Wozu soll es dir denn dienen?

4. Wirst du dann lebendiger werden, so da deine unersättliche Wissbegierde würde befriedigt werden?

5. So du dich aber schon also kümmerst um das wenige von dem, was da kommen möchte über die Erde, nachdem du etwas gesehen hast, – was würdest du denn aber erst hernach tun, so du Kenans Gesichte gehabt hättest und hättest geschaut in dir die zehn Säulen!

6. Ich sage dir aber: Gehe hin zum Kenan, und lasse dir die zehn Säulen erzählen von ihm, gebe aber besonders bei der letzten wohl Acht! Solches wird dir viel Licht geben; aber das Licht wird dich traurig machen. Denn da wird sich der Vater, der dir jetzt solches sagt, umgestalten zu einem unerbittlichen Richter, und dein Auge wird da vergeblich umherschweifen in der großen Finsternis; aber Mein Antlitz wirst du gar sehr vergeblich suchen.

7. Denn dahin du auch immerdar deine Augen und Ohren kehren wirst, so wirst du aber dennoch nichts finden denn allein Meinen großen Zorn.

8. So du also solches näher erfahren willst, da gehe nur alsbald hin zum Kenan, und lasse dir von ihm kundgeben, was er gesehen; jedoch, verstehe es wohl, so du es willst! Amen."

9. Nach diesen Mahnworten fiel der Sehel alsbald nieder vor dem Abedam und fing an zu schreien, zu weinen und zu flehen, dass Ich ihn ja doch nur für allzeit verschonen möchte mit solchen Enthüllungen; denn er möchte lieber für alle Ewigkeiten der Ewigkeiten gänzlich zunichtewerden, als nur einen Augenblick lang Mich, den allerheiligsten, liebevollsten Vater missen.

10. Und Ich als der Abedam sagte darauf zu ihm: „Nun siehe, Mein lieber Sehel, also ist es ja gut! Da Ich dir lieber bin denn die arge Enthüllung, so bleibe auch bei Mir; und wahrlich, sage Ich dir, du sollst nicht vonnöten haben, je Mich, deinen und euer aller liebevollsten, heiligen Vater zu suchen oder Mich je zu missen!

11. Was aber deine Wissbegierde betrifft, so will Ich sie nicht für unbillig und ungerecht ansehen; denn durch sie kündigt sich bei jedem Menschen zuerst ein höheres geistiges Leben an.

12. Wer da ist ohne Wissbegierde, der gleicht noch einem Baumklotz, darinnen gar kein anderes Leben mehr ist denn allein ein Moderleben, das da verzehrt und endlich alles vernichtet, was es umgibt, gleich einem ungestalteten Vielmaule

(Polyp), der sich an irgendeinem schlammigen Grund des Meeres befindet und allda alles um sich her verzehrt mit seinen vielen ungestalteten Armen, von denen jeder hat ein eigenes Maul, bis es sich zu Tode gefressen hat und sonach selbst wieder zum Schlamm wird, der da höchstens einem solchen ähnlichen neuen Viel- und Allfraß zur schnöden Unterlage dient.

13. Ja, Ich sage nun euch allen, ein Mensch ohne höhere Wissbegierde ist im eigentlichsten Sinne noch gar kein Mensch, sondern nur ein Tier in menschlicher Form, das da keinen anderen Sinn hat denn alleinig den Fresssinn, und, wenn es sich vollgefressen hat und es übrigens gesund ist, entweder den Schlaf- oder Begattungssinn, und dass alle die natürlichen Verrichtungen gut vonstatten gehen möchten, dass es gut und weich liege, und im Schlaf träume, entweder vom Fressen oder vom Begatten.

14. Ja, bei einem solchen Menschen ist nicht gut sein; denn in ihm lebt nur noch eine ganz tierische Seele, die sich ihrer Vorstände [Vor-Seinszustände] nicht entschlagen mag, darum es ihr beim Fressen allzeit besser ergangen ist denn bei einer Arbeit zur einstigen Erweckung des unsterblichen Geistes in ihr.

15. Seht, ein solcher Mensch ist ein reiner Weltmensch, dem nichts heilig ist denn allein sein Bauch!

16. Obschon aber dieses alles zugunsten der Wissbegierde spricht, so habe Ich aber in einer anderen Beziehung dennoch etwas ganz Gewaltiges wider sie, und das zwar aus dem allerbesten Grunde von der Welt und von allen Sternen, Sonnen, Monden und allen den endlosen Himmeln.

17. Solcher aber ist dieser beste Grund: Siehe, so jemand da wissbegierig ist, bei

dem hat sich der Geist schon also erweckt, wie sich da erweckt ein noch die Brüste der Mutter saugendes Kind! Was aber will das wach gewordene Kind? Was bedeutet des Weinen und Schreien?

18. Siehe, es will Nahrung, es will gesättigt sein!

19. Das auch will der vom langen Schlaf erwachte Geist; sein Hunger kündigt sich durch die Wissbegierde an.

20. Sage Mir aber in deinem Herzen und beantworte Mir die Frage: Wird das Kind wohl dadurch gesättigt werden, so die Mutter ihm statt der milchgefüllten Brust entweder einen Finger in den Mund stecken möchte, dass es daran sauge, oder sonstige Dinge, darinnen sich kein Nahrungsstoff befindet?

21. Ja, Ich sage dir, sie kann dem Kind tausende und abermals tausende der allerweichsten Finger statt der Brust in den Mund stecken, das Kind aber wird dennoch bei all der vergeblichen Fingersaugerei unfehlbar zugrunde gehen, da es unmöglich sich je daraus wird sättigen können, wo nichts drinnen ist, und wird bei solcher Trugkost das Leben verlieren!

22. Verstehst du solche Wahrheit? Du zuckst mit den Achseln; o siehe, du sollst der Sache sogleich auf den Grund kommen!

23. Ist die Milch fürs Kind nicht eine wahrhafte Nährkost, also eine volle Wahrheit für des Kindes hungrigen und begehrenden und kostbegierigen Magen? Ich meine, solches wird niemand bezweifeln!

24. Hält aber die Mutter das Kind nicht an dieselbe Brust, in welcher Brust ihre unbegrenzte Liebe zum Kind in den hellsten Flammen lodert, an welchem Feuer eigentlich diese süße Kost bereitet wird?

25. Siehe, jetzt haben wir schon alles; der Geist also will auch Wahrheit, getreueste, vollste Wahrheit will er zur Nahrung!

26. So du aber durch leere Wissenschaften deinen Geist sättigen willst, an denen oft nicht ein wahrer Tautropfen hängt, sage Mir nun, wie weit da der Geist kommen wird!

27. Wie aber bei der Mutter die Liebe der Grund der wahren Nahrung fürs Kind ist, also ist auch die Liebe für den Geist der Grund aller endlosen Wahrheiten, welche da alle sind eine gar wahre, gute, ewige Kost dem Geist.

28. Wer und wo aber ist diese Liebe? Daher sehe auf Mich, auf diese Brust sehe; siehe, da gibt es Milch in endlos großer Menge!

29. Daher bleibe du hier; denn es ist besser, da zu saugen, als den Gesichtsdeutungen nachjagen und dabei aber im Geiste verhungern und endlich mit den enthüllten Gesichtern zugrunde zu gehen.

30. Verstehst du nun den Unterschied zwischen wahrer und falscher Kost, und was die Wissbegierde ist?

31. So du es nun verstehst, da handle danach, so wirst du leben ewig! Amen."

Kapitel 61

Sehels Fehltritt. Abedams großes Zeugnis über Sehel

Am 7. April 1842

1. Mit diesen Worten ward der Sehel erfüllt, und die Worte waren Kraft, Geist und Leben aus Gott, und Gott war jedes Wort aus dem Munde des heiligen Vaters darum, da Gott die Kraft ist in der Liebe, die da heißt der Vater, also wie die Liebe ist die endlose Stärke, Macht und Gewalt in aller Kraft Gottes.

2. Also mit diesen Worten erfüllt, welche da sind die Kraft des Geistes Gottes, blieb der Sehel beim Abedam und machte nicht Platz einem anderen, der da auch gerufen wurde.

3. Es war aber beim Sehel nicht etwa Ranglust die Ursache seines Bleibens, noch irgendeine Ehrliebe, sondern allein die kindliche Liebe hielt ihn also unausweichbar fest an Mich gebunden. Und so sagte Ich als der Abedam auch nur allein des äußeren Platzes wegen noch zu ihm:

4. „Sehel, siehe, es müssen die anderen ja auch noch zu Mir kommen, also, wie du zu Mir kamst, als Ich dich zu Mir gerufen habe. Daher magst und kannst du schon hier ein wenig zur Seite gehen; denn du kannst nun ohne Sorge sein, Mich je wieder verlieren zu können.

5. Da du bis hierher kamst – des sei überfroh! –, kamst du aus eigener Kraft oder nach deinem Willen; so weit somit du gehen konntest, gingst du auch allein.

6. Als du aber in Meine Nähe kamst, da eilte Ich dir und euch allen entgegen.

7. Nun aber bist du schon vollends bei Mir und magst fürder jedes eigenen Schrittes rathalten, sondern dafür in aller Ruhe bei Mir verbleiben oder Mir tätig nachfolgen, dahin Ich ziehe.

8. Aber alles dieses Gesagte betrifft nur allein das Herz und den Geist im selben und dessen Beziehungen, aber durchaus nicht den Leib. Daher kannst du dich wo immer leiblicherweise befinden; ist aber dein Herz in aller Liebe deines Geistes bei Mir, so bist du Mir überall gleich nahe.

9. Möchtest du Mir dem Leibe nach aber auf dem Rücken sitzen, dein Herz aber wäre entweder in der Tiefe des

Meeres beschäftigt, oder dein Geist wühlte unter den Sternen herum oder irgendwo in einer fernen Gegend der Erde, wahrlich, da wärest du Mir auch geradeso ferne, wie ferne Mir dein Herz sonst wäre und die Liebe deines Geistes.

10. Daher also, du Mein geliebter Sehel, kannst du dich nun schon auch dem Leibe nach von Mir etwas ferner halten, also, dass auch deine Brüder Mir fürs Erste dem Leibe nach sich werden aus dem Grunde nahen können, aus welchem Grunde du fürs Erste dich Mir also dem Leibe nach genaht hast! Verstehst du solches, geliebter Sehel?"

11. Und der Sehel bejahte die Frage in seinem Herzen, und der Abedam erwiderte ihm darauf: „Also tue danach! Amen."

12. Und der Sehel ward überfröhlich in seinem Herzen, lobte und preise den Vater im Abedam, gab Gott alle Ehre seines Geistes und trat beiseits.

13. Bei diesem Rücktreten aber wandte er kein Auge ab vom Abedam und ging daher rücklings; da er aber demnach nicht sah, wohin er trat, so geschah es, dass er dem Garbiel mit der Ferse auf den Fuß trat.

14. Der Garbiel aber wurde darüber etwas ungehalten und gab dem Sehel einen Verweis, sagend nämlich:

15. „Aber sage mir doch einmal: Warum wandelst denn du nicht, wie dir die Füße zum Wandeln gegeben wurden?

16. Wozu denn rücklings – und die Füße der Brüder nicht achtend, als wären sie Gassen- und Straßensteine, so deine Knie doch vorwärts, aber nicht rückwärts sich beugen?

17. Und überhaupt kommst du, dahin du dich nur immer kehrst, schon nimmerdar vom Fleck! Glaubst denn du, vor dem Herrn kann man auch so langweilig stehen bleiben wie oft ärgerlichermaßen genug vor unsereinem?!

18. Siehe, Sehel, wie dumm du schon wieder warst! Ich habe es dem Abedam, der da ist heilig, heilig, überheilig und unser aller liebevollster Vater ist, von weitem angesehen, dass du Ihm mit deiner Dummheit schon lästig warst, was Er dir durch Seine letzten Worte doch deutlich genug zu verstehen hat gegeben!

19. Aber du merktest es nicht und gebärdest dich jetzt auch noch, als wären deine Sinne nicht ganz in der Ordnung, darum du auch so recht tölpelhaft rückwärts gingst, ohne nur im Geringsten zu bedenken, wer da vor uns ist, und auf was du mit deinen ziemlich plumpen Füßen trittst!

20. Ich bitte dich, Bruder Sehel, nimm dich doch einmal zusammen, und werde wenigstens vor Gott ein anderer Mensch, so du es schon vor uns, deinen Brüdern, nicht der Mühe wert finden solltest, also zu sein, dass wir an dir ein Wohlgefallen haben könnten! Wahrhaft, ich schäme mich an deiner Stelle!"

21. Und der arme Sehel wusste sich nun aus lauter Verlegenheit nicht zu helfen; denn er wusste in diesem Augenblick nicht, wen er zuerst um Vergebung bitten sollte.

22. Und so er auch reden wollte, da versagte ihm die Zunge ihren Dienst. Als er sich nach einigen Augenblicken doch wieder gesammelt hatte, soviel es ihm nur immer möglich war, da stürzte er alsbald hin zum Abedam und bat Ihn flehentlichst um Vergebung, darum er früher so wenig beachtet habe, vor wem er war, und wem er durch seine Langweiligkeit sicher zur Last gefallen ist – und bat den Abedam noch, dass Er ja doch wieder dem Bruder Garbiel den Fuß heilen möchte, so er durch seinen

ungeschickten Tritt sollte in einen schmerzlichen Zustand versetzt worden sein.

23. Der Abedam aber beugte Sich nieder zur Erde und erhob alsbald den armen Sehel von der Erde, drückte ihn dann an Seine Brust und sagte zu ihm, wie zu allen:

24. „Sehel, Ich sage dir, du bist kein Mensch mehr, sondern ein reiner und großer Engel des allererhabensten Himmels!

25. Ja, Ich sage dir, was du jetzt bist, das warst du schon im Mutterleib: ein unsterblicher Urabstämmling aus dem allerhöchsten der Himmel, allda niemand wohnt denn allein die allerunschuldigste Liebe der kleinsten Geister, welche aber eben darum die allermächtigsten sind und die allerweisesten, da sie in der allerinnersten, heiligsten Tiefe Meines Herzens wohnen!

26. O Sehel, du Mein großer Liebling, erkennst du Mich jetzt, wie du Mich schon vor Ewigkeiten erkannt hast, dass Ich dein lieber, heiliger Vater bin?!

27. Erinnerst du dich, wie du an Meiner Seite schwebtest den endlosen, noch gänzlich leeren Raum entlang, und Ich zu dir sagte: ‚Getreuer Bruder Meiner Liebe! Siehe, also ist uns ein Bruder gefallen hinab in die endlose Tiefe, die da endlos und ewig erfüllt ist mit dem Feuer Meiner allerunendlichsten und ewigsten Gottheit!

28. Hier lasse uns aus dieser Träne in Meinem Auge eine erste Sonne gründen!' – und du darauf sagtest: ‚Heiliger Vater! Dein heiliger Wille geschehe!'

29. Und da du Mir solches sagtest, erinnerst du dich nun wieder, wie da auch deinen Augen eine Träne entfiel und Ich dann diese deine Träne segnete und sagte: ‚Lieber Bruder Meiner ewigen, unendlichen Liebe, siehe, durch diese deine Träne soll diese Sonne, diese erste und größte,

befruchtet sein, damit da aus ihr erfüllt werden soll dereinst der ganze endlose Raum mit zahllosen Kindern ihresgleichen bis dahin, daselbst das ewige Feuer Meiner Gottheit den ewigen Anfang nimmt!'?!

30. Doch, lieber Bruder Sehel, nun nichts mehr weiter! Daher aber sei nun auch ohne Sorge; denn unsere Bekanntschaft und Liebe ist schon eine gar alte! Jetzt wird dir auch sicher klar sein, warum du ehedem rücklings gingst und konntest deine Augen nicht abwenden von Mir?!

31. Sehel, das war aber deine letzte Prüfung bis auf eine noch dereinst auf kurze Zeit, und dann noch eine, die allerletzte, da Ich dich vor Mir her senden werde! Für jetzt aber behalte den Leib, so lange du ihn willst, aber Mein Antlitz sollst du nimmerdar missen!

32. Also sollst auch du dein Gesicht verstehen, wie jedes andere; aber behalte es bei dir!

33. Darum du aber dem Garbiel auf den Fuß tratst, soll er ein Lehrer der Zeichen werden, und du sein Meister; das aber soll ihm eine große Demütigung sein, wie allen, dass er jetzt erfahren hatte, dass der, den er für einen Tölpel hielt, ein gar alter Bruder ist Meiner ewigen Liebe und eher war denn alle Sterne, Sonne, Mond und Erde. Doch, lieber Bruder, jetzt lasse uns noch die anderen Brüder vernehmen, was alles sie gesehen haben in ihren Herzen! Amen."

Kapitel 62

Sehels Rede über die Demut und
Bruderliebe

Am 8. April 1842

1. Auf diese Rede ward der Sehel wie verklärt, und die Väter alle, samt dem Adam, eilten hin, um zu begrüßen einen neben dem Abedam so hohen Gast.

2. Der Seth auch eilte hin als der Vater des Sehel, der da war sein jüngster und letzter Sohn, und ergriff die Hand des Sehel und sagte zu ihm:

3. „Mein Sohn Sehel, der du noch bis auf diese Stunde ein lediger Mann geblieben bist und hast nie noch beigewohnt einem Weib und wolltest nicht legen und geben uns allen einen lebendigen Samen aus dir, darum ich dann auf dich ärgerlich wurde und dich dann darum verbannt habe gen Mittag, – wie wirst du mir nun vergeben solchen Frevel, den ich armer, blinder Vater an dir begangen habe?!

4. Was ist nun der Enos und die ganze Stammlinie gegen dich allein?

5. O Jehova, o du überheiliger Abedam, warum mussten aber mir armem Vater die Augen erst so spät geöffnet werden?!

6. Ja wahrlich, ich möchte nun von Sinnen kommen, darum ich dich, Sehel, nicht ehedem erkannt habe!

7. O vergebe, vergebe mir, und kehre wieder zu mir zurück, und lasse dem Leibe nach doch noch dich von mir einen Sohn nennen; doch nicht mein Wille, sondern des allerhöchsten Abedams, wie auch dein Wille geschehe! Amen."

8. Als der Sehel aber den Vater Seth also vor sich jammern hörte, da kehrte er alsbald aus seinen großen Erinnerungen zurück, ermannte sich und sagte zum Vater Seth:

9. „O lieber Vater Seth, darum sei du ganz unbekümmert! Ich werde wohl ewig nie des allerheiligsten Vaters Ordnung umstoßen; Seine überheilige Ordnung aber gab es ja zu, dass dieser mein Leib, den ich jetzt schon mehrere hundert Jahre auf der Erde herumtrage, von dir gezeugt ward!

10. Aus welchem Grunde solltest du demnach denn nun nicht mehr sein Vater sein dürfen?

11. O bleibe du nur immerhin, was du mir allzeit warst, mein lieber Vater im Namen Dessen, der uns alle schon von Ewigkeit her gezeugt hatte, und wir schon seine Kinder waren, ehe noch alle die sichtbaren Dinge gemacht waren!

12. Denn siehe, wir alle fangen hier ein neues Leben an des einen willen, der da eigenwillig gefallen ist, und also hat ja das ohnehin für die Verhältnisse dieses Erdlebens keine Beziehung, was wir dem Geiste nach sind, oder vielmehr waren; also bist du mein Vater Seth, wie ich dein Sohn!

13. Und also sei meinetwegen auch jeder vollkommen unbekümmert!

14. So aber der ewige, überheilige Vater Sich uns und allen schon als ein Mensch und Bruder zeigt, mit uns isst und trinkt, mit uns redet wie ein weiser Bruder zum anderen und uns alle lehrt die große geheime Kunst, von Ihm das ewige Leben zu nehmen, da doch wir alle und die ganze endlose Schöpfung gegen Ihn pur nichts sind, – was sollen dann erst wir unter uns für einen Unterschied machen, die wir doch alle auf eine gleiche Weise durch Seinen allmächtigen Willen aus Seiner Liebe hervorgegangen sind?

15. Ob ich nun ein erschaffener Urerzengelsgeist bin oder einer eben aus

derselben Liebe später Hervorgegangener, welchen Unterschied gibt uns denn das vor Gott?

16. Da aber Gott aus Seiner ewigen Ordnung und allerendlosesten Weisheit also gewollt hat, dass nicht ich der deine, sondern du der meine Vater wurdest, sollte ich mich nun darob über dich erheben, darum mir der liebevollste, heilige Vater gezeigt hat so mild und überfreundlich meinen freilich wohl erhabenen geistigen Urzustand?

17. O mein lieber Vater Seth, das sei wohl überferne von mir und von uns allen!

18. Heilig ist nur Er allein; wir aber sind alle Seine Kinder, die Er endlos liebt, so sie sind, wie sie sein sollen.

19. Weichen sie aber ab von Seinen heiligen Wegen, so kommt Er ihnen entgegen mit Seiner endlosen und unbegrenzten Erbarmung.

20. Und den Hartnäckigen wird Sein Gericht zuteil, ob zum Leben, oder ob zu – wer weiß was für einem Tode; das weiß nur Er allein!

21. Da wir aber alle Seine Kinder sind, so bleiben wir in Seinem allerheiligsten Namen auch nur den Verhältnissen getreu, in welche Er uns auf die drei Augenblicke lang auf diese Erde gesetzt hatte.

22. Wenn aber dieses Erdenlebens ohnehin gar bald ein Ende sein wird, da wird Er schon lange fürgesorgt haben, in was für neue Verhältnisse wir da treten werden.

23. Was aber jedoch mit dem Wiederzurückkehren in dein Haus es für eine Bewandtnis hat oder haben kann, das, wie alles andere, lassen wir auch Dem über, der heilig, überheilig nun unter uns weilt!

24. Eines nur steht mir frei, nun von euch allen streng zu verlangen, und dieses Eine ist, dass sich von euch allen ja nie jemand seines eigenen, ewigen Heiles und Lebens wegen unterfange, mir irgendeine, wenn auch noch so geringe Verehrung zu erweisen, darum mich der überheilige Vater einen Bruder genannt hat!

25. Denn ihr alle wisst es ja ohnehin, wem allein da ewig alle Ehre, alles Lob, alle Verherrlichung und alle Anbetung gebührt.

26. Uns allen aber sei darinnen die größte Verherrlichung, dass wir den über alles heiligen Vater verherrlichen durch die allergetreueste Befolgung Seines allerheiligsten Willens!

27. Also solches verlange ich von euch, dass ihr mich für nicht mehr anseht als für den alten Sehel! Amen.

28. Und du auch, lieber Bruder Garbiel, ich sage dir im Namen Dessen, der da knapp neben mir steht, dass du sogleich dich erhebst von der Erde; denn ich bin nur ein Mensch, dir gleich. Wir beide haben den Seth zum Vater; warum denn tust du mir das, was allein Gott gebührt?

29. Höre, ein Mensch soll nie vor dem Menschen sich im Staube wälzen, und des ärgsten Frevels soll in der Zukunft der sich schuldig vor Gott machen, dessen eigenliebiges Herz es wird auch nur einen Augenblick lang ertragen, einen Bruder vor sich im Staube liegend zu erschauen!

30. Siehe, lieber Bruder, mich hast du ja nie beleidigt; darum habe ich dir ja auch nichts zu vergeben, sondern dir nur zu geben mein liebeoffenes Bruderherz!

31. Hast du aber etwas an deinem Herzen, das dich drückt, – siehe, da – neben uns steht Der, dem wir alle schulden!

32. Daher wende dich nur an Ihn; Er wird dich deiner Last schon entledigen und dir frei machen dein bekümmertes Herz! Amen.“

Kapitel 63

Abedams Rede über die gerechte Ehrung
und die Ranglust

Am 9. April 1842

1. Und der Abedam sprach auch Amen zum Amen des Sehel hinzu und sagte darauf:

2. „Ja, also hat wahr und wahr geredet Mein geliebter Sehel! Unter allen Freveln ist die Selbstsucht der größte; des Menschen größte und allererhabenste Verherrlichung aber ist die Demut und die aus ihr hervorgehende Verherrlichung Meines Namens vor der Welt!

3. Wer aber da hat eine Last am Herzen, der komme zu Mir; denn wahrlich, sage Ich nun, wie es zuvor Mein geliebter Sehel gesagt hatte, er wird nirgends Erleichterung finden denn allein bei Mir!

4. Und also hast du, Garbiel, zwar nicht gefehlt, darum du deinen großen Bruder um Vergebung batest, und der Seth auch hatte nicht gefehlt, darum er eingesehen hatte seinen alten Irrtum, demzufolge er dem Sohn Sehel gram wurde, da dieser aus einem höheren, inneren Antrieb nicht wollte in die Fußstapfen Adams treten, sondern zeitlebens beibehalten seine himmlische Urreinheit seines Herzens aus geheimer großer Liebe zu Mir.

5. Aber, wie der Sehel früher gesagt hatte, so ist es zu viel, so ein Bruder vor dem anderen sich im Staub wälzt.

6. Denn solches verlange nicht einmal Ich; wie viel weniger sollt ihr erst gegenseitig euch also ehren, als wäre da ein Bruder dem anderen ein Gott!

7. Ich will aber damit gar nicht sagen, als sollt ihr euch darum gegenseitig gar nicht ehren, sondern Ich sage nur, dass ihr nicht den Würmern gleich voreinander kriechen sollt.

8. So ihr euch aber schon ehrt, da ehrt euch durch die alleinige Liebe, und dass sich keiner erhebe über den anderen, sondern ein jeder sei dem anderen ein wahrer Bruder in Meiner Liebe!

9. Solche Ehrung ist eine gerechte Ehrung, diese seid ihr euch gegenseitig schuldig; was aber darüber ist, das ist auch wider Meine Ordnung, und ihr sollt es darum unterlassen!

10. Die Ehrung aber durch die Liebe genügt für jegliches Verhältnis unter euch, sei es ein Bruder zum Bruder, oder ein Sohn zum Vater, oder ein Vater zum Sohn, oder das Weib zum Mann, oder der Mann zum Weib, oder die Schwester zur Schwester, oder der Bruder zur Schwester, oder die Schwester zum Bruder, oder die Tochter zur Mutter, oder die Mutter zur Tochter, oder der Sohn zur Mutter, und die Tochter zum Vater, oder die Mutter zum Sohn, und der Vater zur Tochter, – kurz, es genügt in allem die alleinige wahre Liebe, und zwar aus dem Hauptgrund, darum Ich Selbst von euch allen ja nichts mehr verlange denn allein eure Liebe im Geiste und aller Wahrheit aus ihr.

11. Ja wahrlich, sage Ich euch allen, ihr mögt beten Tag und Nacht, und euch wälzen den Schweinen gleich im Kot und im schmutzigsten Staub, – Ich aber werde euch dennoch nicht eher anhören, als bis ihr allein in eurem Herzen ernstlich und liebewahr euch an Mich, den heiligen, liebevollsten Vater gewendet habt!

12. So Ich aber schon eure wahre, ernste Kinderliebe als die Mir allein wohlgefällige, allerbeste und wahrste Verehrung annehme, der Ich doch heilig, überheilig bin, – was sollte da unter euch denn

für Unterschiedes sein, darum ihr voreinander im Staub herumkriechen wollt?!

13. Also noch einmal für alle Male gesagt: Die Liebe genügt und genüge euch allen!

14. Du, Mein geliebter Sehel, aber wirst das alleinige Gebot der Liebe auf Steinflächen einzeichnen, damit dann jedweder sehen wird, um was sich alles dreht, und was da der gemeinschaftliche Mittelpunkt aller Dinge ist!

15. Und nun auch gehe du, eifersüchtiger Garbiel, und kümmere dich nicht mehr, darum Ich dich nicht als den Ersten habe gerufen, damit du Mir kund gäbest dein Gesicht!

16. Meinst du etwa, solches tue Ich geflissentlich, um jemanden damit zu necken und ihn fühlen zu lassen seine Nichtigkeit vor Mir, da er auch etwas sein will, das er eigentlich nicht sein soll?! O Garbiel, da bist du in einer gar großen Irre!

17. Ich sage dir aber, dass da Meine ewige Ordnung, Meine Liebe und Meine endlose Weisheit doch wohl sicher andere Wege wandeln wird als jene, welche deiner Torheit nur einleuchtend sind!

18. Darum sollst du ein demütiges und freies Herz haben und nicht ein ranglustiges; denn so du demütig bist, da wirst du auf keine Ordnungszahlen merken und lauschen, wer da möchte als Erster, Zweiter, Dritter und so weiter gerufen werden, sondern wann du gerufen wirst, wird es dir ganz vollkommen recht sein.

19. Siehe, du aber hattest eine Ranglust in dir, darum tat dir der Tritt deines Bruders weh, den du sonst kaum wahrgenommen hast!

20. Nun aber reinige dein Herz vollkommen, und komme dann zu Mir, so du gerufen wirst; und so denn gehe nun wieder hin zum Henoch und lasse dir von ihm den rechten Weg zu Mir zeigen! Amen.

21. Und nun komme du, Horidael, zu Mir hierher, und sage Mir, den anderen gleich, was du denn alles in dir gesehen und treulichst vernommen hast! Amen."

Kapitel 64

Horidaels Gesicht. Die innere Welt Gottes

Am 11. April 1842

1. Und alsbald nach dem Ruf Abedams trat der Horidael hervor und fing wie ein mutiger Löwe an zu reden; aber sein Mut war keineswegs etwa irgendeine Anmaßung, sondern allein die Liebe zu Mir gab ihm diesen Mut, also wie die Liebe einer Mutter ihre Brust also mit Mut erfüllt, dass sie ins Feuer ginge, so daselbst ihrem Kind eine Lebensgefahr bevorstünde oder nahe unvermeidlich wäre, – nur mit dem Unterschied, dass solcher Mut der Mutter ein Trauer-, Wehe-, Angst- und Schreckmut ist, was da beim Horidael nicht der Fall war, da sein Mut nur von seiner innersten Freude herrührte, nahe also, wie der Mut beschaffen ist eines vor lauter Siegesfreude taumelnden Feldherrn.

2. Also von solchem Liebfreudemut belebt, fing der Horidael an zu reden, wie da nun folgt:

3. „O Du heiliger, liebevollster Vater! Du hast auch mich armen Sünder gnädigst gerufen, darum ich hier kundgeben soll, was ich gesehen habe und was vernommen?

4. Ich weiß es aber gar wohl, dass da alles, was ich gesehen und vernommen habe, nur einzig und allein von Dir herrührt; soll ich es Dir erzählen, Dir das

kundgeben, was Dir schon vor zahllosen Ewigkeiten unbegreiflich heller war denn die Sonne in der Mitte des reinsten Tages?

5. Nein, nein, das hieße mit anderen Worten ja doch nichts anderes, als entweder einen Tropfen Wasser ins Meer tragen, um dasselbe zu vergrößern, oder am hellsten Tage eine Pech- und Wachsfackel anzünden, um der Sonne Licht zu unterstützen!

6. Also Deinetwegen allein mein Gesicht zu erzählen, wäre – wenigstens, insoweit ich es erschaue – der größte Unsinn, den je ein Mensch begehen könnte, so er vor Dir sein Herz ausschütten möchte, als wüsstest Du kaum, was im selben verborgen ist.

7. Denn da ist nur eins nötig im Geiste und aller Wahrheit, so man vor Dir steht, wie ich jetzt, und dieses eine ist, dass man sich auf die Brust schlage und sage:

8. O Du mein großer Gott, Du mein heiliger, liebevollster Vater, sei mir armem Sünder gnädig und barmherzig!

9. Denn alle Sünde, alle Flecken und Makel meines Herzens sind vor Dir wie der hellste Tag offenbar, und meine Gedanken kennst Du wohl, und alle meine Begierden hast Du gezählt vor Dir!

10. Aber neben dem weiß ich auch, dass Du es willst, dass vor Dir jeder also wortleitig werden soll, als wüsstest Du im Ernst nichts von allem dem, was in jemandes Herzen entweder vorgeht oder vorgegangen ist, und soll überhaupt reden vor Dir als ein wahres Kind vor dem allein wahren, heiligen, liebevollsten Vater.

11. So will denn auch ich in aller Liebfreude meines Herzens das ahnungsvolle und sicher nicht wenig wunderbare Gesicht losgeben, wie auch, was ich inmitten des Gesichtes vernommen habe; und also bitte ich denn allseitig um ein geneigtes Ohr!

12. Ich vernahm anfangs wie harte Schläge an meine Brust, und so ich mich nicht irre, da dürften derselben wohl bei sieben gewesen sein. Diese Schläge taten mir zwar kein Wehe, aber dennoch wurde ich durch jeden bis in den innersten Grund meines Lebens erschüttert und war darum ängstlich gar sehr; denn ich wusste nicht, was da aus solchen Schlägen werden solle.

13. Aber als mich beim letzten Schlag die Angst übermannte und mir darob für die Außenwelt alle meine Sinne den sonst gewöhnlichen Dienst versagten, da fing es an, lebendiger und lebendiger zu werden in meinem Herzen.

14. Es kam mir anfangs vor, als hätten da angefangen zahllos viele Sterne gleich donnerstummen Blitzen durcheinanderzuzucken, und das stets heftiger und vervielfältigter, so zwar, dass am Ende mein ganzes Herz in die blitzleuchtende Materie überging und dann also leuchtete in mir, als wenn man einen Blitz nötigen könnte, dass er bleibe und nicht wieder erlösche so schnell, als da ein Augenblick dauert.

15. Dieses Licht fing danach aber an, mein Herz also gewaltigst auseinander zu treiben, dass es beinahe über alle sichtbaren Himmel hinaus seine Grenzen zu treiben anfing.

16. Da es aber seine Grenzen also stets mehr und mehr unaufhaltsam fort und fort erweiterte, da fing nach und nach dieser nun unermessliche Sternenblitzlichtknäul sich allmählich in einzelne Blitze und endlich in einzeln ruhig stehende Sterne aufzulösen, von denen jeder bei weitem heller leuchtete denn der Morgenstern, wenn er ist im schönsten Licht an einem heitersten Frühjahrsmorgen.

17. Da nun alles ruhig wurde und ich nicht mehr zu gewahren imstande war, ob sich mein Herz noch mehr erweitere, stille stehe oder sich wieder beenge, – da fand ich mich endlich selbst; und als ich mich aber fand, da fand ich mich als einen vollkommenen Menschen und dachte bei mir, mich selbst fragend: Wo bin ich denn jetzt?

18. Und siehe, da zuckten alsbald drei der schönsten Sterne herab vom hohen Himmel meines Herzens, das sich ehedem also erweitert hatte, und diese drei Sterne waren drei vollkommen runde Kugeln und hatten gleich der Sonne ein überstarkes Licht!

19. Da fragte ich mich wieder: Was soll denn das? Wo bin ich, und was bin ich?

20. Als ich aber solches noch kaum ausgedacht hatte, da erweiterte sich plötzlich jede dieser drei Kugeln so sehr und trat zurück in eine unermessliche Tiefe, dass ich am Ende nichts sah denn diese drei endlos großen Kugeln vor mir.

21. Die mittlere aber öffnete sich, nahm die zwei äußeren in sich auf und kam mir dann näher; in ihrer Nähe aber vernahm ich einen starken Donner, und dieser klang wie verständliche Worte, welche also lauteten:

22. ‚Du bist jetzt in dir geistig. Was du siehst, ist alles in dir, und es ist nichts da, das sich da befände außer dir.

23. Solches aber besagt das, dass du fürder die Zeichen des inneren Menschen sollst erforschen und dich nicht kümmern des äußeren Unrates der Dinge der Welt.

24. Denn was in der Außenwelt tot ist gestaltet, das alles hast du zahllosfach lebendig in dir. Daher strebe nach dem inneren Leben, da wirst du alles enthüllt finden, was je äußerlich dich berührte oder zuallermeist auch nicht berührte!

25. Siehe, das ist die innere Welt Gottes, des ewigen, heiligen Vaters; in dieser kannst, sollst und wirst du ewig leben! Amen.‘

26. Nach diesen Worten wurde die nun so große Leuchtkugel wieder möglichst klein und verschwand bald mit all dem anderen, und ich fand mich allhier auf der Erde wieder; und von all dem Geschauten blieb mir nichts denn allein eine lebendige Erinnerung zurück.

27. O lieber, heiliger Vater, nimm diese sicher überaus unvollkommene Erzählung gnädigst auf, und wie ich es schon anfangs bemerkt habe, sei mir armem Sünder barmherzig; denn ich bin sicher kein reiner Sehel, sondern ein unreinster Horidael!

28. O Vater, Dein heiliger Wille geschehe! Amen.“

Kapitel 65

Abedam erläutert Horidaels Gesicht.
Horidaels Berufung als Schreiber der
freien Zeichen der Entsprechungen

Am 12. April 1842

1. Und der Abedam reichte dem Horidael Seine Hand hin und hieß ihn sie ergreifen, und der Horidael ergriff sie mit beiden Händen und drückte sie mit aller ihm nur immer möglichen Liebegewalt an seine Brust.

2. Darauf aber richtete der Abedam alsbald folgende Worte an ihn und sagte: „Horidael, du hast Mir getreu gegeben, was du in dir gefunden hast; so will Ich dich denn zu einem Sucher der verborgenen Schätze des inneren Lebens machen.

3. Und also sollst du die Zeichen der Entsprechungen haben und durch sie

bezeugen jedes Dinges inneren und auch innersten lebendig geistigen Sinn!

4. Das aber besagt dein Gesicht, dass die Liebe zu Mir soll das Herz stets mehr und mehr erfüllen und es auch also noch ausdehnen durch die geistige Wärme, und zwar also, wie du es gesehen hast, da du eine Unzahl zuckender Sterne erblicktest, die sich nach und nach zu einem allgemeinen Licht verbanden und erweiterten dein Herz erst vollkommen dann, da sie in dir eins geworden sind.

5. Und da in dir ein solch großes Werk vollbracht wurde, siehe, da ward es ruhig in dir, und du sahst die Sterne wieder, und die Sterne erleuchteten deine innere Welt, dass du dich selbst finden mochtest in dir als einen vollkommenen Menschen; und als aber du dich gefunden hast, da wusstest du nicht, wo du warst, dass du darum fragtest.

6. Und drei Sterne deines eigenen Himmels lösten sich und schwebten vor dein Angesicht hin überhelle leuchtend; aber du verstandest dies Zeichen noch nicht und fragtest wieder.

7. Da traten tief zurück die drei Sterne, und der mittlere öffnete sich und verschlang die beiden äußeren; dann vernahmst du erst eine große, donnerähnliche Stimme in dir, welche dir die erste Grundlehre gab über dich selbst und über das, was du werden sollst, und was du tun sollst.

8. Nun aber fragst du wieder in dir: ,Aber die Sterne, Sterne, was sind denn die Sterne in mir? Warum zuckten sie anfangs also gewaltigst? Warum und wie wurden sie eins, und wie und warum hernach wieder in einzelne gesondert und zur Ruhe gebracht?'

9. Siehe, die Sterne sind anfangs nichts als die in die Seele von der Außenwelt aufgenommenen Wisstümlichkeiten oder der Verstand im engeren Sinne des Wortes und der Bedeutung.

10. Das Hinundherzucken der Sterne aber bezeichnet das Suchen der Seele in sich, die Wege der Wahrheit und des Lebens [zu finden].

11. Das Einswerden des Lichtes der Sterne bezeichnet, dass die Seele aus allen ihren Kräften Mich ergriffen hat.

12. Das darauf denn wieder erfolgte Einzeln- und Ruhigwerden der Sterne aber besagt, dass sich durch die alleinige Liebe zu Mir das sich selbst suchende Leben in seinem Urgrund gefunden hat, der da unendlich ist wie das sich in Ihm wiedergefundene Leben in Ihm und durch Ihn.

13. Darum hast du dich daselbst erkannt und fragtest aus dem Grunde deines Seins: ,Wo bin ich?'

14. Und die drei gelösten Sterne gaben dir die Antwort, aber du verstandest sie noch nicht. Die Antwort der Sterne vor dir aber besagte, und zwar vom Mittelstern aus, dass du nun inmitten deiner eigenen Liebe bist selbst Liebe und Leben, zur Aufnahme bereitet alles Lichtes aus Mir, was du daraus ersehen konntest, als da bei deiner zweiten Frage die Sterne endlos erweitert vor dir zurückwichen, darum du ihren endlosen Umfang bemessen konntest, und darauf der mittlere Stern, der da bezeichnete die reinste Liebe, die beiden äußeren in sich aufnahm, die da waren gleich deinem Glauben und gleich deiner früheren Weisheit.

15. Da aber diese eins wurden, da auch vernahmst du das erste große, lebendige Wort in dir; und das Wort erst lehrte dich

erkennen das große Gesicht deines eigenen Lebens in dir selbst.

16. Dieses Wort aber war Mein Wort in dir oder dasjenige wesenhafte Wort, durch welches du, wie alle Dinge, dereinst geworden bist; und dieses Wort lehrte dich, dass du verstehen sollst die großen, inneren Entsprechungen der Außenwelt zur inneren, lebendigen, ewigen.

17. Demnach also sollst auch du ein Schreiber werden, aber nicht gleich den übrigen, sondern ein Schreiber der entsprechenden Zeichen des Lebens im Menschen aus all den sichtbaren und unsichtbaren Dingen, welche vom kleinsten bis zum größten die ganze Unendlichkeit erfüllen.

18. Daher aber werde Ich dir auch andere Zeichen geben; ja ganz freie Zeichen sollst du haben, durch welche an den übrigen Zeichen der anderen soll angedeutet werden, was darinnen des Geistes ist und somit des inneren, ewigen Lebens; oder was da die anderen aufzeichnen werden für das Auge des Fleisches, und hie und da auch für das der Seele, aber nicht also auch für das des Geistes, da soll von dir der Geist der inneren Wahrheit bezeugt werden.

19. Also du hast die freien Zeichen der Entsprechungen überkommen! Nun weißt du sie zwar noch nicht zu gebrauchen und kennst nicht einmal die Zeichen selbst; aber des alles sei unbesorgt!

20. Siehe, in der Schule deines eigenen Herzens, welche du heute zum ersten Mal gesehen hast, wirst du alles finden! Der Geist der Liebe in dir wird dich in alle Geheimnisse leiten und dir offenbaren, was bis jetzt vor allen Augen verschlossen war; des sei vollends gewiss! Amen."

Kapitel 66

Die wahre Verehrung Gottes besteht nicht aus Leibesgesten

Am 13. April 1842

1. Nach dieser Rede und heiligen Lehre Abedams fiel der Horidael, vom übergroßen Dankgefühl ergriffen, vor dem Abedam nieder und weinte da aus großer Liebe und Freude aus ihr; und da war niemand auf der Höhe, der da in diesem Moment trockenen Herzens und trockener Augen geblieben wäre.

2. Der Abedam aber hieß dessen ungeachtet den Horidael doch alsbald wieder erstehen, und zwar unter folgenden Worten:

3. „Horidael, erstehe! So du im Herzen voll Liebe und demütig bist, so ist das der Dankbarkeit über und über genug, und das Auf-der-Erde-Liegen kann da ganz ratgehalten werden.

4. Denn was da betrifft die Gebärdung des Leibes, so ist sie eher ein Gräuel vor Mir als eine wohlgefällige Tugend, besonders, so da jemand glauben möchte, dass da Mir schon genügen möchten des Auges Tränen, welche ein etwas schmerzlicher Augenblick hervorgerufen hat, da doch zuvor das Herz sich ganz wenig mit Mir beschäftigt hatte, oder andere frömmlich aussehenden Gestionen des Leibes, von denen das Herz der Seele und der lebendige Geist in ihm oft nicht die allerleiseste Kenntnis haben und somit auch nicht die geringste Notiz nehmen, geschweige dann erst die wahrhaft lebendige demütige Ursache solcher frömmlicher Leibesgestionen sind.

5. Ich sage dir aber und sage es allen, dass Ich ein allervollkommenster Geist bin.

6. Wer demnach nicht im Geiste seiner Liebe zu Mir kommt und Mich bittet und dankt im selben Geiste der Liebe, wahrlich, den werde Ich eher nicht ansehen und erhören, als bis er sich vollends gebrochen hat und eingegangen ist in seine innere Welt und Mir da gebracht hat ein neues, lebendiges Opfer der reinen Liebe im Herzen seiner Seele, in welchem da wohnt der lebendige Geist, ein alter Abstämmling Meiner ewigen Liebe!

7. Da aber bei dir der Fall nicht ist, als wäre dein Geist ein Laie von allem dem, was da nun vorging und nun noch vorgeht, sondern gerade das Gegenteil, wodurch du als Geist nun ganz vollkommen ein Herr in deinem Hause (Leibe) bist und somit auch Liebe zu Mir in allen deinen Teilen hast, was soll da demnach das Erdliegen für eine Bedeutung haben?

8. Ich sage dir, Mein geliebter Horidael, lasse solche alten, nichtssagenden Gewohnheiten, welche nur in die Tiefe hinab gehören, und erhebe dich zu einem freien Menschen!

9. Wer da aber seine Knie beugt vor Mir, der beuge sie im Geiste und aller Wahrheit, was da bezeichnet die allzeit gerechte Demut des Herzens, – aber nicht die Knie seines Leibes, an denen wenig gelegen ist, ob sie gerade oder krumm gehalten werden!

10. Denn dass jeder sein fleischliches Knie beugen kann, wann er will, das zeigt er ja beim Gehen; wenn es sonach Mir gedient wäre mit dem Beugen der fleischlichen Knie, da wäre ja des Gebetes in großer Genüge, so jemand hin und her ginge, ohne sich dabei um etwas Weiteres bekümmern zu dürfen.

11. Aber was soll das Kniebeugen und das Erdliegen denn Mir sein von euch Kindern, denen allen Ich gegeben habe einen lebendigen Geist?

12. Seht, auch die Tiere können die Gelenke ihrer Füße gar wohl beugen und können sich auch auf die Erde niederlegen!

13. So ihr Mich aber damit ehren wollt, darinnen keines Unterschiedes ist zwischen euch und den Tieren, welch Unterschied ist dann wohl zwischen euch und den Tieren selbst?

14. Siehe somit, du Mein lieber Horidael, und seht ihr alle, wie eitel töricht ist da nicht solch ein äußerer Dienst Mir, dem lebendigen, ewigen Gott; eine tote Verehrung, Liebe und Anbetung Mir, eurem heiligen, liebevollsten Vater, der Ich Selbst euch gab eine lebendige Seele und in die Seele einen ewigen Geist aller Liebe und Wahrheit aus ihr!

15. Daher also unterlasst das in alle Zukunft, das zu nichts taugt, gebraucht weise euren Leib und all dessen Glieder zu eurer Notdurft; aber wenn es sich um Mich handelt, da lasst ihr eure Glieder ruhen, als hättet ihr keine!

16. Mir könnt ihr mit eurem Leib nichts Wohlgefälliges tun; denn Ich bin ein Geist.

17. So ihr aber schon auch euren Leib samt eurem Geist zu Mir erheben wollt, da gebraucht eure Glieder aus Meiner Liebe in euch zum Mir allein wohlgefälligen Bruderdienst, und Ich werde da die Werke eures Leibes ansehen als Werke der Liebe eures Geistes und werde euch dafür geben den verdienten Lohn!

18. Aber des seid vollkommen versichert, mit euren Gliedern allein mögt ihr alle nichts tun, das Mir wohlgefällig wäre, sondern nur allein mit eurem Herzen und dem lebendigen Geist im selben!

19. Wahrlich, sage Ich nun euch allen, wer aber gibt seinem Bruder ein Stück

Brot, oder einen Apfel, eine Birne, eine Nuss, eine Traube, oder ein Schaf, oder eine Kuh, oder einen Stier, oder einen Esel, oder ein Kleid, oder ein Haus, gibt ihm aber dieses nicht aus dem Herzen, sondern aus einer gewissen notwendigen Pflicht, der hat vor Meinen Augen seinem Bruder nichts gegeben, und Ich werde seiner nimmer achten, noch seiner Gabe, – und wäre diese größer denn ein Berg!

20. So aber jemand wenig hat, gibt aber das aus der Fülle seiner Liebe übergerne dem Bruder, – Ich sage euch, und wäre es nur eine halbe Nuss, so will Ich sie ansehen, als wäre sie eine Erde!

21. Jetzt wisst ihr alle zur Genüge, was da zu tun ist in dieser Mich ehrenden Hinsicht; kehrt euch danach, so werdet ihr ewig nimmer euch zu beklagen haben, als ließe Ich jemandes Bitte unerhört!

22. Und so lasst uns denn den Purhal rufen und vernehmen, was alles er in der Zeit gesehen und treulich vernommen hatte! Amen."

Kapitel 67

Purhals inneres Gesicht

Am 14. April 1842

1. Und sogleich nach diesen Worten berief der Abedam den Purhal zu Sich und fragte ihn den früheren gleich, sagend nämlich:

2. „Purhal, siehe, nun ist die Reihe der großen Ordnung an dich gekommen! So gebe denn auch du uns kund, was du in dir gesehen, empfunden und vernommen hast, – aber ohne Furcht und Scheu; denn wir sind ja nicht da versammelt, dass wir uns gegenseitig voreinander fürchten sollen, sondern allein nur lieben!

3. Darum also sei ohne Furcht, und erzähle munter darauf los, was dir alles widerfahren ist in dieser kurzen Zeit deines Inneseins! Amen."

4. Also aber wurde der sonst etwas furchtsame Purhal ermutigt, dass ihn darob alsbald alle Furcht verließ und er in seinem Innern sich einer Kraft bewusst wurde, mittels welcher er mit allen Löwen, Tigern und Hyänen und Leviathanen es aufgenommen hätte, so man ihn dazu beheißen hätte.

5. Allein er wusste gar wohl, was er mit dieser neuen Kraft zu tun hatte, und so fing er denn auch alsbald an, alles getreu von sich zu geben, was er in sich gefunden, gesehen, empfunden und gar wohl vernommen hatte. Also aber lauteten seine Worte:

6. „O Du mein über alles, alles erhaben heiliger und der allerhöchst unendlichen Liebe vollster Vater! Du allmächtiger, ewiger, großer Gott; Du allgewaltigster Herr und allerweisester Meister in allen Dingen der großen Unendlichkeit!

7. Siehe, bis her auf mich hat fast noch ein jeder meiner Vorgänger irgendeine demütige Entschuldigung hervorgebracht, der zufolge er sich nicht mochte zu reden getrauen von dem, was er in sich gesehen hatte, darum er wohl wusste – so gut wie ich und sicher jeder aus uns –, dass vor Dir auch unsere geheimsten Gedanken also offenbar sind wie vor mir am hellsten Tage nicht einmal die Sonne selbst!

8. Siehe sonach, Du heiligster, liebevollster Vater, ich will in dieser Hinsicht eine Ausnahme machen, will mir kein Blatt vor dem Munde halten und also reden, wie Du mir die Zunge hast wachsen lassen!

9. Denn ich weiß es ja auch wie alle anderen, dass alles, was ich gesehen und gehört habe, lediglich nur ursächlich von Dir herrührt, und weiß es darum ja auch, dass Du ganz sicher Dein Werk durch und durch kennen wirst.

10. Sollte aber darum ein Apfelbaum keine Früchte bringen, da Du ganz sicher, aber auch schon ich es bestimmt weiß, wie da seine Früchte aussehen werden?

11. Ich denke, solches wäre doch eine Torheit zu verlangen oder gar zu glauben!

12. Darum also will ich auch ohne Scheu und Furcht sogleich die Früchte von mir geben, welche Du, o heiligster, allerliebevollster Vater, so lebendig in mein sonst überarmseligstes Herz gelegt hast!

13. Solches aber habe ich demnach gesehen, empfunden und gar wohl vernommen:

14. Anfangs kletterte ich von einem Gedanken hin zum anderen und dachte also hin und her und auf und ab: ,In dein Herz also sollst du schauen und wohl beachten, was alles sich darinnen vorfinden und zeigen wird?

15. Gut wäre es, wenn es möglich wäre; aber wie, – das ist nun eine ganz andere Frage!'

16. Doch dachte ich mir wieder: ,Geduld, nur Geduld, denn Der solches von dir verlangt, wird dir ja wohl auch den Weg entweder offenbar oder heimlich im Geiste zeigen, wenn es Sein heiliger Wille ist!

17. Ist es aber Sein Wille nicht, so wird es aber doch sicher Sein Wille sein, dass du bleibst, wie du bist und schon von jeher warst: ein armer, blinder Tropf!'

18. Aber mitten unter diesen meinen wenigsagenden Gedanken geschah auf einmal ein unaussprechlich starker Knall; und alsbald verging die Erde unter meinen Füßen, und ich schwebte im Zentrum einer ewigen Nacht, und sah nichts, auch nicht einmal den allerleisesten Gedanken von mir selbst, und hatte kaum so viel Fähigkeit, mir selbst zu sagen: ,Also sieht es sonach in meinem Herzen aus?

19. O Du heiliger Vater, siehe barmherzig auf mich herab, und rufe mich wieder zurück; denn in dieser Nacht muss ich des Todes werden!'

20. Aber ich hatte noch kaum diesen Gedanken beendet, so geschah ein zweiter mächtiger Knall, – und im Augenblick sah ich nach allen Seiten hin aus allen unendlichen Tiefen große Flammen emporschlagen; und im hellen Licht dieser Flammen gewahrte ich erst, dass diese frühere Nacht eine Nacht meines eigenen Herzens war, und dass die auf den zweiten Knall erwachten Flammen nichts als meine eigene, bis dahin fest schlafende Liebe selbst waren.

21. Aber jetzt knallte es noch einmal – und noch entsetzlicher denn die zwei früheren Male!

22. Da erloschen die Flammen in ihrem Leuchten alsbald durch den Aufgang einer Sonne, ach einer Sonne, die sicher ewig nimmer ihresgleichen hat in der ganzen Unendlichkeit!

23. Im Licht dieser Sonne wurde alles wesenhaft. Die Flammen meiner Liebe wurden Wesen und sahen aus wie ich selbst, und ihrer Zahl schien kein Ende zu sein. Und alle diese Wesen bewegten sich zu mir hin und wurden völlig eins mit mir; in diesem Einen aber empfand ich eine solche Wonnelust, dass ich sie nun mit nichts zu vergleichen imstande wäre.

24. Aber nicht lange dauerte dies Einen; denn gar bald war von allen den Wesen

nur ich als ein alleiniger Mensch da. Aber dafür vernahm ich nun viele Stimmen wie in mir, und diese Stimmen klangen so herrlich wie Morgengesänge froher Hirten; und diese Stimmen klangen auch wie ein Wort, das aber also lautete:

25. ‚Siehe, Ich bin alles in allem, und alles ist in Mir und alles aus Mir! Du aber bist Mein Ebenmaß; daher erkenne dich, wer du bist, und wer dein Vater, Gott und Schöpfer ist!‘

26. Nacht ward nach diesen Worten wieder in mir, und aus dieser Nacht kam ich bald wieder zur Erde hierher herauf oder herab.

27. Das ist alles, was ich gesehen, empfunden und vernommen habe. Heiliger Vater, hier bringe ich es Dir zum Opfer dar; nehme es gnädigst auf, – Dein heiliger Wille! Amen.“

Kapitel 68

Abedam macht Purhal auf einen Fehler aufmerksam und erläutert dessen Gesicht

Am 15. April 1842

1. Nach der Beendigung dieser Erzählung von Seiten des Purhal blickte der hohe Abedam überaus freundlich um Sich herum, tat dann Seinen Mund auf und richtete dann an alle wie an den Purhal folgende Worte, sagend nämlich:

2. „Wahrlich, ohne Furcht und Scheu hast du uns allen deine Früchte aufgetischt und ließest auch nicht einen Apfel zurück, hängenbleibend am Baum deiner inneren Erkenntnis, und hast dabei auch deiner altgewohnten Sitte zufolge nicht unbeachtet gelassen deine Weisheit, darum du uns allen zuerst gereicht hast die unreifen und weniger genießbaren und zuletzt erst die wohlreifen und gut genießbaren Früchte vom schon bestimmten Baum deiner inneren Erkenntnis!

3. Siehe, darum also lobe Ich dich auch; denn, wie gesagt, du warst übertreu in deiner Erzählung! Aber auf eines will Ich dich dabei doch aufmerksam machen, und also sehe: Es war zwar von dir aus, wie von jedem anderen aus, das eben keine Sünde, so er es dir gleich begangen hätte, nämlich eine Worthandlung, die nichts als ein leeres Gewäsch ist von ganz übergleichgültiger Art, darinnen weder etwas Gutes noch auch gerade etwas Schlechtes steckt, gleich wie in einem faulen Apfel, – aber siehe, wer mag das Faule eines Apfels genießen, obschon es gerade nicht Schlechtes ist?!

4. Also aber stand es auch mit dir, da du uns alle mit der Darstellung deines großen Mutes beinahe etwas zu lange aufgehalten hättest!

5. Verstehst du, Purhal, Mich, und was Ich dir nun damit habe sagen wollen?

6. Antworte Mir nur in deinem Herzen! – Also, du verstehst es nicht ganz! Siehe, darum will Ich dich darauf hinleiten, dass du es verstehen sollst, und so gebe denn wohl Acht!

7. Du sagtest, nachdem du der demütigen Entschuldigungen deiner Vorgänger erwähnt hast, dass du in dieser Hinsicht eine Ausnahme machst oder vielmehr machen willst.

8. Siehe, es ist wahr, es solle da sogar eine Ausnahme sein; denn Ich verlange nicht mehr und habe noch nie mehr verlangt, als dass ihr tun sollt nach Meinem Willen, wollt ihr das ewige Leben finden.

9. Dessen ungeachtet aber wussten einige vor zu großer Liebe und Ehrfurcht

ihrer Herzen sich nicht zu helfen und konnten somit auch den Mund nicht alsbald öffnen und das Verlangte von sich geben.

10. Diese Haltung deiner Vorgänger hast demnach du aufgenommen, hast sie als etwas Läppisches angesehen und hast dir heimlich auch schon vorgesteckt, dessen zu erwähnen, wenn oder so Ich dich gleich den anderen berufen würde, auf dass auch du gleich den anderen Mir kundgeben sollst, was du in dir gefunden hast.

11. Siehe, du warst alsbald berufen; aber beinahe dein erstes war, dass du eine Ausnahme machtest deiner Brüder wegen, um sie gewisserart ein wenig zu beschämen.

12. Und – verstehe! – stelltest dich in deiner Erzählung dann mutiger, als du im Grund' es wirklich warst.

13. Siehe nun, auf der einen Seite sagtest du von dir aus, du wissest es so gut wie die anderen, dass Mir alle Dinge gar wohl bekannt sind, darum es dann nicht nötig sei, so Ich es verlange von jemandem, von sich zu geben, was Ich jemandem gab, sich darob zu fürchten, darum Ich es lange vorher schon gar überklar weiß, was jemand von Mir empfing, – und bekräftigtest solches mit einem recht würdigen Gleichnis!

14. Wie kommt es denn aber hernach, dass, nachdem du solches zu wissen vorgabst, du anderseits doch nicht wusstest, dass Mir solches auch sicher nicht unbekannt bleiben wird, inwiefern du Mir eben nicht wohlgefälliges Verkehrtes in deinem Herzen bärgest?

15. Siehe, da warst du wohl in einer gar überaus großen Irre!

16. Doch, wie Ich es oben[1] schon anfangs bemerkte, aber soll dir für diesmal dieser Fehler zu keiner Sünde gerechnet werden; jedoch sei für die Zukunft wohl auf deiner Hut, dass dein Herz ja nicht mehr von einer solch zweideutigen Stimmung befangen wird, sonst wird die große Nacht deines Herzens noch lange nicht durch die hereinbrechenden Liebesflammen erleuchtet werden, und noch länger wird die herrliche Morgensonne, welche du in dir hast aufgehen gesehen, unterm Wege bleiben [auf sich warten lassen]!

17. Siehe also du, Mein lieber Purhal, Mir ist nichts verborgen; darum ist's bei Mir schon durchaus nicht ratsam, hinter dem Rücken zu spielen!

18. Solches nehme dir für künftig zur steten Richtschnur deines Lebens, so wird dein noch fernerer Gang über diese Erde ein leichter sein!

19. Solches aber besagt dein Gesicht und soll dir vom Anfang bis zum Ende ein stark und allzeit mahnendes Zeichen sein, dass fürs Erste deine Liebe zu Mir, wie zu deinen Brüdern, noch keine reine und somit auch keine ganze ist.

20. Denn die an den zahllos verschiedenen Seiten aus der Nacht deines Herzens hervorbrechenden Flammen bezeugen solches und sagen dir, dich wie durch einen heftigen Knall erschütternd: ‚Siehe, wie zertragen noch deine Liebe und somit auch dein Leben ist!'

21. Und als Ich dir dann die Sonne aufgehen ließ, das heißt Meine heilige Gnadensonne, so merktest du, dass diese Flammen ohne Licht nichts als dein zahllosfach zertragenes ganz eigenes Ich waren,

---

[1] Die Figuren der Neuoffenbarung sind sich der Aufzeichnung ihrer Rede bewusst. Sie durchbrechen die vierte Wand und sprechen zum Leser. Dies ist nicht die einzige Stelle in der Neuoffenbarung, wo dies vorkommt.

welches du selbst also zerworfen hast durch deine früheren allerverschiedenartigsten Begierden, Sorgen und Leidenschaften!

22. Wie aber kann dieses also zertragene Wesen denn wieder zu einem Wesen werden?

23. Solches auch hast du gesehen, als du sahst, wie in Meinem Liebegnadenlicht sich alle diese dir ähnlichen Wesen zu dir hindrängten und bald vollends eins mit dir wurden, und du dann erst in dieser Wiedervereinigung fähig warst, als ein solchergestalt vollendeter Mensch wieder Meines Geistes Vaterstimme in dir zu vernehmen, welche dir kundgab, wer Ich bin, und wo Ich bin, und wo und woher alle Dinge sind, und was endlich du selbst bist oder sein und werden sollst.

24. Da du aber nun solches alles lebendig erfahren hast, also versammle dich demnach auch in der wahren, reinen, uneigennützigen Liebe zu Mir, so wirst du leben und wirst in der Tat selbst entsprechen dem geschauten großen Zeichen in dir, wodurch du Mir dann selbst ein lebendiger Zeichenforscher und -deuter werden sollst aus Liebe in der Brüder Herzen allzeit! Amen."

Kapitel 69

Vertrauen in den himmlischen Vater trotz menschlicher Zweifel

Am 16. April 1842

1. Als aber der Purhal und all die anderen solche Worte vom Abedam vernommen hatten, da wurden sie nahe stumm, also zwar, dass es außer dem Henoch und dem Adam nahe niemanden gab, der sich

da gewagt hätte, dem Abedam auch nur mit einem Wörtchen zu begegnen, obschon der Abedam all die Kinder überfreundlichst als der allein wahre, gute und liebevollste Vater ansah.

2. Denn fast jeder dachte bei sich: ,Er sieht freilich wohl unaussprechlich gut aus, aber zu trauen ist Ihm darum doch nicht; denn ehe man sich's versieht, und nur eine Hand umkehrt, so hat Er einen schon bei und an der innersten Falte des Lebens gepackt! Und solches alles ist zwar durchaus wahr, – aber was nützt uns alles das? Wer kann Ihm ausweichen?

3. Er meint es freilich wohl gar überaus gut mit jedem, – wenn Er aber nur nicht gar also auf das Allerreinste hinausginge, da wäre es mit Ihm schon noch zu bestehen. Aber die Reinheit, die Reinheit, die ist etwas Entsetzliches!

4. Und hat man diese nicht, das heißt im vollkommensten Sinne des Wortes und der Bedeutung nach, so kann man sich Ihm schon nicht ehrlichermaßen nähern; denn Er sieht einem ja nicht auch nur den allerkleinsten Fehler im Herzen nach!

5. Aber was ist da zu machen? Ihn kann niemand ändern, – ewig wird Er Sich gleichbleiben also rein und heilig, wie Er jetzt ist; also heißt es sich denn fügen!'

6. Der Abedam aber, der da solche Gedanken gar überaus wohl bei den Kindern gemerkt hatte, wandte sich zum Purhal und fragte ihn:

7. „Purhal, sage Mir, ob Ich dir wohl den Kopf heruntergerissen habe, da Ich dich mit den sanftesten Worten belehrt habe und habe dich allersorgfältigst gereinigt, damit du, wie alle, alsbald aufnahmefähig würdest für das ewige allerfreieste Liebeleben aus Mir!

8. Sage Mir, ist je deines Leibes Vater also nachsichtig mit dir umgegangen wie Ich jetzt?

9. Zeige Mir den Vater unter euch, der sich bei seinen Kindern nicht eifrigst der manchmal sehr scharfen Zuchtrute bedient hätte!

10. Siehe, du kennst keinen, denn du selbst bist gar lange schon ein Vater und weißt gar wohl, wie du deine Kinder erzogen hast.

11. Nun aber sage Mir, mit welcher Zuchtrute Ich nun zu euch gekommen bin! Wer ist schon erlegen unter Meinen Hieben?

12. Siehe, mit nichts denn mit Meiner allerhöchsten, überwahrhaften Vaterliebe ziehe und lehre und befreie Ich euch, und ihr sagt bei euch in eurem Herzen aber, Mir sei nicht zu trauen!

13. O ihr noch Überblinden! Wenn demnach Mir nicht zu trauen ist, der Ich doch euer aller wahrhaftester, getreuester, liebevollster, sanftester und geduldigster Vater bin, – wem denn könnt und wollt ihr hernach trauen?

14. Wenn euch bei Mir, dem allerreinsten und heiligsten Vater unheimlich und ängstlich zumute wird, der Ich doch mit den allerbesten und allervollkommenst wahrsten und allerväterlichst redlichsten Absichten aus Meiner ewigen allereigennützigsten Liebe zu euch erfüllt bin, wie muss es euch denn einander gegenüber zumute sein, die ihr doch gegen Mich allesamt voll Arges und voll Tücken in euren Herzen seid, so ihr Mir gegenüber bei einer kleinen Berichtigung eines Fehlers im Herzen Purhals also entmutigt werdet?!

15. O ihr Blinden! Vor Mir, dem ewig allein lebendigen Vater, bebt ihr und werdet voll Angst, so Ich euch zu Mir und somit vom Tode ins ewige Leben erhebe.

16. Aber vor der Welt kommt euch keine Angst ins Herz, die doch an und für sich nichts ist denn ein allerbarster Tod?!

17. O seht, wie voll verkehrten Sinnes ihr noch seid!

18. Wer hat euch denn also gezeugt, dass ihr euch vor Dem fürchtet, den ihr nur über alles lieben sollt? Und was ihr aber aus allen Kräften fürchten und fliehen sollt, damit stopft ihr euch ganz behaglich eure Herzen voll!

19. Purhal, sage Mir, was Arges habe Ich dir denn dadurch zugefügt, so Ich dich gereinigt habe aus Meiner großen Liebe zu dir?

20. Weißt du denn, was das Leben ist, und wie es beschaffen sein muss, um zu taugen für die ewige und unendliche Dauer?

21. Siehe, solches weiß wohl kein geschaffener Geist, sondern allein nur Ich, der unendliche, ewige Meister alles Lebens! So Ich euch aber als euer heiliger, liebevollster Vater nun Selbst für dieses für euch ewig unergründliche Leben in Mir vollende und treibe und nehme alles, was des Todes ist, aus euch, – Purhal, wie kann es da dir und allen anderen nur von ferne irgend in den Sinn kommen, als wäre Mir nicht zu trauen?!

22. Sage Mir, so Ich euch nicht helfen möchte, wer dann könnte euch wohl helfen vom Tode zum Leben?

23. Damit Ich euch aber helfen kann und mag, ist es da nicht recht, dass Mir sogar eure geheimsten Gedanken und Begierden überklar und helle offenbar sind, und somit auch unumgänglich notwendig offenbar sein müssen, damit Ich euch

allzeit zu Hilfe kommen kann, wann nur immer sich euch eine tödliche Gefahr naht?

24. Sage Mir, Purhal, soll Mir also darum nicht zu trauen sein?"

25. Bei dieser Frage fing alles an zu schluchzen und zu weinen, und der Adam selbst weinte laut wie ein Kind und sagte dann, durch und durch ergriffen von Meiner großen Vaterliebe:

26. „O Du heiliger, lieber Vater Du, jetzt erst sehe ich es ganz, wie unendlich gut Du bist!

27. Wo ist der, der Dich nicht über alles, alles, alles lieben sollte können?

28. O vergebe uns Blinden diese große Unbill, die Dir jetzt von uns allen angetan wurde!"

29. Der Abedam sagte darauf: „O Kindlein, seid ruhig und ganz ohne Sorge, denn die ihr da seid in Meinem Schoße nun, [von euch] wird keiner verlorengehen; denn Ich, das ewige Leben Selbst, bin ja mitten unter euch und wende nun alle Gefahr des Todes von euch ab.

30. So Ich aber wieder jemanden erbauen werde gleich dem Purhal, da verliert nimmer euer Vertrauen zu Mir, sondern denkt dafür in euren Herzen, dass Ich, euer aller guter, heiliger Vater, es ja bin, der Ich solches tue!

31. Kindlein, solches versteht wohl für alle Zukunft und Ewigkeit! Amen."

Kapitel 70

Juribaels Gesicht und ehrfürchtiges Bekenntnis zur unendlichen Vaterliebe

Am 18. April 1842

1. Nach diesen Worten aber berief der Abedam alsbald den Juribael zu Sich und fragte ihn gleich den anderen, sagend nämlich:

2. „Juribael! Wie die anderen es taten, also tue es auch du, und sage uns allen, was alles denn du in dir vernommen hast und gesehen und empfunden!"

3. Und der Juribael trat ehrfurchtvoll aus der Mitte seiner Brüder hin vor den Abedam und fing im Vollerguss seiner rechten Liebe zu Mir alsbald zu reden an:

4. „O Du heiliger, liebevollster, unaussprechlich allerhöchst bester Vater! Siehe, ich, ein nichtiger Wurm vor Dir, liege hier in der größten Ehrfurcht und innersten allerzerknirschtesten Demut meines Herzens vor Dir, Du heiliger Vater!

5. Du hast mich gerufen nun aus meinem Schlaf ins Leben, ja ins wahre, wache, freie Leben Deiner unendlichen Vaterliebe hast Du mich gerufen und hast gemacht aus dem matten, blinden Wurm der todbestaubten Erde einen freien Menschen, der mit seinen Augen hinausblickt in ferne Ewigkeiten wie in eine endlose Reihe von Kreisen über Kreisen von Unsterblichkeit und sieht sich in jedem dieser ewigen Kreise verherrlichter und Dir, o Du heiliger Vater, ähnlicher und näher!

6. Aber nicht nur zu einem unsterblichen Menschen, sondern zu noch mehr, ja zu noch unendlichmal mehr denn nur zu einem unsterblichen Menschen hast Du den bestaubten Wurm der Erde, der Staubmutter, gemacht!

7. Ach, wer kann die endlose Größe Deiner Vaterliebe fassen?

8. Denn der bestaubte Wurm, der schwache, sündige Mensch darf Dich, Du ewiger, heiliger Gott, ‚lieber Vater' rufen!

9. O Vater, – zu Deinen Kindern hast Du uns gemacht!

153

10. Heiliger Vater, ich kann Dich anbeten, kann Dich loben und preisen, ich kann Dich rühmen mein Leben lang aus allen meinen von Dir mir verliehenen Kräften, ich kann Dir Opfer anzünden, dahin sich immer mein Auge wenden möchte, ich kann Dich also hochachten, dass sich aus der mir nur immer möglich allerhöchsten Ehrfurcht mein Geist unter die allerletzten, untersten und geringfügigsten Schöpfungen verbergen könnte, ja, ich kann Dich lieben nach aller Liebegewalt in mir; ja, solches alles kann ich tun Dir, meinem allmächtigen Schöpfer, Dir, meinem heiligen, großen Gott!

11. Denn solange Du mir nur bist ein Schöpfer, ein ewiger, unendlicher Gott, so lange auch findet zwischen mir und Dir kein anderes Verhältnis statt als allein nur das der vollsten Nichtigkeit von meiner Seite gegen Dich und Deine unendliche Allheit in aller Macht Deines göttlichen Wesens gegen – wie schon gesagt – mein allervollstes Nichts!

12. Aber, wenn ich Dich ‚Vater' nenne, o Du heiliger Vater, dann hört all das frühere Verhältniswesen auf, eine Wonne umstrahlt da mein Herz, und mein Geist bebt, von einer unaussprechlich großen Ahnung ergriffen, und mir bleibt dann nur ein mächtiges Gefühl, und das ist die Liebe, die alleinige reine in Dir, o Vater, geheiligte Liebe, – ja, eine heilige Liebe, da sie nichts denn nur Dich allein, Du heiliger Vater, zu lieben vermag!

13. Das ist aber dann auch alles, was ich Dir darzubringen vermag. In dieser Liebe vergesse ich sogar aller Anbetung, alles Dankes, alles Lobes, aller opferlichen Verehrung, die Dir doch als dem ewigen Gott gebührt, und alles Rühmens und Preisens Deiner unendlichen Herrlichkeiten; nun wahrlich, da habe ich dann nichts vor mir denn allein Dich, o Du heiliger Vater, rufe nichts als ‚Vater', denke an nichts denn nur an Dich, Du heiliger Vater!

14. Daher vergebe mir nun auch, Du lieber, heiliger Vater, dass ich Dir nicht zu danken, Dich nicht zu loben und zu preisen vermag, denn mein Herz ist zu erfüllt von der mächtigsten Liebe zu Dir; daher kann ich auch nun nichts als Dich allein nur über alles zu lieben!

15. O Vater, da aber meine Zunge aus zu großer Liebe meines Herzens zu Dir gar nicht fähig ist, entweder zum Gebet oder zum Ruhm Deines Namens sich zu bewegen, darum sich alle meine Kraft in der Liebe zu Dir im Herzen vereinigt hat, so vergebe mir schon im Voraus; denn sicher wird da meine Erzählung ganz entsetzlich holpericht ausfallen!

16. Zum größten Glück für meine nun ganz unbehilfliche Zunge habe ich das meiste schon in diesem meinem matten Bekenntnis kundgegeben, was ich empfunden und gefühlt habe und noch fühle und wahrlich ewig fühlen werde, und setze nun nur noch das Gesicht bei, welches also beschaffen war:

17. Als ich über das nachdachte, dass Du unser aller heiliger Vater bist und hast uns gemacht durch Deine unendliche Liebe zu Deinen Kindern, – siehe, da wurde es plötzlich überhelle in mir, so zwar, dass ich mich innerlich also beschauen konnte, als wie man beschaut den Grund einer ruhigen allerreinsten Wasserstelle.

18. Aber bei dieser Beschauung blieb es nicht lange. Denn gar bald fand ich mein Herz und in der Mitte des Herzens einen überaus stark leuchtenden Ring, und dieser Ring oder Kreis drehte sich beständig.

Hier dachte ich: ‚Was soll es da mit dem Ring?'

19. Als ich aber solches noch kaum gedacht hatte, da ging der Ring denn plötzlich, also wie Kreise im Wasser, auseinander und dehnte sich überweit über mein Wesen hinaus zu einem endlos großen Kreis aus, in dessen Mitte ich mich ganz allein befand.

20. Aber auch dieses Gesicht dauerte nicht lange. Denn gar bald löste sich der Kreis in endlos viele Kreise, die sich hintereinander fort und fort reihten und stets größer und größer wurden und heller leuchtender stets. Und ich sah in der Mitte eines jeden Kreises mich selbst stets herrlicher, leuchtender und größer und stärker, und in einer endlos tiefen Tiefe, da die stets größer, ja endlos größer werdenden Kreise sich nimmer enden wollten, sah ich ein unermesslich großes starkes Licht; und als ich stärker und schärfer nach dem Licht hinstarrte, da wurde ich auf einmal gewahr, dass Du, o heiliger Vater, im Licht das Licht Selbst warst!

21. Und durch all diese endlos vielen Kreise vernahm ich dann ein sanftes Wehen, und das Wehen ging von Dir aus.

22. Ich aber verstand das Wehen. Das Wehen aber offenbarte sich als ein wohlvernehmbares Wort in mir; und darum verstand ich das Wehen.

23. Das Wehen aber sprach: ‚Siehe, das ist der Weg der Liebe ins ewige Leben und durch dieses zu Mir, deinem ewigen, heiligen Gott und liebevollsten Vater!'

24. Darauf aber verstummte dann plötzlich alles, und mit meinem Gesicht hatte es ein Ende.

25. Und so ende denn auch ich; denn das ist alles, was ich gesehen, gefühlt und vernommen habe.

26. O Vater, Du lieber, heiliger Vater, nehme es gnädig auf, und verstoße mein Dich sicher nur höchst unvollkommen liebendes Herz nicht, sondern gebe mir die Kraft, dass ich Dich stets inniger und vollkommener lieben könnte ewig, ewig, ewig! Amen."

Kapitel 71

Abedam erklärt Juribaels Gesicht. Der rechte Weg zum heiligen Vater

Am 20. April 1842

1. Nach diesen Worten aber fiel der Juribael, von seiner mächtigen Liebe gedrungen, hin zu den Füßen des Abedam und machte auf diese Art seiner mächtigen Liebe gewissermaßen Luft.

2. Und so lag der Heißliebende in der vollsten Demut und tiefsten Dankbarkeit seines Herzens zu den Füßen seines Gottes, seines Schöpfers und seines Vaters.

3. Aber der Vater beugte sich gar bald zu ihm nieder und erhob ihn hinauf zur heiligen Brust, damit er da einatme das wahre, ewige Leben aus derselben Urquelle alles Lebens, aus welcher alle endlosen Ewigkeiten ihr Sein und ihr Leben gesogen haben und auch ewig saugen werden.

4. An diese heilige Brust also drückte nun der heilige, liebevollste Vater den Juribael, darum sogar dessen Fleisch erfüllt mit der Liebe zum heiligen, liebevollsten Vater ward.

5. Da ihn aber der ewige, heilige Vater also umfangen hielt mit den Armen der ewigen und unendlichen Vaterliebe, da auch richtete Er folgende Worte an ihn, sagend nämlich:

6. „Juribael, siehe, nun lebst du erst wahrhaft, und dieses Leben wird nimmer können von dir genommen werden; denn jetzt habe Ich es dir gegeben, und du hast es jetzt wahrhaft genommen aus Mir, deinem ewigen, heiligen, liebevollsten Vater.

7. Siehe, das ist aber der ewig lichte Ring in deinem Herzen, dass du nun lebst aus Meiner Liebe in dir! Denn Meine Liebe im Herzen Meiner Kinder ist ein Kreis, der sich stets vervielfältigt und vergrößert ins Endlose; und diese Kreise, die da geworden sind durch diese ewige Vervielfachung des einen Kreises, hängen aneinander wie die Glieder einer Kette oder wie das Gewinde einer Schnecke, da jedes Gewinde größer wird und geräumiger und freier, und jedes näher und näher, und stets näher der großen Ausmündung in den ewigen, unendlichen Raum, welcher im Geiste ist der allerhöchste Vollgenuss Meiner ewigen unendlichen Vaterliebe und aller Gnade und Weisheit aus ihr.

8. Und dieser Vollgenuss ist das allereigentlichste ewige Leben in aller Freiheit des Gnadengebrauchs nach der urewigen Weisheit aus Mir, welche da wird jedem zu eigen, der Mir ward ein gerechtes Kind Meiner Liebe durch seine Liebe, welche da ist vom Grunde aus Meine Liebe in ihm und macht ihn zum Kind Meiner Liebe durch diese Meine Liebe in ihm.

9. Siehe nun, Mein geliebter Juribael, das ist alles dein Gesicht, welches dir gezeigt hat den rechten Weg zu Mir, deinem und euer aller heiligstem Vater! Diesen Weg sollen alle wandeln, und der hohe Sinn Meiner Absicht mit und in euch würde da bald gar hell leuchtend vor euch enthüllt werden, und ihr würdet da nicht fragen: ‚Wo, woher und von wannen?', sondern in sich würde es jeder finden, wie die Liebe, so den Geist, welcher ist ein Träger der Liebe, und so das ewige Leben, welches ist die Liebe, und also auch den hohen Sinn Meiner Absicht, welches alles da ist die ewige, allervollkommenste Freiheit zufolge Meiner ewigen und unendlichen Weisheit, welche da ist die urewige Ordnung aller Dinge und alles Seins.

10. So aber da jemand nicht wandelt diesen Weg, wahrlich, sage da Ich euch, er wird sich zu Tode suchen und wird aber doch nimmer den rechten und kürzesten Weg finden, darum dieser ist ein Weg der Liebe und alles Lebens aus ihr, aber nicht ein Weg des finstersten Eigensinns, in dem auch nicht ein allerleisester Funke Meiner Liebe waltet.

11. Und wenn darin schon irgendeine Liebe waltet, so ist sie aber doch nur eine geraubte Liebe, welche sich da irgendein Dieb zu eigen gemacht hat und lebt dann aus dieser geraubten Liebe, welche da ist eine barste Eigenliebe.

12. Aber das Leben einer solchen Liebe dauert nicht ewig, sondern nur sehr kurz diese Zeit hindurch, in der sich solche Liebe bald verzehren wird, da sie von Meiner Vaterliebe abgetrennt wurde und somit keinen Zufluss mehr hat.

13. Ja, es verhält sich mit solcher Eigenliebe also wie mit einem Öllicht, wenn da jemand nimmt in ein Gefäß einiges Öl, das da an den verschiedenen Punkten der Berge aus kleinen Quellchen des fetten Gesteins aufsteigt zur heilenden Düngung des mageren Erdreichs, und zündet es an! Es wird zwar wohl alsbald zu brennen anfangen, wenn es sich aber verzehren wird durch das Brennen, wird da das leergewordene Gefäß wohl auch noch fortbrennen, wenn kein neues Öl hinzugetan wird?

14. O mitnichten, sondern da wird mit dem Öl auch die Flamme ausgehen, und es wird finster werden das Gefäß und kalt und tot.

15. Wenn du aber an der Quelle das Öl anzündest und verwahrst den Ort, da das Ölquellchen in lichter Flamme lodert, vor argen Winden und einer Wasserüberflutung, so wird die Flamme ewig nimmer erlöschen, sondern nur stets herrlicher fortlodern, dieweil solche Flamme nach und nach die Stelle weit um sich mehr und mehr erwärmen und daher auch stets mehr Öl dem inneren Urborne entlocken wird!

16. Siehe nun, Mein geliebter Juribael, wer demnach seine Liebe im Herzen zu Mir wendet und Mich für ewig in dieser Liebe ergreift, der hat das Öl seines Lebens an der Quelle entzündet, und diese Flamme wird nimmerdar erlöschen, sondern ihm sein ein ewiges lebendiges Licht!

17. Du hast aber jetzt das Öl deines Lebens an der Quelle angezündet; darum sei froh, denn in diesem Licht hast du den Vater als das urewige Licht gefunden!

18. Und so lasse uns denn nun auch den Oalim befragen und dann vernehmen sein Gesicht! Amen."

Kapitel 72

Oalims Gesicht von den drei ineinandersteckenden Herzen

Am 22. April 1842

1. Und alsbald berief der Abedam den Oalim zu Sich, und zwar mit folgenden Worten: „Oalim, der du dir vor lauter Dankgefühl gegen und für Meine Vaterliebe nicht zu helfen weißt, komm her zu Mir, und gebe da gleich deinen Vorgängern uns allen kund, was denn du alles in dir gesehen, empfunden und gehört hast! Aber rede ohne Furcht und Scheu, auf dass da nichts im Hintergrund bleibe; denn da ist alles von großer Bedeutung für dich, wie für alle deine Brüder. Und also öffne denn deinen Mund! Amen."

2. Und alsbald trat der Oalim hinzu, dankte aus dem tiefsten Grunde seines Herzens für die große Gnade, darum auch er berufen wurde gleich seinen Brüdern, und begann dann folgendes für jeden Menschen gewiss äußerst beachtenswerte Gesicht laut kund zu geben; also aber lautete die Erzählung:

3. „Heiliger, liebevollster, allein wahrer und guter Vater, und ihr auch, alle meine lieben Brüder, Schwestern, Leibesväter, Mütter und Kinder! Seht, der Allerhöchste hat mich allergnädigst berufen, zu reden vor Ihm und euch allen; aber wahrlich wahr, es ist schwer zu geben das mit materiellen Zungenworten, wofür die ganze Erde wenigstens meines beschränkten Wissens zufolge nichts Ähnliches aufzuweisen hat.

4. Doch ich bin getrost dabei; denn Der mir solches gab zu schauen, zu fühlen und zu hören in mir, Der wird wohl auch meiner sonst matten Zunge jene gerechte Beugsamkeit geben, durch welche ich imstande sein werde, das Unaussprechliche dennoch soviel als nur immer möglich für euch alle verständlich auszusprechen.

5. Ja, wahrlich wahr, nimmer sei ein Ende meines Dankes gegen Dich, Du überheiliger, liebevollster Vater; denn nun hat meine Zunge die Volllöse von Dir erhalten!

6. O hört es ihr alle, meine lieben Brüder und Schwestern, Leibesväter, Mütter und Kinder, und freut euch mit mir; denn

der Herr, unser großer Gott und allerheiligster und liebevollster Vater ist über alle unsere Vorstellungsfähigkeit gut, sanftmütig und voll der größten Geduld, darum Er mir die Zunge gelöst hatte und will aus meinem Munde das nun wieder vernehmen, was zuvor ohnehin nur Er in meinem Herzen erweckt hatte!

7. Da alsonach Dein heiliger Wille es ist, dass ich reden soll, da will ja auch ich mit der größten Freudigkeit meines Herzens es tun, was Dir, Du heiliger, liebevollster Vater nur immer wohlgefällig ist!

8. Und sonach vernehmt denn alle, was ich überwunderbar in mir geschaut, empfunden und gar treu und wohl vernommen habe!

9. Es klang mir anfangs sehr sonderbar, darum ich da hätte in mein Herz schauen sollen, und es war mir doch allermeist unmöglich, meinen Kopf, in dem doch die Augen stecken, in meinen Leib selbst irgendwo zu stecken und im selben dann das Herz zu beschauen!

10. Allein, als ich also nachdachte über diese Möglichkeit oder Unmöglichkeit, die Augen in den Leib zu bringen, da verlor ich aber denn auch auf einmal plötzlich das Licht meiner Augen; doch fast im selben Augenblick ward denn auch plötzlich alles hell in mir, darum ich mich da innerlich sah also, wie ich mich sonst äußerlich sehe beim Licht der Sonne.

11. Ich konnte aber da wieder nicht begreifen, wie solches möglich sein könnte, da ich solches ehedem noch nie erfahren hatte. Aber da ich also dachte, da auch fing alsbald mein Herz an, vollkommen durchsichtig zu werden, und ich sah gar bald drei Herzen also ineinanderstecken, wie da stecken hinter oder vielmehr innerhalb der stachlicht rauen Kastanienfrucht drei Kerne, und zwar zuerst der braune Schalkern, in diesem Schalkern das eigentliche Fleisch oder der Fleischkern, und in diesem Fleischkern erst hernach der kleine Keimkern, in welchem erst das Leben eingeschlossen ist, und in diesem die unendliche Mannigfaltigkeit und endlose Vielheit seiner selbst.

12. Das äußere Herz aber zersprang bald und fiel alsbald abgelöst hinab in eine endlose Tiefe, da es vollends vernichtet wurde; und das war das äußere Fleischherz des Leibes.

13. Das inwendigere, substantielle Herz aber blieb und erweiterte sich beständig, darum es das innerste, überstark leuchtende Keimherz also nötigte, dieweil es selbst fort und fort wuchs und also auch stets größer wurde, wie da der Keim eines in die Erde gelegten Samens sich stets erweitert und zwar so lange fort, bis aus ihm dasteht ein mächtiger Baum.

14. Also auch war es auch mit diesem meinem innersten Keimherzen der Fall. Anfangs nur sah es aus, als wäre es ein Herz; als es aber dann stets größer und größer wurde, da bekam es auch immer mehr und mehr eine menschliche Gestaltung, und nur gar bald erkannte ich mich selbst in diesem neuen Menschen, der da geworden ist aus diesem meinem ehemals inwendigsten lichten Keimherzen.

15. Beim Anblick dieses Menschen aber dachte ich mir: ‚Hat etwa dieser neue Herzmensch in mir denn auch noch ein Herz in sich?'

16. Und siehe da, alsbald wurde ich in diesem neuen Menschen gewahr, dass auch er noch ein Herz in sich barg!

17. Dieses Herz aber sah aus wie eine Sonne, und deren Licht war stärker denn

das Licht der Tagessonne tausendfach genommen.

18. Als ich aber dieses Sonnenherz stets mehr und mehr betrachtete, da entdeckte ich auf einmal in der Mitte dieses Sonnenherzens ein kleines, Dir, o heiliger Vater, vollkommen ähnliches, lebendiges Abbild, – wusste aber nicht, wie solches möglich.

19. Da ich aber darüber nachdachte, da ergriff mich auf einmal eine unaussprechliche Wonne, und Dein lebendiges Bild öffnete alsbald den Mund und redete zu mir aus dem Sonnenherzen des neuen Menschen in mir folgendes:

20. ‚Richte empor nun deine Augen, und du wirst bald gewahr werden, woher und wie Ich in dir nun lebendig wohne!'

21. Und ich richtete alsbald meine Augen aufwärts und erschaute sogleich in einer endlosen Tiefe der Tiefen der Unendlichkeit ebenfalls eine unermesslich große Sonne und in der Mitte dieser Sonne aber dann bald Dich Selbst, o heiliger Vater!

22. Von Dir aus aber gingen endlos viele überlichte Strahlen, und einer dieser Strahlen fiel in das Sonnenherz im neuen Menschen in mir und bildete also Dich Selbst lebendig in mir.

23. Bald darauf aber streckte der neue Keimherzmensch seine Arme aus und wollte mich äußeren Menschen gefangen nehmen.

24. Ich aber erschrak darüber, und dieser Schreck warf mich wieder in mein altes Haus zurück.

25. Das früher entwichene Fleischherz kam wieder aus der Tiefe gestiegen und umlagerte sogleich wieder die zwei inneren Herzen; als solches geschehen, ward mir wieder die Außenwelt sichtbar und alles Innere verschwand.

26. Und somit ist das auch alles, was ich in mir gesehen, empfunden und gehört habe.

27. O heiliger Vater, nimm diese meine sicher unvollkommenste Erzählung gnädigst auf, und ergänze nach Deinem heiligen Willen das Unvollkommene daran; Dein Wille! Amen."

Kapitel 73

Die Vielfalt des geistigen Lebens

```
Am 23. April 1842
```

1. Als damit der Oalim seine Gesichtserzählung beendet hatte, da fingen alle die Väter an, sich hoch zu erstaunen, und einer sagte zum anderen: „Nein, man kann es beinahe kaum mehr ertragen! Das hohe, geistig Wunderbare übersteigt hier alle unsere denkbaren Begriffe!

2. Man sollte es glauben, dass da jeder Mensch in sich doch notwendig eines und dasselbe finden sollte; aber welche endlose Verschiedenheit in der Erscheinung!"

3. Abedam, der andere, aber schlich sich heimlich zum Henoch hin und sagte zu ihm, ihn gleichsam fragend:

4. „Höre du, mein lieber Bruder Henoch, mir wird nun schon trotz aller meiner Geweckt- und Berufenheit ganz finster vor allen meinen Sinnen!

5. Sage mir doch, ob du dich dabei auskennst! Ich möchte gerade in die Erde sinken, jetzt haben sechs von diesen Kundschaftern, die da alle vom Seth abstammen, ihre inneren Gesichte kundgegeben; aber was ganz anderes hat ein jeder in sich gefunden!

6. Wie ist's demnach mit dem geistigen Leben in der geistigen Welt?

7. Werden denn da die Geistermenschen nimmer also gemeinschaftlich mit- und untereinander leben wie wir hier auf der Erde?

8. Denn so ein jeder in sich seine eigene und ganz eigentümliche Welt trägt und birgt, so fragt sich da: ‚Werden auf dieser jedes Menschen eigenen Welt auch zum Beispiel seine Brüder Platz haben, oder werden sie sich mit ihrer endlosen Welt wohl einander nahen können?

9. Oder werden sie diese ihre nur für sich selbst bewohnbare eigene Welt allzeit, wenn sie sich werden jemandem nahen wollen, also in sich einziehen, wie ungefähr die Schnecke ihre Hörner einzieht, so sie von irgendeinem fremden Gegenstand berührt werden?'

10. Siehe, lieber Bruder Henoch, das sind Dinge und Verhältnisse, die in mir sich noch viel weniger ordnen wollen als ein Brennberg in vollen Flammen, Blitzen, Krachen, und ein Gefäß voll sauer gewordener Kuhmilch!

11. Ich muss dir gestehen, je mehr ich nun darüber nachdenke, desto verwirrter werde ich und, wie bei mir schon von alters her gewöhnlich, auch desto dümmer!

12. Wenn du irgendein Licht hast in solchen rein geistigen Dingen, da lasse mir auch nur ein Fünklein zukommen; denn zu Ihm getraue ich mich jetzt nicht hinzugehen, darum Er also eifrigst Sich mit den zwölfen beschäftigt.

13. Es zieht mich zwar sehr zu Ihm hin; aber weißt du, es ist denn doch so eine etwas gewagte Sache! Ohne einen tüchtigen Putzer dürfte es bei meiner noch sehr stark vorwaltenden Dummheit nicht ablaufen; und glaube es mir, es wird einem denn doch allzeit ganz sonderbar zumute, wenn man so von Ihm geputzt wird!

14. Daher sage mir wenigstens nur drei Worte, damit ich nicht gar so dumm dastehe und blind anhöre, was alles da verkündet wird; doch, wie du es willst! Amen!"

15. Als aber der bekannte Abedam noch kaum das letzte Wort ausgesprochen hatte, da war auch schon der hohe Abedam in der Mitte zwischen Abedam, dem bekannten, und dem Henoch und fragte den Henoch:

16. „Geliebter Henoch, was willst du auf dieses Unkraut von einer Frage von Seiten Meines Namensgefährten für eine Antwort geben?"

17. Und der Henoch erwiderte: „Heiliger Vater, ich glaube, wo kein Baum steht, wird der Wind auch wenig zu entwurzeln haben!

18. Abedams Fragen sind meines Erachtens zu sehr luftig und also gestaltet, dass außer Dir, Du heiliger, lieber Vater, wohl schwerlich jemand je eine Antwort darauf finden wird!"

19. Der bekannte Abedam aber fiel alsbald vor dem hohen Abedam nieder und sagte flehentlich:

20. „O Du, unser aller lieber, heiliger Vater! Vergebe mir armem, dummem Tropf nicht nur vor Dir, sondern vor allen Vätern, Müttern, Brüdern und Kindern beiderlei Geschlechtes; denn sicher habe ich nun durch diese meine extra ungewöhnlich unzeitigen Fragen eine unermesslich große Dummheit begangen!

21. Aber was kann ich denn anderes tun bei solch unbegreiflich, unerhört wunderbaren Erscheinungen durch Deine unendliche Güte, Liebe und Gnade?!"

22. Der hohe Abedam aber sagte zu ihm, ihn beruhigend: „Abedam, stehe auf, und sei ruhig! Deine Fragen sind zwar ein

bares Unkraut der materiellen Welt; aber auch die Dornen und die Disteln sind von Mir erschaffen worden, damit sie euch durch ihre Stacheln wecken sollen, wenn ihr so irgendwann in den Tag hinein blind über den Erdboden dahinrennt und nicht wisst, wohin ihr geht, warum ihr geht, und was ihr wollt.

23. Siehe, also sind auch deine Fragen! Glaube ja nicht, dass sie eigentlich auf deinem Grund und Boden gewachsen sind, sondern Ich Selbst habe sie in dir darum aufschießen lassen, damit du dadurch geweckt werden sollst aus deinem alten, stets wiederkehrenden Schlaf und wenigstens ein Bedürfnis in dir selbst gewahren, dass dein innerer Mensch erwache und mit seinem Urlicht endlich einmal gefangen nehme dich samt deiner Nacht.

24. Damit du aber die große Dummheit deiner Frage vollends ersiehst, und zwar mit einem Schlag, so sage Mir aus dir selbst: Was sind denn all die geschaffenen Dinge vom Grunde aus?"

25. Hier stutzte der bekannte Abedam und sagte endlich: „Ja, soviel ich es durch Dich weiß, Du lieber, heiliger Vater, da sind sie ja lediglich nichts anderes als nur allein festgehaltene Gedanken aus Dir!"

26. Und der hohe Abedam erwiderte darauf: „Du hast gut geantwortet; sage Mir aber darum auch noch hinzu, ob Ich selbe, gleich wie die Schnecke ihre Hörner, einziehen muss, so Ich Mich euch Kindern wie jetzt nahen und euch allen vors Gesicht treten will!"

27. Hier stutzte der bekannte Abedam noch ärger – und blieb still.

28. Der hohe Abedam fragte ihn noch einmal: „Und so du Gedanken hast oben und unten und allerlei Begierden aus diesen deinen Gedanken, sage Mir, wann

waren diese dir noch ein Hindernis, dass du dich denen zufolge niemandem nahen konntest?! Und doch sind eben diese deine inneren Gedanken deine innere Geistwelt selbst; und wenn du jemandes gedenkst, so ist der schon im Geiste bei dir!"

29. Und der Abedam, der bekannte, erwiderte flehentlich: „O heiliger Vater, vergebe, vergebe mir armem Tropf; denn meine Dummheit ist wahrlich groß!

30. Jetzt wird mir schon alles klar!" – Der hohe Abedam aber sagte darauf zu ihm:

31. „So gehe denn auf deinen früheren Platz, und habe Acht auf das, was da noch kommen wird, so wird hinfort kein Unkraut von den allertörichsten Fragen in dir aufkeimen!

32. Denn darum lasse Ich ja eben die zwölf ihre Gesichte kundgeben, damit ihr in alle Zukunft vor jeglichem Zweifel verwahrt sein und bleiben sollt, jetzt wie ewig! Amen.

33. Verstehe dieses wohl! Amen."

Kapitel 74

Die Gotteslehre muss durch das lebendige Zeugnis des Herrn im Herzen bestätigt werden

Am 25. April 1842

1. Nachdem aber Abedam, der bekannte, solche Lektion empfangen hatte, da ward er vollkommen zufrieden, fiel dem hohen Abedam zu den Füßen, dankte Ihm mit aller Inbrunst seines Herzens, richtete sich dann wieder auf und ging auf seinen früheren Platz hin.

2. Der hohe Abedam aber richtete alsbald Seine Augen hin auf den Oalim wieder

und sagte zu ihm und somit auch zu allen den Vätern:

3. „Höre nun du, Mein geliebter Oalim, und beachte es wohl ein jeder in sich, was Ich euch hier sagen werde!

4. Denn das ist ein allerwichtigstes Ding; dass ihr das wohl erfasst im Herzen!

5. Obschon ihr, die ihr Mich mit euren Augen seht, und mit euren Ohren hört, dessen nun nicht mehr bedürft, so werden aber gar viele euch noch nachkommen, die es dann allernötigst werden haben müssen, so sie Mich werden kennen und in ihrem Herzen lebendig gläubig behalten wollen.

6. Bei denen aber diese Lehre vernachlässigt wird, die werden Mich verlieren aus allen ihren inneren Sinnen und werden sich darüber aus der groben Materie Götter machen und werden sie an Meiner statt anbeten; einige aber werden tun, wie nun schon tut der Lamech in der Tiefe.

7. Daher also beachtet und behaltet wohl die folgende große, heilige Lehre!

8. Solches aber will Ich euch jetzt lehren über das Gesicht Oalims:

9. Siehe und sehet; höre und höret! Der Mensch, der Mich nicht sah und hörte, wie ihr jetzt, kann von Mir lediglich nichts wissen, außer was er gehört hatte von seinen nächsten Vormenschen.

10. Also war es auch bei euch bis jetzt der Fall, da außer dem Adam und der Eva niemand Mich je gesehen und gehört hatte – außer durch den Mund Adams und der Eva, die da Mich gesehen und gehört haben, und einigen wenigen Zeitgenossen Ahbels, die da Meine Stimme durch Meinen Engel vernommen haben.

11. Wie es aber euch ergangen ist bis auf diese Zeit, also wird es wieder euren Nachkommen ergehen, die Mich da nur durch euren Mund werden, aber eigentlich besonders nur durch eure Herzen sollen tätig kennenlernen.

12. Was aber könnt ihr euren Kindern von Meinem Dasein denn für Beweise geben, so Ich Mich ihnen nicht auch zeige und zeigen kann und darf, wie nun euch?

13. Ihr könnt ihnen nichts anderes tun, als nur oft genug sagen, dass Ich zwar allenthalben da bin unsichtbar, wohne aber eigentlich dennoch irgendwo über allen Sternen in einer endlosen Höhe der Höhen, oder Tiefe der Tiefen, und dass ihr Mich wesenhaft gesehen habt.

14. Werden eure Kinder aber auch ihren Kindern eine solche Lehre von Mir geben können, da sie keine Zeugen waren Meiner Sichtbarkeit?

15. Seht, so sie lehrten als Zeugen, da müssten sie ja vor Scham rot werden, und ihre Kinder würden es ihnen ja doch gar bald ankennen, dass ihnen ihre Eltern eine Unwahrheit gesagt haben!

16. Daher müssen sie ihnen sicher doch nur euch als Zeugen Meines Daseins aufstellen, – und so fort auf Kinder und Kinder, und Kinder und Kinder.

17. Wenn aber dadurch die Zeugen stets mehr und mehr veralten werden und lange, lange, lange nicht mehr da sein werden und von den späteren Nachkommen sogar das Dasein der einstmaligen Zeugen selbst bezweifelt wird, sagt, wie wird es da mit der Lehre von Mir aussehen?

18. Wird am Ende nicht auch deren Echtheit samt eurem Dasein bezweifelt werden?

19. Und was werden diese Menschen dann tun, wenn für die Echtheit dieser Meiner gegenwärtigen Lehre niemand mehr einen gültigen und haltbaren Beweis wird aufzustellen imstande sein?

20. Ich sage euch, da wird sich dann bald ein jeder nur etwas mächtigere Mensch einen naturmäßigen Gott machen und wird ihn mit seinen Hauptleidenschaften ehren und wird endlich seine Brüder mit Gewalt zwingen, diesem seinem Gott zu huldigen und zu opfern.

21. Wenn aber solches zustande gebracht wird, so wird durch solche Abgötterei auch alles hinabsinken in die allertiefste Nacht des Verderbens und des ewigen Todes, und Ich werde dann gezwungen werden, mit feurigen Schwertern und flammenden Ruten zu richten die in den Tod gesunkene Welt, um sie wieder so weit zu beleben, dass sie fähig werde eines anderen Gerichtes; und da wird aus Tausenden kaum einer zur Freiheit gelangen, oder – was ebenso viel heißt – Tausende werden da kaum das freie Leben eines einzelnen haben, und ihr Wohnort wird heißen Materie.

22. Ich meine aber nun, ihr werdet in die Genüge haben, um einzusehen, dass alle Lehre vom Munde zu Munde kein nütze ist und also auch die vom Herzen zu Herzen, wenn sie nicht durch eine innere heilige Zeugenschaft auf das Lebendigste bestätigt wird.

23. Ja wahrlich, sage Ich euch, die Lehre mag an und für sich noch so wahr, gut und schön sein, wenn sie aber auf den alleinigen Glauben angewiesen wird, der da nichts als die alleinige schale Überlieferung zum Grunde und die Blindheit des Herzens zum zeugenden Beweis für die Echtheit der Lehre hat, so ist die Lehre alles dessen ungeachtet zu nichts nütze!

24. Ihr aber seid schon überschwach geworden, da doch alle eure Urlehrer noch am Leben sind; wie wird es denn hernach erst jenen ergehen, die über eure jetzige Existenz selbst in den blindesten Kampf geraten?!

25. Daher sage Ich euch noch einmal, dass da keine Lehre zu etwas nütze ist, wenn ihre Satzungen nicht durch Mein lebendiges Zeugnis in jedes Menschen Herzen können bestätigt werden!

26. Im Oalim habt ihr dieses lebendige Zeugnis ganz vollkommen dargestellt gefunden. Also ist es hernach auch zu nehmen, dass ihr zwar Meinen Namen und Meine urewige Gnade, Heiligkeit und liebevollste Wesenheit lehrt den Kindern schon aus eurem Munde auf die Art, wie Ich es euch nun bis zur Genüge schon gezeigt habe; aber nur lasst es nicht bei der alleinigen Lehre bewendet sein, sondern sorgt eifrigst dafür, dass diese Lehre bei ihnen alsbald übergehe zur vollen, lebendigen Tat, und seid versichert, dass da jeder, der in und an sich diese Lehre ernstlich tätig aufnehmen wird, alsbald das große, lebendige, heilige Zeugnis Oalims in sich finden wird, welches da überstark leuchtend zeugen wird von der lebendigen Echtheit dieses Meines nun an euch alle gerichteten Wortes!

27. Seht, Oalim fand im dritten Keimherzen, nachdem es sich gestaltet hatte zu einem Menschen, noch ein Sonnenherz und in diesem Herzen endlich Mich Selbst, wie ihr das erwärmende Bild der Sonne in jeglichem Tautropfen findet; und dieses Mein Bild in ihm redete gleich Mir in ihm, und dessen Wort zeugte ihm Mich als den ewigen, heiligen Vater in der Höhe Meiner unendlich heiligen Göttlichkeit!

28. Dieser innere Mensch Oalims wollte schon eins werden mit dessen äußerem substanziellen und zu einem Teil auch mit dessen gar äußerem materiellen

Menschen; allein dazu war der Oalim noch nicht reif.

29. Ihr aber sollt alles dieses erfahren erst in eurer Vollreife, aber dann bleibend ewig.

30. Eben also auch tuet und lehret danach eure Nachkommen, so werdet ihr ihnen ein bleibendes Zeugnis von der Echtheit dieser Meiner Lehre überliefern, und dieses Zeugnis wird ihnen sein zum Lohn, darum sie diese Worte tätig beherzigt haben, für alle Zeiten der Zeiten.

31. Wer aber dieses Zeugnis in sich wird finden, der hat auch das ewige Leben schon empfangen aus Mir, das ihm da ewig nimmer wird genommen werden.

32. Seht, solches alles besagt das wahre Gesicht Oalims; doch was da noch ferner zu verstehen ist und auch wohl zu beachten, solches sollen euch die Gesichte der noch Folgenden kundgeben, und so lasst uns zu dem Behufe auch den Thuarim vernehmen! Amen."

Kapitel 75

Thuarims Gesicht. Die entsetzliche Feuerqual

Am 26. April 1842

1. Und alsbald berief der hohe Abedam den Thuarim zu Sich und sagte zu ihm: „Thuarim, du bist berufen, – mehr brauche Ich dir nicht zu sagen; daher tue ohne Furcht und Scheu Meinen Willen! Amen."

2. Und der Thuarim ging zagenden Mutes hin zum hohen Abedam, dankte Ihm in aller Inbrunst seines Herzens und begann aber dann sogleich sein Gesicht kundzugeben vor Mir und all den Vätern.

3. Also aber war das Gesicht beschaffen, und also lautete es aus dem Munde Thuarims:

4. „O Du unser aller heiliger Vater, der Du bist voll Liebe und Erbarmung, das war eine harte Prüfung für mich armen, blinden Sünder vor Dir, o Jehova!

5. Du weißt es, wie es mir ergangen ist in diesen wenigen Augenblicken; aber die Väter wissen es nicht, und so will ich es denn nach Deinem heiligen Willen getreu kundgeben, was mich durch diese wenigen Augenblicke gepeinigt hat also unerträglich lange scheinend, als hätten mich schon alle Ewigkeiten mit ihren unendlichen Armen umschlossen.

6. Also aber war dieser mein schauderhafter Zustand beschaffen: Als ich heimlich etwas ärgerlich darüber nachdachte, gleichsam mir selbst sagend: ‚Was soll das heißen: in mich selbst schauen? Klingt das nicht wie ein barster Unsinn? So Du unser Schöpfer bist, da musst Du ja doch wohl wissen, wozu Du einem die Augen gegeben hast?!

7. Bis jetzt hat noch jedermann sich derselben nach außen hin bedient; wie soll ich jetzt denn auf einmal dieselben gänzlich umkehren, was mir rein unmöglich ist, und in mich hineinschauen und daselbst erfahren, wie es da aussieht in meinem Leib?!'

8. Ich versuchte darauf wirklich eine Zeit lang die Augen soviel nur immer möglich zu verdrehen, dass mir darob förmliche Feuerflammen aus den Augen brachen gleich feurigen Kreisen und ich gar gewaltig davor erschrak. Aber alles das war dennoch ein ganz vergebliches Abmühen; denn so ich meine Augen wieder zur gewöhnlichen Ruhe brachte, da sah ich

dennoch nichts anderes als nur das, was da außen um mich her sich befindet.

9. Ich sah auch bald den einen und bald den anderen von meinen Brüdern an, konnte aber an keinem etwas entdecken, das mir als etwas ganz Besonderes hätte auffallen können.

10. Da ich somit durchaus nichts habe finden können, da ward ich dann doppelt ärgerlich und dachte mir wieder dabei: ‚Das ist sicher nichts anderes als eine pure Versuchung an meinem Verstand!

11. Aber so dumm bin ich ja dennoch nicht, als man vielleicht der guten Meinung ist!

12. Daher gebe ich nach als der offenbar Verständigere und lasse die anderen ungestört ihrer Narrheit über, so sie eine Freude daran haben; ich aber bleibe bei meiner guten, alten Ordnung!

13. Es soll in sich schauen, wer da will, mag und kann; ich aber gebrauche mein Augenpaar lieber zu dem Zweck, für welchen sie mir vom Schöpfer aus verliehen wurden!'

14. Und also kam ich wieder aus meinem Ärger heraus und ward ruhig.

15. Aber meine vermeintliche Ruhe dauerte nicht lange; denn die Erde unter meinen Füßen wurde bald so locker wie ein leichter, trockener Sand oder wie frisch gefallener Schnee, und ehe ich mich versehen konnte, war ich schon begraben im tiefsten Abgrund der Erde!

16. Da ward es denn überfinster um mich her, und ich konnte mir mit den Händen kaum so viel Raum vor dem Mund machen, dass ich allersparsamst atmen konnte.

17. In dieser allergrößten Not dachte ich dennoch an Dich, Du heiliger Vater, und flehte um Hilfe und Rettung Dich an.

18. Allein mein Flehen verlor sich in den endlos nach allen Seiten mich umgebenden Sand, und anstatt, dass mir da eine Rettung wurde, sank ich nur stets tiefer und tiefer hinab in den grundlosen Sand der Erde; und als ich ganz verzweifelt also sank und sank, da kam mir denn auf einmal ein gar ekliger Geruch entgegen, und der war ärger, ja der war unaussprechlich ärger denn jeder Gestank auf der Erde, den je meine Nüstern empfunden haben!

19. Und siehe, da auch hatte bald der Sand ein Ende! Ich war des froh, denn ich dachte mir da: ‚Es ist sicher die Errettung über mich gekommen!'

20. Aber wie unaussprechlich entsetzlich wurde ich in dieser meiner frohen Erwartung getäuscht!

21. Denn jetzt fing erst ein Elend an, für das ich wahrlich keine Worte finde, um es genügend darzustellen.

22. Nur so viel kann ich sagen, dass ich da, wo der Sand aufhörte, alsbald in einen heißen Schlamm sank, der da stets heißer und stinkender wurde, je tiefer ich sank.

23. O Du heiliger Vater! Welche entsetzliche Not und Angst ich da ausgestanden habe, als ich merkte, dass das Sinken nimmer ein Ende nehmen wollte und der Schlamm selbst anfing, sich in eine glührote Asche umzuwandeln und diese endlich selbst wieder in ein ganz weißglühendes Chaos gleich dem, das da öfter den brennenden Bergen entströmt, – wäre mir unmöglich mit der Zunge zu schildern!

24. Diese glühflüssige Materie verursachte mir den allerunausstehlichsten, brennendsten Schmerz und vermehrte dadurch meine unaussprechlichste Qual ums Unendlichste, da mich diese ewige Glut dennoch unverzehrt ließ und nicht ein

einziges Haar auf meinem Haupt zerstören wollte oder konnte!

25. Hier konnte ich nicht mehr bitten und beten, sondern mein ganzes Wesen war da ein Fluch über alles, was mir zu einem so elendsten Dasein verhalf!

26. Aber je mehr ich ergrimmte, desto tiefer in das stets heißer und heißer werdende Glühmeer sank ich hinab!

27. Als es also denn stets schrecklicher und schrecklicher ward, da rief ich in der allerfurchtbarst erschrecklichsten Verzweiflung aus:

28. ‚Gott, Du schrecklich grausamstes Unding! So Du irgendwo bist, da vernichte mich; denn für dieses Dasein kann ich Dir nicht einmal fluchen, geschweige erst danken!

29. O Du elender, allererbärmlichster Gott! Welchen Reiz kann Dir denn das gewähren, darum Du mich erschufst für solche Qual?!'

30. Und siehe, als ich also erschrecklich rief und schrie, da vernahm ich denn plötzlich einen starken Donner, und der Donner rief und redete zu mir:

31. ‚Elender, Ohnmächtiger! Warum fluchst du Mir, deinem Vater?!

32. Siehe, Ich zeuge dich nun im Feuer Meiner unendlichen Liebe zu einem ewig unsterblichen Wesen, das da Mir vollends ähnlich sein soll, und führe dich an Meiner Vaterhand, auf dass auch nicht ein Härchen deines Hauptes zugrunde gehen soll, und habe die ganze Dauer dieser deiner Liebefeuerprobe nur auf drei Augenblicke lang nach irdischer Rechnung bestimmt, und schon hast du darum den schrecklichsten aller Flüche über Mich ausgesprochen! Was soll Ich nun mit dir tun?'

33. Und ich erwiderte darauf: ‚O Du überheiliger Vater! Vernichte mich, denn nun bin ich des Daseins nicht mehr wert, da ich Dir geflucht habe!'

34. Da umwandelte sich das Glutmeer plötzlich in ein sanftes Licht, und aus diesem Licht vernahm ich wieder Worte, die also lauteten:

35. ‚Siehe, Ich, dein Vater, fluche nicht und will vergessen, was du Mir angetan hast; denn was du jetzt gesehen, war dein stetes Verhältnis auf der Erde zu Mir. Aber erkenne jetzt doch, dass Ich, dein Vater, es bin und ziehe dich zum ewigen Sein durch all deinen Lebenstrugsand, durch deinen Weisheitsschlamm und durch deine arge Glut in das reinigende Feuer Meiner Vaterliebe, und endlich durch dieses zum reinsten Licht des ewigen Liebeslebens in Mir!

36. Und so kehre denn mit diesem Bewusstsein wieder zurück auf die Erde, allda Ich deiner harre! Amen.'

37. Und ich ward wieder plötzlich hier.

38. O Du heiliger Vater, hier bin ich wohl, – aber wie bin ich nun vor Dir?

39. O wenn es doch möglich wäre, dass Du mir vergäbst die größte Unbill, die ich Dir angetan habe, dann möchte ich ja darum tausend Jahre die höchste Feuerqual ausstehen!

40. O vergebe, vergebe mir größtem Sünder! Doch, was bitte ich? Ich bin ja Deiner ewig nicht mehr wert!"

Kapitel 76

Abedam erklärt Thuarims Gesicht. Der Kampf zwischen dem Weltverstand und dem Herzen

Am 28. April 1842

1. Nach vollendeter Erzählung aber, da der Thuarim zu weinen anfing aus großer

Reue wegen der vermeintlichen großen Unbill, die er Mir angetan habe, ergriff Ich als der hohe Abedam alsbald seine Hand und sagte dann zu ihm:

2. „Höre und verstehe, du, Mein lieber Thuarim, was du getan hast in deinem Gesicht, gereicht dir so wenig zu einer Sünde, als es einem von irgendeiner Berghöhe herabstürzenden Stein zur strafbaren Schuld gerechnet werden kann, so durch seinen mächtigen Fall irgendein Unheil angerichtet worden wäre.

3. Daher magst und kannst du wohl ruhig sein; denn solchen Sinn hat dein Gesicht nicht, und die Worte, die du in dir vernommen hast, gehen nicht etwa wesentlich nur dich an, sondern da hat alles einen allgemeinen Sinn, und die Worte gelten jedermann.

4. Du aber warst von Mir ja nur berufen, solches zu erschauen im Geiste in dir, aber nicht, als hättest du darob müssen ein Fehl begehen gegen Mich.

5. Damit du aber solches Gesicht nicht ohne Nutzen für alle die Nachwelt geschaut hast, so höre und verstehe denn, und also auch ihr alle, was dieses Gesicht besagt! Solches aber ist dessen Sinn:

6. Dein äußerer Versuch, mit den Leibesaugen in dich zu schauen, stellt das törichte Abmühen des Weltverstandes vor, da er in geistige Verhältnisse eindringen will, während er doch von nichts als nur von lauter materiellen Begriffen sich selbst bildend zusammengestellt ist, das heißt, er ist nichts als bloß nur ein Aufnahmeorgan der Seele, durch welches diese zur Anschauung der Außenwelt gelangt.

7. So er aber nur das ist, wie sollte er hernach können Geistiges erschauen und, wie gestaltet dasselbe ist, in sich erfassen?

8. Die feurigen Kreise aber, die deine Augenverdrehung hervorgebracht hatte, bedeuten die sogenannten Witzfunken des Weltverstandes, welche ihm aber fürs geistige Schauen ebenso viel nützen wie die Feuerkreise den naturmäßigen Augen, – das heißt, er wird dadurch geradeso wenig schärfer und gesünder wie das naturmäßige Auge durch derlei Anstrengungen und Quetschungen.

9. Siehe, das ist der Anfang deines Gesichtes, und das geht nicht dich an in diesem deinem inneren Zustand, sondern die ganze Welt, darum Ich dich nun ihr zu einem Propheten gebe auf diese Art, wie du es an und in dir erfahren hast.

10. Du warst aber dabei ärgerlich, und zwar einmal sogleich, als Ich euch beheißen habe, dass ihr alle in euer Inneres schauen sollt, und dann, als du deine Versuche gemacht hast und dennoch nichts auszurichten vermochtest.

11. Siehe, auch dieser Ärger war kein natürlicher Ärger mehr, sondern er kam darum über dich, auf dass da angedeutet würde der Hochmut des Weltverstandes, der da nie ein Gefangener sein will in der Wahrheit, sondern frei und ein Herrscher bei allem Mangel des Lichtes und sich nur dann glücklich wähnend, so von allen Seiten seiner Dummheit gehuldigt wird, und ruhig nur dann, wenn er mit Spott und Hohn seinen Brüdern auf den Köpfen, sich herablassend, herumsteigt!

12. Siehe, solches geht dich auch nun nicht mehr an; denn darum habe Ich dich zu einem Propheten gemacht, dieweil du keine Schuld in deinem Herzen hattest!

13. Solches alles bedeutet sonach dein Gesicht bis dahin, als du in den Sand zu sinken anfingst. Was aber besagt hernach der Zustand, da dich die Nacht des Sandes in

sich begrub und du dann stets tiefer sankst und hattest Not mit dem Atem und batest um Errettung; es wurde dir aber keine zuteil?

14. Siehe, hier fängt schon deine innere Erklärung an zu wirken und zu leuchten!

15. Der Sand aber bedeutet alle die Weltwisstümlichkeiten, wenn sie anfangen, vollends das Herz der Seele gefangen zu nehmen, wodurch dann dieses in große Angst und Verwirrung gerät ob des Druckes und der Nacht, was alles der Verstand über das arme Herz verhängt.

16. Da auch wehrt sich das Herz nach aller Möglichkeit und schiebt den Sand vom Mund weg und macht sich einen sparsamen Luftraum und sehnt sich flehentlich nach der Errettung.

17. Aber der überreiche, nie zu wenig habende Weltverstand lässt sich da sein Recht nicht mehr nehmen, versandet das Herz nur noch mehr und mehr.

18. Da aber dann das Herz ungeduldig wird und anfängt zu verzweifeln, und der Verstand sieht, dass es ihm unmöglich wird, über dasselbe zu siegen, da lässt er es endlich sinken in den Schlamm derjenigen Begierden, welche er selbst lange eher schon irgendwann in dasselbe geschoben hatte.

19. Hier erfährt dann erst das Herz die vollste Unzulänglichkeit desjenigen und die barste Schändlichkeit dessen, womit es der Weltverstand bereichert hat.

20. Das Herz fängt da an, sich zu empören gegen den also trüglichen Verstand, und ergrimmt in sich selbst. Siehe den glühenden Chaos-Pfuhl!

21. Da aber dieser scheidende Moment ein allerbitterster – sowohl von Seiten des Herzens, wie nicht minder von Seiten des Weltverstandes – ist, so gerät das Herz

darüber in die größte Raserei, da es jetzt gänzlich alles Lichtes bar wird wie der Verstand ohne das Herz alles Wärme- und Zündstoffes für sein Truglicht.

22. Siehe, hier fingst du an, gegen Mich loszuziehen im Herzen und zu fluchen im Verstand!

23. Ich sage dir aber, dass Ich niemals sehe auf die Werke des Verstandes, so ihn das Herz verabschiedet hat.

24. Über das Herz aber gieße Ich dann alsbald Mein heilendes Liebelicht aus, damit da alsbald heile zum ewigen Leben das wunde, zu Mir heimkehrende Herz, wie du solches durch die innere Stimme deutlich vernommen hast.

25. Aber auch solches alles geht dich nichts an, denn dich mache Ich dadurch zu einem Propheten, damit du dadurch zeugen sollst fürder wider alle Welt und ihre Weisheit. Daher sei ruhig, und fürchte dich nimmer; denn Ich habe solches in dir hervorgerufen, damit du allzeit zeugen sollst aus Mir gegen alle Torheiten der Welt! Amen."

Kapitel 77

Wie die wahre, lebendige Liebe beschaffen sein muss. Das Gleichnis von der Maid und ihrem Liebhaber

Am 30. April 1842

1. Nach dieser Lehre Abedams aber wurde der Thuarim überfröhlichen Herzens und wusste sich vor lauter Liebe nicht zu helfen, so zwar, dass er darob die Hand Abedams nimmer auslassen wollte.

2. Der Abedam aber sagte zu ihm bei dieser liebeunzertrennbaren Gelegenheit: „Thuarim, du hast Mich wahrhaft mächtig

ergriffen mit deinem Herzen wie mit deinen Händen und bist dadurch schon wieder zu einem neuen Propheten erhoben worden!

3. Denn wahrlich, wahrlich, sage Ich dir und euch allen hier, wer Mich fürder nicht dir gleich ergreifen wird, der wird den Ton Meiner Stimme wohl schwerlich je vernehmen im eigenen Herzen!

4. Wer aber den nicht wenigstens einmal in diesem Erdtraumleben wird vernommen haben, bei dem hat sich das Leben noch nicht eingefunden, und er schwankt noch sehr zwischen Leben und Tod.

5. Und also bedeutet diese deine gegenwärtige Liebe zu Mir die wahre, werktätige, lebendige Liebe. Wer Mich demnach nicht mit dem Herzen und also auch mit den Händen durch gute, Mir wohlgefällige Liebeswerke an seinen Brüdern und Schwestern ergriffen hat, dessen Liebe gleicht noch einer unreifen Frucht, die noch gar leicht eher vom Baum des Lebens durch irgendeinen Stoßwind geworfen werden kann, bevor sie reif wird und zeitig in ihr der Keim des Lebens.

6. Wer aber dann hat die werktätige Liebe, der ist schon reif und wohl zeitig zum ewigen Leben; denn der hat wahrhaft den lebendigen Sinn Meiner Absicht in sich gefunden, welcher da ist Mein ewig lebendiges Wort. Dieses Wort aber ist ja der Keim des ewigen Lebens in ihm!

7. So aber da jemand sich hätte eine Maid erkoren, auf dass sie da möchte werden sein Weib, und liebte sie darob zwar heimlich im Herzen und möchte sie darum auch dann und wann anlächeln, aber ihr die Hand zu reichen, möchte er stets verzögern, – sagt Mir, wird ihm die Maid wohl glauben, dass es ihm ernst sei mit seiner Liebe?

8. Oh, Ich sage euch allen, das wird sie gar fein bleibenlassen; denn sie wird sich sagen: ‚Läge dir im Ernst etwas an mir, so würdest du deine Hände sicher nicht auf dem Rücken tragen, wenn du zu mir kommst, sondern mit offenen Armen würdest du zu mir eilen!

9. Ich aber kenne deine Lau- und verborgene Schalkheit, dass du mehreren meinesgleichen schmeichelst und willst aus uns dir eine ausklauben nach deinem Behagen und nach deiner Liebe Trägheit; daher bleibe mir ferne, denn mein Herz hat dich noch nie erkannt!‘

10. Seht, diese Maid hat ein ganz vollkommen gerechtes Urteil gegen den lauen Liebhaber gefällt! Ich sage euch aber, dass Ich dereinst, nachdem ihr wieder werdet von dieser Erde heimkehren durch den Tod des Leibes in das große Reich des Geistes, nicht um ein Haar anders über euch und eure Liebe zu Mir urteilen werde, als wie da geurteilt hat diese Maid über ihren lauen Liebhaber! Des seid völlig versichert!

11. Wahrlich aber, sage Ich euch, wenn aber dann kommen wird zu dieser Maid ein anderer Liebhaber – wenn sie schon seiner auch eher noch nie gedachte –, sie aber sehen wird, wie er mit offenen Armen zu ihr hineilt, sie grüßt und sie ergreift mit großer lebendiger Hast und sie drückt an seine Brust und küsst sie heiß auf ihre Stirne und sagt dann zu ihr liebebeklommenen Herzens:

12. ‚Heißgeliebteste! Was verlangst du von mir, das ich tun soll, auf dass du sähest, wie überaus mächtig groß meine Liebe zu dir ist?!‘

13. Was meint ihr, wird die Maid diesen Liebewerber auch also abspeisen wie den früheren Lauen?

14. O mitnichten, sage Ich euch, sie wird ihn behalten in aller Liebwärme ihres Herzens!

15. Seht, gerade also werde auch Ich es wahrlich machen!

16. Wer Mich ergreifen wird mit Herz und Hand, den werde auch Ich ergreifen mit aller Kraft Meiner Liebe und werde ihn sicher ewig nimmerdar auslassen.

17. Wer es aber mit Mir machen wird gleich dem lauen Brautwerber, wahrlich, es wird ihm von Mir aus nicht um ein Haar besser ergehen, als es da ergangen ist dem lauen Brautwerber!

18. Und also bist du, Mein lieber Thuarim, ein neuer Prophet in der Liebe und zeugst dadurch von Mir aus, wie die wahre, lebendige Liebe muss beschaffen sein, so da jemand durch sie zu Mir gelangen will.

19. Wann aber jemand tun wird diesem deinen sichtbaren Zeichen zufolge im Geiste und aller Wahrheit aus ihm, der wird auch alsbald gelangen im Geiste und aller Wahrheit dahin, da du dich jetzt, solches zeugend prophetisch, befindest.

20. Wer sich aber da befinden wird, der hat den Sinn Meiner Absicht lebendig in sich selbst gefunden.

21. Dieser Sinn aber ist das allereigentlichste ewige Leben aus Mir und in Mir!

22. Du aber bist für dich nun schon in dem Sinne, von dem du nun auch äußerlich zeugst, und also ist die große Bestimmung getroffen und vollbracht.

23. Es sind aber noch große Dinge verborgen; daher lasst uns auch den Rudomin vernehmen und wohl beachten, was denn er alles gesehen und vernommen hatte in sich! Amen."

Kapitel 78

Rudomins Gesicht. Die gewaltige Größe der Kinder Gottes

Am 2. Mai 1842

1. Nach diesen Worten entließ der Abedam den Thuarim äußerlich, aber nicht also etwa auch innerlich; und der Thuarim, fast ganz in Liebe und Dank aufgelöst, ließ somit zwar wohl auch äußerlich die Hand des Abedam aus, klammerte sich aber eben darum desto krampfhaft fester im Herzen an dieselbe an und ging dann in solcher lebendiger Verfassung einige Schritte zurück, und zwar auch gleich dem Sehel rücklings, damit er ja kein Auge abwendete von Dem, den sein Herz nun erkannt hat, dass Er heilig, heilig, heilig ist und voll der allerhöchsten Vaterliebe.

2. Als er nun wieder seine vorige Stelle erreicht hatte unter seinen Brüdern, da berief der Abedam alsbald den Rudomin, sagend nämlich: „Rudomin, komme und rede und zeuge aus dir! Amen!"

3. Und alsbald trat der sehr große Rudomin hervor aus seiner Brüder Mitte und stand da gleich einer Himmelssäule, ganz starr vor lauter Demut, Liebe und Ehrfurcht vor dem hohen Abedam.

4. Trotz dieser seiner Befangenheit aber sprach sich aus allen seinen Teilen dennoch eine wahrhaft männliche Ruhe und bescheidene Erhabenheit aus, welche da bei keinem anderen also gewaltig, das heißt also ersichtlich ausnehmend sich äußerte wie eben beim Rudomin, darum er an Körpergröße alle Kinder samt dem

Adam bei weitem übertraf, da er ein Riese war von sechzehn Handspannen Höhe und sonst überkräftig in allen seinen Muskeln und Nerven.

5. Als aber dieser Riese lange zauderte mit seiner Sprache und sich stets mehr und mehr ängstlich bedünkte und ehrfurchtvollst in sich überlegte, wer Der ist, vor dem er jetzt stehe und reden solle, da sah ihn alsbald der Abedam liebfreundlichst an und fragte ihn:

6. „Rudomin, warum zauderst du vor Mir, deinem Vater und Gott?

7. Was hält da denn noch gefangen dein Herz und gebunden deine Zunge?

8. Lasse das, was für jetzt nicht taugt; ermanne dich im Herzen und rede! Amen."

9. Diese ermunternden Worte drangen wie ein ätherischer Lebensbalsam durch das ganze Wesen Rudomins, sein Herz ward frei von aller Beklommenheit und seine Zunge leicht gleich einer Federflaume; und also begann er auch mit einer mächtigen Riesenstimme alsbald zu reden, so laut zwar, dass sich seine Worte an den Wänden der nächsten Berge brachen und also verhallten.

10. Also aber lauteten sie: „Gott, Du ewige, allerreinste Liebe, der Du heilig, heilig, heilig bist! Wer kann Dich lieben, loben und preisen nach Würde und rechter Gebühr?! Denn zu wunderbar groß und heilig ist alles, was Du, o heiliger Vater, uns gibst!

11. Was doch ist der Mensch in aller seiner Niedrigkeit und voller Nichtigkeit, dass Du, o großer, ewiger, allmächtiger Gott, seiner gedenkst und ihn also mächtig fühlen lässt die Ausflüsse Deiner unendlichen Gnade, Liebe und Erbarmung?!

12. Ja, jetzt erst erkenne ich es klar und deutlich, dass Du, o Gott, ein wahrhafter Vater bist und wir Deine Kinder; denn was

solltest Du anderes sein und was wir, da uns doch nur Dein heiliger Wille durch Deine endlose Liebe gezeugt hat?

13. Ja, ja, Du bist wahrhaft unser aller heiliger Vater und wir wahrhaft Deine Kinder und sind endlos groß von Dir aus und erhaben und mächtig, aber klein und nichtig, ja gar nichts von uns selbst aus, da nicht wir, sondern nur Du uns gezeugt hast aus Deiner ewigen, unendlichen Liebe!

14. Uns selbst überlassen, sind wir wahrhaft nichts; aber an Deinem Vaterherzen sind wir groß, ja unnennbar groß, stark und überaus mächtig, so, dass Welten und Sonnen und Monde zu Milliarden vor unserem leisesten Hauch fliehen wie der leichteste Staub, den des Strahles leichtestes Wehen schon aus seiner Ruhe scheucht.

15. Wahrlich, solches würde ich nicht sagen, so ich es nicht gesehen und empfunden hätte in meinem Gesicht!

16. Ich aber habe es gesehen und gar mächtig empfunden, und so rede ich auch dieser meiner in mir durch die Gnade unseres heiligen Vaters gefundenen und überklar und mächtigst empfundenen und tiefst geschauten Wahrheit zufolge.

17. Denn gar bald nach der heiligen Beheißung, dass wir in unser Inneres schauen sollten, verschwand die Erde und der ganze sichtbare Himmel, und ich schwebte allein in der Mitte eines unendlichen, ewigen Raumes. Meine Augen starrten lange in die unendlichen Tiefen der Ewigkeiten; aber vergeblich war dieses eitle Mühen, denn da war sogar jedes Stäublein hinabgesunken in irgendeinen Abgrund der Unendlichkeit.

18. Nur ich allein schwebte hier ohne Unterlage irgendeines Weltkörpers im

heiligen Dunkel des unendlichen, ewigen Raumes!

19. Aber plötzlich kam ein großer Gedanke aus meiner Tiefe, und dieser Gedanke war ein heiliges Wort; das Wort aber lautete:

20. ‚Wische ab mit deinem kleinsten Handfinger die kleinste Zehe eines deiner Füße! Da wird ein Stäublein kleben; dieses Stäublein betrachte!'

21. Und ich tat alsbald nach dem Wort. Da ich aber solches tat, seht, da fing das Stäubchen alsbald an, sich auszudehnen über meinen kleinsten Finger, löste sich auf in zahllose Staubatome; die Atome aber wuchsen alsbald an zu Sonnen, Welten und Monden und zuckten von meiner Hand hinaus in die endlosen Tiefen der Tiefen und füllten mit Licht und Wesen die unendlichen, früher leeren Räume!

22. Hier erschauerte ich bis in die Tiefe meines Lebens vor meiner eigenen Größe und dachte: ‚Was, das alles klebte an meiner Zehe, mir nicht einmal fühlbar?!'

23. Aber ein anderes Wort stieg in mir auf und sagte: ‚Meinst du denn, die Kinder Gottes seien Mücken, die den Staub bekriechen?!

24. Sehe auf dein Wachstum, und vergleiche dich mit all dem, was aus dem Stäubchen vor dir da ward, und du wirst gewahren, was du bist, und was die Dinge sind, die an deiner Zehe klebten!'

25. Und ich ward erhoben. All die Dinge schwebten wie glitzelnder Sand vor meinen Augen; aus mir aber drang alsbald ein mächtiges Licht hervor, und der unendliche Raum ward vom selben erfüllt.

26. Und erst in diesem Licht ersah ich die Größe der Kinder Gottes, all der anderen Dinge Nichtigkeit gegen sie, – und

warum der heilige Vater zu uns kam und uns Selbst lehrt die Wege der Unendlichkeit.

27. Also redete ich aber, weil ich es also gesehen und empfunden habe.

28. Anderes aber sah ich nichts denn das; darum Dir, Gott, unserem Vater, alles Lob, alle Ehre, alle Liebe und allen Dank ewig! Amen."

Kapitel 79

Abedam erläutert die geheime Erziehung Rudomins und das Wesen des Menschen

Am 3. Mai 1842

1. Nach dieser wohlgeordneten Erzählung Rudomins aber trat alsbald der Henoch, von innen aus angetrieben, hin zum Abedam und fragte ganz insgeheim denselben:

2. „O Du lieber Vater Abedam, siehe, der Rudomin hat zwar mit einer überaus starken Stimme die in sich geschaute Größe des Menschen ausgesprochen, – aber hat er nicht etwa bei dieser Gelegenheit einige Steine über die Schnur gelegt?

3. Nur um das handelt sich's, dass er getreu geblieben ist; die Eigenschaft hatte er früher nie ganz vollkommen und übertrieb darum alles, was er nur immer erzählte.

4. Aus einem Sandkörnchen machte er wie oft eine ganze Welt und aus der Mücke einen Elefanten oder gar ein Mamelhud, darum sich denn auch dessen Brüder und Schwestern kaum mit ihm vertrugen, da er sie allzeit durch sein riesenhaftes Geschrei zum sicheren Schweigen zwang, was dann auch mit der Zeit die Ursache ward, dass ich ihn als Vater bat, er möchte von mir

sein Erbe nehmen und ziehen nach dem Mittag hin.

5. Solches tat er denn auch alsbald, da er sah, dass mir daran gar sehr gelegen war wegen des Friedens und der ruhigen Hausordnung, nahm sich ein Weib zwar, aber was dessen Nachkommen betrifft, so hat er in achtzig Jahren nicht mehr denn drei Kinder gezeugt.

6. Also ist er durchaus ein etwas sonderbarer Mensch, ungeachtet er aus mir gezeugt ist; darum also auch befremdete mich nun seine sehr hoch gehaltene Erzählung und nötigte mich, ungewöhnlichermaßen im Voraus zu Dir, o lieber Vater, zu kommen und Dich um Vergebung zu bitten, so nun etwa dieser mein Sohn vor Dir eine solche Unart begangen haben möchte."

7. Als der Abedam aber diese Worte Henochs vernommen hatte, da wandte Er Sich alsbald zu ihm und sagte darauf: „Mein geliebter Henoch, siehe, du hattest für die Welt keine Sorge mehr denn allein diese, und du sorgtest dich billig, da du dich allzeit aus Liebe zu Mir sorgtest; aber hier sage Ich dir, dass da deine Sorge eine gar lange schon vergebliche war, da du dich sorgtest der manchmaligen Untreue deines Sohnes wegen.

8. Denn siehe, Ich war ja sein Erzieher vom Mutterleibe aus schon und habe ihn gerade zu dem vollkommen herangebildet, als was er jetzt dasteht vor uns!

9. Freilich wohl hast du ihm auch eine Erziehung für Mich gegeben, aber Ich sage dir, Mein überaus lieber Henoch: sie war denn doch nicht so gut wie die Meinige, die er ganz im Geheimen von Mir erhielt, ohne dass da du und er etwas davon ahntet.

10. Vermöge dieser Erziehung ist er denn jetzt auch hier und hat nun vor euch allen die sehr getreue Probe abgelegt, dass er durchaus nicht leer aus dieser Meiner Schule gegangen ist.

11. Daher sei nur vollends unbesorgt; denn siehe, Lügner mache Ich nie, sie rufend mit Meiner ewigen Liebe- und Weisheitsstimme, zu Wahrheitspredigern vor dem Volk, sondern nur diejenigen, welche da sind dir gleich, Mein geliebter Henoch, reinsten Herzens!

12. Da ich aber deinen Sohn berufen habe, so kannst du schon ganz unbesorgt sein wegen seiner allfälligen Unart; denn das alles war ja nur Mein Werk! Verstehst du Mich, Mein geliebter Henoch?

13. Siehe du, und seht es ihr alle! Ich ließ den Rudomin groß werden sogar am Leibe; aus dieser Meiner Schule hatte er euch schon allzeit gesagt und gelehrt, dass der Mensch mehr ist denn ein Wurm im Staub der Erde.

14. Seine starke Stimme, aus derselben Schule ihm gegeben, zeigte euch, dass fürs Erste in der Brust mehr Kraft und Stärke waltet denn im Kopf; und fürs Zweite gab sie euch das genaue Maß kund, um wie vieles die Liebe mächtiger ist oder doch wenigstens sein soll als der Verstand; und fürs Dritte zeigte er euch aus dieser Meiner Schule durch die Macht seiner Stimme, da derselben seine Brüder und Schwestern schweigend gehorchen mussten, dass da der Kopf mit allen seinen Sinnen und Berechnungen nachgeben soll, wenn das Herz als offenbar besserer Lehrer auftritt! Verstehst du solches, Mein geliebter Henoch?

15. Ferner machte er zufolge Meiner Schule aus einem Sandkörnchen eine ganze Welt, wie jetzt in seinem Gesicht die ganze Schöpfung aus einem allerwinzigsten Stäubchen. Siehe, dadurch lehrte er,

wessen Geistes Kinder die Menschen sind, und dass die Gottähnlichkeit des Menschen im Herzen rastet, vermöge welcher der Mensch Größeres zu leisten fähig ist, als nur die Dinge anzugaffen und, wenn er sich dann sattsam an denselben angegafft hatte, endlich herauszubringen und zu sagen: ‚Aber das ist doch schön und wunderlich!' – und damit aber dann auch schon zu Ende zu sein mit der Größe seiner Empfindung.

16. Ja wahrlich, sage Ich hier euch allen, ihr sollt alle aus der Mücke Elefanten und Mamelhude machen in euren Herzen, – ja, eure nicht selten kaum mückengroßen Seelenherzen sollt ihr in lauter Elefanten und Mamelhude umgestalten, den wie Berge oft großen Verstand aber dafür in lauter Mücken verwandeln, so würde es euch ein Leichtes sein, Dinge aus Meiner Schule im Rudomin getreulich zu erfassen!

17. Da aber bei euch vielen noch der ganz umgekehrte Fall ist, so ist euch auch noch das meiste dunkel, wozu und warum Ich den Rudomin berufen habe.

18. Ihr aber fragt nun: ‚Was ist diese innere Schule denn schon wieder? Wie sollen wir dieses fassen?'

19. Ich sage euch aber, so ihr Erscheinungen seht am Himmel, da steckt ihr eure Köpfe zusammen und brütet jahrelang darüber, und sagt endlich: ‚Das hat das Ding nach sich gezogen, folglich muss es solches angedeutet haben!'

20. Ihr habt das Flimmern der Sterne beobachtet, den Zug der Winde, das Geschrei der Vögel und anderer Tiere, das Murren und Sausen des Meeres, und habt überall groß zu erwartende Dinge herausgetüpfelt.

21. Sagt Mir, warum habt ihr denn nicht auch die unsterblichen Zeichen am Menschen selbst eurer Astrologie unterzogen, warum nicht die Gestirne dieses lebendigen Himmels eurer näheren Prüfung?!

22. Das Gezirpe einer Grille war euch wunderbarer denn die Sprache des unsterblichen Bruders, des Menschen, des erhabenen Ebenbildes Meiner ewigen Vaterliebe!

23. O ihr noch stark Blinden, was ist denn mehr: die Tat und Gebärde eines Kindes, oder der Sturz eines Berges, durch eine Million Blitze bewirkt?

24. Seht, das ist die Schule des ewigen Lebens; das ist mehr denn das Weltenstäubchen an der Zehe Rudomins, – endlos mehr als alle Raumgröße der unendlichen Sichtbarkeit der Schöpfungen!

25. Im Menschen lernt den Menschen erkennen und an dessen Zeichen; diese deutet im Geiste der Liebe und aller Wahrheit aus ihr, so werdet ihr erst weise erfahren, was das Größte ist, und was da in Meiner Schule gelehrt wird, und wie diese zu erkennen ist am Menschen aus seinen lebendigen Zeichen!

26. Wahrlich sage Ich euch, Größeres denn eine Zentralsonne für sich, birgt schon die Träne eines erst kaum geborenen Kindes!

27. In dem aber auch liegt der ganze Sinn des Gesichtes Rudomins. Solches versteht und tuet, so werdet ihr alle leicht das ewige Leben finden! Amen."

Kapitel 80

Die Größe und Vollkommenheit der Kinder Gottes

Am 6. Mai 1842

1. Nach diesen Worten dankte der Henoch dem Abedam in aller Liebe und großer Demut seines Herzens für solche wichtige, große, heilige Lehre, und alle die anderen Väter und Kinder folgten seinem Beispiel.

2. Nach solchem innersten Dankgebet aber begab sich der Henoch alsbald wieder an seinen vorigen Platz zum Garbiel hin.

3. Der Abedam aber wandte Sich darauf alsbald an den Rudomin und richtete folgende Worte an ihn, sagend nämlich:

4. „Also siehe auch du, Mein geliebter Rudomin, und höre und verstehe es wohl, was da von euch allen zeugt und besagt dein Gesicht ganz sonderlich!

5. Ihr wisst nun bereits alle, die ihr euch hier auf der Höhe Mich umgebend befindet, dass Ich Gott ja bin, der Alleinige, Einzige und Ewige, während dem Ich als Vater vor euren Augen sichtbar mit euch rede und euch lehre.

6. Wenn der Vater aber ein Gott ist, so werden ja doch seine Kinder keine Hunde, Katzen, Ochsen, Kühe, Kälber, Esel und dergleichen mehreres sein, sondern das, was ihr Vater ist, und werden auch dort sein und wirken, wo er ist und wirkt!

7. Seht, solches ist Meine ewige Ordnung, dass da überall und bei jeder Sache, bei jedem Ding, bei jedem Geschöpf die Kinder also vollkommen sein müssen, wie da ihr Vater vollkommen ist!

8. Aus dem Grunde ist in jeder Frucht ja schon ein Keim vorhanden, in dem da zugrunde liegt alle Vollkommenheit des Vaters.

9. Und so muss da ein Samenkorn, so es in die Erde gelegt wird, wieder zum selben Gras, zur selben Pflanze, zum selben Strauch, oder zum selben Baum werden, aus welchem und auf welchem es selbst zum Samenkorn wurde.

10. Oder ist der Fall etwa unterschiedlich bei den Tieren? Ich meine aber, dass da auch des Löwen Vater oder Zeuger allzeit selbst ein Löwe war, wie der des Vogels auch nur ein Vogel, und so fort bis zum Menschen herauf, da des Vaters Sohn auch wird dem Vater gleich ein Mensch voll hoher Fähigkeiten und Anlagen und die Tochter gleich der Mutter und dem Vater ein geheiligter Acker zur Ansaat für Früchte des ewigen Lebens, ja für Früchte zur Aussaat aus Mir.

11. Wenn aber schon solches sich vollends bewährt in dieser Natur- und Körperwelt, so wird das ja doch im Geiste noch müssen ums Unendlichmalige mehr der Fall sein!

12. Wenn Ich somit zu euch sage und lehre und also rufe, dass ihr Meine Kinder seid, – sagt Mir, ihr Meine lieben Kindlein: Was besagt das?

13. Wozu und warum denn heißt ihr Mich euren Vater, und wozu und warum heiße Ich euch Meine Kinder?

14. Wozu und warum will Ich gerechter- und wohlbilligermaßen, dass ihr niemanden denn allein nur Mich als den alleinig wahren Vater erkennen, lieben, Mir allein folgen, Mich allein ehren, loben und preisen und Mir in allem allein vollends gehorchen sollt? Versteht ihr noch nichts?

15. Was und wer bin Ich als euer alleinig wahrer Vater aber denn noch?

16. Also – Ich bin auch der alleinige, ewige, unendliche, über alles mächtige, wahre Gott!

17. So Ich aber als euer alleinig wahrer Vater ein Gott alleigenschaftlich bin von Ewigkeiten der Ewigkeiten, was seid denn hernach ihr als Meine Kinder?

18. Ja wahrlich, sage Ich euch, ihr seid auch Götter, also wie Ich, euer Vater, ein Gott bin, nur mit dem Unterschied, welcher auch schon auf der Erde, wenigstens dem Leibe nach genommen ein unwandelbarer bleibt, dass der Vater dem Sohn stets ein Vater bleiben wird ewig nach dem Maße der Erscheinung und der Sohn darum nie dem Vater ein Vorvater, oder dass er zum Vater sagen könnte: ‚Ich habe dich gezeugt!'

19. So wenig, als ihr da annehmen könnt, aus einem Samenkorn werde derselbe Baum wieder zum Vorschein kommen, welcher eher den Samen selbst abgelegt hatte!

20. Daher bleibt der Vater stets Vater, und der Sohn stets Sohn; solches ist ein unwandelbares Verhältnis.

21. Das auch ist demnach zwischen Mir und euch der große Abstand und Unterschied, dass Ich allein bin der Vater, ihr aber ewig unmöglich etwas anderes als Meine lieben Kinder, auf die da ein großes Erbe wartet im großen Haus des Vaters!

22. Und nun siehe, du, Mein geliebter Rudomin, solches alles besagt dein erhaben großes Gesicht, indem es dir und durch dich auch all den anderen ein hellstes Zeugnis abwirft über das eigentliche Wesen Meiner Kinder und sagt ihnen:

23. Mensch, bedenke es wohl, und erwäge es tiefst im Herzen, zu Wem du ‚Heiliger Vater!' rufst, und warum!

24. Mache dich aber auch dessen würdig durch das, das da eben dieser dein heiliger Vater auf der Erde darum von dir verlangt, damit du Ihm ein rechtes und vollends wahres liebes Kind würdest, – vollkommen wie Er Selbst!

25. Ja wahrlich, ihr müsst vollkommen sein, wie Ich Selbst es bin, wollt ihr für ewig die Kindschaft erlangen!

26. Denn das ist ja das Allerhöchste, dass ihr Meine Kinder seid und Ich euer Vater!

27. Damit ihr aber diese größte und heiligste aller Wahrheiten noch vollendet tiefer erschauen mögt, so wollen wir zu dem Behufe alsogleich noch den Horedon vernehmen und da wohl hören und sehen, was denn er geschaut und vernommen hatte in sich! Amen.“

Kapitel 81

Abedam beruft Horedon zur Kundgabe seines Gesichtes

Am 7. Mai 1842

1. Als der Rudomin nun alles dieses vernommen hatte und jedes Wort seinem Herzen tief eingeprägt, da dankte er in vollster Inbrunst seines Herzens dem hohen Abedam, beugte dann seinen großen Leib bis zur Erde und ging darauf nach dem Liebewink Abedams sogleich an seine vorige Stelle zurück, aber auch nur rücklings, um den heiligen Vater ja nicht aus den Augen zu verlieren; denn es war während seiner Gesichtsdarstellung schon überaus finster geworden fürs Erste durch die Späte des Abends und fürs Zweite aber noch mehr durch eine plötzliche Umwölkung des Himmels, was auf solchen Bergen

etwas sehr Gewöhnliches war, daher es auch niemand also sehr beachtet hatte.

2. Denn wenn da ringsum die Berge fleißig Feuer auswarfen, da war schon gar äußerst selten von einer heiteren Nacht die Rede.

3. Und so war nun kein anderes natürliches Licht mehr vorhanden denn allein der matte Widerschein einiger in starker Ferne brennenden Berge.

4. Als aber da dessen ungeachtet der Abedam den Horedon zu Sich berief, und zwar mit diesen Worten: „Horedon, so deine Augen dir nun nicht viel mehr dienen mögen, so folge allein Meiner Stimme, und enthülle dich uns; denn in der Zukunft wirst du müssen der Stimme allzeit allein folgen, da du Mich noch gar oft in dir hören, aber auf der Erde nimmerdar sehen wirst fürder nach abgelaufener Zeit dieser Meiner jetzigen Gegenwart!", so verließ zwar der Horedon sogleich seinen Platz und begab sich hin zum Abedam, allein da dessen Stimme sich nicht fortwährend hören ließ, so irrte er eine Zeit lang unter den Vätern herum und konnte nicht an die Stelle gelangen, allwo sich der Abedam befand.

5. Doch gar bald wieder ließ der Abedam, den Horedon rufend, Sich hören, und der eine ganz andere Richtung verfolgende Horedon wandte sich sogleich wieder um und erschrak nicht wenig darüber, dass er den Weg verfehlt hatte.

6. Er ging nun hurtig darauf los, von wannen her er die Stimme vernommen hatte; allein da er bald hier, bald dort auf jemanden stieß und ihm offenbar ausweichen musste, um vorwärts zu gelangen, so geschah es denn in solcher stockfinsteren Nacht ja wieder gar leicht, dass er da wieder die gerade Richtung verlor und

gelangte somit wieder auf einen ganz anderen Ort, als wo der hohe Abedam Sich befand. Und sonach rief ihn bald wieder der Abedam.

7. Der Horedon aber meldete sich sogleich aus einem ganz entgegengesetzten Punkt und sagte nahe weinend:

8. „O Du heiliger, lieber Vater! Wenn Du nicht zu mir kommst in solch grober Nacht, da bin ich so gut als ganz rein verloren; denn ich verliere ja stets die Richtung durch das Ausweichen und kann darum nicht zu Dir gelangen!"

9. Und wieder rief der Abedam: „Horedon, hierher, hierher, da du doch hinter Mir siehst in jener Ferne dort einen feurigen Berg!"

10. Und der Horedon ging sogleich wieder der Stimme nach; da er aber wieder nicht geradeaus gehen konnte, sondern wieder auswich bald dieser, bald einer anderen Gruppe, so nützte ihm das Hinschauen nach dem brennenden Berg auch nichts, und er kam somit wieder nicht zum Ziel.

11. Als Sich aber der Abedam nun wieder meldete, sagend: „Horedon! Wie lange werde Ich noch deiner harren müssen?", hier ward der Horedon traurig und verwünschte die Nacht, sagend:

12. „Verflucht sei diese Finsternis, darum sie mir hinderlich ist auf dem Weg zum heiligen Ziel und mir verhüllt Den, den mein Herz über alles liebend sucht, auf dass ich nur nicht zu Ihm gelangen kann!

13. O Vater, lasse Licht werden, und lasse gnädigst entweichen diese Nacht, auf dass ich Dich erschaue und dann zu Dir eile, o Du heiliger, lieber Vater!

14. Oder komme zu mir hierher, da ich Deiner sehnsuchtsvollst und trauernd ob solcher bösen Nacht nun ruhig harre; wie

Dein heiliger Wille, also geschehe es auch!"

15. Der Abedam aber sprach darauf zum Horedon: „Da du Mich schon durchaus nicht finden kannst, so spreche im Herzen in Meinem Namen: ‚Du Berg dort an der Grenze, da des Morgens Kinder wohnen, erbrenne und erleuchte diesen Platz!'

16. Und so du vertraust und glaubst deinem Wort aus Mir, so wird da auch alsbald geschehen, wie du es wirst laut ausgesprochen haben in Meinem Namen! Amen."

17. Hier dankte der Horedon voll Liebefeuer in seinem Herzen dem Abedam und sprach dann alsbald mit großer Glaubensfestigkeit die vorgesagten Worte aus.

18. Da erbebte alsbald gewaltigst der Erdboden, und unter einem unerhört allerheftigsten Knall brachen sogleich die hellsten Flammen aus des Berges hohem Scheitel, und die Gegend weit umher ward mit Tageshelle übergossen.

19. Der Horedon aber ersah sogleich den Abedam neben sich stehen, dankte Ihm in aller Liebe seines Herzens und sagte dann:

20. „O Du heiliger, lieber Vater, wie endlos mächtig doch bist Du – und wie gut! Denn jetzt sehe ich es erst ein, dass Du durch dieses mein Herumirren mir die Mühe des Redens hast ersparen wollen!

21. Denn wie es mir nun ergangen ist von Deinem ersten Ruf an mich bis jetzt, gerade also ging's zuvor ja in mir selbst zu!

22. Und so ist ja alles auf das Herrlichste kundgetan, was ich in mir geschaut, gehört, empfunden und getan habe!

23. Dir, o heiliger Vater, alles Lob, alle Liebe, allen Dank und Preis dafür ewig! Amen."

Kapitel 82

Über die Vaterschaft Gottes und die Größe der Gotteskindschaft

Am 9. Mai 1842

1. Nach dieser Darstellung des Gesichtes Horedons durch die Tat und nach dessen wenigen Worten darüber aber fragte der Abedam alsbald den Horedon, sagend nämlich:

2. „Horedon, nachdem somit wahrlich dein inneres Gesicht vollkommen kundgegeben ist, so frage Ich dich, wie auch alle, was denn nun besagt dieses Gesicht; was ist dessen Sinn?

3. Einen großen Teil hat schon die Enthüllung Rudomins klärlichst kundgetan; sonach dürfte es euch ja doch wohl nicht so schwer mehr sein, diesen erläuternden Nachtrag aus eurem innerlich erhaltenen Licht kundzutun. Wer sonach Mut und Weisheit besitzt, der trete hierher und rede!"

4. Alle aber, als sie solche Aufforderung vom Abedam vernommen hatten, fingen an, den hohen Abedam zu bitten, dass da doch nur Er allerbarmend tun möchte, was Er verlange von ihnen; denn obschon sie wohl wüssten, dass da niemand, der in Seinem Namen täte auf den Mund, vermögend wäre, eine Unwahrheit zu sagen, so wäre aber doch ein solches Wort durch einen zweiten unwürdigen Mund nicht mehr also kräftig und mächtig und lebendig, als so da ebendasselbe Wort dem heiligen Vatermunde selbst also überaus liebevollst entstammt.

5. Auf diese Bitte nahm alsbald wieder der Abedam das Wort und begann also zu reden: „O Kinder, wie viel Törichtes ist noch in eurem Herzen verborgen! Was hat

denn der Horedon soeben vorher getan durch Mein in ihn gelegtes Wort, da er zufolge der Nacht und deren eigens derber Finsternis Mich nicht finden konnte?

6. Seht, das Wort, das Ich zu ihm geredet habe, hat er, Mir volltrauend, ausgesprochen, und des weißen Berges hohe Zinnen wurden zerrissen, und die im Inneren des Berges lange schon waltende Glut erbrannte augenblicklich doch durch die weit gemachten Spalten und Risse in lichterlohe Flammen.

7. Da ihr sonst ja doch den augenscheinlichsten Beweis von der Kraft und Macht Meines Wortes nun vor Augen habt, so es auch von eines Kindes Munde ausgesprochen wird, sagt, aus welchem Grunde könnt ihr da behaupten, Mein Wort möchte da ohnmächtiger sein, sobald es von euch ausgesprochen wird?!

8. Wann aber ist der Vater mehr ein Vater, so er sich selbst als solcher zu sein ausspricht, oder so er also gerufen wird von seinen Kindern?

9. Oder so da jemand von sich aussagte: ,Ich bin ein Vater!', hätte aber dabei keine Kinder, die ihn als solchen anerkennen möchten und rufen, oder jemand, der da nach Hause käme und die Kindlein ihm entgegen liefen und riefen ihn und sagten: ,Ach Vater, Vater, Vater, o du lieber Vater!'

10. Sagt Mir, wer von diesen beiden Vätern ist hier mehr Vater?

11. Ihr sagt es in euren Herzen: ,Der, den seine Kindlein also rufen!'

12. Seht sonach, ihr noch sehr Törichten, wenn denn der von seinen Kindern ausgesprochene Vater mehr Vater ist als der sich selbst also nur bei sich aussprechende, so ist ja doch auch sicher das Wort ,Vater' aus dem Munde der Kinder mehr

wert und kräftiger und mächtiger denn aus dem Munde des Vaters selbst!

13. Oder wann erbaut und erfreut euch das Wort denn mehr: so ihr euch selbst vor euren Kindern Vater nennt, oder so euch eure Kinder fröhlich und voll der zartesten Liebe und voll alles Zutrauens also nennen?

14. Wenn aber schon ihr darinnen einen übergroßen Unterschied findet, – was meint ihr denn, bin Ich etwa weniger Vater, denn ihr selbst es seid?

15. O ihr noch stark Törichten, seht ihr denn das noch nicht ein, dass Ich nur allzeit das Allerkräftigste und allervollkommenste Beste will und wünsche es zufolge der euch für alle Ewigkeiten der Ewigkeiten gegebenen Freiheit?

16. So ihr aber solches in eurem Herzen unmöglich je werdet in Abrede stellen können, wozu sollte sonach eure Entschuldigung wohl dienlich sein?

17. Daher tue du, Horedon, zum wenigsten mit kurzen Worten kund, wozu Ich ehedem alle berufen habe; ihr alle anderen aber grabt euch die folgenden Worte tiefst in eure Herzen! Amen."

18. Und sogleich begann der Horedon folgende sehr zu beachtende Rede an alle in Meinem Namen zu richten, welche also lautete:

19. „Liebe Väter, Brüder und Kinder, es ist somit darzutun, was endlos Großes dahinter verborgen liegt, ein Kind des großen, allmächtigen, ewigen Gottes zu sein, und das zwar aus dem Gesicht Rudomins und meines eigenen, und daneben aber auch klar zu erschauen die eigene aus sich selbst hervorgehende Nichtigkeit; solches also ist die kurz zu lösende Aufgabe.

20. Ich meine aber, sie ist schon aufgelöst vor uns allen, und also habe ich schon

wieder nichts anderes zu tun, als mich und euch bloß nur darauf aufmerksam zu machen, was soeben zuvor der überheilige Vater Selbst ausgesprochen hat, nämlich, dass der Vater im Munde der Kinder mehr Vater ist denn im eigenen!

21. Seht, darin, darin liegt die endlos allerhöchste Würde und Größe unserer Kindschaft, dass der unendliche, ewige Gott Sich Selbst erst in uns einen Vater nennt und erst dann unser wahrhafter Vater in der allerhöchsten Liebe wird, so wir Ihn als solchen in unseren Herzen erkennen und Ihn in aller Liebe auch also rufen!

22. So Sich aber der unendliche Gott erst in uns will als Vater vollkommen manifestieren, sagt, was Höheres könnte da wohl noch gedacht werden?

23. Was liegt daran, ob wir auch mit dem leisesten Hauch die ganze Schöpfung verwehen möchten und mit einem Gedanken alle Berge entzünden?! Wahrlich nichts gegen dem, so wir zu Ihm in aller Liebe und Wahrheit sagen können: ‚Lieber, heiliger Vater!'

24. Denn Er, der in Sich ist Gott, der Unendliche von Ewigkeit, ist vermöge Seiner unendlichen Liebe Vater in uns, wie wir Kinder in Ihm.

25. Er zwar ist, was Er ist, durch Sich, − wir aber sind ewig nichts aus uns, aber alles aus und durch Ihn.

26. Das ist also unsere Größe endlos, dass wir Seine Kinder sind und Er unser aller Vater!

27. Und das auch ist vollendet der Sinn meines Gesichtes in Seinem Namen! Amen."

Kapitel 83

Gotteskindschaft, Gottesbrüderschaft und Gottesknechtschaft

Am 11. Mai 1842

1. Nach der Beendigung der allerbeachtenswertesten Worte Horedons, die er da geredet hatte aus Mir, aber belobte Ich als der hohe Abedam den wackeren Horedon, zu ihm sagend:

2. „Horedon, wahrlich, Ich sage es dir, du bist Mir ein tüchtiges Werkzeug geworden! Siehe, was gar viele schon gesucht, aber dennoch nicht finden mochten, das hast du nun aus Mir vor allen laut verkündet also treu und vollkommen wahr, wie Ich, die Urquelle aller Treue und aller Wahrheit, es dir treu und wahr gegeben habe!

3. Darum lobe Ich dich und sage dir, dass du diese wahre Kindschaft, welche du aus Mir wiedergegeben hast allen, die sie in dieser ihrer Wurzel schon gar lange Zeit nicht mehr kannten und aus sich auch nimmerdar erkennen und finden konnten, für dich selbst nun für alle Ewigkeiten der Ewigkeiten erworben hast, und keine irdische Macht wird sie dir mehr entreißen können; denn die Macht, welche da innewohnt den wahren Kindern, ist größer denn alle Mächte der Welt und der Welten und aller ihrer Körper und Wesen.

4. Wie aber der Horedon nun die Kindschaft überkommen hat, also gebe Ich sie auch euch allen; denn wahrlich, es gibt im Himmel, wie auf der Erde nichts Größeres, Mächtigeres und Erhabeneres als Meine Kinder. Wer somit die Kindschaft hat, der hat mehr, als was alle Himmel umfassen; ja wahrlich, er hat unendlichmal mehr!

5. Denn er hat Mich, Gott, den ewigen, unendlichen, ja den über alles erhabenen Gott voll Macht, Kraft und Heiligkeit, als den liebevollsten, allein nur wahren Gott in sich und ist also vollends in Mir, das heißt in aller Meiner Vollkommenheit, welche da ist Meine unendliche Liebe, Gnade, Weisheit und Stärke.

6. Seht, das ist sonach die Kindschaft, und diese Kindschaft gebe Ich nun euch!

7. O Kinder, wäret ihr nun fähig, noch Größeres von Mir zu nehmen?

8. O wahrlich, Ich sage es euch, ihr könnt es nimmer; denn Meine Kinder sind mehr denn die Engel des Himmels!

9. O Kinder, wenn ihr Meine Brüder wäret, da wäret ihr viel geringer, als ihr da seid als Meine lieben Kinder; denn welcher Vater hat wohl seinen Bruder lieber um sich als seinen Sohn?

10. Oder überkommt auch der Bruder vom Bruder ein Erbteil, so er sich nimmt ein Weib?

11. Da ihr aber schon eure Kinder höher schätzt als eure Brüder, so werde ja doch auch Ich als der allerwahrste und vollkommenste Vater wissen, wie viel Meine Kinder wert sind!

12. Ihr gebt euren Kindern nur eurer Hände Mühe zur Aussteuer; Ich aber gebe euch Mein Alles, welches da ist Meine Liebe oder Mein allereigentlichstes, urewiges Leben selbst vollkommen.

13. Nun wisst ihr zwar schon lebendig in euch, was da sind Meine Kinder; aber eines geht euch dabei denn doch noch ab, und dieses eine ist, dass ihr noch erfahrt, wer da diejenigen sind, welche die Kindschaft überkommen von Mir und aus Mir.

14. Seht, solches auch ist von größter Wichtigkeit zu erfahren; denn es sind wahrlich noch nicht alle jene Meine Kinder, die zu Mir rufen und sagen: ‚Lieber, heiliger Vater, erhöre uns, Deine Kinder!', ihre Herzen aber bleiben dabei kalt, als hätten sie da den gleichgültigsten Gegenstand benannt, und ihr Vertrauen ist da auch also wie ihre Herzen beschaffen.

15. Diese Art von sein sollenden, aber nicht sein wollenden und wirklich seienden Kindern möchte nur Meine Macht und Stärke, um sich damit durch allerlei Großmachtsspielereien die Zeit zu vertreiben, ob ihr loses Tun da Schaden oder Nutzen bringen möchte.

16. Ich aber sage euch, solche Kinder sind also ferne der wahren Kindschaft noch, also weit und ferne ein Ende des Himmels vom anderen absteht; ja zwischen ihnen und Meinen wahren Kindern ist noch eine unendliche Kluft!

17. Noch andere dehnen den großen Begriff der Kindschaft also weit aus, dass sie sich und alle Geschöpfe für Meine Kinder ansehen.

18. Dass diese einen noch gröberen Irrtum begehen denn die früher Erwähnten, wäre überflüssig euch näher auseinanderzusetzen, da ihr nun schon wisst, was da Meine Kinder sind im Geiste der Liebe und aller Wahrheit aus ihr.

19. Ihr sollt aber als wahre Kinder nun das erkennen, dass da ein großer Unterschied waltet zwischen jenen, die da erkennen einen Gott und Schöpfer, und jenen, deren Herz Gott alsbald heißliebend erfasst und Ihn nimmerdar auslässt und sich auch dann um nichts mehr kümmert als nur, wie es könnte Gott liebender erfassen.

20. Die ersten werden bei der Erkenntnis Gottes sagen: ‚Gott, Du allmächtiger, Du großer, Du heiliger, Du erhabener Schöpfer, wie groß und herrlich sind Deine

Werke; darum wollen wir Dich allzeit loben, rühmen und über alles hochpreisen!'

21. Die zweiten aber sagen: ‚O Gott, wie liebevoll musst Du sein, da wir nicht umhinkönnen, Dich trotz Deiner unendlichen Erhabenheit und Heiligkeit dennoch über alles zu lieben!

22. O wie gut musst Du sein, da uns die Liebe also mächtig zieht zu Dir!'

23. Seht hier die ersten staunend über ihren erkannten Gott, die zweiten aber vor Liebe in Tränen zerfließend, so sie an Mich nur irgend etwas erinnert, indem sie hinter ihrem guten Gott schon einen liebevollsten Vater ahnen!

24. Merkt ihr hier den mächtigen Unterschied?!

25. Seht, die erste Art sind nur Knechte, die für den Lohn arbeiten, die zweite Art aber Kinder, welche da nichts wollen denn nur allein den Vater!

26. Seht, das ist der große Unterschied und zeigt euch, wie sich die wahren Kinder auszeichnen müssen, und worin also die wahre Kindschaft besteht, und wer sie überkommt!

27. Damit ihr aber dieses noch gründlicher erfassen mögt, so wollen wir zu eben dem Zweck noch den Jorias vernehmen, was da er in dieser Hinsicht denn alles in sich geschaut hatte, und dann erst in dieser allerwichtigsten Sache ein helleres Licht anzünden in euren Herzen.

28. Und also komme denn her zu Mir, Jorias, und erfülle den Willen deines heiligen und liebevollsten Vaters! Amen."

Kapitel 84

Jorias Gesicht. Was nützt einem Gott und der ganze Himmel ohne die Liebe?

Am 12. Mai 1842

1. Und alsbald trat der Jorias hinzu, das heißt zum hohen Abedam, und fragte Ihn, sagend nämlich:

2. „Lieber, heiliger Vater, siehe, so ich mich also stellen könnte, dass da mein Inneres nach außen gekehrt werden möchte und da ein jeder mitschauen könnte, so ich erzählen möchte mein Gesicht, da dürfte es vielleicht wohl noch irgendein gläubiges Herz treffen, das da aufnehmen möchte solche grundlosen [unergründlichen] Geheimnisse!

3. Aber so all diese Zuhörer während der Erzählung nicht das Erzählte mit anschauen können, werden sie es wohl annehmen, und werden sie es glauben?

4. Und so sie es dann nicht annehmen und begreifen mögen, wird da meine Erzählung nicht gleichen einer Lüge, die auch niemand glaubt, der da Weisheit besitzt, darum sie ist eine Lüge und in ihr keine Wahrheit zugrunde [liegt]?!

5. Da aber demnach meinem Gesicht also Unglaubliches zugrunde liegt und sich die Väter etwa gar darüber zu ärgern vermöchten, so ich solches erzählte, – siehe, daher, lieber, heiliger Vater, könnte es ja geschehen, dass es mir wenigstens also ginge, wie es da ergangen ist meinem Vorgänger Horedon, der durch Deine Güte doch sicher alles zu Erzählende von sich gab!

6. Denn mit der Rede geht es mir ohnehin schlecht, und wenn man erst solche unglaublichen Dinge erzählen soll, überaus schlecht! Daher –"

7. Hier fiel ihm sogleich der Abedam ins Wort und sagte etwas ernst: „Ja, gerade daher wirst du dich jetzt sogleich an die Erzählung machen, oder sterben in deinem Geist für ewig! Verstehst du diese Worte?

8. Siehe, des Vaters Worte möchtest du nicht achten; daher dürftest du achten die deines Herrn, so dir des Vaters Worte etwa nicht genügen sollen! Sollte dir aber der Herr auch noch zu wenig sein, so wird da der Gott Seinen Arm über deinen Nacken ausstrecken!

9. Ich sage dir aber, für jetzt hast du noch des Vaters Wort; wenn aber des Herrn Wort kommt über die trägen Knechte, so ist das ein schreckliches Wort!

10. Gottes Worte aber sind ein Donner des Gerichtes! Daher gehorche dem Wort des Vaters, damit du nicht der Knechtschaft und dem Gericht anheimfällst.

11. Erzähle und gebe allen alles kund, was du gesehen hast in dir! Solches ist Mein Wille; verstehe es wohl! Amen."

12. Hier erst erwachte der Jorias wie aus einem Traum wieder, bat den Abedam weinend um Vergebung solcher seiner Torheit, darum er sich je so weit habe vergessen können, im eigenen berufenen Herzen nicht sogleich zu erwägen, wer da Der ist, der ihn dazu also gnädigst berufen.

13. Und da er vom Abedam darauf alsbald die übertröstliche Versicherung erhielt, dass der Vater eigentlich nichts zu vergeben hat, da Er dem Kind nichts anrechnet, sondern dem Gefallenen nur allzeit aufhilft und das Verlorene emsig sucht so lange, bis Er es findet, es dann liebend auf Seine heilige Schulter ladet, und dann voll Freuden nach Hause trägt, so fing er auch an sogleich zu reden, wie da folgt:

14. „Ich stand auf einer lichten Wolke; also fand ich mich, als das Licht meines fleisch'gen Auges für die Erde mir entschwunden war und ein anderes, helleres Auge sich in mir erschloss.

15. Das war aber auch alles, was ich da um mich her sah in der weiten Unendlichkeit; ober mir war nichts, unter mir und der Wolke, auf der ich stand, war auch nichts, und zu allen meinen Seiten war auch nichts.

16. Ob mich die Wolke etwa behände trug durch endlose Fernen, oder ob sie ruhte, solches auch konnte ich nicht bemessen; denn da war ja nirgends etwas, wonach ich entweder meine Bewegung oder Ruhe hätte bemessen können.

17. Ich stand lange schon, also kam es mir vor, ja so lange, als hätte ich in diesem Zustand schon nahe eine Ewigkeit zugebracht!

18. Diese unerträgliche Einförmigkeit brachte mich endlich auf den Gedanken, dass ich darob zu mir selbst zu reden begann und sagte somit zu mir selbst:

19. ‚Was soll das, warum stehe ich denn hier auf dieser dunstigen Unterlage? Mich hungert und dürstet schon ganz entsetzlich stark!

20. Was kann ich da wohl herabbeißen von dieser meiner mageren Unterlage? Zum völlig Tothungern bin ich auch nicht geeignet; denn solches beweist mir ja die schon endlos lange Dauer dieses meines sonderbaren und kläglichen Zustandes!

21. Was soll ich hier, was will ich nun denn tun?'

22. Und also redete ich weiter mit mir selbst, wie da folgt: ‚Wie wäre es denn, so ich da einen Versuch machen möchte, wegzuspringen von dieser langweiligen und hunger- und durstvollen Wolke?

23. Ja, da hinab in diese unendliche Tiefe! Es wird doch einerlei sein, ob ich mit

der Länge der Ewigkeiten dahier zugrunde gehe auf dieser Wolke, oder ob ich während meines Fallens in die Tiefen der Tiefen der Unendlichkeit aufhöre zu sein!'

24. Nach diesen Worten fasste ich alle meine Kräfte zusammen, schleppte mich zum Rand der Wolke, schloss die Augen und sprang von der Wolke.

25. Nach ziemlich langer Zeit meines vermeintlichen Fallens öffnete ich wieder langsam ein Auge um das andere, – und wo war ich? Hungrig und durstig wie zuvor auf meiner Wolke!

26. Denn von dieser konnte ich mich ebenso wenig mehr entfernen, als sich jemand von der Erde hinaus in den unendlichen Welten- und Sonnenraum entfernen könnte.

27. Da ich aber mich also gefangen sah, da kam mir ein großer Gedanke, und dieser Gedanke war Gott; und Gott war in diesem Gedanken, – ja, Gott, Du bist es Selbst!

28. Also sprach ich: ‚Wer kann Dich, Unendlicher, denken, da Du nicht wärest? Ich aber denke Dich nun, so bist Du auch da, wo ich Dich denke, für mich – und bist nirgends für mich als nur da, allwo ich Dich denke! Denn dieser Gedanke ist ja Dein Wort in mir; wo aber Dein Wort ist, da bist ja auch Du!

29. Ehedem dachte ich nicht an Dich. Wo warst Du da? Ja, Du warst auch hier, aber Du wolltest Dich nur nicht aussprechen! Da Du Dich aber nun ausgesprochen hast durch den Gedanken an Dich in mir, so bist Du nun auch wesenhaft hier bei mir und in mir.'

30. Als ich aber mich in solche hohe Gedanken verlor, da kam mir auf einmal ein Schlaf; im Schlaf aber träumte mir, dass ich aus Hunger die zu meinen Füßen erschaute Erde wie eine Erdbeere verschlang und also auch den Mond und die Sonne und endlich den ganzen gestirnten Himmel mit allen seinen freien Gewässern. Aber dennoch wurde ich nicht satt!

31. Hier fragte ich mich wieder: ‚Wie kann mich noch hungern? Hab' ich nicht Gott in mir und nun die ganze Schöpfung Gottes in meinem Magen?'

32. Hier vernahm ich aus der lichten Wolke, die mich trug, denn auf einmal folgende Worte:

33. ‚Ob du auch die Unendlichkeit und Ewigkeit verschlängest zu dem, was du schon verschlungen hast, hast aber die Liebe nicht, so wird es dich dennoch hungern und dürsten ewig; denn die Liebe allein ist das wahre, sättigende Brot und das erquickend lebendige Wasser für die ganze Ewigkeit und Unendlichkeit.

34. Was nützt dir Gott ohne Liebe und was der ganze Himmel ohne dieselbe?

35. Siehe, daher ist ein Kind in der Wiege größer denn du, obschon du den ganzen Himmel verschlangst; denn das Kind hat die Liebe!

36. Daher kehre dein Herz zur Liebe, und du wirst in einem Atom der Liebe schon endlosmal mehr finden, als was dir hier deine alte Weisheit gab!'

37. Nach diesen Worten erwachte ich alsbald wieder und befand mich wieder hier in der Mitte der Väter, Brüder und Kinder und – vor Dir auch, Du heiliger, liebevollster Vater! Das ist aber alles auch, was ich gesehen, empfunden und vernommen habe! Bis jetzt verstehe ich noch gar wenig davon, aber ich denke mir: Wer mir das Gesicht gab, der wird für alle auch das Licht hinzufügen!

38. Dir darum ewig Dank und alle Liebe dafür; Dein Wille! Amen."

Kapitel 85

Von der usurpatorischen zur wahren Gotteskindschaft. Der Bund zwischen dem göttlichen Vater und Seinen Kindern

Am 13. Mai 1842

1. Nach dieser treuen Kundgabe des Gesichtes von Seiten des Jorias nahm sogleich wieder der hohe Abedam das Wort und fing alsbald an, eine überaus leuchtende Rede darüber an alle zu richten.

2. Die Rede aber lautete also, wie da folgt: „Seht und hört, Meine geliebten Kindlein! Ihr seid wahrhaft Meine Kinder, wie Ich wahrhaft euer Vater bin, da Ich Selbst euch nun zu Meinen wahren Kindern im Geiste der Liebe gezeugt habe!

3. Ehedem, nämlich vor dieser Meiner Herabkunft zu euch, nanntet ihr euch zwar wohl auch Meine Kinder, wie Mich euren Vater, und ihr tatet wohl daran; denn solches hat Mich zu euch herabgezogen, um euch alle nun neu zu zeugen im Geiste der Liebe zu Meinen wahren Kindern, – ein überseltenes Beispiel in der Unendlichkeit! (O Erde, du hast Mich bezwungen!)

4. Aber darum ihr euch gewisserart usurpatorisch dieses Namens bedientet und Mich Selbst eben also ‚Vater' rieft, wart ihr noch nicht Meine wahren Kinder; da wart ihr nur noch pure Weltkinder, wie Ich nur ein Vater in eurem Munde.

5. Da Ich aber darum dennoch zu euch kam, ob ihr schon gesündigt habt, da ihr Mich also rieft, so zeuge Ich euch jetzt zu Meinen wahren Kindern im Geiste und in eurem Herzen; und so sollt ihr Mich von nun an nicht mehr ‚Vater' nur mit dem Mund rufen, sondern mit heiligem, lebendigem Recht in euren Herzen voll Liebe zu

Mir sagen: ‚Lieber Vater, unser alleinig wahrer Vater!'

6. Ehedem habt ihr euch selbst zu Meinen Kindern und somit auch zu Göttern gemacht – und wart es nicht; denn da war es ein Hochmut nur, Mich als Bewohner der Berge also zu nennen, damit ihr euch groß unterscheiden konntet von jenen Nachkommen Kahins.

7. Da sich aber einige unter euch gefunden haben, die da erkannt haben den Weg der Demut und der allein wahren Liebe zu Mir, da kam Ich zu euch als ein Kahinite.

8. Da sich aber die Liebe nicht scheute, den Kahiniten aufzunehmen und zu behalten in eurer Hauptstammmitte, also blieb auch der Kahinite bei euch, ist noch bei euch, und so ihr wollt, wird Er auch ewig nimmerdar weichen von eurem Platz, welcher da ist ein lebendiger Platz in eurem Herzen.

9. Und dieser Kahinite bin Ich, nun lebendig sichtbar unter euch! Ich bin Der, den ihr vorher unberechtigt Vater nanntet, und Ich, der Kahinite, gebe euch nun das Recht lebendig, dass ihr Meine wahren Kinder seid und Ich euer allein wahrer Vater.

10. Nun könnt ihr Mich mit allem Recht in der Demut und Liebe eures Herzens Vater nennen, wie Ich zu euch sagte: ‚Meine geliebten Kindlein'; denn jetzt bin Ich wahrhaft euer Vater und ihr wahrhaft Meine Kindlein.

11. Das ist somit ein Bund, den Ich nun mit euch mache auf ewig.

12. Wer in dem Bund verbleiben wird, dem werde Ich sein ein Vater und er Mir ein Kind; und wer immer zu diesem Bund treten wird, der auch wird alsbald die wahre Kindschaft überkommen.

13. Wer aber sich von dem Bund trennen wird, der wird sich auch trennen von Mir und wird auf so lange die Kindschaft verlieren, als wie lange er getrennt bleiben wird von diesem heiligen Bund.

14. Doch wahrlich, sage Ich, wer in diesen Bund wird von neuem treten wollen, wird müssen viele Gewalt anwenden!

15. Aber es wird ihm dennoch um vieles leichter sein, in den Bund zu treten, als, so er schon im selben ist aufgenommen worden, wieder sich von selbem loszumachen; denn wer da durch diesen Bund von Mir ergriffen wird, der wird so leichtlich nimmerdar ausgelassen werden!

16. Des Jorias Gesicht aber deutet euch solches ja, da er auch von der Wolke, die da war die Demut seiner Liebe, sich entfernen wollte, als er, sich selbst blind machend, von derselben sprang. Da er aber wieder erwachte, wo war er da?

17. Seht, also hält die Liebe stärker, denn ihr es meint; und die Liebe aber ist das Band dieses jetzt gemachten Bundes zwischen Mir und euch! Meint ihr wohl, dies Band ist etwa so leicht zerreißbar?

18. O mitnichten, sage Ich euch; es lässt sich wohl dehnen, so weit ihr wollt, aber nicht so leicht wieder zerreißen, wenn es einmal jemanden der Liebe angebunden hatte, welche da ist die wahre Kindschaft.

19. Wer aber die Liebe überkommen hat, der hat auch die Kindschaft überkommen, da die Liebe und die Kindschaft eines und dasselbe sind.

20. Seht, ehedem habt ihr euch beflissen samt und sämtlich der Weisheit; die Liebe aber hattet ihr mit den Füßen getreten! In dieser Weisheit wart ihr hungrig und durstig. Eure Wiss- und Weisheitsgier verschlang schon die ganze sichtbare Schöpfung; und wie es euch eure Weisheit gab, so auch war Gott für euch ein Gott und durfte und konnte nichts anderes sein als das nur und so nur, wie Er gerade eurer Weisheit zuträglich war. Und so opfertet ihr Ihm auch, wie es euch wohlgefiel; denn der Gott eurer Weisheit musste Sich ja wohl damit begnügen, da Er sein musste, wozu ihr Ihn gemacht habt, und wie Er euch am bequemsten und am einträglichsten war.

21. Unter diesem Gott, der euch kein Vater war, wart ihr voll Hungers, und eure Kinder schmachteten unter dem gewaltigen Druck eures Weisheitsgottes.

22. Was tatet ihr in solcher eurer Hoheit, in die euch euer Weisheitsgott versetzt hatte und euch dabei aber über alle Maßen hungern und dürsten ließ?

23. Seht, da erst neigtet ihr dem Liebemunde Henochs das Ohr und dann auch das Herz! Und er war die Stimme der Liebe aus Mir, die euch aus der alten Wolke des Jorias zurief, dass da euer Gott ohne Liebe zu nichts nütze ist; die Liebe allein aber ist das Leben selbst.

24. Merkt ihr jetzt, wohin das Gesicht des Jorias zielt?

25. Seht, jetzt erst kennt ihr durch eure Liebe Mich, den alleinig wahren Gott, der da ist euer wahrer Vater, da Er euch alle nun gezeugt hat zu Seinen Kindern!

26. Jetzt erst habt ihr das wahre Licht überkommen, durch das ihr seht, dass zwischen Mir und eurem früheren Weisheitsgott ein unendlicher Unterschied ist, indem Ich allein es nur bin, Er aber ewig nichts ist ohne Mich!

27. Und in dem auch liegt die endlose Größe dessen, dass ihr nun die wahre Kindschaft überkommen habt; und so behaltet denn auch, was ihr nun erhieltet, und

bleibt in Mir als Kinder, wie Ich in euch als Vater ewig! Amen."

Kapitel 86

Jorias wird durch seine Liebefeuer weißglühend. Wie die Liebe zu Gott, so auch das Licht und die Weisheit. Die unermesslichen Schätze in uns

Am 19. Mai 1842

1. Nach dieser überstark leuchtenden Rede fiel der Jorias sogleich vor dem Abedam nieder und lobte Ihn im großen Feuer seiner Liebe und dankte Ihm im Vollbrand seines Herzens; und seine Liebe ward stets mächtiger und mächtiger, also zwar, dass er sogar dem Leibe nach aussah, als wäre er aus weißglühendem Erz gestaltet.

2. Als aber die Väter solches bemerkten, so erstaunten sie sich sehr darüber und wussten nicht, was sie bei sich daraus machen sollten und wie und als was nehmen diese Erscheinung.

3. Da aber der hohe Abedam sah solche allgemeine Verlegenheit bei den Vätern, so öffnete Er alsbald Seinen Mund und sagte zu ihnen: „Was staunt ihr der großen Liebe des Jorias?

4. Wer also liebt wie er, der wird auch das erfahren, was nur er erfährt! Wenn aber bei jemandem die Liebe stets mächtiger und mächtiger wird, so durchglüht sie sein ganzes Wesen, da sie ist das eigentlichste, wahrhafteste Feuer. Wer aber also durchglüht wird, der ist auch nach dem Maße seiner Liebeglut durchleuchtet; denn es gibt nirgends ein anderes Licht als nur das dem Feuer entstammende. Darum ist die wahre Liebe ein rechtes Licht, da sie ist ein rechtes lebendiges Feuer.

5. Ich sage euch aber allen: Also, wie da bei jemandem sein wird die Liebe zu Mir, wird auch sein dessen Licht und demnach auch seine Weisheit! Ihr seid aber alle wohl ausgestattet von Mir ausgegangen; jeder trägt in sich dasselbe, was da ist in Mir, darum Ich ihm bin ein vollkommener Vater, wie er Mir sein soll ein vollkommen ebenmäßiges Kind.

6. Da es aber also ist, ein wie großer Tor ist denn hernach derjenige, der solches vernimmt aus Meinem Munde und dennoch nicht alsbald eingeht in sich und richtet da in seinem Herzen alsbald an ein großes Liebefeuer, auf dass es sodann eiligst durchglühe sein ganzes Wesen und erleuchte es durch und durch, damit er dann in sich finden möchte, welche unendlichen Schätze Ich da in ihn gelegt habe.

7. Seht hierher, Jorias ist durchglüht bis zur äußersten Haut! Er schaut und genießt nun schon die unermesslichen Schätze aus Mir, – ja Schätze, die unvergänglich sind ewig und unverbrauchbar, da sie sich also mehren und mehren ins Unendliche, wie sich da mehrt das Weizenkorn auf der Erde, nur des Unterschiedes, dass die verzehrten Schätze der Liebe sich stets verherrlichter und ins Unendliche vermehrter erneuern, während das Weizenkorn der Erde, wenn es in die Erde gesät worden ist, nur sich selbst höchstens hundertfach wiederbringt.

8. Wahrlich, wahrlich, sage Ich euch, diese Erde und alles, was auf ihr, in ihr und über ihr ist, und die Sonne und alles, was da ist in ihr, auf ihr und über ihr, und alle die großen Sterne mit ihren zahllosen Weltenheeren und mit ihrem Licht und mit allem, was da ist in ihnen, auf ihnen und über ihnen, und was da war und sein wird nach undenklichen Zeitläufen, und den ganzen

Himmel in aller seiner Unendlichkeit, alle zahllosen Myriaden der Engelscharen mit aller ihrer Herrlichkeit, ja Mich Selbst habt ihr in euch!

9. Wie ist demnach der doch ein Tor, der hier um ein Stückchen Erde streitet, wie es schon zu öfteren Malen unter euch der Fall war, der er doch eine ganze, wahrhaft lebendige Erde, die für ihn ewig nimmer vergehen wird und auch ewig nimmer vergehen kann, sondern sich nur nach seiner Lust und seinem freien Willen stets vergrößern, stets mehr verherrlichen und stets mehr vervielfachen wird, in sich birgt und trägt, und also auch alles früher Bezeigte!

10. Denn wenn es nicht also wäre, da wäre niemand eines Gedankens fähig; alles aber, was da jemand denken kann und mag, und wie vielfach und wie gestaltet, muss ja doch wohl also in ihm vorhanden sein wesenhaft, wie da in dem Samenkorn schon vorhanden ist eine endlose Vielheit seiner selbst nebst allen dasselbe produzierenden Pflanzenbestandteilen, ohne welche Beschaffenheit keine Fortpflanzung ins Unendliche denkbar wäre.

11. Wenn also gestaltet euch aber eure Gedanken lehren, was ihr alles unendlichfältig in euch bergt und tragt wesenhaft und Ich als der Schöpfer alles dessen und euer wahrer Vater euch nun auch noch dasselbe enthüllend sage und ihr nichts als nur der wahren Liebe bedürft, um euch in den Vollbesitz aller dieser unendlichen Schätze zu setzen, – sagt, ein wie großer Tor ist demnach der, so er sich kümmert und sorgt um eine Faust voll Staubes der nichtigen Erde, die da nur ist ein prüfendes Trugbild oder eine barste Scheinwelt, während er doch zahllose Sonnenheere in sich birgt, die da echt sind und unvergänglich!

12. Darum seht an den Jorias; der zeigt euch nun, was die Liebe vermag, und wozu alles sie allein euch verhelfen kann.

13. Daher seid künftighin keine Toren mehr, und flieht die Welt, und sucht euch selbst und Mich in euch!

14. Habt ihr mit eurem Liebelicht da alles gefunden, so werdet ihr wohl einsehen, wie viel die ganze Erde wert ist gegen den geringsten inneren Schatz des Lebens aus Mir.

15. Wer aber da erglühen wird in der Liebe gleich dem Jorias, der wird auch finden, was er nun gefunden hat!

16. Du, Mein geliebter Jorias, aber stehe nun auf, und zeige den anderen den kleinsten Teil dessen, was du nun in dir aus Mir gefunden hast durch deine Liebeglut! Amen."

Kapitel 87

Jorias Rede über die Liebe

Am 20. Mai 1842

1. Und alsbald erhob sich der glühende Jorias und begann folgende Worte nach dem Willen Abedams an alle die anwesenden Väter zu richten und stellte ihnen getreu den kleinsten Teil des nun in sich gefundenen Schatzes, der unendlich ist, dar. Die Worte aber, die er zu ihnen sprach, lauteten also:

2. „Väter, Brüder, Kinder, Mütter, Weiber und Töchter, hört! Wahrlich, wahrlich, wahrlich, kein äußerer Sinn unserer Seele kann es je erfassen, was Gott, unser heiliger, liebevollster Vater, denen vorbereitet hat, die Ihn allein über alles lieben und ihre Herzen nimmerdar abwenden von Ihm,

und auch keines Menschen Zunge wird solches je wiedergeben können!

3. Oh, wie wäre solches auch da möglich, wo uns die Worte verlassen und sicher niemand mehr in sich ein Wort finden wird und kann, durch welches er imstande wäre, nie geahnte, viel weniger noch geschaute Dinge vernehmlich zu bezeichnen! Und so er auch alsbald bilden möchte neue Worte, wer wird sie aber verstehen, und wer die endlos vielen sich dann erst merken?!

4. Daher kann nur ein kleinster Teil eines kleinsten Teiles allhier zum schwachen Verständnis kundgegeben werden. Ich sage, liebe Väter, Brüder und Kinder, nicht umsonst ‚zum schwachen Verständnis', denn ein irdisches Wort ist ja kaum nur die äußerste Rinde eines mehrere Hunderte von Jahren alten Baumes.

5. Wer aber kann aus derselben das innerste, wunderbarste Leben des Baumes erkennen, wer im Baum selbst den mächtig gewordenen Keim und in diesem die endlose Vielheit dessen, was da noch verborgen liegt und erst mit der Zeit zum Vorschein kommt sichtbar unseren Augen?!

6. Und wer möchte endlich erst erkennen aus dem Äußersten der Rinde die geistigen Wunder alle, welche eine allerkleinste Faser des Holzes in sich birgt?!

7. Wie daselbst das Laub, die Blüte, die Frucht mit allen ihren sie umgebenden und sie durchdringenden Teilen von vielen tausenden Geisterhänden vorbereitet wird, von ihnen dann zur rechten Zeit durch alle die zahllos vielen Kanälchen zu den Ausmündungen an den Zweiglein geführt und dort erst endlos wunderbarer ausgebildet wird nach der bestimmten Form und nach allen uns wie nur immer möglich fühl- und wahrnehmbaren Eigenschaften?!

8. So wenig wir aber alles dieses und noch zahllos mehreres von der Außenrinde des Baumes entnehmen können, – um noch viel weniger kann jemand das allerkleinste Teilchen dessen durch Zungenworte wiedergeben, was dieser unser aller heiligste, liebevollste Vater in den Herzen derer vorbereitet hatte, die Ihn über alles lieben!

9. O Liebe, Liebe, Liebe, du große, heilige Liebe, welche Fülle, welche Tiefe des Lebens und des Lichtes fasst du in dir?!

10. Gott, Gott Selbst ist die reinste Liebe, und diese Liebe ist vor uns allen; sie ist unser aller heiliger, liebevollster Vater, hier – in unserer Mitte, – da – in unseren Herzen!

11. Vor den Augen des Fleisches und der Seele auch liegt es verborgen, aber nicht also vor denen des Geistes, in dem die Liebe wohnt, ja der selbst Liebe ist aus der endlosen Liebe unseres heiligen Vaters.

12. Dem Geist ist ein Sandkörnchen mehr denn dem fleischlichen Auge die ganze Erde und der ganze gestirnte Himmel, so er auch geschaut werden könnte in aller seiner Außenpracht, gleich wie der Fleck der Erde, auf dem wir wandeln, also nahe!

13. O Sandkörnchen, du großes Wunderwerk, was bist du, – wie groß und herrlich! Wer ahnt die unaussprechliche Majestät dessen, das da unbeachtet an seiner Fußsohle kleben bleibt? Es ist ja nur ein winziges Stäubchen!

14. O Väter! Glaubt es nicht! Es ist kein Stäubchen! Eine Welt, eine unermesslich große Welt ist es! In ihren weiten Räumen wallt Licht und Leben!

15. Große Ströme durchziehen ihre weiten Kristalltäler; auf ihren sehr hohen

Bergen brennen tausend und tausend Sonnen, voll des herrlichsten Lichtes aller Farben, und zahllose Wesen in den nie geahnten, wunderbarsten Formen beleben diese große Welt! Licht und Wärme ist ihre Nahrung; ihre Bewegung gleicht einem Wanderer, dem ein hohes Reiseziel vorgesteckt ist.

16. O du Körnchen, du Körnchen, du allein ja wärst mir genug für die ganze Ewigkeit!

17. O Väter, Brüder und Kinder, – ich vermag nun nichts mehr zu reden, denn größer und herrlicher stets wird ja schon dies Stäubchen!

18. Was soll da erst sein eine ganze Erde und ihre stets herrlichere Vervielfachung im Ganzen, wie in allen ihren unzähligen Teilen!

19. Was dann erst eine Sonne, was der ganze sichtbare Sternenhimmel, was dann erst der Geister- und Engelshimmel, was sie, was wir, was erst die Liebe Gottes in uns?!

20. Daher liebt, liebt, liebt Ihn; in der Liebe werdet ihr erst erfahren, was die Liebe ist, und wie unaussprechlich gut da ist unser heiliger Vater!

21. O Liebe, du heilige Liebe! Du allein bist alles in allem! O Vater, Du heiliger Vater, Du bist ja diese heilige, große Liebe Selbst!

22. Daher liebt, liebt, Väter, Brüder und Kinder, liebt die Liebe; liebt über alles den heiligen Vater!

23. Denn Er allein ist die Liebe, die ewige, die unendliche! Daher auch Ihm allein alle unsere Liebe ewig! Amen."

Kapitel 88

Jorias wird mit Besela, der Tochter Pariholis, durch Abedam vermählt

Am 21. Mai 1842

1. Als der Jorias aber diese Glührede beendet hatte, da ergriff ihn alsbald der Abedam, zog ihn völlig an Seine heilige Brust, segnete ihn und sprach dann zu ihm:

2. „Mein geliebter Jorias, du hast wahr und gut gegeben, ja vollkommen gut nach Meinem Willen, das Ich verlangte von dir, darum du warst und noch bist vollkommen durch und durch glühend vor Liebe zu Mir, und aus Mir erst zu all deinen Vätern, Brüdern, Kindern, Müttern, Weibern und Töchtern!

3. Aber noch bist du dem Gefühle nach nicht reif genug, dass du verbleiben könntest in dieser Glut schon als für beständig; denn siehe, darum Ich nun unter euch wandle, seid ihr dem Geiste nach nur notgezeitigte Früchte am Baum des Lebens, darum auch ihr noch alle eine starke Nachzeitigung werdet bestehen müssen, – sonst würde sich ein jeder bald verzehren und auslieben, und dann sterben für immer!

4. Damit aber diese deine Glut etwas gesänftet wird, will Ich dir ein Weib geben, da du noch ledig bist und kaum etwas über hundert Jahre zählst. An dem Weib wirst du dich erst erproben und festen nach und nach für solche bleibende Glut der nächsten Liebe zu Mir. Denn für jetzt ist die Zeit noch nicht da, in der die Menschen mit Mir werden können auch ohne ein Weib in die vollkommenste Ehe treten; und also ist es für jetzt aus dem Grunde noch für jeden nötig, sich ein Weib zu nehmen, damit er durch das Weib, durch das er von sich

selbst und also auch von Mir getrennt wurde, wieder völlig eins wird vor Mir.

5. Denn wie die Eva aus dem Adam hervorging, muss in jedes Mannes Weib sie wieder vollends eins werden mit ihm, und er in sich eins durch die Wiedervereinigung mit dem Weib.

6. Steht er nun also wieder da als ein Mensch vor Mir, dann erst kann er mit Mir wieder vollends eins werden; aber solange er noch getrennt ist, ist er auch für bleibend der höchsten Liebe aus Mir und wieder zu Mir nicht fähig.

7. Es hat aber ja schon eure Weisheit gelehrt, dass da ohne den Gegensatz kein Ding möglich ist; siehe, solches ist richtig!

8. Das Weib aber ist dem Mann gegeben worden zum Gegensatz; wenn demnach der Mann zuvor nicht eins wird mit seinem Gegensatz, da kann er ja auch in sich selbst Mir gegenüber nicht zum Gegensatz werden.

9. Solange er aber das nicht wird, so lange auch ist er Mir völlig gleichsätzig; ist er aber das, so ist er nicht aufnahmefähig, sondern, Mir gleich, sich stets nur mitteilend.

10. Darin aber liegt ja der große Unterschied zwischen Vater und Kind, dass der Vater austeilt, die Kinder aber empfangen und sind eben dadurch eins mit dem Vater, da sie Ihm sind zum Gegensatz.

11. Wenn aber die Kinder nichts annehmen wollten, sondern sich nur stellten mit dem Vater in eine Linie, um gleich Ihm nur auszuteilen, sage Mir: Wer wird denn da den aufnehmenden Gegensatz bilden?

12. Wenn aber dieser mangelt, was wird da mit der Zeit aus den Kindern werden? Ich sage dir, sie würden sich vergeben bis den letzten Tropfen ihres Seins, und der Vater müsste da Seine Mitteilung für immer aufheben und dadurch in Sich Selbst den Gegensatz bilden, damit Er bleibe, was Er war in Sich von Ewigkeit her; ein Sich Selbst vollkommen genügender, ewiger, mächtiger Gott!

13. Du stehst aber jetzt mit Mir auf einer und derselben Linie und bist Mir noch kein Gegensatz, sondern ein Gleichsatz; daher ist dir ein Weib nötig, damit du Mir ein vollkommener Gegensatz wirst und Ich dir dadurch vollkommen ein Vater.

14. Du fragst Mich nun in deinem Herzen: Wo ist denn hernach das Weib, das du dir nehmen sollst?

15. Sehe hierher, da ist sie schon! Ihr Name ist Besela, und der arme Pariholi ist ihr Vater; siehe, diese habe Ich dir zum Weib bestimmt!

16. Und du, Besela, trete näher hierher zu Mir und fürchte den Mann nicht, den Ich dir jetzt geben werde; denn er wird dich auf seinen Händen tragen, und deine ewig bleibende Wohnung wird sein Herz dir sein, und wie du eins wirst mit ihm, also wirst du auch eins sein mit Mir in ihm und durch ihn! Amen."

17. Bei diesen Worten bog Sich der Abedam hin zur Besela und nahm sie auf Seinen linken Arm, drückte sie an Seine Brust, segnete sie, und sagte dann zu ihr:

18. „Nun, du überschöne Besela, im Geiste sowohl wie am Leibe, enthülle dich vor dem, dem du von nun an angehörst, damit er sehe, welch ein Weib Ich ihm für seine mächtige Liebe zu Mir beschieden habe!"

19. Und alsbald schob die kaum etwas über dreißig Jahre alte Besela ihr etwas dunkelblondes Haar auf die Seite, und des Jorias Augen ersahen hier etwas also Schönes, dass er dabei ausrief:

20. „O Erde, o ihr alle Himmel, wie arm seid ihr nun vor mir! Denn etwas Herrlicheres außer Gott fasst ihr nicht zum zweiten Mal!

21. O du arme Sonne, wie wird es dir morgen ergehen, oder dann, wenn sich diese Sonne vor dir enthüllen wird?!

22. Nein, nein, du lieber, heiliger Vater, solcher Gabe bin ich ja dennoch nicht wert!"

23. Der Abedam aber erwiderte ihm darauf: „Wenn Ich dich für würdig halte, so bist du es auch; daher empfange diese Gabe aus Meiner Hand, und gehe mit ihr hin zum Adam und zur Eva, und lasse dich segnen auch von ihnen, und dann auch von deinem Vater Jared wie auch von der Besela Vater, und komme dann wieder zu Mir, auf dass Ich dich weihe im Geiste zu einem Propheten der Sterne aller Himmel! Amen."

Kapitel 89

Die Segnung von Jorias und Besela.
Abedams Lehre über die Bezähmung der
Begierden und den Willen Gottes

Am 23. Mai 1842

1. Nachdem aber dieses alles geschehen war und die Väter mit den Müttern gesegnet hatten das neue Ehepaar, kam der Jorias mit seinem jungen und schönsten Weib wieder zum Abedam hin, wie Er ihn vorher beheißen hatte.

2. Da er nun wieder vor dem hohen Abedam sich befand, legte alsbald der Heilige Seine Hände zuerst auf den Jorias, dann aber auch auf die Besela, berührend das Haupt und das Herz, das heißt die linke Seite der Brust, und sprach dabei folgende Worte:

3. „Nehmt hin Meinen Segen zum ewigen Leben! Zeugt aus euch wahre, lebendige Früchte der reinsten Liebe! Ferne sei eurem Leib die stumme Befriedigung dessen, daran das Fleisch und somit auch die Sünde hängt, – so werdet ihr stets wandeln wahrhaft und getreu vor Mir. Wer aber da wohltut seinem Fleische, es über das gerechte Maß nährt und sucht es dann durch alle Wollust zu ergötzen, der nährt seine eigene Sünde und räumt durch die Wollust des Fleisches dem ewigen Tode alle Gewalt über sich ein.

4. Daher bezähmt allzeit eure Begierden, so es nicht Zeit ist, dass ihr Mir zeuget eine lebendige Frucht; wenn es aber Zeit ist, dann ruft zu Mir, damit Ich euch halte, wenn ihr der Sünde ein Opfer bringt, und ihr darum nicht fallt, sondern bleibt in Meiner Gnade.

5. Denn wer da fällt, der steht schwer auf, und bei jedem Fall wird der Geist mit einem neuen Totengefängnis umgeben.

6. Wenn er dann erstehen möchte aus der Gefangenschaft des Fleisches, welches ist die alte Sünde und der alte Tod des Geistes, – wie wird es ihm dann ergehen, wenn er statt einer Rinde mehrere hunderte wird zu durchbrechen haben, da immer eine um die andere hartnäckiger wird?

7. Daher sorgt euch nur um das, was des Geistes ist; das Fleisch aber übergebt Mir und tuet im selben Meinen Willen, auf dass es kraftlos werde, so werdet ihr im Geiste allzeit in dem Grade wachsen und zunehmen, in welchem euer Tod abnimmt, welcher da ist die Sünde oder das Fleisch.

8. Daher sage Ich es euch noch einmal: Nährt, stärkt und ergötzt euer Fleisch

nicht; denn dadurch nährt, stärkt und ergötzt ihr euren eigenen Tod, welcher nun den Geist umgibt als letzter Kerker vor seiner Wiederbefreiung oder Wiedererstehung zum vollsten ewigen Leben aus Mir und in Mir!

9. Du, Mein geliebter Jorias, hast geschaut die Größe und Erhabenheit dessen, was da ist ein Kind Meiner Liebe! Du hast die Fülle der Glut Meiner Vaterliebe empfunden! Also bleibe getreu Meinem Willen, bleibe getreu Mir, deinem Gott, ja bleibe getreu Mir, deinem heiligen, liebevollsten Vater!

10. Siehe, sooft das Fleisch eine ungebührliche Forderung an dein Herz legen wird, allzeit die Sterne des Himmels an, und Ich werde aus den Sternen zu dir reden und werde dir sagen, was du zu tun hast!

11. Wenn du aber abweichen möchtest von diesem Meinem Weg, den Ich dir jetzt vorgezeichnet habe, dann wird sich auch der Himmel vor deinen Augen in dichte Wolken verhüllen, und du wirst so lange die sprechenden Sterne hinfort nicht zu Gesicht bekommen, als bis du voll Reue auf diesen Meinen Weg zurückkehren wirst!

12. So du aber verbleiben wirst freimütig getreu Meinem Willen, da wirst du bald die große Macht desselben in dir zu gewahren anfangen; denn eben dadurch, dass du befolgst Meinen Willen, nimmst du denselben auf in dir und machst ihn zu dem deinigen.

13. Wenn aber Mein allmächtiger Wille deine Ordnung wird, wie er ewig ist die Meinige, sage Mir, welche Macht des Todes wird dich dann wohl mehr überwältigen können?

14. Darum aber gebe Ich dir ein solches Gebot, wie allen, damit durch dessen Befolgung jeder sich eigen machen möchte die Macht Meines Willens, durch welchen alle Dinge sind gemacht worden, und vor dem alle Dinge erbeben.

15. Solange aber jemand sich Meinen Willen nicht zu eigen gemacht hat, so lange auch bleibt er ein Gefangener des Todes und ein Knecht der Sünde, welche ist der alte Tod.

16. Wer aber sich zu eigen gemacht hatte Meinen Willen, der ist vollkommen geworden, wie Ich, sein Vater, es bin, und er wird die Werke des Lebens verrichten, die Ich verrichte.

17. Wer aber also geworden ist ein Besitzer Meines Willens, der hat auch die wahre Kindschaft überkommen.

18. Wer ist aber derjenige, dem Mein Wille zu eigen wird vollkommen? Ich sage dir und euch allen: Derjenige ist es, der Mich liebt!

19. Wer aber liebt Mich? Derjenige, der da tut Meinen Willen; wer aber tut nach Meinem Willen, der hat sich Meinen Willen zu eigen gemacht.

20. Das aber ist ja die wahre Kindschaft, dass jeder ist in Meinem Willen und Mein Wille in ihm; und das ist die wahre, lebendige Frucht der reinen Liebe und das ewige Leben.

21. Diese Frucht sollst du Mir vor allem zeugen mit deinem Weib; hast du solche gezeugt, so wirst du auch dann Kinder zeugen, welche aus Meinem Willen hervorgehen werden und werden sein vollkommen gleich dem, der sie gezeugt hatte.

22. Das aber ist dieser Mein Segen, dass sonach Mein Wille der deine werde und du lebst aus und in demselben ewig! Amen.

23. Nun gehe hin zu Meinem lieben Jared, und der Garbiel und Besediel sollen sich nun an diese Stelle begeben! Amen."

Kapitel 90

Die Demütigung Garbiels. Das Ende des segensreichen Sabbats

Am 24. Mai 1842

1. Und der Garbiel und der Besediel begaben sich, nachdem sie alsbald vom Jorias benachrichtigt wurden, dass sie der hohe Abedam berufen hatte, alsogleich voll Mutes und Beharrlichkeit hin zum hohen Abedam.

2. Als sie aber (natürlich nach wenigen Schritten schon) bei Ihm angelangt sind, da tat sich sogleich der Garbiel hervor und sagte (freilich wohl außerordentlich stark vorwärts gebeugt, als säße ihm eine zentnerschwere Demut am Hals) zum hohen Abedam:

3. „Lieber, heiliger Vater! Soll ich oder der Besediel zuerst mit der Kundgebung unseres Gesichtes beginnen?

4. Ich meinesteils wäre dafür, dass der Besediel zuerst und also ganz zuletzt erst ich dann erzählte mein Gesicht!"

5. Solches aber sagte er darum, weil er nicht als Erster gerufen ward und bei den Gerufenen eine Steigerung bemerkte; so verhoffte er sich, wenn er als vollkommen zuletzt kundgeben würde sein Gesicht, da stehe er dennoch oben an und ist erhaben über alle.

6. Der Abedam aber sagte auf diesen vorlauten Antrag zum Garbiel: „Garbiel, siehe, Ich Meines Teils bin wieder ganz und gar nicht dafür, sondern bin vielmehr dafür, dass da weder du, noch der Besediel werdet kundgeben eure Gesichte, da sie keinen allgemeinen Wert haben, sondern nur einen sich unterdessen auf euch allein beziehenden, über dessen tatsächliche

Anwendung Ich euch erst morgen die volle Weisung geben werde!

7. Das wäre somit ein Teil, wofür Ich Meines Teils unabänderlich bin; dann bin Ich aber wieder eines anderen, aber dennoch Meines Teiles wieder dafür, dass, so Ich jemanden rufe, er doch warten soll, was Ich von ihm verlangen werde, und dann erst reden, so Ich es von ihm verlange, aber nicht vorlaut gewisserart Mir vorzeichnen, was Ich tun soll.

8. Siehe, für solche nach dem Vorrang dürstenden Zuvorkommenheiten bin Ich Meines Teils wieder gar nicht, aber desto mehr wieder eines anderen Meines Teils dafür, dass sich jemand also demütige, dass er lieber sein will der Letzte als der Erste, lieber Diener als Herr, lieber der Kleinste als der Größte, lieber sein verkannt als zu hoch anerkannt, und lieber sein ein letzter Knecht denn ein erster Gebieter. Siehe, dafür bin Ich Meines Teils wieder sehr!

9. Und noch bin Ich eines anderen Meines Teils wieder dafür, dass ein jeder dem anderen in aller wahren Liebe soll sein ein wahrer Bruder. Denn solange er das nicht ist, kann Ich Meines Teils ihm ja auch nicht ein Vater sein; bin Ich aber der allein wahre Vater, da sehe Ich als die allerhöchste Weisheit Meines Teils wahrhaft wieder nicht ein, welches Unterschiedes da Meine Kinder untereinander sein sollten!

10. Oder hat die reine Liebe wohl Unterschiede, wenn sie ist vollkommen aus Mir?!

11. Ja, es gibt wohl einen Unterschied zwischen Liebe und Liebe, wie sie mächtiger ist und mächtiger; aber diese Unterschiede sind also beschaffen, dass die Brüder diesen Unterschieden zufolge einander achten, und je mehr Liebe einer hat,

desto demütiger ist er auch, und desto mehr will er auch allen ein Diener sein.

12. Siehe, sonach wäre Ich Meines Teils für dich auch der Meinung, du solltest dich demütigen, deinen Irrtum einsehen, ihn bereuen in dir und dein Herz zuvor erfüllen mit wahrer Liebe zu Mir, dem Vater, und also auch zu allen den Brüdern, Vätern, Kindern und Weibern; denn sonst wirst du deines Teils nicht viel des ewigen Lebens überkommen.

13. Auch du, Besediel, magst dergleichen tun! Du, Mein lieber Sehel, aber zeige ihnen den rechten Weg! Amen.

14. Morgen aber will Ich jedermann seine Weisung geben; solches sollen demnach auch die beiden von Mir erwarten! Amen."

15. Nach diesen Worten aber wandte sich der hohe Abedam zum Adam und sagte zu ihm:

16. „Adam, siehe, also hätten wir den Sabbat gebührlich beschlossen, denn der Nacht Mitte ist herangekommen. Sage es demnach allen, dass allen die Ruhe nun gar nötig geworden ist, darum sie sich zur Ruhe begeben sollen, um morgen gestärkt wieder erwachen zu können!"

17. Und der Adam vollzog alsbald des Herrn Willen und ließ allen durch die Kinder Seths die Ruhe ankündigen.

18. Als aber solches geschehen, da entstand alsbald ein allgemeiner Lobgesang von vielen Tausenden; nach dessen Beendigung aber segnete Abedam alle zur Ruhe und sagte dann zum Adam:

19. „Da nun alles sich zur Ruhe begeben hat, so wollen auch wir keine Ausnahme machen, sondern wollen tun, was alle anderen tun!"

20. Der Adam aber fragte den Herrn, sagend: „Heiliger Vater, wo willst Du denn, dass wir mit Dir ruhen sollen, – entweder hier, – oder sollen wir uns in meine Hütte begeben?"

21. Der Abedam aber sagte darauf zum Adam: „Adam, siehe, Ich habe schon gar viele Ewigkeiten unter Meinen freien Himmeln zugebracht, so lasse uns denn auch heute hier unter dem freien Himmel zubringen; denn das Firmament hat sich ausgeheitert, und also harrt unser kein Sturm mehr. Daher bleiben wir, wo wir sind, und wie wir sind; und also begebt euch alle zur Ruhe! Amen."

22. Und also ward der segensreiche Sabbat beschlossen, und eine feierliche, heilige Ruhe ergoss sich über alle die heiligen Höhen der Kinder Gottes.

Kapitel 91

Die Spuksonne. Adams Fluch

Am 28. Mai 1842

1. Eine gute Stunde vor dem Aufgang der Sonne war aber noch niemand außer dem alten Vater Adam auf den Füßen.

2. Ja, der Adam hätte sogar gerne hier und da jemanden geputzt – wenn er sich getraut hätte, und wenn er schon jemanden wach gefunden hätte –, darum man diesmal gerade bei dieser allerhöchsten Gelegenheit also verschlafen konnte, dass er nicht einmal mehr einen Stern zu sehen bekam, als er erwachte.

3. Allein, da er auch noch sogar den hohen Abedam zwischen Abedam, dem anderen, und dem Henoch auf der Erde ruhen sah, so getraute er sich nichts zu sagen und ergab sich in aller Geduld und Nachgiebigkeit.

4. Es ertönten aber schon von allen Seiten her Morgenlieder und war zu hören ein großes Preisen und Loben von allen Seiten her, aber auf der eigentlichen Höhe ließ sich noch nichts vernehmen.

5. Das war schon wieder ein neuer Stein des Anstoßes für den Adam. Er hätte gerne über die Lauigkeit der Ausgewählten sogar recht heftig gezürnt, wenn nur von Seiten des hohen Abedam der leiseste Wink dazu erfolgt wäre.

6. Allein der Abedam ruhte denn noch immer zwischen den vorerwähnten Lieblingen und machte noch keine Miene, als wollte Er noch sobald aufstehen.

7. Der Adam kratzte sich zwar ganz gewaltig hinter den Ohren, aber er schwieg demungeachtet.

8. Bei sich sagte er freilich: „Es ist eine barste Schande für uns Erwählte, dass uns alle umliegenden Kinder in allem zuvorkommen und gehen uns mit einem guten Beispiel vor, da solches zu tun doch nur an uns wäre! Aber was lässt sich hier machen? Er ruht Selbst noch!

9. Wenn nur die liebe Sonne nicht etwa eher auftaucht, bis wir zum Morgengesang kommen werden?!

10. Zu anderen Zeiten haben wir schon das Morgenmahl eingenommen lange vor dem Aufgang; heute aber droht uns die Sonne noch liegend oder zum wenigsten auf der Erde ruhend anzutreffen!

11. Aber was ist da zu machen? Aufwecken kann ich Ihn doch nicht!

12. Denn es galt ja allzeit nur Ihm alle unsere Morgenverherrlichung.

13. Er aber ruht noch, und es wäre doch gewiss sehr unschicksam, jetzt etwas zu tun und Ihn zu stören in der Ruhe.

14. Aber ärgerlich ist es denn doch, dass da außer mir und meiner Eva noch niemand sich von der Erde erheben will!

15. Wenn nur die Sonne noch verzöge, da wäre es noch zu ertragen; aber wenn sie uns also antrifft, was werden da alle die anderen Kinder sich von uns zu denken anfangen?!

16. Nein, solch ein Anblick wäre etwas Schauderhaftes für mich; daher verziehe, verziehe, du fleißige Sonne!"

17. Als der Adam aber noch eine Zeit lang solchen schauderhaften Ideen nachhinkte, siehe, da guckte auf einmal die Sonne hinter dem Horizont herauf!

18. Jetzt zerriss dem Adam die Geduld, dass er darob dem neben ihm liegenden Seth einen Stoß versetzte und dieser alsbald etwas erschreckt aufsprang und in der Stille auch sogleich den Adam fragte, sagend:

19. „Lieber Vater, fehlt dir etwas? Wenn solches, da gebiete mir, damit ich es alsbald vollziehe nach deinem Willen und nach deinem Bedürfnis!"

20. Der Adam aber zeigte dem Seth alsbald mit dem Finger die Sonne und sagte: „Da siehe einmal hin und betrachte die Sonne, wie hoch sie schon steht, und höre, wie von allen Seiten her schon die Morgenlieder erschallen und der Sonnengruß!

21. Wir aber schlafen noch mehr denn zur Hälfte; ist das aber eine unerhörte Schande für uns, die wir dazu noch auserwählt sind!

22. Nein, nein, ich weiß mir gar nicht zu helfen und zu raten!"

23. Hier blickte der Seth nach der schon ziemlich hochstehenden Sonne und bemerkte gar bald, dass sie fürs Erste nur einen sehr matten Glanz hatte und fürs Zweite nur einen unförmlichen Klumpen

statt einer schönen Rundscheibe darstellte.

24. Dieser etwas stark verdächtigen Erscheinung zufolge sagte der Seth alsbald zum Adam:

25. „Höre, lieber Vater, wenn ich mich nicht irre, so ist es jetzt wohl vielleicht eben nicht zu ferne mehr vom Aufgang der rechten Sonne!

26. Was aber die Spuksonne betrifft, so sehe nur genauer hin, und du wirst dich gar bald überzeugen, um welche Zeit es mit dieser Sonne stehe, und welch eine Bewandtnis es mit dem etwas unheimlich klingenden Morgengesang hat!"

27. Hier erst fing der Adam an, die Sonne etwas genauer zu betrachten, und ersah gar bald seinen Irrtum.

28. Und als er dem noch forthallenden Morgengesang ein aufmerksameres Ohr lieh, da vernahm er auch gar bald folgende kurze Gesangsstrophe:

29. Gepriesen sei, du großer Gott, da unten in der Tiefe;
wir loben, großer Lamech, dich und deine Weisheitskniffe!
30. Du hast die rechte Sonne uns erweckt durch deine Stärke,
und dein und ihr sind demnach alle diese großen Werke!

31. O Lamech, großer Gott, du füllest nun die Himmel alle,
da du gebracht nun hast den alten schwachen Gott zum Falle!
32. Nun schläft Er müd und matt auf Erden gleich den Seinen,
und lässt sich ihnen gleich gemach von deiner Sonn' bescheinen!

33. Bei diesen Worten erschrak der Adam also heftig, dass er also aufschrie: „Um des allmächtigen Gottes willen, was ist das denn für ein verfluchter Tag, was für eine verfluchte Sonne und was für ein verfluchter Gesang?!"

34. Bei diesen Worten Adams erhob sich ein wenig von der Erde der hohe Abedam und fragte den Adam: „Adam, was fehlt dir, darum du fluchst?"

35. Adam aber erwiderte ganz bebend: „O Abedam! Siehe an diesen falschen Tag, wie er ist ein Werk des Satans!"

36. Der Abedam aber sagte darauf: „Adam, warum hast du ihn nun gerichtet? Siehe, darum wird er nicht der Erde letzter sein; dieser Tag wird sich vermehren auf der Erde wie ein Unkraut, und dieses Unkraut wird nicht auszurotten sein bis ans Ende aller Zeiten!"

37. Der Adam aber schrie: „O heiliger Vater, so vernichte ihn auf ewig!"

38. Der Abedam aber erwiderte ihm darauf: „Siehe, auch der Urheber dieses Tages ist frei wie du und lebt aus Mir! Daher lassen wir ihm seine Zeit; er soll sie nur dehnen, so lang er will!

39. Wenn aber dann Meine Ewigkeit über ihn kommen wird, da wird seine große Torheit schon an das Licht des wahren Tages treten!

40. Daher sei ruhig bis zur Zeit, wann Ich euch erwecken werde am Morgen des rechten Sonnetages!

41. Und daher auch lege dich nun zur Erde wieder! Wann aber Ich erstehen werde, dann ersteht alle; denn Ich werde erstehen am rechten Sonnetage und werde euch erwecken durch Meinen Geist.

42. Bis dahin aber lassen wir nun spielen den Satan aus der wahren Schlammtiefe Lamechs! Amen."

43. Diese Worte beruhigten den Adam; der Abedam aber legte sich sogleich wieder zur Erde nieder, und der Adam und der Seth und die Eva folgten Seinem Beispiel und achteten nicht mehr der Sonne des Lamech aus der Tiefe.

Kapitel 92

Der heftige Sturm am Morgen. Hored ermahnt die Schwachherzigen und vertreibt den Sturm

Am 1. Juni 1842

1. Ungefähr eine halbe Stunde ruhten die Väter noch, und der Adam schloss seine Augen, so fest er nur immer konnte, um ja keinen Strahl des falschen Tages mehr in sich aufzunehmen.

2. Als nun diese halbe Stunde vergangen war, da erhob sich auf einmal ein außerordentlich heftiger Sturm. Windhosen entwurzelten die dicksten und kräftigsten Bäume. Die Luft durchzuckten tausend und tausend Blitze, und auf den benachbarten Gebirgen lösten die mächtigsten Feuersäulen große Felsstücke von ihren Fundamenten und zerstoben sie in der Luft wie eine leichte Spreu.

3. Das beständige Krachen der Blitze trieb dem Adam eine übermäßige Furcht ein, und er gedachte darob bei sich in der Stille höchst beängstet: „Mein Gott und mein Herr und mein geliebter heiliger Vater! Wenn es vielleicht denn Deinem großen Feind, dem Leviathan, dieser mächtigen Schlange alles Verderbens, dennoch gelungen wäre, Dich zu überlisten und,

während Du nun segnend hier unter uns weilst, sich auf den Thron Deiner ewigen Heiligkeit zu schwingen, was werden wir da anfangen?

4. Was wird da aus Deinen heiligen Verheißungen werden?

5. Bist Du, o heiliger, lieber Vater, entmächtigt vom Satan, was soll da aus uns denn werden?!

6. Dieses Toben der Elemente gegen uns ist sicher ein Zeichen, dass dem Satan gelungen ist seine übergroße Bosheit!

7. O Vater, Vater! Was wird da aus uns werden?!"

8. Siehe, in solchen Gedanken war Adam begraben, und da Ich Mich noch nicht rührte, so schien es ihm auch schon nun ganz wahrscheinlich, dass Ich sicher samt ihm und allen den Kindern ein Gefangener des Satans geworden sei, darum er endlich seine Augen wieder auftat und schaute ganz entsetzlich ängstig nach Mir hin, ob Ich noch da sei, und ob die Kinder noch unbeschädigt da seien.

9. Als er aber also die Augen auftat, da erschrak er alsbald noch überheftiger vor der verheerenden Feuer- und Sturmszene; denn es kam ihm vor, als sähe er zerstörte brennende Berge durch die Lüfte fliegen und hie und da ein Stück unter großem Gekrache zur Erde noch brennend niederstürzen.

10. Solcher Erscheinung zufolge schrie er bald überlaut Mich rufend aus: „Abedam, Abedam, Du heiliger Vater, wenn Dir noch irgendeine Macht eigen ist, so erhebe Dich über diesen Deinen und unseren ärgsten Feind, und treibe ihn zur Ruhe und zur Einsicht seiner Schwäche vor Dir, sonst gehen wir ja alle zugrunde!"

11. Bei diesem Geschrei Adams richteten sich auch alle Kinder auf und gerieten

ob der Schauderszene und ob der unheimlichen Worte Adams – mit Ausnahme Henochs, Jareds, Lamechs und dessen Weibes Ghemela, des Hored und der Naëme, des Uranion, des Gabiel und dessen Weibes Aora und der Tochter Purista, des Lamel, des Parihoil und dessen Familie, des Sehel und des Jorias und dessen Weibes Besela, – alle in eine übergroße Furcht und Angst und waren, durch den Adam gewisserart angesteckt, alle auch von seinen Gedanken gefangen genommen und äußerten sich in ihrer Angst auch gleich dem Adam also durch dieselben Worte.

12. Als aber der Hored von allen Seiten her solche Äußerungen vernommen hatte, da erregte er sich, sprang von der Erde auf und sagte laut zu allen, die von der Furcht Adams befallen waren:

13. „Väter, Brüder, Mütter und Schwestern! Welche übertörichte Furcht hält eure Herzen gefangen, und welche noch viel törichteren, ja welche wahrhaft lästerlichen Worte entstammen eurer Zunge!

14. Nie noch war von euch allen je einer also sehr wie ich in der Gefahr, vom Satan verschlungen zu werden!

15. Wer aber hatte mich denn so gewaltigst schnell entrissen dem Rachen des Ungeheuers?!

16. War es nicht Der, der jetzt noch also liebevollst und segnend unter uns sichtbar weilt? War es nicht Er, der allmächtige, große Gott, der uns allen nun in Seiner unendlichen Liebe überbracht hat und gegeben hat die wahre Kindschaft, wie solches doch sicher ein jeder aus den Wundergesichten der Boten hat vollends ersehen können?

17. Er, der allmächtige, ewige, unendliche, heilige Gott wird Sich von einer elenden Kreatur besiegen und am Ende gar verderben und vernichten lassen?!

18. O Erde, wo hast denn du noch einen Winkel, da etwas Unsinnigeres keimen möchte, als da sind solche Gedanken?

19. Hört, ich bin nur ein schwacher Mensch gleich euch; da ich aber gleich euch von Ihm Selbst den mächtigen Segen empfangen habe, so gestehe ich und sage:

20. Wahrlich, wahrlich, Er ist mir ein Zeuge: Mit dieser Seiner Segenskraft in mir, welche gegen Seinen leisesten Hauch im Vergleich soviel als rein nichts ist, nehme ich – hört, ich ganz allein! – es mit hundertmal hunderttausenden solcher wettermachenden Satane auf, und wenn jeder noch um so vieles mächtiger wäre, um wie vieles die von mir ausgesprochene Zahl die Einheit überbietet!

21. Wenn aber ich, der einzige Sünder unter euch, schon solches mich getraue und gar wohl vermag, sagt euch selbst: Was ist's denn hernach, das eure Herzen mit solch unsinniger Furcht erfüllt? O ihr Schwachherzigen!

22. Damit ihr aber seht, wie entsetzlich eitel und übertöricht eure Furcht ist, so gebiete ich diesem fürchterlichen Feind, dass er weiche und sich verkrieche in irgendeine Schlammpfütze der Tiefe!

23. Seht, schon weht überall segnende Ruhe! Wo sind nun die Blitze, wo die fliegenden Berge, wo die Wind- und Feuerwirbel, wo das schwarze Gewölk?

24. Aber dort seht hin, wie herrlich die rechte Sonne sich schon dem heitersten Aufgang nähert!"

25. Bei diesen Worten erhob Sich auch der Abedam, und der Hored fiel aus übergroßer Liebe alsbald zu Seinen Füßen nieder und dankte Ihm für solchen mächtigen Segen.

26. Alle die Väter aber starrten bald den Hored und bald wieder den Abedam wie versteinert an, und keiner wusste sich hier zu raten und zu helfen.

27. Der Abedam aber lobte den Hored und sagte darauf zu allen: „Der Friede sei mit euch, und Meine Liebe sei Mein Segen in euch und über euch!

28. Erhebt euch alle in der Liebe zu Mir, und du, Seth, gehe und sorge für ein reichliches Morgenmahl; ihr alle aber bedenkt unterdessen, wer durch Mich unter euch ist, und entfernt alle eure törichte Furcht! Nach dem Mahl aber will Ich euch erst zeigen, wie eitel eure Furcht war. Amen."

Kapitel 93

Verheißung der Menschwerdung des Herrn im Stamme Seths

Am 2. Juni 1842

1. Der Seth aber berief alsbald die Seinigen zusammen und ging mit ihnen hinab in seine Wohnung und lud da fünf Körbe voll Früchte der besten Art und legte dazu Brot in gerechter Menge und Honig in gerechter Menge und der Milch in gerechter Menge.

2. Als er mit seinen Trägern mit Speise und Trank nun also wohl ausgerüstet war, da dankte er Mir für die Gnade, dass er gewürdigt ward, allen auf der Höhe damit dienen zu dürfen, und gebot aber auch einem Teil seines Gesindes, dass sie sorgfältig bei all den anwesenden Völkern nachsehen und nachforschen sollten, ob sie etwas zu essen und zu trinken hätten; und wer immer da kommen würde, dem solle gereicht werden alsogleich Speise und Trank.

3. Nach dieser lieben Beheißung aber hieß er dann sogleich die gefüllten Speisekörbe heben und sie tragen auf die Höhe; auch er selbst trug ein großes Gefäß voll des reinsten Honigs.

4. Er aber ging kaum noch einige Schritte, da kam ihm schon der hohe Abedam entgegen und sagte darauf zum vor Liebe und der allerhöchsten Achtung und Rührung nahe zusammensinkenden Seth:

5. „Seth, du großer Liebling Meines Vaterherzens, sei gesegnet von Mir und dein ganzes Haus, darum du bedacht hast so vieler Hungriger und Durstiger aus allen den Völkerschaften!

6. Wahrlich, sage Ich dir, das ist das Größte, was jemand tun kann, dass er versorgt den armen Bruder und die arme Schwester, und unterstützt das Alter, und nimmt sich liebevollst an der Kleinen!

7. Wer solches tut aus der reinen Liebe zu Mir und aus dieser Liebe heraus dir gleich zu den Brüdern und Schwestern, – Ich sage dir, Mein geliebtester Bruder Seth, und hätte er Sünden, soviel da ist des Sandes im Meer und des Grases auf der Erde, wahrlich, sie sollen ihm alle erlassen werden!

8. Im Augenblick aber, als da jemand also tun möchte und öffnen sein Herz seinen Brüdern und Schwestern, werde Ich sein bei ihm und werde ihm geben das ewige Leben, und alles, was Mein ist, das soll auch ihm also zu Diensten stehen, wie es Mir zu Diensten steht!

9. Seth, Mein Bruder, jetzt gebe Ich dir das ewige Leben; denn nun hast du die größte Tat verübt, da du mehr getan hast, als Ich dir geboten; ja, Ich sage dir, das ist die größte und vollkommenste Tat, die noch je auf dieser Höhe verübt worden ist!

10. Wer da tut dasjenige, was Ich ihm auferlege, der ist ein treuer Knecht; wer mit seinem Herzen stets zu Mir gewendet ist, der ist Mir ein rechtes Kind, ein rechter Sohn und eine rechte Tochter; wer aus dem Geiste Handlungen begeht, und hat einen Abscheu vor der Welt, und hat stets alle Sinne nach Mir gerichtet, der ist ein Engel und ist Mir ein Bruder im Geiste aller Wahrheit gleich deinem Sehel.

11. Wer aber tut, wie du nun getan hast, wahrlich, wahrlich, der ist mehr denn alle; denn er ist Mir ein Bruder in der Liebe, – und das ist das Allerhöchste!

12. Daher sei du, Mein liebster Bruder Seth, denn Mir nun auch gesegnet über alle und dein ganzer Stamm!

13. Und diese Stätte soll bleiben bis ans Ende aller Zeiten und soll nimmerdar entweiht werden durch die Füße eines unwürdigen Volkes.

14. Und die Stelle, wo du deine Füße hinsetzen wirst, soll triefen in Überfülle vom Segen; dein Odem soll zu Manna des Himmels werden und jedes deiner Worte zum süßesten Honig des ewigen Lebens!

15. Auf dieser Stelle soll Lamechs Weib gesegnet werden einst mit einem Retter, welcher deinen Stamm erhalten wird bis ans Ende der Zeiten!

16. Ja, Ich sage dir, geliebtester Bruder, also gefällst du Mir, dass Ich Meine große Verheißung sicher zuhalten [halten] werde und werde aus dir und aus deinem Stamm Fleisch und Blut annehmen und werde dadurch werden dir gleich ein Mensch, obschon ein allmächtiger Mensch! Kannst du aber auch schon die göttlich volle Allmacht nicht tragen, aber die Macht der Liebe sollst du stets mit Mir, stets in Mir, und stets aus Mir haben als ein wahrer Bruder zu vollkommen gleichen Teilen!

17. O du Mein lieber Bruder du, komme her an Meine Brust, und lasse dich ergreifen mit aller Macht und Kraft Meines Lebens!

18. O wie lange schon habe Ich Mich gesehnt nach einem Bruder; allein es wollte Mir keiner werden in Meiner Liebe aus sich freiwillig heraus.

19. Du aber bist Mir nun geworden, wonach sich Mein Herz so viele Ewigkeiten vergeblich gesehnt hat.

20. Darum lasse Mich jetzt freuen an deiner Brust; denn nun bin Ich nicht mehr allein in der weiten Unendlichkeit! Ich habe nicht umsonst den unendlichen Raum eines Bruders wegen erfüllt mit zahllosen Welten aller Art, habe nicht zahllose Geisterheere umsonst aus Mir gerufen!

21. Denn an dir, du Mein geliebter Seth, habe Ich ja nun einen Bruder gefunden; ja, du hast Mir nun den Bruder wiedergegeben, der, Mich verachtend, Mir einst als ein Geist aller Geister verloren ging!

22. O Erde, wie reich bist du jetzt, da du Mir einen Bruder gabst! Darum auch sollst du von Mir erfahren, was die ganze Unendlichkeit ewig nimmer erfahren wird!

23. Deine Kinder will Ich aufnehmen zu Meinen Kindern, und deine Väter sollen Mir zu Brüdern werden!

24. Jetzt, geliebtester Bruder, lasse uns ziehen auf die Höhe und dort mit unseren Kindern halten das Morgenmahl, und Ich will allen laut verkünden, dass Ich einen rechten Bruder gefunden habe; und es sollen Himmel und Erde in lauten Jubel ausbrechen, darum Ich einen rechten Bruder gefunden habe! Amen.

25. O du, Mein geliebtester Bruder du!"

Kapitel 94

Seth als Bruder des Herrn

Am 3. Juni 1842

1. Als aber der Seth solche große Freundlichkeit vom Abedam vernommen hatte, da mochte er alsbald nicht weiter gehen, sondern fiel sogleich vor Ihm nieder und sagte:

2. „O Du über alles guter, heiliger, liebevollster Vater! Ich, ein schwacher Mensch, bin ja nicht würdig, dass Du betreten möchtest meine Hütte, und bin unwürdig, dass Du mich nur ansähest!

3. Und Du machst mich armen Sünder vor Dir zu einem Bruder, ja zu einem Bruder Deiner Liebe!

4. O Du guter, heiliger, liebevollster Vater, nimm diesen Gedanken wieder aus meiner armseligen Brust, denn er ist zu erhaben, zu heilig, zu unendlich groß! Ich kann ihn gar nicht denken, ohne durch und durch zu erschaudern.

5. Ich – Dir – ein Bruder! O Du großer, heiliger Gott, Vater und Schöpfer durch alle Ewigkeiten und alleiniger Erfüller der Unendlichkeit!

6. Ich, eine Milbe, den Sand der Erde bekriechend, Dir – ein Bruder in der Liebe! Nein, nein, es ist unmöglich, dass ich solches zu denken vermöchte!

7. Vater, lieber heiliger Vater, nehme den Bruder wieder zurück, und lasse mich sein einen Allergeringsten aus denen, die sich da dürfen Deine Kinder nennen!

8. O Du lieber heiliger Vater, siehe, ich bebe ja noch am ganzen Leib!

9. Es kommt mir solche Schwäche von der Übergröße des Gedankens, darum Du mich genannt hast einen Bruder Deiner Liebe.

10. Daher nehme gnädigst diese übergroße und überheilige Last, deren ich wohl ewig nicht würdig sein werde, wieder von mir, damit ich wieder frei wandeln könnte vor Dir, vor Adam und der Eva, vor meinen Brüdern und Schwestern und vor allen meinen Kindern, die Du nun so gnädigst hast wollen durch Deine unendliche Erbarmung und Liebe zu Deinen Kindern aufnehmen!

11. O Du lieber heiliger Vater, erhöre, erhöre gnädigst diese meine ängstliche Bitte; doch jetzt, wie allzeit, geschehe nur Dein heiliger Wille! Amen!"

12. Der hohe Abedam aber bog Sich sogleich zum Seth nieder, hob ihn äußerst behände vom Boden der Erde, drückte ihn an Seine heilige Brust, und küsste ihn auf die Stirne, und sagte dann allerliebevollst zu ihm:

13. „Seth, Mein geliebtester Bruder, siehe, jetzt bist du erst ganz vollkommen Mein Bruder, da du ihn Mir wieder zurückgabst!

14. Siehe, ehedem habe Ich wohl in dir den lieben Bruder wiedergefunden zufolge der großen, alleruneigennützigsten Liebe deines Herzens, welche du deinen Brüdern und Schwestern und deinen und ihren Kindern aus Mir dadurch bezeugtest, dass du ihnen eröffnet hast alle die Kammern, in denen du durch deinen Fleiß aufbewahrt hast des Brotes und der haltbaren Früchte in gerechter Menge und hast den Eingang in deine Milch- und Honigkammer nicht verschlossen, sondern ludest alle Bedürftigen dahin, auf dass sie sich sättigen sollten.

15. Jetzt aber, da deine Liebe sich auch mit der dir möglich größten Demut vereinigt hatte, bist du in aller Wahrheit und

Wirklichkeit ein vollkommen rechter lieber Bruder Meiner Liebe!

16. Damit du aber siehst, wie solches gar wohl möglich ist, so höre, – Ich will dich erleuchten:

17. Siehe, die Liebe ist Mein eigenst innerstes Urgrundwesen. Aus diesem Wesen geht erst die eigentliche Gottheit oder die durch alle Unendlichkeit ewig wirkende Kraft [hervor], welche da ist Mein unendlicher Geist aller Heiligkeit.

18. Dieses Urgrundwesen bin Ich aber Selbst, also wie Ich jetzt vor dir stehe, und da, aus dieser Brust ist die ganze Unendlichkeit erfüllt von Meinem Geist, der da ist Mein langer mächtigster Arm und allzeit also wirkt ins Allerunendlichste, wie Ich es in dieser Meiner Brust will.

19. Siehe, demnach bin Ich auch überall durch diesen Meinen Geist vollkommen gegenwärtig und kann da bilden, schaffen und ordnen.

20. Denn Meine Gedanken erfüllen stets den unendlichen Raum, welcher da ist ewig aus Mir; aber zur Erscheinung kommen sie erst da und dann, wo und wann Ich sie mit Meinem Willen ergreife und sie dann festhalte.

21. Siehe nun, aus eben diesem Meinem Urgrundwesen aber habe Ich auch dich gestaltet, eine zweite sich selbst bewusste frei tätige Liebe aus Mir; nicht nur ein alleiniger Gedanke, sondern eine freie Liebe aus Mir!

22. So du nun mit Mir eine und dieselbe Liebe bist, wie solltest du demnach nicht Mein Bruder sein, wenn deine Liebe ist gleich der Meinigen?

23. Daher also sei ohne Furcht, und sei Mir stets ein rechter Bruder, und Ich sage dir, auch du wirst wirken frei im Geiste, wie Ich wirke frei erfüllend die Unendlichkeit.

24. Wenn du aber einen Stein wirfst, da siehst du ja schon, dass der Arm deiner Leibeskraft länger ist als der fleischliche selbst; um wie vieles länger wird erst der Arm deines Geistes sein?!

25. Daher: Bist du Mir in der Liebe ein rechter Bruder, so bist du es Mir auch im Geiste der Kraft! Die Folge, lieber Liebebruder Seth, aber wird dir erst zeigen, dass Meine Liebe in dir gar wohl würdig ist, Mir ein Bruder zu sein; denn Ich Selbst bin ja diese freie Liebe in dir.

26. Daher folge Mir als Bruder nur mutig auf die Höhe; denn Ich sage es ja dir, dass du nun Mein wahrer Bruder bist und bleiben wirst ewig! Amen."

Kapitel 95

Adams törichtes Verlangen nach dem Sonnengruß. Das Sonnenwunder

Am 4. Juni 1842

1. Nach dieser sehr tröstend lehrenden Rede Abedams ward der Seth überaus gestärkt und dankte dem Abedam aus jeder Faser seines Lebens für solche unaussprechliche Gnade.

2. In solch löblichem Dankgefühl erstieg er an der Seite des Abedam auch die Vollhöhe.

3. Als die Vollhöhe aber nun erreicht ward, da spendete auch schon die aufgehende Sonne ihre ersten Strahlen den Häuptern der Berge und somit auch unserer geheiligten Höhe.

4. Es war aber der Adam alsbald fertig und fragte sogleich den hohen Abedam: „Heiliger Vater, siehe, sollen wir nicht den sonst üblichen Sonnengruß singen, der

mich so lange schon an jedem heiteren Morgen so sehr erbauend erquickt hatte?"

5. Der Abedam aber fragte darauf sogleich den Adam, sagend nämlich: „Adam, kennst du Mich denn noch nicht? Sage Mir, wen willst du denn ehren durch deinen Sonnengruß?

6. Mich sicher nicht; denn beabsichtigtest du solches, wozu sollte da der törichte Sonnengruß sein, so Ich noch sichtbar unter euch wandle und von niemandem verlange, dass er Mir einen Sonnengruß vorplärren soll?! Was aber Ich verlange, das wisst ihr alle bereits!

7. Willst du aber mit der Sonne in Meiner sichtbaren Gegenwart schon eine Abgötterei treiben, so kannst du es ja auch tun, wenn sie dir mehr zu sein dünkt denn Ich; nur frage Ich dich hier wieder:

8. Wenn aber du schon in dieser Meiner sichtbaren Gegenwart solches tun möchtest oder gar zu tun willens bist, welch ein Geist wird sich da auf alle die späteren Nachkommen vererben aus dir?

9. Ist es denn nicht genug, dass sie alle durch dich den Tod des Leibes überkommen haben für bleibend? Möchtest du zu diesem auch noch den bleibenden Tod des Geistes hinzufügen?

10. Siehe, du alter Tor, bin denn Ich nicht mehr denn die Sonne, die Ich mit dem leisesten Hauch vernichten kann, wann Ich will, und an ihrer Stelle tausend andere im Augenblick erschaffen?!

11. Was willst du denn hernach mit deiner alten Narrheit?!

12. Damit du aber dennoch trotz deiner verhärteten Torheit einmal einsehen möchtest, wie weit deine Narrheit geht, so sehe jetzt empor, du alter Tor, und suche Mir aus den vielen tausend Sonnen, welche jetzt am Himmel stehen, diejenige

hervor, der du willens warst etwas vorplärren zu lassen!"

13. Hier entsetzten sich der Adam und alle die Kinder; denn im Augenblick ward der Himmel übersät von tausendmal tausend Sonnen, von denen eine der anderen vollends glich.

14. Alle Kinder aber fielen sogleich, von dem überheftigen Licht ganz betäubt, zur Erde nieder und baten den Abedam, dass Er gnädigst wieder möchte hinwegtun so viele Sonnen, indem unter solcher Masse Lichtes niemand zu leben vermöchte.

15. Auch der Adam sah nun seine große Torheit ein und fiel ebenfalls ganz betäubt und halbblind zur Erde nieder und bat Mich reuigst um Vergebung seiner großen Torheit.

16. Der Abedam aber behieß sie alle, sich wieder aufzurichten, und sagte darauf zum Adam: „Erstehe, und büße deine Torheit mit einem bleibenden schwachen Gesicht, welches dir zu eigen bleiben soll dein Leben lang!

17. Du, Mein lieber Liebebruder Seth, aber heiße vergehen die Sonnen bis auf eine, die da bleiben soll in ihrer alten Ordnung! Amen."

18. Und alsbald hob, Mich lobend, der Seth die Hände empor und sprach im Angesichte aller: „Im Namen Dessen, der da wandelt unter uns und ist ein Herr über alle Dinge und über alle Kreatur, sage ich euch: Er, der Herr Gott Zebaoth, will es, dass ihr vergeht bis auf eine, welche da ist die alte und hat allzeit geleuchtet der Erde!"

19. Als der Seth solches ausgesprochen hatte, erloschen sogleich alle die vielen Sonnen bis auf die alte, und alles pries den Herrn ob solcher Gnade und Erbarmung.

20. Der Adam aber, als er merkte, dass er in der Ferne nichts mehr deutlich ausnehmen konnte, sondern allein in der Nähe, ward darüber sehr traurig und fing an zu weinen, da er nicht mehr konnte alle seine Kinder überschauen.

21. Der Abedam aber sagte zu ihm: „Hänge nicht zu sehr am Licht des Fleisches und am Licht der Welt; denn zu viel Fleisch- und Weltlicht macht blind den Geist.

22. Es ist aber besser zu haben ein blindes Fleisch denn einen blinden Geist.

23. Sehe aber zu in deinem Herzen, dass dein Geist sehend wird durch die wahre Liebe und Demut, dann wirst du des Fleischlichtes leicht rathalten können!

24. Denn solches tat Ich dir aus großer Liebe jetzt, damit du dich üben sollst in der Geduld, um nicht zu werden eine Beute dessen, der dich heute zuerst erweckt hat durch seine arge Sonne.

25. Es ist aber auch besser, die Kinder in der Nähe zu betrachten als in der Ferne; dafür aber leuchtet dir des Fleisches Auge noch hinreichend, und so kannst du schon zufrieden sein! Amen.

26. Und nun, ihr Kinder alle, stärkt euch mit Speise und Trank; sie ist schon gesegnet von Mir.

27. Du, mein geliebtester Bruder Seth, aber versorge deinen alten Zeuger!

28. In der Ordnung aber wir gestern das Abendmahl eingenommen haben, in der Ordnung auch wollen wir dies Morgenmahl einnehmen! Amen."

Kapitel 96

Adams leere Furcht vor einer erschreckenden Erscheinung beim Morgenmahl

Am 6. Juni 1842

1. Nachdem sich auf die Beheißung Abedams nun alles zur Erde niedergelassen hatte und aß und trank, selbst der Adam nicht ausgenommen, obschon er sich mit seiner Kurzsichtigkeit noch nicht ganz zurechtfinden konnte, und der hohe Abedam Selbst mitaß und -trank, vernahm man auf einmal ein starkes Geheul von vielen Menschen von der Morgengegend her, und eine Rauchsäule um die andere begann aus der Tiefe sich zu erheben.

2. Diese so plötzlich eingetretene Erscheinung machte fast alle die Kinder der Höhen stutzen, und niemand wusste so ganz recht – selbst der Seth und der Henoch nicht –, was er daraus machen sollte.

3. Adam aber, voll Entsetzen, eilte hin zum Abedam und fragte Ihn, sagend nämlich: „Liebevollster, heiliger Vater, was ist denn das schon wieder?!

4. Kaum habe ich mein Gemüt etwas beruhigt darüber, was alles mir schon heute widerfahren ist, so kommt aber auch wieder etwas anderes zum Vorschein, was noch drohender ist als alles Frühere!

5. O heiliger, lieber Vater, beruhige mich, ja beruhige uns alle, und zeige uns gnädigst an, was das ist, und woher es rührt! Wer ist der Urheber dieses Geheuls? Was wird daraus werden? Welche Folgen wird es haben?

6. O Du lieber, heiliger Vater, beruhige, beruhige unsere Gemüter, so Dein heiliger Wille es ist!"

7. Der Abedam aber sagte darauf, noch am Speisekorb sitzend: „Höre, und sage es Mir: Was wirst denn du hernach tun, so Ich es dir auch auf ein Haar alles sagte, was das Geheul ist, woher es kommt, warum es daher kommt, und was die Folge sein wird, und auch warum Ich solches zulasse? Sage Mir, was wirst du hernach tun?

8. Ich sage es dir: Nichts anderes, als was du jetzt tust!

9. Wenn du aber hättest irgendeine Einsicht, so würdest du ohne alle Angst tun, was Ich Selbst bei dieser Gelegenheit tue, nämlich du würdest ruhig sein, und essen und trinken, und Mich lieben in deinem Herzen.

10. Wer aber sich an Meiner Seite kümmert und sorgt, dem geschieht es ja recht, wenn in ihm verheerende Stürme zu toben anfangen und einen Berg des Vertrauens auf Meine unendliche Macht und Liebe um den anderen in seinem Herzen zu zerstäuben anfangen!

11. Also geschieht es auch dir recht, dass dein Gemüt beunruhigt wird, darum du nicht glaubest vollkommen, dass Mir allein alle Dinge untertan sind.

12. Was ist dir oder jemand anderem denn schon Übles begegnet bei all den großen Erscheinungen, die sich während dieses Meines sichtbaren Unter-euch-Seins allhier auf der Höhe seit dem Vorsabbat zugetragen haben?

13. So ihr aber noch allzeit an Meiner Seite mit der vollkommen heilen Haut davongekommen seid, warum fürchtest du dich denn jetzt?

14. Gehe daher unbesorgt auf deinen früheren Platz, und esse und trinke; wenn du Mich aber wirst sehen, dass Ich Mich erhebe von der Erde, dann magst du auch dasselbe tun! Amen."

15. Darauf begab sich der Adam alsbald wieder auf seinen früheren Platz, aß und trank zwar, aber also wie einer, dem es nicht recht schmeckt; in seinem Herzen aber führte er folgendes Gespräch mit sich:

16. „Mein Gott und mein Herr, Du hast ja in allem ganz vollkommen recht! Es liegt freilich wohl an mir selbst die Schuld meines Kummers, und ich weiß es auch bestimmt, es möge da kommen, was nur immer wolle, – Er hat uns allzeit errettet und wird uns auch diesmal ganz sicher nicht zugrunde gehen lassen – das ist gewiss und sicher.

17. Aber alles dessen ungeachtet haben ich und viele andere dennoch eine allzeit überstarke Angst zu bestehen! Wozu ist denn diese gut?

18. Warum muss ich mich denn fürchten für nichts und nichts?

19. Ist denn solch eine allzeit leere Furcht für etwas gut?

20. Für was denn eigentlich, wenn darauf nichts folgt, was da einer Furcht und Angst würdig wäre?

21. Aber trotzdem muss ich mich dennoch fürchten, und fürchte mich jetzt ebenfalls, obschon ich wohl weiß, dass uns allen sicher kein Haar gekrümmt wird!

22. Oder fürchte ich mich darum, weil ich eine Furcht vor der Furcht meines Herzens habe? Wie aber kann man sich aus Furcht vor der Furcht fürchten?

23. Denn, wenn ich mich fürchte, so ist die Furcht ja schon da und ist dann ein einfaches, aber kein zweifaches Übel!

24. Wenn der Herr uns schon aber allzeit errettet, davor wir uns fürchten, warum denn lässt Er uns in die Furcht geraten, die doch auch ein großes Übel ist?

25. Oder wäre das wirklich zu folgen habende Übel ohne die vorhergehende

Furcht an und für sich denn nicht besser als die arge Furcht selbst vor demselben?

26. Kurz, ich sehe es da trotz alles Hin-undherdenkens nicht ein, wozu die irgendeinem Übel vorangehende Furcht gut sein soll.

27. Daher könnte uns der große Retter von allem Übel ja wohl auch von dem der leeren Furcht befreien oder uns wenigstens zeigen, was die Furcht ist, und wozu sie taugt!"

28. Als der Adam solches kaum ausgedacht hatte, siehe, da erhob Sich auch schon der Abedam, berief den Seth und den Henoch zu Sich und redete mit ihnen geheime Worte.

29. Das juckte den Adam noch mehr; als aber darauf gar bald sich der Seth und der Henoch gegen Morgen hin begaben, da war es völlig aus beim Adam.

30. Er getraute sich zwar nicht laut zu werden, aber desto bunter von Furcht und Neugierde wurde es in seinem Herzen.

31. Der Abedam aber tat, als merke Er solches nicht, und beschied sogleich den Garbiel und den Besediel zu Sich.

Kapitel 97

Garbiel wird als Verfasser des Buches „Jehovas Streit, Zorn und Krieg" und Besediel als Verfasser des Buches „Jehovas, des großen Gottes, Liebe und Weisheit" berufen

Am 8. Juni 1842

1. Als aber die beiden Gerufenen vernommen hatten den Ruf Abedams, so begaben sie sich auch sogleich freudig hin zu Dem, der sie gerufen hatte.

2. Obschon es aber auch sie vor dem stets zunehmenden Geheule der Menschen aus der Morgengegend her bangte, so war aber nun an der Seite Abedams dennoch alle Furcht und Angst aus ihren Herzen entschwunden; und also waren sie auch vollkommen fähig, entweder zu reden auf das Verlangen des Abedam oder allein zu hören.

3. Da aber der Abedam sah, dass ihre Herzen gar wohl vorbereitet waren, und ihres Geistes Ohren in wohlgerechtem Maße offen standen, so fing Er auch alsbald an, folgende Worte voll hohen Sinnes und voll des inneren Lebens an sie zu richten, sagend nämlich:

4. „So hört denn ihr beide: Das mit den vielen Zeichen bezeichnete Blatt und der mit eben den Zeichen versehene, auf dem Wasser schwimmende große Kasten besagen, dass ihr beide und noch einige Vorbestimmte mit euch sollten ähnliche Zeichen, die den Worten und Dingen und Handlungen entsprechen, auf steinerne Tafeln oder auf jene großen Blätter der Piar-Staude mittels eines spitzigen Werkzeuges, welches Lamechs Brüder aus den Metallen bereiten werden, zeichnen, dann die Zeichen auch allen Kindern, Brüdern und Vätern erklären, und das also Aufgezeichnete den Kindern, Brüdern und Vätern vorlesen, und, so da alle werden gar bald und leicht die Zeichen begreifen und wohl verstehen, auch das Gezeichnete allen lesen lassen und dabei mit den minder Verständigen die größte Geduld haben.

5. Euer Geist aber wird es euch lehren, wie ihr aus den Zeichen ein Wort bilden sollt; denn es muss ein jedes Wort aus mehreren nötigen Zeichen bestehen, welche also von der rechten zur linken Seite

gestellt sein müssen, nach der Ordnung des Wortes selbst.

6. Wenn aber ein Wort einmal gestellt ist, dann soll es aber auch nimmerdar verändert werden, damit die späteren Nachkommen es auch also wie ihr werden lesen, aussprechen und verstehen können.

7. Ich aber gebe euch damit ein Gebot, dem zufolge die Zeichen eines Wortes sollten wie heilig betrachtet werden.

8. Wer da etwas abändern möchte an den Zeichen selbst und wie ihr aus ihnen werdet Worte gebildet haben, den will Ich mit zornigen Augen ansehen!

9. Nun aber kommt die in dieser Hinsicht allerwichtigste Frage, und diese lautet also:

10. ‚Was sollen wir hernach eigentlich aufzeichnen für uns sowohl, als ganz besonders für die späteren Nachkommen?'

11. Seht, das ist eigentlich das Allerwichtigste, und dieses muss auch umso [mehr] gewissenhaftest genau gehandhabt und treulichst befolgt werden!

12. Nebstdem aber fragt es sich auch, wann ihr etwas aufzeichnen sollt! Auch dieser Punkt ist von großer, unerlässlicher Wichtigkeit!

13. Was demnach die erste Hauptfrage betrifft, so sollst du, Garbiel, aufzeichnen die ganze Geschichte von der Urerschaffung der Geister, dann die Erschaffung der sichtbaren Dinge und alle Meine Liebefügungen und großen Erbarmungen dabei, bis auf den letzten Zeitpunkt Meines gegenwärtigen Unter-euch-Seins.

14. Und solches sollst du allzeit schreiben und zeichnen, wenn Ich dich in deinem Geiste dazu berufen werde.

15. Dabei aber sollst du dich nicht etwa ängstlich kümmern und sagen: ‚Woher werde ich denn alles dieses nehmen?'

16. Denn siehe, Ich, der Ich jetzt dir eben diesen Auftrag erteile, werde es dir vom Grunde aus sagen und werde dir die Hand führen, damit du auch nicht eine Linie, nicht ein Häkchen und nicht einen Punkt zu viel oder zu wenig machen sollst!

17. So Ich dich aber immer, dir laut vernehmlich, rufen werde, musst du dich alsogleich bereithalten, zu zeichnen nach Meinem Willen und nach Meiner Angabe; und da soll ja nichts anderes gezeichnet werden als nur was Ich dir angeben werde!

18. Wenn du aber nicht gerufen wirst von Mir aus deinem Herzen, da sollst du auch nicht zeichnen, sondern in solcher freien Zeit die Kinder und Brüder und Väter, wie auch im Gleichen das weibliche Geschlecht unterweisen, jedoch mehr im Lesen als im Zeichnen, und dann aber auch die Nachzeichner beobachten, ob sie das von dir aus Mir Aufgezeichnete wahr, treu, gut und richtig nachzeichnen!

19. Denn das Ich dir kundgeben werde einfach, soll von deinen Mitzeichnern vertausendfacht werden, damit da jedes Stammhaus eine und dieselbe Zeichnung vollständig in und bei sich haben soll für sich, für seine Kinder und für alle seine späteren Nachkommen!

20. Was Ich aber nun dem Garbiel enthüllt habe, das alles hast auch du, Besediel, vollkommen bis auf den Punkt zu beobachten, was du schreiben sollst!

21. Wie aber der Garbiel beschreiben wird die große Vergangenheit, also wirst du unter der Leitung Henochs beschreiben die große Zukunft!

22. Der Garbiel wird es empfangen unmittelbar aus Mir; denn das Vergangene soll vor jemandes[2] Augen offen dastehen.

23. Du aber wirst es empfangen mittelbar vom Henoch, zum Zeichen, dass da die Zukunft stets verhüllter bleiben soll denn die Vergangenheit!

24. Und so soll da errichtet sein ein Buch der Vergangenheit unter dem Namen ‚Jehovas Streit, Zorn und Krieg‘ und ein Buch der Zukunft unter dem Namen ‚Jehovas, des großen Gottes, Liebe und Weisheit‘!

25. Nehmt aber nun hin Meinen Segen, und werdet fähig, dazu Ich euch nun berufen habe! Amen.“

26. Nach diesen Worten aber fielen die beiden alsbald vor dem Abedam nieder und dankten Ihm für solche hohe Gnade.

27. Der Abedam aber hieß sie alsbald wieder erstehen.

28. Als sie sich aber erst kaum, in aller Liebe zerfließend, vom Boden erhoben hatten, da auch eilten schon der Seth und der Henoch daher, um dem neugierdevollen Adam die Kunde zu bringen, was da nun geschieht in der Morgengegend von der Tiefe aus.

29. Denn darum hatte sie der Abedam dahin beordert, damit der Adam einen neuen Stoß bekommen solle zum Leben, und also auch dessen Kinder.

---

[2] Im Manuskript steht hier „jemandens“. Die Erstausgabe und die späteren Ausgaben haben dies durch „jedermanns“ ersetzt.

Kapitel 98

Henoch und Seth berichten über die Gräuelszene in der Morgengegend

Am 9. Juni 1842

1. Es dauerte nicht lange, so erreichten die zwei Gesandten auch schon die Vollhöhe wieder und traten nach der früheren geheimen Beheißung Abedams alsbald mit ziemlich verstörten Gesichtern vor den schon über alle Maßen ängstlich neugierigen Adam hin.

2. Er aber fragte sie auch alsogleich, was sie entdeckt hätten.

3. Und der Henoch, voll Liebe, aber fragte auch statt einer Antwort sogleich den Adam entgegen, sagend nämlich:

4. „Vielgeliebter Vater Adam, siehe, nachdem ich und der Seth auf ein Haar dasselbe gehört und gesehen haben, so kann dir jeder nur dasselbe kundgeben!

5. Da wir aber nicht zugleich reden können, so muss hier ja die Frage gestellt werden, welcher aus uns soll dir denn die geschaute Gräuelszene und dann alle die vernommenen grässlichen Lästerungen gegen dich und gegen Gott erzählen?“

6. Bei dieser Gegenfrage prallte der Adam zurück und konnte eine ziemliche Weile lang vor lauter Entsetzen kein Wort aus seinem Munde flott machen, bis ihn der Henoch noch einmal fragte, ob sie reden dürften oder nicht.

7. Hier sagte der Adam mit großer Heftigkeit: „Ja! – Nein! – Ja, ja! Du, du Henoch, – Seth, – nein, nicht der Seth, sondern du, du Henoch, erzähle!“

8. Und alsbald fing der Henoch folgendes an zu erzählen, sagend nämlich:

9. „So vernehme denn, vielgeliebter Vater Adam, was die Schlammtiefen gegen dich, gegen uns, und also auch gegen Gott unternommen haben!

10. Du weißt es, dass der Lamech schon am gestrigen Sabbat einen feurigen Angriff versucht hatte, um zu erstürmen und zu erklimmen unsere Höhen.

11. Doch hier weißt du auch, wie er vom hohen, überheiligen Vater zurückgeschlagen worden ist.

12. Da die arge Schlange aber keine Ruhe und keine Rast hat, so benützte sie die ganze, durch die Flammen des Weißberges helle und weit und breit wohlerleuchtete Nacht, ließ allenthalben Feuerbrände in den Wäldern legen. Dadurch wurden alle die wilden Tiere als unsere getreuen Höhenwächter verscheucht, und eine unzählbare Schar wohlbewaffneter kleiner Menschen mit schwarzen Haaren und fast ganz nackten Leibes erklimmen die Morgenhöhen und lagern sich nun dort und nehmen alles in Beschlag, was sie nur immer dort finden – als: Früchte, Tiere und allerlei Hausgeräte – und gehen als volle Eigentümer in den Wohnungen der Morgenkinder aus und ein.

13. Auch eine große Menge Weiber und Kinder haben sie bei sich.

14. Soeben aber, wie wir beide von der Zwischenhöhe hinabblickten in die Morgengegend, sandte ihr Anführer Kundschafter aus, nachdem er ihnen zuvor folgenden lauten Befehl gab:

15. ‚Geht und durchsucht haarklein, wo sich irgend des Scheusals, der da soll Adam heißen, verruchte Brut befindet, und ob er, das Scheusal selbst, sich etwa noch irgendwo unter seiner Tiger- und Hyänenbrut lebend befindet!

16. Hört, wen ihr immer trefft, den ermordet alsogleich, schneidet ihm dann die Ohren vom Kopf und bringt sie mir hierher zum Zeugnis eurer getreuen Tat.

17. Solltet ihr aber irgend das noch leben sollende alte Scheusal von einem Adam treffen, das tötet nicht, sondern schleppt es hierher zu mir, damit ich eigenhändig in dessen Eingeweiden meine Rache kühlen kann für den Fluch, den er über den Kahin, unseren Stammvater, tat!

18. Also soll sich auch der vorige Gott Jehova soeben jetzt unter seiner scheußlichen Brut, vom Geiste Lamechs vollends besiegt, befinden.

19. Wer von euch Den mir gefangen bringt, der soll ein Vizekönig von Farak werden und obendrauf noch tausend der allerschönsten Weiber zur Mitgabe erhalten!

20. Denn diesen Jehova will ich selbst knebeln und ihn dann dem großen Lamech überliefern, damit er mit ihm tue nach seiner Gerechtigkeit, wie er schon getan hat mit seinem Namen.

21. Solltet ihr irgendwo die Naëme, unseres großen Gottes Lamech Tochter und dessen zwei Weiber finden, so bringt sie alle unversehrt hierher; ihre Männer aber erwürgt sogleich auf das Grausamste, schneidet ihnen dann die Köpfe ab und bringt sie mir zum Zeugnis!

22. Solltet ihr irgend die entführten dreißig Beischläferinnen des großen Gottes Lamech treffen, die erst vor wenigen Tagen ihm geraubt worden sind, so bringt sie als gute Beute ebenfalls hierher; euer Lohn dafür soll nicht gering ausgemessen werden!

23. Wehe aber euch, wenn ihr leer zurückkehrt!

24. Ihr habt heute gesehen, wie Lamech im Augenblick den ganzen Himmel mit Sonnen angefüllt hatte und sie dann wieder vergehen hieß.

25. Daher bedenkt wohl, wessen Diener ihr seid! In seinem Namen müssen ja Berge vor euch weichen!

26. Und also geht und vollzieht diesen Befehl! Amen.'

27. Siehe, du vielgeliebter Vater Adam, solches haben wir gesehen und gehört, und also stehen die Dinge da unten!

28. Unter uns aber ist ja der heilige, liebevollste Vater im Abedam; daher sei ferne alle Furcht und Angst unseren Herzen! Amen."

29. Bei dieser lauten Erzählung befiel den alten Adam ein solches Fieber, dass er darob weder sitzen noch stehen konnte.

30. Endlich ergrimmte er aber also stark in seinem Herzen über die Tiefe, dass er aufsprang und wollte schon den grässlichsten Fluch über dieselbe aussprechen; aber der Abedam trat ihm in den Weg und sagte gar sanft ernst zu ihm:

31. „Adam, Adam, warum willst du schon wieder fluchen?!

32. Siehe, Ich bin ja der Herr! So Ich aber solches nicht tue, warum solltest du es tun?

33. So aber die Flut gestiegen bis hierher, da lasse uns Fischer sein und sehen, ob wir diese Armen nicht fangen mögen in unsere Netze des Lebens!

34. Solches wird dem Lamech über bekommen als tausend deiner Flüche, vor denen nicht einmal ein Sperling vom Dach fliegen wird.

35. Wahrlich, sage Ich dir, heute wirst du sie noch alle segnen, die du jetzt verfluchen wolltest!

36. Daher gehe du jetzt nur wieder auf deinen Platz.

37. Du, Kisehel, und du Sethlahem, aber geht sogleich, mit aller Macht ausgerüstet, zum Befehlshaber Lamechs hin und richtet an ihn die Worte Meines Willens! Amen."

Kapitel 99

Kisehel und Sethlahem konfrontieren den Befehlshaber Lamechs

Am 11. Juni 1842

1. Die beiden Beheißenen aber dankten dem Abedam mit dem liebeerfülltesten Herzen für solchen hohen Auftrag und begaben sich dann alsogleich an den Ort ihrer Bestimmung.

2. Sie nahmen den Weg durch die Grotte Adams, um desto schneller dahin zu gelangen, wohin sie beheißen waren.

3. Als sie aber alsonach über die Grotte hinaus schon auf halbem Wege standen, da ersahen sie die von Lamechs Befehlshaber aufgestellten Späher, und diese riefen sogleich zu den ihnen nächsten Vorposten:

4. „Gebt schnelle Nachricht dem Willensträger unseres großen Gottes Lamech, dass soeben sich zwei ungewöhnlich große Männer der Höhe entlang unserem Lager nahen!

5. Wir wissen nicht, was wir hier tun sollen. Sollten wir es wagen, es mit ihnen aufzunehmen, oder sollten wir sie ungehindert vordringen lassen?

6. Sie scheinen überaus stark zu sein; denn bei jedem Tritt erbebt die Erde bis dahin, da wir stehen, und je näher sie

kommen, desto ärger empfinden wir jeden ihrer Tritte!"

7. Wie aber die Nachricht zu dem Befehlshaber gelangt ist, da erschrak er gewaltig und wusste nicht, was er im Augenblick tun solle.

8. Nach einer allernötigsten Fassung aber ließ er den Spähern kundtun und den Vorposten, dass sie die beiden sollten ungehindert vordringen lassen, sie dann schnell umringen und dann also gefangen zu ihm bringen.

9. Schnell wurde dieser Notbefehl bis zu den Spähern verbreitet, und bevor die beiden Gesandten noch die Morgengrenze betraten, waren sie schon umringt von tausend mit langen Spießen bewaffneten Männern aus der Tiefe, welche, da sie sahen, dass sich diese zwei großen Menschen, obschon unter jedem ihrer Tritte die Erde gewaltigst erbebte, gar nicht sträubten, in ihrer Waffenmitte wie Gefangene fortzugehen, eben darum diese beiden Gesandten zu necken anfingen, und das zwar durch allerlei Schmähreden und in der Tiefe übliche Entmutigungströstungen, welche ungefähr also lauteten:

10. „Hört, ihr zwei großen feigen Fleischsäcke! Was macht denn euer Scheusal von einem Adam, und was euer wurmstichiger Jehova?

11. Wie viele solche Fleischsäcke gibt es auf dieser lichten Höhe?

12. Warum fürchtet ihr euch denn also stark vor uns viel kleineren, aber dafür wahren Menschen, dass darob euer fiebernder Fleischsack seine Furcht sogar der Erde mitteilt?

13. O fürchtet euch nicht, ihr zwei großen Fleischsäcke! Denn es wird euch ja nichts Ärgeres begegnen, als bloß nur, dass euch zuerst ein Finger um den anderen

vom Leibe geschlagen wird, sodann die Hände, dann die Füße; darauf erst wird euch die Zunge ausgerissen werden, dann die Nase, dann die Ohren, dann die Augen, und endlich wird euch erst der Kopf vom übrigen Fleischsack langsam abgesägt werden.

14. Seht, das ist alles, was euch überaus sicher geschehen wird, darum ihr ja doch keine so große Furcht haben sollt!

15. Denn solches wird an euch ja ohnehin aus purer Schonung sehr langsam vollzogen werden, damit ihr doch zwischen einem und dem anderen Schmerz werdet gehörig ausschnaufen können und euch vorbereiten auf einen folgenden größeren Schmerz.

16. Seht, wie wir es mit euch gut meinen, und noch scheint ihr euch sehr gewaltig zu fürchten vor uns!

17. Denkt nur, dass eure Qual kaum etwas über drei Tage andauern wird, so wird euch die Furcht sogleich vergehen!"

18. Bei diesem Wort machte einer der Haupttröster mit seinem Spieß einen Versuch gegen Kisehel, um ihn durch einen tüchtigen Stich etwa in den Arm zufolge des darauffolgenden Schmerzes desto mehr Furcht vor seiner Trostrede einzuflößen.

19. Als aber dieser Tröster noch kaum mit seinem Spieß den Arm Kisehels berührt hatte, da fuhr plötzlich Feuer aus dem Arm Kisehels, verzehrte augenblicklich den ganzen Spieß und ergriff endlich auch den Tröster selbst und machte ihn zu Asche.

20. Diese Erscheinung machte auf unsere Waffenmannschaft einen solchen Eindruck, dass darob alsogleich alle, welche unsere zwei Gesandten zum Befehlshaber als Gefangene führen sollten, eiligst nach allen Seiten die Flucht ergriffen und wären

alsogleich sogar in die Tiefe hinab geflohen, wenn ihnen nicht einige wohlmeinende Riesentiger den Rückweg vertreten hätten.

21. Drei der ersten Rottenführer aber liefen schnell hin zum Befehlshaber und erzählten ihm bebenden Leibes, was sich da zugetragen habe, und rieten demselben, dass er ja keinen Gewaltstreich gegen sie ausführen und sie mit nichts berühren solle; denn sie seien voll des verheerendsten Feuers, welches unerlöschbar sei – wo es etwas berühre, da zerstöre es auch alsogleich bis auf den Grund.

22. Diese Erzählung flößte auch dem Befehlshaber einen solchen Respekt vor den zwei nicht mehr ferne abstehenden Gesandten ein, dass er bei ihrer Annäherung alsogleich zur Erde niederfiel, und mit folgenden Worten anfing, sie schon von der Ferne zu begrüßen und zu bewillkommnen, sagend nämlich:

23. „O ihr großen, feuervollen, heiligen Boten irgendeines sicher noch größeren Gottes, als da ist unser armseliger Gott Lamech in der Tiefe, seid mir so oftmal willkommen, als da ist des Grases auf der Erde – und des Sandes in allen großen und kleinen Gewässern der Erdoberfläche!

24. Wäre es euch nicht gefällig, mir kundzutun, von einiger Entfernung jedoch – wenn es meiner wurmartigen Geringheit gegönnt ist, eure feurige Majestät darum anzuflehen –, welcher hohe, heilige Wille euch veranlasst hatte, dass ihr euch auf euren heiligen Füßen zu meiner Scheußlichkeit habt hertragen lassen?"

25. Der Kisehel aber rief, statt eine Antwort auf die dumme Frage zu geben, alsogleich den Befehlshaber beim Namen, sagend: „Horadal! Der Herr will es, dass du erstehst, uns geleitest und uns folgst samt

deinem ganzen Heer hinauf auf die heilige Höhe, um da zu bekennen deinen Frevel vor dem lebendigen, ewigen, sichtbaren Gott, dem alleinigen Schöpfer und Erhalter aller Dinge, und vor Adam, der da ist der Erde erster Mensch aus der Hand des allmächtigen Gottes!"

26. Diese Einladung brachte den Horadal nahe zur Verzweiflung, dass er ganz wie besinnungslos dastand und konnte kein Wort über seine Lippen bringen.

27. Der Sethlahem aber trat zu ihm hin, ergriff dessen Hand und sagte etwas sanfter zu ihm: „Horadal, warum fürchtest du dich denn, lebendig zu werden, während du schon so lange mitten im Tode ohne Furcht gewandelt bist?

28. Ich sage dir aber im Namen Dessen, der uns hierher gesendet hat, dass Seine Liebe größer ist denn Lamechs Zorn; daher tue, was mein Bruder von dir verlangt!"

29. Nach diesen Worten erst kam der Horadal wieder zu sich und befolgte sogleich, was der Kisehel von ihm verlangte, und folgte mit Sack, Pack und Waffen alsbald dem Kisehel und Sethlahem.

Kapitel 100

Horadal, der Befehlshaber Lamechs, unterwirft sich Abedam

Am 13. Juni 1842

1. Als die zwei Gesandten mit dem Horadal in ihrer Mitte auf der Höhe angelangt waren, da berief der hohe Abedam auch sogleich den Adam, den Seth und Henoch zu sich und sagte sodann zu ihnen:

2. „Hört, der Kisehel und der Sethlahem haben schon ihr ausgeworfenes Netz gefüllt mit allerlei essbaren Fischen und

haben auch sogar diejenigen nicht zurückgelassen, an die der Befehlshaber den von euch vernommenen argen Auftrag ergehen hatte lassen.

3. Denn als sie den argen Weg angetreten hatten und wollten gegen die Mittagsgegend ziehen, da sandte Ich ihnen sogleich einige euch schon bekannte Höhenwächter entgegen, welche unsere arg Beorderten alsogleich zum Rückzug nötigten, und diese schlossen sich gerade dann wieder dem Hauptzug im Morgen unvermerkt voll Furcht an, als die zwei Gesandten schon den Befehlshaber in ihre Mitte nahmen.

4. Da somit darum der Fang ein vollkommener ist, so lasst uns demselben entgegeneilen und ihn in unseren lebendigen Empfang nehmen! Amen."

5. Und alsogleich erhoben sich der Adam, der Seth und der Henoch und eilten an der Seite des Abedam dem anrückenden Heer aus der Tiefe entgegen.

6. Da der Horadal aber bemerkte, dass sich ihnen eilig vier große Männer nahten, so fragte er furchtsam den Sethlahem:

7. „Hoher, mächtiger Gesandter irgendeines großen Gottes oder eines übermächtigen Königs! Wer sind denn diese, die uns da so eiligst entgegenkommen?

8. Sie müssen sicher etwas sehr Hohes sein, denn ihr Aussehen ist ganz vollkommen danach!

9. Mir wird's bei ihrer Annäherung ganz sonderbar zumute!"

10. Der Sethlahem aber sagte darauf zum Fragesteller: „Gedulde dich nur, bis wir sie und sie uns erreicht werden haben, dann wird dir schon alsbald eine neu aufgehende Sonne enthüllen, wer diese auf uns zueilenden vier in jeder Hinsicht allergrößten Menschen sind!

11. Daher gedulde dich nur; denn siehe, etwa hundert Tritte noch, und wir sind beisammen!"

12. Und also war es auch; und auf ein einmaliges Umsehen standen die vier schon vor dem Befehlshaber, und der Abedam zeigte sogleich dem ganzen Heer mit Seiner allmächtigen Hand, dass sie bleiben sollen und stille halten mit ihrem Vordrang.

13. Und alsbald machte alles halt. Der Kisehel und der Sethlahem aber fielen alsobald vor dem hohen Abedam nieder und dankten Ihm für die hohe Gnade, die Er ihnen dadurch erteilt hatte, dass sie ihr zufolge haben also glücklich ausführen können die hohe und überheilige Absicht nach Seinem Willen.

14. Der hohe Abedam aber behieß sie alsbald sich zu erheben von der Erde und sagte darauf zu ihnen:

15. „Also sollt ihr allzeit siegen in Meinem Namen; denn dem sind Himmel und Erde und alle Dinge in ihm und auf ihr ewig untertan.

16. Wer in diesem Meinem Namen wandelt, der wandelt in aller Macht und Kraft; und wie es außer Mir keinen mehr gibt, der da Mir gliche, so gibt es außer der Kraft und Macht Meines Namens auch keine mehr, die da wäre ihr gleich.

17. Bleibt daher in diesem Meinem Namen, so werdet ihr bleiben lebendig ewig in dieser Kraft und Macht! Amen."

18. Nach diesen Worten aber fiel auch der Befehlshaber Horadal vor den vieren nieder, und zwar von der höchsten Ehrfurcht ergriffen; denn die wenigen Worte Abedams machten einen so übermächtigen Eindruck auf ihn, dass er darob sich dachte:

19. „Die Macht der zwei Abgesandten habe ich erfahren, da unter ihren Tritten die Erde bebte und aus des einen Hand verzehrendes Feuer sprühte; diese aber fallen vor Dem nieder und dankten Ihm für solche Macht!

20. Wie kräftig und mächtig muss demnach erst Er sein, indem schon allein Seinem Namen Himmel und Erde untertan sein sollen mit allem!

21. Vor dem aber also Mächtige niederfallen, wahrlich, vor Dem wird es auch einem Siechen und Schwachen, wie ich es bin, nicht ratsam sein, stehenzubleiben; und so will denn auch ich mich demütigen bis zur äußersten Spitze meines kleinsten Fußzehens!"

22. Es trat aber alsbald der Abedam zu ihm hin und sagte zu ihm: „Horadal! Erhebe dich, und sehe an das alte Scheusal von einem Adam, der da ist der Erde alleinig erster Mensch und somit der Vater Kahins und des von ihm erschlagenen Bruders, der da heißt Ahbel, und ging hervor unmittelbar aus Meiner Hand!

23. Und dann sehe auch Mich an, der Ich Selbst es bin, dein alter, schwacher, mutloser, nun vollends besiegter und wurmstichiger Gott!"

24. Solche Worte aber drangen dem Horadal durch Mark und Beine, und er schrie, noch auf der Erde liegend, zu seinem Heer:

25. „Fallt alle nieder auf eure Angesichter, denn wir alle stehen vor dem alleinig wahren Gott, der bis auf den herrschsüchtigen Lamech durch den weisen Farak auf uns gekommen ist, und den wir noch als Kinder anriefen und anrufen durften!

26. Oh, daher fallt alle nieder vor Ihm; denn Ihm allein ja gebührt alle Achtung,

alles Lob, aller Preis und aller Ruhm jetzt, wie ewig! O du elender Lamech!

27. Und ich selbst, sein elender Handlanger, sein Ratgeber, sein erster Machthaber, ich, sein erster Heerführer, ich, derjenige, der ihn aus lauter Schurkerei also vergöttlicht hatte, – ich, der ihm zu allen seinen Schand- und Gräueltaten riet und die tätigste Hilfe leistete und nun eben im Begriff war, ihn vom Thron zu stürzen und alle Herrschaft an mich zu reißen, – ich – ich – Scheusal aller Scheusale stehe nun vor dem wahren Gott!

28. O Gott, Du Allmächtiger, vertilge dieses Scheusal von der Erde ganz und gar; denn sie, die Dich Selbst nun trägt, ist zu heilig, um ein solches Scheusal, wie ich es nun bin, noch länger zu tragen. Daher vernichte auf ewig mich! Amen."

Kapitel 101

Henoch verkündet Horadal den Willen des Herrn. Wer gottlos ist

Am 14. Juni 1842

1. Es berief aber der hohe Abedam alsbald den Henoch zu Sich und sagte zu ihm: „Henoch, siehe, diese Verblendeten sind für Worte aus Meinem Munde nicht fähig, dieselben anzuhören und sie aufzunehmen in ihr Leben, da bereits all ihr Geist ein Geist der Schlange ist!

2. Meine Worte, die da kommen aus Meinem Munde, sind tötend für solche, die nur mehr aus dem Geist der Schlange leben.

3. Daher öffne du nun in Meinem Namen deinen Mund, und gebe ihnen kund Meinen Willen also, wie du ihn finden wirst in Dir!

4. Sodann erst will Ich diesem Geschlecht drei Worte sagen, entweder zum Leben oder zum Tode! Amen."

5. Wie aber der Henoch solchen Auftrag von Mir vernommen hatte, da dankte er Mir in aller Fülle seiner Liebe zu Mir, lobte und pries Mich laut vor all den Ohren der Tiefe und begann dann folgende Worte an den Horadal zu richten, sagend nämlich:

6. „Horadal, höre und verstehe es wohl, und beachte es allertiefst in deinem Herzen, was du jetzt aus meinem Munde vernehmen wirst; denn das ich nun zu dir reden werde, ist nicht mein, sondern allein Dessen heiliges Wort, der da unter uns ist und hat mich vor deinen Ohren dazu berufen, dass ich dir kundtun solle Seinen allerheiligsten Willen, darum du lebend nicht ertragen möchtest die Stimme Seines Mundes.

7. Denn dein gegenwärtiges Leben ist ein Leben der Lüge und aller Bosheit aus ihr, welche da ist der alte, hoffärtige, widerspenstige, abgefallene Geist, der sich nimmerdar umkehren will zu Dem, der ihn werden hieß, sondern lügt sich dafür lieber selbst also an, als sei er ein allmächtigster Geist aller Geister, während er doch schwächer ist denn eine Fliege und hat keine Kraft denn allein in der Lüge, darin er ist ein großer Meister.

8. Ein solches Leben aber ist kein Leben, sondern ein barer Tod; dieser aber kann nicht bestehen, so da über ihn kommt die lebendige Stimme Gottes, sondern geht zugrunde vollkommen gleich wie die Lüge im Lichte der Wahrheit.

9. Solange aber die Lüge nicht ans Licht gebracht wird, da bleibt sie in ihrer Trugerscheinlichkeit also, als wäre sie etwas; aber im Lichte der Wahrheit hört sie plötzlich auf zu sein also, als wäre sie nie dagewesen.

10. Gottes Wort aus Seinem Munde aber ist ja das allerhöchste Licht! So es in der Fülle an dich ergehen möchte, der du pur Lüge bist, was würde da wohl aus dir werden?!

11. Damit du aber dennoch erschauen sollst, wie groß da ist die Liebe Jehovas, so hat Er mich berufen, dass ich mit dir reden soll in Seinem Namen.

12. So groß aber ist Seine Liebe, dass Er Selbst der Lüge schont und zieht zurück Sein allmächtiges Licht, lässt es nur spärlich wiederkehren, damit selbst die Lüge, so sie frei aufnehmen möchte die Fünklein Seines Lichtes, übergehen könnte in ein wirkliches Leben, welches nach und nach fähiger und fähiger werden möchte, um am Ende sogar in der Fülle des göttlichen Lichtes zu bestehen und in und aus diesem Licht dann auch zu übergehen in Seine unendliche Liebe und in dieser zu werden ein neues Geschöpf, ja ein Geschöpf der Liebe, um in ihr zu überkommen die Kindschaft der Himmel und aus der endlich sogar die Kindschaft Gottes.

13. Siehe, diese Worte aus meinem Munde sind eben solche wiederkehrenden Fünklein; so du sie in dir aufnehmen willst, da kann es mit dir ja werden, wie ich es soeben ausgesprochen habe!

14. Verharrst du aber in deiner Lüge, da sage ich dir im Namen Dessen, der da nun ist ein wahrer, liebevollster, heiliger Vater unter uns:

15. Siehe, Er, der Herr Himmels und der Erde, Er, der allmächtige Gott von Ewigkeit zu Ewigkeit, kommt und wird kommen mit vielen Seiner Heiligen, um mit Seinem Licht Gericht zu halten über alle Lüge und zu strafen alle ihre Gottlosen um ihrer

gottlosen Werke willen und ihres gottlosen Wandels willen, durch den sie gottlos gewesen sind, und um alles des Harten willen und der vielen Lästerungen wegen, die solche gottlosen Sünder wider Ihn geredet haben!

16. Wer aber ist gottlos? Siehe, der da ist dir gleich ein Leben der Lüge, in dem keine Wahrheit mehr haftet!

17. Die Wahrheit aber ist das göttliche Licht, welches in der Lüge nicht ist zu Hause; der aber besteht aus der Lüge, für die jede Wahrheit ist ein Gericht zum Tode, der ist ja doch sicher gottlos dir gleich und allen deinen Helfershelfern gleich!

18. Diesen aber ist nun von Gott aus angedroht das unausbleibliche Gericht; denn nicht immer wird Er Sein unendliches Licht innehalten aus Schonung der Sünder.

19. Wann Er aber kommen wird mit Seinem Licht, sage mir, wie wird sich dann der Sünder halten vor Ihm, dessen ganzes Wesen nichts ist denn pur Lüge über Lüge?!

20. Erstehe nun und sammle dich und dein Lügenvolk, und sammle aber auch in dir und in dem Volk diese Fünklein!

21. Werft weg eure Waffen der Lüge, und zieht an das Kleid der Reue und der wahren Demut, damit ihr erfahren mögt, was alles zuvor des großen Gottes Liebe tut, bevor Er ausgehen lässt aus Sich das unendliche Licht, in dem alle Gedanken werden offenbar werden!

22. Zieht euch aber dahin gen Mitternacht, und verlange keiner mehr, Hanoch zu sehen! Denn der Herr hat für euch alle schon ein Land zubereitet; in dem sollt ihr fürder leben ein Leben der wahren Umkehr zu Gott.

23. Gehe aber nun und erfülle zum ersten Mal des wahren Gottes Willen, dann wird der Adam euch segnen, auf dass ihr dann frei ziehen mögt in das euch nun angezeigte Land!

24. Des Herrn Wille mit dir! Amen."

Kapitel 102

Die Bekehrung des Horadal und seines Volkes. Adams Segen

Am 16. Juni 1842

1. Nach dieser Rede Henochs erhob sich erst der Horadal, verneigte sich, von der höchsten Ehrfurcht ergriffen, fast bis zur Erde und ging dann hin zu seinem Heer, sagte ihnen laut, wer Der ist, vor dem er und auch die meisten aus ihnen sich auf die Erde gelegt hatten, und was Sein Wille ist.

2. Als all das Volk oder die Waffenmänner samt ihren Weibern und Kindern aber solches aus dem Munde ihres sonst also tyrannisch unerbittlichen Befehlshabers vernommen hatten, da fingen sie alsobald an zu jauchzen und zu weinen vor übergroßer Freude und lobten und priesen aus allen ihren Kräften Den, der da den Horadal also gesänftet habe und habe ihm gegeben ein so gutes, sanftes und mildes Gebot.

3. Nur einige wenige, die da zurückgelassen hatten in der Tiefe ihre Weiber und Kinder, wussten nicht, was sie nun machen sollten.

4. Sie wendeten sich darum an den Horadal und fragten ihn, was da zu tun sein werde.

5. Der Horadal aber entgegnete ihnen mit großem Ernst: „Wir stehen nun in der Hand des allmächtigen Gottes, dem es ein Leichtes ist, uns alle mit dem allerleisesten Hauch Seines Mundes zu verwehen wie eine leichte Spreu; daher haben wir nun für nichts zu sorgen denn allein, wie wir

erfüllen werden Seinen allmächtigen, allein göttlich wahren, heiligen Willen! Um alles andere aber haben wir uns nun nicht im Geringsten mehr zu sorgen; denn Er, der allein wahre, ewige, unendliche, mächtige Gott, steht auch unendlich höher denn alle unsere Weiber und Kinder.

6. Da euch aber schon Lamechs Wille zu nötigen vermochte, alles zu verlassen und dem unsicheren und höchst gefährlichen Kampf mit den mächtigen Bewohnern der Höhen euch zu unterziehen, so werdet ihr auch, wie sich's hoffen lässt, umso mehr euch hier einem allmächtigen Willen fügen müssen, ich sage dem Willen, durch den wir und alle Dinge erschaffen worden sind!

7. Fasst dieses, legt alle die Waffen, die wir nimmer brauchen werden, nieder, und folgt meinem Beispiel!

8. Wer aber durchaus hinab will, dem steht es ja auch frei; aber da mag er zusehen, wie er da mit der heilen Haut davonkommen wird!

9. Haben ihn die Gebirgswächter unversehrt durchgehen lassen, so darf er vom ergrimmten Lamech mit großer Sicherheit hoffen, dass dieser gewiss ums Tausendfache ärger mit ihm verfahren wird denn jeder noch so wütende Tiger!

10. Wer somit umkehren will, der tue solches sogleich; die anders Gesinnten aber sollen mir folgen hin zu den vier Großen, hinter denen nun diejenigen zwei stehen, die uns hierher gezogen und geführt haben mit großer Gewalt.

11. Also geschehe es nach dem heiligsten Willen Dessen, der uns allen dies Gebot gab! Amen."

12. Als dieser Aufruf von Mund zu Mund von allen war vernommen worden, da gab es auch keinen Menschen mehr unter dem ganzen Volk, der da noch eines anderen Willens gewesen wäre denn allein desselben, den der Horadal vor allen laut ausgesprochen hatte.

13. In der Zeit aber, in welcher der Horadal seinem Volk kundgab Meinen Willen, sagte Ich als der hohe Abedam zum Henoch: „Henoch, siehe, das Volk der Nacht hat das Wort deines Mundes erfasst, und ein derber Knecht der Schlange predigt nun ihrer Brut Meinen Willen!

14. Siehe, dies Wunder ist größer denn alle, die wir verrichtet haben auf der Höhe, wie unter dieser herum! Daher will Ich nun auch ein Wunder hinzufügen, und dieses Wunder soll ein dreifaches sein also, dass Ich fürs Erste der Brut Kinder auch also annehmen will, als wären sie Meine, ja ganz vollkommen Meine Kinder; dann sollen denen, die da noch ihre Weiber und Kinder in der Tiefe zurückgelassen haben, dieselben schon in dem Land entgegenkommen, dahin sie zu ziehen haben – der Lamel aber hat es schon erfahren und legt bereits schon seine Hände ans Werk.

15. Dein Wort aber, von da angefangen, wo du vom künftigen Gericht sprachst, bis dahin, da du fragtest bei dir selbst, wer da gottlos sei, soll übergehen von Wort und Wort an alle Völker bis ans Ende aller Zeiten der Zeiten, und deinen Namen werden der Erde letzte Kinder noch also nennen, wie er jetzt genannt wird von deinen Vätern, Brüdern und Kindern.

16. Denn siehe, nun hast du Mir eine große Freude bereitet; wahrlich, diese Freude soll dir zahllosfältig von Mir durch alle Zeiten und Ewigkeiten wieder erstattet werden! Amen."

17. Hier wandte Sich der Abedam zu Adam und sagte zu ihm: „Adam, siehe, Kahins Kinder haben sich vor uns schon vollends bereitet zum Empfang deines Segens,

daher lasse uns hingehen zu ihnen und geben, das sie erwarten! Amen."

18. Und der Adam trat nach dem Willen Abedams alsbald vor und ging vor den dreien hin, da der Horadal in der allertiefsten Ehrfurcht seiner harrte.

19. Als er nun da anlangte, da erteilte er auch sogleich allen seinen Vatersegen und dankte darauf inbrünstigst dem Abedam für solche ihm verliehene Kraft.

20. Der Abedam aber sagte darauf: „Adam, nun hast du recht gehandelt; denn Ich sage es dir und euch allen, segnet allzeit, da ihr fluchen möchtet, so werdet ihr allzeit Sieger sein über die, welche euch verfolgen oder vernichten wollen!

21. Vergeltet nie Arges mit Argem, so werdet ihr wahrhaft Meine Kinder sein; denn Ich lasse Meine Sonne scheinen über Gerechte und Ungerechte!

22. Du, Horadal, aber sollst hier verweilen bis über den Mittag und, wenn alle sich werden gestärkt haben, erst ziehen ins bestimmte Land, nachdem Ich dir drei Worte zuvor für dich und dein Volk mitgeben werde zum Tode und zum Leben! Amen."

Kapitel 103

Die wunderbare Speisung der Armen durch Abedam und Seth

Am 17. Juni 1842

1. Nach dieser Rede aber wandte sich der Abedam an den Seth und sagte zu ihm: „Bruder, lasse durch deine Kinder Speise und Trank holen für diese dreifach Armen und ebenso vielfach Hungrigen und Durstigen, damit sie zum Weiterziehen in das für sie bestimmte Land gestärkt werden in gerechtem Maße!

2. Denn siehe, bis auf die Helfershelfer des Befehlshabers samt ihren Weibern und Kindern und bis auf den Anführer selbst mit eben auch seinen Weibern und Kindern haben alle anderen, einige Tausende an der Zahl, seit drei Tagen nichts gegessen außer etwas sauren Grases und einige bittere, wilde Waldwurzeln!

3. Mich dauert daher dieses Volkes; darum wollen wir sie sättigen.

4. Du besorgst die Speise und den Trank, und mache davon zehn Körbe voll; für den gerechten Segen aber werde dann schon Ich Sorge tragen. Also geschehe es!"

5. Mit dem allergerührtesten Herzen dankte der Seth dem Abedam für diesen Auftrag und ging dann alsobald, zu vollziehen den Willen des Abedam.

6. Wie aber erstaunte er, als er kaum einige Schritte über die Höhe hinab tat, ihm schon seine Kinder mit zehn voll beladenen Körben entgegeneilten!

7. Hier blieb er stehen und legte vor übergroßen Freuden weinend seine Hände kreuzweise auf seine Brust; in dieser Stellung erwartete er seine Kinder.

8. Als diese aber vollends zu ihm gelangten, da fragte er sie voll Liebe und Freude in seinem Herzen:

9. „Meine lieben Kinder! Wahrlich, meine Freude hat vor lauter himmlischer Fülle keine Grenzen mehr, darum ihr mir zuvorgekommen seid in dem, weshalb Ich vom überheiligen Vater hierher beschickt wurde.

10. Aber nur das sagt mir, welcher Engel des Himmels euch solches zu tun beheißen hatte, darob ich euch erst kundgeben wollte den Willen des Allerheiligsten?"

11. Und die Tragenden antworteten: „Höre, Vater, wie ist solche Frage möglich von dir an uns nun, während doch du

selbst es warst und hast uns die Weisung gegeben, solches zu tun?

12. Nachdem du aber solches uns anbefohlen hast, da gingst du ja vor uns hierher, da du uns erwartet hast, wie du es genau gesagt hast?!"

13. Bei dieser Antwort schlug der fromme Seth die Hände aus übergroßen Freuden über dem Haupt zusammen und sagte mit lauter, gerührtester Stimme:

14. „O Du heiliger Vater Abedam Jehova der Allerhöchste! Welche Dinge und Erscheinungen sind Dir doch alles mit der allergrößten Leichtigkeit möglich?!

15. Du kannst den Menschen teilen sogar, also, dass da kein auch vollends ganzer Teil von dem anderen etwas weiß, und dennoch handeln die also getrennten Teile in einem und demselben Geiste?!

16. Kinder, seht, das ist schon wieder eine neue Wundertat des allerhöchsten, allerheiligsten und liebevollsten Vaters!

17. Daher lobt, liebt und preist Ihn aus allen euren Kräften; denn Seine Güte hat keine Grenzen, und Seiner Erbarmungen ist kein Ende!

18. Himmel und Erde sind voll Seines Segens und Seiner Gnade; daher sei hochgelobt Sein allerheiligster Name!

19. O Vater, Vater, wie unendlich gut bist Du!"

20. Als der Seth diesen Ruf tat, da auch war schon der Abedam bei ihm und sagte zu ihm mit einer ergreifendst sanften Stimme:

21. „Geliebter Bruder Seth, siehe, die Armen harren schon unserer Gabe; daher lasse uns eilen dahin!

22. Dass du Mich nun vollkommen recht liebst, des sei versichert; denn Ich ja gebe dir dieses Zeugnis!

23. Und so bist du ja vollkommen ein Mann nach Meinem Herzen; daher lasse uns jetzt vorderhand unser Liebesgeschäft verrichten!

24. Ist das alles geschlichtet, sodann erst wollen wir uns gegenseitig eine ganz vollkommene, lebendigste Liebeerklärung machen! Amen."

25. Und sofort begaben sie sich mit den Trägern hin zu den Kindern aus der Tiefe.

26. Daselbst angelangt, ließ der Abedam die Körbe vor dem Horadal niederstellen und segnete sie.

27. Nach dieser Handlung aber übergab Er ihm die Körbe und sagte zu ihm, dem Horadal nämlich:

28. „Nehmt hin diese Speise und diesen Trank, und esset und trinket alle davon; was ihr nicht werdet aufzuzehren imstande sein, das mögt ihr mit euch nehmen, damit ihr für heute versorgt seid!

29. Für morgen und für alle Zukunft aber wird euch die Erde versorgen aus Meinem großen Vorrat in ihr, solange ihr verbleiben werdet in Meinem Gebot, das Ich euch in das neue Land mitgeben werde; und also esset und trinket nun! Amen!"

30. Der Horadal aber, als er solche große Freundlichkeit an dem Jehova entdeckte, fiel alsobald hin zu den Füßen Jehovas und schrie:

31. „O Gott, Du großer Gott, wie ganz anders bist Du, als ich Dich durch so viele harte und grauenhafte Lehren habe müssen kennenlernen!

32. Als einen unerbittlichsten Tyrannen aller Tyrannen musste ich Dich erschauen also, dass sich das Gefühl jeder einzelnen Fiber dagegen empörte und ich solch einem Gott fluchte in mir, statt Ihn zu lieben; darum auch wurde ich selbst ein Tyrann!

33. Aber wie so ganz anders bist Du! Anstatt mich, der Dich so oftmals verlästert hatte, samt meinem Heer zu vernichten, reichst Du uns gesegnete Speise und Trank!

34. O wie ganz anders bist Du, als ich Dich habe müssen kennenlernen!

35. O Gott, Du ewige Liebe, welch ein sanftes Gericht hältst Du über unsere gänzliche Verworfenheit!"

36. Der Abedam aber sagte darauf zu ihm: „Horadal, jetzt esse und trinke; nach der Mahlzeit aber wollen wir erst zu einer Rede übergehen! Amen."

Kapitel 104

Die wunderbare Vermehrung der Speisen. Horadals Gottesliebe

Am 18. Juni 1842

1. Darauf erhob sich alsbald der Horadal, dankte dem Herrn noch einmal für solche große Gnade und Erbarmung und wandte sich endlich zu seinem Volk und sagte:

2. „Brüder, nehmt hier mit dem dank- und freudeerfülltesten Herzen die Speise und den Trank, und esst und trinkt, nachdem ihr alles gehörig und gerecht werdet untereinander verteilt haben!

3. Ich selbst aber will erst dann um irgendeinen Rest in den Korb greifen, wenn ihr euch alle hinreichend werdet gesättigt haben.

4. Und sonach erfüllt mit größter Dankbarkeit eurer Herzen den allerheiligsten Willen des großen, alleinig wahren Gottes, der da nun sichtbar vor unser aller Augen für uns diese Speise gesegnet hatte! Amen."

5. Nach dieser Beheißung nahmen die zehn oberen Anführer die Körbe und, nachdem sich das Volk zeilenförmig auf die Erde gelagert hatte, und zwar in gerade zehn Zeilen, teilten da die Speise aus, und zwar also, dass da jeder mit seinem Korb versah eine Zeile, übergebend zugleich auch dem Ersten der Zeile das Gefäß mit dem Getränk und ein Gefäß mit dem allerfeinsten Honig, damit, wenn der Erste davon nach Bedarf genossen hatte, er es gebe seinem Nachbarn, und das also fort bis ans Ende der Zeile.

6. Nachdem aber alles gehörig mit Speise und Trank versehen war, da erst besahen die zehn Verteiler ihre Körbe; wie sehr aber erstaunten sie, als sie die Körbe nicht einmal bis zur Hälfte geleert erschauten!

7. Sie wollten daher noch einmal die Zeile, nach rückwärts verteilend, durchgehen; allein da sie bemerkten, dass da noch ein jeder vollauf mit allem versehen war, so dankten sie mit dem gerührtesten Herzen dem Herrn und trugen die noch inhaltreichen Körbe wieder zurück zum Horadal, der unterdessen jeden Verteiler mit seinen Augen verfolgte, um zu sehen, ob da wohl jeder redlich sein Amt verwalte.

8. Als nun die Körbe wieder hier standen und der Horadal ersah, dass dieselben noch über die Hälfte voll waren, da fragte er alsbald ziemlich ernst die Austeiler:

9. „Wie habt ihr denn da ausgeteilt?! Die Körbe sind zwar wohl von größerer Art, aber es ist des Volkes über zehntausend Köpfe an der Zahl.

10. Wie viel habt ihr da einem zukommen lassen? Kann er nach dem Willen des allerhöchsten Herrn wohl gesättigt werden?"

11. Einer aus den zehn aber erwiderte ehrfurchtsvoll: „So du das Wunder aller Wunder erschauen willst, da sehe nach, wie da jede Zeile vollauf versorgt ist mit allem, und du wirst sicher mit uns ausrufen: ‚Solche Dinge sind nur Gott möglich; Ihm sei darum allein alle Ehre, alles Lob, aller Preis, alle Anbetung, aller Dank und alle Liebe ewig! Amen.'"

12. Darauf durchflog der Horadal alle die Zeilen mit seinen Augen, und da er ersah, dass da auch nicht eines darunter war, dem etwas abginge, so wandte er sich zum Herrn und sagte: „O Du, dessen Name meine Zunge nimmerdar wert ist auszusprechen, wie soll ich Dir denn danken, wie Dich preisen, wie Dich loben, dass es Dir wohlgefiele?!

13. O Herr, Du endlos Heiliger, siehe, mein Teuerstes, was ich habe, ist dies mein wennschon auch vor Dir gänzlich wertloses Leben! Ich habe aber dennoch nichts anderes, durch das ich mir selbst bewusst etwas wäre und tun könnte; wenn es Dir aber wohlgefiele, so möchte ich es Dir zum Opfer bringen, zum Dank für dies arme Volk!"

14. Nach diesen Worten aber fiel er alsbald wieder vor übergroßem Dankgefühl weinend vor dem Abedam nieder.

15. Bei diesen Worten Horadals aber hielt sich der Abedam eine Hand vor die Augen und barg Tränen großer Erbarmung; erst nach einer kleinen Weile bog Er Sich zur Erde nieder, berührte den noch weinenden Horadal und sagte zu ihm: „Horadal, erstehe; denn jetzt habe Ich dir alle Schuld nachgelassen!"

16. Und der Horadal stand auf und war lange unfähig vor lauter Rührung, auch nur ein Wort über seine Lippen zu bringen.

17. Nach einer Weile aber fasste er sich doch wieder, und nach einem tiefen Atemzug fragte er endlich den Herrn, sagend nämlich:

18. „Herr, sieh mich armen Sünder gnädig an, und zürne mir nicht, wenn ich nun meinem gedrängten Herzen ein wenig Luft mache durch eine Frage, deren ich freilich wohl nicht im Allergeringsten wert bin!"

19. Und der Abedam sagte zu ihm: „Also eröffne Mir dein Herz!"

20. Hier legte der Horadal seine Hände über seine Brust und sagte: „O Herr, Du Allerheiligster! Dürfte auch ich armer Sünder und mein armes Volk Dich lieben aus allen Kräften unseres Lebens?!

21. Vergebe mir diese für mich zu heilige Frage! Mein Verstand sagt mir zwar: Gott können und dürfen nur reine Herzen lieben; mein Herz aber sträubt sich nun gar gewaltig gegen diese Verstandeseinrede.

22. O so sage mir, ob ich tun kann und darf, wonach sich nun mein Herz also mächtig sehnt!"

23. Und der Abedam aber erwiderte ihm darauf: „Horadal, darum du fragst, das tust du ja schon, und sei Mir darum gesegnet!

24. Ich sage dir aber dafür die drei verheißenen Worte, und diese heißen:

25. Liebe, liebe, liebe, so wirst du leben ewig im Geiste, aber sterben der Welt! Nun aber bist du der Welt schon gestorben; daher liebe, liebe, liebe Mich, deinen heiligen Vater, ewig! Amen."

Kapitel 105

Adam warnt Horadal vor dem Satan und der Polygamie

Am 20. Juni 1842

1. Es trat aber nach der Rede Abedams nach Seinem geheimen Willen auch der Adam zum Horadal und sagte zu ihm: „Horadal, erstehe nach dem Willen Jehovas, und höre mich an!"

2. Und der Horadal richtet sich auf; der Adam aber fuhr fort zu reden, sagend nämlich:

3. „Siehe, es wallt in allen deinen Adern und in den Adern des dir untergebenen Volkes, also wie in den Adern aller dieser meiner Kinder auf den Höhen kein anderes denn nur mein Blut, darum ich von Gott aus gestellt ward zum ersten Menschen der Erde – wie mein Weib, aus mir hervorgehend, zur ersten Mutter aller nun lebenden Menschheit.

4. Nur einen Vater und nur eine Mutter sollen in leiblicher Hinsicht die Menschen also haben, wie da nur ein Gott, ein Schöpfer und ein unendlicher, ewiger, heiliger Vater es ist dem Geist.

5. Da ich aber also gesetzt wurde zum ersten Menschen und somit auch zum Vater der gesamten Menschheit in leiblicher Hinsicht, so kannst du ja wohl bedenken, wie groß deine Lästerung war, da du mich ein Scheusal nanntest –

6. und Gott, unser aller heiligsten und liebevollsten Vater, den allmächtigen Schöpfer aller Dinge, einen alten, schwachen, wurmstichigen Gott!

7. Wie aber kommt es, dass da die Nachkommen Kahins also in alle solche Blindheit und endlich in alle Bosheit geraten sind?

8. Siehe, höre und verstehe! Als Kahin, mein allererstgeborener Sohn, aus großem Neid seinen Bruder Ahbel erschlug – zu welcher Tat ihn die arge Schlange, welche da ist der Satan oder Gefallene, in jegliches Menschen Fleisch wohnend wie in aller Materie, verleitete –, da ward er von Gott gerichtet und hatte keine Ruhe bei Tag und Nacht. Die Erde wurde ihm zu klein und das weite Gewölbe des Firmaments zu nieder, also zwar, dass er kaum mehr mochte einen freien Atemzug machen.

9. Er seufzte und weinte gewaltig und ergrimmte über die Schlange so sehr, dass er ihr die ewige Feindschaft schwor.

10. Die Schlange aber suchte ihn darauf heim und war eifrigst bemüht, ihn wieder für sich zu gewinnen.

11. Kahin aber sah, dass er ein Meister der Schlange geworden war, darum sie ihm selbst in des Bruders Gestalt nicht zu konnte.

12. Da aber die Schlange dem Kahin schon lange abgelauert hatte, dass er ein großer Schwächling ist im Fleische, da nahm sie sofort die Gestalt eines überreizenden Weibes an und näherte sich also mit jungfräulicher Schüchternheit dem Schwachen, dass er unvermögend war, seinen Augen zu gebieten, dass sie sich nicht weideten an den lockendsten Formen ihres trüglichen Wesens.

13. Zu spät erst erkannte er es, welche Falle ihm da die Schlange bereitet hatte, dass er darob ihr mit eigenem Munde das noch jetzt allen seinen Nachkommen sich forterhaltene Zeugnis gab, dem zufolge sie über alle seine Kinder, wie auch über die Kinder Gottes, mit der Zeit siegen werde.

14. Verstehst du nun schon, wo du dich nun im Geiste befindest?

15. Siehe, das ist die furchtbare Klippe, über der ihr alle gescheitert seid!

16. Ihr alle seid dem Zeugnis zufolge Diener des Fleisches geworden, und wie das Fleisch den Kahin aus mir selbst berückt hatte, also hat es auch euch alle berückt.

17. Die Schlange hatte eure Töchter geschmückt mit dem schönsten Fleisch, und keiner kann diesem widerstehen; ihr habt daher die Vielweiberei eingeführt wider alle göttliche Ordnung, nach der doch nur ich als ein Mann und die Eva als ein Weib geworden sind durch die unendliche Liebekraft Dessen, der da noch unter uns weilt und dir soeben dreimal die Liebe anbefohlen hatte darum, dass da soll alle Fleischliebe übergehen in das Leben der Seele, dann alles Leben der Seele in den Geist, und sonach endlich alles vereinte Liebeleben aus dem Fleisch sowohl als auch aus der Seele im Geist – vom Geist aus in Gott!

18. Wie könnet ihr aber solches tun an der Seite eurer Vielweiberei?

19. So ihr aber in dieser Macht des Fleisches verbleibt, werdet ihr da nicht auch verbleiben in aller Lästerung tatsächlich, also, wie ihr wörtlich gekommen seid herauf auf diese geheiligten, reinen Höhen?

20. Denn so die göttliche Ordnung dem Mann nur ein Weib gibt, damit sein Kampf ein einfacher sei und er desto leichter besiege den durch die Lüsternheit Kahins bedungenen Feind, – wie wollt ihr da je vollkommen siegen über diesen ärgsten Feind, so ihr euch also weidlichst in seine feisten Arme werft?!

21. Daher entschlagt euch der Vielweiberei, und tretet zurück in die alte Ordnung Gottes, so werdet ihr erst vollkommen siegen können über den Tod, welcher da haust als eine allergiftigste Schlange in

eurem Fleisch als der alte Satan, der da nicht wollte zurückkehren in mir, sondern hat sich im Fleisch getrennt von mir und lebt nun sich selbst in allem Fleisch ein alter Fürst aller Lüge!

22. Horadal, beachte dieses wohl, willst du als ein Sieger zum wahren Leben gelangen!

23. Nehme daher auch diese Enthüllung mit meinem Segen mit dir in das Land, das dir der Herr einberäumt hatte, so werden dir die drei heiligsten Worte gereichen zum Leben, sonst aber zum ewigen Tode! Verstehe es wohl! Amen."

Kapitel 106

Über die Zulassung der an sich gotteswidrigen Polygamie

Am 21. Juni 1842

1. Es trat aber nach dieser Rede sogleich der Henoch auf eine innere Beheißung hin zum Horadal und sagte zu ihm:

2. „Horadal, es will der Herr, dass du mit deinen zehn Helfern nun auch Speise nehmen sollst, also tue solches nach dem Willen Dessen, der mich darum zu dir beschieden hatte!

3. Wenn ihr euch aber werdet gestärkt haben, sodann ersteht, und macht euch alle auf den Weg!

4. Dahin euch aber die zwei starken Führer geleiten werden, dahin auch folgt ihnen; wo sie euch aber anzeigen werden zu bleiben, da auch bleibt sofort!

5. Daraus aber werdet ihr es am allerleichtesten erkennen, allwo da sein wird die bleibende Stelle, wenn ihr sehen werdet, dass da schon euer harren eure in Hanoch zurückgelassenen Weiber und

Kinder, welches namentlich bei euch Anführern der Fall ist, da ihr zumeist dieselben habt zum Zeugnis eurer Treue dem Lamech als Geiseln hinterlassen müssen.

6. Solches gebe ich euch nun kund aus dem Willen des Herrn, darum ihr heiteren Mutes euch stärken könnt und dann fröhlich und sorglos ziehen dahin, allwo der Herr für euch bereitet hat ein bleibendes Land.

7. Da ihr nun solches wisst, also esst und trinkt im Namen des Herrn jetzt, wie allzeit! Amen."

8. Und alsobald dankte der Horadal für solche Beheißung und für solche ihn über alles ermunternde Nachricht, wie auch alle zehn, und nahm dann mit ihnen Speise und Trank zu sich.

9. Während aber diese nun ihre Mahlzeit hielten, wandte Sich der hohe Abedam zum Adam hin und sagte zu ihm:

10. „Deine recht väterliche Lehre an diese Armen war zwar an und für sich gut, aber eines muss in ihr doch noch berichtigt werden, und zwar das, was da betrifft die Vielweiberei.

11. Siehe, du hast ganz recht, so du die Vielweiberei als vollkommen Meiner Ordnung zuwider aufgestellt hast und hast ihnen auch eben also richtig gezeigt die allzeit gültige Wohnung der Schlange und des Todes.

12. Aber nun denke dir einmal, was da für diese besser ist, nachdem sie schon – namentlich die Anführer –, durchaus jeder für sich genommen, mit wenigstens zehn Weibern versehen sind: entweder sie zu trennen und ihnen zu lassen nur ein Weib, oder sie belassen also, wie sie sind?

13. So da einer aus seinen zehn Weibern neun verlässt und nur eines behält, was sollen dann die neun mit ihren Kindern tun, und wie wird es aussehen in ihren Herzen?

14. Oder, so er aber alle behält und sorgt für die Herzen aller der Kinder seiner zehn Weiber, und die Weiber und Kinder aber, so sie durch ihren Mann werden uns kennenlernen, wie wir sie trotz der alleinig wahren Ordnung dennoch belassen haben in dem Stand, in welchen sie gekommen sind durch die eisernen Bande ihres Gesetzes, uns dann loben und preisen werden in ihren Herzen –

15. und werden daraus ersehen unsere große Erbarmung und Liebe auch alle ihre Kinder, die uns im Gegenteil verwünschen würden in ihren Herzen,

16. was sonach meinst du, was da besser sein dürfte wenigstens für diese, welche sich schon einmal in diesem, freilich wohl an und für sich kläglichen und unordentlichen Zustand befinden?

17. Ich sage dir aber, für Kinder der Welt, wenn sie zu sehr gezogen werden von ihrem Fleisch, ist die Vielweiberei besser als eine unordentliche Hurerei und Notzucht oder gar Knabenschänderei!

18. Ja, Ich sage dir, es ist auch sogar die Vielweiberei besser denn ein unordentliches Beschlafen eines Weibes, da auf keine Zeugung abgesehen wird, sondern allein auf eine stumme Befriedigung des Triebes, und das besonders dann, wenn das Weib sich schon ohnehin im sichtbaren Zustand der Schwangerschaft befindet.

19. Denn wer da hat zehn oder mehrere Weiber, der zeugt nahe allzeit, sooft er eine beschläft; wenn aber jemand nur ein Weib unordentlich beschläft zu öfteren Malen, so zeugt er fürs Erste nicht nur mit jeder Beiwohnung keine Frucht, sondern er verdirbt oft noch die schon gezeugte

und macht am Ende sein Weib gänzlich unfruchtbar noch obendrauf.

20. Wenn solches aber, wie du es sicher weißt, sich schon sogar bei den Kindern der Höhen vorgefunden hat, die doch aus Meiner Gnade und Meinem Segen hervorgegangen sind, um wie viel mehr aber wird solches erst der Fall sein bei denen, die da hervorgegangen sind aus Meinem Gericht!

21. Daher urteile da nun selbst, was da für den gegenwärtigen Augenblick namentlich für die Kinder der Tiefe besser sein dürfte!

22. Obschon Ich aber dadurch durchaus nicht einführen will die Vielweiberei, namentlich bei euch schon gar nicht, so aber gehe dennoch hin, und berichtige solches an diesen Kindern aus der Tiefe; nur kannst du hinzusetzen, dass sie darum ihre Kinder aber dennoch nicht für die Vielweiberei erziehen sollen, sondern wie es Meine wahre Ordnung deiner Rede zufolge erheischt! Amen."

Kapitel 107

Horadal enthüllt Adam sein geheimes Wirken

Am 22. Juni 1842

1. Sobald aber sich der Horadal mit seinen zehn Gefährten an der ihm überaus wohlschmeckenden Speise gesättigt hatte und sich auch gelöscht den Durst mit dem Saft süßer Beeren und hatte auch nach solcher Sättigung dargebracht den gebührenden Dank dem Herrn als dem alleinigen Geber aller guten Gaben, da trat auch alsbald der Adam hin zum Horadal und machte ihm bekannt den Willen des Herrn, wie ihm der Herr solchen bekannt gab zuvor bezüglich der Vielweiberei.

2. Nachdem aber der Horadal solches vernommen hatte aus dem Munde Adams, ward er überfröhlichen Herzens, dankte wieder dem Herrn für solche Gestattung aus allen seinen Kräften, richtete sich endlich auf und bat dann den hohen Abedam um die Erlaubnis, ein Bekenntnis vor dem Adam ablegen zu dürfen.

3. Und der hohe Abedam gestattete ihm solches mit folgenden Worten: „Horadal, Ich sage dir, hier ist der Ort, wo ein jeder reden kann und darf, wie ihm die Zunge gewachsen ist.

4. Daher, so du reden willst, da rede offen, und halte dir dabei keinen Finger über den Mund! Amen."

5. Der Horadal aber dankte inbrünstigst für diese Gestattung dem hohen Abedam und begann dann folgende Worte an den Adam zu richten, sagend nämlich:

6. „Überaus ehrwürdig alter Vater, achtbarster erster Mensch der Erde und hoch zu ehrender Zeuger des gesamten jetzt lebenden Menschengeschlechtes! Schenke einem Nachsohne deines Sohnes Kahin ein geneigtes Ohr, und vernehme, was ich dir jetzt kundgeben werde!

7. Denn so wahr Gott, der unendliche, ewige, heilige, allmächtige Schöpfer nun unter uns weilt, also wahr auch war das, was ich dir jetzt kundgeben werde, ein allertiefstes Geheimnis in meinem Herzen; und wäre es nicht also, – Vater Adam, du kannst es mir glauben, ich hätte Gott und dich nicht so bald erkannt, und Er, die ewige, unendliche Liebe und Erbarmung Selbst, hätte es sicher nie zugelassen, dass da meine Füße je betreten hätten dürfen diesen heiligen Boden der Berge, – wenn

es nicht also wäre, wie ich es dir jetzt in aller Kürze kundgeben will!

8. Daher vernehme dieses aus meinem Munde nun, was in mir also tief verborgen lag, dass selbst die dir wohlbekannte listige Schlange nimmerdar vermögend war, dieses tiefste Geheimnis in mir auch nur zu ahnen, geschweige erst zu erschauen!

9. Jetzt aber ist der Zeitpunkt gekommen, und so will ich es auch offen kundgeben. Darin aber besteht es, und also lautet es:

10. Siehe, es hatte dereinst noch zu den Zeiten Hanochs der unendlichen Liebe des allmächtigen Gottes wohlgefallen, einen Mann, ja einen Bruder Hanochs im Geiste zu erwecken, damit er bekanntgebe allem Volk den alleinig wahren Gott.

11. Seine erhabene Lehre erhielt sich bis auf Lamech stets unversehrt.

12. Ich ward von dessen erhabenen Brüdern in dieser Lehre wohl unterrichtet, wie noch einige.

13. Als aber der Lamech mit der Schlange einen Bund geschlossen hatte und darum erschlagen hatte durch die starke Hand Tatahars seine beiden gotteserleuchteten Brüder, da ward auch alsbald erschlagen die erhabene Lehre des von Gott erweckten Farak!

14. Da ich aber stets ein Freund des Lamech war von seiner frühen Jugend her, so geschah es denn auch, dass er mich, sobald er seine übergrausame Regierung antrat, zu seinem Ratgeber machte, aber also doch, dass da von mir niemand etwas wissen durfte. Ich war somit nur sein geheimster Ratsmann.

15. Anfangs versuchte ich Faraks Lehre in ihm zu erwecken; allein es war rein vergebens, mit ihm darin etwas zu bewirken.

16. Denn er hatte von der Schlange sich so sehr gefangen nehmen lassen, dass selbst die großen Worte Gottes, die er bald nachher vernommen hatte, als er seine Brüder erschlug, auf ihn keinen Eindruck machten.

17. Als er mir aber im Geheimen dennoch solches kundgab, ließ ich die Gelegenheit nicht unbenützt und ermahnte ihn ernstlich, dass er sich darum doch zu Gott wieder schnellst umkehren möchte, darum Er ihm noch also gnädig ist.

18. Statt mich aber anzuhören, erklärte er mir ganz erbittert ernstlich: ‚Horadal! Bis jetzt noch bist du mein Freund; ich ermahne dich aber als König und Gott nun zum letzten Mal vollkommen ernstlichst, dass du für alle Zukunft schweigst von deinem Gott.

19. Wenn du dieses Gebot brechen wirst, dann soll dir geschehen, was da geschehen ist meinen Brüdern, die da auch deinen Gott predigten und wollten nicht beachten, dass ich selbst der allmächtige Gott bin!

20. Gehe aber hinaus, und verleugne zu meiner und deiner Rechtfertigung vor allem Volk den alten, lächerlichen Gott Faraks, und lehre es ihm mich, den alleinig wahren, gerechten, überstrengen, unerbittlichen und allmächtig starken Gott kennen!

21. Ich schwöre es dir bei meiner Gottheit, so du solches nicht tust, so sollst du mir vor allem Volk in die kleinsten Stücke zerrissen werden!

22. Solches fasse; gehe und vollziehe meinen Willen!'

23. Ich ging, verbarg in meinem Innersten die Lehre Faraks und nahm alsbald die Truggestalt überlamechischer

Grausamkeit an und lehrte das Volk den Willen Lamechs kennen.

24. Da aber Lamech sah, dass er an mir einen getreuen Diener habe, so übertrug er mir auch alsbald alle königliche Gewalt; er aber blieb ein Gott mir und dem Volk.

25. Da aber auch die Schlange sah, welch ein treuer Diener ich dem Lamech bin, und nimmerdar merken konnte, was ich verborgen halte im Herzen, so schloss sie auch mit mir einen Bund in der Gestalt eines allerreizendsten Weibes, und ich schwor ihr von der Oberfläche meines Herzens beim Gott Lamech, alles zu tun, was da ihr und ihm wohlgefallen solle.

26. Die Schlange war damit vollkommen zufrieden und machte mir große Verheißungen darob.

27. Als sie mich aber verließ, da schwor ich aber in meiner Tiefe und sagte: ‚O Schlange, du überlistiger Satan, so schlau du auch immer zu Werke gehst, so sollst du aber dennoch erfahren gar bald, was Der vermag, den ich nun verborgen halten muss!

28. Solches schwöre ich dir bei meinem allein wahren Gott!'

29. Nachdem aber bat ich meinen verborgenen Gott, dass Er allergnädigst solches mein geheimstes Vorhaben auch nicht einmal dem allererhabensten Engel kundgeben möchte; und Gott erhörte meine Bitte und gab mir dann stets allergeheimst ein, was ich zu tun habe in jeder Lage meines königlichen Amtes.

30. Also ward ich dann ein grausam richterliches Werkzeug in der Hand Gottes und habe dann alle erdenklichen Grausamkeiten zum Schein ausgeübt durch die angebliche Macht Lamechs, – aber nicht also in der Wahrheit!

31. So war ich es, der dem Lamech den erbitterten Rat gab, als Meduhed, ein wahrer Bruder zu mir, ein großes Volk entführte, dass er da soll dem alten Gott einen förmlichen Krieg ankündigen und unter der Anführung des argen Tatahar alle die Wälder mit Feuer vernichten, so ihm der alte Gott etwa doch entführt hätte das Volk Meduheds. Warum aber tat ich solches?

32. Ich wusste es ja aus meiner verborgenen Tiefe, welches Los da des argen Tatahar harrt!

33. Wieder war ich es, der darauf die wenigen Zurückgekehrten abermals aus dem Munde Lamechs selbst beschied, an dem wahren alten Gott die zweite Rache zu nehmen. Denn ich wusste es ja, was der Herr mit diesen vorhatte!

34. Ich gab dem Lamech den Rat, dass da allem gemeinen Volk die Sprache bei der Strafe des Todes verboten sein solle, und dass sich ja keiner unterstehen solle, in seinem ganzen Leben den überheiligen Namen des Gottes Lamech auszusprechen, ja nicht einmal denselben zu denken!

35. Warum aber tat ich solches? Damit die noch reineren Herzen der Unschuldigen nicht sollten durch den größten Frevel Lamechs entheiligt werden; denn dem Sprachlosen kann nichts gepredigt werden!

36. Ich ließ viele hinrichten. Warum aber? Weil mein verborgener Ratgeber es mir anzeigte, allzeit sagend: ‚Siehe, über diese hatte die Schlange ihren Rachen geöffnet! Ich habe sie unempfindlich gemacht; darum zerfleische ihre Leiber, damit die Schlange über dich keinen Verdacht hege!'

37. Ich lästerte Gott zehnmal ärger denn der Lamech selbst und gab ihm den

Rat, Jehovas Namen zu begraben unter dem Unrat des geringsten Volkes!

38. Warum aber tat ich solches? Um zu retten diesen Namen; denn es war ja besser, den allerheiligsten Namen gänzlich zu begraben unter dem Unrat der Armut, welcher allein noch das Reinste in der Tiefe ist, als ihn noch länger den schändlichsten Lästerungen preisgegeben zu sehen!

39. Und so tat ich eines um das andere aus diesem Grunde.

40. Und als die Zeit da war, so nahm ich die Macht, wie du sie hier siehst, zu mir und führte somit nahe die gesamte Armut als ein unerbittlicher Machthaber Lamechs hierher, – und bis zu diesem Augenblick wusste außer Gott niemand, welche Absicht mich überallhin und so auch hierher geführt hatte.

41. Jetzt aber hat es dem Herrn wohlgefallen, dass ich ablege meine harte Maske, und so stehe ich auch in aller innersten Treue enthüllt vor dir also, wie ich es allzeit war, in mir tiefst verborgen.

42. Also habe ich auch vor meinem noch blinden Volk dich und Gott gelästert; da du aber nun weißt, wie und warum ich solches tat, also wirst du mir ja wohl auch vergeben können, so ich nichts tat als nur den geheimen Willen Dessen, der hier ist!

43. Sei daher auch ohne Sorge der Vielweiberei halber; denn von uns soll Gottes Wille allzeit vollkommen beachtet werden! Amen."

Kapitel 108

Über das verderbliche Fluchen und Richten

Am 24. Juni 1842

1. Als aber der Adam solches vom Horadal vernommen hatte, ward er also ergriffen und weinte aus übergroßen Freuden so sehr, dass er darob am ganzen Leibe bebte und nicht vermochte – was er gerade jetzt so gerne hätte wollen –, auch nur ein allerkürzestes und einfachstes Wort über seine Lippen zu bringen.

2. Der Abedam aber sah, wie es da stand mit dem Herzen des Adam; darum auch trat Er alsbald hin zu ihm und sagte: „Adam, möchtest du wohl nun noch fluchen diesen Lästerern?

3. Siehe, daher soll der Mensch mit nichts also sparsam sein als mit dem richterlichen, ganz besonders aber mit dem väterlichen Fluch!

4. Denn wer kann da schauen in Meine Wege und wer erforschen Meine Ratschlüsse?!

5. So aber da jemand über Erscheinungen flucht, deren Grund er nicht kennt, kann da wohl etwas leichter geschehen als das, dass er flucht Meiner großen Liebe, Erbarmung, Geduld, Langmut, Güte, Gnade, Sanftmut und also aller Meiner göttlichen Ordnung aus allem dem?

6. So aber da jemand diese Ordnung verflucht hat, was des Segens wird da dereinst für seinen Geist daraus erwachsen?!

7. Wenn jemand durch einen Fluch also gerichtet hat Meine Liebe, Erbarmung, Geduld, Langmut, Güte, Gnade und Sanftmut, hat der sich nicht das Gericht über den eigenen Hals geworfen, darum er selbst zuvor gerichtet dasjenige, wodurch er allein

nur kann das ewige Leben aus Mir nehmen?

8. Was hat denn der Mensch, das er nicht empfangen hätte zuvor von Meiner Liebe und Erbarmung, und woher will er etwas nehmen, wenn er es nicht nehmen möchte aus Meiner Liebe, Erbarmung und Gnade?

9. So er aber gerichtet hat Meine Liebe und hat sie für immer gebannt durch einen Fluch von sich, wie – sage Mir, Adam! –, wie soll er da ferner aus dem Brunnen Wasser schöpfen, den er zuvor also gewaltig zugeworfen hatte mit Erde, Steinen, Sand und allerlei Geschotter?!

10. Daher soll nie ein Bruder den anderen richten, außer Ich Selbst habe ihm dazu den ausdrücklichen Befehl erteilt!

11. Wer aber da richtet aus eigener Macht, der hat sich dann ja selbst das Todesurteil gefällt, da er das Leben alles Lebens verbannt hatte aus sich!

12. Wenn aber da jemand sich erzürnt hätte also gewaltig über seinen Bruder, dass er ihm darob zur Nachtzeit anzünden möchte sein Haus, – da er aber anginge das arge Werk, und es geschähe, dass da von seiner Brandfackel möchte ein Funke fallen auf sein eigenes Haus und steckte dasselbe eher in Brand, ehe der Erzürnte noch mit seiner Brandfackel erreichen möchte des armen Bruders Wohnung, – wem wird da der Übeltunwollende hernach wohl die Schuld geben können, darum er nun durch das arge Feuer aller seiner eigenen Habe, aller seiner Lebensmittel und seiner Wohnung beraubt worden ist?!

13. O siehe, was Ich dir hier gezeigt habe in diesem Bild, das geschieht jedem Zornigen in seinem eigenen Haus geistig; denn ehe er noch über seinen Bruder den verderblichen Brand des richterlichen Fluches verhängen will, hat er schon lange zuvor im eigenen Haus den alles verheerenden Brand gelegt, welcher in ihm da alles verzehrt und zerstört, damit er von Mir aus gar wohl eingerichtet war fürs ewige Leben!

14. Daher fluche da ja keiner dem anderen einer Sünde wegen, die allenfalls ein Bruder an dem anderen begangen hatte.

15. Sondern, da er fluchen möchte, da segne er allzeit, so wird er seinen Bruder und sich selbst auch allzeit wahrhaft richten, nicht zum Verderben, sondern zum ewigen Leben!

16. So Ich aber all die Dinge fürs Verderben und fürs Zugrundegehen und für die endliche Vernichtung erschaffen hätte, hätte Ich da als der ewig heilige und endlos weise Gott wohl weise gehandelt, so Ich je etwas erschaffen hätte?

17. Ich meine aber, einer solchen Tat wäre nur kaum selbst die allerdichteste und bösartigste Torheit fähig, geschweige erst Ich, der Ich da bin ein heiliger, ewiger, unendlich weiser und allerliebevollster Gott und Vater aller Meiner Kinder!

18. Da Ich aber somit alles nur für die ewige Dauer erschaffen habe, so zwar, dass auch nicht einmal der allerleiseste Gedanke, den der allergeringste Mensch am allerflüchtigsten gedacht hatte, nicht zugrunde gehen soll, aus welchem Grunde dann sollt ihr euch gegenseitig verderben wollend richten?

19. Darum merke dir, du, Adam, dieses, dass Ich allein der wahre Richter bin. Du aber sei Mir ein rechter Sohn, der allzeit also richtet, wie Ich all die Dinge richte, nämlich:

20. Nicht durch Fluch, sondern durch Meine Liebe, Erbarmung, Geduld, Langmut, Güte, Gnade und Sanftmut.

21. Tue du und jeder desgleichen, so wirst du das ewige Leben haben allzeit aus Mir! Amen."

Kapitel 109

Abedam ernennt Horadal zum Führer seines Volkes

Am 25. Juni 1842

1. Nach dieser Rede aber sagte der hohe Abedam, Sich zum Horadal wendend: „Du, Horadal, aber, der du das heilige Fünklein Faraks also treulich durch alle Stürme der Versuchungen der Schlange und aller Welt aus ihr in deinem Herzen bewahrt hast, siehe, hier vor dir ist mehr denn das Fünklein Faraks, eine unendliche Sonne, – Ich Selbst, von dem Farak zeugte, – Ich, der ewige, unendliche, allmächtige Gott, der große Schöpfer aller Dinge, welche da erfüllen alle Himmel und alle endlosen Weltenräume vom Kleinsten bis zum Größten, – Ich, die allerheiligste, allergrößte, die allerreinste, ewige Liebe, – Ich, dein und aller Kinder Adams allein wahrer Vater, der Ich allein das Leben habe und dasselbe gebe aus Mir, – Ich, – Ich bin nun vor dir!

2. Da du aber das Fünklein Faraks also getreu bewahrt hast in deinem Herzen und hast geglaubt an Den, den du nicht gesehen hast, und hast geglaubt dem heimlichen Ruf in dir und mochtest nicht zweifeln, dass Ich in diesem heimlichen stillen Ruf dir habe zu erkennen gegeben Meinen Willen, und so du solchen vernehmend in dir erkannt hast, auch sogleich streng danach handeltest, – kurz und gut, sage Ich dir, da du im Kleinen Mir wahrhaft treu geblieben bist, so wirst du Mir sicher auch von nun an umso treuer verbleiben, da du nun Den Selbst siehst und hörst, von dem Farak dem Volk in Hanoch gepredigt und geweissagt hatte, – und wirst somit auch bei deinem Volk mehr denn die Stelle Faraks in Hanoch vertreten!

3. Horadal, mit diesen Worten setze Ich dich nun über Großes, darum du Mir im Kleinen treu geblieben bist, und mache dich somit zu einem wahren Lehrer und Führer deines Volkes!

4. Siehe, es gibt noch viele Blinde unter ihnen; mit diesem Meinem lebendigen Wort aber wirst du sie allesamt wohl sehend und lebend machen!

5. Von nun an aber sollst du nicht mehr Meinen allmaligen Willen in dir also leise vernehmen, wie du selben vernommen hast in der Tiefe, sondern also wie du Mich nun vernimmst, also auch sollst du ihn, das heißt Meinen Willen, allzeit vernehmen in dir, außer dir und ober dir! Wirst du Mich auch nicht schauen also wie jetzt, so wirst du Mich aber dennoch allzeit hören wie jetzt!

6. Horadal, Ich sage dir, dein Glaube ist groß; denn ohne ein Zeichen – außer dem Meiner zwei Boten an dich – glaubst du, dass Ich wahrhaftig es bin, der dir da solches sagt!

7. Wahrlich, für dich wäre das zweite kleine Zeichen in der Segnung der Speise und des Trankes für dein Volk nicht vonnöten gewesen, da du schon lange eher in deinem Herzen also fest an Mir gehangen bist, bevor deine Augen noch Meine Wesenheit geschaut und deine Ohren Meines Mundes Vaterstimme vernommen haben!

8. Da du nun aber Mich, deinen Gott und Vater, gesehen und gehört hast und glaubst fest, dass Ich es bin, der da zu dir solches redet, und hast Mich gebeten

darum, dass du Mich lieben dürftest, darob Ich dir schon gegeben habe die drei großen Worte zuvor, so will Ich dir denn nun auch drei große Zeichen geben zum Lohn, darum du also fest geglaubt hast, dass Ich es wahrhaft bin, der allein wahre, ewige, unendliche, allmächtige Gott und Schöpfer und Erhalter und Lenker aller Dinge und der alleinig wahre, liebevollste Vater aller Menschen und Engel.

9. Diese drei großen Zeichen aber sollen darin bestehen, dass du fürs Erste wunderbar alsbald in dem von Mir für dich und dein Volk neu bereiteten Land alles das überaus wohlbehalten antreffen wirst, was Ich dir zuvor verheißen habe.

10. Fürs Zweite aber wirst du in der künftigen Kraft deines Willens nach Meinem Wort allzeit erfahren, was alles Der vermag, der nun solches dir offenbart, verheißt und wahrhaft gibt.

11. Und als drittes Zeichen aber wird dir bleiben Mein allzeit lebendiges Wort und das ewige Leben aus demselben!

12. Aus diesen drei großen Zeichen wirst du für dich sowohl, wie für dein Volk, Meine endlose Liebe erst vollends erkennen, und wie überaus gut Ich, dein heiliger Vater, allzeit bin!

13. Nun aber empfange Meinen vollen Segen, und mache dich dann auf die Reise!

14. Die zwei Boten aber werden dich geleiten in das nicht ferne von hier gelegene Land zwischen Morgen und Mitternacht.

15. Deine Waffen aber überlasse hier dem Adam zum Zeichen, dass Meine Vaterliebe stärker ist denn alle Macht der Schlange!

16. Und also zieht [gesegnet] von Mir von dannen in Meinem Namen! Amen!"

Kapitel 110

Horadals Abschied. Das lebendige Erinnerungszeichen an den Herrn

1. Nach dieser Rede Abedams erhob sich endlich alles Volk nach der Beheißung Horadals. Horadal selbst aber gelobte dem Herrn in allem die unverbrüchlichste Treue und dankte Ihm mit seinen zehn Anführern aus dem tiefsten Grunde des Herzens.

2. Nachdem er aber gedankt hatte dem Herrn für so viel Gnade, Liebe und Erbarmung, da bat er aber auch alsbald den heiligen Geber aller guten Gaben fragend, ob er auch dem Volk solle ein sichtbares Zeichen der Erinnerung an diesen so großen Tag der Gnade und Erbarmung errichten, damit sich dasselbe allzeit beim Anblick desselben dankbarst erinnern möchte, was Großes Er an ihm und an allem seiner Leitung folgenden Volk großherrlichst und väterlichst getan hatte.

3. Und der Abedam gab ihm darauf folgende Lehre zur Antwort, sagend nämlich: „Horadal, höre! Ich lobe dich darum, da du ein rechtes Verlangen hast, das da geeignet ist zur Verherrlichung Meines Namens bleibend bei deinem Volk; dennoch aber sage Ich dir, wenn das Volk recht unterrichtet ist, so hat es in Meiner großen Schöpfung der herrlichsten und von selbst bleibendsten Erinnerungszeichen in der größten Menge.

4. Ist aber das Volk dumm, dass es nimmerdar merkt auf die Zeichen, die Ich Tag für Tag wunderbar verrichte vor seinen Augen – wahrlich, du kannst es glauben, denn Ich sage es dir –, da wird es auch nicht merken auf irgendein totes von Menschenhänden bewerkstelligtes Zeichen.

5. Merkt es aber der lebendigen Zeichen, sage Mir, wozu sollen ihm die toten Zeichen dann dienlich sein?

6. Ich gebe dir aber ja ohnehin ein großes Erinnerungszeichen dadurch und darin für dich und für dein ganzes Volk, dass du hast Mein lebendiges Wort in dir in aller Macht und Kraft in Meinem Namen und kannst desselben auch jeden teilhaftig machen, dem es ein ganz vollkommener Ernst ist um die Erweckung seines Geistes und um das ewige, unvergängliche Leben aus dem Geist heraus.

7. Was Größeres könnte Ich dir wohl geben, als Ich dir gegeben habe in den drei Worten, – und was Höheres, Herrlicheres und Besseres könntest du Mir als allerbestes Erinnerungszeichen errichten, als da ist das heilige, lebendige Zeichen der wahren Liebe in jedes Menschen Herzen?

8. Alsonach bleibe auch allzeit bei diesem Zeichen; solange aber du bleiben wirst bei diesem Zeichen, in diesem Zeichen und dieses Zeichen in dir, so lange auch werde Ich allzeit mächtig und kräftig sein unter euch als das allervollkommenste Erinnerungszeichen an Mich Selbst und somit auch an jegliche Meiner Liebetaten an dir und deinem Volk.

9. Wenn ihr aber das große, vor Mir alleine gültige Zeichen der wahren und lebendigen Liebe zu Mir in euren Herzen würdet zugrunde gehen lassen, dann wird auch das große Erinnerungszeichen verschwinden aus eurer Mitte.

10. Wenn aber solches geschähe, dann auch würden euch alle anderen nichtssagenden Zeichen zu ebenso viel nütze sein wie diejenigen Winde der Erde, welche auf den anderen Weltkörpern wohltätig wehen; die Erde aber verspürt jedoch nichts davon!

11. Daher verbleibt beim alleinigen Zeichen der Liebe! Denn diese ist die beste und allzeit sicherste Ermahnerin an den Gegenstand, den man wahrhaft liebt; ist aber diese erkaltet, dann mag der vormals geliebte, aber in der alles vergessenden Kälte des Herzens nicht mehr geliebte Gegenstand Sonnen als Erinnerungszeichen an den Erkalteten übermachen, so wird aber das dennoch eine vergebliche Arbeit sein, – denn ehe sich das Eis erwärmen lässt, eher geht es zugrunde!

12. Wie aber das Feuer aller Materie gibt den Tod, also gibt auch das Feuer der Liebe den Tod denen, die von ihr abgefallen sind, wenn es wieder kommt über sie; darum sie erkaltet und erstarrt sind zum Eis!

13. Wer aber das heilige große Zeichen der Liebe in seinem Herzen wohl aufbewahrt hatte für alle Zeiten der Zeiten, der auch wird verbleiben in dem Lebensfeuer also ewig unvergänglich wie das Feuer selbst im Feuer, darum das Feuer dem Feuer ist ein Leben!

14. Solches also beachte wohl in dir, und bei all deinem Volk erwecke du solches, so wirst du leben und all dein Volk in und mit dir – und dadurch auch vollends in Mir und Ich in ihm!

15. Denke ja nicht, als wäre da zu diesem Geschäft ein Tag tauglicher denn ein anderer, oder es müsste Mir an einem bestimmten Tag zuvor irgendein Opfer dargebracht werden, bevor sich jemand in seinem Herzen Mir nahen dürfte!

16. O Horadal, solches denke ja nicht! Denn wie der liebende Mensch schon bei euch einer Braut oder seinem Weib nicht Tag und Stunde bestimmt, wann er sie und sie ihn lieben soll, also ist es auch bei Mir;

wann immer jemand das Herz zu Mir erhebt, ist es Mir ganz vollkommen recht!

17. Daher auch soll der Sabbat nur ein Tag der allgemeinen Unterweisung, nicht aber etwa ein ausschließlicher Tag Meiner Liebe sein; dieser aber ist demnach jeder Tag gleich.

18. Daher liebt Mich allzeit; den Sabbat aber behaltet für einen Tag der Unterweisung in Meiner Liebe, so werdet ihr leben ewig!

19. Und also könnt ihr euch ja auf die Reise machen in Meinem Namen! Amen."

Kapitel 111

Ein von Lamel gerettetes Mädchen berichtet über die Gräueltaten in Hanoch

Am 1. Juli 1842

1. Nach diesen Worten dankte abermals der Horadal dem hohen Abedam und wandte sich, nachdem er gedankt hatte, zu den zehn Anführern, zu ihnen sagend:

2. „Geht denn hin im Namen des Herrn und heißt das Volk danken dem Herrn und sich dann reisefertig halten, damit wir noch vor dem Untergang von der Stelle kommen im Namen unseres Herrn und großen Gottes, der da ist ein wahrer, heiliger, liebevollster Vater! Amen."

3. Und alsogleich gingen die zehn Anführer hin zum Volk und taten daselbst, wie es ihnen der Horadal geboten hatte nach dem Willen des Herrn.

4. In der Zeit von einer Minute war schon alles reisefertig; als aber der Abedam den Kisehel und den Sethlahem berief, dass sie nun führen möchten das Volk in das besagte Land, siehe, da eilte auch schon gleich einem schnell fliegenden Vogel der Lamel mit einem Mädchen, dasselbe auf seinen starken Armen tragend, daher.

5. Als er aber beim Abedam anlangte, da fiel er vor Ihm alsbald auf seine Knie nieder, stellte das Mädchen auf die Erde nieder und begann dann in aller Liebe und Demut zu reden, nachdem er zuvor dem Abedam für die glückliche Ausführung des überschweren Werkes mit dem zerknirschtesten Herzen gedankt hatte.

6. Also lauteten aber seine Worte: „Überheiliger, allerliebevollster Vater! Mit Deiner allmächtigen, heiligen Hilfe habe ich glücklich das von Dir mir in meinem Herzen aufgetragene Werk vollbracht.

7. Auch nicht ein Haupt blieb zurück von allen denen, die Du mir im Herzen angezeigt hast, auf dass ich sie erretten solle in Deinem allerheiligsten Namen.

8. Aber, o heiliger, liebevollster Vater, siehe, dieses Mädchen fand ich zwar in meinem Herzen nicht, sondern habe sie nur einsam weinend an einem breiten Bach angetroffen!

9. Als ich sie in solcher ihrer traurigen Lage aber fragte: ‚Armes Kind, was fehlt dir, darum du also bitterlich weinst und dir wie verzweifelnd die Haare ausraufst?'

10. Hier seufzte dies arme Wesen tief auf und begann, mir nach einer kurzen Zeit, die sie zu ihrer Fassung bedurfte, folgendes zu erzählen:

11. ‚Großer Mann, ich, das allerärmste Kind der Erde, bitte dich um des großen Gottes willen, den noch die hohen erschlagenen Brüder des allergrausamsten Lamech meinen Eltern verkündeten, dass du mich anhörst!

12. Hast du meine allerentsetzlichste Not aber einmal vollends in aller Kürze

vernommen, dann erbarme dich meines noch jungen Lebens, und töte mich!

13. Höre nun, solches ist die Geschichte meines traurigsten Lebens: Meine Eltern waren trotz des schrecklichsten Verbotes des größten aller Tyrannen heimlich dennoch stets getreue Anhänger des großen Farak und glaubten an den von ihm verkündeten großen, allmächtigen Gott.

14. Ein böser Geist aber muss solches dem Lamech entdeckt haben! Dieser ließ alsbald meine lieben Eltern durch grausame Schergen holen; nur mich als das einzige Kind ließ er im Haus.

15. Es dauerte nicht lange, da brachten diese Schergen meine armen Eltern wieder ins Haus. Hier mussten sie sich sogleich entkleiden. Als nun beide ganz nackt dastanden, blass und zitternd am ganzen Leibe, da nahmen die Schergen zuerst die arme Mutter her, legten sie auf den Boden nieder; sodann ergriffen sie ihre zarten Hände, streckten dieselben straff am Boden aus und trieben starke spitzige Nägel durch die Flächen der Hände.

16. Desgleichen taten sie auch mit den Füßen. Das große Schmerzgeschrei glitt an den Ohren der Unmenschen unerhört vorüber!

17. Was sie aber taten der armen, armen Mutter, dasselbe auch taten sie alsogleich dem Vater, wie sie mit der Mutter fertig waren.

18. Nach dieser schaudervollsten Handlung stillte sich dann noch ein jeder der Schergen, nachdem sie ihr, der Mutter nämlich, zuvor einen groben Stein unter den Rücken schoben, dass sie darob ausgespannt ward wie eine Saite über ein Tonbrett, seine wahrhaft satanisch sinnliche Lust!

19. Nach solch verübtem Gräuel schlitzten sie erst beiden die Bäuche auf, nahmen mich dann in ihre Mitte, zwangen mich, dass ich den Eltern die Augen ausstechen solle unter beständigem Lob des Gottes Lamech.

20. Hier sank ich unbewusst zusammen und wurde hierher gebracht und, wie du siehst, an diesen Pfahl angebunden, um zugrunde zu gehen vor Hunger.

21. Was ferner aber noch mit meinen armen, allerunglücklichsten Eltern geschehen ist, weiß ich nicht mehr; aber so viel ist gewiss, dass sie noch ferners sind gemartert worden und am Ende samt ihrem Haus verbrannt!

22. Jetzt weißt du alles, und so kannst du mit mir nun machen, was du willst; aber nur hier lasse mich nicht am Leben!'

23. Siehe, Du heiliger Vater, diese Erzählung war die Ursache, warum ich ein Kind mehr, als sie da gezählt waren in meinem Herzen, hierher gebracht habe!

24. Denn noch nie habe ich in mir ein so großes Mitleid gegen jemanden empfunden denn gegen dieses arme Kind!

25. Daher wirst Du mir ja wohl vergeben, so ich dadurch über deine Gebote hinaus gehandelt habe; denn was ich dadurch dem sicheren Untergang entrissen habe, habe ich ja auch getreust hier Dir zum Opfer gebracht.

26. O Vater, nehme es gnädigst an!" – Der Abedam aber bog sich sogleich zum Lamel nieder, hob ihn von der Erde und sagte zu ihm:

27. „Lamel, Ich sage dir, dass du solches tatest, siehe, da hast du mehr getan, als du je getan hast durch dein ganzes Leben!

28. Doch lassen wir zuvor das gesamte Volk abziehen in sein bestimmtes Land, dann erst will Ich Mich an dies arme Kind

wenden! Daher soll sie sich nur zuvor ein wenig sammeln; Ich aber werde sodann schon das Beste tun für sie und für dich! Amen."

Kapitel 112

Abedams Mahnung an Adam: Die Kraft des Segens und die Verheerung des Fluches

Am 2. Juli 1842

1. Nach dieser kurzen Vertröstung an den Lamel wandte Sich der hohe Abedam alsogleich an den Kisehel und an den Sethlahem und sagte zu ihnen:

2. „Hört! Wie ihr das Volk Horadals hierher geführt habt, also geht nun hin und führt es in das Land, das Ich schon seit allen Zeiten der Erde für dieses Volk in der Bereitschaft gehalten; denn Ich wusste es ja schon lange, ja seit Ewigkeiten wusste Ich und weiß es allzeit, was Ich tun will, und was Ich tun werde, und niemand außer Mir weiß es, was Ich von Ewigkeiten her in Meinem Sinne führe.

3. Daher geht hin und führt dieses Volk, dahin Ich es bestimmt habe!

4. Mein Geist in euch aber wird euch gar wohl bezeichnen die Stelle, bis zu welcher ihr das Volk zu geleiten habt.

5. Wenn ihr aber gar bald werdet diese Stelle erreicht haben, sodann segnet in Meinem Namen das Volk, und segnet ihnen auch das Land und ihre neuen Wohnungen, welche da bestehen auf die Art, wie sie hier bestehen auf der Höhe!

6. Habt ihr alles dieses verrichtet, sodann kehrt behände wieder hierher, also zwar, dass ihr das Abendmahl nicht versäumen mögt; und also geht nun! Amen."

7. Nach dieser Beheißung dankten die beiden dem Abedam für solchen gnädigsten Auftrag und gingen dann alsogleich an ihr Werk.

8. Der Horadal aber, vom allergrößten Dankgefühl nahe zerfließend, war schon mit seinem Volk zum Aufbruch bereitet.

9. Als sonach die beiden natürlicherweise mit wenigen Schritten schon ihn erreicht hatten, so wurde da keine Rast mehr gehalten, sondern alles bewegte sich, fröhlich den Führern folgend.

10. Beim Abzug dieses Volkes weinte der Adam und sandte einen Segen um den anderen fast jedem ihrer Schritte nach.

11. Da aber der Abedam solches bemerkte, da belobte er ihn und sagte darauf: „Adam, wenn du statt so manches Fluches über die Tiefe stets also gehandelt hättest, wie du jetzt handelst im Geiste Meiner Liebe und Erbarmung, wahrlich, die Ebenen und die tiefen Talgründe der Erde wären nicht zur Hölle geworden!

12. Da du aber stets mehr Rechtfertigung im Fluch denn in der Liebe fandest, darum ist es also weit gekommen, dass die Menschen in der Tiefe handeln, wie du zuvor eben wieder ein neues Zeugnis davon aus dem Munde Lamels vernommen hast, welches zur innigeren Bestätigung dessen auch lebendig sich hier zu Meinen Füßen befindet.

13. O Adam, was alles hättest du Mir und der ganzen Schöpfung ersparen können!

14. Da du aber am Fluch stets mehr Behagen fandest als am Segen, siehe, also sind die Folgen vor dir und Mir und werden an der Erde klebenbleiben bis ans Ende ihres Daseins!

15. Wahrlich, sage Ich dir, wie groß und hart auch immer dein erster Hauptfehler

war, darum du Meines Gebotes vergessen hast und hast dich berauschen lassen und allerderbst betrügen von deiner eigenen Schlange, dass darob Himmel und Erde aus allen ihren Angeln gehoben wurden, so hätte dennoch solches alles eher und leichter können ausgeglichen werden denn das, dass du gar so oft wegen der Untat Kahins geflucht hast der armseligen Tiefe!

16. Ich sage dir aber: Kahins Tat war zwar sehr arg, dennoch aber war sie kaum ein Tautropfen, gegen das ganze Meer betrachtet, gegen das, was du sogleich im Anfang gegen Mich unternommen hast, da du Mir als ein Herr dich hast wollen über das Haupt erheben!

17. Kannst du Mir aber je den Vorwurf machen, dass Ich dir darob geflucht habe?!

18. Wohl verfluchte Meine unantastbare Heiligkeit, die du also gröblich angetastet hast, den Boden der Erde, darum er dir Disteln und Dornen tragen solle.

19. Meine große Liebe zu dir aber löschte bald wieder den Fluch am Boden der Erde, darob sie dir – wie du allenthalben nun schon lange gemerkt hast – wieder zu einem neuen Garten erblühte!

20. Da Ich aber den Fluch von der Erde tilgte, siehe, da warst du eben am emsigsten bemüht, zu fluchen allen den Ebenen und Talgründen und auch allen ihren Bewohnern, und hast es so weit gebracht, dass jetzt schon zu deinen Lebzeiten solche Früchte[3] dem von dir verfluchten Boden entsprossen, über welche du hier zu Meinen Füßen ein neues Zeugnis erschaust!

21. Ich habe der Tiefe im Farak einen von Mir wohlgesegneten Engel zum Führer gesandt. Hättest du statt deines Fluches

nicht dasselbe in Meinem Namen tun können?

22. Und die Tiefe blühte jetzt herrlicher denn alle diese Höhen!

23. O Adam, Adam! Sehe dieses Mädchen genau an, die da nun liegt zu Meinen Füßen und reiner ist in ihrem Herzen denn die Sonne des Mittags!

24. Was da nun geschehen ist ihren Alten zufolge deines Fluches, siehe, das wird aus eben der Folge dereinst geschehen dem Sohn einer Jungfrau, die Ich beleben werde mit dem Geiste dieser hier zu Meinen Füßen Liegenden!

25. O bedenke, was du errichtet hast mit deinem Fluch! Doch nun ist es einmal also; daher lasst uns sorgen für die Zukunft – und womöglich vergessen der Gräuel der Vergangenheit.

26. Adam, rufe alle deine Flüche zurück, und spende dafür den Segen! Meinen Segen spende dafür; denn jedes arge Werk ist ja dein Werk von Anbeginn gewesen! Daher fluche hinfort nicht mehr, sondern segne alles! Amen."

Kapitel 113

Adams Weg zur Läuterung. Die unendliche Geduld Gottes

`Am 5. Juli 1842`

1. Da der Adam aber solche Rede vom Abedam vernommen hatte, da ward er traurig und wusste nun nicht mehr, was er darauf sagen oder tun solle.

2. Er dachte bei sich hin und her, suchte das große entscheidende, am Ende alles

---

[3] Im Manuskript steht „Flüche" statt „Früchte" (laut der Erstausgabe). Wir gehen hier von einem Schreib- oder Übertragungsfehler aus und folgen der Erstausgabe.

ausgleichende Warum. Aber alle seine Mühe war vergebens, er fand das große Warum nicht; und so war er bei sich auch schon auf dem Sprunge wieder, alles aus und von sich zu werfen und sich zu verwünschen und zu verfluchen anzufangen, darum er sich nun für den alleinigen Grund alles Bösen, Argen und Falschen ansah.

3. Der Abedam aber ergriff dessen Hand, sah ihm fest ins Auge und sagte nach einer Weile zu ihm:

4. „Adam! Welch ein Mensch bist du! Willst du denn zu einem Stein werden? Ist dir das Leben denn wirklich also etwas Verächtliches, dass du es in dir selbst verfluchen willst und willst dich dadurch töten durch und durch am Geiste wie am Leibe, wie auch in allen den Kindern, die Ich aus dir habe hervorgehen lassen?!

5. Adam, bis nahe auf diesen Augenblick hast du dein schon viele Jahre langes Erdenleben mit Fluchen nach deiner scharfen Gerechtigkeit zugebracht und warst zufrieden dabei, darum du stets meintest, Ich habe ein Wohlgefallen an deiner richterlich unerbittlichen Strenge und an deinem väterlichen Fluch gegen jene deiner Kinder, die da schwach genug waren, sich irgend unvorsichtigerweise zu verstoßen gegen deinen Willen.

6. Jetzt aber, da Ich dich reinigen will, darum Ich dir auch nur einzig und allein zeige alle deine Mängel, und tue das alles sichtbar vor dir und allen deinen Kindern, um dich vollends fähig zu machen zur völligen Aufnahme des Lebens aus Mir, – jetzt also, da du erfährst, dass Ich am Fluchen durchaus kein Wohlgefallen habe und auch keines am Gericht, sondern allein nur an der allein lebendigen Liebe, bist du überärgerlich in deinem Herzen und überdrüssig des Lebens!

7. Jetzt erst, nachdem du zuvor aus lauter Gerechtigkeit nahe jedes Erdstäubchen gerichtet hast, willst du dich fluchend über dich selbst hermachen, um dich dadurch gewisserart an Mir zu rächen, darum Ich deiner alten Richterordnung zuwider bin durch Meine große Liebe, Erbarmung und Geduld!

8. Adam, Adam, Ich sage dir, du stellst Meine Liebe und Geduld auf harte Proben!

9. Bedenke, wie lange Ich schon alle Geduld mit dir habe. Bedenke, da noch in der ganzen Unendlichkeit keine Sonne brannte und die Erde von Mir Selbst noch kaum gedacht wurde, da machte Mir dein Geist, den Ich für die allerreinste Liebe erschuf, und ihn frei machen wollte zu einem selbständigen Wesen vor Mir und zu Meinem größten Wohlgefallen, durch seine Unbeugsamkeit schon harte Sorgen und fing an, auszudehnen ins Lange und Überlange Meine Geduld.

10. Welche ewig langen Zeitenreihen sind seitdem verflossen, da Ich dich werden hieß!

11. Und wie sehr ist durch diese Reihe von Ewigkeiten nahe Meine Geduld ins endlos Lange gedehnt worden deinetwegen!

12. Sehe an alle die zahllosen Sterne; zähle sie, diese endlos vielen, großen und harten Weltenmassen, welche da erfüllen nahe die ganze sichtbare äußere Unendlichkeit! Was sind sie?

13. Adam, weißt du, was sie sind?! O Adam, Adam, siehe und höre:

14. Jedes Sandkörnchen, woraus irgendein Weltkörper besteht, ist von dir aus eine harte Probe für Meine Geduld von mehr denn tausend Jahren, gemessen nach dem Fluge der Zeiten, schon an und für sich.

15. Nun zähle die endlos vielen Welten in all den endlosen Raumgebieten; dann zähle alle die Sandkörnchen, aus deren endloser Vielheit sie bestehen, wie aus hart aneinandergereihten Atomen; denke dann für jedes einzelne Atom tausend Jahre Meiner Liebe göttlichen Geduld mit dir!

16. Hast du solches erwogen reiflich in dir, sodann sage Mir, wie lange Ich dich noch gedulden solle, bis du vollends wirst ein Wesen nach dem Sinne Meiner ewigen Liebe zu dir, und Ich will jede Frist von dir annehmen!

17. Wehe aber dir, so du dir würdest zu einem Selbstmörder; Ich sage dir, es gibt keinen so schnellen Augenblick, als wie schnell Ich da dich samt aller Schöpfungen preisgeben würde Meinem Zornfeuer mit Ausnahme der wenigen Treuen!

18. Wahrlich, Ich will mit jedem Sünder haben eher eine ewige Geduld, als nur einen Augenblick mit einem Selbstmörder!

19. Daher kehre dich doch einmal vollends um und erkenne, was Ich an dir getan habe, jetzt tue, und was Ich noch tun werde an allen deinen Kindern, so will Ich Mich zu dir wenden und dich erheben zu Mir aus dem Sumpf deiner so langen Blindheit und dir geben das Leben!

20. Aber hinfort fluche nicht mehr; denn die Erde ist von dir aus jetzt schon auf hunderttausend Jahre versorgt gar reichlichst mit deinem Gericht!

21. Solches verstehe nun einmal, und wende dich vollends zu Mir. Amen."

Kapitel 114

Adams Gesicht: Das Weib auf der Sonne, den Kopf der Schlange zertretend

Am 6. Juli 1842

1. Als der Adam nun diese zweiten Worte vom Abedam vernommen hatte, da ward er alsbald wieder voll Reue in seinem Herzen und ersah erst jetzt, wie es da stehe mit ihm und mit seiner Ordnung, und wie es da so ganz eigentlich und so ganz anders stehe mit der Ordnung Jehovas, der da nun sichtbar ihm im Abedam kundgab Seine ewige Ordnung.

2. Da er aber solches ersah, so fiel er auch alsobald auf sein Angesicht nieder vor dem Abedam und begann folgende Worte flehentlich aus seinem innersten Grunde herauszugeben, sagend nämlich:

3. „O Jehova, Du überheiliger Vater, im Abedam sichtbar hier vor mir, siehe, zwei Adame liegen hier vor Dir im Staube ihrer gänzlichen Nichtigkeit; der eine ist ein allgemeiner und der andere aber nur ein sonderheitlicher, für sich allein abgeschlossener Adam.

4. O Jehova, Du überheiliger Vater! Nehme gnädigst den allgemeinen von mir, und lasse mich die noch übrige Zeit mir selbst leben also, dass es Dir wohlgefallen möchte!

5. Denn nun sehe ich es erst klar ein, dass es mir die allerpurste Unmöglichkeit wäre, den allgemeinen Adam wieder zurückzuführen auf den Weg Deiner ewig heiligen Ordnung, obschon ich ihn allein nur abgewendet habe auf den Weg des Verderbens und des Unterganges.

6. Siehe mich daher allergnädigst an in der einfachen Person, die da vor Dir liegt im Staube aller Nichtigkeit, und erhebe

diese zum Licht und somit zur Einheit mit Dir!

7. Was aber da betrifft meine ehemalige Allgemeinheit, so nehme diese endlose Last gnädigst von mir, und wie es Dir wohlgefällig sein möchte, also tue mit dieser meiner Allgemeinheit!

8. O Jehova, so Du sie nähmst auf Deine Schulter!

9. Dein heiliger Wille geschehe allzeit und ewig! Amen."

10. Bei diesen Worten Adams ging zwar die Natursonne unter, aber der Abedam ließ den Adam in seinem Inneren eine andere Sonne aufgehend erschauen, und ließ ihn sehen ein glänzend Weib, welche da stand auf der Sonne, zertretend den Kopf einer unter ihren Füßen die ganze Sonne umwindend befindlichen Schlange.

11. Der Abedam aber bog sich alsbald zum Adam nieder, rührte ihn an und hieß ihn erstehen; und als der Adam sich endlich aufgerichtet hatte, da nahm ihn der Abedam wieder bei der Hand und sagte zu ihm:

12. „Adam, was sahst du jetzt?" – Und der Adam erwiderte:

13. „O Jehova, eine neue Sonne sah ich in mir aufgehen, – diese trotz ihrer himmlischen Schönheit aber dennoch um und um mit einer kräftigen Schlange fast allenthalben umwunden!

14. Bald aber sah ich ein großes lichtes Weib kommen auf diese Sonne; dieses Weib aber hatte keine Furcht vor der Schlange und trat daher derselben alsbald gewaltigst auf den Kopf.

15. Da sich aber die Schlange bemühte, das starke Weib zu überwältigen und zu beißen demselben in die Ferse, siehe, da schleuderte das Weib alsbald einen Apfel auf den Kopf der Schlange; die Schlange aber haschte nach dem Apfel und verbiss sich in denselben!"

16. Hier schwieg der Adam und schlug sich dreimal stark auf die eigene Brust und sagte darauf noch:

17. „O Jehova, das war meine große Schuld vor Dir!"

18. Der Abedam aber entgegnete ihm, sagend: „Adam, um was du ehedem gebeten hast, das auch habe Ich schon getan, also zwar, wie du es gesehen hast in dir!

19. Siehe, nun ist dir genommen vollends der allgemeine Adam, und du bist nun gleich einem jeden Kind aus dir!

20. Daher sorge nun für diesen letzten Rest deines Seins, und lebe ein kleines Leben in Meiner Ordnung und Vaterliebe!

21. Was aber den allgemeinen Adam betrifft, siehe, den habe Ich als die Sonne aller Himmel und Weltensonnen und Welten auf Mich genommen, wie du es gesehen hast, da die Schlange Meine Sonne umwand!

22. Dieses Mädchen hier aus der Tiefe aber ist das Weib, das du sahst auf der Sonne stehen und zertreten der Schlange den Kopf!

23. Aber nicht ihren Leib, sondern ihre Seele und ihren Geist musst du ansehen!

24. Dieses Mädchen hat gelitten in der Tiefe mehr, denn da je gelitten hat ein Mensch; daher aber soll dereinst an ihr ewig eine Entgeltung vor sich gehen, vor deren Größe die ganze Unendlichkeit ehrfurchtsvollst zurückschaudern wird!

25. Solches fasse wohl, Adam, du einfacher nun; denn solches wird geschehen wahrlich, wahrlich, wahrlich! Verstehe es! Amen."

Kapitel 115

Adams Lobgeschrei über die unendliche Erbarmung Gottes und Seine Menschwerdung

Am 9. Juli 1842

1. Nach dieser Rede Abedams ward der Adam und alle, die da zugegen waren, also ergriffen, dass sie, voll der inbrünstigen Liebe und der allerinnersten wahren Dankbarkeit, zu weinen anfingen und der Adam endlich laut ausrief:

2. „O Mensch, o Mensch! Was könntest du sein der Liebe des ewig heiligen Vaters, wenn dich dein eigener freier Wille nicht unheilig gemacht hätte vor Ihm?!

3. Wie unendlich gut bist Du, o heiliger Vater, – und wie tief müssen wir gefallen sein vor Dir, da Deine ewige Liebe nur durch eine unendlich große Erbarmung uns zu retten genötigt ist und zu retten vermag!

4. Ja, – jetzt erst, jetzt, jetzt erst sehe ich es ein, was Du, o überheiliger Vater für uns getan hast, jetzt tust, und ewig tun wirst!

5. Lasst mich jetzt schreien, dass meine Stimme alle Weltenpole vernehmen möchten; lasst mich verkünden wie alle Weltendonner – so stark lasst es mich verkünden aller Kreatur, allen Welten und allen Himmeln, was unendlich Großes der Herr, der endlos heilige Gott an uns endlos groß gefallenen Sündern vor Ihm getan hat!

6. Hört es, ihr Himmel alle, du Sonne, du Mond und Erde, vernimm es aus meinem Munde!

7. Gott, der Ewige, der Unendliche, der Heilige, der allmächtige Gott! – O Herz, du mein Herz, nur jetzt breche mir nicht die Stimme der Zunge; jetzt lasse, dass ich

schreie aus allen meinen Kräften! – Er, Er, vor dem tausendmal tausend Jahre sind wie ein allerflüchtigster Augenblick, – Er, vor dessen Hauch alle endlosen Räume erbeben und die Ewigkeiten vor übergroßer Ehrfurcht ins Nichts zurücksinken, – Er, der mit einem Blick tausendmal tausend Sonnen werden und wieder vergehen machen kann, – Er, Er unmittelbar Selbst hat uns, die allein allerunwürdigsten Geschöpfe, Seiner endlosen Heiligkeit vergessend, aus Seiner allerheiligsten Tiefe angeschaut, hat, darum wir durch unsere allergrößte freiwillige Bosheit also allertiefst von und vor Ihm gefallen sind, um uns Seine große Erbarmung angedeihen zu lassen, die ganze Unendlichkeit erfüllt mit zahllosen Stufen, damit wir wieder zu Ihm emporklimmen möchten!

8. Seiner endlosen Liebe und Erbarmung aber kam dieser Weg für die Gefallenen zu endlos schwer vor; Er vergaß daher noch mehr Seiner endlosen Heiligkeit, stieg auf den weiten Flügeln Seiner Allmacht Selbst durch alle die endlosesten Stufen zu uns herab also, wie Er hier ist vor uns, gleich uns an Farbe und Gestalt ein Mensch, um uns fürs Erste den ewig nie ganz ersteigbaren Weg zu ersparen und dann uns, den allerletzten aus allen Seinen Kreaturen, die wir uns freiwillig allerboshaftesterweise von Ihm abgewendet haben, uns allein allertiefst Gefallenen zu werden das Allerhöchste, das Undenkbarste!

9. Hört, hört es, ihr alle Äonen des ausgegossenen Lebens aus Ihm! –, um uns zu werden – o Gott, o Gott, o Gott! Du großer, heiliger Gott, Meine matte, sterbliche Zunge wagt es kaum auszusprechen! –, um uns Sündern der Sünder zu werden ein

allein wahrer, liebevollster, allerbarmender, heiliger Vater!

10. Noch nicht genug, wie Er jetzt ist vor uns ein Vater, sondern – wie es mein Geist erfasst hatte – einst aus übergrößter Liebe zu uns Allerniedrigsten Selbst anzuziehen die dann ewig bleibende sündige Form unseres Fleisches, darinnen wir gefallen sind vor Ihm, dem ewig Heiligen, um uns noch näher an Sich zu ziehen, – um uns zu werden ein Retter, ein Führer, ein allweisester Bruder!

11. Nein, nein, nein, das ist zu viel! Abedam! Abedam! Abedam! Du endlos heiliger, liebevollster Vater! Wer und was sind wir denn, dass Du uns, die wir doch am wertlosesten sind vor Dir durch und in Deiner ganzen Unendlichkeit, also unbegreiflich gnädig bist?! –"

12. Hier unterbrach der hohe Abedam den Adam und sagte zu ihm: „Höre, Adam, endlich siehst du es ein, wer Ich bin, und was Ich tue!

13. Ich sage dir aber, wie du bist, also bleibe auch fürder, so hast du das ewige Leben schon in dir!

14. Du warst zwar in deiner Größe dereinst berufen, Meinem Herzen zu werden ein lieblicher Bruder, ein Mitgespiele und innigster Mitgenosse Meiner ewigen, unendlichen Vollkommenheiten.

15. Da du aber als der geistige Adam Mir das nicht werden wolltest in der großen Einfachheit deines aus Mir hervorgegangenen Wesens, so sollst du Mir aber dennoch das werden in allen deinen Kindern, darum dich dereinst Mein Herz so sehnsüchtigst überherrlichst aus sich werden hieß!

16. Verstehst du solches! Siehe, das ist es, darum Ich alles das tue und habe nun für ewig, wie einst dem Größten, Mein Herz zugewandt dem Kleinsten, um es zu erheben über alles! Nun nichts mehr weiter!

17. Da der Abend herbeigekommen, darum sorgen wir, dass wir nach Hause kommen zu denen, die unser schon sehnsüchtigst harren!

18. Du, Lamel, aber nimm das Mädchen und trage sie vor Mir als ein großes Siegeszeichen einher! Amen."

Kapitel 116

Pura, das Mädchen aus der Tiefe, erkundigt sich über Abedam

Am 11. Juli 1842

1. Da aber der Adam und alle hier Anwesenden vernommen hatten, dass der hohe Abedam geredet hatte von dem Mädchen, fingen sie Ihn an zu loben und zu preisen über alles.

2. Der Lamel aber lud dasselbe alsobald auf seinen Arm und stellte sich nach der Beheißung vor Abedam hin.

3. Da aber das Mädchen aus allen den ihr wohlverständlichen Worten Abedams selbst heimlich abgenommen hatte, wie von den Reden Adams und von dem lauten Lob, das nun alle Anwesenden Ihm dargebracht hatten, dass da hinter dem Abedam etwas ganz Außerordentliches stecken müsse, da ließ ihr ihre angeborene Neugierde keine Ruhe mehr.

4. Damit sie aber vollends erfahren möchte, was denn da so ganz eigentlich mit diesem sonderbaren Mann es für eine Bewandtnis habe, brachte sie ihren Mund etwas furchtsam an das Ohr des Lamel und sagte mit leise bebender Stimme zu ihm:

242

5. „Lieber, großer und sehr starker Freund! Möchtest du mir denn nicht zur Kunde tun, wer denn so ganz eigentlich dieser Mann ist, der da, wie ich es abgenommen und verstanden, ‚Abedam‘ genannt wird?

6. Denn siehe, ich frage dich darum, dieweil es mich sehr befremdet, da er nur aussieht wie ein jeder aus euch, jedoch seine Worte scheinen, ja sie sind himmelweit unterschieden von allen noch so erhaben klingenden Worten, welche aùs einem anderen Munde kommen; ja sie kommen mir vor, als wenn sie alle Himmel und alle Erde durchdringen möchten!

7. Was mich aber noch am allermeisten befremdet, ist das, dass mich alsbald alle Angst und Traurigkeit so ganz und gar vollends verließ, als ich seiner ansichtig wurde, dass es mir nun eine allerblankste Unmöglichkeit wäre, zu trauern und zu weinen nach meinen also erbärmlichst hingerichteten Eltern!

8. Daher, lieber, großer und sehr starker Freund, bitte ich dich, dass du mir etwas Näheres kundgeben möchtest über diesen überaus merkwürdigen Mann, in dessen Blicke schon eine viel größere Macht verborgen waltet als in den Armen aller noch so kräftigen Menschen!“

9. Der Lamel aber wusste nicht, was er da nun tun solle, und machte daher eine Miene, als wenn er sich so recht aus der Tiefe fassen wollte.

10. Da er es aber mit dieser seiner Blindfassung etwas ins zu Lange trieb, so überstieg solche Ausflucht gar bald die Geduld des Mädchens, und sie fragte ihn darum auch alsbald, etwas befremdet wieder:

11. „Höre, lieber, großer und sehr starker Freund, der du mich nun auf deinem starken Arm trägst nach dem Willen dessen, um den ich dich fragte, warum tust du denn, als wolltest du mir wohl eine Antwort geben, bleibst dessen ungeachtet aber dennoch stumm, als wäre dir die Zunge im Munde versteint geworden?

12. Oder habe ich etwa einen Fehler dadurch begangen, darum ich dich fragte, das sich etwa nicht geziemen dürfte für ein Geschöpf aus der Tiefe?

13. O ich bitte dich, sage mir doch nun entweder das eine oder das andere!“

14. Hier sagte der Abedam zum Lamel: „Lamel, hast du denn ein Gebot von Mir, darum du stumm sein sollst?

15. Dergleichen weiß Ich nicht, dass Ich oder jemand in Meinem Namen es dir gegeben habe; darum kannst du ja wohl reden, was da ist des Rechtens!

16. Ich sehe aber schon, dass du dazu aus dir nicht hast den Mut; so gebe denn das Kindlein her, damit es unterwegs auf Meinem Arm erfahre, wonach es dürstet, – du aber gehe nun hinter Mir einher! Amen.“

17. Hier nahm alsogleich der hohe Abedam das Mädchen auf Seinen Arm, das darob über die Maßen fröhlich wurde und sich alsbald mit derselben Frage an Ihn Selbst wendete und zur Frage noch gar lustig hinzusetzte:

18. „O du lieber, mir heilig zu sein scheinender Mann, du wirst sicher doch nicht auch also spröde sein wie der Mann hinter uns, der mich armes Mädchen nahe keiner Antwort für wert zu halten schien, darob er stumm blieb über das, darum ich ihn gefragt habe, – und wirst mir eine Antwort geben auf meine Frage?!“

19. Hier drückte der Abedam das Mädchen an Seine überheilige Brust und sagte

zu ihm: „Meine liebe Pura, du sollst ja alles erfahren, wonach du nur immer dürstest!"

20. Hier verwunderte sich das Mädchen außerordentlich, darum es der ihm noch fremde Mann beim eigenen Namen angeredet hatte.

21. Der Abedam aber fuhr fort also mit ihr zu reden von Sich Selbst: „Du wunderst dich, dass Mir bekannt ist dein Name; allein, wenn du Mich erst mehr und mehr wirst kennenlernen, da wird dich solches mitnichten mehr wundernehmen, sondern dann wirst du staunen über ganz andere Dinge!

22. So du aber nun hast ein bereitetes Ohr, da höre: Siehe, du selbst sagtest ja, es seien Meine Worte viel erhabener als die eines jeden anderen Mundes und scheinen Himmel und alle Erde zu durchdringen, und in Meinem Blick liege für dich mehr Kraft denn in allen noch so starken Menschenarmen! Auch hat dich alle Angst und Traurigkeit verlassen, als du Meiner ansichtig wurdest!

23. Nun siehe du, Meine liebe Pura, so du schon solches alles an Mir vorgefunden hast, was geht dir da denn noch ab zu Meiner innigeren Erkenntnis?

24. Ich könnte es dir wohl augenblicklich sagen und dir zeigen durch Wort und Tat, wer Ich so ganz eigentlich bin, – aber du würdest es nicht ertragen; es würde dich töten und gänzlich zugrunde richten!

25. Daher gebe Ich dir nun statt der vollen Antwort den Rat und sage dir: Liebe Mich in deinem Herzen über alles, sodann wirst du es alsbald im selben vollkommen erfahren, wer eigentlich Ich bin!

26. Frage aber ja nicht, ob du solches etwa wohl dürftest; denn Ich ja sage dir solches! Darum liebe Mich unverhohlen nur über alles! Amen."

Kapitel 117

Pura sucht den Allerhöchsten

Am 12. Juli 1842

1. Als die Pura solches vernommen hatte vom Abedam, da wurde sie nahe bis zur kindlichen Ausgelassenheit froh, heiter und lustig, warf ihre zarten Hände sogleich um den Hals ihres erhabensten Trägers und legte ihren Kopf ganz liebetrunken an dessen heilige Brust.

2. In solcher Liebestellung verharrte sie so lange, bis alle samt und sämtlich die Vollhöhe erreicht; dahier bei all den sehnsüchtigst harrenden Kindern angelangt, erwachte unsere Pura erst aus ihrem Liebestaumel, durch die allgemeine laute Freudeäußerung der Kinder erweckt.

3. Als sie nun hier in der Dämmerung der vielen Menschen ansichtig wurde, die beim Anblick des hohen Abedam, tief lobend und preisend Seinen Namen, zur Erde niederfielen vor Ihm, da fragte sie ganz leise den Abedam, sagend nämlich:

4. „Du unbeschreiblich lieber Mann, an dem nun mein ganzes Leben hängt, möchtest du mir denn nicht anzeigen, was da diese allerhöchste Ehrfurcht, welche nun von diesen sehr gut zu sein scheinenden Menschen ausgeübt wird, zu bedeuten hat, und auf wen sie so ganz eigentlich gerichtet ist? Geht sie allein Dich an, oder gibt es vielleicht hier noch einen, der da wäre über dich? O sag' es mir!"

5. Und der Abedam sagte zu ihr: „Sieh dich nur ein wenig um; wer da nun aufrecht steht, der ist der Allerhöchste nicht nur unter diesen Menschen, sondern auch in allen den Himmeln!

6. Also sehe dich nur recht emsig um, und du wirst den allein aufrecht Stehenden gar bald und gar leicht finden!"

7. Hier fing die arme, nun aber überreiche Pura an, mit ihren großen, schwarzen Augen herumzublitzen, und suchte die ganze Menge hindurch kreuz und quer; aber da sich selbst der Adam, Seth, Lamel, Henoch und die zehn Träger Seths, sobald sie die Höhe erreicht hatten, auf ihre Angesichter ehrfurchtsvollst und dankbarst zur Erde legten, so war all ihre Mühe vergeblich, denn sie fand niemanden aufrecht stehend.

8. Darüber etwas ängstlich gemacht, fing sie sich allgemach gegen ihren Träger zu entäußern an, und sagte in einem etwas verwundert fragenden Ton:

9. „Höre, du mein überaus lieber und auch sehr starker Mann, ich suche vergebens! Es steht ja doch nirgends auch nur eine menschliche Seele aufrecht! Wie soll ich demnach denn das verstehen, das du ehedem zu mir gesagt hast?"

10. Und der hohe Abedam drückte sie auf Seine heilige Brust, stellte sie dann zur Erde gar sanft nieder und sagte dann wieder zu ihr: „Meine Mir überaus teure Pura, sehe dich nun ein wenig um, und du wirst doch sicher gar bald einen aufrecht stehenden Mann irgendwo entdecken!"

11. Und wieder fing die Pura an, die große Menge zu mustern; allein auch diesmal fiel ihr noch nichts Aufrechtstehendes in die Augen.

12. Da der hohe Abedam aber sah ihre große Verlegenheit, so bog Er Sich alsbald wieder zur Erde nieder, nahm sie, die Pura nämlich, auf Seinen überheiligen Arm, drückte sie auf Seine Brust und sagte dann zu ihr:

13. „Siehe, du Meine allerliebste Pura, wer da sucht mit seinen Augen in der Ferne herum und blickt das nicht an, was ihm am allernächsten ist, der wird schwerlich je etwas finden, und am allerwenigsten das, was er finden möchte und auch finden sollte.

14. Dass du bisher noch nichts gefunden hast, was du doch so überaus gerne finden möchtest, liegt auch lediglich schuldend darinnen, weil du deine Nähe hast unbeachtet gelassen, und zwar deine nun allergrößte dich tragende Nähe.

15. Pura, sieh Mich einmal an, und sage Mir dann, ob Ich liege oder aufrecht stehe!

16. Hast du das gefunden, dann wirst du auch gar bald innewerden, wer da ist der Allerhöchste, und wen da diese Verherrlichung nun angeht!"

17. Hier schlug die nun allerreichste Pura ihre schneeweißen, vollen, zartesten Arme über dem Kopf zusammen und schrie laut auf: „Um des allein ewig wahren Gottes willen, was habe ich Blinde getan?

18. O du, der du sicher der König dieses Volkes bist, überaus mächtig am Wort und an jeglicher Tat, wirst du mir armen, blinden Törin wohl vergeben können diesen mir nun unbegreiflich allergrößten Irrtum?!

19. Nein, nein, ich könnte mir nun gerade selbst die abscheulichen Augen auskratzen, darum sie dich, den alleinig aufrecht Stehenden nicht bemerkt haben!"

20. Der Abedam aber tröstete sie und sagte zu ihr: „Sei nur ruhig, du Meine geliebteste Pura, denn nun hast du Mich ja schon zur Hälfte gefunden; die andere Hälfte aber ahnt dein Herz in dir ja ohnehin schon auch, und so wird es nicht mehr lange währen, bis du Mich vollends wirst kennenlernen!

21. Doch da das Volk sich schon wieder erhebt von der Erde, so lasse uns jetzt unterdessen davon schweigen bis zur rechten Zeit, da du alles wirst kennenlernen! Hättest du aber in der Ebene merken können, was Ich tat den Völkern aus der Tiefe, so wüsstest du schon, wer Ich so ganz eigentlich bin; allein für deine Schwäche war es noch nicht an der Zeit, darum lagst du nahe taub zu Meinen Füßen.

22. Jetzt aber bist du reich geworden; daher wirst du Mich auch gar bald näher kennenlernen!

23. Siehe, hier kommt schon der Seth zu Mir; daher schweigen wir und vernehmen, was dieser möchte! Amen."

Kapitel 118

Die leeren Speisekammern des Seth

Am 13. Juli 1842

1. Als aber der Seth beim Abedam anlangte, fiel er alsbald vor Ihm nieder und fragte Ihn: „O Abba Emanuel Jehova, darf Dich der Mensch Seth darum bitten, dass Du ihm gestatten möchtest, also wie gestern zu versehen die Höhe wieder mit Speise und Trank?!

2. Ich weiß zwar wohl, dass solches da ist von meiner Seite eine eitel törichte Frage – denn wen sollte, wen könnte es hungern in Deiner Gegenwart?!

3. Allein, da Du gestern nahe gerade um diese Zeit allergnädigst Selbst Speise und Trank verlangt hast, so habe ich in mir gedacht, ob solches eine Regel bleiben solle

auch fürder, oder sollen wir bleiben bei der alten – oder allein bei der Regel des Magens?

4. O Abedam Jehova, zürne nicht über diese meine vielleicht eitel törichte Frage! Dein allzeit überheiliger Wille jetzt wie ewig! Amen."

5. Als der Seth aber somit zu Ende war mit dieser Frage, da bog sich der Abedam schnell zur Erde und hob alsbald den Seth vom Boden, griff ihn bei der Hand und sagte dann zu ihm:

6. „Höre, lieber Bruder Seth, deine Frage, die da deinem Mir allzeit wohlgefälligen, edlen Vorhaben entstammte[4], wäre ganz vollkommen gut und recht, und es ist allzeit besser, zur ordentlichen Zeit Speise und Trank zu nehmen, als unordentlich nach dem Verlangen des Magens.

7. Aber nun höre und siehe: Da du heute deiner Dienerschaft die liebevollste Order gabst, dass sie alle die Hungrigen einladen sollten in deine Vorratskammern, so haben sie das auch vollkommen also redlichst getan.

8. Da aber nach solcher Einladung sich auch alsogleich sehr viel Hungrige und Durstige eingefunden haben, so geschah es denn auch, dass all dein Vorrat in wenigen Augenblicken aufgezehrt worden ist.

9. Also fragt sich's nun: Woher wirst du, Mein lieber Bruder Seth, nun Speise und Trank hernehmen, nachdem alle deine Vorratskammern vollkommen ausgeleert worden sind und wurden selbst die Früchte in deinem Garten nicht verschont?!"

10. Anfangs machte diese Bekanntmachung den Seth ein wenig stutzen, nicht

---

[4] Im Manuskript steht „entflammte" statt „entstammte" (laut der Erstausgabe). Zwar könnte sich „entflammte" auf die starke Liebe des Seth beziehen, dennoch gehen wir hier von einem Schreib- oder Übertragungsfehler aus und folgen der Erstausgabe.

aber etwa aus Neid gegen diejenigen, die da geleert hatten seine Kammern, oder darum aus einem kleinen Ärger, darum die geladenen Gäste gerade bei dieser Gelegenheit so wenig beachteten, wer da der Seth ist, und wie sich jeder in seiner Wohnung zu benehmen habe, der in diese eingelassen wird, sondern nur darum stutzte er ein wenig, da er nun nicht augenblicklich wusste, wo er nun Speise und Trank hernehmen solle.

11. Es dauerte jedoch nicht lange, und der Seth besann sich alsbald, ward überheiter und sagte darauf: „O Jehova, Du über alles heiliger und allerliebevollster Vater, wessen Liebe ist so groß wie die Deinige?!

12. Siehe, meine Kammern waren voll von dem, was Du mir gabst für mich und für jeden Bruder! Deine, nicht etwa meine Liebe öffnete den Dürftigen die gefüllten Kammern; diese haben sie geleert nach Deinem allzeit allerheiligsten Willen.

13. Wie Du aber stets füllst die Sonne mit neuem unvergänglichem Licht und die ganze Erde allenthalben mit stets neuer zeugender Kraft Deiner Barmliebe, und lässt das Meer nicht minder werden auch nur um einen Tropfen, und solches alles ist Dir leichter um endlos vieles denn mir, zu heben eine Mücke, also bin ich auch überaus fest überzeugt, dass Du, o liebster Vater, meine geleerten Kammern schon lange eher wieder auf das Allerreichste gefüllt hast mit allem dem, was uns allen liebgerechterweise nottut!

14. Daher geht, ihr zehn Träger, nur eilends hinab in meine Kammern, füllt die Körbe und bringt sie sogleich wieder hierher; und wer aber dort kommt und verlangt zu essen und zu trinken, dem soll alsbald gereicht werden, wonach er hungert und dürstet!

15. Aber es soll dabei ein jeder erinnert werden an Den, der hier ist und ist der alleinige Geber aller guten Gaben. Solches geschehe!"

16. Hier umarmte der Abedam den Seth und sagte zu ihm: „Seth, jetzt erst hast du alles vollkommen gemacht! Siehe, früher hast du zwar auch die Kammern dem Volk geöffnet, aber da hast du vergessen, dass es erinnert werde zur Dankbarkeit an den alleinigen Geber; darum auch konnten die Kammern geleert werden. Jetzt aber hast du auch fürs Volk des Gebers bedacht, daher geschehe dir nach jeglichem deiner Worte!

17. Hinfort sollst du deine Kammern nimmerdar leer antreffen! Amen."

Kapitel 119

Die wunderbare Füllung der Speisekammern Seths. Abedam gibt sich zehn Trägern zu erkennen

Am 15. Juli 1842

1. Darauf nahmen die zehn ihre Körbe und gingen eilends hinab in das Haus Seths und füllten da die Körbe mit den allerherrlichsten Früchten, welche nahe die Speicher in den Vorratskammern erdrückten.

2. Des nahm die Träger wunder, und sie lobten den Jehova.

3. Da aber die Haushüter zu ihnen kamen, so fragten die Träger dieselben, ob schon viele Gebrauch gemacht hätten von der Beheißung des Hausvaters Seth.

4. Und die Hüter aber antworteten ihnen: „Wahrlich, ihr könnt es glauben, die Menge derjenigen ist unzählbar, welche

sich schon heute gesättigt haben von den Fruchtspeichern Seths; aber dessen ungeachtet wollen diese nicht leerer werden! Ehedem sei zwar von einer großen Menschenmenge aller Vorrat aufgezehrt worden, wie solches schon zweimal früher geschehen ist, darum sich dann die Hungrigen über die Fruchtgärten selbst hermachten, – allein die Leerheit der Speicher dauerte nicht lange; wunderbar wurden bald alle Speicher in den Vorratskammern wieder gefüllt, wie ihr sie soeben jetzt seht!

5. Wisst ihr uns denn nicht irgendeine Auskunft zu geben, wie das zuging?!"

6. Einer der zehn Träger aber, der den hohen Abedam in allem Tun, Lassen und Reden beobachtet hatte, sagte darauf zu den Hütern ganz kurz:

7. „Brüder, glaubt es fest, ihr habt den fremden Mann gesehen, der da schon vorgestern von Mitternacht kam mit Adam und den übrigen, die da mit ihm waren, einladend die Kinder aller vier Regionen, und war gestern unter ihnen den ganzen Sabbat über und verrichtete die größten Wundertaten, und ist heute noch unter ihnen und tut desgleichen!

8. Seht, da ist es dann nicht schwer raten, woher die Kammern stets wieder ihre Füllung nehmen!"

9. „Wisst ihr aber, wer so ganz eigentlich dieser fremde Mann ist?", fragten die Hüter den Träger, der da geredet hatte.

10. Und dieser antwortete ihnen kurz: „Dass er auf der Erde nicht geboren worden ist, das ist mehr denn gewiss, und solches erkennen wir auch daraus, darum sich die sonst hart zugänglichen Väter gar so außerordentlich stark beugen vor ihm!

11. Woher, wer und was er aber eigentlich an und für sich ist, solches wissen wir mitnichten; denn ihr wisst es ja nur zu gut, wenn es unter den erhabenen Großvätern geheime Dinge gibt, so müssen wir unsere sehr neugierigen Ohren hübsch ferne halten.

12. Und also ist es für jetzt und allzeit etwas schwer, bei derlei Erscheinungen ins Klare zu kommen.

13. Ich möchte zwar den Fremden unendlich gerne näher kennenlernen, – aber ihr wisst es ja, wie es geht!

14. Daher bleiben wir nur darauf los, wie wir sind, so hübsch dumm, in Jehovas Namen; ewig wird's ja nicht dauern!

15. Und nun lasst uns erfüllen, wie allzeit, unseren Auftrag!

16. Solches aber hat der Großvater Seth uns aufgetragen euch zu sagen, dass ihr jene, welche hier gesättigt werden, allzeit zur Dankbarkeit an Gott erinnern sollt nach Seinem Willen! Amen."

17. Nach dem verließen die Träger die Hüter und eilten aus den Kammern hinaus.

18. Als sie aber kaum noch die Türe erreicht hatten, kam ihnen auch schon der Abedam, noch mit dem Mädchen auf dem Arm, entgegen und fragte die etwas erschreckten Träger: „Wo bleibt ihr denn mit den Früchten diesmal so lange?"

19. Die Träger aber wussten keine Antwort auf diese Frage.

20. Und der Abedam fragte sie abermals und sagte: „Habt ihr denn nicht Früchte in gerechter Menge angetroffen?"

21. Und wieder fanden die Gefragten keine Antwort.

22. Als aber der Abedam sie zum dritten Mal fragte: „So sagt es Mir doch, warum ihr diesmal die Zeit nicht zugehalten habt!"

23. Hier erst besann sich der, der da schon früher mit den Hütern das Wort geführt hatte, und sagte:

24. „Höre du lieber, guter, fremder Mann! Wir haben nichts Ungerechtes getan, außer dass wir dadurch ein wenig der bestimmten Zeit abhold geworden sind; denn die Hüter fragten uns, wer da beständig wieder voll mache die geleerten Kammern Seths.

25. Und wir rieten auf dich, darum wir Zeugen sind von so mancher Großwundertat deines Willens, darin du nahe Gott gleich mächtig zu sein scheinst.

26. Siehe, das ist aber auch alles, was da allein schuldet an unserem etwas längeren Ausbleiben; solches wirst du und der Großvater uns ja wohl vergeben!?"

27. Der Abedam aber erwiderte ihm darauf: „Höre, nicht nur vergeben, sondern Ich will euch jetzt machen zu Trägern höherer und lebendigerer Früchte, denn die da sind, für die ganze Ewigkeit!

28. Damit ihr aber alsbald wisst, dass Ich solches zu tun Macht und Recht habe, so wisst denn, dass Ich Jehova, Gott der Allerhöchste, Selbst es bin, also wie ihr Mich nun seht; darum seid ruhig und folgt Mir! Amen."

Kapitel 120

Die Furcht der Träger und die Verlegenheit Puras. Der Herr als Gott und Vater

Am 16. Juli 1842

1. Als aber die Träger solches Zeugnis aus dem Munde Abedams Selbst vernommen hatten, und desgleichen auch ganz klar die Pura, da fielen die Träger alsbald zur Erde nieder, und das zwar also erschreckt, als wenn sie schon der ewige Tod und ein alles vernichtendes Gericht am Kragen gepackt hätte.

2. Denn sie waren sich so mancher kleiner Vergehungen bewusst, und da sie aus so manchen strengen Lehren Adams, Seths und Enos' wussten, dass der allmächtige, heiligste Jehova irgendwann sicher einmal kommen werde und werde da ein überstrenges Gericht halten und zugrunde und zunichte machen alle Ungehorsamen in dem allerheftigsten und allerbrennendsten Feuer Seines unendlichen Zorns, so war es nun völlig aus mit ihnen.

3. Denn diese Meine schnell gefasste Offenbarung Meiner Selbst ließ in ihnen nun keinem anderen Gedanken Platz, als dass Ich nun gekommen sei, dieses schreckliche Gericht zu halten.

4. Und weil sie sich, wie gesagt, einiger kleiner Fehler bewusst waren, so dachten sie auch nichts anderes als nur, am ganzen Leibe bebend, wie sie sicher schon gar bald das überaus entsetzlich heiße Gerichtszornfeuer ergreifen werde und werde sie auch bald überschmerzlichst für ewig zu verzehren anfangen.

5. Es dauerte nicht lange, so fingen sie auch förmlich an, zu heulen und überaus zu wehklagen, und nur der frühere Redner allein war noch imstande, sehr stotternd herauszubringen:

6. „O wie – gut – und um wie – vieles – besser – wären wir nun – daran, so wir nie wären geboren worden!"

7. Darauf ward auch er stumm und erwartete das richterliche Donnerwort samt den übrigen.

8. Das Benehmen dieser zehn Träger brachte aber auch die sonst standhafte und vor Liebe zu Mir nahe verschmachtende Pura in eine bedeutende Verlegenheit, darum sie sich schüchtern an Mich

wandte und sagte, Mich gleichsam fragend:

9. „O Du, so Du bist, wie Dich schon Seth auf der Höhe begrüßt hatte in der allerhöchsten Ehrfurcht, und wie Du Dich jetzt vor den zehn Trägern Selbst laut und überklar geoffenbart hast, dass ich darob nun auch kein Bedenken mehr in mir trage, Dich als das vollends anzuerkennen, als was Du Dich veroffenbart hast nun vor mir Armen, wie vor diesen zehn Trägern, – so bitte ich Dich Deiner unendlichen Heiligkeit willen, dass Du mich von Dir lassen möchtest; denn ich bin ja zu unheilig, um zu ruhen auf Deinen überheiligen Händen!

10. Denn nun glaube ich es ja fest in mir, dass Du derjenige bist, dessen Name keine Menschenzunge wert ist auszusprechen, obschon meine früheren Begriffe von Dir nach der Lehre Faraks ganz anders gestaltet waren, durch welche ich mir Dich als ein unsichtbares, endloses Feuer vorstellte.

11. Daher sei mir nun gnädig und barmherzig, und lasse es doch nicht länger zu, dass ich hinfort noch entheiligen soll Deine Hände!

12. Doch Dein überheiliger Wille geschehe jetzt, wie ewig!"

13. Nach diesen Worten aber sagte der Abedam zur Pura: „Nun, du Meine Erwählte, willst du Mich denn eben jetzt weniger lieben, da du Mich erkannt hast, als ehedem, da du Mich noch nicht erkannt hast?

14. Habe Ich Mich denn darum gegen dich verändert, weil Ich Mich dir zu erkennen gab?

15. Hast du noch nie bemerkt bei einem Ungewitter, dass so manche Wetterwolke in der Entfernung ganz entsetzlich schrecklich drohend aussieht? Wenn sie aber herbeikommt, so bringt sie mit ihrem von ferne her so überstark drohenden Gesicht nichts denn einen segenvollen Regen, der da befruchtet und erquickt das von den Weisheitsstrahlen der Sonne ausgedorrte Erdreich und das nahe ganz verbrannte Gras!

16. Siehe, also ist es auch hier derselbe Fall: Du hast Mich bis jetzt nur immer von weiter Ferne ahnend gesehen, und das im Feuer des verderblichsten Gerichtes, – aber als den allerliebevollsten Vater hast du Mich noch nie geahnt und noch viel weniger gedacht; darum auch bist du jetzt samt den zehn Trägern also voll von aller Furcht und Angst!

17. Wenn Ich aber also wäre, wie du Mich bis jetzt gekannt hast aus der schon stark verunglimpften Lehre Faraks in dieser Zeit in der Tiefe, möchte Ich dich da wohl auch aus aller Meiner Vaterliebe auf Meinen Händen tragen?

18. Daher aber wisse nun auch in deinem Herzen, dass Ich nicht nur allein Jehova, der allmächtige Gott und Schöpfer aller Dinge bin, sondern im Verhältnis zu euch vielmehr der allein wahre, heilige, liebevollste Vater, der da niemanden richten will ewig je zum Verderben, sondern als der allein wahre Vater nur jedermann aufrichten zum ewigen Leben!

19. Siehe, so Ich richten wollte, darum bedürfte Ich nicht, sichtbar mit Meinen Füßen zu berühren der Erde Boden, sondern dazu wäre ein allergeringster Gedanke von Mir ja hinreichend, um im Augenblick zunichte zu machen alle Werke in der ganzen Unendlichkeit!

20. Da Ich aber sichtbar zu euch gekommen bin, so kam Ich ja nur, zu suchen das Verlorene und zu beleben das Tote!

21. Daher liebe du Mich jetzt nur noch mehr statt weniger, darum du Mich jetzt erkannt hast und weißt nun, dass da Ich allein der liebevollste Vater bin!

22. Darum also sei darob keines Unterschiedes zwischen uns, sondern in der Liebe wollen wir eins sein ewig!

23. Und also ersteht auch ihr von eurer alten Torheit, und folgt Mir! Amen."

24. Darauf richteten sich die zehn alsbald wieder auf, nahmen ihre Körbe und folgten Ihm auf die Höhe und schämten sich ihrer groben Torheit und baten darob den Abedam um Vergebung ihrer so großen Torheit.

25. Die Pura aber schmiegte sich nun umso liebender an die heiligste Brust des nun erkannten überguten Vaters.

Kapitel 121

Abedams Rede über Hindernisse und Beschränktheiten als Bedingungen des Daseins und Lebens

Am 18. Juli 1842

1. Als sie sogestaltet auf der Höhe anlangten, allda segnete der hohe Abedam die gefüllten Körbe. Sieben Körbe ließ Er sodann sogleich verteilen an alles Volk; drei aber behielt Er für die Höhe, und zwar den ersten für Sich und Seine nächsten schon bekannten Freunde, wie nun auch für die Pura, und zog auch den Seth zu Seinem Korb, den zweiten gab Er dem Adam, dessen Kindern und behieß auch die zwölf schon bekannten Boten teilnehmen am selben, und den dritten übergab Er allen den schon bekannten Kindern des Morgens.

2. Nachdem somit alles ordentlich verteilt war, dankten alle dem hohen Geber für solche herrlichen Gaben, ließen sich zu den Körben nieder und aßen und tranken; und als da alles vollauf gesättigt ward und alle auch dem Herrn ihren Dank dargebracht hatten in ihren Herzen, da sagte der hohe Abedam zu allen den Anwesenden:

3. „Kinder, wer da aus euch müde ist, der pflege der Ruhe; wer aber mit Mir wachen kann und will, der tue das! Der etwas noch wissen will, der frage, ob männlich oder weiblich, es soll ihm Antwort werden!"

4. Nach diesen Worten drängte sich alles um den Abedam her und nur eine Stimme war zu hören, und diese lautete:

5. „O Vater, wer könnte da wohl schlafen, solange Du wachst und Deinem heiligsten Munde entströmen Worte des ewigen Lebens? Daher erlaube uns nur allen, wach zu verbleiben, und führe uns nicht in die Versuchung des Schlafes! Dein heiliger Wille! Amen."

6. Und der Abedam erwiderte darauf: „Also wachet denn in Meinem Namen! Amen."

7. Die Pura aber, die nun noch fest beim Abedam saß und ruhte, fragte Ihn liebfurchtsam: „O Jehova, dürfte auch ich Dich um etwas fragen und bitten, dass Du mir und somit auch allen darüber möchtest alergnädigst einen Aufschluss geben, worüber ich Dich fragen möchte?"

8. Und der Abedam sagte darauf zu ihr: „Siehe, du Meine auserwählte Pura, es besteht schon eine alte Regel, sogar in der Tiefe noch heutigentags gang und gäbe, die da spricht: ‚Dem König und dem Fremden gebührt der Vorzug!'

9. Du bist nun auch noch eine Fremde allhier; so geziemt es auch dir, dass du

zuerst fragst, darüber du die lichte Antwort haben möchtest, und so frage denn nur darauf los, und Ich will dir nun alles enthüllen mit kurzen Worten, worüber du Licht haben möchtest! Amen."

10. Und sogleich war die Pura mit folgender Frage fertig, welche also lautete: „Jehova, Du überheiliger Schöpfer aller sichtbaren und unsichtbaren Dinge, Du weißt es ja, wie arg es sicher wider Deinen allerheiligsten Willen dort unten zugeht!

11. Du bist ja jetzt auch noch gerade also allmächtig, wie Du es damals warst, als Du hast Himmel und Erde werden lassen; wäre es denn Dir nicht möglich, die Tiefe augenblicklich zu bessern und vollkommen Deinem Willen gemäß umzugestalten? Denn in der Tiefe weiß man von Dir ja soviel wie nichts und will anderseits auch nichts mehr wissen, wie es Dir ganz sicher gar wohl bekannt sein wird! O Jehova, wäre solches denn nicht tunlich?"

12. Und der Abedam sagte darauf zur Pura: „Höre du, Meine erwählte Pura, die Frage hast nicht du erfunden, sondern sie ist der ganzen sich selbst bewussten Unendlichkeit eigen!

13. Ich sage dir aber auch, nur dir und den anwesenden Kindern, Freunden und Brüdern will Ich darüber etwas näher Bestimmtes kundgeben, sonst aber wohl der ganzen Unendlichkeit nicht – und wenn sie Mich darum fragte eine Ewigkeit um die andere!

14. Und so höre denn du, und hört ihr alle: Hindernisse sind der Grund alles Seins und Fortbestehens! So ein Ding da ist, so ist es nur da durch seine ihm eigentümliche Beschränktheit, welche da ist für dasselbe ein offenbares Hindernis.

15. Siehe an die Sonne! Wäre sie nicht beschränkt durch Meinen Willen also, und

wäre ihr dieser nicht zum bleibenden, ewigen Hindernis, wahrlich, es stünde nicht eine Sonne am Himmel und also auch keine Erde im großen All!

16. Siehe an einen Stein, wie beschränkt er ist von allen Seiten, und wie viele Hindernisse er in sich fasst; ja, je beschränkter und je hindernisreicher er ist, desto beständiger, solider, gediegener und edler ist er auch!

17. Also wächst auch alles Gras, alle Kräuter und Bäume nach dem Gesetz der Beschränktheit und zufolge der vielfachen, inneren Hindernisse, welche da sind ein beständiges Kämpfen aller seiner Teile gegenseitig.

18. Also sind die Hindernisse und die Beschränktheiten das eigentliche Wesen der Dinge selbst, ohne welche sie alsogleich zu sein aufhören würden, und die ganze unendliche Schöpfung ist demnach aus lauter Hindernissen und Beschränktheiten zusammengesetzt.

19. Nur Ich allein bin – und muss es sein – vollkommen frei und unbeschränkt, damit durch Mich alles sein gerechtes Hindernis und die volle Beschränktheit erhält zu seinem Dasein.

20. Wie es sich aber verhält mit den Dingen, also muss es sich auch verhalten mit allem dem, was da ist des Geistes.

21. Fände der lebendige Geist nichts, daran er sich stoßen möchte, so hätte er auch kein Bewusstsein und somit auch kein Leben.

22. Da Ich aber zulasse, dass da sind für den Geist selbst eine Menge Gegensätze überall und allzeit, gute und schlechte, – die schlechten für die guten und die guten für die schlechten, – so stoßen sich die Geister gegenseitig an einander und erwecken sich gegenseitig zum Leben.

23. Die Guten werden dadurch stets lebendiger, und die Schlechten werden endlich durch die Guten auch geweckt und nehmen dann eine andere Richtung und gehen über ins wahre Leben und werden dann stets freier von einem Hindernis, darum sie übergehen in das andere des wahren Lebens.

24. Siehe, du Meine erwählte Pura, also beginnt Meine Ordnung und hat nimmerdar ein Ende; daher kümmere dich nicht mehr der Tiefe, sondern glaube es Mir, dass Ich das alles schon von Ewigkeiten her vorgesehen habe, und dass alles, was da ist und geschieht, nach Meinem ewigen Rat geschieht!

25. Die Tiefe wird umgeändert werden, je nachdem die Höhe sich umändern wird; am Ende aber wird es dennoch geschehen, dass da sein wird ein Hirt und eine Herde!

26. In der Liebe aber ist alle diese Ordnung; daher sei ruhig, denn Ich weiß es am besten, was da ist, und warum es also geschieht!

27. Der Reine aber wird das alles in der Reinheit erschauen! Amen."

Kapitel 122

Puras flammende Liebeserklärung an Gott

Am 19. Juli 1842

1. Als die Pura nun solche Worte vernommen hatte, hob sie ihre zarten Hände übers Haupt, faltete sie da durch die ineinandergeklammerten Finger und sagte endlich ganz entzückt:

2. „O Du ewige, unendliche Liebe und Weisheit, welch ein endlos tiefer Sinn liegt doch in jeglichem dieser Worte!

3. O Du heiliges Leben alles Lebens, Du endlos heiliger Urgrund alles Seins, wer kann fassen Deiner Weisheit Tiefe und wer erforschen den Rat Deiner Liebe?!

4. O mein Gott, mein Gott, wie groß und erhaben bist Du doch!

5. Jehova! Du, der Sich vom schwachen Menschen sogar ,Vater' nennen lässt, ja – nicht nur nennen, sondern will, dass Er im Herzen eines jeden Menschen im vollsten kindlichen Liebeernst als solcher treulichst und wahrhaftigst bekannt werde, – wie soll ich, ein allerpurstes Nichts vor Dir, Dich denn nun loben und preisen, wie Dir danken für diese Deine übergroße Erbarmung und Gnade?

6. Denn einen solchen Trost hast Du jetzt in mein Herz gleich einem übergroßen Lichtstrom gegossen, dass ich mir nun so vor lauter überhimmlischer Entzückung nicht zu helfen weiß!

7. O ihr größeren Freunde dieses überheilig guten Vaters, helft doch, helft mir Schwachen tragen die übergroße Wonnebürde, und lobt mit einer Stimme Den, der da hier unter uns weilt, so heilig, so gut und so liebevollst gnädig und barmherzig!

8. O Du mein Jehova, welche Seligkeit ist es, bei Dir zu sein; welche lebendige Nahrung fürs schwache, liebhungrige Herz, so es gesättigt wird von Deiner unendlichen Vatermilde!

9. O lasse Dich lieben von mir, lasse mich sterben vor Liebe zu Dir!

10. O wie süß müsste der Tod sein, Dir zu sterben aus Liebe!

11. Jehova, Gott, Vater! Bis jetzt habe ich mein Herz zurückgehalten vor zu großer heiliger Scheu vor Dir; allein nun vermag ich's nicht mehr!

12. So lasse Dich denn von mir umfassen und Dich also stark lieben, dass mich

das Feuer meiner Liebe zu Dir auflösen und verzehren soll wie einen dürren Strohhalm! Denn siehe, nun ist alle Scheu von mir entwichen, auch habe ich keine Angst und Furcht mehr vor Dir; denn ich will ja sterben aus Liebe zu Dir! O Du, mein unaussprechlich liebesüßester Jehova!"

13. Hier warf sie ihre Hände mit großer Hast um den Abedam, presste Ihn förmlich an ihr ganzes Wesen mit aller ihrer Kraft und machte mit einer Hand oft eine Bewegung an die Seite ihres Herzens, als wollte sie sich's aus dem Leibe reißen und dann hindrücken an die Brust des Allerhöchsten.

14. In solcher Liebe aber wurde auch bald ihr ganzes Wesen also lieblich leuchtend wie da der Sonne Licht, wenn es gesänftet ein allerherrlichstes Rosenblättchen durchleuchtet.

15. Da aber die Väter und alle anderen solches merkten, fingen sie an, sich auf ihre Brust zu schlagen, und der Henoch sagte seufzend: „O Du heiliger Vater! Wir sind Kinder der Höhe, diese aber ein Säugling des Schlammes der Tiefe; doch welch ein Unterschied ist da zwischen ihr und uns!

16. Sie allein liebt Dich mehr denn die ganze Höhe zusammengenommen und versteht in ihrem Herzen Dich auch schon klarer denn wir alle, die wir doch von unserer Kindheit an geforscht und gehandelt haben in Deiner Liebe und Gnade!

17. O seht, seht, ihr Väter alle, welch eine überhimmlische Schönheit, welch eine Glorie strahlt aus diesem Kind der Tiefe!

18. O Adam, o Seth, o ihr alle, Väter, Brüder und Kinder, wo ist das Auge, das da je geschaut hatte etwas Schöneres, etwas Erhabeneres, etwas unnennbar Entzückenderes als da ist dies kaum zwanzig Sommer zählende Mägdlein aus der Tiefe in der Kraft ihrer für uns alle überunbegreiflichst mächtigen Liebe!

19. Welch eine überhimmlische Anmut und allererhabenste Schönheit strahlt aus allen ihren Formen, welche Milde, welche Sanftheit in allen ihren Gliedern! Wie endlos zart in allen ihren Teilen – und dennoch – welche Macht der Liebe in ihrer mehr denn ätherisch zartesten Brust!

20. Ja, ja wahrlich, die ist uns gesetzt zu einem großen Lehrer; denn jetzt erst ist uns allen ein Maßstab der Liebe gegeben, nach dem wir die hinfällige Schwäche unseres Herzens gar wohl bemessen können!

21. O Jehova Abedam, Du allein sei ewig, ewig, ewig hochgepriesen, gelobt und geliebt, darum Du uns allen aus der Tiefe ein Kind gesetzt hast zum heiligen Maßstab Deiner Liebe!

22. O Vater, Du heiliger Vater, wie unendlich gut und voll Liebe und Erbarmung bist Du!"

23. Hier verstummte auch der Henoch. Und der Abedam sagte darauf zu ihm: „Henoch, glaube es, dass es also ist und sein wird ewig: Ein Kind der Welt und der Sünde soll neunundneunzig Gerechte von der Geburt aus überwiegen, wenn es Mich also ergreifen wird wie dieses Mägdlein hier!

24. Du, Mein Kindlein, aber sollst fürder nimmerdar weichen von Meiner Brust; du allein wirst Mich allzeit durch dein ganzes Erdenleben schauen und haben wie jetzt!

25. Du sollst keines Mannes Weib werden eher, als bis in der Zeit der Zeiten, da du erfüllt wirst mit aller Fülle der Macht der Liebe Meines unendlichen Geistes! Amen."

Kapitel 123

Über die Menschwerdung Gottes. Maria als Pura dem Geiste nach

Am 20. Juli 1842

1. Nach diesen Worten aber wandte Sich der hohe Abedam zum Seth und sagte zu ihm: „Bruder der Liebe, du weißt es, wie lieb und teuer du Mir bist; darum sollst du auch durchaus kein Bedenken tragen, dich mit der Frage an Mich zu richten, welche du birgst in deinem Herzen!

2. Denn wenn Ich der Welt Kinder aufnehme zu Meinen Kindern und ihnen tue, das sie von Mir sich entbitten, um wie viel mehr werde Ich solches dir dann erst tun, da du ein wahrer Bruder Meiner Liebe bist; daher lasse nur laut werden, das da dein Herz nicht ruhen lässt!"

3. Auf diese gnädigste Beheißung rückte der Seth alsbald näher und sagte: „O Du überguter, überheiliger Vater, aus allen meinen Kräften danke ich Dir, darum Du nun Luft gemacht hast meinem Herzen; denn wahrlich, ich war in einem großen Herumirren und wusste nicht, wie ich aus diesem Dickicht hätte den Ausweg finden sollen!

4. Allein jetzt ist schon alles gelichtet, und ein allerherrlichster Ausweg strahlst Du vor mir!

5. Und so denn öffne ich freudig mein Herz und gebe kund durch den Mund in dieser Stunde, was ich nahe seit Deiner ersten Besprechung mit der herrlichsten Pura in mir mich drückend habe herumzutragen angefangen!

6. Das aber ist die dunkle Bürde meines Herzens: Du hast diesem Kind eine Verheißung gemacht, der zufolge ich mir nichts anderes denken kann, trotz der allermöglichsten Hin- und Herwendung, als:

7. Dass Du Dich dereinst, Deiner unendlichen Heiligkeit gewisserart entziehend, durch die Allmacht Deiner Liebe in dem Leib eben dieses Mägdleins Selbst zu einem Kind – und somit zu einem Menschen, angetan mit Fleisch und Blut, zeugen willst!

8. Darum aber trübt mich das, da ich auf der einen Seite Deinen heiligsten Worten keinen anderen Sinn abgewinnen kann, – auf der anderen Seite aber erschaudere ich wieder vor dem Gedanken, da ich keine größere Unmöglichkeit mir zu denken vermag, denn gerade diese da ist!

9. Denn es ist – natürlich zu denken – ja doch eine barste Torheit, so man sich's als möglich dächte, eine Zeder zu stecken in einen Strohhalm, oder einen Berg zu schieben in das Ei einer Grasmücke, oder gar das ganze Meer zu fassen in eine hohle Haselnussschale, und dergleichen mehr!

10. Deinen Worten zufolge aber soll dereinst Dich, den unendlichen Gott, dies Mägdlein in sich aufnehmen, damit Du Dich in ihr dann umkleiden möchtest mit Fleisch und Blut!

11. Du, der Du trägst und leitest die ganze Unendlichkeit durch Deinen unendlichsten Geist, sollst mit diesem Geist Platz haben im Leib eines solchen Kindes?!

12. Nein, nein, wahrlich, es ist nur eine Faselei; ich will eher begreifen, so mir jemand sagen möchte: ,Ein Atom kann in sich die ganze Erde fassen!', denn das, dass Dich der Leib eines solchen Mägdleins umfassen solle in aller Fülle Deines unendlichen Geistes!

13. Wie demnach solches zu nehmen ist, bitte ich Dich inbrünstigst, dass Du mir

es wie allen kundgeben möchtest; Dein heiliger Wille allzeit und ewig! Amen."

14. Da ergriff der hohe Abedam alsbald die Hand des Seth und gab ihm diese Antwort:

15. „Seth, wie großkleinlich denkst du doch von Mir! Siehe, wenn es also wäre, wie du dir denkst, wie wäre es da Meinem unendlichen Geist je möglich gewesen, etwas Endliches zu erschaffen – und dennoch in dem Endlichen zu verbergen die ganze Unendlichkeit?!

16. Erinnere dich der Gesichte der zwölf Boten, und bedenke, was diese alles in sich gefunden und geschaut haben!

17. Bedenke, wie in einem kleinsten Samenkorn einer Zeder nicht nur der Baum, den du vor dir ausgebreitet siehst, sondern eine unendliche Zahl solcher Bäume verborgen liegt, – in einer Haselnuss so viele Haselnüsse, dass, so sie nicht wieder aufgelöst würden, sie in zweitausend Jahren schon einen größeren Raum erfordern würden denn die ganze Erde selbst!

18. Siehe, wenn Mir aber solches möglich ist und noch zahllos anderes mehr, das dir noch ums Unaussprechliche unbegreiflicher wäre denn das, so du es wüsstest, da wird Mir wohl auch möglich, das dir nun gar so unmöglich vorkommt!

19. Solches aber sollst du, wie alle, wissen, dass da unter der Verheißung nicht verstanden werden soll, als solle dereinst eben dieses Mädchen wieder zur Erde kommen aus den Himmeln, um Mich da zu empfangen im Fleische und Blute, sondern dazu wird sich schon gar wohl eine andere Jungfrau vorfinden; aber diese wird dann haben denselben gleichen Geist der Liebe und des Glaubens, wie ihn da hat dies Mägdlein nun!

20. Und so wird dies Mägdlein nicht nötig haben, wieder in die Welt zu gehen, sondern eine andere Jungfrau wird darum mit einem ganz gleichen Geist belebt werden.

21. Solches sollst du und alle also verstehen!

22. Denn siehe, bei Mir sind gar viele Dinge möglich, die bei euch Menschen sogar unmöglich zu denken sind!

23. Daher glaube fest Meinen Worten; denn wie Ich es dir sage, also auch wird es geschehen unausweichlich! Amen."

Kapitel 124

Abedams Lehre über das Gotteslob und das beständig wiederkäuende Ungeheuer der Natur

Am 23. Juli 1842

1. Da der Seth solches vernommen hatte, ward er froh über die Maßen und dankte, lobte und pries den hohen Abedam aus allen seinen Kräften.

2. Der Abedam aber sagte zu ihm: „Seth, du lieber Bruder der Liebe Meines Herzens, Ich sehe nur auf dein Herz, – und das genügt Mir vollends; des kannst du versichert und überfroh sein!

3. Doch was dein nun auch lautes Wortlob betrifft, so magst du mit ihm wohl daheim verbleiben; denn du kannst es Mir glauben, so Ich es dir sage: Mir ist das Lob des Herzens verständiger als das des Mundes.

4. Wenn aber das Herz betet, da soll sich der Mund nicht dareinmischen, damit durch ihn nicht getrübt wird, das einer reinen Quelle gleich kommt aus dem Herzen!

5. Das Lob des Mundes ertönt vor der Welt, aber das Lob des Herzens dringt zu den Ohren Meines Herzens.

6. Daher kannst du für jetzt deinem Mund die leere Arbeit füglich ersparen; denn Ich höre ja jeden Laut deines Herzens.

7. Wer den Mund braucht, der brauche ihn immerhin vor der Welt und vor seinen Brüdern; vor Mir aber brauche niemand etwas anderes denn nur einzig und allein das Herz! Amen."

8. Nach dem aber wandte Er Sich zum Henoch und sagte zu ihm, ihn gleichsam fragend: „Henoch! Weißt du schon alles, und findest du in dir denn nichts mehr, darüber du einen Aufschluss von Mir benötigtest?

9. Ich sehe aber dein Herz etwas für dich noch Unverdauliches wiederkäuen; was ist es denn, warum getraust du es Mir nicht der Brüder wegen kundzugeben durch den Mund?

10. Ich sage dir aber, behalte nichts in dir zurück, sondern gebe heraus, gebe zurück, was da noch nicht reif ist zur Speise für deinen Geist, und Ich will es am großen Feuerherd Meiner Vaterliebe vollends reif kochen zur überaus stärkenden Nahrung für deinen wie für jeden anderen hungernden Geist. Amen."

11. Hier rückte auch der Henoch näher und sagte ganz gerührt: „O Du überguter, überheiliger, liebevollster Vater! Wahr ist es, mein Geist sucht in sich Licht über die von Dir ausgesprochenen Hindernisse, betrachtend das beständig wiederkäuende Ungeheuer der Natur; aber ich kann da nirgends ins Klare kommen.

12. Denn obschon ich nun ganz deutlich erschaue, dass da alles sein Dasein lediglich nur durch lauter Hindernisse und Beschränktheiten durch sie fristet, so sehe ich aber dennoch nicht ein, warum da des Daseins willen sich nahe alles tödlich begegnen muss.

13. Warum das beständige sich Reiben, Zerstören und Zugrunderichten?

14. Wird dadurch auch etwas anderes hervorgebracht, so muss es dennoch wieder zerstört werden für die Nachfolge seinesgleichen.

15. Siehe, da ist die Lücke in meinem Herzen, und diese ist noch vollends ohne Licht!

16. O Vater, erleuchte sie mit Deiner Gnade, Liebe und Erbarmung; Dein heiliger Wille! Amen."

17. Und der hohe Abedam öffnete den Mund und sagte zum Henoch: „Ja, du sagst es, also ist es, da alles vorübergeht, da alles mit der Sturmwindschnelle vorüberweht, nur selten etwas die Vollkraft seines Daseins ausdauert, sondern allzumeist, in den verderblichen Strom fortgerissen, da untertaucht, an den Felsen zerschmettert und endlich vom großen Strudel in den bodenlosen Abgrund der Vernichtung verschlungen wird!

18. Du sagst ferner in dir: ‚Da ist kein Augenblick, der dich selbst nicht beständig verzehrte und all das Deinige um dich herum, – kein Augenblick, in dem du selbst kein Zerstörer wärest, ja es offenbar sein müsstest!

19. Der harmloseste, unschuldigste, frohwandelnde Fußtritt kostet vielleicht schon mehr denn tausend armen Würmchen das Leben!

20. Wie oft schon hat meine Ferse eine mühsam errichtete Wohnung der Ameisen zerrüttet und stampfte somit eine kleine Welt in ein schmähliches Grab!

21. Wie oft schon sind die schönsten Früchte, die da prangten wie ein Lichtbogen am Himmel, im Licht der Sonne hängend am majestätischen Baum, von meinen Zähnen zermalmt worden! Wie viele der herrlichsten Blümchen sind schon von meinen Füßen zertreten worden, – sie kommen wieder! Auch andere Ameisen bauen sich ein anderes mühsames Haus, – doch dieselben nimmer, nimmer, denen mein Tritt ein ewiges Grab bereitet hatte! Wohin, wohin sind denn diese?!

22. Ein sanfter Wind zieht durch die Blätter des Baumes. Sie regen sich, als wären sie munter und fröhlich; aber mitten unter dieser Freude entfallen hunderte den Zweigen!

23. Wohin, wohin? frage ich. Keine Antwort wird mir mehr von den Entfallenen; denn schon hat sie ein Strudel der Vernichtung verschlungen!'

24. Weiter sagst du dann: ‚Nicht doch diese große Not der Dinge, nicht die Felsen untergrabenden Fluten, nicht die großen Erdbeben, durch welche Berge zu Staub zerrüttelt werden, rühren mich, sondern mein eigenes Herz untergräbt mich mit einer alles verzehrenden Macht, die da überall verborgen ist im All der Dinge und nichts ins Dasein ruft, das da nicht wieder zerstören möchte seine Nachbarschaft oder sich selbst!'

25. Und bei solchen Gedanken taumelst du dann beängstigt, und Himmel und Erde um dich her, und rufst dann aus deiner Angst heraus:

26. ‚Ich mag schauen, wie ich will, nirgends erblicke ich nun etwas anderes als ein sich und alles Verschlingendes, und dann ein und dasselbe ewig wiederkäuendes Ungeheuer in der Natur der Dinge!'

27. Es ist wahr, Ich kann dir darum nicht sagen: ‚Henoch, du tust Mir unrecht mit deinen Gedanken!', denn es ist also fürs Auge und also für den Verstand; aber siehe, fürs Herz ist es anders!

28. Was sind die Dinge? Sie sind Ruhepunkte Meiner großen Gedanken! Mein eigener lebendiger Wille ist es, der ihnen hinderlich in den Weg tritt; durch dieses Hindernis treten sie erst ins erscheinliche Dasein.

29. So aber dann Meine Liebe sich paart mit Meinem Willen, so heißt es: ‚O setze nicht Schranken dem großen Flug Deiner freiesten Gedanken, sondern lasse sie wieder frei schweben in den großen Kreisen Deines ewigen Lebens im vollkommenen Bewusstsein ihrer lebendigen Kraft aus Mir!'

30. Siehe, dann lasse Ich Meinen Gedanken wieder die Freischwebe, nachdem Ich das Hindernis Meines Willens lindere, und du siehst dann die Dinge vergehen, aber nicht treten aus dem Dasein, sondern nur zurückkehren ins Grundsein, ins wahre Sein, ins freie, unzerstörbare Sein.

31. Ich lasse dann aus vielen kleinen Gedanken wieder einen großen werden, einen lebendigen, einen freien, der dann Mir Selbst gleichen muss, darum er wieder wird, wie er war ursprünglichst in und aus Mir.

32. Daher kümmere dich fürder nicht der äußeren Vergänglichkeit, sondern denke: Alles, was da tritt aus dem Dasein, kehrt allzeit in ein vollkommeneres Dasein wieder zurück, hinauf bis zum Menschen und von da wieder zu Mir Selbst zurück.

33. Und so wird ewig nichts verlorengehen, auch deine leisesten Gedanken nicht!

34. Solches also begreift alle wohl, und seid in Mir allzeit heiteren Mutes! Amen."

Kapitel 125

Henochs Rede über Freude und Dankbarkeit im Angesicht Gottes

`Am 26. Juli 1842`

1. Nach diesen Worten Abedams richtete sich der Henoch alsbald auf und rief mit lauter Stimme: „Hört, hört, ihr Toten alle, alle, die ihr noch irgend steckt in den Klüften, Abgründen und Tiefen der Erde, – ja, der ganzen Schöpfung Tote, kommt hierher!

2. Und ihr alle, in deren Adern nur mehr ein schwaches, laues Leben kreist, – ihr auch, die ihr da seid schwer beladen und sehr mühselig geworden unter so manchem Druck eures matten Lebens schwerer Bürde, – hierher, hierher mit euch allen! Hier werdet ihr des allerhöchsten Lebens in der allerunendlichsten Überfülle antreffen!

3. O Worte, Worte! Was sind, was waren das für Worte?!

4. O Abedam, Du überheiliger Gott und Vater! Jetzt hast Du auch dem Mittelpunkt der Erde und den Bergen, dem Meer und allem, was da nur irgend leblos dastand, ein nimmer erlöschbares Leben gegeben!

5. Was kann, was sollte da noch im Tode verweilen können, wo das urewigste, heiligste Leben alles Lebens solche Worte eben dieses Lebens ausspricht?!

6. Vater, Du überheiliger Vater, Dir allein sei ewig aller Dank, alle Ehre, alle Anbetung, alles Lob, alle Liebe, aller Preis, aller Ruhm und von der ganzen Unendlichkeit ein allerpünktlichster Gehorsam in aller Treue der Liebe; denn Du ganz allein bist ja nur ewig würdig, solches alles von uns zu empfangen, wie von der ganzen Unendlichkeit!

7. O wie doch gar so lebendig helle ist's nun geworden in allen Teilen meines Herzens und wie ätherisch leicht und wohl in allen meinen Eingeweiden!

8. O du Leben des Lebens, wie süß bist du, welche Seligkeit ist es, dich zu empfinden in der Fülle aller deiner Macht und Kraft!

9. O Brüder, o Väter, o Kinder! Die Wonne des Lebens ist groß, so der Heilige in uns lebt ein freies Leben; wer aber da möchte leben ein eigenes Leben, das da finster ist in allen Fasern und Fibern, dem ist es eine große, unerträgliche Bürde.

10. Daher lebe ein jeder ein vollkommen liebegerechtes Leben, damit er schmecke die endlose Fülle des wahren Lebens aus Gott.

11. Denn Größeres gibt es nicht als das Leben – und nichts, das da wunderbarer wäre und göttlich erhabener denn allein das Leben.

12. Daher freuen wir uns alle allerdankbarst des Lebens, wir, die wir nicht waren und jetzt doch da sind im Angesichte Dessen, der ewig war, jetzt da ist und ewig sein wird, und uns hat werden lassen, und hat uns nun gegeben das wahre Leben, ja das Leben, welches Er Selbst gelebt hatte von Ewigkeit zu Ewigkeit in und aus Sich in Seiner göttlichen Heiligkeit und endlosen Fülle und Vollkommenheit!

13. Darum freut euch dieses Lebens, das Er uns allen nun gegeben hatte!

14. Wozu wäre die Sonne, wenn es außer Ihm kein Leben mehr gäbe, das sie zu schauen, zu empfinden und die herrlichen Ausflüsse ihrer Strahlen zu genießen vermöchte?!

15. Wozu wäre die Erde mit allem dem, was da ist auf ihr und in ihr; zu was der ganze Himmel mit seinen lichten

Sternenwelten; ja zu was die Unendlichkeit selbst, so es da außer Ihm kein Leben mehr gäbe, das da erkennen möchte Den, der es frei dargestellt hatte aus Sich, und genießen alles, was Er erschaffen für dasselbe?!

16. Daher freue dich, du ganze Unendlichkeit des Lebens, wie ich mich nun freue desselben; denn von Ihm, von Ihm haben wir es ja alle empfangen, nicht als eine Bürde, sondern als eine wunderbare Seligkeit aller Seligkeit! Denn was wären alle Seligkeiten ohne diese; wer möchte sich sättigen an ihnen ohne diese?!

17. Diese allerhöchste aber hat Er uns gegeben; daher sei unsere große Freude am Leben Ihm, dem Geber, als ein allergültigster Dank dargebracht jetzt, wie allzeit und ewig! Amen."

Kapitel 126

Abedams Weckruf an den trägen Enos.
Der Sinn des menschlichen Lebens

Am 27. Juli 1842

1. Nach dieser Dank- und Preisrede Henochs aber berief der hohe Abedam den Enos zu Sich und sagte zu ihm: „Enos, so du Meines lieben Henoch Preisworte vernommen hast, die da vollkommen gut und wahr sind von der ersten Silbe bis zur letzten, sage Mir, haben diese in dir denn kein höheres Lebensbedürfnis geweckt denn das nur, dass du schweigst in einem fort wie ein Gebirgsscheitelstein im ruhigen Licht des Mondes?

2. Siehe, da gibt es nahe keinen, der da in seines Lebens Sphäre also unbekümmerlich fortlebte gleich dir und fände in dieser Meiner sichtbaren Gegenwart nichts, darüber ihm ein höheres Licht nötig wäre!

3. Ich sage dir aber nun: Siehe, jetzt gründe Ich Mir eine Wohnung auf der Erde; aus Steinen und Mörtel soll sie errichtet sein auf der Höhe für alle Zeiten der Zeiten.

4. Wer da jetzt empfängt ein Amt, dem wird es bleiben fürder hier und dort; der aber nun so ganz unbekümmert daneben einhergeht, da das Leben weht, vor dem auch wird das Leben vorüberwehen, und dann wird's matt um seine Lebensgeister stehen!

5. Darum erheb dich jetzt und frage
aus dieser deiner lauen Lage,
damit auch dir die Antwort werde,
die not dir tut auf dieser Erde!

Doch nimm dies Wort nicht also auf,
als zwäng' es dich zum Lebenslauf;
in deinem Herzen musst du's finden,
und Mir's dann frei und treu verkünden!

Willst aber lieber stumm du bleiben,
dir mit dem Schlaf die Zeit vertreiben,
so tue, wie's dir mag behagen
und brauchst um nichts Mich dann befragen!"

6. Auf diese etwas sonderbare Aufforderung fing der Enos an, gewaltig zu stutzen, und wusste nicht, was er sobald darauf sagen sollte.

7. Er trat zwar wohl alsbald dem Abedam näher, aber je mehr er sich abmühte, desto mehr auch wurde er in sich verwirrter und konnte darum keinen Gegenstand finden, darüber er eine würdige Frage hätte aufstellen können.

8. Da er aber eine Weile also stumm dastand und nichts über seine Lippen zu bringen vermochte, da erhob Sich alsbald der hohe Abedam wieder, ging zum Enos hin und fragte ihn:

9. „Enos, siehst denn du wirklich den Wald vor lauter Bäumen nicht? Soll Ich dir denn eine Frage in das Herz und endlich sogar in den Mund schieben?

10. Höre, Ich will es tun – und sage dir: Frage Mich, warum du nun da bist, – und Ich will dir gehörig antworten! Amen."

11. Hier erst fasste sich der Enos und fragte, im vollen Ernst dann sagend: „O Du Allerhöchster, welch eine bessere Frage hätte ich armseliger Mensch auch je finden sollen und können, als gerade diese da ist, welche Du mir soeben kundgabst; und so frage ich Dich denn auch Deinem Willen gemäß, nämlich: Warum bin ich denn da?

12. O Du Allerhöchster, Du heiliger Vater, wenn es Dein allerheiligster Wille wäre, könntest Du mir solches ja wohl kundgeben!"

13. Und der Abedam sagte darauf zu ihm: „Ja, wahrlich wahr, eine wichtigere Frage hättest du nimmerdar ausfindig machen können! Denn also, wie du jetzt gefragt hast, werden einst Millionen blindester Menschen fragen; aber da wird's mit der Antwort eine große Not haben, die da die deinige bei der Auffindung einer passenden Frage ums Himmelhohe übertreffen wird!

14. Denn sie alle werden fragen kreuz und quer: ‚Warum sind wir denn da? Was soll aus uns werden? Wohin sollen wir gehen, was machen, warum? Wer und was sind wir denn?' und dergleichen mehreres.

15. Aber es wird ihnen sodann keine Antwort werden wie dir jetzt! Die Antwort aber, die du jetzt empfängst von Mir, wird alsbald auf eine gar lange Zeit verlorengehen.

16. Erst zum Ende der argen Herrschaft der Welt will Ich sie wieder kundgeben der Armut und Dürftigkeit, der Einfalt und der Unmündigkeit der harmlosen Kinder!

17. Also aber lautet ganz kurz die Antwort: Der Mensch ist da des Lebens wegen, nicht aber etwa das Leben seinetwegen.

18. Also ist der Mensch auch von Mir erschaffen worden, auf dass er aufnehme das Leben, aber nicht, auf dass ihn das Leben aufnehmen solle!

19. Er ist nicht erschaffen worden in der Fülle des Lebens, sondern fähig nur, um diese nach und nach in sich aufzunehmen.

20. Darum kann auch kein Mensch eher vollkommen wissen, was das Leben ist, als bis er dasselbe erst ganz vollkommen in sich aufgenommen hat.

21. Niemand kann daher dem anderen das Leben durch alle Redekünste erweisen; wer aber das Leben hat, bei dem erweist es sich von selbst in aller Fülle, darum er dann ewig keines anderen Beweises bedarf, dieweil er in sich trägt die Fülle des Lebens selbst, welche da ist fürs Leben der allein fassliche und gültige Beweis.

22. So aber da jemand das Leben nicht hat, womit soll er dann fassen das Leben?

23. Also kann das Leben nur das Leben fassen, nicht aber auch der Tote! Dieser kann wohl durch seine notbelebte Seele nach und nach ins Leben übergehen, so er will in seiner Seele; fassen aber wird er das Leben doch nicht eher, als bis er es in der Fülle aufgenommen hat in sich.

24. Siehe nun, darum auch bist du da! Nehme in dir auf das Leben, dessen wegen du da bist, so wirst du das Leben begreifen, wie es nun begreift der Henoch und ist darum erfüllt sein ganzes Wesen mit großer Freudigkeit!

25. Gehe aber nun hin, öffne dein Herz, damit du des Lebens gewärtig wirst; dann aber komme wieder, um zu erfassen die Fülle des Lebens aus Mir! Amen."

Kapitel 127

Enos preist das Nichtsein

Am 28. Juli 1842

1. Diese Worte drangen dem Enos und auch so manchen anderen wie glühende Pfeile ins Herz, und er und ein jeder fing an, darüber in sich ganz ernstliche Betrachtungen zu machen.

2. Er ging zwar auf seinen früheren Platz zurück, aber in seinem Herzen fing sich's an ganz gewaltigst zu regen. Tausend Gedanken und Ideen tauchten gleich Feuermeteoren aus der Tiefe seiner Seele auf und durchzuckten gleich Blitzen dieselbe kreuz und quer und brachten in ihm gerade die Wirkung hervor, als wenn sie auf Augenblicke zur Nachtzeit die Gegenden der Erde erleuchten, die da auch durch die kurze Dauer des Blitzlichtes recht deutlich zu sehen sind, – wenn aber der Blitz erloschen ist, so wird aber dann auch sogleich die Nacht zehnfach ärger denn vor dem Blitz.

3. Aber trotz solcher Lichtmeteore wollte sich in ihm doch kein bleibend Licht gestalten, darum dann unser Enos auch auf lauter Widersprüche kam, weil solch kurzes Leuchten bald da und bald wieder dort, also stets eine andere Gegend des Herzens erleuchtete und er dadurch auch stets anderer Ideen in sich selbst ansichtig wurde.

4. Als er aber bei einer guten Stunde lang samt vielen anderen so recht wacker von all den tausend Gedanken und Ideen durchgehetzt wurde, da rief er endlich bei sich aus:

5. „O Ruhe, du herrliche Ruhe, wie glücklich war ich stets in deinen Armen! Wie glücklich muss ich gewesen sein, da ich nicht war, und um wie vieles glücklicher noch würde ich nun erst werden, wenn es möglich wäre, wieder ins vollkommene Nichtsein zu übergehen!

6. Ist der Mensch denn nicht schon glücklicher innerhalb der Wände seines Hauses, wenn es draußen so recht stürmt, tobt und braust, als wenn er sich draußen befindet mitten unter dem Stürmen und Kämpfen der Elemente, – und noch glücklicher dann, so er fest schläft, während draußen die Elemente die Erde zu vernichten drohen?!

7. Welch ein endloser Unterschied ist da nicht zwischen mir und einem Stein!?

8. Ich muss denken oder wenigstens träumen; mir ist die Empfindung unvertilgbar eigen und ihr zufolge Hunger, Durst, Hitze, Kälte, Nacht, Tag, Schmerz und Leid; trete ich nur ein wenig aus der vorgezeichneten Ordnung, so werde ich alsbald zurechtgewiesen, und das allzeit mit mehr oder weniger klingenden Drohworten, durch welche dann allzeit wieder Reue meinem Herzen erpresst wird.

9. Irre ich öfter, so werde ich allzeit dafür gezüchtigt, und das darum, weil ich das unglückselige Leben und mit ihm die Empfindung haben muss; o ihr elenden Vorzüge des Lebens vor dem Tode!

10. Du glücklicher Stein, du bist da fest und stark, bist ohne Leben und Empfindung und bestehst doch gar wohl ohne Speise und Trank!

11. Dich zerhetzen keine Gedanken und Ideen, du kennst kein Gesetz denn allein stumm das der allerglückseligsten ungestörten Ruhe, dir ist ewig fremd Hunger, Durst, Hitze und Kälte, dein aller Empfindung loses Sein verspürt keine Schläge und keinen Schmerz.

12. Leid und Trauer kennst du nicht, du alterst nicht, die Liebe zerreißt dir kein Herz, da du Glücklichster keines hast!

13. O du überaus beneidenswertester Stein, könnte ich sein dir gleich, wahrlich – und hätte ich tausend der vollkommensten Leben in mir –, so gäbe ich sie alle um ein Atom deines allerglücklichsten Wesens, vorausgesetzt, dass du wirklich also leblos und unempfindlich bist, wie du es zu sein scheinst!

14. O großer, erhabener Schöpfer aller Dinge, jetzt hätte ich eine ganz andere Frage; die Beantwortung dieser Frage

dürfte Dich sicher mehr kosten denn die frühere!

15. Die Fülle des Lebens willst Du mir geben, um mich glücklich zu machen!? O des unglücklichsten Glückes!

16. Gebe mir lieber ein vollkommenes Nichtsein, so wirst Du mich wahrhaft glücklich machen!

17. Wie blind muss der sein und wie ein großer Tor, der da mag das stets gehetzte Leben glücklich preisen, welches, je vollkommener es ist, auch stets gehetzter und somit unglücklicher sein muss!

18. Ich werde Dich, Du Leben alles Lebens, daher nicht ums Leben, sondern nur stets um den allervollkommensten Tod bitten!

19. Denn da ich nicht war, war ich glücklich; und wenn ich wieder nicht mehr sein werde, werde ich auch wieder glücklich sein!

20. O Herr, behalte, behalte Deine Lebensfülle, dies größte Unglück für jedes Wesen; mir aber gebe die Fülle des Todes, des Nichtseins Fülle gebe mir, so wirst Du mich wahrhaft glücklich, ja ewig glücklich machen!

21. Zu einem Stein mache mich ohne Leben und Empfindung, so werde ich durch mein stummes Sein Dich loben und preisen dafür ewig! Amen."

Kapitel 128

Des anderen Abedams Beunruhigung über die unsinnige Lamentation des Enos

Am 29. Juli 1842

1. Es hatten aber mehrere vernommen die unsinnige Lamentation des Enos und

wussten nicht, was sie daraus machen sollten.

2. Selbst der Adam fing an, sich überaus hoch zu verwundern über solchen Sinn in seinem Enkel.

3. Abedam, der andere, der sich noch stets in des Herrn Nähe aufhielt, aber trat nun schnell wie erschreckt zu Ihm und fragte:

4. „O Du überheiliger und überliebevollster Vater! Was ist denn das für eine Erscheinung? Nein – fürwahr, – alle Gedanken hätte ich wenigstens – in einem Menschen eher gesucht denn diesen:

5. Ein Mensch könnte das Leben in sich und in allen Brüdern in Deinem Angesichte verdammen und sich dafür von Dir den vollkommen ewigen Tod erbitten!

6. Nein, das wäre sogar für einen Traum zu viel, – und der mag es offenbar aussprechen?!

7. Anstatt Dir endlos ewig dankbar zu sein für das Leben, für dieses unendliche Wundergut Deiner Gnade und Erbarmung, verachtet er es auf eine Art, die bis jetzt nichts Ähnliches aufzuweisen hat!

8. Er ist nicht blind, denn wäre er das, wie hätte er in diesem Zustand die Lebenshetzereien so erschaulich klar darstellen können?

9. Er ist auch kein Tor, denn ein Tor wird wohl nie vermögend sein, die Vorteile des Nichtseins also erschaulich nachteilig allem Leben entgegenzustellen!

10. Er ist auch durchaus nicht böse; denn er flucht niemandem, auch seinem größten Feind, nämlich dem Leben, nicht, – sondern nur los möchte er davon sein, wenn es möglich wäre!

11. Ist sein Herz etwa über etwas ärgerlich gemacht worden?

12. Auch das scheint eben nicht der Fall zu sein; denn er wünscht allen ja das nur, was er für sich als das Beste und Glücklichste erkennt, und nennt nur den blind und töricht, der sich das Leben wünscht, darin er für sich das größte Unglück erschaut!

13. Das begreife nun, wer es will; ich aber würde eher begreifen, so mir jemand sagen würde, die ganze Erde bestehe aus lauter Schnecken und die Sonne aus Leuchtwürmern und faulem Holz, als das, was ehedem der Enos von sich gegeben hatte!

14. Wahrlich wahr, Herr und Vater überheilig! Wenn ich so an Deiner Stelle wäre – vergebe mir meine mir altanklebende Dummheit! –, mit solch einem Menschen wüsste ich ganz rein nichts anzufangen! Denn möchte ich ihn belassen in seinem Verlangen und ihm geben nach seinem Wunsch, sodann ist mir ja meine ganze Liebe, Gnade und Erbarmung rein zu nichts; denn für den, der nicht ist, ist ja doch auch alle Liebe, Gnade und Erbarmung soviel als nichts!

15. Erhalte ich ihn aber, so kann das ja doch unmöglich anders als allein auf dem Weg des Gerichtes geschehen; was ist aber dann ein gerichteter Geist, was sein Leben?

16. Eine notbelebte substantielle Maschine ohne alle Freiheit, mit sich selbst im beständigen Widerspruch, – ein Sein ohne Sein, ein Leben ohne Leben!

17. Wahrlich, wenn hier ein guter Rat nicht teuer wird, so wird er es in alle Ewigkeit nimmer!

18. Wie ist es aber nur möglich, dass der Mensch eines solchen Gedankens fähig wird!

19. Nein, das Leben fürs größte Unglück, den vollkommenen Tod aber fürs größte Glück ansehen, das ist zu viel auf einmal für meine arme Seele!

20. Herr, Vater, Abedam, nur zwei Wörtlein gebe mir zur Beruhigung!

21. Denn so hat mich noch nie etwas gehetzt und gedrückt wie dieses unsinnig sinnige Bekenntnis des Enos; daher helfe mir doch nach Deinem heiligen Willen aus diesem Dickicht heraus!"

22. Und Abedam, der hohe, sagte darauf zum Abedam, dem anderen: „Ich sage dir, lasse die Sache vorderhand nur gut sein; es wird sich schon noch alles machen, und du wirst samt allen anderen schon auch zur rechten Zeit das wahre Licht empfangen!

23. Nur solches muss Ich dir sogleich kundgeben, und das ist: Wenn du so an Meiner Stelle – wenn es möglich wäre – wärest, da sähe es mit solchen Todsüchtigen bei deiner sehr eminenten Weisheit wohl sehr bedenklich und überaus gefährlich aus!

24. Aber Meine Weisheit ist da wieder viel gleichgültiger und nimmt sich die Sache nicht so schwer und genau wie die deinige.

25. Daher werde Ich auch um viel leichteres ein passendes Gegenmittel finden, was da den Enos zurechtbringen wird, denn du.

26. Daher sei du darob nur ganz unbesorgt und ruhig; denn es liegt ja nicht gar so was Großes daran, so der Schläfrige lieber schlafen möchte denn wachen.

27. Hat er sich aber vollends ausgeschlafen und ist erwacht, dann frage ihn, was ihm da lieber ist, der Schlaf oder das heiterste Wachsein!

28. Daher sei du nur ruhig; sollte etwa aber hier Meine Weisheit nicht auslangen, sodann werde Ich schon zu dir kommen, um Mir Rats zu erholen!

29. Bis dahin aber sei, wie gesagt, nur ruhig! Amen."

Kapitel 129

Kenans Lied über das Leben

Am 30. Juli 1842

1. Diese kurze Vertröstung genügte vollkommen, nicht nur den anderen Abedam, sondern auch alle anderen aufgeregten Gemüter wieder zur vorigen Ruhe und Ordnung zu bringen.

2. Nachdem sich somit wieder alles gegeben hatte, berief der hohe Abedam alsbald den Kenan zu Sich und sagte zu ihm:

3. „Kenan, du wohlgeordneter Sänger Meiner Tage, Ich erblicke schon seit längerer Zeit ein gutes Lied in deiner Seele, und sehe, wie es dich drängt, darob du es von dir geben möchtest Mir zum feinen Preise; siehe, jetzt ist die Zeit da, und also gebe es von dir! Amen."

4. Diese Aufforderung war für den Kenan mehr, als so er alsogleich wäre von Mir zum ersten Lichtengel aller Himmel erhoben worden, und so fing er denn auch alsbald an, folgendes in ihm schon lange ruhende Preislied von sich zu geben, welches also lautete:

5. „Heiliger Vater, Du ewige Liebe, Du endloser Gott, Du, ein Herr aller Stärke und Macht und der Kraft, welche endlose Fülle des Lebens in reinster Liebe bist Du!

6. O Du heiliges Leben, Du reinste Wonne der Wesen, der Menschen und Engel, Du bist zu erhaben, zu herrlich, zu

selig, als dass Du mit menschlicher Zunge gepriesen und würdig mit unseren kreischenden Worten gelobt könntest werden!

7. Daher nimm auch dieses mein Loblied so auf, wie es ist gleich dem, der es hier, nichtig vor Dir, Dir zum Lobe und Preise darbringet!

8. Das Leben, das Leben, wie süß ist das Leben, wie wundervollst herrlich für den, der es würdig und dankbarst genießet also, wie es Deine endlose Liebe, o heiliger Vater, ihm treu'st hat gegeben!

9. Welch endlose Freiheit, und welche von jeglichem Zwange und Drucke befreite Fülle in jedem Gedanken und jeder Empfindung und Wendung des Geistes!

10. Wo ist wohl der Ort, ja wo irgendein Punkt im unendlichen Raume, der fremd meinem Geiste soll bleiben, der nicht zu erschauen da wäre und nicht zu begreifen und fassen in all seinen Teilen?!

11. Wo leuchtet die Sonne, wie schimmert aus endlosen Fernen ein leisester Strahl ihres leuchtenden Seins, das mein Geist erst in lange gemessenen Räumen der Zeit möcht' erreichen?!

12. O Menschen, o Brüder und Väter und Kinder! Versucht es einmal, – seht dort hinten gar tiefst an des Firmaments Ende, da schimmert ganz leise ein winzigstes Sternchen!

13. Versucht es mit eurem Geist' zu erreichen, und prüft dann die Zeit eurer geistigen Mühe, – ich sage: Mit eins werd't ihr's haben und innerlich schauen die herrlichsten Wunder des lieblichsten Lichtes!

14. Dies Pünktlein dem fleischlichen Auge, wie groß ist's dem Geiste, dem Leben aus Gott! Eine mächtige Sonne, voll Wunder des Lebens der Liebe des heiligen Vaters!

15. O sehet, wie frei und wie leicht hat der ewige Geist unserer Herzen, dies wunderbar' Leben in uns, all die endlosen Räume besieget; da stand er, in furchtbarer Tiefe ein mächtiger Held, und erschaute mit heiliger Scheue das schimmernde Pünktchen zu einer unnennbar erhabenen Sonne voll Wunder des Lebens der Liebe des heiligen Vaters erwachsen!

16. O was ist das Leben?! – Du göttliches Leben, du schauest und denkst und empfindest die Wunder der göttlichen Milde und bist hier in aller der endlosen Fülle der Wunder gar selbsten der Wunder allgrößtes und schauest und fühlest und liebest den Vater, den ewig unendlich allmächtigen Schöpfer vor dir und in dir!

17. O du herrliches Leben, welch heilig's Geschenk bist du dem, das nicht war und nun ist und sich wonnevollst freuet im Angesicht Dessen des Seins, ja des ewigen Seins, der es unnennbar liebend für ewige Dauer aus Sich hat gestaltet!

18. O Väter und Brüder und Kinder, hier ist Er, der Vater, der heilige Geber des Lebens; hier fallen wir nieder vor Ihm, vor dem Schöpfer, dem heiligen Vater, und danken und preisen in reinster Liebe der Herzen wir Ihn, da so liebvollst gegeben Er hat uns das herrliche, heilige Leben der Liebe aus Ihm!

19. Sprechet Amen mit mir all ihr Väter und Brüder und Kinder!

20. Und Du, o mein heiliger Vater, nimm gnädig dies kärgliche Liedchen so auf, als wär's etwas vor Dir, und lass allzeit mich loben und preisen das herrliche Leben der Liebe aus Dir!

21. O Du heiliger Vater! Dir Ehre und Lob ewig! Amen."

Kapitel 130

Kenan erlangt das ewige Leben und die Herrschaft über seinen Leib. Das Leben ist Herr über den Tod

Am 1. August 1842

1. Als somit der Kenan sein Lied nun ausgesungen hatte, bot ihm der Abedam die Hand und sagte zu ihm:

2. „Kenan, siehe Meiner Treue Pfand – hier diese Hand, sie ist ein ewig unendlicher Zweig, ja ein starker Ast der Liebe in Mir oder die großwerktätige Liebe Selbst!

3. Ich reiche sie dir und mit ihr das Leben alles Lebens; nehme es hin und lebe ewig!

4. Jetzt erst bist du ein Herr deines Leibes geworden und kannst nun in diesem deinem irdischen Haus aus- und eingehen nach deinem Wohlgefallen.

5. Willst du noch länger darinnen verweilen aus Liebe zu Mir und den Deinen, Ich sage es dir, solches steht dir frei.

6. Willst du aber lieber aus dem Leib treten entweder auf immer oder unterdessen nur auf zeitweise, – siehe, auch solches steht dir vollkommen frei!

7. Denn wahrlich, sage Ich dir, von nun an wirst du den Tod nicht mehr sehen, noch fühlen, noch schmecken; denn das Leben ist ein Herr des Todes, nicht aber umgekehrt.

8. Wie sollte je der Tod ein Meister des Lebens werden, da ihm alle Freiheit mangelt und er somit selbst nur ist ein durch ein freies Leben gefangenes Leben, allerengst gefesselt in allen Teilen seines Wesens?!

9. Des Leibes Leben aber ist ja der Tod oder das gefesselte und aller wahren Freiheit beraubte Leben!

10. Wer sonach aber, wie du jetzt, in seinem Fleische gesiegt hat über dasselbe und sich dasselbe zinsbar gemacht in allen Teilen, ist der nicht ein Herr geworden vollkommen über allen Tod?

11. Wenn er aber ein Herr geworden ist also über den Tod, und das vollkommen von der kleinen Zehe an bis zum Scheitel des Hauptes, wie sollte der je mehr den Tod schmecken, fühlen und sehen?!

12. Ich sage dir und euch allen: Dessen Augen also gestärkt worden sind, dass sie enthüllt schauen können all die Dinge, welche dem Tode endlos ferne abstehen, und sein mattes Auge keine Ahnung hat von dem, was und wie sie sind an und in sich, der schaut alles das schon vollkommen aus seinem Leben heraus und schaut es eigentlich in seinem Leben selbst.

13. Wer aber solches vermag in und aus sich, der vermag es doch sicher nicht aus seinem Tode, sondern aus seinem Leben nur!

14. Wie sicher und gewiss ist der dann auch des Lebens, so er damit zum Leben selbst geworden!

15. Also sei auch du, Mein geliebter Kenan, nun vollkommen sicher des Lebens, welches du nun durch deine Liebe zu Mir und somit zum alleinig wahren Leben selbst geworden!

16. Denn von nun an wird dir keine Ewigkeit mehr dasselbe zu nehmen imstande sein, darum du selbst, wie gesagt, nun ein Leben aus Mir in dir geworden bist.

17. Wie aber Ich ein Herr bin über alles Leben und also umso mehr noch über allen Tod, also bist auch du und ein jeder deinesgleichen aus Mir in sich ein vollkommener Herr seines Lebens und sogleich auch umso mehr noch über den Tod selbst.

18. Wer aus euch aber hat es je gesehen, dass der auf dem Weg und auf den Feldern rastende Staub irgendeinen Wind erregt hat?

19. Vermöchte er solches, so würdet ihr auch schon oft in euren wohlverschlossenen Gemächern das beobachtet haben, da es doch nicht selten recht viel Staub gibt!

20. Wenn aber der freie Wind kommt, da hebt er den Staub auf von den Wegen und Feldern und trägt und führt denselben wirbelnd, wohin er zieht und will, darum er ist eine freie Kraft, und der Staub kann ihm nicht den Weg verrammen oder ihn gar zum Stillstand bringen.

21. Wohl aber kann der Wind den Staub fallen lassen, wo und wann er will!

22. Siehe, gerade also ist es auch mit dem Leben; dieses zieht frei einher, und da es zieht, übt es allenthalben und in allen seinen Teilen die vollkommenste Herrschaft über den Tod aus!

23. Es kann den Tod erregen zum Mitleben; will es ihn aber fallen lassen, so kann es solches ebenfalls so frei tun, als denselben aufregen zum Mitleben.

24. Und also bist du auch auf diese Weise ein Herr über dein Fleisch.

25. Solange du dasselbe zum Mitleben erregen willst, so lange auch wird es mit dir leben.

26. Willst du es aber fallen lassen auf zeitweise oder auf immer, so steht dir solches auch frei, darum du nun geworden bist vollends ein Leben und wirst als solches verbleiben vollkommener stets ewig! Amen."

Kapitel 131

Die Todesfurcht der Lebensverneiner enthüllt ihre Torheit. Das Gleichnis von der reifen und der unreifen Frucht

Am 2. August 1842

1. Nach dieser das wahre Leben erläuternden und gebenden Lehre ward der Kenan überfroh, und viele andere mit ihm, und alle dankten aus dem Grunde ihrer Herzen für diese große Enthüllung, aus der sie nun sattsam ersahen und erkannten, was das wahre Leben ist, wie es sich gestaltet, und wie es gar so deutlich unterschieden ist von dem Scheinleben des Fleisches oder vielmehr des Todes.

2. Nachdem sie aber alle also dankten und lobten und priesen den hohen Abedam, da ward auch der Enos zu Tränen gerührt, kehrte sich um, und ging zerknirschten Herzens hin zum Vater.

3. Als er aber allda langsamen und scheuen Schrittes anlangte, da bot ihm der Abedam alsbald Seine Hand und sagte zu ihm:

4. „Nun, Enos, sage Mir, für was hast du dich entschlossen, – fürs Leben oder für die gänzliche Vernichtung?

5. Glaube es Mir, es ist kein Ding, das da Mir unmöglich wäre; denn siehe, Ich sage deinetwegen nun zu diesem Berg dort, der da im Morgen noch gewaltig dampft, brennt und Feuer auswirft: Werde_zunichte!

6. Nun sehe hin! Siehst du noch eine Spur von dem Berg, der schon so vielen Jahrtausenden getrotzt hatte?

7. Morgen wirst du auf der Stelle, die da vorher der große, hohe Berg eingenommen hatte, und welche nun einen ebenen Platz zehntausend Mannslängen in der

Länge und siebentausend in der Breite aus-macht, schon den üppigsten Graswuchs und eine Menge edler Fruchtbäumchen dem neuen Boden entsprossend er-schauen!

8. Daraus kannst du nun schon entneh-men, dass Mir kein Ding unmöglich ist; und so denn gebe Mir kund, worüber Ich dich soeben fragte!"

9. Der Enos aber, samt allen anderen fast ganz außer sich vor Schreck und dem odemhemmenden Erstaunen über diese so plötzliche, ganz unerwartete Erschei-nung, welche zufolge der bedeutenden wunderbaren Nachthelle von allen gar wohl beobachtet werden konnte, war kaum imstande, auch nur ein Wort über seine Lippen zu bringen, sondern er fiel nur alsbald vor dem Herrn aller Macht nieder und flehte in seinem Herzen zu Ihm, dass Er ihn erhalten möchte und ihm vergebe seine großfrevelnde Torheit!

10. Der Abedam aber stärkte ihn als-bald und hob ihn vom Boden und sagte dann zu ihm:

11. „Enos, siehe, also, wie du, ist jeder Tote beschaffen! Wenn er auch nicht also spricht, wie da du ehedem gesprochen hast, so handelt er aber dennoch also, als wäre ihm der Tod offenbar lieber denn das allervollkommenste Leben.

12. Sieht aber der also Handelnde den Tod des Leibes herannahen, da erschrickt er dann und fängt an, zu zagen und zu ver-zweifeln.

13. Ich aber frage hier: Warum bleibt denn solch ein Tor sich dann nicht bestän-dig?

14. Warum fürchtet er dann die Ver-nichtung, für die er doch durchs ganze Le-ben so entschieden gearbeitet hatte?

15. Ich antworte hier aber an deiner Stelle und sage:

16. Solange der Tote noch die Kraft des Lebens in sich gewahrte, war er wie ein Herr über den Tod und hatte keine so grobe Furcht vor ihm, da er als der also Le-bende nicht wissen kann in der freien An-schauung der Dinge um sich, wie er im Tode und der Vernichtung für sie keine Sinne mehr haben wird.

17. Wenn er aber merkt, dass die Kraft seines Scheinlebens schwindet, seine Sinne schwächer werden und somit auch die Dinge um ihn zu verschwinden anfan-gen, und er somit auch anfängt, die Macht des Todes und das Schreckliche des Nichts-eins zu empfinden und den Druck der Ver-nichtung, dann auch erst gewahrt er den großen Unterschied zwischen Tod und Le-ben!

18. Da wird er alles versuchen und auf-bieten, was ihm das Leben wiederbringen möchte!

19. Doch hier sage auch Ich: Es wird am Ende für gar viele zu spät werden!

20. Denn das wahre, unvergängliche, herrschende, freie Leben gleicht einer voll-reifen Frucht, das Natur- oder Fleischleben aber einer unreifen.

21. Bei der reifen Frucht ist der Kern frei und fest geworden, und so kann die äu-ßere, den Kern früher ernährende Fleisch-hülle ohne den geringsten Nachteil für den vollends lebendigen Kern selbst vom sel-ben getrennt werden; denn da hat der Kern schon alles Leben in sich aufgenom-men, empfindet keinen Tod mehr, sondern nur ein abgeschlossenes, volles Leben in sich selbst, welches nirgends mehr mit der äußeren Fleischmasse in irgendeiner not-wendigen Verbindung steht, darum diese auch, wie gesagt, ohne den allergeringsten

Nachteil für die Frucht des Kerns abfallen kann.

22. Aber wie ganz anders verhält sich die Sache bei einer unreifen Frucht, allda die äußere Masse mit dem Kern noch ein mattes Leben lebt, da der Kern stirbt, wenn die äußere Masse zu sehr verletzt wird!

23. Daher sorge ein jeder für die Vollreife seines Geistes, welche dann erfolgen wird, wenn sich der Geist von allen Begierdefäden und Fasern des Fleisches losgemacht haben wird!

24. Hat jemand das erreicht, so ist er auch ein Herr des Lebens geworden.

25. Wie aber alle Früchte nur an der Sonnenwärme reifen, also werdet auch ihr an, in und durch die Wärme Meiner Liebe in euch zu Mir lebensreif.

26. Und so denn werde auch du, Enos, einmal vollends lebensreif hier an der Brust, die so endlos übervoll ist des alleinig wahren, allerewigsten und allerfreiesten, mächtigsten und allerseligsten Lebens!

27. Verstehe es wohl, und lebe sonach wahrhaft allzeit und ewig! Amen."

Kapitel 132

Über die Vergänglichkeit der Dinge

Am 3. August 1842

1. Diese heiligen Worte Abedams brachten den Enos zwar vollkommen zu sich, aber wenn er hinblickte gen Morgen und nicht mehr sah den altgewohnten Berg, so erschauerte er noch durch und durch, und er konnte sich in dieser nun ganz veränderten Gegend nicht finden und so sich recht verstehen.

2. Aber dieses ungewohnte Aussehen der Gegend war es nicht allein, was ihn so ganz heimlich in sich erschauern machte, sondern der durch diese Erscheinung stets lebendiger werdende alte Gedanke an die Vergänglichkeit aller Dinge.

3. Das war sonach für unseren Enos noch eine starke Klippe im Meer des sturmbewegten Lebens.

4. Da aber natürlicherweise solches doch vor dem hohen Abedam nicht verborgen sein konnte, so sagte dieser alsogleich zu ihm:

5. „Enos, was nagt an deiner Seele? Siehe, Ich bin noch hier und habe Meinen Mund nicht geschlossen! Weißt du denn noch nicht, dass nur Ich allein auf jegliche Frage eine lebendig wahre Antwort zu geben vermag und will demjenigen, der Mich darum fragt?

6. Doch Ich kenne dein Gemüt, so will Ich dir denn auch die Frage erlassen und dir eine gute Antwort geben auf das, darob du dich zeitweise schon von jeher gekümmert hast in deinem Herzen und dich jetzt umso mehr kümmerst, da du von der vor deinen Augen stehenden Erscheinung zu dem Ende noch mehr und lebendiger überzeugend bestärkt worden bist.

7. Siehe, dich drückt die Vergänglichkeit der geschaffenen Dinge, darum du dich beständig grübelnd fragst: ‚Was wird denn aus dem Leib werden, so ich Geist und Seele ihn werde dereinst ablegen müssen?

8. Warum darf und kann denn der Leib nicht mit dem Geist verschönert, verherrlicht und durch und durch lebendig dauerhaft für ewig vereint bleiben?‘

9. Und da dich jetzt das plötzliche Zunichtewerden des Berges, die sichere Vergänglichkeit noch mehr vor die Augen

270

gestellt, eben in dieser deiner alten Grübelfrage bestärkt hatte, so erschauerst du nun auch umso mehr, je öfter du hinblickst an den Ort, da erst vorgestern Morgen Adam in der prophetischen Meinung war, dass vor eben dem Berg, vor dem er als erster Mensch der Erde nun tiefseufzend trauert und weint, auch dereinst der Erde letzter trauern und vergehen werde.

10. Da Ich aber jedoch ein besserer Prophet in der höchsten Fülle aller Meiner unendlichen Weisheit bin denn der damals ganz umsonst und ganz töricht trauernde Adam, so sage Ich dir fürs Erste, dass die damalige Vorsage Adams so gut wie ganz vollkommen leer war, aus dem Grunde hauptsächlich Ich auch bei dieser Gelegenheit diesem verhängnisvollen Berg ein Ende machte und somit auch der noch verhängnisvolleren Vorsage Adams!

11. Was aber deine Gemütsfragen betrifft, so sage Ich dir fürs Zweite, dass sie noch um sehr vieles leerer sind denn die Vorsage Adams.

12. Wie kannst du dir denn aber auch nur im Traume von einer Vergänglichkeit der Dinge etwas beifallen lassen?

13. Glaubst denn du, ein Ding vergehe darum, so es aus deiner fleischlichen Augen trugvollster Sichtbarkeit tritt?!

14. O du schwachsinniger Denker und Seher! Sind denn nicht alle Dinge nichts anderes als allein nur Meine durch die Liebe festgehaltenen Gedanken?

15. Und die Geister aber freigestellte Ideen Meiner Liebe, darum sie alle haben einen freien Willen und ein freies für sich selbst abgeschlossenes Leben?

16. Wenn Ich nun einen festgehaltenen Gedanken von Mir wieder freilasse, sage: ist er darum denn wirklich vergangen, wenn Ich ihn von den festhaltenden

Banden der Liebe befreit habe und er nun wieder aufsteigt in den großen Kreis Meiner Geister, welche da gleich geformten Feuerflammen alle Unendlichkeit erfüllen?!

17. Oh, Ich sage es dir, auch das erste Moospflänzchen, das der ersten Meeresklippe dieser Erde entspross, besteht und lebt sogar in diesem Meinem großen Kreis gar wohl noch fort, – und der Erde letztes wird dereinst dieses sein Vorurgroßväterchen brüderlich lebendig treffen!

18. Also ist auch dieser Berg nur gelöst, aber nicht vernichtet worden, –

19. und umso weniger wird das dereinst dieser dein Leib des Geistes!

20. Wie er aber ist, kann er nicht bestehen in die Länge; wohl aber wird er nach und nach dem vollendeten Geist gereinigt wiedergegeben werden, wenn auch nicht in dieser Form mehr, so aber doch als ein ewig unzerstörbares geistiges Kleid.

21. Darum soll auch niemand Frevel und Sünde treiben mit seinem Leib; denn der solches täte, der wird dereinst auch mit zerrissenen Kleidern im Geiste einhergehen müssen!

22. Und so denn gibt es keine Vergänglichkeit der Dinge, wohl aber eine Löse derselben.

23. Solches also verstehe wohl, und sei vollends ruhig! Amen."

Kapitel 133

Das Wesen der geistigen, seelischen und fleischlichen Zeugung

Am 4. August 1842

1. Als nach dieser Enthüllung alle die Väter – selbst der Adam nicht

ausgenommen – vollends zufriedengestellt wurden und nach der inneren Beheißung Abedams zurückwichen auf ihren vorigen Platz, und das natürlicherweise mit
dem dankbarsten Herzen, da berief der
hohe Abedam den Mahalaleel zu Sich und
sagte zu ihm:

2. „Mahalaleel, weißt du jetzt schon alles, was da dir und der ganzen Nachwelt
aus dir frommen möchte?

3. Ist dir nichts mehr fremd, so magst
du ja wohl mit einer neuen Frage daheim
verbleiben; hast du aber noch irgend etwas Dunkles im Hinterhalt, da trete nun
damit ans Licht, – denn es soll keine finstere Kluft in eurem Herzen übriggelassen
werden!

4. So du also etwas weißt und findest,
das dich drückt, da gebe es von dir, wie
schon gesagt! Amen."

5. Der Mahalaleel besann sich eine Zeit
lang; denn er hatte wohl eine gute Frage,
aber nur ans Licht getraute er sich nicht damit.

6. Da aber der Abedam sah seine Auf-
richtigkeit darinnen, der zufolge er – der
Mahalaleel nämlich – niemandem, besonders aber der holden, jungen Pura, welche
sich noch immer knapp am Abedam befand, ärgerlich werden wollte, so sagte Er
zu ihm:

7. „Mahalaleel, Ich kenne den redlichen
Sinn deines Herzens, darum auch will Ich
dir deine aufzustellende Frage erlassen
und dir alsogleich eine gute Antwort geben
auf die stille Frage deines Gemütes. Und so
höre denn du und ihr alle:

8. Was da die naturmäßige Zeugung betrifft, die der Mensch zumeist mit den Tieren gemein hat, so kann diese nicht umgeändert werden im Allgemeinen, wohl aber
in ganz besonderen, geistig

ausgezeichneten Fällen. Denn durch die
fleischliche Zeugung, wie sie besteht, wird
weder der Geist, noch die Seele gezeugt,
sondern allein ein fleischlicher Leib, welcher im Mutterleib vorerst vollends ausgebildet werden muss, bevor er zur Aufnahme der Seele und diese dann zur Aufnahme des Geistes befähigt wird; und so
hat alles seinen guten Grund und besteht
aus seiner guten Ordnung.

9. Das Fleisch zeugt das Fleisch, die
Seele die Seele und der Geist den Geist!

10. Wie aber und warum also, solches
verstehe, und höre es darum:

11. Ihr wisst es, dass da alles aus dem
Bereich des Geistigen, welches das allein
Kräftige und eigentlich Substantial-Wesen-
hafte ist, nur auf dem Wege des entsprechenden Gegensatzes in die Erscheinlichkeit treten kann. Dieser Gegensatz ist ein
Bemühen der eigentlichen Hauptkraft, sich
selbst aufzuhalten und zu nötigen, damit
sie sich dadurch selbst manifest werde.

12. Nun denke dir deinen Geist!
Wodurch manifestiert er sich?

13. Siehe, durch die Sichselbstergrei-
fung, welches da ist die Liebe im reinsten
Sinne oder die Liebe zu Mir! Ohne diese Er-
greifung wird sich der Geist nie als selbständig erkennen, sondern wird stets nur
ein sich selbst unbewusster Teil Meines
unendlichen allgemeinen Geistes verbleiben.

14. Dasselbe ist auch der Fall mit der
Seele, welche da ist im allgemeinen Sinne
das gesamte vegetative Leben der gesamten Naturwelt. In ihrer Allgemeinheit ergreift sie sich oder kann sich in zahllosen
Punkten ergreifen, allda dann auch die
Dinge sichtbar zu werden anfangen nach
der Ordnung, die Ich in die allgemeine
Seele gelegt habe.

15. Das aber ist dennoch nur eine stumme, sich unbewusste Nötigung oder Zeugung der Seele durch die in ihr bestehende Ordnung aus Mir.

16. Sich selbst bewusst wird die Zeugung nur dann, wenn irgend sämtliche Teile der allgemeinen Seele sich ergreifen und sich nötigen, darum sie sich dann näherkommen, sich endlich drängen und erbrennen.

17. Da es dann licht wird in ihrer Mitte, so erkennen sie sich und ergreifen sich zu einem vollends abgesonderten Ganzen.

18. Dieser Seelenzeugungsakt geschieht durch das, was da verstanden wird unter der Nächstenliebe. Also erkennt der Mensch den Menschen dann fortwährend durch die Nächstenliebe; wem diese fremd ist, dem bleibt auch fremd sein Bruder.

19. Nun siehe, nach diesen zwei inneren Vorzeugungen kann sich dann auch das Fleisch ergreifen in seinem Gegensatz, kann sich da nötigen und zwängen.

20. Durch diese Nötigung geht dann ein Gegensatz in den anderen über, ergreift sich da, und so wird zwischen zwei äußeren Gegensätzen ein für sich bestehendes Medium gebildet, welches, je nachdem es sich bei dem Akt dem einen oder dem anderen Gegensatz genähert hatte, auch entweder dem einen oder dem anderen beschaffenheitlich entsprechen muss zufolge Meiner Ordnung auch im Fleische, welche da heißt eine gerechte Selbst- oder Fleischliebe.

21. Siehe, darum ist somit die Fleischliebe und die ihr entsprechende Zeugung ja ebenso gerecht wie die des Geistes und die der Seele, wenn sie geschieht in Meiner gesetzten ewig bestehenden Ordnung.

22. Ist sie aber der entgegen, dann ist sie eine Zeugung des Todes statt des Lebens und ist daher eine grobe Sünde, weil durch sie das Leben der Seele und des Geistes sogar untergraben und verstört wird.

23. Solches also versteht auch alle wohl, und tuet danach, so werden alle eure Zeugungen gerecht sein und Mir wohlgefällig! Amen."

Kapitel 134

Abedam warnt Mahalaleel vor der Geschwätzigkeit

Am 5. August 1842

1. Hierauf erst konnte der Mahalaleel seinen Mund öffnen und folgendes sagen:

2. „O Du heilige, große Wahrheit, Du ewiges Licht alles Lichtes, welch eine Tiefe, welch eine Fülle der heiligen Ordnung in Dir, Du allerliebevollster Vater!

3. O wenn ich dieses alles auch so recht fassen könnte!

4. Aber, o liebevollster heiliger Vater, da sieht es sehr locker aus in meiner Seele!

5. Der Geist zeugt den Geist, die Seele die Seele, und das Fleisch wieder das Fleisch!

6. Und alles also, dass da eines besteht im anderen und also auch durcheinander, so zwar, dass da auch eines aus dem anderen hervorgeht und eines das andere bedingt; eines ist da fürs andere.

7. Aus dem All der Dinge ist der Mensch in seiner Vollendung, und diese ist das Endziel alles Geschaffenen!

8. O Vater, wie unendlich groß ist Deine Weisheit! Du redest nie ein Wort umsonst, und jedes Wort aus Deinem Munde ist in der allerhöchsten Fülle wesenhaft wahr.

9. Solches alles weiß ich lebendig in mir und sehe auch so manches ein; aber alles dessen ungeachtet muss ich mir leider doch wieder das traurige Zeugnis geben, dass mir von Deiner früheren Gnade so manches, ich will gerade nicht sagen, gänzlich, aber doch nahe – zum größten Teil – eben nicht unverständlich, aber dennoch so gewisserart dunkel war! Das heißt, was das Wort betrifft allein für sich, so habe ich wohl jedes sehr genau verstanden; nur hinter dem Wort, – ich will hier eigentlich sagen, dasjenige, was Du sicher so ganz eigentlich hast damit bezeichnen wollen, oder vielleicht den inneren Sinn betreffend, – siehe, o liebevollster, heiliger Vater, das ist es, wo ich mich nicht so ganz vollends zurechtfinden kann!

10. Ich weiß es nur zu außerordentlich gut, dass einzig und allein nur ganz vollkommen ich selbst daran schulde; aber es ist mir mit dieser etwas traurigen Wissenschaft dennoch nicht geholfen, da ich deshalb dennoch nicht des Wortes innere Gemächer beschauen kann!

11. Darum habe ich Dich, o liebevollster Vater, bitten wollen, so es Dir gefiele, dass Du mir auch im Hintergrund dieser Deiner überheiligen Worte möchtest nur ein kleinwinzigstes Lichtchen anzünden; sonst schaue ich die Sache wie in einer nächtlichen Dunkelheit an!

12. Aber nur, wenn es Dir wohlgefiele, – wie schon gesagt! Amen."

13. Der Abedam aber sagte alsogleich darauf zu ihm: „Mahalaleel, warum brauchst denn du so viele Worte dazu, was du sehr leicht mit einem sagen könntest und zwar also:

14. ‚Ich bin blind, Vater; mache, dass ich sehe!'

15. Siehe, das wäre ja genug; wozu denn so viel leeres, die eigene Blindheit mehr entschuldigendes als beschuldigendes Geschwätz?!

16. Ich sage dir aber, dass da eben diese deine feine Geschwätzigkeit daran schuldet, dass du im Hintergrund Meiner Worte kein Licht zu erschauen vermagst.

17. Tue sie von dir, und werde ein gerader, offener Mensch – und kein Bückling, so wirst du alsbald ganze Sonnenheere hinter Meinem Wort erschauen, welche dir alle die inneren Gemächer Meines Wortes zur Übergenüge erleuchten werden!

18. Denn jede feine Rede ist ein duftender Opferrauch fürs eigene Herz; wenn aber das Herz also umnebelt ist, wessen Schuld ist's dann, wenn selbst des hellsten Lichtes Strahlen nur matt schimmernd zum Herzen gelangen und da kaum des Herzens Äußeres ein wenig beschimmern, das Innere aber vollends unerleuchtet lassen?

19. Also, wie gesagt, weg mit der Feinrederei, so wird das Herz des Lichtes alsbald in der gerechten Menge haben!

20. Gehe aber hin zu einem oder dem anderen, und du wirst keinen finden, der sich da beklagen möchte über irgendeine Dunkelheit in Meinem Wort; ja selbst dieses arme Mädchen aus der Tiefe kannst du fragen, und sie wird dir mit wenigen Worten zeigen, ob sie im Hintergrund Meiner Worte kein Licht angetroffen hatte!

21. Ich meine aber, es wird hinreichend sein Mein Zeugnis und wird nicht nötig sein, sich eigens darum zu erkundigen, ob diejenigen Mein Wort verstanden haben, von denen Ich Selbst aussage, dass sie es verstanden haben!

22. So du aber ablegen wirst deine Feinrederei, da wirst du auch aller derjenigen im Geiste ansichtig werden, welche da im

Hintergrund Meines Wortes recht sehr viel Lichtes haben!

23. So du aber nach deinem Wort verstehst, dass da eine Zeugung durch die andere bedingt wird, und dass alles in- und durcheinander entsteht und besteht, und endlich, dass der vollkommene Mensch der lebendige Endzweck aller Dinge ist – welches alles ganz richtig ist –, da setze nur eine gerechte Portion reiner Liebe hinzu, so wirst du gar bald und leicht erschauen, was alles da in den inneren Gemächern Meines Wortes noch verborgen ist.

24. Denn die Liebe ist der Schlüssel, mit dem jeder alle die verschlossenen Gemächer Meines Wortes eröffnen kann.

25. Tue also das, so wirst du sofort nicht mehr nötig haben, dich über die nächtliche Dunkelheit in den Gemächern Meines Wortes so feinredig zu beklagen!

26. Solches fasse, – und handle danach! Amen."

Kapitel 135

Die ordnungsgemäße Zeugung

Am 9. August 1842

1. Als der Mahalaleel diese Lektion vom hohen Abedam vernommen hatte, war er auch vollends zufriedengestellt, dankte mit dem gerührtesten Herzen und wollte sich entfernen; aber der Abedam sagte zu ihm:

2. „Mahalaleel, Ich sage dir, bleibe noch, denn dein Herz ist noch nicht völlig erleuchtet, darüber du hast gestellt deine Frage! Also aber, wie du bist, möchtest du aus dir noch in so manche Irrtümer geraten; darum soll dir noch mehr Lichtes werden!

3. Siehe, du bist zwar mit allem einverstanden, was Ich dir kundgab über deine Frage; aber nur in dir selbst erschaust du noch den rechten Grund dessen nicht, darum Ich dir die blinde oder ungeordnete Zeugung als sündhaft dargetan habe, und so will Ich dir denn auch diesen Grund zeigen.

4. Also aber lautet dieser: Alles, was da Seele heißt und im freien Zustand die ganze unendliche Räumlichkeit erfüllt und im Geisterreich eine zu bewohnende Unterlage ist für alle zahllosen Heere der Engel und Geister aller Arten, sind Meine freien, noch ungefesteten Gedanken; diese Meine stets lebendigen Gedanken erfüllen aber nicht alles das bereits Gesagte, sondern sie sind auch die lebendigen Gefäße oder Träger des Lebens aller Wesen aus Mir.

5. Nun achte wohl: Wenn Ich da will einen Meiner Gedanken fangen und dann festhalten, so umfasse Ich ihn mit Liebe! Wenn solches geschehen ist, dann auch kann der von Meiner Liebe ergriffene Gedanke sich nicht mehr gleich den zahllos anderen nicht ergriffenen aufschwingen in die unendlichen Kreise Meines eigentlichen göttlichen Seins und Wirkens, sondern er bleibt dann schon als eine beständige Form lebendig wie vor Mir; soll dann aber diese Form sich selbst vor Mir bewusst werden, so wird diese also gestellte Form nicht nur von Meiner Liebe umfangen, sondern auch allenthalben durchdrungen.

6. Dadurch geschieht dann ein Drängen und ein Reiben zwischen der Form und der Liebe. Was aber ist die natürlichste Folge solchen Drängens?

7. Nichts anderes, als dass die durch die Liebe von allen und in allen Teilen

bedrängte Form anfängt, einen Widerstand zu leisten, wenn sie von der Liebe zu sehr in Beschlag genommen.

8. Da aber ferners bei jeder Nötigung und Drängung hauptsächlich der Mittelpunkt doch sicher die zumeist bedrängte Stelle jeder vollkommenen Form ist, so leistet sie auch allda in der ganzen Form sicher den größtmöglichsten Widerstand.

9. Wo aber der größte Widerstand ist, da ist auch die Tätigkeit am größten.

10. Ihr wisst aber alle schon aus eigener Erfahrung doppelt, dass da bei allen übermäßig starken Drängungen Entzündungen bewirkt werden, wie zum Beispiel wenn jemand zwei Stücke Holz sehr fest aneinander reiben möchte, da sie sich dann bald entzünden würden, oder zwei Steine.

11. Oder wenn jemand von euch da wird von etwas befangen, entweder von der Widerspenstigkeit eines anderen oder von irgendeinem Anblick, der ihm äußerst angenehm ist, und so auch noch entweder von etwas arg Gehörtem oder von vorteilhaftest Vernommenem, wodurch doch sicher ein jeder bei solcher Gelegenheit ein gewisses Erbrennen seines Herzens notwendig gewahren muss!

12. Siehe, jetzt haben wir die Sache schon! Da eben solches Erbrennen allzeit mit einer leuchtenden Flamme verbunden ist, welche da gleich ist dem Leben Meiner ewigen Liebe Selbst, da wird ja die von der Liebe gefangene und gedrängte Form doch notwendig durchleuchtet, geht endlich selbst in allen ihren Teilen in die Bewegung der vom Mittelpunkt aus emporlodernden Flamme über, wird dadurch lebendig und im eigenen Licht sich selbst frei bewusst.

13. Will Ich dann auch, dass ein solcher auf diese Art gehaltener Gedanke fortbestehe, so wird er alsbald solid und bleibt immerdar dann wie vor Mir.

14. Will Ich aber nicht, so ziehe Ich Meine Liebe wieder hinweg aus und von der Form; diese wird dann wieder frei und flott und steigt wieder, freilich dann nur allein Mir sichtbar bewusst wie dir dein eigener Gedanke, empor in die unendlichen Kreise Meiner Göttlichkeit!

15. Siehe, das ist Meine Ordnung, aus welcher alle Dinge hervorgegangen sind! Wenn du nun zeugst deinesgleichen aus dieser Ordnung heraus, aus der du von Mir Selbst bist geschaffen und gewisserart gezeugt worden, so ist deine Zeugung ja gerecht, da sie ist in der Ordnung, in welcher Ich Selbst bin.

16. Zeugst du aber nur blind und taub, dann zeugst du nicht, sondern zerstörst nur, was Ich Selbst fürs ewig freie Sein geschaffen und gezeugt hatte, und das ist dann doch natürlich wider Meinen Willen, welcher – wie Ich ehedem gezeigt – ja nur allein ist das eigentliche fest bestimmte Sein jedes von Mir gezeugten und geschaffenen Wesens.

17. Solchem Meinem Willen entgegenhandeln aber ist ja die Sünde oder der Tod des von Mir gezeugten Wesens!

18. Daher muss die Zeugung in aller Ordnung geschehen!

19. Nun erst hast du Licht und kannst dich begeben auf deinen Platz! Amen."

Kapitel 136

Mahalaleels Freude. Freudentränen sind dem Herrn angenehmer als Tränen der Reue

Am 10. August 1842

1. Das hatte dem Mahalaleel erst die Augen geöffnet, und er ward voll Dankes in seinem Geist darob und freute sich sehr, dass er deshalb förmlich in die Höhe zu hüpfen anfing, darum er nun begriffen hatte des göttlichen Wortes Gnadensinn.

2. Es standen aber einige und fragten sich gegenseitig: „Was ist es denn, darüber sich der Vater Mahalaleel gar so freut?

3. Die Worte Abedams sind wohl erhaben und heilig wie allzeit und ewig; ob sie aber jemanden gerade zu einer solchen nahe ausgelassenen Fröhlichkeit stimmen sollen, das lassen wir dahingestellt sein!

4. Wir sind schon zufrieden, so wir nur kümmerlich verstanden haben den sehr geheimnisvollen Sinn dieser erhabenen Worte aus dem Munde des Allerhöchsten.

5. Aber wie jemand da, wo man von der allertiefsten Ehrfurcht nur in den Staub seiner Nichtigkeit hinabsinken sollte, also über alle Maßen fröhlich und jubelheiter werden kann, das begreife, wer es mag, kann und will; wir aber bleiben so recht hübsch bei unserer erhabenen Ehrfurcht daheim!

6. Mahalaleel aber war ja stets ein zeitweiliger Sonderling; warum sollte er das gerade jetzt nicht sein?! Nein, aber nein! Da seht nur einmal hin, wie der alte Vater noch gleich einem Hirsch springen kann!"

7. Es ließ aber der Abedam zu, dass das Angesicht des so über die Maßen fröhlichen Mahalaleels alsbald leuchtend ward gleich den lichten, roten Morgenwölkchen, wenn sie zuerst von den Strahlen der aufgehenden Sonne berührt werden.

8. Da aber solches die Krittler und Verwunderer bemerkten, erschraken sie gewaltig und gerieten in eine große Verwirrung; denn sie meinten nun, dass sie durch ihre Bemerkungen gesündigt hätten!

9. Aber alsbald richtete der hohe Abedam Sich auf und richtete folgende Worte an sie, sagend nämlich:

10. „Kinder des Mittags! Was bebt ihr nun allhier vor dem Angesichte eines Fröhlichen, dessen Herz voll Freuden geworden ist, darum er verstanden hatte und aufgenommen Meine Gnade?

11. Hat euch euer schalkhaftes Wort denn keine Interessen getragen für euer Gemüt, darum es nun also wankt und bebt, als wäre es begraben in aller Sünden Nacht und Schlamm?

12. O ihr noch starken Toren! Was ist denn besser: Angst oder Freude vor Mir?

13. Wahrlich, wahrlich, wer da noch in aller ängstlichen Ehrfurcht steht vor Mir, der ist auch noch nicht rein; denn nur ein wankendes, unlauteres und darum schwaches Herz, welches noch nicht eins geworden ist mit Meinem Willen, fürchtet sich vor Mir, dem allmächtig Starken, ewigen Gott.

14. Aber ein Herz, das da in dem allmächtig starken ewigen Gott in aller Liebwärme den liebevollsten Vater treulichst erkannt hatte und Seine große Gnade, das verlernt die Angst und die große Furcht vor Dem, den es nur über alles lieben soll, und tut dafür, was da nun getan hatte der Mahalaleel.

15. Sagt nun selbst, was da wohl höher steht bei Mir: entweder ein ängstliches oder ein in Meinem Namen überfröhliches Herz?

16. Ich sage euch aber: Wenn schon die Tränen der Reue gerecht und Mir wohlgefällig sind, so stehen aber doch die Tränen der Freude in Meinem Vatersnamen um so vieles höher, als da die Sonne steht über der Erde am hellen Mittag.

17. Denn die Tränen der Reue besagen, dass da jemand gewahr worden ist seines großen Liebe- und Treueabstandes von Mir und wird dann wieder von der Sehnsucht beseelt, wieder zu Mir, dem Vater, zurückzukehren.

18. Die Freudentränen aber sind dagegen doch sicher ein Zeichen des vollen Wiederfindens, wo sich der Sohn freut, darum er den Vater gefunden, der Vater aber, darum Er den Sohn wiedergefunden hatte!

19. Darum eröffnet auch ihr nun eure Herzen, und freut euch, darum der Vater zu euch gekommen ist und ihr Ihn gefunden habt, und verwundert euch in der Zukunft nicht zu sehr darüber, so ihr wieder irgendeinen Fröhlichen in Meinem Namen treffen werdet; denn ihr wisst es nun aus Meinem Munde, dass Mir der Fröhliche aus gutem Grunde um vieles angenehmer ist denn einer, der da ängstlich trauert, wenn auch aus einem guten Grunde.

20. Daher auch sollt ihr allzeit einen Betrübten trösten; aber mit dem Fröhlichen sollt auch ihr fröhlich sein von ganzem Herzen, Amen."

Kapitel 137

Verheißung des großen Lösetages. Vom Weg der Liebe zur Herrschaft über das eigene Leben

Am 11. August 1842

1. Auf diese Rede sehr bewegt, fielen die einigen Rechtler und Krittler alsbald nieder vor dem Abedam und baten Ihn, dass Er ihnen solches vergeben möchte.

2. Der Abedam aber behieß sie, dass sie sofort aufstünden und sich auch vollends erheben möchten in ihrem Geist.

3. Und alle erhoben sich alsbald vom Boden und lobten und priesen Ihn Seiner großen Güte und Gnade wegen, die Er nun abermals an ihnen bezeigt hatte.

4. Der Abedam aber wandte Sich zu ihnen und sagte: „Meine Liebe sei mit euch und in euch! Liebt euch in dieser Meiner Liebe, und seid fröhlich und voll heiteren Mutes untereinander, und seid gegeneinander gefällig und dienstfertig, so werdet ihr dadurch allzeit an den Tag legen, dass ihr wahrhaft Meine lieben Kindlein seid, an denen der heilige Vater Freude hat und allzeit haben kann; denn der Tag der großen Löse ist nahe gekommen!

5. Wenn der Adam auf der Erde leben möchte noch siebenmal so lange, als er schon gelebt hat und noch leben wird, so würde es vor seines Fleisches Augen geschehen.

6. Daher tut nach Meinem Willen, damit euch der Tag nicht verkehrt antreffe, wenn er kommen wird!

7. Zuvor jedoch wird kommen die große Zeit der Zeiten. Wer in dieser wird aufgenommen werden, für den wird auch der große Lösetag in seiner Zeit begriffen sein; wer aber da nicht wird aufgenommen

werden, für den wird der Lösetag ein Tag des Gerichtes sein, und zwar eines Gerichtes, welches dann mit Feuer und im Feuer Meines Grimms gehalten wird!

8. Solches jedoch werden jene verstehen in der Tiefe ihres Lebens, die da sein werden vollkommen aus und im Geist Meiner Liebe und sonach auch in aller Weisheit aus ihr.

9. Darum also seid ihr auch fröhlich, denn nun wisst ihr es ja, dass dereinst alle harten Bande sollen gelöst werden!

10. Was möchte aber der Mensch darum geben, auf dass er würde ein Herr seines Lebens?

11. Ich aber habe euch allen nun gezeigt, wie ihr es werden und dann sein könnt im vollsten Maße. Daher sollt ihr auch fröhlich sein, denn darum zeigte Ich euch nun ja den Weg der reinen Liebe, der da jedermann führt zu dieser Herrlichkeit des Lebens ein!

12. So aber da noch jemand sagen möchte: ‚Wie bin ich denn ein Herr meines Lebens, so ich nur stets leben soll wie ein gehorsamer Knecht?'

13. Da sage Ich euch, solange ihr da seid Diener der Welt und eures Fleisches, so lange auch seid ihr ans Joch des knechtlichen Gehorsams gespannt! Wenn ihr aber werdet Diener Meiner Liebe sein, dann auch werdet ihr befreit sein von jeglichem Joch und werdet eben dadurch sein vollkommene Herren eures Lebens; denn die Liebe wird und kann euch allein nur vollends frei machen.

14. Wie auch sollte die Liebe das nicht können, da sie ist eine lebendige und allerköstlichste Würze des eigenen Willens?!

15. Wozu aber sollte dem dann noch irgendein Gebot dienen, dem er gehorchen solle, da er die Liebe hat, welche alle Gebote in sich fasst und ein Meister ist alles Gesetzes?!

16. Oder ist es nötig, jemanden zu einer Tat zu nötigen, die er aus sich heraus von ganzem Herzen übergerne tut?!

17. Also ist ja die Liebe somit, da sie erhaben ist über alle Gebote und Gesetze, als das Leben selbst auch ein vollkommener Herr des eigenen Lebens! Sagt, ob es nicht also ist!

18. Da es aber also ist, so seid überfröhlich; denn Ich, euer heiliger Vater, habe euch ja nun die Liebe, ja Meine Liebe selbst, und alle Lebensherrlichkeiten mit ihr vollends übergeben!

19. Darum aber auch sollt ihr nicht der Welt und dem Fleisch anhangen und somit das dienstbare und knechtische Mittel für den Zweck erwählen!

20. Denn alles das ist nicht aus Meiner Liebe hervorgegangen, sondern alles das ist gezeugt aus Meiner Weisheit, welche da ist und besteht in den unendlichen Lichtkreisen Meiner Göttlichkeit, nun gestaltet zu einer eure Liebe zu Mir prüfenden Unterlage.

21. Sagt daher nicht untereinander: ‚Dieser Fleck Erde gehört mir, und dieser Baum ist mein Eigentum, und mit meiner Liebe kann ich tun nach meinem Behagen!'; denn das wird euch von Meiner Liebe stets mehr und mehr abziehen, und ihr werdet dadurch Knechte der Welt werden, und somit auch des Todes, und werdet euch schwer, langwierig und äußerst mühsam wieder von der Welt losreißen können, und wird dereinst viel Feuer müssen über euch kommen, um euch loszuschmelzen von den ehernen Banden des Todes.

22. Daher aber seid auch überfröhlich, da ihr erkannt habt, dass da nur ist ein

Gott, ein Herr, ein Eigentümer aller Dinge und ein heiliger Vater von euch allen und ihr alle Seine Kinder und untereinander lauter Brüder und Schwestern, denen Ich dieses alles zu gleichen Teilen gegeben habe; denn dadurch wisst ihr nun, dass ihr nicht der Welt, sondern Mir, dem Vater, angehört in aller Fülle Meiner Liebe und großen Gnade.

23. Solches also beobachtet vor allem und seid wie zu Mir also auch gegenseitig voll Liebe, so wird auch alsogleich des Lebens Herrlichkeit euer Anteil sein, in welchem ihr fröhlichst sein und verbleiben werdet ewig!

24. Und nun lasst Meinen Jared zu Mir kommen; denn Ich habe etwas Wichtiges mit ihm zu verhandeln! – Jared, Ich sage dir, komme zu Mir! Amen."

Kapitel 138

Über die Annäherung an Gott. Wie kann Gott gleichzeitig unendlich und endlich sein?

Am 12. August 1842

1. Als der Jared den lebendigen Ruf Abedams vernommen hatte, kam er eiligst herbei, – das heißt vielmehr vollends geistig denn körperlich. Denn dem Körper nach war er ohnehin nicht gar zu ferne abstehend vom Abedam; aber was da den Geist betrifft, so ist da ewig fort eine stets größere Annäherung zu Mir wohl gar sehr möglich, so zwar, dass selbst der allervollkommenste Geist also hinreichend weit von Mir absteht, dass er darob selbst sich Mir wird ewig fort und fort mehr und mehr nähern können, ohne Mir darum auch nur ein Haar wirklich näher zu kommen.

2. Körperlich genommen wäre solche Behauptung freilich wohl nicht anzunehmen; geistig aber kann das gar füglich der Fall sein, und das zwar auf die Art, als wenn sich jemand wollte naturmäßig einer nirgends seienden Grenze der Unendlichkeit nähern. Wenn er auch in der höchsten Gedankenschnelligkeit durchfliegen möchte endlose Raumweiten in einem Augenblick schon und täte solches fort viele Ewigkeiten, – um wie vieles würde er da wohl dem nirgends seienden Grenzgebiet der Endlosheit näher gekommen sein?

3. Also ist auch die geistige Annäherung zu Mir; da zwar ein jeder Geist stets vollkommener werden kann und Mir ähnlicher; aber Meine Vollkommenheit völlig erreichen, welche unendlich ist in allem, wer wird der je näher kommen in der Wahrheit und vollsten Wirklichkeit?!

4. Wohl aber kann Ich Mich jedermann nahen und Mich auch also stellen, dass sich Mir jedermann nahen kann.

5. Darum auch kam der Jared eiligst herbei, als er Meinen Ruf vernommen hatte im Geiste; darum aber erklärte Ich euch hier dieses, damit ihr ein wenig durchzublicken sollt anfangen, wie da die Dinge stehen.

6. Warum ward der Jared berufen, und worin bestand das Großwichtige seiner Berufung?

7. Nun habt wohl Acht, denn ohne diese Berufung mögt ihr nicht und könnt ihr nicht in den Tempel des Lichtes gelangen!

8. Als somit der Jared vollends beim Abedam stand, da ergriff dieser seine Hand und sagte zu ihm: „Höre du, Mein geliebter Jared, Ich kenne deine Lehre von Mir und sage dir, dass du alle deine Kinder recht

gelehrt hast; ja vollkommen nach Meinem Willen hast du sie gelehrt!

9. Aber da du sagtest: ‚Gott ist durchaus unendlich in Seinem Wesen, in Seiner Liebe, in Seiner Heiligkeit, in Seiner Gnade, in Seiner Erbarmung, in Seiner Macht, Kraft, Stärke, in der Dauer Seines Seins und also auch Seiner Güte, Gerechtigkeit und Weisheit!', so möchte Ich denn doch nun erfahren aus deinem Herzen, wie du dir jetzt Meine dir ähnlich wesenhafte Sichtbarkeit mit deinem Begriff von Meiner unendlichen Wesenheit zusammenreimst!

10. Denn Ich bin der Meinung: Wie das Endliche, räumlich Begrenzte nie die unendliche Räumlichkeit erfüllen wird – und wenn es sich auch ewig fort nach allen Seiten hinaus ausbreiten möchte –, also ist es ja wohl auch umgekehrt der Fall.

11. Denn wo und wie sollte sich denn das endlos Räumliche zusammenzuziehen anfangen zu einem endlichen Wesen? Wo sollte es anfangen, wenn es keine Grenzen hat, und wie – ohne Grenzen?

12. Da es aber also ist nach deiner Lehre, so sage Mir, wie bin Ich, der unendliche Gott, denn dir jetzt, wie auch allen anderen, ein sichtbarer, leiblich formell abgegrenzter Gott geworden?

13. Und sage Mir auch ganz gewissenhaft getreu, ob Ich es wohl bin, oder nicht!

14. Nach deiner Lehre kann Ich es unmöglich sein; nach deiner Liebe und nach deinem Glauben aber bin Ich es dennoch wieder!

15. Also tue uns allen solches kund; denn die Klarheit in diesem Punkt ist von der allergrößten Wichtigkeit aus dem Grunde, da ein unendliches Wesen Gottes für alle endlichen Wesen so gut wie vollends undenkbar ist, somit so gut wie gar keines und sonach auch so gut wie gar kein Gott ist.

16. Ein endlicher Gott aber schließt ja schon mit dem Begriff ‚endlich' alle Göttlichkeit aus!

17. Also tue dein Herz auf, und erläutere uns diesen Widerspruch und zugleich auch, ob Ich denn wohl Gott bin, oder nicht!"

18. Als der Jared und auch alle die anderen solche Frage vernommen hatten, da schlugen sie sich auf die Brust, und ein Zweifel um den anderen fing an, ihr Herz gefangen zu nehmen. Und der Jared sagte nach einigem Nachdenken: „Herr und Vater in aller Deiner Liebe und Heiligkeit! Diese Frage wird zwar der größte und tiefsinnigste Cherub so wenig zu beantworten imstande sein wie ich, aber solches kann ich ja gerade jetzt sagen, da Du die Frage gestellt hast: Wärest Du nicht Gott, der Wahrhaftige, so hättest Du auch diese Frage unmöglich geben können, indem sie eben Dir gleich unendlich ist in allen ihren Punkten, wie in ihrer Gesamtheit!

19. Doch mein Maßstab für Deine Gottheit ist mein eigenes Herz, wie auch das Herz aller anderen, darum es niemanden so sehr wie Dich zu lieben vermag!

20. Alles andere ist für mich von keinem Belang! Wie Du Dich als ein unendlicher Gott auch uns endlichen Würmern vor Dir im Staube aller Nichtigkeit als ein endlicher Gott der Form nach in der Gestalt eines Menschen zeigen kannst, das mag begreifen, wer es kann und mag; allein ich und alle Himmel und Sonnen und Welten und Menschen begreifen es nicht und werden es auch ganz sicher ewig mitnichten begreifen!

21. Doch aber gestehe ich hier auch ganz offen, dass ich Dich nur unter dieser

Gestalt wahrhaft zu lieben imstande bin; denn wo sollte ein begrenztes Herz die Liebe hernehmen, um Gott in Seiner Unbegrenztheit zu lieben?

22. Daher bist Du mir also auch ums Unendliche lieber denn in Deiner für mich undenkbaren göttlichen Unendlichkeit.

23. Wenn ich Gott fürchte und liebe, so fürchte und liebe ich Ihn nur unter dieser Deiner Form; denn für einen unendlichen Gott dem Wesen nach bin ich ja so gut wie gar nicht da, und Er ist dann ja auch für das, was gegen Ihn vollends nichtig ist, unmöglich ein Gott!

24. Siehe, das ist alles, was ich darüber zu sagen vermag; möge es Dir wohlgefällig sein!"

25. Und der Abedam drückte darauf den Jared an Seine Brust und sagte: „Jared, du hast Mir eine vollkommene Antwort gegeben, und es ist genau also wie du es nun ausgesprochen hast!

26. Die Liebe allein ist der Maßstab für Meine Göttlichkeit, und mit keinem anderen Maßstab bin Ich ermesslich; denn Ich bin wahrhaft ein unendlicher Gott. Was aber jedoch Meine räumliche Unendlichkeit betrifft, so ist diese nur eine für die Zeit bedingte Erscheinlichkeit, – im Geiste aber ist das nur die Machtvollkommenheit Meines Willens und Meiner Liebe und Weisheit; die gestaltliche Wesenheit aber ist eine und dieselbe, nach der ihr alle seid gemacht worden zu Meinen wesenhaften Ebenbildern!

27. Also bleibe du, Mein lieber Jared, wie du warst, und glaube es Mir: Niemand wird Mich je in einer anderen Form sehen denn in der ihr Mich jetzt alle seht im Geiste! Amen."

Kapitel 139

Die Verwirrung der Grübler über die Wesenheit Gottes wird von Abedam aufgelöst

Am 13. August 1842

1. Nach solchen Erklärungen waren viele samt dem Jared sehr froh geworden, aber einige wussten sich dessen ungeachtet noch nicht so recht zu helfen und kauten daher noch ganz gewaltig an den zwei Wesenheiten Gottes, nämlich zum Teil an der unendlichen und zum Teil an der gestaltlich vor ihnen stehenden.

2. Der eine bewies es dem anderen sagend: „Ja, ja, das Unendliche kann ebenso wenig irgendwo in die Schranken der Endlichkeit treten, als wie wenig das Endliche je die Unendlichkeit ausfüllen wird!"

3. „Also", sagte ein anderer, „müssten wir auf diese Art etwa gar zwei Götter annehmen, einen endlichen, das heißt soviel als einen wesenhaft gestaltlichen, und dann einen unendlichen, oder wesenhaft ungestaltlichen?!"

4. Ein dritter bemerkte wieder und sagte: „Ich denke aber also: Da wir Gott doch notwendig uns in jeder Hinsicht als unendlich vollkommen vorstellen müssen, so kann Er nur Einer sein, nämlich ein in jeder Hinsicht unendlicher; denn eine beschränkte gestaltliche Wesenheit muss ja doch auch notwendig andere Beschränktheiten nach sich ziehen! Wie aber lassen sich diese mit den unendlichen Vollkommenheiten vereinbaren?"

5. Ein vierter aber bemerkte wieder: „Ich kann meine Gedanken wenden und dehnen, wie ich nur immer mag und will, so ist es mir aber doch platterdings unmöglich, dass ich mir das Unendliche des

Raumes hinwegdenken könnte, und also auch das Ewige!

6. Denn lasse ich auch irgendwo in endloser Ferne den Raum durch eine endlos weit ausgedehnte Rundwand begrenzen, so dringt aber mein Geist dennoch alsbald wieder durch diese Scheide- oder Grenzwand und erblickt vor sich nichts anderes als die Fortsetzung des weiter fortgehenden Raumes nach allen Seiten hin in unendliche Tiefen.

7. Ich verfolge dann diese wieder endlos weit hinaus und ziehe mir wieder in endloser Fernen Tiefe eine noch endlosere Rundwand; hat dann etwa hier der Raum dann sein Ende? O mitnichten!

8. Mein Geist dringt auch durch diese Wand – und wenn er sie auch früher nahe endlos dick gestaltet hatte –, und was erschaut er dann hinter dieser Wand?

9. Nichts als die abermalige weitere Fortsetzung des unendlichen Raumes in noch unendlichere Tiefen!

10. Bei diesen Betrachtungen aber wirft sich einem ja doch notwendig die Frage auf, und man sagt: Ist dieser unendliche und ewige Raum die Wesenheit Gottes, oder ist er erfüllt von ihr?

11. Ist aber solches doch notwendig der Fall, da frage sich dann jeder nach Jareds gutem Wink, was Er ist in Seiner bildlichen Form? Ein reinstes Nichts!

12. Denn zwischen dem Endlichen und Unendlichen kann durchgehends ewig nie ein anderes Verhältnis stattfinden als das des vollkommenen Untergangs des Endlichen im Unendlichen.

13. Und so haben wir in dem Falle wirklich keinen Gott, indem wir wahrhaft pur nichts gegen Ihn sind!

14. Ist aber Gott ein gestaltlicher in der Art wie wir und dabei aber doch von ewiger Dauer und wirkt sonach in den endlosen Raum durch Seine überstarke Willensmacht hinein, so lässt sich denn doch auch wieder fragen: Hat Er mit diesem Seinem Willen, wenn auch von Ewigkeiten her von Ihm ausgehend, bis jetzt wohl schon die volle Unendlichkeit des ewigen Raumes erfüllt?

15. Mir kommt solches undenkbar vor, weil das Unendliche doch notwendig ewig unausfüllbar ist!

16. Ist aber Gott dessen ungeachtet gestaltlich wesenhaft, da lässt sich ja auch sogar wieder die neue Frage aufstellen, ob in irgendeiner unendlichsten Ferntiefe der Tiefen des ewig unendlichen Raumes sich nicht eine zweite, ähnlich mächtige Gottheit gestaltlich wesenhaft vorfindet, und also auch eine zweite, dritte und so fort ins Unendliche, welche Gottheiten uns aber dann freilich wohl nichts mehr angehen?

17. Nach diesen Grübeleien fingen sich einige wieder an auf die Brust zu schlagen und dann jammernd zu schreien: „Tribihal, Tribihal, was hast du geredet?!"

18. Wenn so, – welch ein Kampf steht dereinst solchen Göttern bevor, wenn sie sich mit ihren großen Willensmächtigkeiten begegnen werden, wenn auch in den endlosen Tiefen des unendlichen Raumes!"

19. Hier erhob Sich der Abedam wieder, berief alle die Grübler zu Sich und sagte dann zu ihnen: „O ihr großen Narren, was habt ihr denn für Unsinn ausgeheckt?! Wahrlich, Ich möchte ihn nicht wiederholen – und möchte ihn auch von niemandem mehr wiederholen hören!

20. Damit ihr aber dennoch aus euren endlos dummen Träumereien kommt, so habe Ich Mich eurer Torheit erbarmt und will euch ein wahres Licht geben für euer

finsteres Herz, und so hört denn: Das ihr des Raumes Unendlichkeit benennt, ist der Geist Meines Willens, der von Ewigkeiten her eben diese endlose Räumlichkeit gestellt hatte und hat sie erfüllt allenthalben mit Wesen aller Art. Dieser Geist aber hat einen Mittelpunkt wesenhaft gestaltlich, in dem alle Macht dieses unendlichen Geistes vereinigt ist zu einem Wirken, und dieses Machtzentrum des unendlichen Gottgeisteswesens ist die Liebe als das Leben eben dieses Geistes; und diese Liebe bin Ich von Ewigkeit.

21. Obschon Sich aber der Geist Gottes überall wirkend äußern kann, so kann Er Sich aber dennoch nicht wesenhaft gestaltlich äußern ohne die Liebe; wo aber Gott Sich dann gestaltlich äußert, da auch äußert Er Sich möglicherweise für endliche Wesen, wie ihr es seid, durch Seine Liebe, welche da ist das eigentliche Grundwesen Gottes und der Sammelpunkt aller Macht, Kraft und Herrlichkeit des unendlichen Geistes.

22. Seht, das ist das Wesen Gottes in aller Wahrheit und kann nur mit dem Herzen, aber nie mit dem Verstand begriffen werden!

23. Solches aber fasst in euer Herz, so wird euch der unendliche Raum nimmerdar beirren, und die bevorstehenden Götterkriege werden aus eurem Gehirn verschwinden! Amen."

Kapitel 140

Das rechte Gebet und der rechte Vater.
Pura wird Jared übergeben

Am 20. August 1842

1. Nun erst fingen allen die Augen so recht aufzugehen an, und sie begriffen das, wie Gott unendlich und dabei aber dennoch ihnen auch ein sichtbarer Vater sein kann.

2. Der Jared aber wollte nun vor lauter Dankgefühl aus dem tiefsten Lebensgrunde niederfallen vor Abedam und Ihn anbeten nach der möglichsten Kraft seines Geistes; allein der Abedam sagte zu ihm:

3. „Jared, Ich sage dir, es hat dessen, was du nun tun möchtest, zwischen uns zweien durchaus nicht vonnöten! Denn du weißt ja, dass bei Mir das Mund- und Gebärdengebet nichts gilt, sondern allein das Gebet der Liebe im Herzen; daher unterlasse das, was Mir zuwider ist!

4. Denn wer Mich in seinem Herzen über alles liebt, und liebt aus dieser Liebe heraus auch seine Brüder und Schwestern mehr denn sich, der ist es ja auch, der Mich allzeit, beständig und ohne Unterlass wahrhaft im Geiste und in aller Wahrheit anbetet. Siehe, solches ist aber bei dir ja schon gar lange der Fall; wie möchtest du Mich denn nun auch noch mit Mund und Gebärde anbeten?!

5. Würde das nicht eben also heißen, als so du jemandem gäbest tausend Körbe der schönsten und edelsten Früchte, damit aber nach deiner Meinung die Gabe vollkommen wäre, du dann nach einer zeremoniellen Sitte auch noch hinzulegen möchtest ein dürres Baumblatt?

6. Sage Mir aber, wozu hier dies dürre Blatt hinzu? Wahrlich, es wird der

Empfänger darum nicht reicher und wird diese Hinzugabe nur als läppisch betrachten und wird sie auch bei der Verzehrung der Früchte sicher nicht mitspeisen, sondern wegwerfen als ein vollends unnützes Ding; denn was da an und für sich keinen Wert hat, welchen Wert sollte das haben dann mit der wahrhaftigen Gabe?

7. Daher sei du auch vollkommen versichert, dass Ich bei dir durchaus nicht darauf anstehe, dass du Mir hier zu deinem beständigen Gebet im Geiste und aller Wahrheit noch hinzufügen möchtest ein dürres Blatt, sondern Ich sage dir, wie auch allen, bleibe allzeit bei dem Gebet, und Ich werde für dieses stets Meine Ohren und Mein Herz offen halten!

8. Nun aber vernehme du, Mein lieber Jared, etwas ganz anderes!

9. Siehe, dies Mädchen hier, wie du es bereits vernommen hast, ist irdischerweise vater- und mutterlos und hat nun auf der ganzen Erde keine näheren Anverwandten, außer nach Mir und dem Adam Brüder, Schwestern, Väter und Mütter. Nun aber habe Ich sie vollends zu einer Tochter angenommen und will sie somit auch in Mein Haus aufnehmen!

10. Siehe, es ist aber dein Haus eben auch das Meinige; daher wollen wir sie eben auch in dieses Haus aufnehmen und wollen da ihr Herz also ausschmücken, dass es ein vollkommenes Ebenbild sein soll des höchsten und des reinsten aller Himmel, allda Ich mit Meinen vollkommensten Engeln beständig zu wohnen pflege!

11. Und so denn übergebe Ich sie dir; nehme sie auch du an zu einer Tochter deines Herzens, und wie Ich es dir verheißen habe wahrhaftig und getreu, so auch werde Ich Wohnung nehmen in deinem und also auch allzeit in Meinem Haus. Amen."

12. Nach diesen Worten aber ergriff Er die Hand der Pura und sagte zu ihr: „Mein Töchterchen! Sehe an den Mann hier; siehe, er ist ein Mann vollkommen nach Meinem Herzen! Sein ganzes Wesen ist Meine Liebe in ihm. Dieser ist auf der Erde dein wahrer Vater, wie Ich dein lieber und allein rechter es bin; daher folge ihm, und er wird sorgen für dein ganzes Leben auf Erden, wie Ich für dein ewiges! Amen."

13. Mit diesen Worten segnete Er das Mädchen und übergab es dem vor Freuden weinenden Jared.

14. Der Jared aber empfing dies Kind mit der größten Zärtlichkeit, Dankbarkeit und Liebe und sagte zu ihm: „Komme, komme, du reinstes Töchterchen des allerliebevollsten und über alles heiligen Vaters; bei mir sollst du ja alles, alles wiederfinden, was du je auf der Erde trauernd verloren hast!

15. Siehe, wie du es selbst vernommen hast, so ist mein Haus eigentlich nur ein Haus des allerheiligsten Vaters, der da hier nun sichtbar vor uns steht!

16. Wo aber Sein Haus ist, da ist auch Er ein allzeit liebevollster Hausvater und alles, was Er erschaffen hatte, wunderbarster Weise mit Ihm; daher sei frohen und dankbar heiteren Mutes, und komme zu mir! Wahrlich, du kannst es glauben, so wie du ist noch nie ein Mensch auf dieser Erde versorgt worden!"

17. Da die Pura aber solches vernommen hatte, da wandte sie sich schnell zum Abedam und fragte Ihn: „O heiliger, liebevollster Vater! Habe ich Arme denn etwa gesündigt vor Dir, dass Du mich nun von Dir entfernen willst?

18. Nein, nein, Jared kann ja ein Mann sein nach Deinem Herzen und ist wahrhaft auch ein guter Vater, was ich soeben vernommen hatte aus seinem Munde, – denn solche Worte könnte ja niemand führen vor Deinem Angesicht, wenn sie nicht wahrhaftig und getreu wären! –, aber Du ist er denn doch nicht, und wird es ewig nicht sein! Daher weiche ich auch nicht von Dir; denn mein Herz sagt es mir, dass Du nur der allein wahre Vater bist, und es gibt außer Dir keinen wahren Vater mehr, und ein Sünder soll der sein, der sich diesen Deinen allerheiligsten Namen zueignet und sich auch ‚Vater‘ nennt!

19. Nein, nein, mich trennt nichts mehr, ewig nichts mehr von Dir, Du mein lieber, heiliger Vater!"

20. Hier ward der Jared verlegen und wusste nicht, was er nun reden und tun solle.

21. Der Abedam aber sagte zu ihm: „Mein Jared, siehe, also soll alle rechte Liebe beschaffen sein! Jetzt erst soll dies Mein wahrhaftiges Töchterchen zwischen Mir und dir verbleiben und morgen auch also in Mein und dein Haus ziehen!

22. Denn Ich tat solches nun zu einer Probe für sie und für euch alle! Daher sei du, Mein lieber Jared, nur ganz vollkommen ruhig; denn es geht nichts außer Meiner vorbestimmten Ordnung.

23. Das Wort der Pura über den rechten Vater aber soll jedermann zur tüchtigen Lehre dienen, damit er vollends wisse, wer da allein dieses Namens vollwürdig ist. Und so denn verbleibe auch du hier bis zum morgigen Tag bei Mir, und dann aber auch ewig! Amen."

Kapitel 141

Pura und Jared. Puras Ergebenheit und Demut

Am 22. August 1842

1. Darauf wandte Sich der hohe Abedam zur Pura und fragte sie: „Nun, Mein liebes Töchterchen, bist du jetzt zufrieden mit Meiner Anordnung?"

2. Und die Pura erwiderte voll der allergrößten Freude: „O Du überheiliger Vater, wie sollte ich jetzt nicht zufrieden sein?!

3. Ich darf ja bei Dir verbleiben, bei Dir, dem alleinig wahren und allerbesten Vater! Wie sollte ich da unzufrieden sein?!

4. Dass der liebe Jared auch hier verbleibt, das freut mich auch überaus; denn er muss ja auch ein recht guter Mann sein, da Du, lieber, heiliger Vater, ihn so liebhast und von ihm aussagst, dass er ein Mann vollkommen nach Deinem Herzen ist!

5. O Jared, o Jared, wie ungemein, ja wie unaussprechlich glücklich musst du nun in dir sein, da du aus dem allerheiligsten Munde des allmächtigen großen Gottes, unseres allerliebevollsten Vaters solche Kunde erhieltest, dass du ein Mann vollkommen nach Seinem Herzen bist?!

6. O Zeugnis, o du lebendigstes Zeugnis! Aus dem Munde Gottes kommst du über einen Menschen, die Fülle des ewigen, allerseligsten Lebens im Schoße des allerheiligsten Vaters!

7. O ja, du mein Jared, ich habe dich nun auch sehr lieb, weil dich der heilige Vater so liebhat; komm nur her, daher komme, und setze dich zu mir, und freue dich mit mir!

8. Glücklicher und seliger war doch sicher wohl noch nie ein erschaffenes Wesen, als wir es jetzt sind, darum wir den

allerheiligsten Vater in unserer Mitte haben und Ihn lieben können und dürfen nach unserer Herzenslust!

9. So komme, so komme, du lieber, guter Mann nach dem Herzen des allerheiligsten Vaters; denn ich habe dich ja auch lieb!"

10. Es konnte sich aber der Jared vor zu großer Wonne nicht bewegen, ja nicht einmal seine Lippen. Darum wandte sich die Pura an den Abedam und sagte zu Ihm: „Aber sieh doch, o lieber, heiliger Vater, der fromme Jared will nicht folgen meiner Bitte!

11. Ist er denn zuweilen harten Herzens, darum er nicht vernehmen mag eine Bitte?"

12. Und der Abedam entgegnete ihr: „O nein, Meine geliebte Tochter, er ist für den ersten Augenblick nur zu wonnemüde und kann aus zu großer Liebeseligkeit sich kaum bewegen; daher gehe du zu ihm hin, und führe ihn dahin, da du ihn haben möchtest!"

13. Und die Pura, etwas betroffen, aber erwiderte dem Abedam: „O Du liebevollster, heiligster Vater, es hatte Dir ja schon wieder gefallen, mich auf eine kleine Probe zu stellen!

14. O sieh, das weiß ich wohl recht gut, dass es sich auf keinen Fall schicken würde, so ich, ein schwaches Mädchen nur, da wollte einen Mann, und gar den Jared, einen Mann nach Deinem Herzen, führen; denn das käme ja gerade so heraus, als wollte ich ihn beherrschen!

15. O das sei ja ferne von mir! Denn ein Weib muss ja allzeit den als Herrn aus dem Grunde ihres Herzens erkennen, den Du ihr doch offenbar und ausdrücklich zu einem Herrn gesetzt hast; und so kann er

wohl mich, so er will, führen und leiten, nicht aber ich ihn!

16. Ist es nicht recht also? Wenn aber Du ihm so einen kleinen Wink geben möchtest, da würde er sicher gehen daher an meine Seite!"

17. Und der Abedam sagte darauf zur Pura: „Jetzt erst bist du ein ganz vollkommenes Mädchen, da du mit deiner großen Liebe auch die wahre weibliche Ergebenheit und Demut vereinigt hast; rufe aber nur noch einmal den Jared, und er wird sogleich vernehmen deine Bitte!"

18. Und die Pura folgte nun sogleich dem Wort Abedams und sagte zum Jared: „Jared, magst du denn meine Bitte noch nicht vernehmen?

19. Siehe, ich habe dir hier ja schon den schönsten Platz bereitet; so komme doch einmal hierher, damit ich bin zwischen dir und dem allerheiligsten Vater also, wie Er es mir ehedem verheißen hatte! Denn ich habe dich auch sehr lieb, das kannst du mir sicher glauben!"

20. Hier erst folgte überselig der Jared dem Ruf der Pura, ließ sich neben ihr nieder und pries Mich in seinem Herzen für eine so große Gnade.

21. Auch die Pura ward nun vollends zufrieden und dankte Mir laut, darum Ich erhört habe den Wunsch ihres Herzens.

22. Der Abedam aber sagte zu allen: „Kindlein, eure Glieder sind müde geworden! Also genießt die Ruhe, und schlaft; aber im Geiste bleibt stets wach!

23. Und du, Mein Töchterchen, lege dich nun auch zur Erde nieder, und schlafe wachen Geistes!

24. Ich aber werde wachen über euch allen und werde euch am Morgen erwecken zur rechten Zeit.

25. Und so geschehe es denn jetzt, wie allzeit! Amen. Mein Segen mit euch allen! Amen."

Kapitel 142

Der Herr unterweist die zwölf Boten im Schreiben und Lesen und die Brüder Lamechs in der Metallerzeugung. Henochs Berufung zum Oberpriester. Abschied des Herrn

Am 24. August 1842

1. Also wie am Sonnetag und am Sabbat wurde auch am Mondtag ein vom Abedam wohlgesegnetes Morgenmahl eingenommen, welches ebenfalls wieder der Seth zu bestellen hatte.

2. Nach eingenommenem Morgenmahl aber berief der Abedam die bekannten zwölf Boten zu Sich, lehrte sie die Worte durch entsprechende Schriftzeichen mit gespitzten Griffeln auf steinerne Tafeln zeichnen und dieselben sodann auch alsogleich lesen, und gebot ihnen, solches auch alle anderen Brüder zu lehren, wenn auch nicht das Zeichnen, so aber doch wenigstens das Lesen.

3. Nach dem gebot Er ihnen auch, nach der Eingabe des Geistes jegliches Wort also niederzuschreiben, das da gegangen ist aus Seinem Munde, wie auch alles, was da einer oder der andere in Seiner Gegenwart geredet hatte, und es solle dann solches alles aufbewahrt werden bis auf die späten Zeiten bei den Hauptstammhältern.

4. Die Sammlung aber solle dann den Namen haben ‚*Das heilige Buch oder die Kriege Jehovas*‘; doch sollten die Kriege den letzten Teil ausmachen.

5. Also wurden in kurzer Zeit die zwölfe abgefertigt; sodann aber behieß Er den Jared, sich zu erheben mit Ihm und mit Ihm zu geleiten das Mädchen in sein Haus, und behieß nebenher auch alle die anderen Väter, dass sie Ihm folgen sollten in das Haus und teils zum Hause Jareds.

6. Und alles erhob sich und folgte Ihm.

7. Im Hause Jareds aber sagte Er zur Pura: „Siehe, Mein Töchterchen, hier ist gut sein; denn das ist Mein Haus, darum es ist ein Haus der reinsten Liebe, welche darinnen wohnt im Jared, Henoch, Mathusalah und Meinem Lamech, der da eben eine Meiner lieben Töchter hat zum Weib aus Meiner Hand wie dessen Brüder, die da Männer sind ihrer Schwestern voll keuschen Sinnes.

8. Also wirst du auch hier verbleiben bis zur völligen Reife deines Geistes, da Ich dich dann rufen werde von der Erde und du eingehen werdest in das Reich des wahren, ewigen Lebens!"

9. Darauf wandte Er Sich zu Jared und sagte zu ihm: „Wie du bist ein weiser Vater Henochs, Mathusalahs und Lamechs, also sei es auch diesem Kind, das du ganz unmittelbar aus Meiner Hand erhieltest! Was du sonach in Meinem Namen tun wirst mit dieser Meiner Tochter, das wird auch vollkommen sein; doch soll sie keinem Mann nähertreten, bevor Ich es dir nicht ausdrücklich anzeigen werde! Amen."

10. Darauf berief Er die fünf Brüder Lamechs zu Sich, führte sie dann in ihre Werkstätten, die errichtet wurden wunderbar durch Seinen allmächtigsten Willen, und zeigte ihnen das rechte Erz der Berge, lehrte sie dann mit kurzen Worten dasselbe zu reinigen im Feuer der Kohle und dann schmieden zu allerlei

notwendigen Gerätschaften, und segnete die Berge und das Werk ihrer Hände.

11. Nach dem begab Er Sich wieder in das Hause Jareds und empfing allda die zwei zurückgekommenen Boten, welche da hießen Sethlahem und Kisehel und begleitet hatten am Sonnetag den Horadal in das für ihn und sein Volk bestimmte Land zwischen Morgen und Mitternacht, und berief auch deren Brüder, rüstete sie aus mit Seiner Liebekraft und beschied sie sodann alsogleich in die Tiefe hinab gen Hanoch.

12. Nach dem aber berief Er alle die Hauptpatriarchen der vier Gegenden zu Sich und legte jedem teuerst aus Seiner allerhöchsten Vaterliebe ans Herz, dass sie alle die nun vernommenen Lehren fürs Erste treulichst im eigenen Herzen wahren sollten und sollten auch alle ihre Kinder werktätig in solcher Lehre unterweisen.

13. Dann aber berief Er auch den Henoch und machte ihn zum wahren Oberpriester Seiner Liebe, Gnade und Erbarmung, und zeigte dann solches auch allen an, dass sie sich in allem an den Henoch zu wenden hätten, wo sie nicht auslangen sollten mit ihrem Geist und ihrer ihnen verliehenen Kraft.

14. Endlich warnte Er alle vor der Tiefe und vor ferneren Verbindungen mit deren Töchtern; doch aber gab Er ihnen in diesen Warnungen kein Gebot, sondern überließ solches alles ihrem freien Willen.

15. Darauf gegen den Abend führte Er sie alle wieder auf die bekannte Höhe, schärfte ihnen da noch das Gesetz der Liebe in ihre Herzen, segnete sie dann alle und entließ endlich alles Volk, dass es wieder ziehe in seine Heimat, empfahl der Purista die Treue in ihrem Dienst und entließ sie sodann auch.

16. Endlich aber berief Er noch zu Sich die Hauptstammväter und Abedam den anderen und sagte zu den Vätern: „Kinder und Brüder Meiner Liebe! Meine Liebe bleibe unter euch; das ist der bleibende Segen des Vaters – und Er bei euch!

17. Du, Abedam, aber gehe nun mit Mir dahin, da Ich dich um die Zeit traf am Vorsabbat abends; ihr alle aber begebt euch in eure Wohnungen! Amen."

18. Und alles fing an zu weinen; der hohe Abedam aber verließ sie plötzlich und ward an der vorbenannten Stelle auch dem bekannten Abedam unsichtbar.

19. Dieser aber kehrte schnell zurück und berichtete es den Vätern, wie der Allerhöchste seinen Blicken entschwand.

20. Und der Adam lud diesen Abedam in seine Wohnung ein, und dieser blieb nachher noch drei Tage im Hause Adams, Seths und Jareds und zog dann nachdenkend in seine Heimat.

Kapitel 143

Des anderen Abedams Rede über die Last des Lehr- und Prophetenamtes

Am 25. August 1842

1. Schon recht früh begaben sich die Väter auf die Höhe und lobten und priesen Gott, den überheiligen Vater, der sie durch diese kurze Zeit so endlos bereichert hatte; selbst der Adam fehlte nicht, sondern war vielmehr in der Gesellschaft Abedams, des bekannten, und der Eva einer der ersten auf der Höhe und segnete rings herum alle seine Nachkommen.

2. Nach beendigtem Lob und Preise aber fragte der Adam all die Kinder und sagte zu ihnen: „Was meint ihr wohl? Es ist

heute der Streittag, werden sich heute keine Weisheitszänker vom Mittag her, keine Grübler vom Abend her und keine Zweifler von der Mitternacht her hier einfinden?

3. Bis jetzt sehe ich wenigstens von keiner Seite her irgendjemanden sich unseren Wohnungen nahen!

4. Wahrlich, wenn heute niemand kommt, so wird solches von mir aus für eines der größten Wunder angesehen werden, welches uns bleibend geworden ist durch die allerheiligste sichtbare Gegenwart Jehovas!"

5. Abedam, der bekannte, aber antwortete alsogleich auf die Frage Adams also: „Höre, ehrwürdigster Vater, noch hat der Tag erst kaum sein Dasein begonnen, daher frohlocke nicht zu früh!

6. Siehe, unsere Gedanken und unsere Worte wie unsere Werke sind nicht unbelauscht, denn mein großer Namensgefährte kann ja ebenso gut unsichtbar sich unter uns nun befinden, als wie Er gestern noch sichtbar unter uns gewandelt hatte.

7. So ihr euch aber etwa freut eines zeitlichen Vorteils wegen, siehe, da ist Er bei der Hand und vernichtet für euch alsbald alles, worüber ihr euch weltlich freuen möchtet!

8. Daher bin ich der Meinung, nicht zu früh zu jubeln, denn sonst schickt Er euch gerade heute so viel Streiter über den Hals, dass ihr eben heute mit ihnen gar nicht fertig werdet, und dazu noch Streiter von der spitzfindigsten Art, die nichts begreifen, nichts einsehen, und daher in allen ihren Aussprüchen ein vollstes Recht haben wollen!

9. Wie angenehm aber mit solchen Vettern zu reden ist, die da haben einen steinernen Kopf und eine eherne Brust, –

Väter, das habe ich leider nur schon zu oft empfunden!

10. Daher meine ich, ihr solltet nicht zu früh jubeln, sondern dafür Ihn, den Herrn alles Streites, bitten, dass Er da möchte allen nichtigen Streit für alle Zukunft in weitester Ferne halten und dafür allen angedeihen lassen ein gerechtes Licht, damit da aller Streit einmal ein Ende hätte!

11. Seht, liebe Väter, das ist meine Meinung, die ich freilich wohl niemandem aufdringen möchte, und schon am allerwenigsten euch Vätern der hohen Mitte!

12. Doch sage ich aber, da ich schon einmal in der Rede bin: Es rühme sich auch niemand eines Lehramtes und juble bei sich ja nicht, dass ihn der Herr zu einem Lehrer gemacht hatte und zu einem Propheten; denn die Lehrer und der Prophet werden nicht geliebt, sondern nur höchstens geachtet und gefürchtet.

13. Ich aber sage da: Der Abedam bedankt sich für solche Auszeichnung, wenn er durch sie die Liebe entbehren muss! Daher will ich zwar wohl recht gerne ein Lehrer der Liebe sein werktätig; aber nur bei einem Weisheitsstreit lasst mich so ferne als nur immer möglich! Und wenn ich auch wüsste durch den Geist, dass der Herr morgen machen möchte mit der ganzen Erde, wie Er da vorgestern gemacht hatte dort mit jenem Berg im Morgenland, wahrlich, ich möchte Ihn so lange darum bitten, auf dass Er mir's erlassen möchte, solches zu künden den Menschen, wodurch ich wohl ihre Furcht, aber sicher nicht ihre Liebe erwecken möchte! Ich meine aber, solches ist auch eine Weisheit?

14. Bruder Henoch, ich sage es dir, du hast wohl das schwerste Amt überkommen!

15. Wahrlich, so ich an deiner Stelle gewesen wäre, so hätte ich es eher drei-, ja sieben Mal dem Herrn zu den Füßen niedergelegt, bevor ich es angenommen hätte!

16. Glaube es mir, lieber Bruder Henoch, das Amt wird dir viel zu schaffen machen! Du bist ganz aus lauter Liebe zusammengesetzt und wirst auch lauter Liebe predigen, aber dadurch eben am allerwenigsten die Liebe genießen zeit deines Lebens!

17. Denn es ist kein Unterschied darinnen, zu sein ein Lehrer der Weisheit oder der Liebe, da in der Liebe eben die allerhöchste Weisheit steckt.

18. Also wirst du wohl die größte Achtung genießen, aber es werden dich gar wenig Brüder und Schwestern umarmen!

19. Mir aber ist eine Umarmung eines Bruders mehr und die auch einer Schwester denn die höchste Achtung aller Welt!"

20. Hier schwieg der Abedam. Es verwunderten sich aber alle über seine Weisheit, und der Henoch eilte zu ihm hin und sagte:

21. „Bruder, du hast vollkommen gesprochen! Ich empfinde nun das alles lebendig in mir, was du geredet hast, aber wie ist dem jetzt mehr abzuhelfen?"

22. Und der Abedam sagte zu ihm: „Bruder, glaube mir, Er ist unter uns, und da ist ja allem leicht zu helfen! Siehe, wir haben ja ein lebendiges, offenes Auge für Ihn; es ist unser Herz!

23. Daher tragen wir Ihm das, was uns irgend drückt, nur lebendig vor im Herzen, und Er wird da sein und lindern, das uns drückt!

24. Also meine ich es und glaube, dass solches richtig ist!

25. Meinst du doch nicht anders?"

Kapitel 144

Henoch rechtfertigt das Lehr- und Prophetenamt

Am 26. August 1842

1. Darauf besann sich der Henoch eine kurze Zeit und sagte dann zum Abedam: „Bruder, du hast durchaus nicht unrecht, doch aber meine ich meinesteils, es kommt eigentlich hier auf der Welt nicht auf die Behaglichkeit an, mit welcher ein oder das andere Amt verbunden sein sollte oder möchte, sondern allein auf den Willen des Herrn und unserer Herzen wahre Demut!

2. Denn obschon es wahr ist, dass ein Lehrer und ein Prophet mehr geachtet denn eigentlich geliebt wird, so ist aber anderseits doch auch wieder wahr, dass sie eben dadurch mehr denn jemand anderer in den Schranken der Demut gehalten werden.

3. Denn das ist einmal gewiss, dass im Grunde die Liebe ein allerhöchster Grad der Hochachtung dessen ist, was man liebt, von der die sogenannte Amtsachtung dann nur ein Funke ist.

4. Denn was man wahrhaft liebt, für das auch geht man ins Feuer; was man aber nur amtsachtet, hinter dem pflegt man sich dann zu schützen, so zum Beispiel kommen möchte eine Gefahr.

5. Daher meine ich meinesteils: Wenn uns der heilige, liebevollste Vater allein nur für die Behaglichkeit hätte stellen wollen, so hätte es von Seiner allmächtigen Seite nichts mehr bedurft, als uns alle samt und sämtlich in Tiere zu verwandeln, und der Zweck der vollkommensten Behaglichkeit für uns wäre dadurch auf einen Hieb erreicht gewesen; allein Er, die allerhöchste

und allervollkommenste Liebe und Weisheit, hat mit uns – wie Er es Selbst uns allen gezeigt hatte – einen höheren Plan als allein den der stummen Behaglichkeit.

6. Daher hatte Er uns auch Seinen Willen kundgemacht und jeglichem gegeben das Amt der Liebe, den Geringeren aber auch noch hinzu ein Ämtchen der Weisheit.

7. Wenn wir demnach als solche eben auch nicht so viel Liebe von unseren Brüdern und Schwestern zu erwarten hätten als diese unter sich, so macht das ja eben unser Unglück nicht aus, denn in dem Falle haben wir ja dann die allerschönste Gelegenheit, sie mehr zu lieben und somit zu achten, denn sie uns, – und das ist ja aber auch des Herrn Wille.

8. Was ist denn besser: glücklich zu machen oder glücklich gemacht zu werden, – zu geben oder zu nehmen?

9. Daher meine ich wieder, es kommt da nur auf uns an, wie wir die Sache in unserem Herzen aufnehmen – entweder aus wahrer Liebe zu unseren Brüdern vor Gott, oder aus einer richterämtlichen Nötigung, welche ehedem unser aller Anteil war –, und wir alle können dann vollends versichert sein, dass Er, der übergute Vater, uns Kindlein kein ehernes Joch auf den Nacken gebunden hatte.

10. Bleiben wir demnach überdankbaren und demütigen Herzens nur, wozu Er uns berufen hatte! Denn des können wir alle versichert sein, dass Er, die allerreinste Liebe und die allerhöchste Weisheit, uns nicht fürs Verderben, sondern nur für unsere und für aller unserer Väter, Mütter, Brüder und Schwestern ewige Wohlfahrt also beamtet hatte; darum Ihm allein alle Liebe, alles Lob und aller Preis von uns allen!

11. Siehe, Bruder, das ist meine Meinung! Da aber heute schon der Streittag ist und bis jetzt noch kein Zänker erschienen ist, so magst du ja wohl streiten mit mir; denn ich will nicht ein unfehlbarer Oberpriester sein, sondern, dass auch ich jedes Wort eines Bruders ansehe gegen das meinige, außer es spräche des Herrn Geist aus mir, gegen den dann unsere Worte freilich wohl nichts denn ein leeres Geplärr sind! Daher magst du mir nun wohl einwenden, so du etwas hast, denn das waren nur meine Worte!"

12. Und der Abedam aber ward bei dieser Rede Henochs ganz verdutzt, fiel ihm um den Hals und sagte endlich: „Ja, ja, lieber Bruder, du allein hast ganz vollkommen recht! Mit dir ist der Herr vollkommen; ich aber bin allzeit dumm vom Grunde aus! Oh, wie schön könnte ich mich jetzt zerreißen aus lauter Ärger über meine hartnäckige Dummheit!

13. Wird's denn in meinem Herzen nie vollends Tag werden? Nur das sage mir nun, lieber Bruder!

14. Nein, nein, es ist unbegreiflich, mit welcher Ruhe ich ehedem meine Dummheiten losgelegt habe – und wollte dich gewisserart in meine Torheit herabziehen und dich unterweisen!

15. O – o – ich großer Dummkopf! Ich dem Henoch eine Lehre geben! Bruder, vergib mir armem, dummem Tropf!

16. Denke dir dabei, dass ich gerade also geredet habe, wie ich es verstanden habe!"

17. Und der Henoch entgegnete ihm: „O Bruder, sei ruhig! Auch dein Wort hat einen guten Grund, und das meinige ist aus ihm gewachsen; darum wird es auch verbleiben, gleich dem meinen bis ans Ende der Zeiten aufbewahrt. Daher sei ruhig,

denn es werden auch Lehrer und Propheten geliebt, wenn sie sind nach dem Willen Gottes, des Vaters! Verstehst du das?"

Kapitel 145

Die Ankunft zweier Fremden

Am 27. August 1842

1. Und der Abedam entgegnete darauf: „O ja, lieber Bruder Henoch, und ob ich's jetzt verstehe!

2. Nur was da die Aufbewahrung meiner früheren Rede bis ans Ende der Zeiten betrifft, so magst du wohl recht haben insoweit, dass da in Gott sogar alle unsere Gedanken aufbewahrt werden und somit sicher auch meine frühere Rede, und wenn sie noch einmal so leer gewesen wäre, als sie es ohnehin war; aber dass sie etwa gar solle aufgezeichnet werden auf Steintafeln, – das wäre denn doch ein wenig zu viel verlangt!

3. Da weiß ich noch nicht so ganz recht, was du damit hast sagen wollen; daher möchte es mir durchaus nicht im Geringsten schädlich sein, so du mir darüber ein paar Wörtchen zukommen ließest!"

4. Und der Henoch erwiderte ihm und sagte: „Ich sage dir im Namen des Herrn, nicht nur deine frühere Rede, sondern auch jedes Wort, das du jetzt geredet hast, wird auf steinerne Tafeln gezeichnet werden! Verstehest du's jetzt?"

5. Und der Abedam erwiderte: „Ja, jetzt ist es mir ganz klar; aber jetzt will ich auch alsogleich nichts mehr reden, damit des leersten Zeugs meines Mundes nicht noch mehr auf die steinernen Tafeln zu stehen komme!

6. Doch siehe, da vom Abend her sehe ich soeben zwei Männer eiligen Schrittes sich uns nahen; dadurch wird meine Zunge sicher eine Rast bekommen, aber desto mehr Tätigkeit meine Ohren!

7. Über das aber habe ich heimlich eine kleine Freude, dass da meine Vorhersage doch etwas Treffendes gehabt hatte, nämlich, dass man ob des Nichterscheinens der Streiter am frühsten Morgen nicht zu vorlaut jubeln solle! Denn das sind schon einmal sicher ein paar so recht hitzige, nach dem sie ihre Füße gar so eiligst wechseln!

8. Doch nun kein Wort mehr weiter, denn sie sind schon so gut wie hier!"

9. Und die zwei Männer näherten sich eiligen Schrittes den Vätern auf der Höhe und grüßten sie überaus ehrfurchtsvoll.

10. Der Adam aber trat sogleich mit der angewohnten patriarchalisch-richterlichen Amtsmiene hervor und fragte sie auch auf die gewöhnliche Art: „Welcher Zwist hat euch hierher getrieben?"

11. Und einer der zwei Männer erwiderte: „Vater Adam, diesmal wirst du von uns auf diese Frage wohl schwerlich eine Antwort aus unseren Herzen erhalten! Daher wirst du dich für diesmal schon müssen zu einer anderen Frage bequemen; denn uns trieb heute durchaus kein Zwist hierher!"

12. Bei dieser Gelegenheit bemerkte für sich selbst auch der Abedam, sagend nämlich: „Mir scheint, auch ich habe meiner Vorhersage etwas zu früh ein Preiswort gesprochen! O Herr, vergebe mir meine allzeit große Torheit!"

13. Der Adam aber fiel auf die Äußerung des Fremden alsogleich aus seiner Rolle und wusste nun nicht mehr, was er die beiden fragen oder was er sonst mit ihnen reden oder machen solle und berief

daher den Henoch zu sich und fragte ihn, was hier zu tun sein solle.

14. Der Henoch aber sagte: „Nichts – als warten! Denn haben die beiden irgendeinen Grund, warum sie zu uns gekommen sind, so werden sie ihn uns schon ohnehin noch früh genug kundgeben; und haben sie keinen anderen als allein den, uns zu sehen, so werden sie wohl wieder umkehren, wenn sie sich an uns werden satt gesehen haben.

15. Daher sollen wir allzeit unbekümmert sein, warum dies und warum jenes, sondern alle unsere Sorge sei gerichtet auf Den, der da noch gestern überheilig unter uns gewandelt hatte!

16. Siehe, solches allein tut uns allen not; für alles andere aber wird schon der liebevollste, heilige Vater sorgen!

17. Darum magst du, Vater Adam, auch nun vollends ruhig sein und somit belassen alle die alten, nichtssagenden Amtsformen! Denn Er hat uns allen ja eine neue Form gegeben, nämlich die allerherrlichste Form der Liebe; bei der und in der aber sollen und wollen wir auch jetzt, wie ewig, verbleiben! Amen."

Kapitel 146

Die weise Rede des Fremden

1. Diese Worte Henochs führten den Adam wieder ganz zur Ruhe; der Fremde aber, der da schon früher geredet hatte, trat nun zum Henoch hin und sagte zu ihm:

2. „Henoch, deine Worte gefallen mir! Du bist ein wahrhafter Lehrer und Prophet, denn du predigst die Liebe.

3. Die Liebe auch ist der Grund, der mich und, wie du es siehst, noch einen Bruder hierher geführt hatte.

4. Denn nicht streiten wollen wir vor euch, die ihr mit dem Geist der Liebe seid erfüllt worden, sondern eben den Geist der Liebe wollen wir in euch erforschen also, als wäre er uns ein fremder; und haben wir ihn erforscht, da wollen wir ihn euch nicht nehmen, sondern in aller Fülle, wie er in euch ist, belassen.

5. Siehe, das ist der Grund, darum wir hierher kamen! Es geht aber die Sonne ja auch auf und unter, wodurch da entsteht Tag und Nacht auf der Erde; aber in der Sonne selbst, die eine bei weitem größere Welt ist denn die Erde, gibt es keine Nacht, da die Sonne durchaus Licht ist.

6. Also scheint es auch der Fall zu sein mit dem Menschen, so er nicht durch und durchforscht ist in seiner Liebe, dass er ist gleich einem Planeten, auf dem es bald Tag und bald wieder Nacht wird.

7. Wenn er aber durchforscht wird in seinem Herzen, alsdann wird das Herz zur Sonne, und so wird fürder keine Nacht mehr in seiner Seele!

8. Also erforscht ja auch ein Bräutigam seine Braut und diese dann den Bräutigam; dadurch wird ihre Liebe stets leuchtender, darum sie sich auch stets mehr und mehr erkennen und dann auch umso inniger lieben.

9. Und wenn ihre Liebe dann vollbrändig wird, so ergreifen sie sich, für ewig durch und durch erleuchtet, da sie sich erkennen und in dieser Erkenntnis sich erst vollends gegenseitig wohlgefallen.

10. Daher lasst uns gegenseitig auch also erforschen, damit unsere Liebe eine vollkommene werde!"

11. Hier zupfte Abedam den Henoch und sagte: „Bruder, wie werde ich mich denn in meiner Heimat als Lehrer ausnehmen, wenn es dort also überaus weise Männer gibt?!

12. Denn, erlaube mir, gegen den sind wir beide ja schon wieder im Staube! Nein, es ist mir unbegreiflich, woher diese denn solche Weisheit genommen haben!"

13. Der Henoch aber sagte: „Abedam, sei nur ruhig; denn da wird schon noch etwas Unbegreiflicheres herauskommen! Denn die Männer gefallen mir überaus gut! Verstehst du das?"

Kapitel 147

Die Streitfrage über das Leben des gerichteten und des freien Menschen

Am 30. August 1842

1. Nach diesen gegenseitigen Bemerkungen Abedams und Henochs wandte sich der fremde Redner wieder an den Henoch und fragte ihn:

2. „Höre, lieber Henoch, der du eingesetzt wardst zum Oberdiener des Herrn, ich und dieser Bruder da neben mir sind in einer Sache uneins – das heißt, wir sind nicht uneins etwa im Herzen, sondern ein wenig im Licht nur –; da du aber zuallermeist bist als ein Oberdiener vom Herrn mit dem Licht begabt worden zufolge deiner Liebe zu Ihm und aus der zu allen Brüdern, so gebe uns erleuchtend kund dasjenige, darüber wir uneins sind!

3. Das aber ist der Punkt, der uns im Licht trennt: Ich sage es in mir, dass auch der gerichtete Mensch lebt; aber er lebt ein gezwungenes Leben, während der freie, ungerichtete Mensch ein absolutes, ungezwungenes Leben lebt.

4. Und so ist ein gerichtetes Leben ein Leben der Sünde, und ein ungerichtetes Leben aber ein Leben der Liebe; und somit gibt es dann ja keinen Tod, sondern nur einen Lebensunterschied!

5. Siehe, solches sage ich mir. Der Bruder da aber sagt:

6. ‚Ein gerichtetes Leben ist durchaus kein Leben, sondern nur ein allerbarster Tod! Denn ein gerichtetes Leben gleicht vollends einem geworfenen Stein, der zwar auch fliegt durch die Luft gleich einem Vogel, aber nur so lange, als ihn die Wurfkraft trägt; hört aber diese auf, so fällt er sogleich wieder vollkommen tot zur Erde, während der Vogel sich frei nach allen Richtungen bewegen kann!'

7. Ja, er setzt noch hinzu: ‚Nehmen wir an, der Stein wäre also mächtig geworfen worden, dass er darob im unendlichen Raum sich ewig fortbewegen müsste, so fragt es sich, ob der Stein zufolge dieses ewigen Fortfluges lebe, oder an und für sich dennoch vollkommen tot sei!'

8. Siehe, lieber Henoch, das ist demnach unsere Lichtspalte, welche du uns berichtigen möchtest, aber also, dass es für jeden aus uns vollends ersichtlich klar wird, was du uns darüber sagen wirst!"

9. Hier dachte der Henoch in seinem Herzen, und er fand bei längerem Suchen keine Antwort. Denn prüfte er den einen Satz, so fand er ihn vollkommen richtig, – und tat er das mit dem zweiten Satz, so war auch wieder dieser uneinwendbar richtig; und so konnte er trotz alles Hinundherdenkens und Vergleichens keine Antwort finden.

10. Und wandte er sich – wie allzeit bei solchen Gelegenheiten – an den Jehova in

der Liebe seines Herzens, so klang es da eben also, dass da ein Satz also richtig ist wie der andere.

11. Daher kam der Henoch noch in eine große Verlegenheit und konnte mit keinem Bescheide zurechtkommen.

12. Der Fremde harrte ruhig auf die Antwort, welche nicht erscheinen wollte. Der Abedam aber zog den Henoch zu sich und sagte zu ihm ganz heimlich: „Bruder Henoch, wenn uns der hohe Abedam durch die Zeit Seines Unter-uns-Seins nicht ein wenig mit den zugeteilten Ämtern hatte anrennen lassen, so will ich nicht Abedam der Dumme heißen!

13. Nimm nur einmal jetzt diese zwei – vom Abend her noch dazu! – und mich als einen allergewecktest sein sollenden Führer unter ihnen!

14. Eine halbe solche Frage ist für mich ja schon bei aller meiner sein sollenden Gewecktheit mehr denn überaus hinreichend, um meiner ganz verzweifelten Weisheit den Mund für alle ewige Zeiten zu stopfen!

15. Ich setze den Fall, sie hätten sich mit diesen zwei Entscheidungsfragen an mich gewendet, – o Herr, was wäre da auf einen Schlag aus mir geworden?! Wahrlich, ich wäre da ja eingegangen wie ein schmutziger Wassertropfen, wenn er ins Feuer der Sonne fiele!

16. Und mich, wie du es selbst vernommen hast, hat Er zum Hauptführer gesetzt für dieses mein Abendbrüdervolk!

17. Bruder, wenn das nicht Anrennenlassen heißt, so weiß ich doch bei meiner armen Seele nicht, wie man es machen und anstellen müsste, um jemanden aus allen Kräften noch mehr anrennen zu lassen!

18. Er hatte uns ja allen zu öfteren Malen gesagt: Es kommt alles auf die Liebe an, aus der Liebe mögen wir alles schöpfen!

19. Bruder, ich liebe und liebte Gott allzeit aus allen meinen Kräften, und alle Menschen möchte ich vor Liebe ordentlich anbeißen, und doch bin ich dabei so dumm, wie nur immer jemand dumm sein kann!

20. Was sagst denn du dazu? Ich glaube heimlich bei mir, Jehova hat uns allen im Abedam einen neuen Prüfungsstein gegeben, an dem wir etwa unsere Festigkeit erforschen sollen; denn sonst wäre meine bleibende Dummheit bei meinem Beruf ja noch unerträglicher als ein Stern, der noch nie aufgegangen ist! Was meinst denn du, lieber Bruder, in dieser Hinsicht?"

21. Hier ward der Henoch noch in eine größere Klemme gesteckt und wusste am Ende nichts zu sagen als bloß nur die wenigen Worte:

22. „Bruder, glaube es mir, du bist in deiner Einfalt glücklicher denn ich bei aller meiner vermuteten Weisheit!

23. Darum will ich auch nur allein die Liebe verkünden, derlei Weisheitskniffe aber allzeit unbeachtet vorüberstreichen lassen!

24. Denn hier in diesen zwei Sätzen hätte im Grunde jeder recht, und doch ist zwischen ihnen ein bedeutender Unterschied; wie aber diesen ersichtlich machen, das ist eine andere Frage!

25. Was ist ein gezwungenes Leben, und was dagegen der Tod?

26. Diese Entscheidung wollen wir auf bessere Zeiten verschieben! Daher wollen wir die zwei auch damit abfertigen. Denn was ich nicht verstehe, davon kann ich auch nicht reden. Du verstehst mich doch?"

Kapitel 148

Die hartnäckigen Fragen des Fremden bringen Henoch in Verlegenheit

Am 31. August 1842

1. Als der Fremde aber schon eine geraume Zeit gewartet hatte und noch immer keine Antwort erhielt, da wandte er sich wieder zum Henoch und fragte ihn: „Henoch, hältst du mich denn einer Antwort unwert, darum du also schweigst, und magst zu mir nicht sagen ja oder nein? Oder solltest du noch immer keine Löse in dir gefunden haben?

2. Ich ersuche dich darum, mir entweder eine Antwort zu geben, oder mich irgendwo andershin zu bescheiden, denn ich stehe darauf an, dass da zwischen Mir und diesem Bruder vollends Licht werde!"

3. Hier besann sich dann der Henoch nicht mehr lange, sondern sagte alsobald zum Fremden: „Höre, lieber Bruder, dein und deines Bruders Anliegen ist von einer solchen Art, dass sich so ganz eigentlich darauf nicht viel sagen lässt! Denn es ist im Grunde dein Satz so wahr und richtig wie der des Bruders, und sagt im Grunde einer dasselbe wie der andere; nur die Worte sind verschieden. Siehe, also erfasse ich es; da du aber darinnen einen bedeutenden Unterschied findest, so ist es mir unmöglich, aus diesem Unterschied eine lichte Mitte herauszubringen, indem ich hier durchaus keinen Unterschied finde! Denn ein gezwungenes Leben ist ja nur ein scheinbares; was aber ist ein scheinbares Leben? Doch unmöglich etwas anderes als eine scheinbare Bewegung, welche so gut wie gar keine Bewegung ist!

4. Wenn zum Beispiel zur Nachtzeit durchbrochene Wolken unter dem Mond hinwegziehen, da kommt es dem Auge zur Erscheinung, als zöge der Mond über ihnen hinweg; ist aber diese scheinbare Bewegung nun auch eine wirkliche?

5. O mitnichten! In dieser Hinsicht ist der Mond tot; denn nicht er, sondern nur die Wolken bewegen sich.

6. Wie aber eine solche Bewegung keine Bewegung ist, sondern nur ein barster Stillstand, also ist auch ein gezwungenes oder gerichtetes Leben kein Leben, sondern bezüglich auf das eigentliche Leben ein allerbarster Tod.

7. Denn wenn etwas Nichtlebendes durch ein anderes Leben nur wie lebendig mit fortgerissen wird, wie zum Beispiel ich ein Kleid mit mir auf meinem lebendigen Leibe herumschleppe, so lebt es darum nicht, sondern es ist bar tot in Hinsicht auf mein Leben, wenn es auch eine eigentümliche Kraft insoweit innehaben muss, auf dass es nicht zerfällt oder auch gänzlich vergeht und mir darum zu einem Kleid nicht dienlich sein könnte!

8. Siehe, das ist aber auch alles, was ich dir auf deine Frage zur Antwort zu geben vermag!

9. Doch willst du aber durchaus irgendeinen leuchtenden Unterschied erfahren, so wird dir nichts anderes übrigbleiben, als dich entweder an jemand anderen zu wenden, oder eine bessere Zeit abzuwarten, allwann ich in dieser Sache vielleicht mehr Licht haben dürfte denn gerade jetzt!

10. Übrigens aber muss ich dir bemerken, dass es um vieles besser ist, Gott aus allen Kräften und die Brüder mehr denn sich zu lieben, als sich mit derlei Weisheitskniffen zu befassen.

11. Tuet das, so wird euch der Unterschied zwischen dem, was da ist ein genötigtes Leben der Sünde, oder was da ist der

Tod, gar wenig kümmern; denn nur dadurch werdet ihr wahrhaft lebendig werden!

12. Wer aber das Leben hat, der tut ja dann doch sehr unklug, wenn er sich kümmert um das, was da ist des Todes!

13. Tuet ihr nun, was ihr wollt, aber solches lasst nicht unbeachtet!"

14. Und der Fremde entgegnete darauf dem Henoch: „Mein lieber Henoch, du hast zwar in einer Hinsicht eben nicht unrecht; aber so du sagst, es solle sich der Lebendige um den Tod nicht kümmern, da möchte ich denn doch wohl von dir erfahren, was du da meinst!

15. Siehe, Gott ist doch sicher vollends lebendig; alle Menschen aber sind tot gegen Ihn! Wenn Er Sich nun als der allein Lebendige nicht kümmern würde in Seiner großen Liebe, Erbarmung und Weisheit um die in sich toten Menschen, also um den allgemeinen Tod, wie würde es da dann mit dem Lebendigwerden der Menschen wohl aussehen?

16. So wir aber Ebenmaße Gottes sind, so weiß ich in diesem Falle zufolge deiner recht guten Lehre im Ernst nicht, wie ich mich als solch ein göttliches Ebenmaß betrachten soll; denn das Leben braucht keinen Erlöser, wohl aber der Tod!

17. Siehe, dahier steckt es jetzt schon wieder zwischen uns!

18. Erweise Mir das, und ich will mich in allem zufriedenstellen!"

19. Hier fing der Henoch ganz gewaltig an zu stutzen. Der Abedam aber sagte:

20. „Es wird immer klarer: wir sind angerannt – und nichts anderes! Ich wollte schon frohlocken über deine weise Lehre; aber wie stehen wir wieder jetzt da?!

21. Nein, ist aber das ein Einwurf! Wie ein Berg auf einen Ameisenhaufen, der alle hinrichtet!

22. Nein, über den Einwurf müsste selbst ein Erzengel krank werden!

23. Bruder, weißt du was? Legen wir vor Gott und der Welt schön sauber unsere Ämter nieder, und wir werden uns sogleich besser befinden; denn noch ein solcher Einwurf kostet uns allen das bisschen Leben! Ja, ja, das tun wir!"

Kapitel 149

Henochs Rede über göttliche Ämter und den Unterschied zwischen dem Leben in Gott und dem Leben im Menschen. Des Fremden Frage nach dem Unterschied zwischen Geschöpfen und Kindern Gottes

Am 1. September 1842

1. Und der Henoch sagte darauf zum Abedam: „Lieber Bruder, ich merke nun immer mehr und mehr, dass du in deiner ersten heutigen, an den Vater Adam und an mich gerichteten Rede eben nicht unrecht hattest!

2. Aber mit dem Ablegen unserer Ämter geht es denn doch nicht so leicht, wie du es glaubst! Denn so uns da unsere Väter berufen hätten, da könnten wir solches ja ohne weitere Umstände tun.

3. Aber siehe, da uns der allmächtige, heilige Wille Selbst berufen hatte wesenhaft durch Den, dem es wohlgefiel, deinen Namen zu tragen, so geht es mit dem Ablegen unserer Ämter nicht so leicht, wie du es glaubst! Denn solange wir das anerkennen müssen, dass der hohe Abedam der Herr Gott Zebaoth Selbst es war, müssen wir auch in allen Umständen die Bürde

liebewillig tragen, welche Er uns auferlegt hatte.

4. Denn sicher hatte Er uns das Amt nicht zu unserer weltlichen Verherrlichung gegeben, sondern zu unserer allzeitigen Demütigung vor Ihm und auch vor der Welt!

5. Erkennen wir aber oder könnten wir vielmehr erkennen, dass der hohe Abedam Der nicht war, als der Er Sich uns durch Worte und Taten zu erkennen gab, da werde ich auch der Erste sein, der da deinem Rat folgen wird!

6. Ich glaube aber, solches wird eben nicht zu leicht mehr tunlich sein. Denn wer kann also reden, wie da Er geredet hatte, und wer solche Taten verrichten, die Er vor unser aller Augen verrichtet hatte? Wer hat je solche Liebe in einem Menschen entdeckt, und wer je in eines Menschen Nähe solche Wonne empfunden, wie wir sie alle in der Seinigen empfunden haben?

7. Siehe, aus solchen nur gar zu gewaltigen Gründen können wir denn auch unmöglich umhin, zu glauben, dass Er es war, als der Er Sich uns allen treulichst hatte zu erkennen gegeben.

8. Da wir aber solches somit glauben müssen, so müssen wir schon auch in aller Liebe, Dankbarkeit, Geduld und Sanftmut und großer Demut die Bürde tragen, die Er Selbst uns auferlegt hatte!

9. Des aber können wir beide versichert sein; zu unserem Verderben hatte Er solches sicher nicht getan!

10. Daher glaube du auch nicht, dass wir darum angerannt sind, sondern Er will es also haben, und so wird es auch recht sein, weil Er es also haben will! Zu unserem Nachteil wird es nicht sein, sondern sicher nur zu unserem Vorteil; und so bleiben wir denn auch in Seinem allerheiligsten Namen, wozu Er uns berufen hatte! Amen."

11. Und der Abedam nahm diese Rede Henochs überaus beifällig auf und sagte: „Ja, ja, lieber Bruder, ich kann schauen, denken und reden, wie ich nur immer will, so bleibt mir am Ende doch nichts übrig, als mich eben also zu verhalten, wie du eben jetzt geredet hast; denn etwas Klügeres brächte ich ja schon in meinem ganzen Leben nicht über meine Lippen!

12. Ich glaube jetzt auch fest, dass Er dem auch sicher den Verstand nicht versagen oder vorenthalten wird, dem Er gegeben hatte ein Amt!

13. Doch siehe, die Fremden harren auf eine Antwort von dir; fertige sie doch einmal ab, und rede, was dir nur immer in den Sinn kommt! Rede sie ordentlich nieder, damit sie dann wortsättig uns sobald als möglich wieder verlassen möchten; denn das sind schon so ein paar recht ausgesuchte Beißer!

14. Daher siehe, dass wir ihrer ehestens loswerden!"

15. Und der Henoch wandte sich darauf alsogleich zum Fremden und sagte zu Ihm: „Höre, lieber Bruder, dein Einwurf ist also richtig und gut und wahr, dass sich ihm nichts entgegenstellen lässt, – nur scheint er hierher nicht so ganz zu passen; denn es ist doch wohl sicher ein unendlich großer Unterschied zwischen unserem Leben und dem Leben in Gott!

16. Unser Leben wird selbst im allervollkommensten Zustand ein bedingtes bleiben, während das allerheiligst vollkommenste Leben in Gott ein ewig freiestes und allerunbedingtestes ist. Für Gott gibt es keinen Tod, sondern vor Ihm ist alles durch Seinen Willen bedingt, wie das

Leben, also auch das Gericht oder der Tod, für unseren Gesichtskreis genommen.

17. Vor Gott lebt alles; vor Gott kann kein Gericht bestehen, sondern nur Seine ewige Ordnung, die Er Selbst ist aus Ihm frei heraus.

18. Alle Geschöpfe aber bestehen vermöge dieser Seiner freien Ordnung in Ihm, bedingt durch die Verhältnisse eben dieser freien Ordnung.

19. Sonach können wir als Seine Geschöpfe unsere bedingten Verhältnisse ja doch nicht auf Ihn übertragen und uns dadurch mit Ihm auf eine gleiche Stufe stellen.

20. Und so kann Sich wohl der Schöpfer um alle die Verhältnisse Seiner Geschöpfe kümmern, wir aber tun hinreichend, wenn wir nur Seinen allerheiligsten Willen erfüllen.

21. Die Sonne geht auf und unter und bringt uns den Tag; können wir es anders machen? Ob die Sonne solches tut durchs Gericht oder durch ein freies, lebendiges Wollen, was soll uns das kümmern; denn wir wissen es ja dessen ungeachtet, dass sie nur den Weg wandeln kann, den ihr Seine Ordnung vorgezeichnet hatte!

22. Und also steht es auch mehr oder weniger mit uns Menschen. Wir können zwar auf dem Boden der Erde frei hin und her wandeln, aber niemand kann den Erdboden verlassen und sich frei erheben hinauf zu den Wolken des Himmels!

23. Also meine ich, ihr solltet es bei meinem früheren Ausspruch bewendet sein lassen und nicht wieder etwa mit einem neuen Einwurf kommen! Solches solltet ihr wohl beachten!"

24. Und der Fremde erwiderte: „Lieber Henoch, du hast wohl gesprochen, und ich will es dir gelten lassen; aber nur möchte ich dazu noch den Unterschied zwischen Geschöpfen und den Kindern Gottes kennenlernen!

25. Gibt es da keinen, so hast du vollkommen recht; gibt es aber einen, so wirst du dir schon müssen gefallen lassen, deine Worte entweder zurückzunehmen oder doch sehr gewaltig handeln zu lassen!

26. Daher berichte mir solches, sonst gebe ich dir keine Ruhe!"

27. Hier fing der Henoch noch mehr zu stutzen an. Der Abedam aber sagte: „O Geduld, nur jetzt verlasse mich nicht!

28. Wenn er aber noch mit einem solchen Einwurfe kommt, dann soll er es mit mir zu tun bekommen! Wahrlich, ich will ihn über alle Berge hinausreden! Der soll denken an eine solche Rede aus meinem Munde!

29. Bruder Henoch, nur jetzt fasse dich noch! Dann aber lasse den Streiter mir über, so er etwa noch mit einem solchen Einwurfe kommen sollte!

30. Mein Beweis wird ihn sicher über alle Berge treiben! Bruder, du wirst mich doch verstehen?!"

Kapitel 150

Die Demütigung des vorwitzigen Abedams durch den Fremden

Am 2. September 1842

1. Es wandte sich aber hier der Fremde an den Abedam und sagte zu ihm: „Bruder und Freund Abedam, so dich meine sicher wichtigen Einwürfe so stark beirren und du mich bei einem nächsten sogar über alle Berge hinausreden willst, siehe, solches kannst du ja alsogleich tun; und ist dir dein vermeintlicher Sieg gelungen, da hast du

den Henoch und dich dann ja vor allen künftigen Einwürfen des Lebens und der Liebe verwahrt!

2. Ich meine aber, wenn das Leben keine Kinderspielerei, sondern eine Sache großen Ernstes ist, da dürften denn derlei Einwürfe doch wohl von größerer Wichtigkeit sein denn deine Behaglichkeit.

3. Übrigens bin ich ja dir noch mit keiner Frage zur Last gefallen; warum willst du denn hernach blasen, wo es dich doch nicht im Allergeringsten brennt?!

4. Wie aber gesagt, so du Lust hast, mich ordentlich niederzureden, da fange nur alsogleich an, und es soll sich am Ende doch zeigen, wer diesen Kampfplatz als Sieger behaupten wird!

5. Ich meine aber ganz zuversichtlich, dass bei diesem Kampf du den bei weitem Kürzeren ziehen dürftest!

6. Daher fasse dich wohl, so du etwa noch Lust haben sollst, dich mit mir in einen Wortkampf einzulassen!

7. Dich beirrt meine Weisheit, darum sie die deinige überragt, und besonders jetzt, da du der Meinung bist, von der Gegenwart Jehovas, an dessen Seite du beständig warst, die Weisheit ordentlich mit dem Löffel gespeist zu haben, und alle deine Brüder im Abend sollen darum dümmer sein denn du, damit du ihnen dein großes Weisheitsübergewicht so recht derb könntest fühlen lassen.

8. Weißt du's aber nicht, und hast du solches nicht vernommen, dass nur allein die Liebe, Geduld, Demut und Sanftmut die einzigen Grundpfeiler aller Weisheit sind?

9. Kannst du aber nun sagen, dass solches in dir ist, so du dich ärgerst über mich, und das aus keinem anderen Grunde, als nur indem du mich für tiefsinniger und weiser wähnst denn dich?!

10. Ja, aus eben dem Grunde magst du sogar Gott, die ewige Treue und Wahrheit, einer Anrennerei beschuldigen!

11. Abedam, siehe, siehe einmal in dein Herz! Wie muss dieses denn beschaffen sein, dass es schon heute Den verleugnen kann, von dem es gestern noch die größten, wunderbarsten Wohltaten empfing?

12. Hat denn der hohe Abedam nicht mehr um dich verdient, als dass du Ihn nun verleugnen willst und willst mich lieblos aus purem Weisheitsneid über alle Berge hinausreden?

13. O wie schlecht musst du die Worte Abedams erfasst haben!

14. Wann wohl hatte Er jemandem den Weisheitsneid anbefohlen?

15. Wie kannst du aber je auf die wahre Weisheit einen Anspruch machen, so dein Herz voll Ärger ist?

16. Daher reinige zuvor dein Herz, und es soll sich dann zeigen, wie viel Weisheit im selben Platz haben wird!

17. Verstehst du solches? Ich sage dir aber: Verstehe es, oder streite mit mir! Denn deiner Kraft bin ich vollends gewachsen; denn ich kenne dich und den hohen Abedam besser denn du!"

18. Diese Worte gingen dem Abedam so vollends zu Herzen, dass er vor großer Reue zu weinen anfing, und er bat den fremden Bruder um Vergebung und sagte zum Schluss seiner Bitte:

19. „Bruder, da du mich in aller Weisheit ums Tausendfache übertriffst – was ich jetzt aus dieser deiner wahrhaft himmlisch rein wahren Mahnrede gar überaus klar entnommen habe – und ebenfalls vom Abend her bist, so werde mein Helfer und Stellvertreter! Denn was soll ich machen aus meiner großen Torheit?

20. Der hohe Abedam hatte mir solch ein Amt sicher nur zur Selbstprobe meiner Demut auferlegt, was ich jetzt umso deutlicher ersehe; daher wird es wohl recht sein, dass du mein Stellvertreter werdest!"

21. Aber der Fremde erwiderte ihm: „Meinst du denn, der hohe Abedam hatte Sich mit dir einen sogenannten Spaß machen wollen? Oh, da hast du Ihn schlecht erkannt und begriffen!

22. Siehe, den Er berufen hatte, da hatte Er auch sicher vorgesehen, warum Er ihn berufen hatte! Aber Er wirft darum dennoch keinem Berufenen die Weisheit auf den Rücken nach, sondern diese soll sich jeder Berufene erst auf den Wegen zu eigen machen, die Er ihm zu dem Behuf durch viele tausend Worte gezeigt und somit treulichst vorgezeichnet hatte.

23. Daher bleibe du, wozu du berufen warst, und wandle auf den vorgezeichneten Wegen, so wirst du des dir verliehenen Amtes schon auch vollends mächtig werden! Solches sollst du wohl verstehen und danach handeln!"

24. Diese Worte rollten wie starke Donner durch die Seele Abedams, und der Henoch und alle Väter staunten über die große Weisheit des Fremden.

25. Der Adam sagte darauf zum Seth und auch zu den übrigen: „Wahrlich, ich muss es gestehen, dieses Fremden Weisheit ist groß!

26. So er vom Morgen her gekommen wäre, so dächte ich, hinter ihm steckte etwa gar schon Puristas Flamme; aber vom Abend her ist solches wohl nicht zu gedenken!"

27. Und der Fremde erwiderte darauf dem Adam: „Was redest du denn? Ist denn nicht am Vorsabbat sogar der Asmahael aus der Tiefe zu euch gekommen? Warum sollte sich denn hernach im Abend nicht auch ein weiser Bruder vorfinden?

28. Siehe, das ist ein falsches Urteil von dir!" Und der Adam wusste darauf nichts zu sagen.

29. Der Fremde aber wandte sich darauf zum Henoch und erbat sich die Löse seines Einwurfs. Der Henoch aber bat den Fremden, ihm zuerst seine Meinung darüber kundzugeben, darauf er dann erst ein Ja, und sicher nicht ein Nein von sich geben werde.

Kapitel 151

Der Unterschied zwischen freiem und genötigtem Leben. Die Gefahr des Blindglaubens

Am 5. September 1842

1. Da der Fremde aber solchen Wunsch vom Henoch vernommen hatte, so machte er eine verwunderte Miene und sagte darauf zu ihm:

2. „Lieber Henoch, das ist auch weise von dir; denn hast du einmal mein Urteil, so wirst du desto leichter mit einem eigenen Urteil fertig werden, besonders wenn es am Ende bloß nur auf ein Ja oder Nein ankommen möchte!

3. Aber es fragt sich dann, ob dadurch jemand einen Nutzen ziehen wird!

4. Denn in keiner Sache kann ein Mensch leichter überredet werden als gerade in derjenigen, die er selber nicht versteht.

5. Denn da lässt er das Urteil entweder aus Unkunde gelten, oder er glaubt es der Autorität des Redners, begründet sich dann darinnen und mag dann nimmer zu einem [eigenen] Urteil gelangen.

6. Solches aber heißt doch nichts anderes, als die Selbständigkeit seines Geistes vernageln und ein Maschinengeist eines anderen werden, oder das eigene Leben hintangeben für ein fremdes Scheinleben!

7. Ich aber sagte dir aus meiner Erfahrung das, damit du dich von mir etwa nicht sollst überreden lassen, sondern nur davon das annehmen, was dir einleuchtend ist; und so sollst du keine Silbe annehmen, die du allein glauben müsstest, ohne sie im Geist zuvor bestimmt erfasst zu haben!

8. Es gibt keinen schlimmeren Zustand für einen freien Menschen, als der da ist des Blindglaubens; denn ein solcher Glaube gebiert den wahrhaften Tod des Geistes.

9. Wer da ist ein Blindgläubiger, der ist auch zugleich ein von irgendeinem ruhmsüchtigen Bruder gerichteter Geist.

10. Wenn aber schon ein Gericht des lebendigen Gottes tötend ist, um wie viel mehr muss dann erst das eines toten Menschen sein, oder dessen, der da selbst nur ein Scheinleben hat?

11. Siehe, aus dem Grunde ist dann ja ein eigenes Urteil um vieles besser – und sei es noch so kümmerlich – als ein angenommenes durch den alleinigen Glauben, für dessen Richtigkeit der frei sein sollende Geist keine andere Bürgschaft hat denn allein die Autorität des Predigers und die laue Genügsamkeit seiner eigenen Torheit.

12. Welches alles aber vor Gott sicher ein Gräuel ist; denn Gott hat den Menschen erschaffen zu einem freien Leben, nicht aber, dass er sei ein träger Maulknecht irgendeines ruhmsüchtigen Predigers und dadurch eigennützigen Richters der Herzen frei sein sollender Menschen.

13. So ich dir daher auch tue, was du dir von mir erbatst, darum ich dir einen Gefallen erweisen will, so nehme aber davon nichts an als nur das, was du nach tiefster Prüfung also befunden hast, als wäre es dein eigenes Urteil!

14. Denn wenn dir jemand sagen möchte: ‚Tue dies oder jenes!', und du tust es, ohne dich nur im Geringsten zu bekümmern, warum und zu welchem Endzweck, so bist du schon zur Willensmaschine eines anderen geworden, darum du dich hast richten lassen; wenn du aber zuvor prüfst das Verlangen deines Bruders und hast den Endzweck frei in dir gefunden und hast auch gefunden, dass dieser ein würdiger ist, daher er Liebe zum Grunde hat, und dann tust, was dein Bruder von dir verlangt, so hast du gehandelt als ein freier Mensch und als ein wahrhaftes Gotteskind, nicht aber als ein gerichtetes Geschöpf.

15. Denn das ist ja eben nach meiner Beurteilung der mächtige Unterschied zwischen den wahren Kindern Gottes und den Geschöpfen, dass die Kinder also frei tätig sein sollen, wie Gott, ihr Vater, Selbst frei tätig ist, und sollen eben darin vollkommen sein, wie Er Selbst vollkommen ist, darum sie sind Seine vollkommenen Ebenmaße!

16. Können solches wohl etwa auch die Tiere? O nein, diese müssen allzeit des Schöpfers Willen vollziehen, denn ihre Natur selbst ist ja schon eine Trägerin des Willens des Schöpfers! Aber nicht also ist es mit den Menschen, die da gestellt sind zu wahrhaften Kindern Gottes.

17. Ihnen wird erst der Wille Gottes geoffenbart, damit sie solchen zuerst mit dem eigenen freien Geist als den allein gerechten und wahren beurteilen, erkennen

und dann erst wie zu ihrem Eigentum machen und danach handeln sollen!

18. Wer die Offenbarung annimmt und handelt danach, indem er meint, er müsse danach handeln, der ist schon ein Gerichteter; denn er handelt nicht mit der Übereinstimmung des eigenen Willens mit dem göttlichen, sondern er handelt wie eine Maschine und ist und bleibt dabei dennoch tot, darum er sich nicht kümmert um die volle Erkenntnis dessen, was da ist der göttliche Wille und was dessen Ordnung, sondern so er etwas als den göttlichen Willen durch die Ohren erkennt – zumeist aus dem Munde eines Eigenrühmlers –, so tut er es, ohne zu beurteilen, wozu und warum.

19. Siehe, solches aber ist ja an und für sich eine allerbarste Abgötterei; denn der Mensch richtet sich dadurch selbst oder lässt sich vielmehr richten – und somit auch töten!

20. Und siehe, das ist demnach ja auch der Unterschied zwischen dem freien und genötigten Leben! Doch solches Leben ist noch nicht ein Tod der Sünde; denn die Sünde ist, die Wege der göttlichen Ordnung, insoweit sie geoffenbart sind, erkennen – und dann dem guten Urteil in sich freiwillig zuwiderhandeln.

21. Siehe, solches ist dann auch der wirkliche Tod! Warum? Weil die Sünde ist eine barste Störung der göttlichen Ordnung, während kein Gericht dieselbe stört, sondern nur die Freiheit des Geistes hemmt!

22. Siehe, lieber Henoch, das ist meine Ansicht; jetzt aber gebe du mir auch die deinige kund, damit wir dadurch zu einem Gemeinurteil gelangen mögen, durch das wir allein zur rechten Tat belebt werden können! Doch so du es willst! Amen."

Kapitel 152

Die Weisheitsrede des Fremden soll durch das Urteil vieler bestätigt werden

Am 6. September 1842

1. Als der Henoch aber solches vernommen hatte von dem Fremden, da fing es ihn an überaus hoch wunderzunehmen, und er fragte ihn darob:

2. „Höre, lieber Freund, wenn deine große Weisheit eine menschliche ist, so bin ich mir ein unauflösliches Rätsel; denn wahrlich, deine Worte machen meinen Geist verstummen!

3. Du willst, dass ich dir etwas einwenden soll, damit wir dadurch zu einem gemeinsamen Urteil gelangen möchten; wie aber kann oder soll ich das?

4. Denn deine Worte haben mein ganzes Wesen ja also überzeugend klar durchdrungen, dass es mir platterdings eher möglich wäre, jemandem zu beweisen, dass ich nicht der Henoch bin, als dir in dieser deiner überaus weisen und bis auf den innersten Punkt wahren Rede eine allerleiseste Einwendung zu tun.

5. Und so sage ich dir denn auch nichts anderes – und kann dir auch nichts anderes sagen – als nur: dass dein Urteil auch schon ganz und völlig das meinige ist!

6. Sollte aber dennoch über meine Ansicht irgendeine Einwendung denkbar sein oder etwa irgendeine Frage, da müsstest du, liebster Bruder und Freund, solches schon selbst tun!

7. Denn, wie gesagt, ich finde in gar keinem Punkt dieser deiner Rede irgendetwas, darüber mir entweder eine leichte Einwendung nur oder doch wenigstens eine Frage möglich wäre!

8. Wenn es aber allein auf mich ankäme, da möchte ich sagen: Bruder, rede lieber von etwas anderem, denn diese Rede ist zu erhaben ganz und wahr, darum es ewig ein Schade wäre, wenn man sie durch was immer für Nebenbemerkungen gewisserart zerkratzen und zertragen würde! Bist du nicht auch dieser Meinung?"

9. Und der Fremde erwiderte: „Henoch, du siehst es wohl ein, dass es also ist, darum dein Urteil mit dem meinigen übereinstimmt im Geiste und aller Wahrheit, aber zur vollen nutzwirkenden Gewissheit wird die Sache dennoch erst dann erhoben sein, wenn sie zu einem allgemeinen Urteil wird!

10. Daher ist es nach meiner Ansicht nicht genug, wenn eine Wahrheit nur zu einem einstimmigen Urteil zwischen zweien wird, sondern sie muss durch ein vielseitig einstimmiges Urteil das werden, was sie eigentlich werden sollte.

11. Denn nehmen wir an, in einer Gegend wären eine Menge Hungrige und wüssten sich nicht zu helfen, zwei aber wären unter ihnen und hätten Brot genug für den eigenen Bedarf und wären auch hinreichend gesättigt!

12. Wenn aber dann die Hungernden zu ihnen träten und fragten sie: ‚Brüder, wie macht ihr es denn, dass ihr also vergnügt und gesättigt aussieht, während wir vor Hunger vergehen möchten?'

13. Und die zwei antworteten ihnen dann: ‚Hört, wir essen Brot, und also sind wir gesättigt!'

14. Sage mir, lieber Henoch, wird eine solche Antwort, wenn sie auch an und für sich die allerschönste Wahrheit ist, die Hungernden wohl sättigen?

15. O nein, das muss doch ein jeder einsehen, dass durch die Alleinsättigung der zwei niemand anderer gesättigt wird!

16. Es werden aber die Hungernden dann alsobald sagen zu den Gesättigten: ‚Was nützt uns das, so ihr euer Brot nicht zu einem Gemeingut macht?

17. Lasst uns auch in euer Brot beißen, und wir werden dann erst erfahren, ob und wie es uns sättigen wird!'

18. Siehe also, lieber Henoch, ist das nicht ein sehr gültiger Einwurf? Wie aber kann er gelöst werden?

19. Siehe, hier gibt es schon mehrere Hungrige; diese sollen auch in unser Brot beißen und sollen ihre Urteile von sich geben, ob es sie sättige oder nicht! Genügt es also für alle, so ist da kein Nachtrag mehr nötig; genügt es aber nicht, so bleibt uns nichts anderes übrig, als entweder mehr Brot nachzuschaffen, oder ihnen zu zeigen und zu enthüllen die große allgemeine Brotkammer! Was meinst du nun, ist solches nicht richtig?"

20. Und der Henoch, ganz erstaunt über die hohe Weisheit des Abendländers, bejahte alles aus dem tiefsten Grunde seines Herzens und fragte darauf den Fremdweisen:

21. „Aber lieber Bruder, ich bitte dich um alles im Geiste, sage mir doch zuvor, ehe wir noch die anderen wollen in unser Brot beißen lassen, woher du denn solche Weisheit empfangen hast, nachdem du mir doch wirklich ganz fremd bist und warst meines Wissens auch nie zugegen, als der Allerhöchste unter uns wandelte; und wann hast du sie empfangen?"

22. Der Fremde aber entgegnete dem Henoch und sagte: „Liebster Henoch, siehe, hier tut nur eines not; daher lassen

wir das Wie und Wann und lassen dafür lieber sogleich die Brüder ins Brot beißen!

23. Es werden aber noch gar viele vom Aufgang und Niedergang kommen und werden viele Kinder des Lichtes der derbsten Finsternis zeihen, so dass diese darob ach und wehe schreien werden!

24. Doch solches lassen wir jetzt gut sein, denn eure Weisheit wird sich erst bei euren Kindern rechtfertigen! Daher sehen wir jetzt auf die Väter, damit die Kinder nicht zugrunde gehen mögen!

25. Henoch, fasst du auch das? Also reiche das Brot den Vätern und Brüdern!"

Kapitel 153

Henochs Überlegungen und Abedams Erwachen

Am 7. September 1842

1. Da der Henoch aber solchen Bescheid vom Fremden vernommen hatte, ward es ihm sonderbar zumute, und er wusste nun nicht, wie er daran war.

2. Er dachte bei sich nach und sagte zu sich selbst in sich: „Je mehr ich seine Worte erwäge, desto mehr erschaue ich auch deren unwidersprechliche Richtigkeit; und doch kann ich mich doch wieder nicht entsinnen, dass uns der hohe Abedam je etwas davon gemeldet hatte!

3. Es ist doch wahrhaftig sonderbar, man könnte sich nichts vorstellen, was da noch reiner wäre als eben diese Worte, – und, wie gesagt, Abedam hatte solches nicht verkündet! Seine Lehre ging ja nur hauptsächlich auf die Liebe hinaus und auf die Demut, und mir befahl Er, zu verkündigen eben nur die Liebe und alle Demut aus ihr!

4. Wenn ich aber nun dieses Fremden Worte so recht erwäge, so scheint es doch wieder trotz der Richtigkeit etwas sonderbar, darum eine von einem berufenen Lehrer ausgesprochene Lehre soll dem Urteil eines jeden einzelnen Menschen unterworfen sein und kann dann erst als vollgültig angenommen werden, wenn sie jedem Urteil vollends entspricht!

5. Anderseits ist es aber dennoch wieder richtig, ja überaus richtig, dass nämlich eine Lehre bloß für den Wind taugt, wann sie nicht von den Herzen, an die sie gerichtet war, als vollends eigentümlich ist aufgenommen worden! Was ist also hier zu tun?

6. Kurz und gut, eine Regel muss ja sein, und diese Regel soll also lauten: Was du als vollends richtig, gut und wahr erkennst – ob es jetzt aus was immer für einem Munde kommt –, sollst du deinen Brüdern nicht vorenthalten; denn auch sie haben einen so gut unsterblichen Geist wie ich!

7. Dieser Regel kann auch Jehova Selbst sicher nichts einwenden!

8. Daher will ich auch tun nach den Worten des fremden Mannes!

9. Da wäre zum Beispiel ja sogleich mein lieber Bruder Abedam; wir wollen sehen und hören, was da er dazu sagen wird!"

10. Hier wandte sich der Henoch an den Abedam und sagte zu ihm: „Bruder Abedam, du hast so gut wie ich und alle vernommen des fremden Bruders überaus köstliche Worte! Siehe, dir wird ein großes Stück Brot dargereicht; beiße hinein, und sage uns sodann dein Urteil, ob und wie es sättige das Verständnis deines Herzens!"

11. Hier erschrak ganz ordentlich der Abedam und wusste nicht, was er darauf sagen sollte; denn er war während der

Hauptrede des Fremden beständig mit sich selbst beschäftigt und wusste darum nicht, von was da so ganz eigentlich die Rede war. Und so fragte er nach einiger Fassung ganz leise und vertraut den Henoch, worüber er denn so ganz eigentlich ein Urteil von sich geben solle.

12. Der Henoch aber sagte darauf zu ihm: „Ja, mein lieber Bruder, wenn es dir an der gerechten Aufmerksamkeit des Geistes gebricht, da bist du freilich wohl noch bei weitem nicht wach, sondern noch schlafend; ein Schlafender aber kann ja doch kein Urteil von sich geben!

13. Hast denn du das so ganz überhört, wie der Fremde mir den Unterschied zwischen den Geschöpfen und den Kindern Gottes überaus weise gezeigt hat und hat mir gezeigt den Unterschied zwischen dem gerichteten Leben und dem Tod der Sünde?!

14. O du stummer und tauber Geist! Wie konnte dir denn des Lebens allerwichtigste Enthüllung entgehen?!"

15. Durch diesen Rüttler erwachte erst der Abedam und fand in sich die ganze Rede des Fremden leuchtend gleich einer Sonne im Aufgang und sagte darauf:

16. „Sei dessen nicht ungehalten, was da betrifft meine nicht eigenwillige Schläfrigkeit, lieber Bruder Henoch; denn jetzt habe ich es ja schon vollends in mir gefunden und sage dir, dass alles das von dem Fremden Gesagte auch nach meinem Urteil so rein und richtig ist wie die Sonne am reinsten Morgen!

17. Des kannst du vollends versichert sein, mehr brauche ich dir nicht zu sagen!

18. Nur mache ich dir hier eine Bemerkung bezüglich dieses Fremden, und diese lautet von mir aus also:

19. Bruder Henoch, sei stets eingedenk der großen Liebe Jehovas, unseres allerheiligsten Vaters; denn Er geht stets auf solchen Wegen einher, die nie ein allerscharfsichtigster und tiefsinnigster Engel erschauen und ergründen wird!

20. Siehe, ich bin zwar ein Schläfer, aber wie es mir vorkommt, so sehe ich diesmal in meinem Schlaf mehr, denn du in deinem Wachsein!

21. Doch, was ich sehe, das sage ich dir nicht, und das so lange nicht, bis du es selbst nicht ebenso gut sehen wirst, wie ich es sehe!"

22. Hier begab sich der Fremde zum Abedam und sagte zu ihm: „Wahrlich, du kannst es glauben, die Augen deines Geistes täuschen dich nicht! Doch ist es aber für so manchen Geist besser zu gewissen Zeiten, dass er nicht so bald sieht in die Mitte dessen, was da ist vor ihm; solches auch weiß ich aus gar alter Erfahrung schon. Daher hast du wohl recht, das nicht zu sagen, was du siehst, sondern erst dann, wenn es auch ein anderer sehen wird!"

23. Hier fragte der Henoch den Fremden: „Bruder, was soll damit gesagt sein? Wahrlich, es ist das erste Mal, dass mir der Abedam unverständlich wird!

24. Sage mir es doch, was es sei, das ich nicht sehe; denn solches musst du ja als ein weisester Mensch doch auch wissen, dass die Ungewissheit des Geistes höchste Qual ist und ist ärger denn der Tod selbst! Daher sage es mir, darum bitte ich dich!"

25. Der Fremde aber sagte zu ihm: „Henoch, ich sage dir, frage dein Herz! Sagt dir dieses nichts, so wird dir das wenig nützen, was ich dir sagen würde; es kommt auch hier auf das eigene Urteil an! Du kennst doch die Bäume aus den Früchten;

wenn ein Baum aber lebendige Früchte bringt, wie ist demnach der Baum selbst?

26. Oder hast du je gesehen, dass da einem dürren Stock auch entwachsen möchten lebendige Früchte?

27. Zerstörendes Moos wohl, aber keine lebendige Frucht!

28. So du aber an einem Bruder entdeckst lebendige Wortfrüchte, so ist es dann ja rätselhaft, dass du den Bruder nicht näher erkennen magst."

29. Hier staunte der Henoch noch mehr, und fing an, den Abedam zu mustern.

30. Dieser aber sagte: „Bruder, mich musterst du vergeblich; mustere lieber jemand anderen, und du wirst an ihm sicher mehr entdecken denn an mir! Siehe, Er ist uns nicht ferne; solches wirst du doch verstehen, lieber Bruder?!"

Kapitel 154

Henoch bespricht sich mit dem anderen Fremden und mit Adam

Am 13. September 1842

1. Dem Henoch aber bohrten diese Worte tief ins Herz, und er überlegte in seinem Herzen jegliches Wort vom Abedam sowohl, wie ganz vorzüglich die des Fremden.

2. Es war aber alles Überlegen für diesmal vergebens; denn er, den Ich zum Oberpriester bestellt hatte, musste auch eine größere Probe an sich vollziehen lassen denn ein jeder andere.

3. Während sich der Fremde ganz heimlich mit dem Abedam besprach, benützte aber der Henoch die Gelegenheit und ging zum anderen Fremden hin, um sich bei ihm

Rats zu erholen, wer etwa doch der fremde Redner sei, und woher ihm solche rein göttliche Weisheit gekommen ist, und was er für einen Namen habe.

4. Der andere Fremde aber erwiderte dem Henoch und sagte: „Wie magst du mich darum denn fragen?

5. Ich bin ja nur ein Gegner zu ihm, und solches weißt du ja, dass der Gegner nach alter Sitte so lange zu schweigen hat, als wie lange der andere die Rede führt; und hat der andere ihn überwiesen, dass da seine, das heißt des Gegners, Sätze unrichtig sind, so hat er ihm dadurch ja auch die Zunge gebunden und alles fernere Recht zum Reden benommen!

6. Siehe, solches aber hat mir mein Gegner getan; daher habe ich zufolge alter Sitte ohne seiner Einwilligung ja auch durchaus kein Recht mehr, was nur immer ihn Betreffendes hier kundzutun – und am allerwenigsten vor dir, dem nunmaligen Oberpriester des Herrn!

7. Es war aber ja noch nie gebräuchlich, dass es den Streitenden zur Pflicht wäre, ihre Namen kundzugeben, damit aus ihnen keine Parteilichkeit vor sich gehen möchte.

8. Ja, noch allzeit haben sich die Streitenden sogar darum das Angesicht verhüllen müssen und haben sogar müssen mit gebrochener einförmiger Stimme ihre Sache vorbringen!

9. Ja, in der letzteren Zeit durften nicht einmal mehr beide reden, sondern nur einer musste auch die Sache seines Gegners vortragen, damit die Streitenden desto unbekannter verbleiben möchten und über sie ein desto vorurteilsfreieres Urteil möchte geschöpft werden!

10. Wie ist demnach aber diese Ordnung denn nun bestellt, da du mich als einen zu schweigen habenden Gegner selbst

zu reden aufforderst, während du als Oberrichter mich nur strafen solltest, so ich dich nur darum ersucht hätte, auf dass du mir erlaubt hättest, mit dir zu reden auch nur ein Wort?

11. Siehe, aus diesem alten Grunde kann und darf ich dir ja doch nicht antworten!

12. Denn obschon mein Gegner bei weitem weiser ist denn ich, so bin ich aber dennoch auch so klug, dass ich mich in keine Falle treiben lasse!

13. Das ich aber jetzt geredet habe, musste ich ja reden; denn solches ist auch eine alte Sitte, der zufolge auch einem jeden das Entschuldigungsrecht zukommt!

14. Daher nehme sie nicht ungütig auf! Wenn du aber etwa eine neue Ordnung einzuführen hast, so tue solches zuvor allem Volk kund, damit es sich dann für einen kommenden Streittag wird zu richten wissen!"

15. Nach dieser Entschuldigungsrede wusste der Henoch durchaus nicht mehr, was er da machen sollte, ging darum zum Adam hin und fragte ihn um Rat.

16. Dieser aber entgegnete ihm: „Warum bist denn du also vorwitzig? Siehe, solches geziemt sich ja nicht für einen wahren Richter!

17. Schlichte du nur den Streit, – und ist dieser zu Ende, was kümmert dich dann noch mehreres?

18. Es ist wohl zum Verwundern groß des einen Weisheit, wie nicht minder die streng gesetzliche Standhaftigkeit des anderen, durch das er wenigstens vor mir ist ein Mann von altem Schrot und Korn.

19. Aber was beirrt dich denn das? Hat dich doch der Herr Selbst zum Grundlehrer und Priester alles Volkes gemacht! Daher bleibe bei dem, und lasse das andere, das dich am heutigen Tage nichts angeht!

20. Der Streit ist entschieden; was willst du denn noch?

21. Wenn der Abendländer Abedam seinen Landsmann eher erkannt hat denn du, was soll dich das wohl kümmern? Ruhe jetzt, und gebe Gott die Ehre; das ist alles, was ich dir raten kann."

22. Diese Worte Adams beruhigten zum Teil wohl den Henoch, aber dessen ungeachtet gingen ihm des Fremden Worte dennoch nicht aus dem Herzen, wie auch die des Abedam nicht. Und so sprach er denn wieder den Adam an und sagte:

23. „Vater, du hast freilich recht in einer Hinsicht; aber der Fremde hat mich ausdrücklich aufgefordert, dass ich seine Speise allen Hungrigen vorsetzen solle! Was soll ich denn da tun? Denn wäre der Fremde bloß nur ein gewöhnlicher Streiter, wie könnte er solches von mir wohl verlangen?

24. Daher ist hier wahrlich ein guter Rat etwas teuer! Denn für einen Übermut ist er zu weise; aus welcher Macht tut er hernach denn solches?!"

25. Hier fing wieder der Adam an zu stutzen und sagte endlich zum Henoch: „Ja, da hast du freilich wieder recht!

26. Doch meine ich, die Ruhe wird solches alles wieder zurechtbringen! Will er von dir und uns allen erkannt werden, so wird er sich auch zu erkennen geben – ist ihm daran gelegen –; wo aber nicht, da geben wir Gott die Ehre, alles andere aber soll gehen nach der Ordnung Gottes!

27. Siehe, also bleiben wir auch dabei; des Herrn Wille! Amen."

Kapitel 155

Adams Verbannungsspruch an den Fremden. Der Fremde gibt sich zu erkennen

Am 14. September 1842

1. Es trat aber nach dieser Unterredung alsbald der Fremde, den Abedam verlassend, zwischen Henoch und Adam und sagte, gewisserart beide fragend:

2. „Ihr verhandelt allda ja etwas im Geheimen! Ist denn solches auch eine Regel am Streittag?

3. Ehedem hat sich der Richter so lange ganz wie stumm verhalten müssen und durfte sich sogar niemandem nahen und niemanden ansehen, damit da sein solle sein Urteil ohne Makel.

4. Nun aber ist der Henoch, der von Gott Selbst erwählte Lieberichter, schon im ersten Richttag ein Plauderer geworden! Wie sollen wir demnach solches nehmen?

5. Henoch, du bist doch beständig allhier zugegen gewesen und musst daher ja doch die Ordnung des Richters am Streittag dir wohl schon gemerkt haben!

6. So du aber solches nicht in Abrede zu stellen vermagst, was hast du denn für einen Grund, dieselbe nicht zu beobachten?

7. Oder hat dich etwa gar der hohe Abedam davon losgemacht und hatte da eine andere Ordnung eingeführt? Solches aber müsste ich ja doch auch wissen.

8. Soviel es mir aber bekannt ist, da weiß ich nichts davon – außer bloß nur, dass Er aus dem früheren trockenen Rechtsamt ein Lehr- und Liebeamt gemacht hatte.

9. Aber von den sonstigen Regeln dieses Tages, ob sie bestehen oder nicht bestehen sollen, kann ich mich durchaus nicht entsinnen, ob Er darüber etwas angeordnet hatte.

10. Daher möchte Ich wohl auch wissen, aus welchem Grunde du das alte Gesetz Adams nicht hältst?"

11. Hier wurde der Henoch sehr verlegen und wusste durchaus nichts, was er dem Fremden auf solch eine schroffe Bemerkung hätte erwidern sollen.

12. Aber desto prompter war bei dieser Gelegenheit der Adam. Dieser erhob sich alsogleich, nahm seine alte Amtsmiene an, wandte sich zum Fremden und sagte zu ihm:

13. „Höre du, mein Kind! Deine Weisheit scheint vergessen zu haben, auf welchem Punkt du dich jetzt befindest?!

14. So du die alten Regeln des Streittages also wohl innehast, dass du darob jede Wendung des neuen Richters vom Grunde zu bemängeln vermagst, sage mir daher, ob du denn von dem alten Gesetz Adams nichts gehört hast, zufolge dessen derjenige, der sich am Streittag durch was immer am Richter vergreifen möchte – sei's mit der Zunge oder mit dem Finger oder einem scheelen Blick –, alsogleich auf dreißig Jahre verbannt werden soll!

15. Was sagst du nun zu diesem Gesetz? Solches Gesetz hat noch allzeit gegolten, und der hohe Abedam hat es meines Wissens ebenso wenig aufgehoben als irgendein anderes, dessen du erwähnt hast! Verstehst du solches?

16. Der alte Gesetzgeber dieser Erde aber bin ich und kann ein Gesetz aufheben, wie und wann ich will! Verstehst du solches?

17. Und also hebe ich denn auch somit alle Gesetze auf, durch welche der Richter in was immer für einer Sphäre gebunden

war bisher; aber die Gesetze für Streitende bleiben! Verstehst du, weiser Abendländer, solches?!

18. Daher bringe nun eine gültige Entschuldigung vor, und vermagst du das nicht, so harrt deiner die unwiderruflichste dreißigjährige Alleinverbannung! Verstehst Du solches?

19. Also rede, und entschuldige dich, sonst sollst du gar bald mein Urteil vernehmen! Verstehe solches, du weise Nase von einem Streiter!"

20. Der Fremde sah den ganz grimmzornigen Adam wie überaus verwundert an, schwieg eine kurze Zeit, öffnete endlich seinen Mund und sagte:

21. „Adam! Was würdest denn du dann dazu sagen, so ich es dir dartun möchte, dass ich hinreichend Macht und Recht habe, auch den zweiten Teil deiner Gesetze ganz rein aufzuheben?"

22. Der Adam aber erwiderte dem Fremden heftigst: „Noch eine solche Frage, und du hast sogar das Entschuldigungsrecht verwirkt! Verstehe es, bedenke und rede!"

23. Der Fremde aber erwiderte wieder dem Adam:

24. „Adam! Drei Tage hatte der hohe Abedam, Jehova, Gott, der Ewige Selbst, nichts als die Liebe gepredigt! Sind das die Früchte Seiner Herablassung?!

25. Habe ich mich denn irgend an dem Henoch vergriffen, so ich ihn bloß fragte, aus welchem Grunde er nicht in allen Punkten dein altes Gesetz beobachte?

26. Adam, du hast des Abedam Lehre schlecht aufgefasst!

27. Hatte der Abedam denn nicht alles Gericht verbannt und hat an dessen Stelle die alleinige Liebe eingesetzt?! Hat Er dir darum nicht den allgemeinen Adam

abgenommen und hat dich dadurch jeder Rechenschaft für deine Nachkommen enthoben?!

28. Warum willst du dir denn nun wieder die alte Last auf deinen Nacken bürden?!

29. O du undankbarer Mensch! Was hätte denn der Abedam noch tun sollen, das Er nicht getan hatte?! Voll Grimm ist dein Wesen, und du möchtest mich vernichten, wenn es dir möglich wäre! O wie schlecht hast du die tausend und tausend Worte Abedams aufgefasst!

30. Es wird mich zwar dieses dein gegenwärtiges Urteil treffen – ich werde die dreißig Jahre Verbannung wohl ertragen –, aber für jetzt ist es noch nicht an der Zeit!

31. Darum aber hebe ich jetzt auch dieses Gesetz auf, darum da niemand mehr solle verbannt werden; auf dieser Höhe niemand mehr!

32. Denn Brüder sollen einander nicht richten – außer mit der Liebe, Geduld, Sanftmut und Erbarmung!

33. Wenn aber die Brüder werden einander zu verurteilen anfangen, alsdann werde auch ich als Richter aufstehen und werde sie richten zum ewigen Tode!

34. Adam, verstehst nun du solches?!" – Hier fiel es allen wie eine Decke von den Augen, und sie erkannten den Fremden.

Kapitel 156

Die wahre Anrufung des göttlichen Vaters. Nur ein Gott und ein Vater

Am 15. September 1842

1. Alsobald fielen alle vor dem erkannten Fremden nieder und lobten und priesen in Ihm den heiligsten Vater, darum

Er ihnen so viel Gnade und Erbarmung erwies, dass Er auch diesmal gewollt hatte – also, wie Er es verheißen hatte – auch am Streittag noch unter ihnen zu verweilen.

2. Und der Fremde aber hieß sie alsbald alle wieder erstehen und sagte darauf zu ihnen: „Kindlein, Abba ist Mein Name, also sollt ihr Mich allzeit in eurem Herzen rufen!

3. Wenn ihr Mich im Geiste und aller Wahrheit also rufen werdet, so werde Ich euren Ruf allzeit erhören; so ihr Mich aber mit was immer für einem anderen Namen rufen werdet, da werde Ich euren Ruf nicht anhören, sondern werde hinwegwenden Mein Ohr von eurem Munde, und mit Meinen Augen werde Ich nicht ansehen eure Werke!

4. Der Sklave hat einen Herrn, die Natur hat einen unerbittlichen Gott zum Schöpfer und zum Richter; vor Jehova muss alles vergehen, denn der Ewige und Unendliche duldet nichts in und außer Sich – denn Seine Heiligkeit ist unantastbar –, nur allein der Vater kennt Seine Kindlein, und diese sollen allein Ihn erkennen und rufen: ‚Abba, lieber Vater!', so wird Er sie allzeit hören und wird ihnen geben alles, was Er Selbst hat, nämlich das vollkommene, ewige Leben und alle endlosen Schätze desselben.

5. Ihr sagt zwar in eurem Herzen und fragt: ‚Wie werden wir denn das wohl tun können? Denn der Vater ist ja auch der alleinige ewige Gott und ist unendlich und überheilig! So wir den Vater rufen, da rufen wir ja auch verborgenermaßen das, was wir nicht rufen sollen!

6. Wie können wir ‚Vater' rufen, ohne uns dabei doch allzeit zu erinnern, wer der Vater ist?!'

7. Ich aber sage euch allen und gebiete euch sogar, dass ihr allzeit wohl bedenken sollt, wer da ist euer Vater; denn Er hat auch euch, wie die ganze Unendlichkeit, erschaffen. Aber alle Geschöpfe hat Er belassen also, wie sie sind erschaffen worden; euch aber hat Er aus Seiner ewigen Liebe umgewandelt zu Seinen Kindern!

8. Daher sollt ihr Ihn denn auch allzeit ‚Vater' rufen, aber dabei auch allzeit wohl bedenken, wer der Vater ist, so wird Er euch allzeit hören!

9. Als Gott bin Ich ein ewiger Richter nach Meiner unendlichen Weisheit und Heiligkeit – denn Gott kann sich nichts nahen und leben –; aber in Meiner eben also unendlichen Liebe bin Ich ein Vater und will alle Meine Kinder um Mich versammeln!

10. Fragt nicht, wer da der Mächtigere ist, ob Gott oder der Vater; denn es ist nur ein Gott und ein Vater, und dieses alles bin Ich nun ersichtlich vor euch.

11. Haltet euch aber alle an den Vater, so werdet ihr nimmerdar gerichtet werden und zugrunde gehen; denn der Vater richtet niemanden – und am allerwenigsten Seine Kinder, die Ihn da allzeit wahrhaftig und getreu als den allein wahren, guten Vater in ihren Herzen bekennen und also auch lebendig anrufen!

12. Wie aber ihr eure Kinder nicht richtet, sondern nur zieht, lehrt und führt, desgleichen tue auch Ich.

13. Dass Ich aber also tue, dessen könnt ihr euch eben jetzt überweisen, indem Ich zu euch gekommen bin und lehre euch Selbst, zu wandeln auf den Wegen des Lebens!

14. Würde Ich wohl solches tun, wenn ihr nicht Meine Kinder wäret und Ich euer guter Vater?!

15. O sicher nicht! Denn es wäre Mir ja ein viel Leichteres, euch zu halten in einer gerichteten Ordnung gleich allen anderen Geschöpfen; allein, da Ich aber solches nicht tue, so ist es ja klar, dass ihr Meine Kinder und Ich euer aller guter Vater bin!

16. Ich kam heute wieder als ein Fremdling zu euch, und ihr habt Mich nicht erkannt, – darum ihr ‚Jehova‘, aber nicht wahrhaftig ‚Vater‘ gerufen habt.

17. Bleibt daher beim Vater vollkommen, so werde Ich euch hinfort kein Fremdling mehr sein!

18. Da Ich aber nun bei euch bin, so freut euch, und kommt alle zu Mir! Amen.“

Kapitel 157

Adam erkennt den zweiten Fremden. Der Feind des Lebens versucht mit dem Herrn zu rechten

Am 16. September 1842

1. Nach solchem Ruf eilte alles hin zum Abba und schmiegte sich um Ihn herum, wie es sich nur immer tun ließ, und der Abba lobte den Eifer ihres Herzens.

2. Da der Adam aber nicht also behände war zu Fuß wie die anderen, so geschah es denn, dass die anderen eher den Abba ganz umschlossen hatten, bevor erst der Adam nachzukommen imstande war.

3. Solches aber verdross den Alten ein wenig, dass man diesmal so wenig Rücksicht auf ihn genommen hatte, und er fing darum auch an, im Ernst zu schmollen.

4. Aber der Abba sagte zu ihm: „Adam, warum schmollst denn du jetzt? Sind wir denn nicht unser zwei gekommen? Hast du hier zu wenig Platz, siehe, dort steht ja noch einer! Schmiege dich an ihn! Erkenne

ihn aber zuvor, und frage dann dein Herz, wer von uns beiden wohl tiefer im selben steckt! Ich sage dir aber, es wird dir dein eigenes Herz laut sagen, warum du diesmal zu spät an Meine Seite kamst!

5. Ich sage dir aber auch, dass vorderhand der Fremde, den du bald erkennen wirst, besser daran ist, denn du es jetzt bist. Denn er ist schon unsterblich, du aber wirst noch eher völlig sterben müssen, bevor du zur Unsterblichkeit gelangen wirst.

6. Und so denn sehe diesen Meinen Begleiter näher an, und so du ihn wirst erkannt haben, da sage es uns allen, für wen du ihn erkannt hast!“

7. Hier fing der Adam an zu stutzen und wandte sich langsam nach dem Fremden, fing ihn an vom Fuß bis zum Kopf zu mustern; und da er ihn dennoch nicht zu erkennen vermochte, so wandte er sich wieder zum Abba und fragte Ihn:

8. „Abba, ich mag Deinen Begleiter nicht erkennen! Wer ist er denn, und welchen Namen führt er? Abba, sage es mir, damit mich nicht zu lange die Erwartung martere!

9. Dass ich und meine Nachkommen in unserem Fleisch eher vor der Erde werden sterben müssen, bis unser Geist wieder in seine Heimat gelangen wird, solches ist mir ja schon seit den Zeiten Ahbels bekannt; denn er ist uns allen ja zum traurigen Beispiel geworden!

10. Aber trotzdem bebe ich doch nicht; denn ich weiß es ja auch, dass ich in Deinen Armen sterben werde, also wie ich aus denselben zur Erde kam!

11. Aber alles dessen ungeachtet bleibt mir der Fremde dennoch fremd, und ich mag ihn nicht erkennen; daher gebe, o Abba, es mir kund durch Deinen heiligen Mund, wer da doch der Fremde ist!“

12. Und der Abba sagte darauf zum Adam: „So trete ihm näher, und es wird sich ja wohl zeigen dann, ob du ihn erkennen wirst oder nicht!"

13. Und der Adam trat dem Fremden näher. Als er sich diesem aber kaum noch einige Schritte genähert hatte, siehe, da schrie er plötzlich auf, – denn er erkannte in dem Fremden seinen Sohn Ahbel und wollte auch sogleich auf ihn losstürzen.

14. Aber dieser sagte zum Adam: „Halte ein, und höre! Deine Kinder haben den rechten Vater umfangen; warum willst du dich denn von Ihm ferne halten und an Seiner statt mich umfassen, der ich nichts bin gegen Ihn?

15. Daher kehre dich schnell um, auf dass du zu Dem gelangst, der da allein ist der ewige Urgrund aller Wesen; denn sonst stirbst du heute noch!

16. Siehe, eben heute ist der großen Schlange ein freier Spielraum gegönnt, heute darf sie sogar diese Höhe bekriechen! Daher beeile dich, damit sie dich nicht eher einholt, bis du in den Kreis des Lebens treten wirst!

17. Siehe zu deiner Grotte hin, da steht er schon, der große Feind des Lebens!

18. Daher eile, eile Vater, denn er ist behände wie ein Blitz und grimmig wie ein gereizter Löwe!"

19. Hier sprang der Adam hastig hin zum Abba, und dieser nahm ihn auf.

20. Aber mit eins stand auch schon der Fürst der Welt in menschlicher Leibesgestalt grimmsprühend zwischen dem Ahbel und zwischen der Gruppe, welche sich da angeklammert hatte an den Abba, und schrie also:

21. „Allmächtiger, warum verfolgst Du mich hier in meinem Eigentum?! Was hast Du zu tun mit meinen Geschöpfen? Warum willst Du mir entreißen, die nicht aus Dir, sondern aus mir hervorgegangen sind, und willst mich machen zu einem kinderlosen Vater?! Hast Du nicht zahllose Legionen nach Dir reiner Geister?

22. Daher weiche von der Erde, und weiche aus all meinem großen Weltenreich; denn das ist mein Eigentum, da es aus mir, aber nicht aus Dir hervorgegangen ist! Du zertrittst mit Deinen Füßen mein Eigentum und bist ein Dieb in meinem Reich, daher weiche von hier!"

23. Und der Abba sagte zu ihm: „Frevler, welcher Lüge voll ist dein Mund?! So das dein Eigentum ist, wessen Eigentum bist denn hernach du selbst? Wer hieß denn dich werden gleich anderen zahllosen Legionen?!

24. Was redest du denn von einem Eigentum?! Zeige mir die Pflanze, welche du erschaffen hast auf der Erde Boden, und Ich will dir die ganze Erde und den ganzen sichtbaren Himmel zu eigen geben!

25. Elender Lügner, jetzt bebst du vor Mir, da Ich deine Schande aufgedeckt habe; warum bebst du dann nicht vor dir selbst, da du dich in jeder Sekunde um eine Ewigkeit tiefer verdammst durch deine große Bosheit?!

26. Wisse, Ich bin der Herr Himmels und der Erde! Daher weiche, denn diese Stätte ist zu heilig für deine Füße!"

27. Und der Feind entschwand brüllend und fluchend der Höhe.

Kapitel 158

Die Bosheit und List des Feind des Lebens.
Wie man sich vor dem Lebensfeind
schützt

Am 17. September 1842

1. Als der große Feind des Lebens entschwunden war, da sagte der Abba zu den Ihn umfassenden Kindern:

2. „Kindlein, habt ihr vernommen, was da in Meinem Angesicht der Erzlügner zu reden sich unterfangen hatte?!

3. Nehmt euch daher wohl in Acht vor ihm, dass er euch nicht überrede und euch bringe zum Fall; denn groß ist seine Bosheit!

4. Und wie groß da ist seine Bosheit, also groß ist auch seine Schlauheit und List; daher nehmt euch dreimal sorglichst in Acht vor ihm!

5. Er ist ein verworfener Geist, der sich nimmerdar bekehren mag, und will Mich nimmer anerkennen als den alleinigen Gott aller Heiligkeit, Macht und Kraft, sondern ihm ist um die Alleinherrschaft zu tun, darum er stets im Sinne führt, Mich zu schwächen und endlich ganz zu vernichten und sodann alle Gewalt über Himmel und alle Welten an sich zu reißen.

6. Wenn ihm solches gelingen möchte, dann erst möchte er alles jetzt Bestehende aus übergroßem Hass gegen Mich vernichten.

7. Und wäre ihm solches gelungen, sodann auch erst eine neue Schöpfung nach seinem Wohlgefallen bewerkstelligen.

8. In dieser neuen Schöpfung aber solle nichts etwa für ewig Bestehendes vorkommen, sondern alles solle nur ein von seiner höchst freiesten Willkür abhängendes Dasein haben und nur so lange bestehen, solange es ihm ein sinnliches Vergnügen gewähren würde.

9. Hätte er sich daran vollends gesättigt, dann solle alsogleich wieder eine ganze Schöpfung ins Nichts zurücksinken und wieder eine andere bloß nur zu seinem Vergnügen entstehen!

10. Wesen, die ihm vollends ähnlich wären, würde er nie erschaffen, als zum Beispiel den Mann, wohl aber das Weib zu seinem sinnlichen Bedürfnis; dieses solle aber überaus empfindlich sein, damit es für allerlei für ihn lustige Martern sehr empfänglich wäre!

11. Kurz und gut, seine Ideen sind von einer solchen Scheußlichkeit, dass sie selbst ein oberster Engel nicht in ihrer Fülle zu erfassen vermag; daher nehmt euch wohl in Acht vor ihm!

12. Ihr ratet nun freilich in eurem Herzen und sagt: ‚Warum denn ein solches Wesen nicht vernichten, welches also voll ist der tödlichsten Arglust?!'

13. Ich aber frage da einen jeden aus euch: ‚Wer von euch würde wohl hinabziehen in die Tiefe und töten den Lamech, der da um nichts besser ist denn dieser Feind des Lebens?'

14. Oder so Ich euch den Feind des Lebens noch einmal vorstellen möchte und möchte ihn also zubereiten, dass ihr ihn im Ernst töten könnt, – würdet ihr solches wohl tun, wenn er auch noch so grimmig vor euch stünde?

15. Wahrlich, ihr würdet alle gewaltigst zaudern!

16. Seht, wenn aber ihr schon zaudern würdet und euch möglichst zurückziehen, da eure Liebe doch nur noch überklein ist gegen die Meinige, um wie viel weniger mag solches erst Ich tun, der Ich die unendliche ewige Liebe Selbst bin und bin dazu

so gut sein Schöpfer, wie Ich es der eurige bin, und bin sein Gott, wie Ich der eurige es bin, und sein Herr, wie der eurige, und sein noch immer väterlicher Richter, wie Ich euer guter Vater Selbst bin!

17. Soviel es aber nur immer möglich war, wurde ihm die Macht des Willens ja ohnehin benommen. Darum habt ihr ihn auch nicht im Geringsten mehr zu fürchten, sondern euch allein in Acht zu nehmen vor seiner List; diese aber hat keine Gewalt, sondern ist an und für sich also ohnmächtig, dass ihr sie allzeit leichter denn eine Fliege mit eurem Hauch verwehen könnt, so ihr es nur wollt!

18. Daher kann er ja auch bestehen und in Ewigkeit blinde Versuche machen, uns zu vernichten; denn solches wird ihm ebenso wenig je gelingen als einer Mücke ein Sieg im Kampf mit dem Mamelhud!

19. Aber ihr fragt schon wieder in eurem Herzen: ‚Worin besteht denn hernach die List des Lebensfeindes, damit wir sie erkennen und uns in Acht nehmen können vor ihr?

20. Denn wer kann sich vor etwas in Acht und Hut nehmen, was er nicht kennt?!'

21. Kindlein, ihr habt recht, dass ihr also fragt in eurem Herzen; aber dennoch ist eure Frage im Grunde eitel! Denn der Lebensfeind kann sich und darf sich ja niemandem nahen; also kann er ja auch mit seiner Arglist niemanden berücken!

22. Wenn aber ein Mensch von seinem eigenen Herzen sich berücken lässt und wird hochmütig, herrschsüchtig, fleischsinnig, weltsüchtig und eigenliebig, sodann nähert sich ja der Mensch selbst eigenwillig dem Feind des Lebens, wird selbst ein Feind alles Lebens und nicht selten ärger

noch denn der eigentliche in Person, vor dessen List ihr euch verwahren sollt.

23. Wenn dann der eigentliche Feind des Lebens einen solchen ihm ähnlichen Nachbar neben sich gewahrt, da spart er dann freilich wohl keine Mühe mehr, um den an sich zu fesseln, der ihn also überwiegend ähnlich freiwillig aufgesucht hatte!

24. Seht, da fängt dann erst die List des Feindes, einen solchen Freund für ewig für sich zu gewinnen, wirkend an!

25. Wer daher der List des Feindes entgehen will, der sei ein getreuer und wohlachtsamer Hirte seines eigenen Herzens, und kehre es sorgfältigst zu Mir! Der solches beachten wird allzeit, wahrlich, ihr könnt es glauben, es wäre euch leichter möglich, die Sonne vom Firmament herabzureißen, als dem Lebensfeind, sich einem solchen Menschen mit seiner List zu nahen!

26. Daher sollt ihr auch nicht ängstlich sein, denn ohne Meine Zulassung kann nichts geschehen; wenn Ich aber irgendetwas zulasse, so habe Ich allzeit Meinen besten Grund dazu!

27. Nehmt euch aber vorzüglich in Acht vor euch selbst; denn wahrlich, es gibt nirgends außer Mir etwas Freieres denn eure eigenen Herzen!

28. Daher sorgt für diese nach Meinem Willen, so werdet ihr ewig sicher sein vor der List des Feindes!

29. Solches versteht wohl; denn das ist die Hut vor seiner List, dass ihr eure Herzen zu Mir kehrt, aber nicht eigenwillig zu ihm! Versteht ihr solches?"

Kapitel 159

Ahbels Sendung zu den der Fleischeslust verfallenen Bußpredigern. Die Macht und Gefahr des Fleisches

Am 20. September 1842

1. Nach dieser Rede Abbas erst traten alle auf Sein Geheiß wieder in eine kleine Entfernung von etwa sieben Schritten zurück und bildeten sogestaltet einen Kreis um den Vater und dankten, lobten und priesen Ihn ob Seiner unendlichen Liebe, Gnade und Erbarmung. Er aber berief zu Sich den Ahbel und sagte zu ihm:

2. „Mein getreuer Bote, Ich sende dich nun gen Hanoch! Allda wirst du treffen sieben von hier abgesandte Bußprediger. Darunter sind drei standhaft, vier aber wanken; denn sie haben das Fleisch der Weiber in der Tiefe angesehen und sind davon berückt worden. Siehe, diese sollst du Mir wieder zurechtbringen!

3. Von ihrer Macht sollen sie nichts verlieren; da sie aber noch nie von einem Leibesschmerz etwas empfunden haben, so magst du zuerst eine glatte Rute nehmen und sie mit sieben Hieben über die Schultern züchtigen, aber nur zur Zeit, wenn du sehen wirst, dass in ihrem Herzen eine unlautere Flamme aufsteigt und aus der Flamme sich endlich ein Fleisch der Weiber gestalten wird!

4. Wenn du solches merken wirst, dann erhebe sogleich deinen Arm, und tue einen kräftigen Hieb! Wird auf diesen Hieb alle Flamme sogleich erlöschen, dann führe sanfter die folgenden Hiebe, deren Zahl unter jedem Umstand nach Meinem Ausspruch voll zu verbleiben hat!

5. Wird aber die Flamme beim ersten Hieb nicht alsogleich ersticken und

vergehen die Gestalt des Fleisches, sodann sollst du den nächsten Hieb kräftiger führen, als du geführt hast den ersten; und sollte sich auch hier noch keine Änderung zeigen, so führe den nächsten Hieb noch kräftiger!

6. Wird hier die Änderung erfolgen, da lasse alsbald nach mit der Kraft; erfolgt sie aber auch noch hier nicht, so verdopple deine Kraft, und fahre dann stets erhöht mit derselben fort bis ans Ende der gegebenen Zahl!

7. Wird bei einem oder dem anderen Hieb die Änderung erfolgen, so führe die noch übrigen Hiebe mit gleicher Kraft fort, damit die Hartnäckigkeit des Herzens gehörig gezüchtigt und gesänftet werde.

8. Nach der Züchtigung aber tue einen starken Ruf ins Herz, und tue dem Berückten Meinen Willen und Meinen vollsten Ernst kund!

9. Sodann aber beobachte sein Herz in aller Stille, und wirst du sieben Tage lang keine Rückkehr der argen Flammen entdecken, sodann kannst du ihn wieder frei lassen auf sieben Tage. Dann aber besuche ihn wieder; hast du ihn ledig gefunden, so gebe ihn auf sieben Monate frei!

10. Hast du aber entdeckt, dass sein Herz unter der Zeit gelitten hat, so stärke es mit dem Öl Meiner Gnade! So du da bemerkt hättest, dass er mit Wohlgefallen wieder die alte, arge Flamme hatte in seinem Herzen lodern lassen, sodann züchtige ihn abermals!

11. Sollten aber die ersten sieben Hiebe mit aller ihrer Kraft die Flamme noch nicht vollends erstickt haben, sodann nehme eine stärkere, aber nicht mehr glatte, sondern dornig raue Rute und führe mit derselben die Hiebe über den ganzen Rücken mit voller Kraft!

12. Diese Hiebe aber sollst du nicht schwächen, wenn auch nach einem oder dem anderen die Flamme ersticken würde; denn hier hast du es schon mit der Hartnäckigkeit eines ziemlich verdorbenen Herzens zu tun.

13. Sollten auch noch diese Hiebe keine Besserung bewirken, sodann nehme eine feurige Rute, und gebe ihm mit erzürnter Hand siebenundsiebzig harte Streiche über den ganzen Leib, so dass er voll Geschwüre und Eiter wird!

14. Bessert er sich da, und ändert sich sein Herz, so heile ihm die Wunden, und stärke ihn mit Meiner Erbarmung. Bessert er sich aber nicht, da streue Würmer über seinen Leib, damit sie ihn verzehren bei lebendiger Seele, denn es ist besser, von den Würmern denn vom Zorn Gottes verzehrt zu werden!

15. Die drei ersten aber stärke mit Meiner Liebe, und zeige dich ihnen, wann du sie stärken wirst in Meinem Namen!

16. Ich aber werde allzeit mit dir sein wie mit allen Meinen Kindern! Amen!"

17. Hier neigte der Engel Ahbel sich vor Abba bis zur Erde und entschwand sodann wie ein leuchtender Blitz, wenn er von einer Wolke mit größter Hast zur Erde zuckt.

18. Es erstaunten sich aber alle die Väter, wie solches doch möglich sein konnte, dass sogar vier aus den Boten schon in so kurzer Zeit Dessen haben vergessen können, der sie erst am vorhergehenden Tag mit Seiner Liebe, Gnade und Erbarmung so überreichlich ausgerüstet hatte.

19. Der Abba aber sagte darauf zu ihnen: „O Kindlein, wundert euch dessen nicht! Ich habe ja erst früher zu euch allen gesagt, dass da in der ganzen Unendlichkeit außer Mir es nichts Freieres gibt denn allein das menschliche Herz! Und so kann

dasselbe ja gar bald berückt werden, wenn es Mich nur einen Augenblick aus den Augen lässt!

20. Oh, die Macht des Fleisches ist groß, und von euch allen hat noch keiner über dieselbe gesiegt; daher wundert euch dessen nicht, so da vier vom überüppigen Fleische der Weiber aus der Tiefe sobald konnten berückt werden!

21. Kahin, da er floh, hatte vor der Schlange geweissagt, als sie vor ihm im Fleische erschien, wie gefährlich dieses allen seinen Brüdern werden wird!

22. Daher wundert euch dessen nicht, so da gar bald die vier berückt worden sind; denn euch und euren Kindern wird's um kein Haar besser gehen, so sie sich nur auf Augenblicke von Mir abwenden werden!

23. Daher bleibt in Mir, wie Ich in euch, so werdet ihr nicht Knechte des Fleisches werden! Amen. Versteht solches! Amen, Amen, Amen."

Kapitel 160

Henochs Scheinrede als Gottesleugner

Am 21. September 1842

1. Nach dieser Rede behieß der Abba den Henoch zu Sich und hieß auch alle anderen wohl achten auf das, was Er nun dem Henoch in aller Kürze anvertrauen werde.

2. Und der Henoch begab sich eiligst dahin zum Abba, und alle anderen spitzten ihre Ohren und erweiterten gewaltig ihre Herzen.

3. Und der Abba fing an, folgende Geschäftsworte an den Henoch zu richten, und sagte: „Henoch, höre du, und

vernehmt es ihr alle; aber niemand von euch stoße sich daran!

4. Es werden soeben vier vom Mittag her hier eintreffen; diese sind uneins über den Abedam. Zwei halten Ihn wohl schwachweg für den Jehova; zwei aber behaupten gerade das Gegenteil und halten Ihn für den Geist Ahbels.

5. Sie wollen sich darum Rates erholen bei dir.

6. Du aber schlage dich zur Partei der Leugner, und rede ihnen den Abedam samt dem Jehova heraus, damit sie vollends gottlos werden und wir dann in ihnen ein neues Gebäude aufführen können; denn auf einem also sandigen Grund lässt sich wohl nicht einmal eine Totenhütte, geschweige dann erst eine Wohnung für Mich errichten!

7. Siehe, sie kommen schon; daher fasse dich, und rede, wie Ich es dir angeraten habe!

8. Sei ernst, aber nicht trocken, und denke dabei, dass es arme Brüder sind, denen wir helfen wollen aus dem Grunde!

9. Denn wahrlich, sage Ich euch allen, der Mich leugnet in seiner Blindheit, ist Mir um tausend Male lieber denn derjenige, der Mich in der Lauheit seines Herzens halbwegs bekennt, aber es kaum der Mühe wert hält, sich etwa mit seinem Bruder von Mir zu besprechen!

10. Doch, sie nahen sich schon unserem Kreis; daher rüste dich, und keiner mache Mich vorderhand kennbar! Amen."

11. Und der Henoch dankte mit dem lieberbranntesten Herzen dem heiligen Abba und ging dann sogleich den vieren ein wenig entgegen und empfing sie da mit freundlichem Ernst.

12. Als sie aber die Vollhöhe erreichten, da verneigten sich die Streiter vor den Vätern, und der Henoch fragte sie sogleich und sagte also:

13. „Brüder, was hat euch denn hierhergeführt? Gebt in aller Kürze kund euren trüben Grund!" – Und alsogleich fing einer aus ihnen an zu reden und sagte:

14. „Unser Grund ist der Abedam; wir können darüber nicht ins Klare kommen! Ist Er Jehova oder nicht, oder ist Er nur der Geist Ahbels?

15. Denn auch Ahbel soll bei seinen Lebzeiten eine große Wundermacht besessen haben und hatte – wie wir es von Mund zu Mund wissen – vor Kahin einen Berg zertrümmert, vor seinem Bruder Kahin, um ihn von seinem argen Vorhaben abzuhalten!

16. Siehe, das ist unser Zwist! Gebe uns ein rechtes Licht in dieser Sache; denn wir alle halten sie für die allerwichtigste und allergrößte Hauptsache!"

17. Und der Henoch öffnete darauf in Meinem Namen seinen Mund und sprach: „Brüder, was zwistet ihr euch um eine Wolllocke eines Lammes?!

18. Was ist Abedam, was ist Jehova, so wir Ihn nicht aussprächen in unserem Gemüt und Gefühl?! Wie mögt ihr streiten um das, was nicht ist, weder so oder so?

19. So du siehst in einiger Ferne ein Häufchen auf dem Weg und meinst, solches sei ein Stein, dein Bruder aber behauptet, das Häufchen sei nur ein Maulwurfshügel, siehe, da ist doch etwas, darüber sich so lange streiten lässt, bis ihr nicht das Häufchen selbst zum Schiedsrichter macht! Wen wollt ihr denn da zum Schiedsrichter machen, wo nichts als eure leeren Gefühle und Gedanken es sind, die sich so oder so aussprechen und haben keinen anderen Grund als die eigene Leerheit, entweder so oder so?!

20. Ihr streitet, ob der Abedam, der uns durch drei Tage lang mit Seiner Wissenschaft ergötzte, Jehova sei oder nicht.

21. Ich aber sage euch, fragt zuerst, ob es überhaupt irgendeinen Jehova gibt!

22. Was wollt ihr aber tun, so ich euch sage: Es gibt nirgends einen Jehova, sondern nur einen unendlichen Raum und eine ewige Zeitendauer!?

23. Dass sich in diesem Raum nach den Zeiten die verschiedenen, für sich stummen Kräfte ergreifen mussten und dadurch hervorbringen erstlich unförmliche Klumpen, welche dann den blind wirkenden Kräften zur notwendigen Unterlage wurden, und endlich nach und nach verschiedene andere Produkte durch ihren gegenseitigen Zwang, das lehrt uns die ganze Natur; wo aber hat sie je sich im Jehova ausgesprochen?

24. Ist es denn daher nicht offenbar klüger, den Grund, der da vor uns allen offen liegt, tiefer zu untersuchen und zu prüfen als einen, der sich bloß durch in uns waltende Naturkräfte mit der Zeit also entwickelt hatte wie etwa ein eitel leerer Traum?!

25. Wenn es überhaupt irgend je eine sich ergreifende und sich selbst bewusste Kraft unter dem Begriff Gott geben kann, so kann sie ja erst aus uns hervorgehen, da wir die ersten Wesen auf dem langen Wirkungskreis der Naturkräfte sind, in denen sich sicher zum ersten Mal eben diese Kräfte anfangen, ihrer selbst mächtig und mehr und mehr bewusst zu werden!

26. Oder habt ihr je gesehen, dass da ein Stein sich zum Wassertropfen bilden möchte? Wohl aber ist solches umgekehrt der Fall, und ein kleiner Stein besteht schon aus einer Unzahl Wassertropfen, die da aufgelöst ein halbes Meer ausmachen dürften!

27. Also kann ja erst auch ein Gott aus uns hervorgehen als eine Zentralkraft des Sichselbstbewusstseins, wie da aus den vielen Wassertropfen ein Stein hervorgeht, nicht aber umgekehrt!

28. Seht demnach die entsetzliche Leerheit eures Zwistes, und besinnt euch eines Besseren; werdet aber zuvor Schüler der tiefen Weisheit, dann erst sucht das, worüber ihr jetzt streitet! Versteht meine Worte wohl! Amen."

29. Hier fingen die vier zu beben an und wurden ganz blass, und nur der eine sagte zum Henoch: „Bruder, warum hast du uns nun getötet? Was sind wir jetzt, und was haben wir zu erwarten? Nichts als die endliche ewige Vernichtung?!

30. O hättest du uns doch in unserem Wahn gelassen! Wie glücklich waren wir darinnen!

31. Denn unsere Herzen hatten doch irgendeinen Grund; jetzt aber hast du uns hingestellt auf den Abgrund des ewigen Verderbens! Was sollen wir jetzt beginnen?

32. O Jehova, o Abedam, wärest Du noch hier! Um wie vieles lieber wären wir betrogen von Dir, als jetzt also furchtbar aufgeklärt vom Henoch!

33. Henoch, betrüge uns wieder, damit wir doch ruhig sein können, dieweil wir leben! Amen."

Kapitel 161

Henoch mahnt vier Laue zur Wahrheitsuche und Gotteserkenntnis

Am 22. September 1842

1. Der Henoch aber sah die große Verlegenheit der viere und fragte sie und sagte: „Also, an der Wahrheit ist euch wenig gelegen, sondern daran nur, dass ihr in aller Ruhe und vollster Behaglichkeit dahinleben könnt, ohne euch im innersten Ernst weiter zu bekümmern und zu forschen, wie sich alle die Sachen verhalten!

2. O ihr Schlaftoren! Was habt ihr denn durch alle eure Lauheit bisher gewonnen?

3. Die enthüllende Zeit kommt für jedermann einmal sicher mit allen ihren Schrecken des Todes; der da schon lange sich vorbereitet hatte, den wird sie nicht überraschen und dann in die finsterste Enge aller Verzweiflung treiben!

4. So aber da jemand sich darum will auf was immer für eine Art betrügen, damit er dann in solches Truges Nacht nur recht behaglich schlafen kann, wie schrecklich wird da dereinst der Ruf in seinen Ohren ertönen, welchen ihm seine eigenen schwindenden Kräfte zuraunen werden und werden gar wohl vernehmlich sagen: ‚Träger Schläfer, – erwache zum Tode!'

5. Seht, wäre euch von jeher am Jehova etwas gelegen gewesen, so hättet ihr euch lange schon darum ernstlich bekümmert und hättet gefragt: ‚Wer, was und wo ist Jehova?'

6. Allein, um euch solcher Mühe zu überheben, glaubet ihr lieber blind, was ihr von Mund zu Mund gehört habt; aber dass ihr je selbst darüber etwas nachgedacht hättet, – solches wäre ja viel zu beschwerlich für euch gewesen! Es musste also ein Abedam euch vom tiefsten Schlaf rütteln, sonst wäret ihr noch bis zur Zeit ganz süß dahingeschlummert, und es würde euch sicher nie beigefallen sein, sich um den Jehova näher zu erkundigen!

7. O ihr Lauen, nun kümmert euch des Lebens! Was habt ihr denn hundert und abermals hundert Jahre getan, da ihr von Jehova ebenso wenig wie jetzt gewusst habt, ja – um vieles weniger? Denn jetzt wisst ihr doch, welch eine Bewandtnis es mit dem Jehova hat; damals aber wusstet ihr gar nichts und scheutet euch auch allzeit, etwas Näheres zu erfahren von Ihm, indem euch der Trug lieber war allzeit denn die Wahrheit! Warum seid ihr denn heute, wie sonst noch nie, hierher gekommen?

8. Weil euch der Abedam ein wenig aus dem Schlaf gerüttelt hatte, indem Er euren Traumgott so ziemlich getrübt hatte!

9. Ihr möchtet nun wieder diesen alten Traumgott hergestellt haben, um dann wieder euren alten Schlaf ruhig fortsetzen zu können; allein solches hat jetzt ein Ende.

10. Denn ihr wolltet ja nur Licht haben in der Sache! Ich gab euch dafür und darum das Licht in der ausgesprochenen Wahrheit; warum wollt ihr denn nun wieder an des Lichtes statt den alten Trug eurer Sinne haben?

11. Weil ihr nicht der Wahrheit, sondern nur des Truges willen hierher gekommen seid, darum er ist gerüttelt worden von dem weisesten Morgenländer, und möchtet nun eurer süßen Behaglichkeit willen wieder den alten Jehova hergestellt haben, unter dessen Lebensschutz ihr also übersüß habt schlafen können, während

wir wachten und im beständigen Kampf mit dem Tode standen!

12. O wacht nun nur mit uns, und helft uns allen die überaus beschwerliche Bürde des Todes tragen; eure Nacken sind ja breit und stark genug dazu!

13. Wahrlich, der alte Jehova wird euch ewig nichts mehr nützen, so nicht ein neuer Jehova Sich in euch wird zu gestalten anfangen!

14. Darum sagte ich ja in meiner ersten Rede an euch: Aus uns muss Jehova hervorgehen, so Er irgend für uns da sein soll; ist solches nicht der Fall, so nützen uns allen tausend für sich irgend bestehende Jehovas nichts!

15. Was nützt einem Stein mein sich selbst bewusstes Dasein?

16. So es aber dem Stein möglich wäre, in sich selbst ins Bewusstsein zu übergehen und zu werden ein sich frei bewegendes Wesen, sodann möchte ich für ihn auch etwas sein, also wie ich es bin für euch! Was aber bin ich dem toten Stein? Nichts, ein pures und allerreinstes Nichts!

17. In dem Verhältnis aber ich und der Stein uns gegenseitig befinden, im selben Verhältnis steht auch ihr zu eurem alten Jehova!

18. Dieser Jehova muss zuvor erst in euch zum höchsten vollständigen Selbstbewusstsein gelangen durch euer lebendiges Wollen, bevor Er euch ein wirkender Jehova wird! Und solches müsste durch eure Werke geschehen; geschieht aber solches nicht, so gibt es für euer Leben für alle Zeiten der Zeiten nirgends einen Jehova, so wenig es für Steine irgend Menschen gibt!

19. Bittet daher nicht um noch mehr Betrug und Lüge, sondern schlagt euch zur Wahrheit; lernt solche aus dem großen Buch und den Zeichen der Natur, so wird es sich dann ja wohl zeigen, ob eure Herzen für den Samen Jehovas befähigt sind!

20. Entfernt euch jetzt aber auf eine Schattenwende Zeit; denkt über das Gesagte nach, und kommt dann wieder hierher, und wir wollen eure Herzen prüfen, welche Liebe dieselben beherrscht! Und also geht! Amen.“

Kapitel 162

Die Beratung der vier Lauen über die Widersinnigkeit der Gottesleugnung

Am 23. September 1842

1. Und die vier verneigten sich vor den Vätern und begaben sich sodann alsogleich von unserer Morgenhöhe hinab auf einen kleinen Vorsprung, ließen sich da nieder und fingen an, sich untereinander also zu beraten:

2. „Brüder“, begann der erste, „was dünkt euch nun, – sollen wir den Worten Henochs trauen oder sollen wir ihnen nicht trauen?

3. Ich meinesteils bin der Meinung, dass diesmal der Henoch sich allergewaltigst geirrt hat!

4. Ein Mensch ist er ja, wie wir es sind, – und das ist genug zur vollkommenen Befähigung für allerlei Verirrungen; mehr brauchen wir nicht.

5. Denn hat ihm der Allmächtige auch größere Vollkommenheiten verliehen und hat ihn gesetzt zu einem Oberpriester, so hat Er ihm aber dennoch alles Menschliche rein belassen, dass er noch immer derselbe Henoch ist, wie er es zuvor war, und kann somit auch irren.

6. Dass er sich aber diesmal allergewaltigst geirrt hatte, das könnte ich ihm ja alsogleich auf den Fingern nachweisen!

7. Ich begreife jetzt nur nicht, wie ich in seiner Gegenwart gar so vernagelt habe sein können!

8. Zum Beispiel: Was hätte er mir darauf sagen können, wenn ich ihm bei seiner Gottesleugnung gesagt hätte: ‚Bruder, wenn es also wäre, wie du nun weislich behauptet hast, so brauchen wir uns fürder ja keine Häuser mehr zu erbauen!

9. Denn haben wir können ohne einen Schöpfer von höchster Weisheit entstehen und sind doch sicher in allem vollkommener denn unsere Häuser, indem wir denken, reden und weislich handeln können, warum sollen da nicht auch unsere ums Unaussprechliche viel dümmeren Häuser ebenfalls aus nichts und von sich selbst ohne unser Hinzutun entstehen?!'

10. Ich will aber den guten Henoch eine ganze Ewigkeit warten lassen und gebe ihm mein Leben noch obendrauf zum Pfand, dass er sicher nie das Glück haben wird, ein wohlgeordnetes Wohnhaus dem stummen Boden der Erde entwachsen zu sehen!

11. Wir sollen Werke blinder Kräfte sein, die da vor uns sich nicht einmal ihrer selbst bewusst sind!?

12. Nein, Brüder, ehe mir der Henoch das glauben macht, eher glaube und beweise ich ihm, dass er als Oberpriester samt aller seiner Weisheit ein vollkommener Narr ist! Was sagt ihr dazu? Habe ich recht oder nicht?!"

13. Und ein zweiter nahm das Wort und sagte: „Und ob du recht hast?! Ich muss dir sagen, Bruder, mich hat es schon im Innersten ganz sonderbar gewurmt! Wenn ich nicht die hohen Väter geschont hätte,

wahrlich, es hätte mich nur ein Wort gekostet, und des Henoch Zunge wäre gelähmt geworden wie ein Tautropfen im strengsten Winter!

14. Ich hätte gerne die Antwort vernommen, so ich ihn nur, weißt du, so ganz leichtweg gefragt hätte: ‚Henoch, wenn es also ist, wie du uns jetzt weise berichtet hast, da möchte ich denn doch von dir erfahren, wie da zu erklären ist die Liebe zu Gott?!'

15. Brüder, wenn mir auf diese Frage, ohne sich zu widersprechen, der Henoch nur eine Silbe sagen hätte können, so verschlucke ich vor euch und ihm jeden Berg, den ihr nur immer wollt!

16. Denn so da der Jehova ein Trug und gewisserart eine Salbe für die Trägheit unseres Geistes ist, so ist auch alle unsere Liebe ein barster Trug; und ist diese ein Trug, so sind wir uns selbst ein Trug – und der Henoch nicht im Geringsten ausgenommen!

17. Sind wir aber uns selbst ein Trug, da frage ich dann: ‚Bruder, welches Vorrecht hat dann deine Weisheit vor unserer Torheit?!

18. Daher magst du so gut schweigen wie wir!' Sagt ihr mir frei heraus: Was hätte mir darauf der ganze Henoch erwidern können?

19. Nichts, denn da wäre er ja wie in einer Tausendfalle und könnte mit seiner Zunge nicht einmal stumm über seine Zähne fahren!"

20. „Er hat vielleicht geglaubt", sagte ein dritter, „wir sind so einige recht gemütliche Hausnarren, die sich da sogleich mit allerlei Dreck anstreichen lassen!

21. Aber unser nächster Zusammentritt soll vor ihm die vier Toren auf eine Art beleuchten, dass ihm darob sein

Oberpriestertum gerade also vorkommen wird, als stecke er in einem unreifen Wildapfel; denn ich bin geladen wie eine wetterschwere Wolke!

22. Nur ein wenig Wind, und der gute Henoch soll für seine Gottesleugnung noch ums Zehnfache ärger bedient werden, als wir alle am Vorsabbat bedient wurden! Er soll so recht derb empfinden und bezahlt werden für den offenbaren Spaß, den er sich mit uns erlaubt hatte!

23. Dass der Henoch nicht an einen Gott glauben solle, glaube ich so wenig, als so mit mir da jemand streiten möchte und behaupten, dass ich nicht sei!

24. Aber zum Besten hat er uns gehabt und hatte uns allesamt anrennen lassen; das ist es und nichts anderes!

25. Aber ich will ihn dafür auch anlehnen, dass er allda soll picken bleiben wie ein Stein, so er gefallen ist in des Meeres tiefsten Grund!

26. Was wird er mir wohl für eine Antwort geben, so ich vor ihm geradeheraus sagen werde: ‚Henoch, du schnöder Oberpriester, du hast jetzt doppelt gelogen aus deiner großen Blindheit heraus! Denn gibt es von Ewigkeit her zum Voraus keinen Jehova, so hast du ja ohnehin in den Wind gesprochen.

27. Denn der blinde Zufall hatte dich sicher nicht weiser gestaltet denn uns; und warum solltest gerade du mehr sehen denn wir, die wir ja doch nicht minder uns selbst eine barste Torheit sind, wie du es dir bist und auch uns allen notwendig darum!

28. Gibt es aber einen alten Jehova, so bist du ohnehin ein Lügner vor uns allen offenbar und handgreiflich!'

29. Brüder, was kann er mir darauf erwidern?!"

30. Und ein vierter sagte mit den zwei ersten: „Nichts – als höchstens: ‚Also stehe ich als ein Esel vor euch, und meine Oberpriesterschaft ist ein leerer Wind!'

31. Was aber da den Abedam betrifft, da denke ich, wir sollten uns in dem Punkte vereinen und dem weisen Oberpriester ins Gesicht beweisen, dass Er unfehlbar Jehova Selbst war, welches ja klar aus Seinen Worten und Taten hervorgeht, so wir sie nur einigermaßen beachten wollen!

32. Und leugnet er hernach solches, so werde ich ihn ganz einfach fragen: ‚Bruder, wer hat dich denn hernach zum Oberpriester gemacht?

33. Ist Er nichts, so bist es auch du, – und tue daher das Beste, und lege die Oberpriesterschaft weg; denn solch ein Amt gebührt keinem Gottesleugner!'

34. Was kann er oder jemand anderer uns da entgegnen?!"

35. Auf diesen Vorschlag wurden alle viere einer Stimme, und der erste erhob sich und sagte: „Brüder, so wir einig sind auch in dem Punkt, so gehen wir und schlichten unsere Sache!

36. Wahrlich, ich brenne vor Neugierde, was da am Ende herauskommen wird! Mit dem Henoch sind wir so gut wie vollends fertig! Also gehen wir! Amen."

Kapitel 163

Die Erweckung der vier Lauen durch Henoch

Am 26. September 1842

1. Und alle die vier erhoben sich und gingen also gerüstet wieder auf die Höhe. Als sie aber da anlangten, fingen sie sogleich an, sich zu beraten, wer da wohl als

der erste sich an den Henoch machen solle.

2. Nach längerem Hin- und Herraten sagte der erste zu den anderen dreien: „Wisst ihr was, ich habe eine gute Meinung: Lassen wir ab von dieser Wahl, sondern tun es also, dass wir da abwarten, bis sich uns der Henoch oder jemand anderer nahen wird und wird da einen oder den anderen selbst anreden!

3. Wer demnach angeredet wird, der gebe auch sogleich eine rechte Antwort von sich, und das also zwar, dass es ein jeder auf den ersten Augenblick merken soll, wie es so ganz eigentlich mit ihm und mit uns stehe! Und sollte uns niemand mehr in die Nähe kommen, da wissen wir dann ja ohnehin, wie wir daran sind; und wissen wir solches, da braucht es dann ja nichts mehr, als umzukehren und dem ärgerlichen Oberpriester für allzeit den Rücken zu zeigen!

4. Warum, das seht ihr sicher noch besser ein denn ich selbst! Sagt, ob ihr damit einverstanden seid!" Und alle bejahten den Vorschlag einstimmig.

5. Als aber der Henoch ihrer ansichtig ward, so begab er sich alsobald zu ihnen hin – das heißt auf das Geheiß des heiligsten Abba – und fragte alsbald den ersten aus ihnen: „Nun, Brüder, welche Löse habt ihr denn in euch gefunden? Gebt mir sie kund aus eurem Herzensgrund!"

6. Und der erste sammelte sich so viel, als es ihm nur immer seine starke Verlegenheit gestattete, und gab dem Henoch mit ziemlich wankender Stimme folgende Antwort, indem er sagte: „Lieber Bruder Henoch! Ich und auch meine Brüder können dir auf diese deine Frage für jetzt keine andere Antwort geben als nur sagen, dass wir dich, so du deine früheren Sätze im Ernst noch fürder behaupten solltest, zufolge etwa einer unverschuldeten Blindheit, von Herzen bedauern, so wir dir schon nicht helfen können!

7. Bist du aber in dir einer anderen Meinung, als welche du uns ehedem kundgabst, so steckt entweder Bosheit und Hochmut in dir, oder du hast mit unserer Armseligkeit dir wollen einen törichten Scherz machen, ohne zu bedenken, wie tief solches deine armen Brüder betrüben dürfte!

8. In dem Falle aber bist du samt deiner Oberpriesterschaft von uns aus auch nicht der schlechtesten Antwort wert!

9. Dass aber eines oder das andere bei dir der Fall ist, solches erkannten wir alsbald aus der Nichtigkeit deiner aufgestellten Beweise für die Leerheit deiner Sätze, – darum du uns auch Toren nanntest, indem wir nicht dir gleich Toren sind und den Jehova also geschickt wie du zu leugnen verstehen!

10. Das ist die ganze Löse, die wir für dich vorderhand in uns gefunden haben!

11. Nach der Beschaffenheit des Grundes deiner Torheit magst du demnach auch entweder unser Bedauern oder aber auch unser vollstes Missfallen als eine solche Löse annehmen!

12. Wir hoffen aber, dass du uns diesmal besser denn ehedem verstanden haben wirst!"

13. Und der Henoch erwiderte den vieren, sagend nämlich: „O Brüder, ihr habt eben diejenige Löse gefunden, welche ich gewünscht habe, dass ihr sie hättet finden mögen!

14. Nur was da betrifft an und für sich den Grund, aus dem ihr behauptet, dass meine Sätze an euch dürften geflossen sein, so hat es damit durchaus keine

Richtigkeit! Denn wäre es also, wie ihr der Meinung wart, so hätte ich sicher nie ein Wort an euch gerichtet; da es sich aber ganz anders damit verhält, so habe ich solches zu euch geredet, auf dass euer lange schon schlafender Geist geweckt würde! Euer Geist aber ist nun geweckt worden, und so habt ihr mir auch die erwünschte Löse dadurch gebracht, und dessen freut sich meine Seele!

15. Dass ich aber euch durchaus kein Lügner, sondern ein wahrer Bruder sein wollte nach der göttlichen Ordnung, mögt ihr aus folgendem erschauen:

16. Gott ist darum doch sicher kein Lügner, so Er zwar überall vollends gegenwärtig ist, aber dennoch nirgends von jemandem erblickt werden kann, außer Er will Sich, Seiner ewigen Ordnung gemäß, als Vater Seinen Kindern zeigen und sie dann lehren und ziehen fürs ewige Leben!

17. Dass ich aber vor euch den Jehova verbarg, geschah aus dem Grunde, weil ihr in eurem Herzen soviel als nichts vom Jehova hattet, sondern nur Seinen Namen führtet ihr in dem Mund, aber mitnichten auch im Herzen!

18. Was nützt einem aber der alleinige tote Name, so er nicht dem lebendigen im Herzen entspricht? Ja, ich sage euch, solches ist eine barste Gottesleugnung!

19. Da ich aber solches in euch ersah, so nahm ich es auf mich und stellte es euch vor, als hätte ich es aus mir genommen, und weckte euch dadurch.

20. Seht, also stehen die Sachen! Ihr habt nun den Jehova sogar im Abedam gefunden und seid darüber eins geworden; also ist ja der Sieg eurer Herzen erfochten!

21. Und so folgt mir denn nun auch zur höheren Weihe, damit ihr dann klar erschauen mögt, ob ich ein würdiger Oberpriester bin oder nicht!

22. Denn es ist noch Einer unter uns, und Dieser wird euch allen die rechte Weihe über Gott und mich geben! Amen.“

Kapitel 164

Die bloße Gottesvorstellung und die lebendige Gotteserkenntnis

Am 27. September 1842

1. Darauf führte die vier alsbald der Henoch selbst hin zum heiligsten Abba und sagte allda zu ihnen: „Brüder, seht, dieser euch noch stark Fremde ist es, von dem ich euch ehedem gemeldet habe, dass Er euch erst die höhere Weihe über Jehova und dann auch über mich erteilen wird! Also hört Ihn, und folgt Ihm! Amen.“

2. Und alsogleich trat der Abba zu ihnen hin und fragte sie: „Indem euch Jehovas Verlust durch die Rede Henochs also sehr beirrt hatte, dass darob eure Herzen sogar feindlich gegen den Oberpriester aufgeschwollen wurden, sagt Mir demnach, welche Vorstellung denn ihr in euch vom Jehova habt!“

3. Und der erste aus den vieren nahm alsogleich das Wort und sagte so ziemlich beherzt:

4. „Guter Mann, Freund und Bruder, darum du fragst, ist wohl überaus schwer, eine gültige Antwort zu finden, – doch nicht so schwer, dir unsere allgemeinen Begriffe über Jehova kundzugeben, das heißt also, wie sie bei uns und unter uns allgemein gang und gäbe sind. Wolle sie denn vernehmen!

5. Unter Gott verstehen wir die die ganze Unendlichkeit erfüllende ewige,

über alles vollkommene, sich ihrer selbst allenthalben allerklarst bewusste Urkraft.

6. Diese Kraft kann sich überall äußern, indem sie an und für sich im Grunde der vollkommenste, allerfreieste Wille ist, welcher da wirkt nach den eigenen, in ihm selbst zum Grunde liegenden Ideen, welche sich in eben diesem Willen und seinem eigenen, aus seiner beständigen Tätigkeit entspringenden Licht in der endlosesten Fülle und in größter Klarheit entwickeln.

7. Siehe, das wäre unser allgemeiner Begriff über Gott; was übrigens die substantielle Wesenheit dieser endlosen, ewigen Urwillenskraft betrifft, so steht sie zu sehr außer dem Bereich unserer Begriffsfähigkeit, als dass sich darüber irgendein gültiger Satz aufstellen ließe!

8. Mutmaßungen aber können und sollen nie als Lehrsätze aufgestellt werden!

9. Anderseits aber scheint es wenigstens mir und einigen anderen, dass diese endlose Willenskraft sich nahe wie unsere Liebe aussprechen muss, indem alles, was wir nur immer betrachten mögen, dieses unleugbare Zeugnis in sich trägt.

10. Selbst der Stein, der leblose, schweigt in diesem Punkt nicht, sondern spricht gewisserart durch sein Wesen: ‚Weil mir meine Teile lieb sind, so halte ich sie fest an mein mächtiges Zentrum!‘

11. So aber solches schon ein Stein unleugbar dartut, da sind ja danach alle anderen Dinge noch sprechendere Zeugen davon – und wir unser selbst wohlbewusste Menschen am allermeisten, indem wir alle in der gegenseitigen Liebe gezeugt worden sind!

12. Nach dieser großen Mutmaßung getrauen wir uns dann auch zu behaupten, dass Gott in Sich Selbst die reinste und allerheiligste Liebe ist und kann Sich aus dieser Liebe heraus als Jehova oder als der gute, weise und allmächtige Schöpfer aller Dinge im Menschen, wie auch außer demselben als ebenfalls ein Mensch – freilich wohl nur allzeit im allervollkommensten Sinne – äußern, und zwar im Menschen als die reinste Liebe zu Seiner Göttlichkeit Selbst, und außer dem Menschen entweder als eine mächtig wirkende Kraft oder aber wohl sichtbar in einer ebenmäßig menschlichen Form, an welche Er aber freilich wohl nicht als etwa gebunden anzunehmen ist.

13. Siehe, lieber, guter Mann, Freund und Bruder, das ist im Allgemeinen aber auch alles, was wir über das Wesen Gottes wissen! Nun steht es bei dir, diese unsere Meinung entweder gutzuheißen oder zu tadeln!"

14. Und der Abba sagte darauf zu den vieren: „Deine Antwort war vollkommen, denn es ist im Ernst also, wie du es hier kundgegeben hast!

15. Aber es ist euch dennoch völlig unnütze alle solche Weisheit, so sie ist entweder ein Werk des eigenen Nachdenkens oder auch ein Werk des mündlichen Unterrichtes!

16. Soll euch aber solche Weisheit zum lebendigen Nutzen sein, so muss sie entweder zu einem lebendigen, klaren Gefühl im Herzen werden, oder – was freilich wohl das Vorzüglichste ist – sie muss aus der Lebendigkeit des Herzens hervorgehen.

17. Ist eines oder das andere der Fall, so wird dann erst die dadurch geweckte eigene Lebenskraft als ein stetiger Zeuge auftreten und wird jedermann laut verkündigen, dass Gott die reinste und heiligste Liebe Selbst ist, in welcher kein Wesen und am allerwenigsten aber die wahren Kinder dieser Liebe je zugrunde gehen werden!

18. Wer demnach Gott nicht auf diese Weise gefunden hat, für den ist Gott so gut wie kein Gott, da Er kein Gott des Lebens, sondern nur ein Gott einer menschlichen Vernunftspekulation ist, welche so lange steht, bis sie nicht von einer anderen verdrängt wird.

19. Wer aber Gott in und aus seinem Lebensgrund gefunden hatte, der hat Ihn gefunden wesenhaft, und keine Macht wird Ihn je mehr zu verdrängen imstande sein!

20. Seht, also verhält sich die Sache wahrhaftig. Nun aber gebt Mir eure Meinung über Abedam und über den Oberpriester Henoch kund, damit Ich euch auch darinnen berichtigen kann! Amen."

Kapitel 165

Das zweifache und dreifache Wesen
Abedams. Das Wesen Henochs

Am 28. September 1842

1. Und der erste der vier sagte zu den dreien: „Ist es euch recht, so will ich das Wort führen; will aber jemand von euch reden, so ist mir solches ebenfalls genehm!"

2. Und die anderen drei sagten: „Bruder, rede du, da du schon in der Rede bist; denn wir sind ja ohnehin eines Sinnes und einer Ansicht!"

3. Und so begann der erste alsogleich, nun noch beherzter denn ehedem das Wort zu führen und sagte:

4. „Guter Mann, Freund und Bruder, da ich aus deiner früheren Rede entnommen habe, dass auch dir ein hoher Grad Weisheit innewohnt, so will denn nun auch ich in der Art hoher Weisheit vor dir den Mund auftun, um dir dadurch meine vollste

Achtung und Billigung deiner hohen Weisheit an den Tag zu legen; und so wolle denn geneigten Ohres vernehmen!

5. Was da betrifft den Abedam, der Sich drei volle Tage so überaus wundertätig unter uns aufgehalten hatte, so ist da unsere Meinung über Ihn also bestellt, wie ich dir es jetzt genau kundgeben will.

6. Der Abedam ist ein Doppelwesen, ja ich möchte sagen, Er ist ein dreifaches Wesen!

7. Ein Doppelwesen ist Er, indem sich in Ihm offenbar eine menschliche und eine göttliche Natur ausgesprochen hatte: eine menschliche in Seiner Erscheinlichkeit, welche unsere Form hatte und entsprach derselben in allem vollkommen, dann eine göttliche in Seinen Worten und Taten, da bei Ihm ein Wort so gut als eine vollbrachte Tat zu betrachten war.

8. Der einfache Mensch kann zwar auch Verschiedenes denken und wollen, aber seine Gedanken und sein Wollen sind nur ganz subtile Schöpfungen in sich selbst, welche aber jedoch in ihrer Primität nie in die Erscheinlichkeit zu treten vermögen, sondern erst als ein mühsamer Nachtrag durch Beihilfe mechanischer und organischer Kräfte, durch welche dann unsere innere Schöpfung erst freilich wohl höchst unvollkommen nachgebildet wird.

9. Also können wir uns auch ein vollkommenes Gras zum Beispiel denken und es dann auch aussprechen. Es ist dadurch in uns auch wie erschaffen; aber dasselbe außer uns zu stellen so vollkommen, wie wir uns es denken, können wir unmöglich, indem unsere Wesenheit nur eine bedingte und notwendig beschränkte ist, und wir können darum nicht in die unendliche Wesenheit Gottes hinein erschaffen, sondern nur in dem Raum unseres eigenen

Wesens im kleinsten Maßstab, wie es die Gottheit tut im Raum Ihrer unendlichen Wesenheit.

10. Aber ganz anders verhält sich da die Sache mit dem Abedam, der da nichts anderes war als der Sich in jeglicher Form zu äußern imstande seiende Jehova! Denn durch die menschliche Form im Abedam wirkte die Gottheit aus Ihrer Unendlichkeit heraus, und was demnach der Mund Abedams sprach, musste ja ein vollbrachtes Werk sein, indem doch alle Dinge, welche wir beschauen, nichts anderes sein können als Gedanken und Worte, welche in der unendlichen Gottheit auch selbst unendlich vorhanden sein müssen und, so sie von der Gottheit Selbst ausgesprochen werden, auch darum notwendig also evident vorhanden sein müssen, wie in uns selbst jene Gedanken und Worte, welche wir für und in uns bestimmter ausgesprochen haben.

11. Siehe nun, lieber, guter Mann, Freund und Bruder, also verhält sich die Sache! Es könnte mir freilich wohl eingewendet werden und könnte jemand sagen:

12. ‚Wenn es denn also ist, wie verhält es sich demnach mit der schon öfter vorkommenden Wunderkraft im gewöhnlichen Menschen, so ihm die Gedanken Gottes gehorchen?'

13. Da sage ich aber: Dann ist der Mensch selbst zur Äußerung der Gottheit geworden, welche durch ihn – wennschon im kleineren Maßstabe – wirkt, wie Sie im für uns möglich größten Maßstabe durch Abedam gewirkt hatte.

14. Und so liegt dann die göttliche Wirkung nicht in der Wesenheit des Menschen, sondern allein nur in der Wesenheit Gottes, der Sich da durch einen Menschen so oder so hat äußern wollen!

15. Also steht es hernach auch mit dem Henoch, der da an und für sich nichts mehr und nichts weniger ist, als wir alle es sind, nämlich ein ganz gewöhnlicher Mensch; so ihn aber Gott durch Abedam berufen und bestimmt hatte zu einem Oberpriester oder für ein Organ, durch das Er Sich beständig zu den Menschen in menschlicher Form äußern will, so ist Henoch, wenn Sich Gott durch ihn äußert entweder durch Wort oder Tat, nahe das, was der Abedam Selbst war, nämlich ein geheiligtes oder befähigtes Mittel, durch welches sich die unendliche Wesenheit Gottes örtlich und zeitlich äußern will.

16. Der Henoch als Mensch aber vermag aus sich so wenig wie ich; wenn er aber etwas vermag, da vermag solches nur Gott durch Henoch, was der Henoch sicher noch besser einsieht denn ich, indem er ein Grundweiser ist!

17. Ich habe aber früher gesagt, dass der Abedam auch ist wie ein dreifaches Wesen; solches liegt darinnen, weil eben dieser Abedam – wie ich es wenigstens gefunden zu haben glaube – die Fülle der göttlichen Kraft in sich fasst, indem er vollkommen als die reinste Liebe in Gott wie selbständig auftrat und redete und handelte aus dieser Selbständigkeit also heraus, als wäre nicht er der Gottheit, sondern die Gottheit in aller Ihrer Fülle ihm untertan.

18. Wenn es aber unleugbar also ist, da ist Abedam ja dreifach, nämlich: die Gottheit Selbst, weil die Liebe; weiters die wirkende Allkraft Gottes Selbst, weil das Wort pur Liebe; und endlich die Liebe Selbst, weil die Gottheit mit aller Ihrer endlosen Machtfülle Selbst!

19. Siehe, das wäre nun unsere Meinung über Abedam und Henoch! Ich habe

sie dir gegeben also, wie wir sie gefunden haben. Es liegt nun wieder an dir, sie gutzuheißen oder zu tadeln; denn die Weisheit nur kann die Weisheit prüfen und beleuchten! Gott aber sei alle Ehre ewig! Amen."

Kapitel 166

Das Gleichnis von der abgepflückten Lilie.
Verstandeserkenntnis und Liebesweisheit

Am 30. September 1842

1. Und der Abba sagte darauf zum Redner und also auch zu dessen Brüdern: „Ich sage dir, du hast Mir eine ganz richtige Antwort gegeben, und es ist also, wie du es nun beleuchtet hast!

2. Aber alles dieses ist aus deinem Denken durch den Verstand und durch deine Weltklugheit hervorgegangen, demzufolge du auch bist ein vollkommen rechtlicher Mann.

3. Da du aber alles das auf dem Wege reifen Denkens und Klügelns gefunden, so hast du dadurch auf eine Zeit lang wohl belebt die Sinne deiner Seele; aber dein Geist ist dennoch völlig ungeweckt, ja nahe wie tot dabei geblieben! Dass solches sich aber also verhält, sollt ihr alle aus einigen kleinen Gleichnissen klärlichst erschauen!

4. Die Seele und ihre Sinne sind des Geistes Blüte. Wenn du aber eine Lilie, die noch nicht völlig sich entfaltet hatte, vom Stock brichst, steckst sie dann ins Wasser, so wird sie sich da wohl auch entfalten, und ihre äußere Gestalt und ihr Geruch wird dann völlig gleichen derjenigen, welche sich entfaltet hatte am Stock. Wenn es sich aber hernach ums Reifwerden des lebendigen Samens handelt, siehe, da wird

derselbe zugrunde gehen samt der abgedorrten und zum Teil verfaulten Blüte; denn des Samens Leben entstammt nicht der Blüte, welche nur die Bestimmung hat, desselben Form zu entwickeln oder was da ist des Samens Leib, sondern der Wurzel nur, welche da steckt in der mit dem Leben gesättigten Erde!

5. Nun siehe, gerade also auch verhält es sich mit dem Menschen, wenn er nur nach der puren Weisheit hascht; denn die Weisheit für sich ist dann nichts als eine leere Entfaltung der Blüte irgendeiner Pflanze, welche vom Wurzelstock genommen oder getrennt wurde, und kann kein Leben bewirken, weil sie keine Wurzel hat und keine Erde, sondern nur ein pures Wasser, welches für sich kein Leben hat, sondern nur das Vermögen, das Leben der Erde zu entbinden und die Wurzel aufnahmefähig fürs Leben aus der Erde zu erhalten.

6. Die Liebe aber ist die Wurzel des Lebensbaumes, und das Herz oder das Gemüt, welches sich im Gefühl ausspricht, das Erdreich. Wer demnach Früchte des Lebens ernten will, der muss das Erdreich düngen und der Wurzel Nahrung verschaffen; sodann wird am Stock, der da an der gesunden Wurzel lebt, schon ohnehin die Blüte und mit derselben auch zugleich der lebendige Same gar überaus gut gedeihen.

7. Du hast den Abedam und den Henoch der Wahrheit also vollkommen getreu aufgefasst, wie vollends ähnlich da ist die vom Stock getrennte und dann im Wasser entfaltete Lilienblume derjenigen, die sich am Stock entfaltet; so du aber wirst den Samen zu suchen anfangen, wahrlich, da wirst du keinen finden, weil keine Wurzel und kein Erdreich! Verstehst du solches?

8. Höre aber noch ein kleines Gleichnis! Siehe, im warmen Sommer prangen gar viele Pflanzen über dem Boden der Erde; wenn aber dann der Winter als der starke Lebensprüfer kommt, so richtet er alle Schöpfungen des Lichtes zugrunde, – nur die Wurzel und den vollends reif gewordenen Samen vermag er nicht zu töten!

9. Siehe, also ist auch die Sache der Erkenntnisse über Abedam und Henoch! Der Verstand wird den Abedam und den Henoch so lange halten, solange diese für ihn tastbar da sind und wird über sie auch so lange nachdenken, bis er nicht zu einem ihm genügenden Endresultat gekommen ist; hat er aber solches gefunden, dann ist für ihn auch die Sonne untergegangen, und der Winter hat seinen Anfang genommen.

10. Die Erkenntnisse werden abzusterben anfangen und überzugehen in den Tod, der da ist pur Falsches und Arges und gleicht den Schimmelgewächsen und den Schwämmen, die da keine Wurzeln und keinen Samen haben.

11. Ist aber Abedam und der Henoch aufgenommen von der Liebe im Herzen, so wird er zu einem Baum werden, unter dessen Zweigen sich selbst die Geister der Himmel bergen werden.

12. Denn da wird der Abedam sein die Wurzel, und Sein Wort das Erdreich, aus dem dann allenthalben ein Henoch voll des lebendig reifen Samens hervorgehen wird; und die Blüte dieses Stammes wird gerecht sein und wird geben dem Samen selbst die rechte Gestalt und ein rechtes, festes Kleid, in dem sich das Leben wird ewig halten können! Verstehst du solches?

13. Ja, du verstehst es jetzt also, als da die Wasserblume gleicht einer vollkommenen Blüte; aber so du nur bleiben wirst im Wasser deines Verstandes, so wird dir aus diesem Verständnis auch kein lebendiger Same erwachsen, wie da aus der Wasserblume keiner erwächst!

14. Ich sage dir aber: Umfasse deinen von der Wurzel getrennten Blütestamm mit guter, lebendiger Erde deines Herzens, und begieße dann denselben unablässig mit diesem lebendigen Wasser, das da nun geflossen ist aus Meinem Munde, so kannst du noch wenigstens den Samen zur Reife bringen, denselben dann neu säen in dein Erdreich, damit dir dann auch eine neue Wurzel des Lebens werde, der kein Winter mehr wird zu schaden vermögen; denn ohne Wurzel ist kein Leben möglich!

15. Du wunderst dich jetzt wohl über Meine Weisheit; Ich sage dir aber: Suche, dass dich ehestens Meiner Liebe wundernehmen wird, sodann wirst du dich der Weisheit nicht mehr so sehr wundern, sondern des ewigen Lebens, welches ist die Liebe und der Urgrund aller Weisheit!

16. So dir jemand eine schöne Blume spendet, die du noch nie gesehen hast, dann hast du eine große Freude; Ich aber gebe dir das ganze Gewächs! Setze es ins Erdreich, und du wirst da die Wurzel, die Blüten und endlich sogar den Samen des Lebens ernten!

17. Verstehe solches! Ist dir aber etwas fremd, – siehe, hier bin Ich und dort der Henoch; frage, und wir wollen dir und jedem antworten aus der Wurzel! Amen."

Kapitel 167

Das Wort Gottes als das lebendige Wasser. Das Gleichnis vom Quell- und Regenwasser

Am 3. Oktober 1842

1. Und der erste der vier sagte darauf hoch verwundert über die große Weisheit des Fremden: „Höre, guter Mann, Freund und Bruder, von deinen Worten ist mir nichts unverständlich; denn du hast dich klar ausgedrückt, und das Bild mit der abgepflückten Lilie, deren Blüte sich dann samenlos in einem Wasserbecken entfalten würde, war überaus treffend, und wir haben es genau erfasst, was du uns damit hast sagen wollen.

2. Und ich sehe es auch vollends ein, dass solches alles ganz vollkommen in aller Natur, somit auch umso mehr in der des Menschen unfehlbar begründet ist; aber gegen das Ende deiner Rede hast du etwas fallen lassen, da du etwas in einen Affekt gerietest, – und da muss ich dir schon bemerken, lieber, guter Mann, Freund und Bruder, solches kann ich nicht so recht unters Dach bringen!

3. Denn da sagtest du von deinen Worten, als seien sie ein lebendiges Wasser, mit dem ich den abgebrochenen Blütenstamm emsigst begießen solle, wodurch dann mir wenigstens ein Same – wenn gewisserart schon nicht alsogleich die Wurzel – werde, welchen ich dann erst in mein Erdreich streuen könnte zur neuen Erlangung der Wurzel, des Stammes mit der Blüte und dadurch dann auch eines neuen Samens zum ewigen Leben!

4. Es ist alles richtig, überweise und klar; nur wie du dein Wort zu einem lebendigen Wasser machst, oder wie es

vielmehr ich machen soll, – siehe, guter Mann, Freund und Bruder, das ist etwas gewagt gesprochen, das heißt vorderhand gemeint, insoweit ich es noch nicht fasse!

5. Willst du aber die brüderliche Gefälligkeit haben und dich darüber etwas bestimmter aussprechen, dann kannst du aber auch vollends versichert sein, dass ich und wir alle jegliches deiner Worte in der Tat ehren werden, und werden suchen, es zur lebendigen Wurzel und zum lebendigen Samen in unseren Herzen zu erheben!

6. Wenn du solches demnach tun willst, da bitten wir dich darum!"

7. Und der allerheiligste Abba öffnete darauf Seinen Mund und sprach: „Du hast wahrlich die beste Frage gestellt; denn Ich sage dir, gerade davon hängt alles ab, dass ihr dieses richtig auffasst!

8. Wer da nicht versteht, wie Mein Wort ein lebendiges Wasser ist, der versteht auch nicht im Geringsten, was Gott ist, was der Abedam, und was der Henoch; denn nur das lebendige Wasser erst kann ihm solches vollends enthüllen!

9. Da aber somit die wahre, innerste Bekanntschaft mit dem lebendigsten Wasser solches bedingt, so fragt sich's: Wie ist demnach das Wort aus Meinem Munde ein lebendiges Wasser?

10. Dieses sollt ihr auch in einem getreuen Bild erschauen; und so hört es denn:

11. Du hast zu Hause einen Garten. Im selben hast du mannigfaltige gute Pflanzen gesetzt. Wenn es aber durch den Sommer hindurch dann und wann sehr trocken geworden ist, so begießt du die Pflanzen mit gutem Wasser, damit dieselben nicht vertrocknen und absterben möchten in dem saftlosen Erdreich deines Gartens. Aber trotz deines emsigen Begießens kommen

die Pflanzen nur sehr kümmerlich fort, und deine Ernte ist dann ebenso dürftig, wie armselig da ist der Boden an der lebendigen Nahrung, welche da einzig nur besteht in einem wohlgesegneten Regen aus den Wolken des Himmels.

12. Du sagst es selbst aus deiner Weisheit heraus: ‚Ein trockenes Jahr ist eine Geißel sowohl für die Pflanzen, als auch für unsere Mägen und für unsere Haut!'

13. Warum hältst denn du hernach das Regenwasser für besser und für nährender denn dasjenige, das du aus deinem Krug schüttest über die Pflanzen? Antworte Mir darauf aus deiner Weisheit!"

14. Und der Redner erwiderte: „Das ist ganz natürlich; weil das Erdquellwasser schon seine belebende Kraft der Erde mitgeteilt hat, bevor es dann kraftlos auf die Oberfläche der Erde gelangt. Das Regenwasser aber fällt mit noch ungeschwächter Fülle der belebenden Kraft auf den Boden der Erde, wo dann ein einziger Regentropfen für die Pflanzenwelt köstlicher ist denn ein ganzer Krug voll des reinsten Quellwassers! Ich meine, die Antwort ist richtig!"

15. Und der heiligste Abba erwiderte ihm: „Ganz richtig, – betrachte demnach auch Mein Wort als einen Regen aus den Himmeln alles Lebens, und es wird dir die Lebendigkeit dieses Meines lebendigsten Wortwassers durchaus kein Rätsel mehr sein, und der Abedam samt dem Henoch wird in großer Klarheit vor dir dastehen in aller Fülle Seiner Göttlichkeit! Verstehe es! Amen!"

Kapitel 168

Die vier Lauen erkennen den Herrn

Am 4. Oktober 1842

1. Nach dieser Rede Abbas fingen die vier an, ganz gewaltig zu stutzen, und einer wie der andere dachte bei sich selbst: „Es ist doch wahrhaftig sonderbar um den Menschen!

2. Wer und was ist er denn, und woher muss er gekommen sein? Wahrhaftig, der Mensch spricht gerade also, als wäre er Jehova Selbst!"

3. Hier traten die vier ein wenig zurück, nachdem der erste zuvor den ihm noch fremden Abba um eine kleine Entschuldigung bat, und berieten sich da über den überweisen Fremdling.

4. Der erste fragte sogleich die anderen drei, sagend nämlich: „Brüder! So gut wie ich hab auch ihr dieses fremden Mannes Rede vernommen und sicher auch mir gleich verstanden! Was bedünkt euch ob seiner? Wer ist er? Wer kann er sein?"

5. Und der zweite sagte darauf: „Bruder, du weißt es, dass ich in gewissen Sachen noch nie um ein ganzes Haus mich geirrt habe, und bin darum jetzt der Meinung, dass ich nicht zu ferne vom Kopf des Keils meinen Schlägelhieb führen werde!

6. Das Bild vom Garten, von der Bewässerung desselben, der Vergleich des Quellwassers mit dem des Regens und endlich das Vergleichen unserer Worte mit dem schon kraftlosen Quellwasser, Seines Wortes aber mit dem lebendigen Regen aus den Wolken des Himmels, und dann zum Schluss gar noch die klare Andeutung auf die Anwesenheit Abedams lassen mir wenigstens keinen Zweifel mehr übrig, dass da hinter Ihm der Abedam Jehova steckt!

7. Seht Brüder, das ist meine Meinung, welche sich mir in mir selbst unwiderruflich aufdrängt und erfüllt aber auch zugleich mein ganzes Wesen mit solch einer freudseligen Wonne, die ich ehedem noch nie empfunden habe!

8. Jedoch will ich dadurch niemandem meine Meinung aufgedrungen haben, – und es wird mir überaus angenehm sein, auch eure Meinung darüber zu vernehmen!"

9. Und der dritte erwiderte alsogleich darauf und sagte: „Brüder, wie es wenigstens mir vorkommt, so scheint der Bruder eben nicht ganz unrecht zu haben! Ich will zwar noch nicht mein volles Ja hinzufügen; so ihr aber alle einer Meinung seid in dem Punkt, da werde ich sicher nicht das Nein aussprechen!

10. Dass dieser Mann mehr sein muss als bloß nur ein gewöhnlicher Mensch, solches leuchtet ja aus jeglichem seiner Worte allerklarst hervor; ob er aber unmittelbar der Abedam Jehova Selbst es ist, oder ob dessen Geist nur durch ihn, den Fremdling nämlich, spricht, das wäre noch zu entscheiden.

11. Wenn es aber auf mich nur ankäme, so stimme ich eher für die Unmittelbarkeit denn für die Mittelbarkeit, ohne dadurch jemanden nur im Geringsten in seinem Dafürhalten zu beeinträchtigen!"

12. Und der vierte öffnete seinen Mund und sagte: „Bruder, ich meine, wenn ich deiner Ansicht vollends beipflichte, so werde auch ich keinen großen Fehlhieb tun! Nun sollte nur noch unser Verstand [Vorstand?] seine Äußerung von sich geben, und es wird sich dann gar bald zeigen, wohin die Mehrheit der Stimmen sich neigt!"

13. Und der erste Hauptredner sagte darauf: „Brüder, wir sind vollkommen eins! Denn das war heimlich schon gleich nach Seiner ersten Rede meine Meinung, und ich habe nun eine große Freude, dass wir also ganz und gar eines Herzens und eines Sinnes sind! Nur fragt es sich jetzt: Wie werden wir es nun anfangen, – wie uns Ihm wieder nahen, welch ein Opfer werden wir Ihm darbringen? Wie werden wir uns vor Ihm jetzt ausnehmen? Was werden wir Ihm nun sagen können, Ihm, dem unsere geheimsten Gedanken schon nun gar viele Ewigkeiten eher bekannt waren, als wir noch geworden sind zu denkenden und fühlenden Menschen durch Sein allmächtiges Wort?

14. Er, der durch ein Wort einst Himmel und Erde und alle zahllosen Geschöpfe darauf erschaffen hatte, hat nun so viele Worte zu uns geredet! Sagt, denkt, was kann, was wird daraus werden?!"

15. Hier trat plötzlich der Abba unter sie und sagte: „Kinder, Freunde und Brüder! Mein Herz hat eine große Freude an euch; denn ihr habt Mich wahrhaft also, wie es einem freien Menschen geziemt, gefunden.

16. Aber euer Weg zu Mir, eurem ewigen, heiligen Vater, war ein mühsamer; denn die Weisheit macht kleine und beschwerliche Schritte, während die Liebe wie mit der Türe ins Haus fällt. Da ihr Mich aber also gefunden habt, so freut euch aber jetzt auch über die Maßen; denn Ich, Gott der Allmächtige, als euer liebevollster Vater, bin nun ja sichtbar unter euch!

17. Kommt alle her an Meine Brust, und empfindet, dass Ich wahrhaft euer ewiger, heiliger, liebevollster Vater bin! Kommt, kommt! Amen."

Kapitel 169

Über die Ehrung und Segnung des Herrn.
Wahrhaftiger Gottesdienst und
wahrhaftiges Opfer

Am 6. Oktober 1842

1. Und alsbald stürzten alle hin, nicht nur die vier, sondern alle, die sich in dieser Zeit auf der Höhe befanden, und umfingen den Abba, Freuden-Liebe-Tränen weinend; alle priesen, lobten Ihn und gaben Ihm die Ehre in ihren Herzen.

2. Er aber segnete sie alle, und sprach endlich zu ihnen: „Kindlein, ihr habt nun den wahren Vater und habt alle in Mir Gott geschaut; ihr habt Mich mit Liebe umfasst, da Ich mit Liebe zu euch kam. Glaubt nun alle fest in euren Herzen, dass Ich allein der wahre, gute, heilige Vater es bin und der alleinige Herr Himmels und der Erde, Gott aller Macht, Kraft und Gewalt, Schöpfer, Lenker und Erhalter aller Dinge und das ewige, alleinig vollkommenste Leben Selbst, weil die ewige und endlose Liebe und Weisheit Selbst!

3. Solches also glaubt fest in euren Herzen, und fühlt es lebendig, dass das ewige Leben durch Meine Liebe vollkommen in euch ist, so werdet ihr allzeit glücklich hier und jenseits in der ewigen Wohnung Meiner Liebe und Weisheit sein! Hier werdet ihr glücklich sein, da ihr keinen Tod je sehen und erleiden werdet, und jenseits durch die stets größere innere Entfaltung der endlosen Fülle der Wunder Meines Lebens in euch geistlich!

4. Ich habe euch jetzt gesegnet als wahrer Vater; segnet aber auch ihr Mich in euren Herzen durch die treueste stetige Liebe, so werdet ihr in der Lebendigkeit eurer Werke zeigen, dass ihr glaubt, dass Ich der alleinig gute Vater es bin, der euch Ewigkeiten lange vorher geliebt hatte, bevor noch eine Sonne am Firmament brannte!

5. Wer Mich ehren wird mit der Hand, dessen Hand soll gesegnet sein für jegliches Werk; wer Mich ehren wird mit den Füßen, der soll keine Steine am Boden finden, da er seine Wege tun wird; wer Mich ehren wird mit dem Leib, der soll auch einen gesegneten Leib haben, und kein Schmerz soll je eine Faser seines Fleisches anrühren; wer Mich ehren wird mit dem Mund, dessen Mund soll gesegnet sein, dass ihn alle Völker loben sollen; wer Mich ehren wird mit den Augen, der soll nie den Tod sehen; wer Mich ehren wird mit den Ohren, in dessen Ohr soll nie eine arge Stimme dringen, sondern harmonische Töne sollen dasselbe entzücken; wer Mich ehren wird mit dem ganzen Kopf und mit dem Mark desselben, den will Ich segnen mit großer Weisheit; wer Mich aber ehrt in seinem Herzen als den alleinigen guten Vater, der ist es, der Mich ehrt mit seinem ganzen Leben, da er Mich ehrt mit seiner Liebe, welche da ist sein ganzes Leben; wer Mich aber ehrt mit seinem ganzen Leben, der soll auch ganz gesegnet sein mit dem ewigen Leben aus Mir, dem heiligen, liebevollsten, guten Vater!

6. Ehrt Mich daher allesamt mit dem Herzen allzeit, so wird das ewige Leben sein in euch, weil eure Herzen erfüllt sind mit dem, was da ist des ewigen Lebens, nämlich mit Meiner heiligen, allmächtigen Liebe!

7. Niemand kann Mich segnen, weder mit der Hand, noch mit den Füßen, noch mit dem Leib, noch mit dem Mund, noch mit den Augen und noch mit den Ohren,

sondern allein mit einem reinen, von Meiner heiligen Liebe erfüllten Herzen.

8. Wer mich aber segnet mit solch einem Herzen, der segnet Mich auch mit den Händen, Füßen, mit dem Mund, mit den Augen, Ohren und mit dem ganzen Kopf und mit dem ganzen Leib, ja mit allen seinen Kräften, und Ich will darum aber auch vollkommen segnen den ganzen Menschen zum ewigen Leben.

9. Den teilweise Mich segnen Wollenden aber werde auch Ich, wie gesagt, nur teilweise segnen!

10. Bleibt daher bei der alleinigen Liebe, so wird euch stets die Fülle Meiner Segnungen werden; werdet ihr aber nicht allein nur an die Liebe euch halten, so werden dann Meine Segnungen auch sein gleich eurer Liebe!

11. Wahrlich, Ich sage euch, Meine Kindlein: Ich, euer Vater, brauche keine Opfer und benötige keines Mich extra ehrenden sogenannten Gottesdienstes; denn Ich bin allmächtig genug, um jeglichen Dienst zu versehen ewig, also wie Ich ihn versehen habe schon von Ewigkeiten her ohne eure Opfer und ohne euren Gottesdienst.

12. Wollt ihr aber Mir schon dienen, da dient euch gegenseitig in Meiner Vaterliebe, so werdet ihr wahrhaftige Gottesdiener sein!

13. Wer da opfern will, der opfere in seinem Herzen! Meine Vaterliebe in seinem Herzen bringe er Mir zum Opfer; solch ein Opfer werde Ich allzeit wohlgefälligst ansehen!

14. Nun wisst ihr alles lebendig in euch; beachtet es allzeit lebendig und tuet danach, so wird des ewigen Lebens Fülle gleich einem Strom aus euren Lenden hervorbrechen und wird allda zerstören die Wohnung des Todes für ewig, ewig, ewig! Amen.

15. Henoch ist Mein Mund bei euch; den hört, und sein Wort wird euch segnen oder richten nach der Beschaffenheit eurer Herzen! Amen, Amen, Amen."

16. Hier ward der Abba wieder unsichtbar und entschwand denn vor den weinenden Augen der Kinder zum letzten Mal, das heißt für so lange, als noch der Adam lebte, und wurde nachher allgemein nicht mehr gesehen bis zur großen Zeit der Zeiten im Fleische als Sohn der Menschen.

Kapitel 170

Adam verlangt von Henoch eine unmögliche Rede. Henochs Gleichnis von der Sonne und dem Mond

Am 7. Oktober 1842

1. Nach einer ziemlichen Weile fingen sich die Väter erst an zu erholen und um sich her zu schauen, ob nicht irgend Jehova zu erschauen wäre.

2. Aber solch ein Bemühen war vergeblich; denn Jehova verbarg Sich wieder in Sein Heiligtum und war mit keinem anderen Auge mehr zu erspähen denn allein mit den Augen der reinen Liebe im Herzen.

3. Es trat aber nach einer Weile der Adam hin zum Henoch und sagte zu ihm: „Henoch, rede etwas von Ihm, den unsere Augen nicht wert waren anzuschauen, damit wir uns nicht gar so verwaist vorkommen!

4. Denn nichts ist schmerzlicher fürs Herz, als das zu missen, was man einmal mit Liebe erfasst hat; umso schmerzlicher aber ist's, nun Den zu missen, der das alleinige Leben unserer Herzen ist und daher

der alleinige Gegenstand unserer allermächtigsten Liebe!

5. Daher rede, Henoch, rede! Rede von Ihm, ja von nichts anderem rede denn nur von Ihm; denn Er allein ist nun unserer Herzen größtes Bedürfnis geworden!

6. Rede auch nicht von dem, was auf Ihn irgendeine Beziehung hat, sondern ganz rein von Ihm nur rede; auch nicht, wie Er ist also voll Liebe, Erbarmung und Herablassung unter uns gewesen und hat uns alle geführt und gelehrt und mit der größten Sanftmut gezeigt die liebeerfülltesten heiligsten Wege zu Ihm, zu Ihm, dem besten, heiligsten, liebevollsten Vater!

7. Also nur rede von Ihm allein, lieber Henoch! Amen."

8. Und der Henoch öffnete alsbald den Mund und sprach: „Würdigster Vater, dein Wunsch ist rein wie das Wasser dort, das da am weißen Sand, unter dem weißen Stein einer reinsten Quelle entstammend, spielt; aber denke einmal nach, was das heißt: von Ihm reden, von Ihm allein reden!

9. Siehe an Seine großen Worte um uns herum; wir selbst sind nichts anderes, und was wir nur immer ansehen mögen, ist nichts anderes, denn Gottes Wort!

10. Nun aber wünschst du, ich möchte von Ihm sprechen, ohne etwas zu berühren, was da mit Ihm in irgendeiner Beziehung stünde!

11. Sage mir, würdigster Vater, wie solches wohl möglich sein möchte?! Denn pur von Ihm reden ohne Berührung anderer auf Ihn Bezug habender Bilder und Sachen und Dinge, ist eine gänzliche Unmöglichkeit!

12. Man müsste nur ununterbrochen Seinen Namen in einem fort aussprechen;

wie aber würde dir das nur bei einer kurzen Zeitdauer vorkommen?

13. Oder wäre eine solche höchst einförmige Wortreihe eines und desselben Namens, wenn durch ihn auch der allerhöchste und allerwürdigste Gegenstand unserer Liebe bezeichnet wird, wohl eine Rede zu nennen?

14. Daher musst du, würdigster Vater, deines Herzens zwar an und für sich allerreinsten, aber dessen ungeachtet dennoch nicht ausführbaren Wunsch ein wenig ändern, und ich werde dann demselben unverzüglich Gewähr leisten!"

15. Und der Adam sah das Törichte seines Verlangens ein und sagte endlich zum Henoch: „Ja, ja, mein Sohn, du hast recht, mein Verlangen ist im Ernst rein unausführbar; daher tue nach deinem mit der Liebe des allerheiligsten Vaters wohlverwandten Herzen, und mir wird alles endlos willkommen sein, was du nur immer über Ihn hervorbringen wirst! Amen."

16. Und alsbald begann der Henoch folgende kurze Rede an alle Anwesenden zu richten, sagend nämlich: „Väter und Brüder! Habt ihr noch nie die Beobachtung gemacht, wie sich der Mond am Tag neben der Sonne ausnimmt, welcher Unterschied da ist zwischen seinem und der Sonne Licht?

17. Ihr seht mich alle groß und verwundert an, und wisst nicht, was ich damit sagen will!

18. O hört nur, wir wollen dies Bild schon deutlicher auseinanderklauben!

19. Seht, wenn der Sonne mächtiges Licht vom überhohen Firmament zu uns herabstrahlt, da steht der Mond beschämt neben der großen Leuchte des Tages, und ein Wölkchen schimmert in den Strahlen der Sonne ums Vielfache mehr denn der

Mond mit all seinem nächtlich prunkenden Schein! Erst wenn die große Tagesleuchte völlig untergegangen ist, fängt sich an des Mondes kaltes Licht hervorzutun, neben dem auch die kleinen Sterne zu leuchten vermögen!

20. Seht, gerade also steht es nun mit mir! Jede Rede nun über den Vater aus meinem Munde würde sich jetzt gerade also ausnehmen wie das Licht des Mondes neben der Sonne; wenn es aber Abend und Nacht wird, sodann wird auch mein Mond leuchten, als hätte er ein eigenes Licht, und wird auch andere Sterne um sich her leuchten lassen.

21. Solange aber noch die große Leuchte des Wortes Gottes in uns leuchtet, so lange ist mein Mondlicht eine eitle Torheit; daher erlasst mir jetzt die verlangte Rede, und erquickt euch alle noch an den Strahlen des großen Lichtes in uns!

22. Denn jetzt gliche meine Rede einer barsten Verfinsterung der Sonne in uns; daher bleiben wir am Tag, solange dieser währt!

23. So aber irgendwann dieser Tag sollte zu Ende werden, dann, Väter und Brüder, seht euch erst um nach dem Mond! Und jetzt aber lasst uns nach Hause gehen, denn die Sonne nähert dem Untergang sich schon! Tun wir das! Amen."

Kapitel 171

Die wunderbare Füllung der Speisekammern Seths

Am 11. Oktober 1842

1. Und alle die Väter samt den vieren vom Mittag her erhoben sich auf diese Rede Henochs vom Boden und gingen hinab in die Wohnungen. Als sie da anlangten, lud der Adam den Henoch, den bekannten Abedam und die vier vom Mittag, bei ihm zu verbleiben über die Nacht und das Mahl zu nehmen in seiner Hütte.

2. Die Gäste begrüßten darauf den Adam mit kindlicher Liebe und gewährten dem Adam gerne seinen Wunsch und gingen ein in die Hütte Adams.

3. Der Adam aber bestellte alsogleich beim Seth das Mahl, und der Seth sorgte auch alsbald dafür.

4. Er ging darum eiligen Schrittes in seine Wohnung und behieß seine Kinder, dass sie brächten drei mittlere Körbe voll der besten Früchte, Milch, Beersaft, Wasser, Brot und Honig.

5. Schnell eilten die Kinder Seths in dessen große Speisekammern, um zu erfüllen den Willen ihres Vaters. Aber wie erstaunt und traurig kamen sie alsbald aus den Speisekammern zurück, als sie dieselben vollends geleert fanden!

6. Als sie solches dem Seth kundgaben, begab sich derselbe alsogleich selbst in die Speisekammern und fand da zu seinem nicht geringen Betrübnis die Aussagen seiner Kinder bestätigt.

7. „Was soll ich nun tun?" fragte er sein eigenes Herz. Aber dieses blieb nun stumm, und kein guter Rat wollte sich im selben künden.

8. Er verließ darum alsbald seine Wohnung und begab sich wieder in die Wohnung Adams.

9. Da angelangt, erzählte er alsbald mit der bedauernswürdigsten Miene den überaus kläglichen Zustand seiner Speisekammern.

10. Als aber der schon ziemlich hungrige Adam solches vernommen hatte, ward er selbst betrübt, wandte sich aber endlich

an den Henoch und fragte ihn, ob etwa seine Speisekammern besser bestellt sein möchten denn die des Seth.

11. Und der Henoch erwiderte darauf: „Hört, wenn es mit den Kammern des Vaters Seth sich wirklich also verhalten sollte, wie er solches uns allen hier kundgegeben hatte, so bin ich im Voraus überzeugt, dass da meine Speisekammern nicht also armseligst bestellt sind denn die seinigen!

12. Ich meine aber, diesmal hat sich der Vater Seth in seinem großen Eifer zu wenig umgesehen in seinem Haus; daher lasst mich noch einmal, dass ich sage: Seths Kammern sind überfüllt; und der Vater Seth möchte noch einmal in dieselben gehen, damit er sie vollgefüllt antreffe!

13. Denn der Abba Jehova ist nicht nur voll Liebe und Erbarmung, so Er sichtbar unter uns wandelt, sondern Er ist auch vor unseren Augen verborgen ganz derselbe; daher Ihm alle unsere Liebe, alles Lob und alle Ehre ewig! Amen."

14. Und der Seth sagte: „Henoch, du hast wahr gesprochen; dem guten, liebevollsten Vater alle unsere Liebe und Anbetung! Denn Er hat Sich mir nun groß bezeigt und überaus barmherzig; denn wahrlich: geleert waren meine Speisekammern bis auf den letzten Tropfen, und nun ersehe ich sie wieder vollauf angefüllt in meinem Herzen!"

15. Und alsobald ging der Seth wieder in seine Wohnung, und alle seine Kinder und sein Weib eilten ihm entgegen und riefen: „Vater, Vater! Unsere Kammern sind überfüllt von den herrlichsten und wohlduftendsten Speisen aller Art!"

16. Der Seth aber fiel alsobald auf sein Angesicht nieder und wollte danken und beten; aber eine Stimme rief wie aus den Himmeln: „Mein lieber Bruder Seth, Ich kenne dich ja, und du kennst auch Mich! Daher erhebe dich, und sorge für den Adam und seine Mir lieben Gäste! Amen."

17. Hier sprang der Seth auf, blickte um sich, um etwa irgend zu erblicken den heiligen Abba.

18. Die Stimme aber sprach wieder: „Seth, was suchst du mit den Augen um dich herum? Ist denn nicht das Herz Mein Haus in dir? Daher gehe, und bediene die Gäste! Amen."

19. Und der Seth ging alsobald und versah reichlichst die bekannten Gäste und erzählte, was ihm begegnet ist.

20. Und der Henoch erwiderte darauf: „Also ist und wird es bleiben, dass das Ohr dem Leben näher ist denn das Auge; doch das Herz allein nur ist die ewige Wohnstätte des Lebens! Daher Ihm, dem Vater des Lebens, die vollste Weihe unserer Herzen ewig! Amen."

21. Darauf segnete der Adam die Gäste, pries Gott mit ihnen, und begab sich dann mit ihnen zur Ruhe.

Kapitel 172

Gründung der ersten Kirche auf der Erde. Kisehel, Sethlahem und Joram im Palast Lamechs

Am 12. Oktober 1842

1. Nachdem wir uns jetzt in allem bei sieben Tage lang auf der Höhe bei den Kindern Gottes aufgehalten haben und haben da die erste Gründung der Kirche auf der Erde durch Jehovas sichtbare Gegenwart umständlich von Tat zu Tat und von Wort zu Wort mit angesehen und mit angehört und haben dadurch die vollste Erklärung der in der Bibel von Moses bezeichneten

sechs Schöpfungstage erhalten, durch die nichts anderes verstanden werden soll als eben die Gründung der ersten Kirche auf dem Erdkörper, so können wir die Höhe auf eine kurze Zeit wieder verlassen und uns nach Hanoch begeben, um allda zu sehen und zu hören, wie es da zuging, und welche Veränderungen allda in einer Woche vor sich gegangen sind.

2. Und so denn begeben wir uns hinab! Was geschieht hier? Was gibt's hier?

3. Seht, soeben begeben sich der Kisehel, der Sethlahem und noch ein Bruder, der nun Joram heißen soll, in den Palast Lamechs!

4. Was haben sie wohl vor, was werden sie da machen, und was alles wird sich ihren Augen zur schauerhaften Gräuelanschauung darstellen? So hört und seht denn!

5. Die sieben Boten haben sich seit ihrer schnellen Ankunft in Hanoch wohl schon einige Male zum Lamech hinbegeben. Es wurde ihnen alles gezeigt, und es fehlten nicht zierlich geschmückte Zofen, die sich durch allerlei üppige Stellungen und anziehende Reden und Gebärden um sie herumtummelten und auch schon im Ernst vier vollends berückt haben, darum am Streittag von Mir auch der Engel Ahbel zu ihnen hinab beschickt wurde, und darum diese vier diesmal auch nicht zugegen sind; aber nur zum Lamech selbst war ihnen noch keine Türe geöffnet worden!

6. Für diesmal aber haben die drei fest beschlossen, ins Gemach des Lamech zu dringen, und koste es, was es nur immer wolle! Darum also gehen sie soeben in den Palast.

7. Was wollen sie denn beim Lamech, der sie nicht vorlassen, sondern sie nur durch seine neu geworbenen Zofen und Buhlerinnen berücken und fangen will?

8. Ihr wisst, was er mit dem Namen Jehova getan hatte? Seht, dahinaus also geht es; er muss das Loch eigenhändig ausgraben und die Tafel reinigen auf die vorbeschriebene Art!

9. Was alles sie aber bei dieser Gelegenheit sehen werden, werdet ihr an ihrer Seite recht klar mit ansehen können.

10. Als sie zur ersten Treppe gelangten, da fanden sie dieselbe zu beiden Seiten angefüllt mit den schönsten und allerüppigst reizendsten Weibern in ganz nacktem Zustand, und die Weiber jammerten mit kläglicher Stimme und baten die drei Boten um Errettung; denn sonst müssten sie in der nächsten Stunde den grausamsten Tod sterben, darum es ihnen am Tag vorher nicht gelungen ist, sie als die ärgsten Feinde Lamechs zu fangen und sie dann seiner glühendsten Rache zu überliefern.

11. Doch dieses ist bloß nur eine List Lamechs. Die drei aber erkannten alsogleich solche List, und der Kisehel sagte zu den nackten Weibern: „Hört, ihr arges Natterngezücht! Nicht der Lamech wird euch grausam vertilgen, sondern die scharfe Rute Jehovas wird euch solches tun!

12. Eiter und Geschwüre werden euch bei lebendigem Leibe verzehren draußen vor der Stadt in den Pfützen, Sümpfen und Morasten! Jehovas allmächtiger Wille geschehe ewig! Amen."

13. Im Augenblick wurden bei sechzig Weiber, die da nackt standen, von einem fürchterlichst brennenden Aussatz befallen und liefen rasend, wütend und heulend durch die Gassen der Stadt hinaus zu den vorbesagten Pfützen, Sümpfen und Morasten und stürzten sich allda jählings in dieselben.

14. Ihre Leiber wurden darauf sogleich voll Eiter und Geschwüre, und das Fleisch fing an, sich bei noch lebendigen Sinnen vereitert und gar sehr stinkend von den Knochen zu lösen.

15. Nun ward dadurch die erste Treppe gereinigt. Als sie aber zur zweiten gelangten, so entstand allda alsbald ein noch fürchterlicheres Jammergeschrei; denn auch diese Treppe war angefüllt mit nackten Weibern, welche von den Leibschergen Lamechs mit den schärfsten Ruten wahrhaft zerfleischt wurden.

16. Als die blutenden Weiber die drei Mächtigen ersahen, da fingen sie an, noch gewaltiger zu schreien, auf dass die drei sie erretten möchten aus den Händen der Leibschergen Lamechs.

17. Und der Kisehel gebot den Schergen, sagend: „Haltet ein den Schwung eurer Ruten, und führt die Heldinnen Lamechs hinaus zu den Pfützen, Sümpfen und Morasten; allda werden sie treffen ihre Lastergenossinnen und werden mit ihnen ihren Lohn teilen!

18. Eure Hand aber soll fürder nimmer eine Rute anrühren, sonst sterbt ihr gleich diesen Lasterheldinnen! Jehovas Wille geschehe jetzt wie ewig! Amen."

19. Und alsbald warfen die Schergen die Ruten weg, banden den zerfleischten Weibern die Hände auf dem Rücken und schleppten sie dann hinaus zu den Pfützen, Sümpfen und Morasten; hier erst fingen die Weiber an, fürchterlichst zu heulen, als sie das Los ihrer Gefährtinnen ersahen.

20. Die Schergen lösten ihnen die Hände und verließen sie dann; die Weiber aber warfen sich aus Verzweiflung in die Sümpfe und gingen allda zugrunde gleich den anderen.

21. Als die Schergen aber wieder im Palast anlangten, da wurde ihnen von den dreien bedeutet, dass sie sich an den Jehova wenden sollen, und sollen nimmerdar betreten den Palast, sondern sollen sich begeben mit ihren Weibern nach Farak, allda ihrer eine andere Bestimmung harrt.

22. Die hundert Schergen verließen alsbald den Palast, und die drei begaben sich zur dritten Treppe.

Kapitel 173

Die gegen die drei Boten gerichteten Vorwürfe der Frauen auf der dritten Treppe im Palast Lamechs

Am 14. Oktober 1842

1. Als die drei aber vollends zur dritten Treppe gelangten, da fingen sie bei sich zu staunen an über die große List Lamechs; denn auf so etwas waren sie nicht vorbereitet.

2. Und Ich Selbst sagte ihnen in ihrem Gemüt auch nichts davon, darum, dass sie bei solch einer außerordentlichen Gelegenheit ihre ihnen von Mir verliehene Kraft der Weisheit desto mehr bekräftigen sollten. Wie verrammelte aber demnach der Lamech diese dritte Treppe?

3. Jede Stufe war mit kleinen Kindlein belegt, und zwischen den Kindern waren nackte Mütter mit geritzten Brüsten und verzweifelt zerrauften Haaren gestellt; die Kinder waren mit Stricken an die Staffeln niedergebunden und die Mütter mit ehernen Banden um die Lenden an die Stufen mittels starker Ketten gehängt.

4. Als die Mütter die drei Mächtigen erblickten, da fingen sie sich und die drei also

an zu verwünschen und zu verfluchen, wie da folgt:

5. „Welcher Hölle des ärgsten aller Satane seid ihr entstiegen, darum wir euretwegen hier also auf das Schauerlichste gequält werden müssen, um durch unsere entsetzliche Qual und größte betrübende Not euch den Zutritt zu dem verruchten Lamech zu verwehren?!

6. Ihr heißt euch Boten Jehovas! O ihr entsetzlichen Frevler! Ist Jehova gleich wie ihr, ist da unser Scheusal von einem Lamech nicht ein leiser Abendhauch dagegen in aller seiner unmenschlichsten Bosheit?!

7. Was haben die armen Mägde, die da Lamechs endlose Grausamkeit und teuflische List verführt und verlockt hatte zu seinen niedrigsten Zwecken, denn euch je Arges zuleide getan, darum ihr sie ohne Gnade und Erbarmen habt hinausgetrieben in die schändlichsten Kloaken und Pfützen, auf dass sie allesamt zugrunde gehen am Leib, wie an der Seele?!

8. O ihr elenden Boten der untersten Hölle, wie sie einst der große Farak gelehrt hatte, – ihr getraut euch noch, bei solchen Taten, deren alle Teufel zusammengenommen nicht fähig sind, Boten Jehovas zu nennen?!

9. Lamech hatte seine beiden Brüder erschlagen und hätte somit den zweifachen Tod verdient!

10. Jehova aber sagte zu Lamech: ‚Wer den Lamech töten möchte, der soll siebenundsiebzigmal gerächt werden!'

11. Diese armen Mägde haben samt unser noch nie eine Fliege totgeschlagen, und ihr als vorgebliche Boten der ewigen Liebe Jehovas habt sie auf die grausamste, elendeste und schändlichste Weise darum zugrunde gerichtet und marterlichst getötet, weil die ohnehin dreifach

Unglücklichsten von der schändlichsten Gewalt Lamechs für seine niedrigsten Zwecke bei den Haaren von den Schergen, die ihr für ihre Grausamkeit noch oben darauf frei und glücklich gemacht habt, in dieses Gräuelhaus hereingeschleppt wurden!

12. O ihr elenden, übergrausamsten Boten Jehovas, wenn ihr im Sinne habt, das Scheusal von einem Lamech zu bekehren und wieder zu Jehova zu wenden, warum habt ihr denn nicht an den unglücklichsten Mägden zuvor die Bekehrungsversuche gemacht, bevor ihr sie habt also grausamst töten lassen?!

13. O seht, euch ist nicht um den Jehova zu tun, dessen Boten ihr sein wollt, sondern nur um die Herrschaft der armen Völker in den Tiefen alles Schlammes!

14. Seht uns an, wie elend und auf das Schändlichste gemisshandelt wir euretwegen unter dem grässlichsten Druck Lamechs schmachten müssen! Möchtet ihr uns nicht auch Lügnerinnen schelten und uns dann verderben darum und töten draußen in den Pfützen und Kloaken?!

15. Wenn ihr Elenden solches wollt, so löst unsere Bande; denn schmerzlicher kann für liebende Mütter kein Tod und martervoller keine Hölle sein als dieser Zustand, in dem wir uns vor euch nun befinden müssen!

16. Wollt ihr aber dieses nicht, so lasst uns hier zugrunde gehen und steigt über uns und unsere unschuldigsten armen Kinder hinauf in die schändlichste Gräuelwohnung Lamechs und macht aus ihm einen noch ärgeren Teufel, als er es ohnehin schon ist!

17. Verflucht sei der Tag, der uns dies elende Leben gab! Fluch unseren Zeugern, und Fluch dem Schöpfer, der uns für ein solches Elend erschaffen hatte, und ewig

Fluch euch, die ihr gekommen seid, unser Elend zu vermehren!

18. Vernichtet uns, so ihr es könnt, auf ewig; aber quält uns nicht mehr, als wir ohnehin schon gequält sind!"

19. Hier stutzten die drei und wussten nicht, was sie da tun sollten; denn die Rede der angeschmiedeten Weiber und das Weinen und Schreien der Kinder fing an, ihnen gewaltig zu Herzen zu gehen.

Kapitel 174

Sethlahem enthüllt die Arglist der Frauen auf der dritten Treppe

Am 15. Oktober 1842

1. Die drei staunten wohl anfangs über die List Lamechs, durch die er ihnen den Weg über die dritte Treppe so wirksam verrammt hatte.

2. Solches Staunen aber war bloß nur eine Frucht des Anblickes hinsichtlich der gräuelhaft gelungenen Verrammung. Als sie aber die Klage der Weiber vernommen hatten, da ward schwerer und schwerer und immer schreiender ihr Gewissen, darum sie die Mägde der ersten zwei Treppen also grausam verdammt hätten.

3. Und sie begaben sich darob hinaus zu den Pfützen im Geiste mit der Fülle der ihnen innewohnenden Kraft, hoben all die Mägde gereinigt und wiederbelebt aus den Morasten und Kloaken, ließen sie dann wieder hereinkommen vor die klagenden Weiber und begannen dann erst folgende Rede an eben die klagenden Weiber zu richten, als Ich ihnen dazu auch wieder ihre Herzen völlig erschlossen habe; die Rede aber führte diesmal der Sethlahem, und seine Worte lauteten also:

4. „O ihr argen Weiber, da seht her, hier sind alle eure Lastergenossinnen; sie stehen bebend wohlbehalten vor euch! Sie waren tot in den Pfützen; wer hat sie denn nun aus den unzugänglichen Sümpfen, Pfützen und Morasten gereinigt, geheilt und wiederbelebt gehoben und also überaus wohlbehalten hierher geführt?

5. Ihr geretteten Mägde! Redet zu diesen allerärgsten Weibern und sagt, wer euch gereinigt hat und wer aus des Todes Abgrund gezogen und euch neu wiederbelebt!"

6. Und alle die über hundertundsechzig Mägde sprachen einstimmig: „O so hört uns, ihr unglücklichsten Buhlerinnen Lamechs und seiner Knechte, deren er noch eine große Menge hat, obschon vor drei Tagen sein Hauptknecht mit der auserlesensten Macht, die da Horadal hieß also wie der Hauptknecht, auf den Höhen entweder von den Kindern Jehovas vernichtet wurde oder ihm untreu ward!

7. Wir waren allesamt schon vollends tot in den Kloaken; nur unsere armen Seelen wandelten überaus elend über den Sümpfen, Pfützen und Morasten. Aber auf einmal ersahen wir drei große leuchtende Gestalten sich nahen unserem Jammeraufenthalt, und wir erkannten alsbald in den drei großen lichten Gestalten, dass sie die drei Boten Jehovas waren.

8. Und diese Boten riefen bald mit mächtigster Stimme: ,Erwacht zum Zeugnis der Göttlichkeit unserer Sendung!' Alsbald stiegen unsere gereinigten Leiber aus dem Abgrund, und wir wurden wieder eins mit ihnen, wurden dann von einer unsichtbaren Macht hierher geführt und zeugen nun vor euch und wollen es allzeit zeugen, dass diese drei großen Männer wahrhaftige Boten Jehovas sein müssen!"

9. Und der Sethlahem sagte weiter: „Nun denn, ihr allerärgsten Weiber und wahrhaftigen Kinder des Drachen, – redet, wie es euch bedünkt! Wie steht es nun mit eurer früheren Klage? Sagt uns, wer gab dem Lamech den Rat, diese Treppe also zu verrammen? Habt nicht ihr solches getan?!

10. Habt nicht ihr die Kinder gemietet und manche den armen Müttern gewaltigst entrissen zu diesem schändlichsten Zweck?! Habt nicht ihr mit euren Händen die Kinder hier also angebunden, euch selbst mit den Ketten an die offenen Staffeln angemacht zum Schein und habt euch selbst, ohne vom Lamech nur im Geringsten dazu aufgefordert worden zu sein, die Brüste wollüstig geritzt und zum meisten Teil beschmiert mit rotem Saft?!

11. Jehova hat es uns eine kurze Zeit vorenthalten, zu sehen eure gräuelhafteste Gestalt; jetzt aber hat Er sie uns gezeigt, wie sie ist, und wir sehen euch nun durch und durch in der ganzen Fülle eurer Arglist! Welche Klage wollt ihr denn jetzt führen?!

12. Ihr habt uns ehedem gefragt, welcher Hölle wir entstiegen wären? Nun aber frage ich euch: Welcher Hölle seid denn ihr entkommen, indem ihr vor uns Gott und den Lamech gelästert habt?

13. Wessen Kinder seid ihr, die ihr dem Jehova und dem Satan zugleich flucht?!

14. Was soll mit euch denn geschehen, indem das Haus des Drachen für euch doch noch viel zu gut ist?! Sagt, fällt euch selbst das Urteil!"

15. Und die Weiber fingen an zu schreien: „Freunde Dessen, dessen Name nimmerdar von unserer Gräuelzunge entheiligt werden soll! Vernichtet uns, vernichtet uns gänzlich, denn für uns ist jedes noch so elendeste Sein eine noch viel zu große Gnade!"

16. Sethlahem aber sagte darauf: „Erhebt euch, nehmt die Kinder, und stellt sie zurück; dann aber geht hinaus zu den Kloaken, wascht euch mit dem Unflat, und tuet dann Buße, bis wir zu euch kommen werden und werden euch geben den gerechten Lohn für die Werke eurer Bosheit!

17. Denn also seid ihr für jegliche Strafe und für jede Hölle zu schlecht! Und so denn erhebt euch und geht! Ihr geretteten Mägde aber geht in eure Gemächer, kleidet euch an; kommt dann wieder, und führt uns zum Lamech! Amen."

Kapitel 175

Die drei Boten dringen zu dem wütenden Lamech vor

Am 17. Oktober 1842

1. Die Weiber räumten alsobald die Treppe und eilten mit den Kindern heulend hinaus. Die Mägde aber gingen, um sich anzukleiden, in ihre Gemächer, kamen dann alsbald festlich und züchtig gekleidet zu den dreien, fielen da vor ihnen nieder, baten sie um Vergebung ihrer vorigen Bosheit, in der sie wohl mehr gezwungen denn frei tätig waren, dankten ihnen für die Gnade der Rettung und baten sie dann um einen allzeit stärkenden Segen; und die drei trösteten, segneten und stärkten sie in Meinem Namen. Nach dieser Handlung aber sagte dann der Sethlahem zu den Mägden:

2. „Hört nun, ihr Mägde, die ihr schon bei fünf Tage lang dem Lamech gedient habt, – das heißt nicht dem Lamech in der Person, sondern vielmehr seinen Dienern,

indem der Lamech seit dem dreifachen Verlust seines Weibertums mit keinem weiblichen Wesen mehr etwas zu tun hatte, da es ihm zu einem Fluch in seinem Munde ward!

3. Ihr seid jetzt gereinigt und frei gemacht worden und habt empfangen den Segen Jehovas von uns, Seinen Dienern und Boten; dadurch ist euch die Kindschaft der Hölle benommen und die des Himmels erteilt worden.

4. Da ihr aber nun Kinder des Himmels geworden seid, so betragt euch aber auch allzeit danach, damit ihr stets dieses Segens werdet teilhaftig verbleiben können!

5. Gehorsam ist die erste Stufe in des ewigen Lebens Wohnung. Wollt ihr sonach auch das ewige Leben erreichen, so seid jeglichem Wort gehorsam, das ihr aus unserem Munde vernehmen werdet, und tut alles aus stets wachsender Liebe zu Jehova, das wir euch zu tun werden auferlegen! Werdet ihr solches alles tun treulichen Herzens aus Liebe zu Jehova, da wird sich dann auch eure Kraft zu mehren anfangen, und ihr werdet dadurch wahre Heldinnen – nicht mehr des Lasters, sondern des göttlich-ewigen Lebens und dadurch auch des ewigen Wohlgefallens Gottes werden!

6. Das Erste, was wir nun von euch verlangen, ist, dass ihr uns zu dem Gemach Lamechs bringt!

7. Nach dem aber geht hinaus, und sammelt dürres Holz, und tragt es zu den Pfützen, und leget es daselbst an trockene Orte; tragt solches aber so lange zusammen, bis wir zu euch kommen werden!

8. Wenn euch aber die draußen sich mit der Kloake schmierenden und waschenden Weiber fragen werden oder auch jemand anderer, warum ihr solches wohl tuet, da sagt nichts als bloß nur:

9. Wir Boten Jehovas haben euch solches zu tun geboten; und wehe dem, der wagen sollte, seine Hand entweder an euch oder an das von euch zusammengetragene Holz zu legen!

10. Nun wisst ihr vorderhand alles, was ihr zu tun habt, und so denn führt uns zum Gemach Lamechs! Amen."

11. Und alsogleich ging ein Teil der Mägde voran, und ein Teil folgte den dreien. Als sie gar bald zur Türe des Gemachs Lamechs gelangten, da zeigten sie solches an, dass dies die Türe ist zum Leibgemach Lamechs, und sagten: „Dies ist das Gemach; ob er sich darinnen befindet oder nicht, solches können wir bei verschlossener Türe unmöglich wissen! Jehova mit euch und mit uns!"

12. Und der Sethlahem belobte ihre Treue und ließ sie sodann hinausgehen, Holz zu sammeln.

13. Der Kisehel aber berührte die Türe, welche überfest verriegelt und verrammt war, und sie sprang jählings auf; und im tiefen Hintergrund des Gemachs saß Lamech grimmsprühend und zornglühend auf einem großen Thron, umgeben von tausend mit langen Spießen bewaffneten Knechten, Schergen und Dienern.

14. Sein erster Gruß war: „Knechte, ergreift die drei Freveltiere aus den Bergen! Bindet sie fest, damit ich sie dann mit höchsteigener Hand zerfleische; ihr Blut soll mir das Blut meiner Weiber Ada und Zilla und das Blut meiner schönsten Tochter Naëme sühnen! Geht und vollzieht meinen allmächtigen Willen!"

15. Der Kisehel aber hob alsbald seine Hand auf und sprach mit einer

Donnerstimme: „Halt! Bis hierher, und nicht um ein Haar weiter!

16. Wer aus euch Knechten nur eine Hand oder einen Fuß rühren wird, soll augenblicklich des Todes sein!"

17. Der Lamech aber, da sich niemand rühren wollte, sprang selbst vom Thron, riss einem Knecht die Lanze aus der Hand und wollte damit die drei durchstoßen. Aber die Lanze war alsbald glühend, und der Lamech schleuderte sie fluchend von sich, ergriff alsbald eine andere – und verbrannte sich damit die Handfläche.

18. Da er nun sah, dass er so gut wie verloren war, so fragte er die drei, bebend vor Grimm und glühender Wut:

19. „Was wollt ihr Gebirgsbestien denn hier? Redet, damit euch der Lamech den verlangten Tribut zolle! Redet, redet, redet!"

Kapitel 176

Kisehel maßregelt den widerstrebenden Lamech

Am 18. Oktober 1842

1. Und der Kisehel hob abermals seine Hand empor und fing mit mächtiger Stimme folgende Worte an den grimm- und wutentbrannten Lamech zu richten, sagend nämlich:

2. „Lamech, du nichtiger König alles Lasters, alles Gräuels und aller blindesten und schwärzesten Bosheit! Ich sage dir im Namen des großen, über alles mächtigen Gottes: Nicht ein am Boden zertretenes Steinchen der schmutzigsten Straße deiner Stadt verlangen wir von dir als irgendeinen Tribut! Wenn wir diese Tiefe wieder verlassen werden, wird sogar zuvor aller Staub von unseren Füßen abgekehrt werden!

3. Also haben wir auch die Zeit unseres Hierseins außer der freien Luft und des reinen Wassers nichts in unsere Eingeweide aufgenommen, was nur immer die Tiefe an Früchten und Esswaren hervorbringt; denn wir sind mit allem von oben aufs Reichlichste versorgt. Aus dem magst du wohl entnehmen, dass wir nicht irgendeines Tributs halber dahier sind!

4. Aber dennoch verlangen wir einen starken Tribut von dir, aber keinen Sach-Tribut, sondern einen Tat-Tribut verlangen wir von dir – und somit den Tribut deines Gehorsams!

5. Sieh, du bist ein König, verlangst von jedermann den allerpünktlichsten Gehorsam auf Leben und den grauenvollsten Tod – und hast doch selbst noch nie gehorcht!

6. Daher wirst du jetzt zum ersten Mal in deinem ganzen Leben ebenfalls deinen wohlgenährten Nacken unter das schwere Joch des Gehorsams beugen müssen und tun, was dir von uns zu tun, und tragen, was dir von uns zu tragen auferlegt wird im Namen Jehovas!

7. Wohl dir, so du dich in alles willig fügen wirst; im Widerstrebungsfalle aber sollst du die scharfe Zuchtrute Gottes so lange auf das Allerheftigste empfinden, bis sich dein königssteifer Nacken willig unter das Joch unseres Willens im Namen Jehovas fügen und allergeschmeidigst beugen wird! Kennst du nun den Tribut?"

8. Hier sprang der Lamech vor Grimmwut in die Höhe und stürzte wütendst auf den Kisehel los, als wollte er ihn in Stücke zerreißen. Der Kisehel aber fasste den hinstürzenden Lamech behände an seinen langen Haaren, hob ihn etwas

schüttelnd vom Boden, und fragte ihn ernstlich: „Lamech, du elender Wurm des Staubes und aller Ohnmacht und gänzlicher Kraftlosigkeit, sage mir jetzt, wie lange du uns zu widerstreben gedenkst!

9. Du, den wir durch die Kraft Gottes in uns durch einen leisesten Mundhauch verwehen können, du willst dich sträuben vor dem allmächtigen Willen Gottes?!

10. Sage mir, was willst du tun, so ich dich wieder freigebe? Denn nicht eher sollst du mir mit deinen Füßen den Boden berühren, als bis du dich nicht, hier in der Luft hängend, klärlichst ausgesprochen haben wirst, was du zu tun gedenkst, so ich dich wieder freilasse!

11. Was dir vor uns deine Knechte nützen, magst du jetzt wohl sehen; daher rede!"

12. Und der Lamech knirschte mit den Zähnen und sagte endlich: „So gebt mir wenigstens drei Tage Bedenkzeit, damit ich mich zu sammeln und zu fassen vermag! Denn ich sehe nun, dass ich gegen Feinde, wie ihr es seid, keine Waffen habe; daher will ich mich bedenken und fassen, wie ich euch gehorchen werde können!

13. Und sodann setze mich wieder auf den Boden, und sage mir dann, was ich tun soll!" Und der Kisehel setzte den Lamech wieder auf den Boden und ließ ihn frei.

14. Als der Lamech aber frei war, da lief er sogleich seinem Thron zu, setzte sich allda in seine königliche Positur und fragte dann mit großem Ernst: „Was soll sonach denn der große König und Herrscher Himmels und der Erde tun?!"

15. Und der Kisehel sagte auf diese überaus dumme Frage: „Fürs Erste soll dieser große König und Herrscher Himmels und der Erde alsogleich von seinem Thron herabsteigen, will er nicht auf dem ehernen Thron zu Asche verbrannt werden!"

16. Hier fing der Thron an, sogleich heißer und heißer zu werden, und der Lamech sprang alsbald vom selben herab und fluchte zum ersten Mal dem Thron.

17. Und der Kisehel sprach weiter: „Und dann wird der entthronte große König sich alsogleich mit uns hinaus zu den Pfützen, Sümpfen und Morasten begeben; seine Leibwache wird ihm folgen! Wird er mit uns draußen vollends angelangt sein, allda wird er dann schon eine weitere Order bekommen, was alles er zu tun bekommen wird!

18. Und also folge uns im Namen Jehovas, des großen, allmächtigen Gottes! Amen."

Kapitel 177

Konfrontation zwischen Lamech und Kisehel. Lamechs letzte Gelegenheit, dem Gericht Gottes zu entrinnen. Der Zug zu den Morasten

Am 19. Oktober 1842

1. Der Lamech aber sagte zum Kisehel: „Warum heißest du mich alsbald folgen samt meinen Knechten und Dienern? Habe ich nicht zuvor mir eine dreitägige Bedenkzeit bedungen? Wo ist diese?

2. Warum willst du sie mir nicht einräumen? Gebe mir Rede und Antwort!"

3. Und der Kisehel erwiderte darauf: „Weil der Wille Gottes also lautet! Wir tun nichts aus uns, sondern was wir tun, das tun wir aus dem Willen Gottes, dessen Namen du auf das Gräuelhafteste entheiligt und entehrt hast!

4. Daher kann dir auch darum durchaus keine Bedenkzeit gegeben werden! Denn Gott hatte dir schon eine gar lange Bedenk- und Umkehrzeit gegeben; du aber hast sie benützt zu den größten Schand- und Gräueltaten. Also soll dir nun keine Bedenkzeit mehr eingeräumt werden, in der du noch mehrere Gräuel ersinnen möchtest, als du schon bis jetzt ersonnen hast!

5. Daher bequeme dich nur alsogleich, uns zu folgen, und versuche Gottes Langmut, wie du es bisher noch allzeit getan hast, durch deinen Starrsinn nicht länger mehr, – sonst könnte es geschehen, dass wir an dir Gewalttaten auszuüben anfangen müssten!

6. Was hast du je gegen Jehova mit deinem Starrsinn ausgerichtet?

7. Wie lange ist es, dass dich Meduhed mit vielen Tausenden verließ und der ihm nachfolgende Tatahar mit seinem ganzen Heer vernichtet wurde?

8. Wie lange ist es, dass dich sogar der mutige Sihin für alle Zeiten mit seinem kleinen, aber überaus mutig schlauen Anhang im Stich ließ?

9. Wie lange ist es seit dem Verlust deines Weibertums?

10. Was hast du gegen Hored ausgerichtet, dem du trüglich deine Tochter hast gegeben?

11. Vor wenigen Tagen wolltest du die ganze Erde anzünden; frage dich selbst, wie dir diese Unternehmung gelungen ist!

12. Was ist mit dem Horadal, den du zur Vernichtung der Kinder Gottes abgesandt hast mit vielen Waffen, geschehen? Was hast du dadurch gewonnen?

13. Was haben dir alle deine Grausamkeiten genützt? Bist du dadurch reicher und mächtiger geworden?

14. Denke, was alles du gegen Gott schon unternommen hast, und welche Früchte dir daraus erwachsen sind!

15. Ich sage dir: Keine anderen als die nur, durch welche du stets tiefer und tiefer in die hartnäckigste Sklaverei des Satans gefallen bist, aus der du dich endlos schwer wieder erheben wirst!

16. Du hast dich berücken lassen, zu glauben, als seiest du Gott, der Allmächtige. O du Tor, warum versuchtest du denn nie, einen Menschen zu erschaffen oder wenigstens diejenigen wieder zu beleben, welche du getötet hast, damit du dich überzeugt hättest, welch ein töricht elendes Bewandtnis es mit deiner Gottheit habe?!

17. Also sträube dich jetzt nicht, uns zu folgen; denn wir sind der letzte Gnadenstrahl Jehovas an dich!

18. Willst du ihn willig in dir aufnehmen, so kannst du dem Gericht Gottes entrinnen; sonst aber wird dir dieser letzte Gnadenstrahl zum unerbittlichsten Richter für den ewigen Tod werden! Also folge uns!"

19. Und der Lamech fragte, vor Grimm nahe ganz zerknirscht: „Und was soll ich denn draußen bei den Pfützen tun?"

20. Und der Kisehel sagte: „Gottes Macht sollst du erkennen – und auch erkennen und sehen, dass Gott mit Wesen deiner Art keinen Scherz zu treiben pflegt; denn Gott ist ein ernster Gott, – aber kein Gott, der da die Menschheit als ein Spielwerk Seiner Macht betrachten möchte!"

21. Diese sehr nachdrücklich ausgesprochenen Worte brachten endlich den Lamech zum Gehen, und er folgte mit den Waffenknechten den dreien.

22. Als aber die Menschen auf den Gassen das sahen, wie da die drei vor dem

Lamech einhergingen, so waren sie der Meinung, Lamech habe sie überwunden und führe sie nun aus zum Tode.

23. Daher schrien sie: „Wehe uns, wehe uns; denn Lamech hat sich über die Mächtigen der Berge geschwungen! Heute fallen sie, und morgen wird uns sein Beil erschlagen!"

24. Der Kisehel aber sagte mit lauter Stimme zu den Klagenden: „Folgt uns, und seht, was da geschehen wird, dann erst klagt über uns – und dann über euch!

25. Wer uns zu Falle brächte, der hätte auch Gott zu Falle gebracht; wäre aber Gott gefangen, da wäre keine Erde mehr unter euren Füssen. Denn die Erde ist ja Gottes, also wie der Himmel; die Erde ist aber noch, also ist auch Gott – und wir aus Ihm!

26. Darum folgt uns alle, damit ihr ersehen mögt die große Torheit eurer leeren Angst!"

27. Und eine große Menge Volkes folgte ihnen nach hinaus zu den Pfützen.

Kapitel 178

Das Feuergericht über die Zofen des Lamech

Am 20. Oktober 1842

1. Als sie nun bei den Pfützen, Sümpfen und Morasten anlangten und der Lamech seiner Zofen ansichtig wurde und sah, wie ein Teil allda nackt sich mit dem Schlamm bekleisterte, rieb und wusch, und ein Teil aber noch mit dem Holzherbeischleppen beschäftigt war, da stürzte er hastigst zum Kisehel hin und fragte ihn mit dem erbittertsten Ton:

2. „Sage mir, dem großen König der Ebene Hanochs, du langbeinige Gebirgsbestie, welchen Frevel willst du hier an mir und an meinem ganzen Haus anrichten?!"

3. Und der Kisehel erwiderte ihm mit fester Stimme: „Höre, du lebendige Wohnstätte des Satans, du scheußlichster Inbegriff der ganzen Hölle, du lebendiges Arschloch des Teufels, des Wesen uns bekannt ist von Tat zu Tat, – die Handlung selbst wird dir die Antwort geben! Und so schweige denn, und frage uns um nichts mehr; wenn ich dich aber fragen werde, dann rede mit dem Munde eines Menschen, aber nimmerdar mit dem Rachen eines Drachen! Es geschehe!"

4. Auf diese Antwort war der Lamech still und sprach nichts mehr; denn es bedünkte ihm hier rätlicher zu sein, dass er schweige, denn dass er rede, indem sich die drei durchaus nicht von seiner Stimme wollten einschüchtern lassen und mit seinen Waffen auch nichts zu richten war.

5. Da sonach aber der Kisehel gar wohl merkte, wie es mit dem Mut Lamechs stand, da wandte er sich alsogleich zu den Mägden, welche das Holz herbeigetragen hatten, und sagte zu ihnen:

6. „Hört, ihr gereinigten Mägde, ihr habt unser Wort erfüllt, da ihr eine gerechte Menge dürres Holz herbeigeschafft habt in der kurzen Zeit; wollt ihr aber vollends frei werden, so schafft ihr nun auch in der möglichsten Geschwindigkeit Feuer herbei!"

7. Und die Mägde liefen und kamen alsbald wieder mit brennenden Fackeln, aus Pech und Erdharz bereitet, herbei.

8. Als die Mägde also mit Brandzeug ausgerüstet dastanden, da wandte sich der Kisehel zu den sich noch mit Unflat emsig

bestreichenden Weibern und sagte zu ihnen:

9. „Hört ihr nun! Euer Leib ist nun tauglich wie die Seele für die Hölle, nachdem er durch Hilfe dieser stinkenden Kloake das Aussehen hat wie eure Seele; sonach erhebt euch aus den Kloaken, und besteigt diese Holzhaufen, damit eurem elendesten Dasein die Wut der Flammen ein Ende mache und ihr auf den lodernden Scheiterhaufen euren lange schon bestverdienten Lohn finden mögt! Es geschehe!"

10. Hier fingen die Weiber an zu heulen, zu bitten und zu flehen, und schrien: „Ihr mächtigen Gesandten des alleinig wahren, großen Gottes, schreibt uns Buße vor, die ihr nur immer wollt, und wir wollen sie also getreu unser ganzes Leben hindurch vollziehen, wie wir euren Willen in diesen Kloaken vollzogen haben; aber nur das Bisschen des ohnehin kläglichsten Lebens lasst uns, damit wir doch nicht ewig verlorengehen!

11. Wollt oder müsst ihr uns aber schon töten, so tötet uns doch nicht auf diese allerqualvollste Weise!

12. Darum bitten wir euch um der Erbarmung eures lebendigen, allmächtigen, großen Gottes willen!"

13. Und der Kisehel sagte zu ihnen: „Hört, nicht auf uns kommt es hier an, denn wir können euch weder richten, noch erlösen, da wir nichts als nur Vollzieher des göttlichen Willens sind!

14. Werft euch aber lieber vor Gott nieder, und tragt Ihm eure Not vor, und bittet Ihn allein um die Erlösung, und seid versichert, dass wir dann tun werden, wie Er es uns durch unsere Herzen wird zu erkennen geben!"

15. Und die Weiber fingen an, zu Gott zu schreien, dass Er sie erlösen möchte von der schrecklichen bevorstehenden Qual.

16. Aber eine Donnerstimme rollte wie zornglühend zu aller Ohren, also lautend: „Nach dem Feuer erst soll euch die Löse werden!"

17. Und der Kisehel sagte darauf zu den vor Angst schon halbtoten Weibern: „Nun habt ihr es mit den eigenen Ohren vernommen, was hier mit euch zu tun ist, – und so denn zaudert nicht länger mehr, und besteigt das Holz in dem Namen des allmächtigen Gottes, der da nun allein ist euer Richter!"

18. Und die Weiber erhoben sich langsam vom Boden und fingen an, heulend die Holzstöße zu besteigen.

19. Als sie allesamt sich schon auf den Holzstößen befanden, da befahl der Kisehel den Mägden, dieselben mit den Fackeln anzuzünden.

20. Mit bebenden Händen und abgewandten Gesichtern taten die Mägde solches.

21. Schnell ergriff das Feuer die Haufen; die Weiber schrien noch halb verbrannt und bäumten sich, wütend vor Schmerz, in der Mitte der hellen Flammen, bis endlich der Tod all dem ein Ende machte.

22. Hier wurde der Lamech rasend und fragte den Kisehel voll Wut: „Was habt ihr und was hat euer Gott nun dadurch gewonnen, darum die Weiber also elend sind hingerichtet worden?"

23. Und der Kisehel erwiderte ihm: „Es ist dir gesagt worden, dass du nicht reden sollest ehedem, bis du gefragt würdest!

24. Du aber befolgst nicht unseren Willen; also soll dir aber auch keine andere Antwort werden denn die der Tat!"

25. Und alsbald rief der Kisehel mit starker Stimme: „Ihr durchs Feuer gereinigten Weiber! Erhebt euch wieder aus der Asche eures vormals sündigen Leibes, und zeugt dem Lamech unsere Botschaft!"

26. Und alsbald erstanden wie verklärt die Weiber aus der Asche, lobten und priesen Gott, und zeugten, dass die drei wahrhaftige Boten des ewigen Gottes sind, und zeugten aber auch und sagten es aus, wie klein die Qual gegen dem war, was sie jetzt in diesem ganz neuen Leben empfinden.

27. Hier fing der Lamech an, in sich zu gehen und nachzudenken über solch ein unerhörtes Wunder.

Kapitel 179

Kisehel prüft und demütigt den sich für göttlich haltenden Lamech

Am 25. Oktober 1842

1. Nach dieser Wunderhandlung erst wandte sich der Kisehel an den Lamech und fragte ihn: „Lamech, der du dir nicht nur ein großer König zu sein einbildest, sondern in dem Wahn bist, ein Gott zu sein, du hast schon viele Tausende hinrichten lassen, und das noch allzeit auf die möglich grausamste Art; sage uns, ob du vermöge deiner Gottschaft auch nur einen wieder ins Leben zurückgerufen hast?!

2. Denn wir wissen es gar gut, dass dich so manche Tat gereut hatte.

3. Gerne hättest du deine Brüder, die du erschlagen hast, wieder ins Leben zurückgerufen, wie auch noch manch andere, wenn es dir möglich gewesen wäre zur Zeit, da du dich noch nicht als Gott wähntest.

4. Darum sage uns, warum du solches denn jetzt nicht getan hast, da du ganz fest geglaubt hast, ein allmächtiger Gott zu sein?!

5. Wolltest du es nicht, oder konntest es nicht, oder hieltest du etwa solches unter deiner göttlichen Würde?"

6. Und der Lamech erwiderte ganz erhaben und stolz: „Ich hielt solches allzeit unter meiner Würde; darum wollte ich so etwas auch nie tun!"

7. Und der Kisehel fragte ihn wieder: „So gestehe mir denn, welche Taten du der Gottheit für würdig erkennst!"

8. Und der Lamech fragte alsogleich den Kisehel: „Bin ich denn verpflichtet, dir auf jede Frage zu antworten?"

9. Und der Kisehel erwiderte ihm: „Ja, solches musst du nun tun, sonst könnte dich ein scharfer Rutenstreich von oben herab treffen; daher antworte nur fleißig, darum du gefragt wirst!"

10. Und der Lamech erkannte in dem überernstlichen Angesicht des Kisehel, dass da mit ihm durchaus nicht zu scherzen ist, und beantwortete darum auch alsogleich die obige Frage auf folgende Weise:

11. „Da ich alsonach schon antworten muss, so sage ich dir, dass ich nur Welten erschaffen und dieselben wieder zerstören für Gottes eigentlich würdig halte!

12. Alles andere ist nichts als pure Mückenfängerei und kann als Werk kleiner, dienstbarer Geister angesehen werden!

13. Also ist auch Rache und Gericht Gottes würdig; Erbarmung, Liebe, Geduld, Schonung und dergleichen können nur als Eigenschaften gemeiner Kreaturen betrachtet werden!"

14. Und der Kisehel fragte ihn wieder, sagend nämlich: „Gut, ich will es dir einstweilen gelten lassen, aber nur musst du

mir auch noch dazu erweisen, dass du wirklich ein allmächtiger Gott bist!

15. Denn es geht nicht darum hervor, so du es nicht willst, dass du es deshalb auch nicht vermöchtest; die Allmacht kennt ja doch sicher nichts Unmögliches!

16. Du könntest demnach doch Tote wieder erwecken zum Leben, wenn du es nur wolltest?

17. Ich sage dir darum jetzt aber, dass du das gerade jetzt, um uns deine Gottheit zu beweisen, tun musst; denn aus dem Zerstören und Töten erkennen wir deine Gottheit noch nicht, darum solches auch die wilden, reißenden Waldtiere zu tun imstande sind.

18. Siehe, da stehen Mägde, Weiber und deine Knechte! Töte eines, und belebe es dann alsbald vollends wieder, und du kannst versichert sein, dass darum dich auch wir als den alleinig wahren Gott Himmels und der Erde anerkennen und demütigst anbeten werden!

19. Bedenke dich aber nicht zu lange, sondern zeige uns alsogleich, was alles als Gott du vermagst!"

20. Hier fing der Lamech sehr gewaltig zu stutzen an, und wusste nicht, was er nun tun oder doch wenigstens reden sollte.

21. Und der Kisehel sagte darauf ganz ernstlich zu ihm: „Höre, Lamech, so du uns nicht sogleich einen Beweis also von deiner Göttlichkeit gibst, wie ich ihn von dir verlangt habe, so werde ich dich zwingen mit brennenden Fackeln über deinem Rücken, dass du mit deinen eigenen königlichen Händen wirst müssen die dir wohlbewusste steinerne Tafel – auf welche du den Namen ‚Jehova‘ schriebst, diese Tafel dann mit Unflat beschmiertest, den Namen verfluchtest und ihn dann in ein unratvolles

Loch warfst und dasselbe wieder mit Unrat verscharren ließest – wieder ausgraben, reinigen und dann erst als ein strenger Büßer dein Leben lang dasselbe Täfelchen allerhöchst verehren und den Namen anbeten müssen!"

22. Hier zerplatzte der Lamech beinahe vor Wut, denn er wusste nun gar wohl, wie es mit seiner Allmacht stand, und was er vermochte.

23. Daher sah er aber auch schon voraus, was er werde tun müssen, und gestand endlich voll Grimm, dass seine Gottschaft bloß nur ein königlicher Ehrentitel ist, aber keine Wirklichkeit.

24. Und der Kisehel entgegnete: „Wenn es also ist, warum hast denn du demnach den Namen des alleinig wahren Gottes also entheiligt? Rede, oder du begibst dich alsogleich an das von mir ehedem ausgesprochene Werk!"

25. Hier verzehrte der Grimm beinahe den Lamech, und er blieb ganz stumm.

Kapitel 180

Lamech trotzt hochmütig Kisehels scharfer Rede

Am 26. Oktober 1842

1. Eine kurze Zeit lang wartete der Kisehel darauf, was da der Lamech tun werde, das heißt, was er dazu sagen werde. Allein das Warten war hier rein vergeblich. Solches wussten zwar alle die drei schon im Voraus; dennoch aber musste ihm um seiner selbst willen eine Zeit zum Bedenken gegeben werden, damit er dann, so er aufs Neue angegriffen werden sollte und auch musste, nicht sagen könne:

„Warum habt ihr mich nicht fassen und gehörig sammeln lassen?!"

2. Da sonach aber trotz des Harrens der drei der Lamech durchaus keine Miene machen wollte, als möchte er sich rechtfertigen, sondern nur sich mehr und mehr in lauter gräuelhafteste Rachegedanken verlor und ganz förmlich nachzusinnen begann, wie er die drei Boten samt den noch anderen vieren, von denen er auch wohl wusste von Seiten der Weiber, verderben möchte, so wandte sich der Kisehel alsobald wieder an ihn und sagte:

3. „Lamech, du arger Knecht des Satans, du bist stumm geworden, weil dich mein Wort gefangen hatte in ein dreifaches Netz, und füllst nun dein Herz mit Rachegedanken so, dass darob dein ganzes Wesen ist des gräuelhaftesten Fluches gegen uns, und somit auch gegen Gott!

4. Sage mir, was bist du denn für ein Wesen? Du wurdest von deiner Ohnmacht gegen uns überwiesen, wir zeigten dir die unüberwindliche Kraft Gottes in uns, du siehst es ein, dass du gegen uns ewig nie in dieser deiner Gestalt etwas ausrichten wirst, – und dennoch widerstrebst du hartnäckigst dem Geist der ewigen Liebe Gottes in uns!

5. Sage, sage, welch ein Wesen du denn bist?! Siehe an die Mägde, die du gestellt hast auf die erste und zweite Treppe, auf dass sie uns hindern möchten, zu dir zu kommen! Siehe, sie waren tot; denn unsere Willenskraft aus Gott trieb sie allesamt jählings heraus zu diesen und in diese Pfützen, allda sie jämmerlich umkamen, und sie leben alle wieder!

6. Und deine Weiber sahst du mit den eigenen Augen verbrennen bis zur Asche – und sahst sie dann alsbald neu erstehen aus der Asche mit verklärten Leibern.

7. Ist dir das nicht des stärksten Beweises für unsere göttliche Sendung in größter Genüge?!

8. Sage, sage nun, was du mit deinem Trotz und dann mit deinen Rachegedanken gegen uns ausrichten willst und kannst!

9. Du elender, ohnmächtiger Wurm im Staube der größten Nichtigkeit! Du willst dich gegen Gott stemmen, während wir dich schon mit dem leisesten Hauch unseres Mundes verwehen könnten, so wir es nur wollten?

10. O du Scheusal der Hölle! Mit Gott willst du kämpfen, während dein Leben in jeglichem Augenblick lediglich von Seiner großen Erbarmung nur abhängt?!

11. Wie willst du denn Gott angreifen, – Ihn, der dich im Augenblick deines Angriffs vernichten kann und verdammen in die Hölle Seines ewigen Zornfeuers?!

12. Versuche einen Kampf mit uns, du elender Wurm des Schlammes und allerstinkendsten Staubes, und du wirst dich gar bald überzeugen, was du gegen uns ausrichten wirst!

13. Erbrenne in der allerscheußlichst tödlichsten Grimmfeuerrache gegen mich, du elendes Arschloch des Teufels, und vernichte mich, deine große Rache kühlend, so du magst und kannst, und überzeuge dich noch mehr von deiner allergrößten Ohnmacht und Blindheit!

14. Du siehst, wie ganz vollkommen nichts alle deine Macht nur gegen den Hauch meines Mundes ist; sage, warum willst du uns denn den härtesten Trotz anstatt des bedungenen Gehorsams bieten, durch den allein du wieder zur Gnade Gottes gelangen könntest und könntest uns werden ein zwar reuiger, aber sonst ein über alles lieber Bruder?

15. Rede, rede, ich gebiete es dir im Namen Dessen, der uns aus übergroßer Erbarmung von den heiligen Höhen herab zu dir in diese deine fluchbelastetste Schlammtiefe gesandt hat, auf dass wir dich für Ihn gewinnen sollen!"

16. Und der Lamech, sich gewaltigst aufblähend, entgegnete endlich: „Was du da geredet hast, verstehe ich nicht und will es auch nicht verstehen; denn also spricht man mit keinem König, der so gut, wie du, mit Gott geredet hatte und ebenfalls von Ihm das Wort hat, dass derjenige solle siebenundsiebzigmal gerochen werden, der sich einmal an ihm vergreifen würde!

17. Ich werde mich nicht an dir und noch weniger je an Gott rächen; denn nur zu gut kenne ich meine Ohnmacht!

18. Du aber hast dich schon an mir, dem König Lamech, vergriffen; also siehe nur du zu, wie du mit deinem Gott auskommen wirst!

19. Gottes Ordnung und Weisheit reichen weiter als deine Augen; so ich aber bin, wie ich bin, und tue, wie ich tue sicher nicht außer, sondern wie du in Gott, warum machst du mich denn hernach zu einem Scheusal, das da nimmer seinesgleichen irgend hat?

20. Bin ich ein König der Tiefe, und bist du an mich gesandt worden, so rede mit dem König als Gesandter nach Gebühr, aber nicht, als wolltest du mich richten!

21. Meine Macht kannst du also brechen, aber meinen Willen auf diese Art ewig nie! Verstehe es, du machtstolzer Herzloser an mir, dem König dieses unglücklichen Fluchlandes!"

Kapitel 181

Der prahlerische Lamech bringt die göttliche Zuchtrute über sich

Am 27. Oktober 1842

1. Und der Kisehel erwiderte dem Lamech auf diese seine königliche Rede, sagend: „Höre, Lamech, du hast recht, dass du als König solches von mir und uns allen verlangst; nur sage mir, was denn hernach wir als wahrhaftige Boten des allerhöchsten und allerheiligsten Gottes von dir verlangen sollen, indem wir dir doch hinreichend bewiesen haben durch Taten und Worte, dass wir das wahrhaftig sind, als was zu sein wir von uns aussagten!

2. Wie lässt sich von deiner königlichen Seite der erste Anruf unter dem Ausdruck ‚Gebirgsbestie' mit unserer göttlichen Gesandtschaft vereinbaren? Wie die erste Verrammung der Treppen vor uns, wie überhaupt jede Begegnung von deiner Seite gegen uns, nachdem du es lange schon gar wohl erkannt hattest, was es da mit uns für eine Bewandtnis habe? Darüber gebe uns einen königlichen Aufschluss!

3. Kannst du das rechtfertigen, so will ich jegliches meiner Worte zurücknehmen und alles dir zugefügte Leid wieder reichlichst gutmachen; des sei du vollends versichert!

4. Wehe dir aber, wenn du solches nicht vermagst! Denn du hast dich auf Gott berufen, – auf Gott, sage ich dir, den du mit Wort und Tat verflucht hast und hast dich als der größte Frevler in die Ordnung Seiner ewigen, unantastbaren Heiligkeit gestellt, um uns, die wir in der Ordnung Seiner Heiligkeit gestellt sind, darum in

deinem argen Herzen aus irgendeinem Scheingrund verdammen zu können!

5. Daher fasse dich wohl in dieser deiner Rechtfertigung, – sonst, wie gesagt, wehe dir!

6. Ich sage dir, dafür sollst du den ersten Hieb der göttlichen Zuchtrute überkommen! Also rede! Amen."

7. Und der Lamech trat ganz barsch dem Kisehel unters Gesicht und fing an, folgende Worte an ihn zu richten, sagend nämlich: „Meinst du etwa, der Lamech wird sich vor deinem ausgesprochenen Wehe beugen? Nimmermehr!

8. Daher wird dir der König Lamech für seine Worte auch durchaus keine Rechtfertigung bieten; denn der Lamech fürchtet keinen Tod, und somit auch keinen Gott – und dich umso weniger, und wärest du noch mit tausendfach größerer Macht ausgerüstet, als du es ohnehin als Gesandter Jehovas bist!

9. Willst du mich schlagen mit Feuerruten, tue es immerhin bis zum Tode! Mein Leben kannst du mir nehmen, aber meinen Sinn und meinen Willen, solange ich lebe, nimmermehr; das schwöre ich dir bei meiner Königsehre!

10. Willst du mich mit den größten Schmerzen plagen zeitlich oder ewig, dadurch wirst du meinen Grimm nur nähren, aber nimmerdar schwächen, und mein Wille wird bleiben, wie er jetzt ist, ein fester und durch Weltenlasten selbst unbeugsamer, und du sollst dich überzeugen, dass wohl der Wille eines Gottes sich beugen lässt, aber der Wille Lamechs nicht!

11. Ziehe mir glühende Schlangen durch den Leib, und werfe mich in weißglühendes Erz, so werde ich dir und deinem Gott darum umso mehr fluchen! Willst du mich aber beugen, da vernichte mich;

denn bin ich gar nicht mehr, so wird's wohl auch mit der Unbeugsamkeit meines Willens ein Ende haben!

12. Schließlich aber muss ich dir noch bemerken, dass auch dem Lamech noch andere Kräfte zu Gebote stehen, die er bis jetzt noch nicht der Mühe wert hielt, so, wie ihr die eurigen, in Anwendung zu bringen; wenn ihr ihm aber zu nahe treten werdet, so ist er sehr aufgelegt, euch zu zeigen, was es für eine Bewandtnis mit seiner Gottschaft hat!

13. Ich rate euch daher, längstens binnen drei Tagen diese meine Königsstadt zu verlassen, sonst dürfte es euch gar übel ergehen!

14. Du hast zwar über mich schon ein ‚Wehe dir!' ausgerufen; ich als König habe aus purer Rücksicht solches noch nicht getan, indem ich mir fürs Erste dachte: ‚In meine Gesetze seid ihr nicht eingeweiht und somit auch keiner anderen Strafe noch untertan als nur der der Abschreckung!', – fürs Zweite aber dachte ich auch: ‚Es sind ja auch samt mir und meinem Volk Adams Kinder und zum ersten Mal roh noch, und ungebildet in dieser meiner Stadt; daher will ich ihrer auch solange als möglich schonen!'

15. Da ich aber nun ersehe, dass ihr hartnäckig darauf besteht, mich, den König, zu einem Sklaven eurer Laune zu machen, da rufe nun aber auch ich ein starkes Wehe über euch, so ihr nicht, wie gesagt, binnen drei Tagen diese meine Königsstadt für allzeit räumt!

16. Und so denn entfernt euch von hier; denn von nun an wird euch der Lamech keine Frage und keine Antwort mehr geben, und wird im Falle eures Ungehorsams das rechte Mittel zu ergreifen wissen, um

Frevler euresgleichen auf das Allerempfindlichste zu züchtigen.

17. Versteht es wohl, und entfernt euch!"

18. Und der Kisehel sagte darauf: „Gut, es geschehe, wie du gesagt! Hört, ihr Weiber und ihr Mägde, und auch ihr Waffenknechte und alles Volk! Verlasst mit uns diese Stätte; der Lamech allein bleibe, und empfinde die drei Tage hindurch hier die Kost der göttlichen Zuchtrute!

19. Vielleicht werden wir ihm nach dieser Zeit willkommener sein denn heute! Es geschehe!"

20. Und alsbald verließ alles den Platz, ging mit den dreien fröhlich in die Stadt zurück; nur der Lamech blieb schmerzlichst gebannt und konnte seine Stelle nicht verlassen, und von den dreien ward jedem Menschen in der ganzen Stadt untersagt, binnen den drei bestimmten Tagen ja nicht dieser Stelle sich zu nahen.

Kapitel 182

Die vier erkrankten Brüder der drei Boten.
Über die Wichtigkeit der Geduld

Am 28. Oktober 1842

1. In den drei Tagen aber besuchten die drei die vier anderen Brüder, welche in einer Herberge noch krank darniederlagen, indem sie der Geist Ahbels ein wenig gezüchtigt hatte, darum sie sich hatten von den Zofen Lamechs berücken lassen.

2. Die drei hatten es wohl gewusst, dass Ich die vier werde ein wenig züchtigen lassen; aber durch wen, solches wussten sie noch nicht.

3. Da der Kisehel sich in dieser Angelegenheit alsbald an Mich wandte, so öffnete Ich ihm auch alsbald die innerste Sehe, und er ersah alsobald den Geist Ahbels, verneigte sich vor ihm und fragte ihn: „Bruder aus den Himmeln, wie lange musst du die vier armen Brüder noch also halten?"

4. Und der Ahbel erwiderte dem Kisehel: „Bis das Schauspiel des Fleisches aus ihren Herzen verschwinden wird!

5. Siehe einmal her, da sind eröffnet ihre Herzen! Siehst du, wie da noch eine Menge fetter, nackter Dirnen die der Liebe zu Gott nur allein geweiht sein sollenden Gemächer bewohnen, und wie sich der Brüder Geist an ihrem Anblick weidet, in ihrem Fleische herumwühlt?!

6. Siehe, das muss hinaus; eher wird meine Rute keine Rast bekommen!

7. Daher magst du sie wohl auch recht ernstlich ermahnen und ihnen auch zeigen, wie es mit ihnen steht, aber von meinem Namen musst du schweigen!"

8. Und der Kisehel fragte darauf den Geist Ahbels: „Höre, du geliebter Bruder aus den Himmeln! Was hegst denn du für eine Hoffnung um den Lamech? Denn ich glaube, vom Grunde aus wird er sich nie bekehren; so er sich aber bekehren wird, wird solches nicht eher eine Scheinbekehrung sein denn nur im Geringsten die rechte und ganz vollends innerlich wahre?!"

9. Und der Ahbel aber sagte zum Kisehel: „Lieber Bruder! Sorge dich nicht um den Ausgang der Sache, sondern handle geduldigst nach dem dir überaus wohlbekannten Willen Gottes, so wird sich am Ende alles dem rechten Ziel zuwenden und dasselbe auch sicher unfehlbar erreichen!

10. Dir aber ist vor allem die Geduld vonnöten; hast du diese im gerechten Maße, so wirst du alles leicht tun und erwarten!

11. Sehe daher nicht, wie sich der Lamech wendet und dreht, sondern achte allzeit genauest auf den Zug des göttlichen Willens in dir, und handle, wie bis jetzt, strenge danach, so gehst du ja ohnehin den allergeradesten und somit auch allerkürzesten und den allerliebegerechtesten Weg!

12. Ob sich der verstockte Lamech heute oder morgen oder erst in einem oder mehreren Jahren umkehrt, das sei dir einerlei, denn solches behält Sich allzeit der Herr allein vor; denn Seine Wege sind unergründlich und Seine Ratschlüsse unerforschlich!

13. Wir aber tun alles recht, so wir nur Seinen Willen erfüllen und Ihn, den allerliebevollsten, heiligsten Vater über alles lieben!

14. Daher sei du ganz unbesorgt um die endliche Wirkung deiner Sendung an den Lamech; tue den Willen Gottes, alles andere aber lege in die allmächtigen Hände Dessen, der dir zu diesem Amt stets Seinen heiligsten Willen zu erkennen gibt, und es wird alles zu seinem rechten Ende kommen!

15. Siehe mich an! Meinst du, es kümmert mich, wann diese deine Brüder genesen werden? O mitnichten! Denn meine Liebe zu ihnen ist ja nur zu sehr überzeugt, dass der allerhöchst und endlos weise, heilige Vater kein unwirksames Heilmittel gewählt hatte!

16. Meine Sache dabei ist daher, dasselbe nur allergenauest zu überbringen und es dann dem Bedürftigen genauest zu verabfolgen; alles andere liegt in der Hand des Vaters!

17. Geduld ist somit aber dann unsere Hauptsache; wer diese hat in seinem Herzen, der wird die Kronen seiner Arbeiten erschauen, während der Ungeduldige nicht selten in einem Augenblick mehr zerstört, als er ehedem in zehn Jahren aufgerichtet hatte!

18. Wenn eine Mutter sieht, dass ihre Kinder Lust haben zu einem und dem anderen Nützlichen, Erhabenen und Schönen, ist aber dabei ungeduldigen und ärgerlichen Herzens, dieweil die Kinder das nicht augenblicklich erfassen können, wozu sie eine Freude haben und eine edle Sehnsucht im Herzen, – sage mir, wie wird es da mit der inneren Bildung der Kinder mit der Zeit wohl aussehen? Wie mit ihrem Geist?

19. Die Kinder werden ärglichen Herzens werden und werden heimlich ihre ungeduldige Mutter zu verachten anfangen und werden sie allzeit als einen Stein des Anstoßes ansehen, dem sie in ihren Herzen ausweichen werden, da es sich nur immer wird tun lassen!

20. Siehe, so also einer Mutter bei der Herzensbildung ihrer Kinder vor allem Geduld vonnöten ist, ohne die sie Sklaven und Knechte nur anstatt liebevoller und edler Menschen erziehen wird, um wie viel mehr der heiligen Geduld muss uns erst aus dem Vater eigen sein, so wir als von Ihm gestellte Wegweiser denen, die wir führen sollen, nicht den Weg verrammen wollen, sondern sie leiten zum ewig lebendigen Ziel!

21. Daher also habe auch du, mein lieber Bruder, alle Geduld in diesem deinem wichtigen Amt, und gleiche nicht einer törichten Mutter, die ihre Kinder lieber Steine zerklopfen sieht, als dass sie sich beschäftigen möchten mit dem, was da ihrem Herzen taugen möchte, – so wirst du deine Arbeit nicht ungekrönt erschauen!

22. Nehme hin den Segen meines Herzens im Namen unseres heiligen Vaters! Amen."

23. Hier ward der Ahbel dem Kisehel wieder unsichtbar, und er begrub diese Worte tief in sein Herz und teilte sie auch den anderen Brüdern mit, nur nicht, woher sie so ganz eigentlich kamen.

24. Und alle hatten eine große Freude daran und gaben Mir die Ehre aus dem Grunde ihres Herzens, und gar bald darauf wurde es auch mit den vieren besser; denn als sie aus Kisehels Munde so manches und diese Worte vernommen hatten, reinigten sie gar bald ihre Herzen vom Fleische und genasen somit wieder in Meiner Gnade und Erbarmung, standen auf und begaben sich mit den anderen von der schlechten Herberge.

Kapitel 183

Lamechs Reue und die Erbarmung des Herrn

Am 31. Oktober 1842

1. Als der vorbestimmte dritte Tag herbeigekommen war, da berief der Kisehel die uns schon bekannten Mägde und Weiber zu sich und sagte zu ihnen: „Hört, ihr neu erstandenen Mägde und Weiber! Der vorbestimmte dritte Tag ist herangekommen; also wollen wir hinausziehen an die Stelle, an der sich Lamech befindet!

2. Darum aber geht hin in die Burg Lamechs, sagt solches allen seinen Knechten, und sagt ihnen aber auch, dass sie sollen statt der Waffen Schaufeln und Krampen mitnehmen; ihr aber zieht euch festlich an, und eine jede von euch nehme Esswaren mit, soviel sie leicht tragen kann! Und also

geht, und verrichtet genau dieses euch auferlegte Geschäft!"

3. Und die Weiber gingen jubelnd und Gott lobend und preisend an das Geschäft, und baten Ihn aber auch, dass Er möchte dem halsstarrigen Lamech gnädig sein und beugen sein Herz für Seinen heiligen Willen.

4. Nach einer kleinen Stunde kamen alle die Mägde und Weiber wieder herbei und zeigten es den nun sieben an, dass da alles in der von ihnen gewünschten Ordnung sich befindet.

5. Und der Kisehel sagte darauf: „Ja, also ist es gut, o Mägde und Weiber! Wenn ihr wüsstet, welche Freude ihr uns dadurch bereitet habt, dass ihr für den armen Lamech zu Gott gebetet habt, wahrlich, es würde euch das Freudenfeuer unserer Herzen ergreifen und zum zweiten Mal auflösen, und das ärger und stärker noch denn das Feuer alles Holzes der Erde!

6. Darum aber sei unserem heiligen Vater im Himmel auch alle unsere Liebe, Ehre und Anbetung! Bleibt in dieser Bitte, und wir werden noch heute Wunderdinge am Lamech erleben! Nun aber lasst uns ziehen zu ihm hinaus! Amen."

7. Und alsbald erhoben sie sich in ihrer freien Herberge, die da war ein breiter, schattiger Feigenbaum, und zogen hinaus zu den Pfützen, allda der Lamech sich vor Hunger und Durst gleich einem Wurm bäumte und krümmte.

8. Als sie alle, wie sie bestellt waren, samt den Mägden, Weibern und den Knechten beim Lamech angelangt waren, da hob alsbald der Lamech seine Hände auf und sagte mit bebender Stimme zum Kisehel:

9. „Mächtiger Gesandter Dessen, des Namen meine Zunge ewig nimmer wert

sein wird auszusprechen! Fürchte dich nicht mehr vor meinem Willen, denn diesen hast du schon auf ewig gebrochen. Reiche mir aber etwas zur Stärkung, denn siehe, mich hungert und dürstet gewaltig!"

10. Und der Kisehel sagte zu den Mägden und den Weibern: „Tragt hierher Speise und Trank, und gebt dem Lamech, soviel er verlangt!"

11. Und die Weiber taten solches. Der Lamech aber schlug sich auf die Brust und sagte:

12. „O göttliche Erbarmung! Ist denn der große Sünder Lamech wohl noch wert, Speise und Trank zu nehmen aus den Händen derer, die Du gerettet und gereinigt hast?!"

13. Und der Kisehel sagte: „Ja, Bruder Lamech! Denn des Vaters Güte ist größer und reicht weiter, als alle Himmel reichen; daher esse und trinke nach deinem Bedürfnis!"

14. Hier fing der Lamech an zu weinen, denn er überblickte die Masse seiner Gräueltaten, und sagte darauf: „O ihr großmächtigen Gesandten der ewigen Erbarmung! Mir kann es nimmerdar vergeben werden; denn zu schauderhaft groß ist die Masse meiner Gräuel!

15. Ich sehe jetzt in mein Herz, und das ist angefüllt mit lauter Schlangen und aller Art giftigstem Geschmeiß, und um mich stehen unabsehbare Scharen, ringen vor Verzweiflung die Hände, fluchen mir, und schreien mit blutendem Mund zu Gott um ewige Rache für mich!

16. Ja, es hungert und dürstet mich gewaltig, – aber nun kann ich nichts mehr zu mir nehmen; denn dieser Anblick macht mich zu scheußlich vor euch und noch ums Endlosfache mehr vor Dem, dessen mächtige Boten ihr seid!

17. Lasst mich daher des Hungers sterben, indem ich so viele eben durch Hunger habe also zugrunde gehen lassen!

18. Lasst mich vor Hunger sterben, lasst mich verschmachten vor Durst, und lasst mich verzweifeln vor Schmerz; denn ich habe ja nichts Besseres verdient!

19. Ich habe Gott und euch gelästert und habe euch gestrebt nach dem Leben, so es mir nur möglich gewesen wäre, euch zu vernichten!

20. O so lasst mich in diesem meinem endlosen Reueschmerz verzweifelnd zugrunde gehen; denn ich bin ja nichts Besseres wert!"

21. Nach einer kurzen Pause aber rief er stark zu den unsichtbaren Scharen: „O ihr Unglücklichen durch mich! Ruft nur, ruft mächtig zum ewigen Richter um Rache für mich, bis sie kommen wird – die schrecklichste, die furchtbarste!

22. Denn keine wird zu groß sein für mich, ich bin ja der größten, ja der endlos größten wert!"

23. Hier sank er zusammen und weinte gewaltig. Auch alle Umstehenden waren gerührt von der großen Reue Lamechs und weinten mit ihm.

24. Der Kisehel aber trat hin zum Lamech, rührte ihn an, und sprach: „Bruder Lamech, nun richte dich auf, und sehe hierher in unsere Mitte, damit es dir klar wird, wie die ewige Liebe Gottes Sich an jenen Sündern rächt, welche in ihrem Herzen die Größe ihrer Schuld vor Gott und den Menschen also reuig wie du erkannt haben und haben sich darob gedemütigt unter alle Kreatur!"

25. Und der weinende Lamech erhob sich alsbald bebend vom Boden und erblickte gleich allen übrigen in der Mitte der sieben Boten eine lichte Wolke.

26. Ob solchem Anblick fast starr, sammelte er sich erst nach einer kurzen Weile und fragte den Kisehel, der ihn überaus bruderliebfreundlich ansah: „O du mächtiger Bote des Allmächtigen! Was ist das, was soll daraus werden?!"

27. Und eine Stimme sprach aus der lichten Wolke: „Lamech, lange hast du Meine Ordnung mit Füßen getreten; da du dich aber in der Reue gedemütigt hast vor Mir und deinen Brüdern, so habe Ich alle deine Missetaten von dir hinweggenommen und habe dir vergeben alle deine Schuld!

28. Darum erhebe dich nun vollends; mache durch die fernere Liebe zu Mir und deinen Brüdern das gut, was du in deiner Abtrünnigkeit verargt hast!

29. Nun aber esse und trinke; denn Ich, dein Gott, Schöpfer und Herr, habe die Speise und den Trank gesegnet für dich!

30. Meine Boten aber werden dir alles kundgeben, wie und was du künftig wirst zu tun haben!

31. Ich bin Der, der dir dieses sagt, der zu dir geredet hat, als du erschlagen hattest deine Brüder!"

32. Hier verschwand die Wolke, und der Lamech ward gelöst von seinen Banden.

33. Da aber seine Füße frei wurden, so begab er sich sogleich hin zum Kisehel und sagte zu ihm: „Mächtiger Bote Gottes, der da nun so mild geredet hatte aus der Wolke und hat mir nachgelassen meine größte Schuld, vergebe mir auch du meine Schuld gegen dich und deine Brüder, und nehme die Versicherung hin, dass ich von nun an nicht mehr König, sondern nur dein geringster Diener sein will; du aber sei König im Namen des Allerheiligsten!"

34. Und der Kisehel entgegnete ihm: „Bruder Lamech, siehe, du bist schwach, stärke dich nun mit Speise und Trank; danach erst wollen wir das Weitere besprechen und tun, wie es der göttliche Wille erheischt!"

35. Und der Lamech nahm darauf sogleich Speise und Trank zu sich.

Kapitel 184

Kisehels Lehre vom Wortdank und Herzensdank

Am 2. November 1842

1. Als der Lamech sich nun vollends gesättigt hatte, da stand er auf und sagte zum Kisehel: „Mächtiger Bote des allmächtigen, großen Gottes! Siehe, ich habe mich gesättigt von der gesegneten Speise; mein ganzes Wesen ist nun aufgeregt zu einer großen Dankbarkeit gegen Den, der mir die Speise gesegnet hatte und hat mir nachgelassen meine endlos große Schuld vor Ihm und vor euch, und vor allem Volk, und der ganzen Erde.

2. Aber ich habe keine Worte, mit denen ich diesen für mich zwar großen, aber für Gott und Seine Erbarmung sicher nur nichtigsten Dank auszudrücken vermöchte!

3. Daher lehre mich würdige Worte, mit denen ich ausdrücken werde können, was ich nun in mir empfinde und sicher allzeit noch mächtiger in mir empfinden werde!

4. O du lieber Freund des Allerhöchsten, siehe mich an im Schlamm meiner Untaten, und gewähre mir diesen meinen Wunsch!"

5. Und der Kisehel sagte darauf zum Lamech: „O Bruder Lamech, du sorgst dich

um etwas, das vor Gott nur einen sehr geringen Wert hat! Glaube es mir, der Herr, der heilige, liebevollste Vater, sieht nicht auf die Worte, sondern alleine nur auf das Herz!

6. Der Dank, den du wie eine große, das Herz verzehren wollende Flamme in dir empfindest, höre, dieser Dank ist dem Vater am wohlgefälligsten; bei dem bleibe allzeit und ewig, so wird Er dein Dankopfer sicher auch allzeit, wie ewig, Ihm wohlgefällig aufnehmen!

7. Siehe, wenn ein Mensch eine große Gnade vom Vater empfängt, so dankt er wie ein großer Schuldner alsobald in seinem Herzen durch den heftiger und stets heftiger werdenden Liebebrand in seinem Herzen und verbleibt in dieser reinsten und vollends wahren Dankbarkeit so lange, bis er sich derselben nicht durch den Mund entledigt hat, welche Entledigung aber an und für sich doch sicher nichts ist als eine scheinbare Genugtuung für die empfangene Wohltat.

8. Es wird einem nach einer solchen pflichtschuldigst scheinenden Dankentledigung wohl um vieles leichter und ruhiger im Herzen, aber es fragt sich hier: Wird das Herz nach einer solchen Entledigung nicht liebefeuerloser, kühler und somit auch für die Zukunft weniger dankbar für diejenige empfangene Gnade, für die es sich durch Mundworte gewisserart der bleiben sollenden Dankbarkeit entledigt hatte?

9. O sicher, lieber neuer Bruder Lamech! Siehe, ich, wie du, haben Kinder gezeugt und sind somit ihre Väter geworden, wie sie unsere Kinder geworden sind!

10. Ich habe es aber an meinen Kindern noch allzeit erfahren, dass gerade diejenigen meiner Kinder, die mir nahe für jedes Wort gedankt haben mit dem Munde, im Herzen die am wenigsten dankbaren geblieben sind; diejenigen Kinder aber, die fast ob jeder Gabe stumm geblieben sind, waren also beschaffen, dass sie für mich allzeit ins Feuer gegangen wären, wenn ich solches von ihnen verlangt hätte!

11. Ich vernahm zwar nie oder nur höchst selten Worte des Dankes aus ihrem Munde, sah aber desto öfter Dank-, Freude- und Lobtränen in ihren Augen, – und, Bruder Lamech, wahrlich, es war mir eine solche stille Träne im Auge eines meiner Kinder mehr als alle die wunderschönsten Worte eines anderen geschmeidigen Kindes; ja mehr als die ganze Welt galt mir eine solche Träne!

12. Denn das geschmeidige Kind hat sich seines Dankes gegen mich entledigt; das andere stumm dankende aber behielt den ewigen im Herzen!

13. Also gilt auch bei Gott, der allein nur auf das Herz sieht, der bleibende Dank im Herzen sicher ums Endlose mehr denn ein ausgesprochener und daher vergänglicher, dessen sich das dankbedrängte Herz durch Worte entledigt hatte.

14. Danke daher auch du stets dem Herrn also wie jetzt, so wird dein Dank gegen Gott ein rechter sein, und Er wird ein stetes Wohlgefallen haben an deinem stets gleich mächtigen Dankes erfüllten Herzen!

15. Solches beachte sonach auch stets zu deinem großen Trost in dir, so wirst du dem heiligen Vater auch stets angenehm sein, und Er wird dir um solchen Dank eher tausend Gnaden verleihen, denn für den Munddank eine!

16. Da du solches nun weißt und hast dich vollends gewendet zum Herrn, so denn magst du nun auch bestimmen, was da nun geschehen soll; denn siehe, darum

sind wir nun da, dass wir dir in allem Guten sollen behilflich sein mit allen unseren Kräften! Und so denn gebe uns einen deiner Wünsche zu erkennen! Amen."

17. Und der Lamech sprang völlig auf vor Freuden und sagte zu Kisehel mit größter Bewegung: „O Freunde Gottes, des allmächtigen Schöpfers Himmels und der Erde! O du geheiligter Bruder aus den Höhen, die da sind wie eine bleibende Wohnung des Allmächtigen, fürs Erste nehme diese meine Tränen als das Zeichen meines innigsten, ewig bleibenden Dankes für deine herrliche, weiseste Lehre hin, die du mir soeben gegeben hast; denn sie ist nicht nur wahr in jeder Silbe, sondern sie ist heilig! Ja, es gibt nur einen Dank und nur ein Lob in der Wahrheitsfülle, und das ist ewig! Bei dem will ich auch von nun an ewig verbleiben!

18. Was aber da betrifft meinen Wunsch, so habe ich nur einen; ja nur eines drückt mich noch, und das ist die steinerne Tafel, die von mir also gräuelhaft ist entheiligt worden! Lasst mich sie eigenhändig wieder an das Tageslicht fördern und allda reinigen und dann überaus hoch verehren, wenn ich überhaupt nur noch dieser Tat würdig bin!"

19. Und der Kisehel sagte darauf zum Lamech: „Siehe, da stehen schon zu dem Behuf deine Knechte mit Grabwerkzeugen versehen!

20. Es ist genug, dass du solches getan hast lebendig in deinem Herzen, das andere werden schon diese da tun, und so lasse uns denn an dieses wichtige Werk schreiten! Amen."

Kapitel 185

Lamech erkennt und preist die unendliche Liebe Gottes

Am 3. November 1842

1. Als der Lamech solches vernommen hatte vom Kisehel, da warf er sich auf seine Knie nieder und sprach mit aufgehobenen Händen: „O Gott, o Gott, wie groß muss Deine Liebe sein, dass Du einem Sünder also gnädig und barmherzig sein kannst!

2. Dies bevorstehende Werk, dessen ich mich nun in meinem ganzen Wesen für unwürdig fühle, dass ich es eigenhändig verrichtete, hast Du mir abnehmen lassen und hast anderen Händen geboten, dass sie es verrichten mögen an meiner statt, und hast mich Unwürdigsten dadurch überwürdigt!

3. O Gott, o Gott, wie gut musst Du sein, dass Du den verworfensten Sünder in seiner größtmöglichsten Gräueltatenniedrigkeit also ansiehst, als hätte er nahe nie gesündigt vor Dir!

4. O ihr allerglücklichsten Freunde meines ganzen Wesens und meines wahrhaft armen Volkes, dessen Armut mir erst leider jetzt einzuleuchten anfängt in aller ihrer Wurzeltiefe, deren Grund ich nur bin, welch für ein Gefühl muss in euren Herzen lodern, so ihr denkt und in euch sicher überklar erschaut, dass Gott – der allmächtige Gott! – die allerhöchste Liebe, euer Vater ist!

5. O ihr großen und mächtigen Kinder des allmächtigen Gottes, sagt es mir, wenn es euch möglich ist, sagt es, was empfindet ihr dann, oder stets, so euch euer Herz sagt: ‚Gott ist mein Vater!'

6. O der unendlichen Kluft zwischen mir und euch! Ihr, geboren aus dem ewigen

Licht Gottes und für ewig belebt durch Seine unendliche Liebe, ja durch Seine unendliche Vaterliebe, – ich, ein Kind der Schlammesbrut der Erde, ein Sohn der Schlange, wie es war der Vater Kahin!

7. O Freunde, jetzt sehe ich es erst vollends ein, warum sich die Schlangen so gerne sonnen! Es tut ihnen das Wärmlicht der Sonne sicher auch also wohl, wie wohl es mir nun tut, vor euch Kindern des ewigen Lichtes in Gott, eurem überheiligsten Vater, zu sein!

8. Ja, ja, auch die Kinder der Erde freuen sich in den schönen Strahlen der Sonne; also freut sich auch nun der große Sünder Lamech in eurem heiligen, ewigen Licht, das da euch lebendig umstrahlt aus dem Herzen Dessen, dessen Name – heilig, heilig, heilig! – allhier, da ich nun knie und weine, von mir auf das Schändlichste verunheiligt worden ist!

9. O ihr Kinder des ewigen Gottes, hier, hier, da ich knie, hier habe ich alle meine Gräueltaten mit der größten gekrönt; hier ist von mir der allerheiligste Name auf der steinernen Tafel begraben worden!"

10. Hier fing der Lamech an, gewaltig zu weinen, und der Kisehel aber trat sogleich zu ihm hin, griff ihm unter die Arme, hob ihn auf, und sagte dann zu ihm: „Geliebter Bruder, Bruder Lamech! Siehe, ich und wir alle nennen dich einen Bruder nun; wie magst du nun denn von der großen Kluft zwischen uns und dir sprechen?!

11. Sage mir, geliebter Bruder Lamech, empfindest du eine große und übermächtige Liebe zu Gott in deinem Herzen?!"

12. Und der Lamech erwiderte ganz ergriffen: „O Freund aus lichter Höhe! Wäre mein Herz und mein ganzes Wesen nicht also durchdrungen von solcher Liebe, deren mein Herz freilich wohl im höchsten Grade unwert ist, wie wäre es mir wohl möglich, zu ahnen, was ihr als wahrhaftige Kinder empfinden müsst, so ihr bedenkt, dass Gott euer Vater ist!"

13. Und der Kisehel ergriff freudeglühend die Hand des Lamech und sagte mit lauter Stimme: „O Bruder, unserem heiligen Vater sei ewig aller Dank, alles Lob, alle Ehre, alle meine Liebe und aller Preis, darum Er mir hat lassen das große Glück zuteilwerden, einen lieben Bruder, der verloren war, wiederzufinden!

14. Bruder Lamech, freue dich hoch mit mir; denn glaube es mir, wir sind nun Kinder eines und desselben Vaters im Himmel, und es gibt nun keine solche Kluft mehr zwischen uns und dir, wie du es meintest, sondern, wie gesagt, wir sind Kinder eines und desselben Vaters!

15. Denn wäre es nicht also, da wären wir nicht zu dir gekommen, und Gott hätte nie mit dir geredet!

16. Da wir aber zu dir gekommen sind, um dich und all dein Volk zu retten vom Untergang, so liegt es ja doch offen am Tage, dass du, wie dein Volk, unsere Brüder seid von Ewigkeit und allen Zeiten her!

17. Darum aber freue dich; denn du warst verloren und bist nun wiedergefunden!

18. Es ist aber ja allzeit noch eine größere Freude über das gewesen, was man verloren und dann wiedergefunden hatte, denn über das, was man allzeit besessen hatte.

19. Also freuen wir uns nun auch deiner ums Hundertfache mehr denn aller derer auf der Höhe, die da allzeit vor unseren Augen gewandelt haben!

20. Die Tafel aber hast du schon ausgegraben und mit deinen Liebe- und Reuetränen gereinigt und hast somit den Unrat, in

den du die Tafel bargst, verwandelt in lauteres Gold und kostbarstes Edelgestein!

21. Und so lasse die Arbeiter hier diese Stelle öffnen, und du wirst dich überzeugen, in was dein reuig liebendes Herz den Unrat verwandelt hatte!"

22. Und der Lamech sagte darauf zu den Knechten: „Da es des großen Gottes heiligster Wille also ist, so kommt denn her, und öffnet diese Stelle!" Und sogleich traten die Knechte herbei und fingen an, in die Erde zu graben.

23. Wie erstaunten aber nun alle Umstehenden samt dem Lamech, als sie nach der Öffnung des Erdreiches auf lauter Gold und Edelgesteine kamen, die da waren von unschätzbarem Wert!

24. Und als sie erst nach einstündigem Graben zur Tafel selbst kamen und fanden sie als einen leuchtendsten Karfunkel mit den strahlenden Zeichen Jehovas, da fielen alsbald alle zur Erde nieder und beteten an den allerheiligsten Namen.

25. Und der Lamech schlug sich auf die Brust und schrie: „O Gott, sei mir gnädig und barmherzig!"

Kapitel 186

Kisehel beauftragt Lamech, einen Tempel für den heiligen Namen erbauen zu lassen

Am 7. November 1842

1. Als demnach die Tafel ausgegraben war und dem auf ihr gezeichneten allerheiligsten Namen von all den Anwesenden die allertiefste Verehrung und Verherrlichung dargebracht worden war, da nahm der Kisehel die Tafel in seine Hände, drückte sie auf seine Brust und sagte dann, wie zur Tafel redend:

2. „O du Name, du heiliger Name, du erstes Wort aus dem Munde Gottes, das ehedem war, ehe noch außer Gott ein sich selbst bewusstes, denkendes Wesen da war, – ja, du allerewigstes Wort, du Urgrund aller Wesen und Dinge, welche da erfüllen die ganze Unendlichkeit, wie mild und sanft strahlst du mich an!

3. Einfach sind zwar deiner Zeichnung Züge, aber sie haben keinen Anfang und kein Ende.

4. Ja, also ist auch gerecht die Zeichnung; denn Gott hat auch keinen Anfang und kein Ende.

5. Er ist und wird ewig sein ein unendlicher Gott; also ist diese Zeichnung für uns auch darum ein gerechtes Bild des allerheiligsten Namens und soll darum im Hinblick auf Den, den es bezeichnet, stets in der größten Verehrung und Verherrlichung gehalten werden!"

6. Hier wandte sich der Kisehel zum Lamech und sagte ganz gerührt zu ihm: „Lamech, sehe an dies heilige Kleinod, es soll dir von nun an alles daran gelegen sein, dieses als ein heiligstes Panier deines Herzens, deines Landes und alles deines Volkes zu betrachten!

7. Ein Haus sollst du erbauen auf dieser Stelle, das soll mit fünf, dann sieben und dann zehn Fenstern und drei Eingangspforten versehen sein; die eine soll gehen vom Abend, die eine vom Mittag und die eine von der Mitternacht.

8. Der Teil gegen Morgen aber soll in drei Reihen haben die angegebenen Zahlen der Fenster; davon sollen zuoberst sein die fünf, in der Mitte die sieben, und zuunterst die zehn. Das Haus aber soll haben eine vollends runde Form und soll sein zwölf Mannslängen hoch, und sein

Durchmesser soll auch soviel haben wie seine Höhe.

9. Die Wände von innen sollst du überziehen mit Gold und allerlei Edelsteinen. Das Dach soll sein gleich einer halben Kugel und soll von innen wie von außen überzogen sein mit poliertem Gold; über dem Dach aber sollen noch drei Kugeln, eine jede von drei Mannslängen, übereinander, ebenfalls aus Gold angefertigt, sich befinden.

10. In der Mitte dieses Hauses, das keine Stockwerke haben darf, sollst du aus lauter Rubinen und Diamanten einen Altar errichten, und auf diesem Altar erst soll dann diese Tafel aufrecht stehend angebracht werden.

11. Wenn du aber alles das wirst nach dieser meiner Vorschrift angefertigt haben, danach sollst du den Platz um dieses Haus weit und breit reinigen, und es soll dann kein anderes Haus mehr in der Nähe dieses heiligen Hauses erbaut werden; denn das Haus soll für geheiligt gehalten werden.

12. Die goldenen Tore dieses Hauses sollen an den Sabbaten den ganzen Tag hindurch offen stehen, an all den Arbeitstagen aber sollen sie verschlossen sein.

13. Niemand soll mit bedecktem Haupt in dies Haus treten, und kein Weib unverhüllten Angesichtes.

14. Wer also reinen Herzens in dieses Haus treten wird und wird Gott die Ehre geben, dem wird in diesem Haus eine große Stärkung werden.

15. Der Frevler an diesem reinsten Haus aber wird im selben, wie auf seinem Platz, allzeit sein unvermeidliches plötzliches Gericht finden; darum soll auch der Platz mit einer drei Manneslängen hohen

Mauer umfangen sein, durch welche nur eine Pforte aus Erz führen soll.

16. Die äußere Wand des Hauses aber soll in gleichen Höhen von vier Mannslängen, und zwar zuunterst mit roter, in der Mitte mit grüner und zuoberst mit weißer Farbe übertüncht sein.

17. Durch den Anblick dieser drei Farben soll ein jeder, der sich dem Haus nahen wird, erinnert werden, dass er sich Gott nur zuerst durch die Liebe seines Herzens nahen kann. Hat er sich Gott also genaht, so wird das Vertrauen und des Herzens Treue, welches ist der lebendige Lohn der reinen Liebe, sein Anteil sein; wem aber solches zuteilwird, dem wird auch die dritte, oberste Farbe zuteil, die da bezeichnet die Lebendigkeit des Glaubens, der da ist ein Licht des Geistes, welches der lebendigen Flamme der Liebe zu Gott im Herzen entstammt!

18. Nun weißt du, lieber Bruder Lamech, alles, was da zu tun ist; nur das hast du bei dem Bau noch zu beachten, dass da ja niemand zu selbem genötigt werden soll, – sondern der es mit Liebe tun will, der auch soll zur Bauarbeit zugelassen werden! Denn nur liebende Bauleute werden den Segen ihrer Arbeit finden, gezwungene aber den Tod! Darum musst du solches ja gar wohl beachten!

19. Es sollen aber darum noch heute nach allen Seiten Boten gesendet werden, damit da schon morgen an diesem Werk begonnen wird.

20. Die Nacht hindurch aber sollen alle diese Sümpfe, Pfützen und Moraste vollends zum trockenen Land werden; denn also ist es ja der Wille Gottes.

21. Und so denn, lieber Bruder Lamech, lass uns die Boten bestellen und sie dann aussenden nach allen Seiten! Amen."

Kapitel 187

Lamechs Botschaft an sein Volk. Die ungehorsamen Knechte des Lamech werden durch ein wunderbares Mahl gestärkt

Am 8. November 1842

1. Als der Lamech solchen Vortrag von Seiten des Kisehel vernommen hatte, da ward er überfroh und lobte und pries Meinen Namen und dankte Mir für diese große Gnade, durch welche er sich gewürdigt fand, Meinem Namen ein solches Haus erbauen zu dürfen.

2. Nachdem er diese Andacht zu Mir verrichtet hatte aus der reuigsten Liebefülle seines Herzens, wandte er sich alsbald zu den Knechten und Hofdienern und sagte zu ihnen:

3. „Ihr habt alle hier gleich mir das große Wunder gesehen und habt in der Hinsicht des bevorstehenden heiligen Baues vernommen die Worte aus dem Munde der großen Boten des allmächtigen Gottes, was da alsogleich zu tun ist.

4. Also geht denn im Namen der großen Boten und im Namen des allerhöchsten Gottes nach allen Seiten hin, und ladet für den morgigen Tag alle aus Liebe zu Gott Freiwilligen zum hehren Beginn dieses Werkes!

5. Sagt es aber allen auch, was da vorgegangen ist mit dem Lamech, damit sich vor ihm niemand mehr fürchten solle, und solle darum jedermann wieder die Zunge gelöst sein, damit er reden mag nach seinem Sinne und auch kundgeben seinen Willen!

6. Sagt es allen auch noch hinzu, dass aus Lamech, dem Grausamen, aus der Hyäne in menschlicher Larve, ein Lamm geworden ist, das da tiefst bereut jeglichen Tropfen Blutes und jegliche Träne, die er je den Untertanen durch was immer für Bedrückungen verursacht hatte!

7. Und verkündet es allen laut, dass der Lamech, darum ihm der allbarmherzige große Gott, den der Vater Farak gepredigt hatte, seine große Schuld nachgesehen hat, sein ganzes Leben hindurch auf das Allereifrigste bemüht sein und solches zu seiner Hauptsorge machen wird, jede noch zu lindern mögliche Unbill, die ihnen durch ihn zugefügt worden ist, wieder gutzumachen und wird sie alle in alle Zukunft betrachten als seine Brüder und Schwestern!

8. Darum solle niemand mehr den Lamech fürchten! Da ihr nun alles wisst, so geht denn nun zu berichten nicht meinen, sondern des allmächtigen großen Gottes Willen! Es geschehe!"

9. Die Knechte aber zauderten und machten Miene, als wäre ihnen nicht gelegen, alsogleich das zu tun, was zu tun ihnen der Lamech aufgetragen und anbefohlen hatte.

10. Da aber der Lamech solches sah, wurde er traurig, und seine Traurigkeit ging bald in einen starken Eifer über; in diesem Eifer sagte er dann zu den zaudernden Knechten:

11. „Hört, ihr trägen Knechte und Diener meines Hofes: Solange euch der Lamech mit ehernen Ruten bezwang, da mochtet ihr wohl gehorchen dem leisesten Wink desselben!

12. Jetzt aber, da er euch als Bruder bittet, habt ihr kein Gehör für seine Stimme!

13. Doch ihr seid ja nicht mir ungehorsam, sondern Gott dem Allerhöchsten; darum mögt ihr auch zusehen, wie Er euch ansehen wird für euren Ungehorsam!

14. Ich habe euch nicht befohlen, sondern nur den Willen Gottes habe ich euch kundgetan; darum tuet sonach, was ihr wollt, aber seht zu, dass euch kein Gericht ereilt!"

15. Darauf wandte sich der Lamech zum Kisehel und sagte: „O du lieber Gesandter des Herrn, sage mir, deinem armseligsten Knecht, habe ich denn Unrecht getan, dass ich deinen Willen aus Gott diesen Brüdern kundgetan habe, auf dass sie ihn vollzögen?"

16. Und der Kisehel erwiderte darauf dem Lamech, sagend: „O Bruder Lamech, jegliches Wort war recht und vollkommen; aber die Knechte und Diener sind schwach und hungrigen Leibes! Daher lassen wir sie vorher ein Mahl halten, sodann werden sie schon tun, was des Rechtens ist!" Und der Lamech verneigte sich vor dem Kisehel und fragte ihn wieder, sagend:

17. „O du großer Freund, so rate mir, was ich nun denn tun soll, denn hier gibt es ja nichts, damit diese Hungrigen könnten gesättigt werden!

18. Soll ich etwa hin zu Hofe sie bescheiden, damit sie da aus meinen Speisekammern von den besten Früchten sich sättigen möchten, oder soll ich etwa durch die Mägde Speise und Trank hierherbringen lassen?

19. O Freund, spreche es nur aus, und ich will ja alles tun, wie es dir gefällig ist!"

20. Und der Kisehel sagte darauf zum Lamech: „Höre, Bruder, weder das eine noch das andere ist hier vonnöten! Denn siehe, die Mägde und Weiber haben ja noch so manchen Rest in ihren Körben; lasse uns das segnen, und sei versichert, es wird für alle hinreichen!" Und der Lamech fiel vor dem Kisehel nieder und bat ihn um den Segen.

21. Und der Kisehel sagte sogleich zu den Weibern und Mägden: „Stellt eure Reste in den Körben hierher!" Und nachdem die Weiber und Mägde solches getan hatten, blickte Kisehel samt seinen Brüdern empor zum Himmel und segnete die Reste in den Körben.

22. Als diese plötzlich sich gefüllt hatten, da behieß der Kisehel die Knechte und sagte zu ihnen: „Nun denn, ihr trägen und faulen Knechte, kommt her und sättigt euch, damit ihr dann tun mögt, was euch der Lamech befohlen hatte! Amen."

23. Und die Knechte langten alsbald nach den Körben und nach deren Inhalt; als sie sich aber gesättigt hatten, da erst fingen auch sie an, vollkommen Mich anzuerkennen und darum auch zu loben und zu preisen.

24. Nach ihrem Loben und Preisen aber richteten sie sich behände auf und vollzogen den Willen des Lamech und dingten eine große Menge Arbeiter für den kommenden Tag.

Kapitel 188

Thubalkain soll Golderz reinigen, nachdem er selbst geläutert worden ist

Am 9. November 1842

1. Nachdem aber die Boten nach allen Seiten ausgegangen waren, um Arbeiter zu dingen, und es bereits um die fünfte Stunde nach jetziger Zeitrechnung des Nachmittages geworden war, da wandte sich der Kisehel zum Lamech, und sagte zu ihm:

2. „Lamech, siehe, hier auf dieser Stelle liegen in der Erde viele tausend Tonnen reinsten Goldes! Dies Metall ist das edelste

aller Metalle der Erde; aber also, wie es da ist mit einigem Sand vermengt, lässt es sich zu nichts verwenden.

3. Es soll darum zuvor durch einen Erzmeister gereinigt werden, und das durch ein tüchtiges Feuer; wenn es dann zusammenfließen wird zu schweren Floßen, sodann wird es sich durch die Hämmer auf den breiten Ambossen auch mit leichter Mühe zu großen Blechtafeln austreiben lassen, so zwar, dass dann eine faustgroße Knolle dieses Metalls eine Blechtafel geben wird, auf welcher hundert Menschen zu stehen hinreichend Platz haben dürften.

4. Daher wird es nötig sein, auch alsogleich einen tüchtigen Erzmeister herbeizuschaffen!

5. Hast du einen solchen, so lasse ihn herbeikommen, und wir wollen ihm die Anleitung geben, wie er dieses Metall bearbeiten soll!"

6. Und der Lamech, überhoch erfreut über solche Bekanntmachung, erwiderte darauf alsogleich dem Kisehel: „Höre, du großer Freund, da ist ja überaus leicht geholfen!

7. Mein Sohn, der Thubalkain, der sich mit seiner Schwester Naëme auf eine Zeit lang wie ehelich verband, ist ja ein Haupterzmeister und versteht die Kunst, der Erde solches Metall zu entlocken durch das Feuer und dann durch seiner schweren Hämmer Gewalt, wie du es siehst in all diesen Grabwerkzeugen, die da alle von ihm angefertigt sind! Wäre das nicht der rechte Mann mit seinen Gehilfen zu diesem Geschäft? So ich ihn rufen lasse, da wird er auch alsogleich da sein!

8. Wenn euch dieser mein Sohn recht ist, so gebt mir darob euren Willen kund, und ich will ja alles aufbieten, um ja

nirgends mehr im Geringsten nur gegen euren Willen zu handeln!"

9. Und der Kisehel sagte darauf zum Lamech: „Ja, Thubalkain ist ein rechter Mann! Lasse ihn daher kommen; aber ehe er dies Metall reinigen wird mit seinen Gehilfen, muss er noch selbst gereinigt werden.

10. Denn unter seinem Gefüge gibt es noch um ein Bedeutendes mehr des unreinen Sandes, denn zwischen dem Gefüge dieses edlen, aber nun noch rohen Metalls!

11. Wie aber dieses Metall durchs Feuer und Salz gereinigt wird, also wird auch der Thubalkain zuvor durch unser Feuer und Salz gehen müssen, bevor er im vollen Stande sein wird, dieses edelste Metall zu reinigen!

12. So du aber einen Boten nach ihm sendest, da sage ihm, dass er vor Thubalkain schweigen solle von allem dem, was hier vorgefallen ist! Und also magst du solches tun! Amen."

13. Der Lamech aber, da er kein männliches Wesen mehr hier anwesend gewahrte, fragte etwas verlegen den Kisehel: „Großer Freund, es ist alles gut, so du mir erlaubst, dass ich zur Stadt hineingehen mag! Da wird sich alsbald ein Bote finden, dem ich dies Geschäft auferlegen will; aber hier ist außer dem weiblichen Wesen und außer uns ja niemand männlichen Geschlechtes mehr zugegen, dem sich so etwas Großwichtiges auferlegen ließe!

14. Daher gebe mir auch in diesem Falle einen Rat, den ich alsogleich zu befolgen willens bin!"

15. Und der Kisehel sagte darauf alsogleich zum Lamech: „Siehe, Bruder Lamech, auch die Weiber haben Füße! Erwähle dir aber drei aus ihnen, denn eines

wäre nicht passend als Bote an den Sohn eines Königs!"

16. Und der Lamech berief sogleich drei der Beredesten zu sich, stellte sie dem Kisehel vor und fragte ihn, ob diese wohl dienlich seien.

17. Und der Kisehel bejahte solches, und sogleich wurden die drei Weiber an den Thubalkain abgesandt. Nachdem aber die Weiber fort waren, da sagte der Kisehel zum Lamech:

18. „Bruder Lamech, so es dich hungert und dürstet, da lasse die Weiber und die Mägde mit den geleerten Körben in deine Speisekammern ziehen und bringen hierher Speise und Trank!"

19. Und der Lamech erwiderte: „Ja, große, liebe Freunde, so ich der Gnade würdig wäre, dass ihr euch gefallen ließet, mit mir armem Sünder zu speisen, so will ich in dieser Hinsicht auch sogleich das tun, was ihr mir geraten habt!

20. Bin ich aber dessen noch sicher vollends unwürdig, da will ich lieber so lange fasten, bis ich dieser Gnade von euch für würdiger befunden werde als eben jetzt!"

21. Und der Kisehel erwiderte dem Lamech: „Bruder, siehe, es sind noch nicht drei Tage verronnen, als Jehova auf den Höhen sichtbar leiblich in vollkommener Menschengestalt unter uns gewandelt hatte und hat mit uns gegessen und getrunken, und doch sind wir unnennbar weniger gegen Ihn, als du nun bist gegen uns!

22. Hat aber Jehova mit uns gegessen, warum sollen denn wir, deine Brüder, als sämtlich Nachkommen des noch lebenden Vaters Adam, nicht mit dir ein Mahl halten?! Daher lasse nur holen Speise und Trank, und du wirst nicht allein aus den Körben speisen, sondern wir samt den Weibern und Mägden werden daran guten Teil nehmen!"

23. Hier sprang der Lamech, nahe vor Freude voll, in die Höhe, lobte und pries Gott für diese für ihn nun unaussprechlich große Gnade und schickte alsobald die Weiber und Mägde, dass sie brächten das Allerbeste aus seinen Speisekammern.

24. Und die Weiber liefen alsbald jubelnd zur Stadt, zu holen Speise und Trank.

Kapitel 189

Kisehels Rede über die Bestimmung des Weibes. Sethlahem erklärt die Reinigung der Weiber und Mägde als geistige Erscheinlichkeiten

Am 10. November 1842

1. Nach kurzem Verweilen kamen die Weiber und Mägde mit wohlgefüllten Körben wieder und stellten dieselben vor den sieben Gesandten nieder.

2. Nachdem solches geschehen war, verneigten sie sich vor ihnen und traten wieder ehrfurchtsvollst zurück. Alsbald aber auch segneten die sieben die Speise in den Körben, und der Kisehel sagte dann zum Lamech:

3. „Bruder Lamech, siehe, die Speisen sind nun hier, und sind gesegnet; also komme hierher an meine rechte Seite, und wir acht Personen werden an einem der Körbe ja zur Genüge haben! Alle die anderen aber lassen wir den Weibern und Mägden über; denn sie haben seit mehreren Tagen schon nichts mehr zu sich genommen und wurden bisher nur wunderbar erhalten durch die göttliche Gnade und Erbarmung, mit welcher ausgerüstet wir

diese Tiefe auch allein nur sicher betreten konnten!

4. Nun aber sollen sie auch wieder essen und trinken und sich sättigen nach der natürlichen Art des Menschen, damit sie wieder für die Menschen (tüchtig) werden.

5. Denn das ist ja des Weibes Bestimmung, dass sie sei dem Mann, was der Mann Gott, dem allmächtigen Schöpfer, ist! Ist ein Weib das dem Mann, so ist sie eins mit ihm, wie der Mann – der gerechte nämlich – eins ist mit Gott, also im Geiste völlig ein Wesen!

6. Diese Weiber und Mägde aber haben sich zu sehr verunlautert und hätten nimmerdar einem Mann dienen können; darum wurden sie aber gereinigt, dass sie wieder tüchtig werden sollten für den Mann.

7. Um aber das wieder vollends werden zu können, ist es nötig, dass da ihre Leiber wieder von den Früchten der Erde genährt werden, auf dass dadurch ihr Fruchtboden zur Aufnahme des Menschensamens tauglich wird; und also sollen sie nun wieder zu essen anfangen! Amen."

8. Da der Kisehel solches sehr laut gesprochen hatte, so vernahmen es auch die Weiber und Mägde und hatten innerlich eine große Freude an den sie betreffenden Worten aus dem Munde Kisehels; sichtlich aber beugten sie sich zur Erde und sprachen:

9. „O ihr von Gott geheiligten Männer aus den heiligen Höhen, solcher Gnade sind wir ja nimmerdar würdig; denn wir haben uns ja freiwillig weggeworfen!

10. Dass wir aber durch euch gereinigt worden sind, daran haben wir ja keinen verdienstlichen Teil, sondern allein nur ihr; wie sollen demnach wir solcher Gnade wert sein vor euch und vor dem allmächtigen Gott?!"

11. Und der Kisehel beschied den Sethlahem zu sich, sagend: „Bruder, gehe an dein Werk, und bescheide den gerechten Trost den armen Wesen, deren Herz nun von freudiger Demut erfüllt ist!" Und der Sethlahem erhob sich alsbald und ging zu den Weibern und Mägden hin, hob seine Hände über sie und sagte dann zu ihnen:

12. „So hört denn, ihr Weiber und Mägde! Die an euch bewerkstelligte Reinigung betraf nicht eure Leiber, sondern euren Geist nur; demnach sind eure Leiber noch vollends dieselben, wie sie waren vor der Reinigung eures Geistes.

13. Denn alles, was da mit euch geschah, war nur eine gute Erscheinlichkeit für den Geist, aber nicht für den Leib.

14. Denn als ihr uns die Treppen zum Lamech verrammt habt, da ließ alsbald die göttliche Kraft in uns zu, euch zu versetzen in euren unreinsten Geist; und im Geiste ist demnach ein Teil von euch zu den Pfützen, als eures inneren Lebens tauglichstem Element, gezogen und hat sich in dieselben gestürzt und ging daselbst der Erscheinlichkeit nach wie zugrunde und wurde nach einer kurzen Zeit zufolge seiner Reue und seines Gehorsams wieder in die unbeschädigten Leiber geführt.

15. Ein Teil aber wurde ebenso der Erscheinlichkeit nach endlich wie verbrannt. Das Holz selbst trugen die Mägde nur im Geiste verzückt zusammen, und alle Zuseher wurden für die Dauer der Feuerreinigung samt dem Lamech für den Geist in sich versetzt und konnten daher nichts anderes sehen als nur, was da geistig geschah.

16. Ihr wart zwar wohl auch leiblich da; aber eure Leiber wurden, da sie verwundet

waren durch eure Torheit, mit Öl gesalbt, welches euch die Wunden alsbald heilte, und lagen ruhig, in tiefen Schlaf versunken, hier herum auf dem weichen Rasen.

17. Und erst, wie schon erwähnt, nach der nötigsten Reinigung des Geistes wurdet ihr samt dem Geist wieder erweckt und sodann wieder vor die leiblichen Augen der Menschen gestellt.

18. Dass ihr aber noch eure ersten Leiber habt, mögt ihr ja daraus ersehen, dass dieselben noch die Narben haben, die euch eure Torheit geschlagen hatte!

19. Daher könnt ihr auch noch vollends euch mit einem Mann verbinden und fähig sein, aufzunehmen seinen Samen also, wie ehedem vor der wunderbaren Reinigung eures Geistes!

20. Daher fragt nicht mehr, ob ihr der Gnade wert seid, sondern esst nun und trinkt mit uns, damit ihr wieder stark werdet! Das aber nun mit euch geschehen ist, wird fürder mit keinem Weib mehr geschehen; denn solches war nur jetzt nötig des Lamech wegen. Fürder aber wird kommen das Gericht über jene, die so leben werden, wie ihr da gelebt habt!

21. Vor den drei zum Thubalkain Gesandten aber schweigt davon vorderhand! Und so denn esst und trinkt im Namen des großen Gottes! Amen."

22. Und die Weiber fingen an, darob Gott zu loben und zu preisen, und setzten sich dann zu den Speisekörben. Und der Sethlahem ging nach dieser Vertröstung der Weiber auch wieder zurück zu seiner Gesellschaft und aß und trank daselbst.

Kapitel 190

Die polternde Ankunft des Thubalkains

Am 11. November 1842

1. Als sich nun alle hinreichend gesättigt hatten, da standen sie auf, dankten Mir für die Gnade, und der Sethlahem sagte zu den Weibern und Mägden:

2. „Ihr Weiber und Mägde, sammelt die Reste, und tuet sie in einen Korb zusammen, damit die bald zurückkehrenden Weiber auch ihren gerechten Teil zu ihrer Sättigung finden mögen!

3. Die Körbe aber nehmt ihr zur Hand, und geht damit zur Stadt! Ordnet im Hause Lamechs alles, und fegt alle die Gemächer, damit sie rein werden zum Empfang des neuen Königs, der da nun geworden ist ein lieber Bruder zu uns! Also geht, und tuet das euch Anbefohlene! Amen."

4. Und alsobald legten die Weiber und Mägde ihre Hände an das anbefohlene Werk und lobten und priesen dabei Mich, darum sie für würdig befunden wurden, von Meinen Boten beschäftigt zu werden.

5. Als diese Weiber und Mägde sich aber zur Stadt hinein begeben hatten, siehe, da kamen auch schon die anderen drei und hinter ihnen der raue Thubalkain mit einer tüchtigen Schar Bergleute, die schon mit allerlei für den Bergbau nötigen Werkzeugen versehen waren.

6. Als sie nun vollends beim Lamech angelangt waren, da übernahm zuerst der Sethlahem die Weiber, führte sie an den Korb und behieß sie, dass sie sich durch Speise und Trank laben und stärken sollen. Als die Weiber solches vernommen hatten, da fing alsbald eine nahe überirdische Freude aus ihren Angesichtern an zu strahlen.

7. Laut fingen sie an, Mich zu loben und zu preisen, und sagten nach dem zum Sethlahem:

8. „O du großer Bote Dessen, den da unsere Zungen nie wert sein werden auszusprechen, sind wir denn wohl noch dieser Gnade wert, dass wir zu uns nehmen möchten diese sicher von euch gesegnete Speise, und sind wir wohl noch fähig, dieselbe zu uns zu nehmen?"

9. Und der Sethlahem erwiderte den drei Weibern: „So ich es euch sage, warum fragt ihr da noch? Daher fragt nicht mehr, sondern seid heiteren Mutes, und esst und trinkt in aller Freudigkeit eures Herzens!

10. Wenn ihr euch werdet gestärkt haben, sodann lobt Gott den Herrn, nehmt dann den Korb, und geht zur Stadt, und tuet im Hause Lamechs, was da schon tun eure Gefährtinnen! Amen."

11. Mit dem Bescheid waren die drei Weiber auch vollends zufrieden und begaben sich alsbald zum Korb, aßen und tranken; und nachdem sie Gott in ihren Herzen durch ihre große Freude gelobt hatten, erhoben sie sich und eilten zur Stadt in das Haus Lamechs.

12. Gleichzeitig aber, während nämlich der Sethlahem mit den drei Weibern seine Sache abmachte, begannen auch die etwas schroffen Unterhandlungen mit dem Thubalkain von Seiten des Kisehel und Lamech, welche sogestaltig waren:

13. Als der Thubalkain vor dem Lamech und vor den Boten mit seiner Schar Halt machte, da hob er alsbald einen schweren Hammer von seiner Achsel und schlug mit demselben so gewaltig auf den Boden, dass darob derselbe auf hundert Klafter im Umfang erbebte, und fragte dann mit einer höchst rauen Stimme:

14. „Vater Lamech, was willst du von mir, das ich tun soll? Soll ich etwa diese sieben großen Gebirgslümmel mit meinem Hammer breitschlagen? Oder brauchst du neue Waffen?

15. Oder soll ich etwa die Köpfe der Berge etwas mehr herabtreiben zur Tiefe? Rede, was du willst, das ich tun soll!"

16. Lamech aber sah den Thubalkain sehr bedeutungsvoll an und sagte zu ihm, auf den Kisehel zeigend: „Nicht ich, sondern dieser da wird es dir sagen, was du zu tun hast!

17. Poche aber nicht zu viel auf deinen schweren Hammer, sonst könnte er dir wohl zu schwer werden!"

18. Hier wandte sich der Thubalkain alsogleich an den Kisehel und fragte ihn: „Also, wenn du mich hast rufen lassen, warum meldest du dich denn nicht?! Fürchtest du dich denn gar so sehr vor mir, oder ist dir fremd meine Zunge? Also rede, wenn du übrigens reden kannst!

19. Die Weiber haben etwas von einem vorgefundenen edlen Metall gesprochen; sage, was hat's damit für eine Bewandtnis?!"

20. Und der Kisehel richtete sich auf und sagte zum Thubalkain, ihn gleichsam fragend: „Sage mir zuvor, aus welchem Grunde hast du soeben mit deinem Hammer also gewaltig auf das Erdreich geschlagen, und aus welchem Grunde hast du uns mit dem Namen ‚Gebirgslümmel' belegt, – sodann erst will ich dir meinen Willen kundtun! Also rede! Amen."

21. Und der Thubalkain verzog alsbald sein Gesicht in tausend grimmige Muskelfalten und sagte, wie aus einer Feueresse Zornfeuer sprühend: „Was sagst du, elende Kreatur?! Du Raubvogel der schönen Weiber aus der Stadt meines Vaters!?

22. Soll ich dir sogleich deinen Schädel breitschlagen, oder erst nach einer Weile?! 23. Da seht nur einmal her, das Schmarotzergeschmeiß von den Steinwänden herab will etwa gar noch eine Ehrung von uns?! 24. Es wäre wirklich schade um meinen Hammer, dass er einen so dummen Kopf zermalmen solle!"

25. Hier wandte er sich zu seiner Schar und sagte zu ihr: „Kehrt wieder zurück mit mir, denn für solche Lümmel ist unsere Bergkunst nicht geschaffen worden! 26. Damit du großer Dummkopf aber wissest, warum ich dich einen ‚Lümmel' nenne, so sage ich dir: Weil du einer bist! Und das ist auch dein großes Glück; denn wärst du etwas weniger dumm, als du es von Natur aus bist oder wenigstens zu sein scheinst, so hättest du statt dieser Antwort wohl diesen Hammer gekostet und hättest dann sagen können, wie er dir geschmeckt hat! Verstehst du solches?!"

27. Darauf hob der Thubalkain wieder seinen Hammer auf die Achsel und wollte gehen. 28. Aber der Kisehel hob seine Hand empor, und donnerte: „Thubalkain! Ich sage dir, du bleibst! Amen."

Kapitel 191

Der grobe Thubalkain wird gelähmt

Am 14. November 1842

1. Als der Thubalkain solche festen Worte vom Kisehel vernommen hatte, da ward es ihm anfangs ein wenig bange, denn er hatte dem ersten Anschein nach dem Fremden bei weitem nicht so viel Mut zugetraut. Er hielt darum mit seinem Rückgang auch eine kurze Zeit inne, aber er ermannte sich wieder und sagte dann etwas hohnlächelnd:

2. „Du willst mich etwa gar mit deinem Bärengebrüll in meinem Willen ändern und dir zu einem gehorsamsten Knecht machen?! 3. Siehe, das kostet mich nur eine Lache, du armseliger Gebirgstropf! Wenn ich es nur der Mühe wert fände, so würde ich dir alsogleich dafür die Festigkeit unserer Hämmer zum Verkosten geben, aber da der mächtige Löwe sich nicht mit dem Mückenfangen abgibt – was ich tagtäglich an meinen zwei gefangenen lebendigen Tieren zu öfteren Malen schon beobachtet habe –, so will auch ich mich mit solchem Geschmeiß nicht abgeben! Verstehe, Lümmel, und mache nun, was du willst; ich aber gehe!"

4. Hier wollte sich der Thubalkain wieder ans Gehen machen, aber es war vergebens seine Mühe, denn des Kisehel Wort und Wille aus Mir hatte des Erzmeisters Füße also gelähmt, dass derselbe gänzlich außerstande war, auch nur ein Glied an denselben in Bewegung zu bringen.

5. Als der Thubalkain solches merkte, berief er seinen Vater Lamech zu sich und sagte ganz heimlich und ziemlich stark verlegen zu ihm: „Höre, wie ist mir denn, da ich keinen Fuß bewegen kann? Rate und helfe mir, sonst mache ich ja nun die allererbärmlichste lächerliche Figur vor diesen rohen Gebirgsdummköpfen noch obendrauf!"

6. Und der Lamech sagte darauf zum Thubalkain: „Habe ich dir nicht zuvor gesagt und habe geredet: ‚Nehme dich in Acht, dass dir der Hammer nicht zu schwer wird!'?! Siehe, die Vorsage deines Vaters ist eingetroffen; daher sehe zu, wie du mit

diesen Gesandten des großen Gottes zurechtkommen wirst!

7. Ich darf dir nun nicht mehr sagen, aber solches magst du wohl erfahren, dass mit jenen nicht gut streiten ist, denen die Elemente auf einen Wink gehorchen!

8. Jetzt wisst ihr genug, und du für dich beinahe zu viel; sehe daher nun zu, wie du gleich wirst mit dem, dem du das Gewicht deines Hammers gezeigt hast!"

9. Hier fing der Thubalkain gewaltigst an zu stutzen und dachte hin und her, was er tun solle.

10. Endlich aber dachte er sich: „Wäre mit diesen also seienden Gottesboten etwas mit Gewalt auszurichten, so hätte solche mein Vater Lamech, gegen den ich nur ein sanftes Lamm war und noch bin, sicher in die vollste Anwendung gebracht!

11. Er aber redet nun also, dass daraus erhellt, dass auch er gegen sie nichts vermag!

12. O Vater Lamech! Jetzt verstehe ich dich erst; du bist selbst ein Besiegter!

13. Ja, von dem Standpunkt aus betrachtet, dürfte mir mein Hammer freilich wohl etwas zu schwer werden, und es wird darum hier freilich wohl rätlicher und besser sein, zur Politik seine Zuflucht zu nehmen und sich unterdessen zu fügen, bis nicht ein anderer Wind gehen wird!

14. Also will ich es denn auch machen, und sollte es kosten, was es wolle!"

15. Hier wandte er sich an den Kisehel und richtete folgende Worte an ihn: „Mann von den Bergen! Lässt sich denn mit dir kein vernünftiges Wort reden, keines, was dir wohlverständigermaßen genehm wäre zur Beschlichtung meines und deines Willens?"

16. Und der Kisehel erwiderte ihm: „Oh, nicht nur eines, sondern eine ganze Menge; aber nicht aus dem Grunde, als du mit mir reden möchtest! Bei mir ist alles voller Ernst und volle Wahrheit, aus Gottes ewiger Ordnung gehen meine Worte und meine Handlungen hervor!

17. Willst du sonach mit mir fruchtend reden, so musst du auch aus vollstem, innerstem Ernst reden, aber nicht aus Politik, sonst ist jedes deiner Worte vergeblich!

18. Menschen deinesgleichen magst du durch deine Politik wohl berücken; aber Menschen, wie wir da sind, denen ist derlei fremd. Denn sie sehen mittels der Gnade Gottes in die Herzen und wissen bis auf ein Atom, was in selbem vorgeht, daher es dann auch unmöglich ist, sie zu berücken auf dem Wege weltlicher Politik!

19. Verstehst du solches? Ich sage dir, verstehe es, und bedenke es genau, denn du wirst diese Stelle nicht eher verlassen, als bis du alle Politik aus deinem Herzen wirst verbannt haben! Solches beachte und verstehe wohl! Amen."

Kapitel 192

Thubalkain plant, sich durch Schlauheit zu befreien. Kisehels Ermahnung

Am 15. November 1842

1. Als nach diesen Worten des Kisehel der Thubalkain merkte, dass allda auf dem Wege der Politik auch nichts zu machen ist, da fing er ganz ernstlich bei sich nachzudenken an und sprach folgendermaßen bei sich:

2. „Diese Sache scheint in allem Ernst einen ernsthaften Charakter zu bekommen! Was ist da zu machen? Die Füße sind mir gelähmt, um davonzulaufen, tut sich's somit auf keinen Fall!

3. Verstellen, Politik, ist hier auf dem allerschlechtesten Platze; denn wo man wie ein Wassertropfen kleinst durchschaut wird, da möchte ich denn doch den kennen, der bei solchen Umständen weiterkäme mit der elenden Politik!

4. Das ist nun zwar alles richtig; aber was bleibt dabei mir, dem gerade jetzt Übelbeteiligten, übrig?

5. Das ist eine ganz andere Frage! Soll ich etwa gar diese sonderbare Gebirgsmannschaft um Vergebung wegen meines etwas rauen Benehmens gegen sie bitten?

6. Ich, ein Königssohn, ein Erzmeister, von dem nun alles Wohl und Wehe des ganzen Volkes und Staates allein abhängt?

7. Nein, nein, das wäre denn doch ein wenig zu viel und hieße diese Sache zu weit treiben!

8. Ein mächtigster Königssohn – und abbitten?! Das wäre doch etwas zu stark!

9. Aber was will ich denn machen? Er sagte zuvor, ich soll alles im vollsten Ernst nehmen, da kann ich mit ihm reden, soviel ich will; aber endlich sagte er auch, ich werde diese Stelle nicht verlassen, bevor nicht das letzte Stäubchen Politik aus mir verschwinden wird! Da hab' ich's ja schon! Mir ist es vollkommen ernst, diese Stelle zu verlassen und mich in mein Berg- und Erzwesen zurückzubegeben!

10. Dahinter steckt doch sicher keine Politik? Ich kann ihn ja sonach auf die leichteste Weise beim Wort nehmen; lässt er mich aber dann etwa noch nicht los, so kann ich ihn ja auf der Stelle einer Lüge zeihen und als einen Lästerer seines Gottes bezeichnen, indem er doch offenkundig von sich ausgesagt hatte, bei ihm sei alles vollster Ernst und vollste Wahrheit in jeglichem seiner Worte und Handlungen aus der ewigen Ordnung Gottes!

11. Oh, jetzt habe ich den lustigen Vogel schon! Bin ich nur einmal wieder auf freiem Fuße, dann mag er sechstausend Weiber nach mir senden, und der Thubalkain wird sich nicht rühren mehr aus seinen großen Werkgebäuden!"

12. Hier fiel ihm der Kisehel in sein Gedankenwort und sagte zu ihm: „Thubalkain, sage mir, was du für ärger hältst: die Politik der Menschen oder die Schlauheit der Schlangen?"

13. Hier stutzte der Thubalkain gewaltigst und wusste nicht, was er auf diese Frage für eine Antwort geben sollte, und schwieg somit überaus verlegen.

14. Der Kisehel aber sprach also weiter und sagte: „Weil du gesehen hast, dass da mit mir und allen diesen meinen Brüdern auf dem Wege der Politik nichts auszurichten ist, so hast du dich darum der verschmitztesten Schlauheit der Schlangen in die Arme geworfen!

15. Dass dir an dem Flottwerden deiner Füße sicher ernstlich gelegen ist, das unterliegt keinem Zweifel; so du mich aber durch diese deine alleinige eigennützige Wahrheit fangen willst, da irrst du dich allgewaltigst! Denn so du schon mit der Bosheit erstem Grad gegen mich nichts auszurichten vermagst, was wird dir hernach wohl der zweite, tiefere Grad nützen?

16. Meinst du denn, ich werde darum ein Gotteslästerer, so ich deine Füße dir nicht flott mache deiner Schlauheit wegen?

17. O mitnichten, denn ich kenne Gott und tue nichts als nur, was Sein heiliger Geist zu tun mich nötigt, nach meinem Ihm allein ganz ergebenen Willen.

18. Darum werde ich zur listigen Folge deiner Schlauheit noch kein Gotteslästerer; wohl aber bist es du, indem du nicht

mich, sondern nur den Geist Gottes berücken möchtest, so es dir nur irgend auf eine Art möglich wäre!

19. Ich sage dir, wärest du nicht ein Heide und ein Diener des Drachen, so möchte dir gar übel zu stehen kommen solch ein Plan!

20. Du aber kennst den alleinig wahren Gott nicht; darum kann dir auch ein solcher Gedanke, so du ihn ernstlich bereust, nachgesehen werden!

21. Willst du aber erlöst sein, so kehre dich an den alleinig wahren ewigen Gott, den dir noch deine Mutter aus dem Munde Faraks verkündet hatte, und nicht zu mir; denn nicht ich, sondern Gottes Gnade hat dir gelähmt die Füße.

22. Ich bin nur ein Mensch wie du, aber ein Mensch nach dem Willen Gottes, und erkenne meine vollste Nichtigkeit vor Ihm.

23. Werde du desgleichen, und tue, das ich tue; erkenne deine große Torheit, erkenne deine Schuld, erkenne Gott, so wirst du frei werden!

24. Verstehe solches, und tue danach! Amen."

Kapitel 193

Der ruhiger gewordene Thubalkain wird von seinem Bann befreit

Am 17. November 1842

1. Nach diesen Worten Kisehels fing der Thubalkain überaus gewaltigst zu stutzen an. Denn dass der Kisehel wohl in sein Inneres Blicke tun mochte, solches war ihm nicht mehr fremd; dass aber der Kisehel auch für jeden einzelnen Gedanken, der da aufstieg in seiner Seele, ganz genau wissen konnte, das war für unseren Thubalkain

doch ein wenig zu viel, und er wusste sich nun nicht mehr zu helfen.

2. Also brütete er eine Zeit lang wie stumm dahin; nach einer Zeit erst wandte er sich wieder zum Kisehel und richtete folgende Worte an ihn, sagend nämlich:

3. „Höre, du alsonach großer und mächtiger Bote des Gottes Faraks an uns Bewohner der Tiefen, mir ist diese meine Lage sehr unangenehm! Mache, dass ich wieder frei werde, und ich will dann offen reden mit dir; denn siehe, dieses Gebanntsein ist mir gewaltig lästig, und ich vermag in diesem Zustand kein freies Wort mit dir zu reden!

4. Soll ich mit meiner Kunst dir etwas nützen, da muss ich frei sein; sonst hast du mich so oder so vergebens hierherkommen lassen.

5. Wenn ich etwas roh mich gegen dich benommen habe, so wird dir der Grund sicher auch aus der Ursache nicht fremd sein, aus welcher du wissen kannst, was ich in mir denke!

6. Siehe, es ist sicher nichts Kleines daran, sein über alles schönstes und auch geliebtes Weib zu verlieren! Und durch wen? Du weißt es sicher besser als ich!

7. Doch will ich alles vergessen, so du mich wieder frei lässt und ich mit dir offen reden kann!

8. Hier ging der Kisehel hin zum Thubalkain, ergriff seine Hand und sagte dann zu ihm:

9. „Thubalkain, im Namen Jehovas, des alleinig wahren allmächtigen großen Gottes, sage ich dir: Sei frei, und wandle und handle gerecht! Es geschehe!"

10. Alsogleich ward der Thubalkain frei und konnte gehen wie zuvor, und der Kisehel sagte darauf zu ihm: „Siehe, nun bist du frei; was willst du nun tun?"

11. Und der Thubalkain erwiderte: „So höre denn: Das Erste sei, dass du an meiner statt deinen allmächtigen Gott lobst und preist, darum Er dir und mir also gnädig war und hat mich frei gemacht durch dein Wort; dann aber vertraue mir endlich dein Anliegen, damit ich tun kann, darum du mich hast rufen lassen; und habe ich dir gedient zu deiner Zufriedenheit, sodann wirst du dem Arbeiter auch einen kleinen Lohn nicht versagen!

12. Siehe, das ist alles, was ich nun tun will, und was ich verlange!

13. Doch möchte ich dir darum nichts vorgezeichnet haben; denn du bist mächtig und weise.

14. Bemesse demnach diese meine Worte, und gebiete dann nach deiner Weisheit, und ich werde dir dienen darin!"

15. Und der Kisehel fragte den Thubalkain weiter und sagte zu ihm: „Und worin soll denn der kleine Lohn bestehen? Sage es uns allen; denn siehe, solches wissen wir gar wohl, dass da ein jeder Arbeiter seines Lohnes wert ist! Darum sprech dich näher aus!"

16. Und der Thubalkain sagte zu ihm: „Was soll ich viel reden, du liest es ja ohnehin in meinem Herzen, was eben demselben abgeht! Ich bin allein seit dem Verlusttag meines süßen Weibes Naëme!

17. Ich verlange nicht die Naëme – denn diese ist für mich verloren –, aber ein anderes Weib beschere mir, und ich bin belohnt zur größten Genüge meines Herzens!"

18. Und der Kisehel sagte darauf zum Thubalkain: „Gut, es soll dir werden nach deinem Wunsch, und das heute noch im Haus deines Vaters!

19. Wenn du aber diesen Lohn haben wirst, wirst du dann wohl schon vollends zufrieden sein?"

20. Da stutzte der Thubalkain eine Zeit lang, fasste sich aber endlich und antwortete: „Oh! Es gäbe wohl noch etwas! Aber das ist nicht für uns Bewohner der Tiefe!"

21. Und der Kisehel sagte darauf: „Ja, mache deine Sache gut; wahrlich, so du deine Arbeit aus Liebe zu Gott verrichten wirst, da sollst du auch die Höhen betreten und sollst sehen und sprechen den Erzvater Adam, die Erzmutter Eva und alle die Erzväter, den alleinigen Hohepriester Henoch, und sollst dann gesättigt werden in der Küche der Purista!

22. Aber hier zu unseren Füßen liegt das rohe Erz, betrachte es; dieses sollst du mir schmelzen, dann hämmern zu Blech, damit wir damit den Tempel Jehovas decken mögen!

23. Siehe, das ist alles, was ich von dir verlange; also mache dich ans Werk! Amen."

Kapitel 194

Nach Thubalkains Gebet und auf Kisehels Bitte erscheint eine lichte Wolke, aus welcher der Herr spricht

Am 18. November 1842

1. Hier fiel der Thubalkain auf sein Angesicht nieder vor dem Kisehel und fing Gott also zu loben an: „Großer, mir noch unbekannter, allmächtiger Gott! Mein Herz regt sich mächtig, erfüllt von heißem Dank und Lob! Ich möchte Dich ja loben und preisen über alle Maßen meines ganzen Lebens, allein ich bin ja wie ein vollends Blinder und Tauber; denn ich weiß ja

nicht, wo Du bist, und habe außer den Flüsterworten meiner bedrängten und furchtsamen Mutter nie etwas von Dir vernommen.

2. Sei daher mir Armem und Schwachem vor Dir und Deinem Volk gnädig, und lasse Dich erkennen, erschauen und vernehmen von mir und in mir also, wie Du bist, und wo Du bist für den Menschen der Erde!

3. Lasse Dich vernehmen, erschauen und erkennen, damit ich Dich geziemend loben, danken, anbeten und rühmen könnte! Siehe, ich sehe wohl Deine Werke und betrachte sie mit großer Lust und nicht selten wieder mit großer Furcht; Deine mächtigen Kinder stehen vor mir; also sehe ich wohl die Werke, aber der große Werkmeister ist mir fremd, und sehe die zahllosen Geschöpfe; wo aber bist Du, o Schöpfer, damit ich Dir darbrächte mein Lob?!

4. Deine mächtigen Kinder hast Du als heilbringende Boten zu uns herab in die Tiefen gesandt; ja sie sind leibhaftig hier, reden von Dir, zeugen von Dir und handeln in Deinem allerheiligsten Namen; wo aber bist Du, o allerheiligster Vater solcher Kinder?!

5. Dich, Dich möchte ich nun näher kennen! Komme herab, komme auch zu uns armen Sündern! Sind wir auch aus Kahin, dem Vater der Sünde und des Gerichtes, hervorgegangen, so aber ist ja doch auch dieser aus Deinem Sohn Adam hervorgegangen!

6. Mag er vielleicht Deiner Erbarmung unwert gewesen sein, da Du zu heilig bist; wir aber können ja alle nichts darum, darum wir zu seinen Nachkommen geworden sind!

7. Daher sei uns gnädig und barmherzig, und lasse uns auch nur einen Gnadenstrahl, aber aus Dir, vollkommen allein aus Dir lasse uns einen Strahl zukommen, damit wir erfahren möchten vollends in uns, wie und wo Du bist, darum wir Dich dann auch allein loben und preisen möchten!

8. Werden wir Dich dann auch als Sünder loben und preisen, o Herr, so wirst Du uns darum nicht verstoßen, da wir aus der Sünde in die Sünde sind geboren worden!

9. Siehe, die Nacht ist Nacht, und alle ihre zahllosen Leuchten sind ganz entsetzlich schwach auch nur gegen einen schwächsten Strahl aus der Sonne!

10. Also, Vater dieser Deiner Kinder, die nun als Sterne unsere dicke Nacht erhellen, lasse uns auch nur einen schwächsten Strahl aus Dir zukommen, und unsere sündige Nacht wird sich sicher in einen hellen Tag verwandeln!

11. Ja, unsere Nacht ist und bleibt Nacht trotz dieser herrlichen Sterne; aber ein Strahl nur aus Dir, und unsere Nacht wird endlich aufhören, Nacht zu sein, und wir werden Dich am Tage Deiner großen Herrlichkeit loben und preisen, und alle unsere nachtsteifen Knie und Herzen werden sich allertiefst beugen vor Deinem allerheiligsten Namen!

12. Siehe, ich Thubalkain, ein Sohn der Nacht liegt hier vor Dir im Staube seiner Nichtigkeit! Ein Sünder fleht zu Dir um Gnade und Erbarmung! Er möchte Dich loben und preisen, aber er kennt Dich nicht; daher lasse Dich erkennen von ihm!"

13. Nach diesen Worten verstummte er und weinte in den Staub der Erde.

14. Der Kisehel aber bog sich zur Erde, hob den Thubalkain auf und sagte dann zu ihm: „Thubalkain! Also bist uns auch du ein Bruder geworden?!"

15. Hier richtete der Kisehel seine Augen nach oben und sprach, wie folgt:

16. „O Vater, ich lobe und preise Dich in diesem neuen Bruder; denn Du allein ja hast das Werk vollbracht und hast uns auch im Thubalkain geschenkt einen neuen herrlichen Bruder! Nicht umsonst hast Du ihn schon lange als Erzmeister vorbereitet, nicht umsonst hast Du ihn schon von Ewigkeit ausersehen, damit er reinige das Gold der Erde und mache es beugsam und schmiegsam!

17. Denn Du hattest es vorgesehen, dass uns durch ihn ein neuer herrlicher Bruder werden solle, der da nicht nur das edle Erz der Erde im Feuer geschmeidig und lieblich anzusehen machen soll, sondern vielmehr das Erz im Herzen der Menschen erwecken und im großen Feuereifer seiner Liebe zu Dir geschmeidig, beugsam, und gar lieblich anzusehen machen wird.

18. Darum Dir alles Lob, allen Preis und alle unsere Liebe!

19. O Vater, siehe, dieser neue Bruder ist noch blind und kann Dich noch nicht erschauen; daher möchtest Du ihm ja wohl seine Bitte allgnädigst gewähren!

20. So es Dein heiliger Wille wäre, möchtest Du denn diese meine Bitte erhören und ihm spenden einen Strahl Deiner Gnade in sein Herz, das da zu Dir gewendet ist voll glühender Liebe und Sehnsucht zu Dir, Du heiliger Vater!

21. O erhöre uns, erhöre uns! Dein heiliger Name werde geheiligt, und Dein Wille geschehe allzeit, wie ewig! Amen."

22. Diese Worte Kisehels brachen dem Thubalkain, wie auch dem Lamech, vollends das Herz, so dass da beide laut zu weinen anfingen; nach einer kurzen Zeit aber senkte sich eine lichte Wolke vor diese Gesellschaft nieder, und der Lamech und der Thubalkain wussten nicht, was daraus da werden solle, darum sie sich denn auch gewaltigst zu fürchten anfingen.

23. Aber bald sprach eine väterliche Stimme aus der Wolke: „Thubalkain, siehe, Den du nicht kennst, ist nun vor dir, der Vater der Menschen und der allmächtige Schöpfer aller Dinge!

24. Höre, Ich habe dein Herz angesehen und habe es gereinigt befunden! Darum sollst du auch erweckt werden für ewig aus deiner Nacht; und einen Geist aus Mir will Ich in dein Herz legen, dieser wird dich in alle Weisheit leiten.

25. Da aber Meine Boten noch hier sind, so höre sie, denn sie sollen diesen Geist in dir erwecken! Verherrliche Meinen Namen, und Ich will dir und allem Volk gnädig sein; denn Ich bin heilig, heilig, heilig, ewig und unendlich! Amen."

26. Darauf verschwand die Wolke, und alle fielen auf ihre Angesichter und gaben Gott die Ehre in aller Demut und Zerknirschung ihrer Herzen.

Kapitel 195

Thubalkains Anordnungen zur Goldgewinnung

Am 21. November 1842

1. Nachdem sie alsogestalt Gott bei einer Stunde lang gelobt und gepriesen hatten, erhob sich endlich auf ein inneres Geheiß der Kisehel und sagte zu den anderen:

2. „Im Namen des alleinigen, einigen, allmächtigen Gottes sage ich euch, ersteht samt mir; denn also ist es der heilige Wille Dessen, der vor uns war und hat geredet Worte des Lebens, der Gnade und der Erbarmung!"

3. Und alle erstanden auf diesen Anruf des Kisehel. Als sie aber alle sich gestärkt und überaus getrost erhoben hatten vom Boden, da auch wandte sich der Kisehel alsbald an den Thubalkain und sagte zu ihm:

4. „Bruder Thubalkain, höre! Da es des Herrn Wille ist, also magst du deine Arbeiter wohl herbeirufen und ihnen zeigen die Arbeit; und sie sollen sogleich beginnen und arbeiten die ganze Nacht hindurch.

5. Also aber, wie sie das Erz der Berge geschmolzen haben mittels des Bergsalzes und des starken Feuers, sollen sie auch dieses Erz schmelzen; und wenn sie der Klumpen reinen Erzes in großer Menge haben werden, dann erst soll dem Schmelzen Einhalt getan werden.

6. Eine gerecht große Menge aber soll bestehen aus siebzehnhundert Klumpen. Alsonach verordne die Sache! Amen."

7. Und der Thubalkain berief alsbald die große Schar seiner Arbeiter zu sich, zeigte ihnen das rohe Erz an und belehrte sie dann, wie sie es anschicken sollten, um dasselbe zu schmelzen und in runde Klumpen zu formen.

8. Als die Arbeiter solches nun vollends begriffen, da fragte ihn sein oberster Werkmeister:

9. „O Herr und gestrenger Gebieter, es ist alles gut und wohl dargetan; nur erlaube, dass ich dich frage, und zürne nicht darob, so ich dir die Frage stelle und ehrerbietigst sage: Wir haben der Arbeiter in gerechter Menge, und des Erzes ist in großer Fülle vorhanden; woher sollen wir aber das Holz und das Salz nehmen? Denn ohne dem geht das Schmelzen nicht!

10. Sollen wir unser Holz hierher schaffen und unser Salz gebrauchen, oder haben wir solches alles aus der Stadt zu nehmen?"

11. Und der Thubalkain sagte zum Werkmeister: „Höre, so ich die Arbeit übernommen habe, da habe ich sie ganz übernommen, und dazu gehört dann ja auch das Holz und das Salz!

12. Ich sage dir aber, nicht nur das Holz und das Salz, sondern auch die ganze Verpflegung wird von mir aus bestritten und so auch der Arbeitslohn!

13. Daher schafft alsbald alles herbei, was zu dem Werk nottut, und trachtet, dass dasselbe längstens in einer Stunde begonnen wird; das heißt, sobald die Sonne unter die Berge sich senken wird, muss hier das Feuer schon tätig sein!

14. Macht aber wenigstens hundert drei Spannen tiefe Gruben für die Erzfeuerung, und lasst dazu alle die zweitausend Arbeiter treten, so wird unter dem neuen Segen des alleinig wahren allmächtigen Gottes das Werk gut vonstattengehen!

15. Lasse daher hundert Arbeiter sogleich die Gruben machen, zweihundert sollen das Holz herbeischaffen, zweihundert das Salz, hundert sollen Nahrung herbeischaffen, zweihundert sollen das rohe Erz graben, und zweihundert sollen dasselbe braten und schmelzen. Und wenn eine Grube voll sein wird, dann lasse es dreißig Handschwingungen lang abkühlen, schaffe sonach den Klumpen aus der Grube, und beginne alsbald mit einer neuen Feuerung!

16. Wenn ihr also emsig die Nacht hindurch arbeitet, so dürften wir bis morgen dieses Metalles in der völlig hinreichenden Menge haben.

17. Morgen lassen wir dann die schweren Fußhebelhämmer herbeischaffen, und ehe die Sonne untergehen wird, sollen die

Klumpen in zierliche Platten ausgetrieben sein.

18. Jetzt weißt du alles, gehe nun und handle! Es geschehe!"

19. Alsbald begab sich der Werkmeister ans Werk, und der Kisehel sagte darauf zum Thubalkain: „Bruder, du hast die Sache gut geordnet, gesegnet sei darum das Werk! Wahrlich, sage ich dir, morgen sollst du Wunder schauen; denn deine Arbeiter werden so viel dieses Metalles gewinnen, dass es dich erschauern wird beim Anblick desselben!

20. Doch lassen wir dieses nun gut sein, denn es ist nun alles geordnet!

21. Du, Bruder Lamech, nehme die Tafel und gehe voran, wir aber werden dir folgen in dein Haus. Alldort wollen wir dieses Heiligtum bis zur Vollendung des Tempels verwahren; nach dem aber wollen wir alle deine Gäste sein, und du wirst unser Bruder und Wirt sein!

22. An deinem Tisch werden wir speisen und in deinem Haus loben den heiligsten Namen des liebevollsten Vaters aller Menschen!

23. Und du, Bruder Thubalkain, sollst an meiner Seite gehen und heute noch in deines Vaters Hause empfangen den bedungenen Lohn; denn du weißt, dass in deines Vaters Hause der Weiber und der Mägde es in großer Menge gibt. Siehe, diese sind ganz gereinigt nun, und dir soll aus der großen Zahl die rechte werden! Und also begeben wir uns dahin! Amen."

24. Und alsogleich erfasste mit der größten Ehrfurcht und Liebe der Lamech das Heiligtum, ging voran, und der Thubalkain an der Seite des Kisehel und die anderen Boten folgten ihm.

25. Als sie sich aber der Stadt nahten, da kam ihnen eine große Volksmenge entgegen und schrie: „Ehre Gott in der Höhe, darum Er den Lamech gemacht hatte zu einem rechten König!" Und also rief das Volk noch lange in die Nacht hinein.

26. Der Lamech war gerührt, dass er laut weinte.

Kapitel 196

Vorbereitungen zum Festmahl im Thronsaal. Kisehels Rede über die Reinigung des Herzens

Am 22. November 1842

1. Als sie bereits in der Residenz Lamechs angelangt waren, da kamen ihnen alle die Weiber und Mägde entgegen, fielen vor ihnen nieder auf die Knie und lobten mit verhüllten Angesichtern den Namen, der da gezeichnet war auf der steinernen Tafel, welche der Lamech trug.

2. Der Kisehel aber sagte zum Sethlahem: „Bruder, siehe die Weiber! Nach deinem Wort in dir behandle sie!"

3. Und der Sethlahem hieß alsbald die Weiber und Mägde erstehen und sagte dann noch weiteres zu ihnen:

4. „Geht und bestellt ein gutes Mahl, lasst heute ein Lamm schlachten und es wohl zurichten für den neuen König, und ein gemästetes Kalb soll zubereitet werden für den neuen Bräutigam und für dessen Braut!

5. Also auch sorgt für Brot und für edle Früchte, und es sollen nicht mangeln gute, reine Getränke!

6. Also geht zum Speisemeister, und bestellt solches alles auf das Zierlichste! Amen."

7. Und die Weiber und die Mägde eilten und besorgten alles Anbefohlene genau.

8. Als aber nach dem die ganze Gesellschaft in den großen Königssaal trat, da blieb der Lamech stehen und sagte zum Kisehel: „Großer, mächtigster Freund und vollends wahrster und gerechtester Gesandter des allmächtigen großen Gottes, siehe, mich erschaudert nun durch und durch der Anblick meines vorigen Gräuelherrscherthrones, und es tauchen wieder alle meine Gräuel in meiner Seele auf, wie da schwere Wetterwolken aus den großen Gewässern auftauchen in der schwülen Nacht.

9. Wäre es denn dir nicht genehm, dass wir diesen vermeiden möchten und beziehen ein anderes großes Gemach, welches mir freundlicher vorkäme denn gerade dieses, allda ich mich als ein Gott habe förmlich anbeten lassen.

10. Und habe von eben dem Thron, der von der armen Menschheit blutigen Tränen ist errichtet worden, auch noch dazu die allergrausamsten heimlichen und offenbaren Gebote gegeben!

11. O Freund, wenn es dir darum genehm wäre, da möchte ich dich wohl aus allen meinen Kräften bitten, wie ich schon gesagt habe, ein anderes Gemach zu beziehen!"

12. Und der Kisehel aber erwiderte dem Lamech und sagte: „Bruder, gerade das ist das allerpassendste Gemach dieses deines ganzen großen Palastes!

13. Denn willst du ganz vollkommen genesen in deinem Herzen und deinem Geist, so musst du dein Herz auch vollends reinigen von allem alten Unrat; solches aber kann nur dadurch bewerkstelligt werden, dass dein Geist sich mehr und mehr entzündet und in seinem Feuer all den Unrat in deinem Herzen verzehrt.

14. Wie aber kann wohl der Geist füglicher zur Entzündung gebracht werden als eben durch den Druck von allen Seiten, welcher durch die erwachte Gefühlslast deiner verübten Gräueltaten bewirkt wird?

15. Nun aber merkst du eben in diesem Gemach diesen lästigen Druck, und das ist ja auch, was du dir am sehnlichsten wünschen sollst! Die argen Erinnerungen drücken dich, und das ist gut, denn eben dieser Druck wird dich frei machen.

16. Siehe, was willst du denn tun? Kannst du das Geschehene ungeschehen machen? Kannst du dich je frei machen von deinen Taten? Ich sage dir, lieber Bruder, solches ist dir ewig unmöglich, solange du die Erinnerung deines Gefühls an dieselben fliehst!

17. Nur eines kann dein Herz und sodann auch deinen Geist frei machen, und dieses Eine ist die Wahrheit!

18. Diese musst du suchen in allem, so wird ihr Feuer den Unflat in dir verzehren, und du wirst dann freien Geistes einhergehen und in diesem freien Geiste erst dann vollends erkennen, was eigentlich die Sünde ist, und wie es dem Herrn ein Leichtes ist, dich endlich aller deiner Sünden zu entheben, und wäre ihre Zahl größer denn die des Grases auf der Erde und des Sandes im Meer!

19. Also werden wir in diesem Gemach verbleiben und diese Tafel einstweilen auf dem festlich geschmückten Thron aufstellen zum Zeugnis, wessen in der Zukunft der eigentliche Herrscherthron sein soll.

20. Und so denn trage die Tafel hin auf den Thron, und stelle sie dort auf; allda soll

sie bis zur Vollendung des Tempels bleiben! Amen."

21. Und der Lamech stellte sich zufrieden und tat alsogleich, was ihm der Kisehel
beheißen hatte, und lobte und pries darauf
den heiligen Namen auf der Tafel.

Kapitel 197

Lamechs liebeerfüllte Verehrung des
heiligen Namens. Vom Reinigungsfeuer
der Gottesliebe

Am 23. November 1842

1. Der Lamech aber fand großes Wohl-
behagen an der Verehrung des heiligsten
Namens also, dass er nicht erstehen
wollte; denn je mehr er stets tiefer und tiefer den Namen fasste, desto mehr ward er
auch ergriffen im Herzen und im Geiste,
und konnte sich darob nicht trennen von
dem Ort, allda ihn die Liebe zu Gott so
mächtig zu fesseln anfing.

2. Der Kisehel aber beließ ihm die hehre
Lust seines Geistes, damit er sich mehr und
mehr feste in der mächtigen lebendigen
Liebe zu Gott.

3. Da aber der Thubalkain solches sah,
verwunderte er sich über seinen Vater Lamech und sagte zum Kisehel:

4. „Höre, großer mächtiger Freund und
Bruder nach deinem Wort, wahrlich, so mir
jemand gesagt hätte: ‚Morgen wird aus der
Erde ein Baum erwachsen, der mit seinen
Ästen bis zur Abendzeit das Firmament er-
reichen wird!', so hätte ich solches eher für
möglich gehalten als eine solche plötzliche
Umkehr meines Vaters!

5. Es sind ja noch kaum etwa bei acht
Tage verflossen, als Lamech den Himmel
und die ganze Erde zu vernichten

geschworen hatte, – und jetzt liegt er im
Staub zerknirscht vor dem, das er so gräuelhaft bitter verflucht hatte!

6. Wahrlich, das ist das größte Wunder,
das die ganze Erde samt ihrer Werdung mit
allem dem, was in ihr, auf ihr und über ihr
ist, aufzuweisen hat!

7. Ja, ich sage dir, mächtiger Freund
und Bruder, wenn du mit deiner Kraft
Berge versetzt hättest, so hättest du mich
dadurch von deiner rein göttlichen Sendung nicht so mächtigst überzeugt, als
eben durch dieses unerhörte Wunder!

8. Ja, jetzt glaube ich erst vollends, dass
ihr rein von Gott hierher gesandt seid!
Denn die Wunder draußen haben mich
wohl gefangen, aber überzeugt haben sie
mich weniger; denn sie sind zu rasch aufei-
nandergefolgt, dass ich mir nicht helfen
konnte, sondern ward nur genötigt wie ein
vollends Besiegter und musste mich fügen,
von meiner Ohnmacht und auch beiseiti-
ger Überzeugung getrieben.

9. Jetzt aber erwacht mein freier Wille,
und so bin ich kein genötigter Bekenner
mehr alles dessen, was ihr uns schon gelehrt habt und sicher noch ferner lehren
werdet, sondern jetzt will ich frei aus mir
heraus, was ihr wollt aus dem allerheiligsten Willen des allmächtigen Gottes heraus!

10. Daher lasst auch nun mich hingehen
zum Thron und allda tun, was also erbau-
lichst nun tut mein Vater Lamech! Euer
Wille in Gott geschehe!"

11. Und der Kisehel erwiderte dem
Thubalkain: „Bruder, solches ist recht und
billig von dir! Gehe hin und stärke dich für
die kommende Versuchung; denn wem
der heilige Vater durch ein Wunder hilft,
den prüft Er dann auch stärker denn einen,

der da allein durch das Wort zu Ihm ist bekehrt worden.

12. Ich sage dir, es muss zuvor alles durchs Feuer gehen, bis es sich Gott nahen kann im Herzen und im Geiste! Du bist zwar bekehrt, und der Lamech ist es auch, und das auf eine wunderbarste Art; aber in diesem Bekehrungszustand gleicht ihr noch dem Erz, das da in der Erde gefunden wird und gewisserart als ein Unrat derselben zu betrachten ist. Soll das Erz fest und brauchbar werden, so muss es durchs Feuer wandern.

13. Siehe, also wirst auch du und der Lamech noch eher müssen durchs Feuer wandern und vom selben ganz geschmolzen werden, bevor ihr die wahre Festigkeit im Glauben, in der Liebe und Treue zu Gott erlangen werdet!

14. Darum also magst du wohl auch hingehen und dich gleich deinem Vater stärken für jede möglicherweise kommende und sicher zu erwartende Prüfung von oben!"

15. Diese Worte erschreckten den Thubalkain also sehr, dass er darob zu beben anfing und am Ende kaum die Frage stotternd herausbrachte:

16. „O Freund! – Werde – ich – und der – Vater Lamech – denn – müssen – im – Feuer verbrannt – werden?"

17. Und der Kisehel erwiderte: „Oh, was Törichtes gedenkst du?!

18. Nicht ein Funke wird euren Leib berühren; aber das Feuer eurer Liebe zu Gott wird euch müssen zuvor in allem eurem noch in euch verborgen haftenden Welttum verzehren! Alsdann erst werdet ihr euch, wie schon gesagt, Gott nahen können, und alle eure Sünde wird dadurch von euch genommen werden also, wie sie von mir genommen ward, da auch ich ein Sünder war vor Gott.

19. Auch ich ward durch ein Wunder bekehrt und musste darauf ein starkes Feuer bestehen und bestehe es jetzt noch! Also wird es auch euch ergehen; daher gehe nur wohlgemut hin zu deinem Vater, und tue desgleichen, das er nun tut, so wirst du viel stärkende Gnade finden und wirst dadurch die kommenden Prüfungen leicht und fröhlichen Mutes bestehen! Amen."

Kapitel 198

Lamechs Siegesrede und zerknirschtes Bekenntnis

Am 24. November 1842

1. Und der Thubalkain ging alsbald fröhlicheren Mutes hin zu seinem Vater Lamech, fiel alldort auf sein Angesicht nieder, überdachte all sein früheres Tun und Treiben und bat nachher in der Fülle der Reue seines Herzens den nun erkannten einig wahren Gott um Vergebung aller jener Handlungen, die er verübt hatte entgegen den wohlvernehmbaren Mahnungen seines Herzens.

2. Bei einer guten Stunde lang dauerte die Verherrlichung des allerheiligsten Namens, als endlich der sehr erbaute Lamech sich wieder erhob und vor dem Thron ausrief: „Es ist errungen; der große Sieg ist mein!

3. O hört es, ihr Völker alle! Der Herr, der unendlich allmächtige Schöpfer Himmels und der Erde, der ewige große Gott, gegen den wir alle gräuelhaftigst gefrevelt haben, hat uns angesehen und hat unserer großen Blindheit willen aufgehoben das

gerechte Gericht, das uns alle auf ewig in den Tod verschlungen hätte!

4. Darum will ich frohlocken mein Leben lang, da der Herr also gnädig ist und voll der größten Geduld, Langmut, Liebe und Erbarmung!

5. Mächtig groß war meine Bosheit, und ich wollte mit derselben in die Himmel des Lebens dringen; aber aus meiner Bosheit hat der Herr erkannt meine Armut und hat Sich meiner erbarmt!

6. Darum sei Ihm allein ewig nun und fortan all mein Lob!

7. O Herr, ich will Dich fortan loben mit tausend Zungen, darum Du also gnädig, mild und barmherzig bist!

8. O du mein armseliger Thron! Du ehemaliger Machtsitz der Gesetze zu Gräueltaten, du mein getreuestes Ebenmaß, – was warst du?! Und was bist du jetzt?! Von dir aus verdammte ich das, das du jetzt trägst!

9. O Herr, wie groß muss denn doch Deine Güte sein, wie groß Deine Liebe, auf dass Du es geduldest und ertragest, Deinen allerheiligsten Namen vom selben Stuhl tragen zu sehen, welcher Stuhl ein Träger von so vielen, ja zahllosen Gräueln war!

10. Oh, so lobe denn du, mein Geist, den Herrn, da Er von solcher unaussprechlichen Güte ist ewig!

11. Herr, Du Liebegerechter! Was soll ich denn tun, damit ich dereinst doch nicht gar so gräuelhaft vor Dir erscheinen möchte?

12. O lasse es mir gnädigst durch Deine getreuen Diener kundtun; aber nur, so Dein Wille es wäre. Nach meinem Willen soll von nun an ja nichts mehr geschehen; denn ich habe erkannt die Ohnmacht meines Willens und all seine Bosheit. Daher ekelt es mich nun vor ihm.

13. Darum habe ich nun keinen Willen mehr; also geschehe allzeit nur Dein allmächtiger und allerheiligster Wille!"

14. Nach diesen Worten bewegte sich der Kisehel rasch hin zum Lamech, umarmte ihn und sagte dann zu ihm:

15. „Bruder, lieber Bruder! Wüsstest du, welche innigste Freude wir alle über dich haben, wahrlich, dir würde das Leben schwer werden!

16. Aber des sei vollends versichert, wenn du also verharrst, wie du nun angefangen hast, da werden schier die lange andauernden Schranken zwischen der Höhe und der Tiefe verschwinden, und es kann geschehen, dass es dem allerheiligsten Vater wohlgefallen wird, auch euch den von Ihm Selbst bestellten Hohepriester Henoch zuzusenden, damit er euch lehre den Weg der Liebe gehen!

17. Bruder, ich sage dir im Namen Dessen, der uns zu dir beschieden hatte, wenn der Tempel wird vollendet sein, so wirst du und dein Sohn Thubalkain in unserer Mitte die heiligen Höhen betreten, allwo du erst das wahre Leben für dich und all dein Volk sollst in aller Fülle erkennen und es dir völlig zu eigen machen! Daher beharre in dem, dass des Herrn Wille der allein deinige verbleibe, so hast du somit auch auf deine Frage durch mich des Herrn Willen erfahren, der dir damit antwortet:

18. ‚Also handle, und Ich will dich heiligen auf den Höhen Meiner Kinder!'"

19. Auf diesen Bescheid ward der Lamech samt dem sich soeben erhebenden Thubalkain außer sich vor Freuden geworden. Lange konnte er nicht reden, denn die zu hehre Verheißung hatte ihm nahe die Zunge gelähmt.

20. Nach einiger Zeit erst sammelte er sich wieder und sprach: „O Freund, o Bruder! Was hast du ausgesprochen?! Die Füße eines allergrößten Sünders werden auch einmal die geheiligtesten Höhen betreten dürfen?! Meine von Gräueltaten nahe blind gewordenen Augen sollen noch einmal schauen die große Herrlichkeit der Kinder des allmächtigen Gottes?!

21. Und mit meinen vom Blut meiner Brüder und meines armen Volkes triefenden Händen soll ich den Saum des Kleides derer anrühren dürfen, die da gezeugt sind aus Gott?! Nein, nein, – nimmermehr, Bruder!

22. Solcher Gnade kann der Lamech ja ewig nimmer würdig werden auch nur im geringsten Teil! Daher, o Freunde und Brüder, erteilt mir eine andere Antwort; denn wahrlich, überwahrlich, diese taugt nicht für einen Sünder, wie ich einer bin!"

23. Und der Kisehel erwiderte darauf dem Lamech: „O Bruder, – siehe, auch ich war ein großer und grober Sünder vor Gott, in meiner angestammten Lichtsphäre sicher nicht minder denn du in deiner angestammten großen Blindheit!

24. Als ich aber meine große Schuld vor Ihm, dem liebevollsten Vater, bekannt hatte, nachdem Er mir mit Seiner endlosen Gnade und Erbarmung zuvorgekommen war, da ergriff mich der allerheiligste Vater mit Seinen allmächtigen Händen, richtete den Wurm im Staube vor Sich auf, vergab ihm seine große Schuld gänzlich und erfüllte ihn dafür mit der Kraft des ewigen Lebens!

25. Siehe, Bruder, also handelt der liebevollste Vater mit dem Sünder, der sich reuigst zu Ihm wendet!

26. Daher bleibe bei der Antwort, und sei voll des höchsten Trostes; denn es wird daran nicht ein Häkchen verändert werden. Was Gott geredet hat, das wird ewig also verbleiben, wie Er geredet hatte!

27. Ihm sei darum alle Ehre, alles Lob und alle unsere Liebe ewig; denn Er allein ist würdig, von uns alles Lob, allen Preis, alle Anbetung und alle Liebe zu nehmen, und Sein heiliger Wille geschehe ewig! Amen."

Kapitel 199

Wie selbst Tugendhelden von ihrer schwachen Seite besiegt werden. Die erste Versuchung von Lamech und Thubalkain

Am 25. November 1842

1. Es braucht hier kaum näher erwähnt zu werden, in welche Seligkeit die beiden durch die letzten Worte Kisehels versetzt worden sind; denn solches lässt sich leicht aus dem Vorhergehenden erkennen. Darum wollen wir auch sogleich zu einer anderen Erscheinung uns wenden. Diese Erscheinung wird sich hier zwar nicht viel anders ausnehmen, als der Pontius Pilatus im sogenannten Glaubensbekenntnis; allein das tut nichts zur Sache, denn auch sie gehört zur Ordnung der Dinge. Was war denn hernach das für eine Erscheinung? Nur Geduld, sie wird noch früh genug kommen!

2. Ihr wisst es, was früher der Kisehel dem Thubalkain angekündigt hatte, nämlich so manche Versuchungen und Prüfungen und ein läuterndes und festigendes Feuer. Seht, das ist, so hier zuerst in die Erscheinlichkeit tritt!

3. Es ist euch nur zu bekannt, wessen Geistes Kind ehedem der Lamech war und wessen getreuester Diener und Knecht.

Solange der Feind des Lebens noch merkt, dass seiner übersicher gemeinten Beute keine wirkliche Gefahr droht, so lange auch macht er sich aus allen den Bekehrungen nicht viel daraus.

4. Wenn er aber sieht und gar wohl zu gewahren anfängt, dass seiner Beute die größte Gefahr droht, da fängt er auch alsbald an, sich gar gewaltigst zu rühren und zu kämpfen um sein vermeintes Eigentum.

5. Und eben das war auch hier der Fall also, wie es heutzutage bei gar sehr vielen Menschen der Fall ist, die sich schon einmal von ihm, dem großen Lebensfeind, in irgendetwas haben verstricken lassen.

6. Solche Menschen sind oft schon wie die Tugend selbst, nur gewöhnlich eine schwache Seite haben sie noch – und wissen aber nicht, dass diese schwache Seite eigentlich eine so starke Seite ist, dass sie, wenn sie nur im Geringsten berührt wird, alsbald aller guten Seiten Meister wird und dieselben mit der leichtesten Mühe von der Welt besiegt und mit sich reißt.

7. Wer solches etwa übertrieben finden möchte, der fasse nur einmal einen solchen Tugendhelden bei einer solchen schwachen Seite, und er wird es bald finden und nur zu bald unwiderlegbar erfahren, wie stark eine solche schwache Seite ist!

8. Ich will, um diese wichtige Sache heller zu machen, sogar ein Beispiel anführen. Nehmen wir einen Menschen, der sich schon in allem Möglichen besiegt hatte, aber eine schwache Seite hat er dennoch, und diese achtet er ihrer Geringfügigkeit halber gar nicht, – denn sie besteht ja nur darin, dass er manchmal gerne Besuche abstattet und auch eine rechte Freude hat, so ihn jemand besucht. Die Sache scheint so unschuldig als nur immer möglich zu sein.

9. Wenn wir aber diese schwache Seite näher beleuchten wollen, so ist sie nichts anderes als noch ein tüchtiger Strick des Satans.

10. Dieser lauert, wenn er einmal mit jemandem in Verbindung ist, genau ab, wann sich dem Geist des Menschen etwas besonders radikal Heilbringendes naht.

11. Ist solches der Fall, so zieht er an dem Strick, die schwache Seite wird zur starken, und unser Tugendheld geht mit aller sonstigen Tugendfülle, dahin ihn die schwache Seite zieht, und entgeht auf diese Weise allzeit der guten Gelegenheit, in der er von Mir einen näheren Besuch zu seiner Heiligung hätte empfangen können. Und so eine schwache Seite bleibt dem Menschen oft bis zum Grab, was freilich wohl recht traurig ist!

12. Also hatte auch unser Lamech eine Menge solcher schwacher Seiten noch, die er bei seiner Umkehr nicht zu achten der Mühe wert fand.

13. Da aber seine Liebe zu Mir auf einmal gewaltig wurde, so litten im Feuer dieser Liebe auch die argen Stricke, indem sie entzweigebrannt wurden und der Feind des Lebens dann nichts mehr hatte, woran er seine sicher geglaubte Beute hätte halten und ziehen können. Was war nun da zu tun?

14. Nichts, als List und – bei Missglückung derselben – Gewalt zu gebrauchen!

15. Und so geschah es denn auch. Als der Kisehel mit den beiden sich den anderen sechsen nahte, da stürzte auf einmal die Naëme wie verzweifelnd zur Türe herein, rang lange Zeit mit den Händen und rief, nachdem sie sich etwas erholt hatte, mit der Stimme eines Verzweifelten:

16. „Vater Lamech, du bist verraten und verloren! Ich habe auf der Höhe alles vernommen, welche Falle man dir gelegt hat!

17. Ich eilte darauf, mein Leben nicht achtend, von Löwen, Tigern und den Bewohnern der Berge verfolgt, um dir noch frühzeitig den verruchten Plan mitzuteilen.

18. Allein, – ich kam zu spät! Denn, wie ich sehe, bist du schon eine Beute der schrecklichen Zauberer der Berge!

19. Aber hattest du in deiner Weisheit das nicht eingesehen, dass von den Bergen noch allzeit alles Unheil zu uns und über uns gekommen ist, – und doch hast du dich diesmal so grausamlichst berücken lassen und ziehen in die schrecklichste Falle deines Verderbens?!"

20. Hier wandte sie sich, erblickte den Thubalkain und tat einen heftigsten Schrei: „Thubalkain, mein Bruder, mein Gemahl! Auch du ein Opfer des schändlichsten Verrates?! Ja, auch du! Jetzt ist alles verloren!

21. Tötet mich, tötet mich, damit ich nicht mit euch Zeugin sein muss von eurem schrecklichsten Untergang!"

22. Hier verwandelte sich Lamechs Blick, und der Thubalkain ballte vor erwachtem Grimm seine Fäuste und schrie mit donnerähnlicher Stimme: „Solche Jehovasboten seid ihr?! O ihr Auswürfe der Hölle! Ja, ja, auf die Berge wolltet ihr uns hinbringen, da ihr nach eurer Teufelswissenschaft unser hier nicht völlig Meister zu werden wähnt! Nein, nimmermehr!

23. Dank dir, mein teures Weib, für diese Nachricht! Der Thubalkain wird sich solcher Büberei entgegenzusetzen wissen!"

24. Der Lamech aber sagte zum Thubalkain: „Mein Sohn, bevor wir handeln wollen, werden wir auch den anderen Teil

anhören! Daher beruhige dich; denn wer weiß es, ob das nicht etwa eine Versuchung ist!

25. Und so denn frage ich euch, ihr Boten, sagt mir: Wie verhält sich diese Sache? Enthüllt mir dies Rätsel, oder ich trete zurück und werde, was ich war, auch im Feuer ein unbeugsamster König, auf dass euch kein schändlichster Sieg werde über mich und all mein starkes Volk!

26. Also redet, oder mein Fluch treffe jede Fiber eures Wesens! Amen."

Kapitel 200

Die Trugerscheinung der Naëme wird als solche entlarvt

Am 28. November 1842

1. Der Kisehel aber, der gar wohl unterrichtet war, in was diese erste Versuchung bestehen werde, sah den Lamech und den Thubalkain fest an und sagte endlich zu beiden:

2. „Glaubt ihr es, dass sich die Sache also verhalte, wie es euch diese Naëme verkündigt hatte?"

3. Und der Lamech fiel ihm sogleich etwas heftig ins Wort: „Meinst du denn, ich kenne meine Tochter nicht? Welchen Nutzen hätte sie wohl mit einer Lüge an mir beabsichtigen können? Sie ist meine herrliche Tochter, und als solche hat sie mir noch allzeit die Wahrheit gesprochen! Was willst du sonach mit deiner Frage?"

4. Und der Kisehel sagte darauf zum Lamech, wie auch zum Thubalkain: „Gut, so ihr sie für die rechte Naëme haltet, so bleibt bei eurem Glauben!

5. Die Berge aber werden dann wieder abgesperrt werden, und keiner aus euch

wird je die wahre Naëme zu sehen bekommen; der Tempelbau wird unterbleiben, und jene überheilige Tafel dort wird sogleich von mir selbst aus diesem eurem Haus geschafft werden, und mitgenommen auf die Höhe!

6. Glaubt nun entweder uns – oder dieser Naëme! Wie ihr aber glaubt, also wird es euch auch geschehen! Nun stehen euch die Pforten des Lebens und des Todes in gleichem Maße offen: Bleiben wir bei euch, so bleibt das Leben auch bei euch; bleibt aber diese Naëme bei euch, so ist der ewige Tod euer unausbleiblicher Teil!

7. Also mögt ihr nun wählen zwischen den nun ausgesprochenen beiden Extremen; euer Wille nun! Amen."

8. Hier ergriff der Lamech den Thubalkain bei der Hand, führte ihn etwas seitwärts und sagte zu ihm: „Höre du, lieber Sohn! Wahrlich, mir kommt diese Naëme etwas sonderbar vor! Denn sie hat bis jetzt weder mich, noch dich angeschaut; sondern wie sie herein zur Türe gestürzt ist und ist vor uns niedergefallen auf ihr Angesicht, also kauert sie noch am Boden wimmernd!

9. Ich bin der Meinung, bevor wir ihretwegen unsere gute Sache völlig mit den sieben mächtigen Freunden brechen wollen, wird es sehr nötig sein, aus dem tüchtigsten Grund eben dieser sonderbaren Naëme etwas näher auf den Zahn zu fühlen!

10. Und dazu wird nichts besser sein, als dass ich ihr gebiete, dass sie sogleich erstehe und jene bedeutungsvolle Tafel vom Thron nehme und somit mir und ihr wieder den Herrscherstuhl einräume. Wird sie das tun, so wollen wir ihren Worten glauben; mag sie aber solches nicht zuwege bringen, da wissen wir denn auch, dass diese

Naëme nichts als eine Truggestalt ist, um uns zu versuchen, und wir wollen ihr dann auch den gehörigen Abschied geben!"

11. Und der Thubalkain willigte in diesen Vorschlag ein und sagte: „Vater, solches heiße ich einen Plan weise fassen; also gehen wir hin nach deinem Willen und nach deinem weisen Rat!"

12. Und die beiden bewegten sich wieder zur Naëme hin. Als sie bei ihr anlangten, da bog sich der Lamech auf den Boden zur Naëme, rührte sie mit seinen Fingern an und sagte zu ihr:

13. „Naëme, so du wahrhaft meine Tochter bist, da erhebe dich vom Boden, und zeige mir dein Gesicht! Sodann gehe hin zum Thron, und hole mir die leuchtende Tafel; übergebe sie mir, und alle Macht der Gebirgszauberer ist gebrochen!

14. Ich bin dann wieder der alte, mächtige, unüberwindliche König, und du meine rechte Hand!

15. Denn in und auf dieser geheimnisvollen Tafel ist die ganze Macht der Gebirgszauberer verborgen!

16. Bist du wahrhaft meine Tochter Naëme, so wirst du solches wohl tun, so es sich einzig dadurch um meine Rettung handelt!"

17. Hier fing die Naëme an, sich zu krümmen, und gebärdete sich gar jämmerlich, tat gar kläglich, machte also, als ob sie vor lauter Schwäche nicht erstehen könnte.

18. Der Lamech aber ergrimmte über solches Gebärden und sagte: „Naëme! Du kennst den Lamech! Warum zauderst du, das zu tun, was ich will?!

19. Bist du schwach und ohnmächtig, da rede, denn ich bin dir ja ein Vater und besitze noch so viel, um dir die nötige Stärkung zu verschaffen! Denn wer sich noch

so gewaltig zu winden und zu krümmen vermag und kann also jammern wie du, der hat sicher auch noch so viel Kraft und kann kundgeben, was ihm fehle, und warum er etwas also Leichtes nicht alsbald vollziehen kann, oder will!

20. Also erstehe, oder mein schrecklichster Fluch soll dich treffen!"

21. Hier erhob sich die Naëme, und als die beiden ihres Antlitzes ansichtig wurden, erschraken sie gewaltigst; denn es hatte mit der Naëme nicht die leiseste Ähnlichkeit.

22. Dennoch aber sagte der Lamech zu ihr: „Aus deinem Gesicht erkenne ich dich nicht; gehe aber hin zum Thron, tue das Anbefohlene, und ich will dich aus deinem Willen erkennen!"

23. Hier fing die Naëme an zu zittern, sank bald zusammen und ward unsichtbar! Hier fragte der Kisehel alsbald den Lamech: „Nun, Bruder Lamech, wie gefällt dir diese Naëme?"

24. Und der Lamech und der Thubalkain fielen vor dem Kisehel nieder und beweinten ihre Blindheit; denn sie hatten nun erst vollends erkannt, welch eine Bewandtnis es mit dieser Naëme hatte, und wessen Geistes Kind sie so ganz eigentlich war.

Kapitel 201

Kisehels Rede über die Gleichachtung und Nächstenliebe unter den Menschen. Die blutigen Folgen der Verehrung und Hochachtung von Menschen. Das wahre Königtum

Am 29. November 1842

1. Der Kisehel aber bog sich alsbald zur Erde nieder, hob den Lamech und den Thubalkain vom Boden und sprach dann zu ihnen: „Brüder, warum fallt ihr vor uns nieder? Sind wir denn mehr als ihr? Oder sind wir nicht Brüder gegenseitig?

2. O seht, solches sollen wir nicht mehr tun in alle Zukunft; denn nur Gott allein gebührt aller Dank, alle Ehre, alle unsere Demut und alle unsere Liebe!

3. Wollen wir aber wahrhaftige Kinder eines und desselben Vaters sein, da müssen wir uns gegenseitig gleichachten, keine Beugungen verlangen von unseren Brüdern, sondern alles, was wir uns gegenseitig erweisen mögen, bestehe lediglich darinnen, dass wir uns aus der Liebe zu Gott als wahrhaftige Brüder lieben!

4. Was darüber ist und was darunter, das ist gleicherweise nicht in der Ordnung Gottes und somit eine Sünde!

5. Solches aber mögt ihr ja daraus ersehen, so da wäre ein Mensch, dem alle anderen Menschen, obschon er nicht um ein Haar mehr ist denn sie, eine tiefe Achtung bezeigten.

6. Was wird da bei dem geachteten Menschen wohl gar bald die Folge sein von solcher allgemeinen Hochachtung gegen ihn?

7. Seht, er wird sich alsbald für mehr und besser zu halten anfangen, als da sind diejenigen, die ihm solche Achtung zollen,

wird darum hochmütig, gar bald übermütig und endlich sogar herrschsüchtig werden! Er wird mit der Achtung seiner bedeutenden Umgebung nicht mehr zufrieden sein, sondern wird mit dieser ihm töricht ergebenen Menge in andere Gebiete dringen und wird allda die vorgefundenen Menschen durch seine ihm ergebenen Narren gewaltsam zwingen, vor ihm sich zu beugen, und wird misshandeln und gar töten diejenigen, die sich da vor ihm nicht werden beugen wollen.

8. Ja, ein solcher wird es so weit treiben, dass ihm die ergebenen und ihn hochachtenden Brüder sogar werden müssen von allem, was sie mit ihren Händen gewinnen werden, einen bedeutenden Teil als Steuer ihrer törichten Hochachtung zollen!

9. Also werden Könige und weltliche Machthaber in aller Grausamkeit entstehen und werden zu Tode erdrücken ihre Brüder, die da töricht genug waren, sie anfänglich etwa irgendeines hervorragenden Talentes wegen höher zu halten, als was es in der göttlichen Ordnung gewesen wäre.

10. Also sollen wir Gott geben, was Sein ist, und dem Brudermenschen, was ihm gebührt!

11. Ehre, Hochachtung, Demut, Lob, Preis, Dank, Liebe und Anbetung gebührt von uns aus nur Gott allein; wir gegenseitig aber sind lauter Brüder und sollen uns darum gegenseitig nicht mehr und nicht weniger lieben, als ein jeder sich selbst liebt. Denn darinnen liegt der alles ordnende und alles ausgleichende Waagebalken, dass wir uns gegenseitig gerade also verhalten und begegnen, wie sich ein jeder zu sich verhält und sich selbst begegnet.

12. Wo immer von dieser geraden Linie abgewichen wird, da auch wird die göttliche ewige Ordnung gebogen und gar leichtlich gebrochen, indem der Mensch dem Menschen bieten wird, was allein nur Gott er schuldig ist.

13. Da aber solches geschehen wird, da auch wird der Same gelegt werden, aus dem alles Unheil über die ganze Erde erwachsen wird.

14. Denn wahrlich, sage ich euch, keine Sünde, wie diese, wird schon auf der Erde also blutig, wie es unter eurer Herrschaft schon gar oft der Fall war, gezüchtigt werden!

15. Daher, liebe Brüder, wollen wir auch ein ganz anderes Königtum einführen! In diesem Königtum wird der König sein ein Leiter und Lehrer der Brüder, aber durchaus kein Herr und Gebieter.

16. Ein solcher König wird sein nach der Ordnung Gottes und wird keiner weltlichen Macht bedürfen, sondern die Macht und Kraft der göttlichen Liebe, Weisheit und Ordnung wird in seinem Geist wohnen, und aus dem Geist heraus wird er leicht und hinreichend mächtig seine Brüder zu allem Guten und Wahren zu leiten imstande sein.

17. Solches also beachtet wohl, und fallt daher nicht vor uns, wie auch vor niemand anderem eures- und unseresgleichen nieder, so werdet ihr ein Segen dem Volk sein; lasst aber auch niemanden vor euch sich beugen, so werdet ihr die Völker segnen!

18. Und nun begeben wir uns in den Speisesaal, denn das Mahl ist schon vollends bereitet.

19. Denkt aber nicht an die Versuchung, sondern seid heiteren Mutes; denn der Sieger soll sich des Sieges freuen, aber nicht traurig sein über denselben!

20. Und so denn lasst uns gehen! Amen."

Kapitel 202

Thubalkains Brautwahl und Hochzeit

Am 1. Dezember 1842

1. Und alle begaben sich darauf in den Speisesaal. Als sie da anlangten, fanden sie alles auf das Festlichste geschmückt. Neun runde Tische, mit schönem Flechtwerk geziert, waren wohl besetzt mit zierlichen, gut gefüllten Speisekörben.

2. In der Mitte der neun Rundtische aber befanden sich noch zwei Tische von einer etwas länglichen Form; auf diesen war das wohlgebratene Fleischwerk gestellt nach zierlich guter, alldort üblicher Art.

3. Und die Gäste setzten sich zu den Tischen, dankten und lobten Gott und aßen und tranken wohlgemut. Als sie nach Bedarf von den Früchten genossen hatten, da erhob sich der Kisehel, wandte sich an den Thubalkain und sagte:

4. „Nun, Bruder Thubalkain, ist die bedungene Reihe an dir, zu wählen dir aus diesen wohlgestalteten und zierlichst geschmückten Mägden und Weibern eine Braut und Gattin zu deiner Zufriedenheit, vorausgesetzt, dass du deine Sinnesart nicht anders gewendet hast!

5. Denn siehe, das Braut- und Hochzeitsmahl ist bestellt – ein Lamm für deinen Vater Lamech, und ein Kalb für dich und deine Braut!"

6. Diese Anrede gefiel dem Thubalkain gar wohl, und er sprach daher: „Nun sehe ich erst ganz vollkommen, dass da die Versuchung ein vollkommen leerer Trug war;

denn die Naëme, die wahre Naëme, lebt sicher ein besseres Leben als ein solches, das da wäre ein allerschroffster Gegensatz zu Gott, auf den sie heimlich doch hier schon so viel gehalten hat!

7. Ja, – wäre sie ein solcher Gegensatz zu Gott, so hätte ihr Fuß sicher niemals die Höhe, die Wohnung der Kinder Gottes, erreicht, und es hätte sie auch kein Hored angerührt! Solches alles aber ist geschehen, wie wäre es da wohl möglich, dass unser voriges Trugbild die fromme Naëme sein sollte?!

8. Also bin ich nun völlig heiter und voll Freude und will daher ohne weiteres Bedenken deinem Rat folgen!

9. Denn nun sehe ich, dass ihr keine Verräter an uns seid, sondern wahrhaftige Freunde und mächtige Gesandte Gottes! Also will ich um euretwillen auch allzeit Gott loben und preisen, darum Er also gnädig und barmherzig ist; und so denn geschehe euer Wille aus Gott zu meinem Frommen!"

10. Hier stand der Thubalkain auf und begab sich hin zu den Mägden, besah sie alle wohl und fand eine darunter, die ihm wohlgefiel, wählte sie und führte sie vor den Kisehel. Als er aber mit ihr sich dem Kisehel nahte, da hielt die Gewählte plötzlich inne und wollte nicht mehr weitergehen.

11. Und der Thubalkain fragte sie und sagte: „Da du dich von mir hast erwählen lassen, was ist es nun wohl, dass du dich nicht willst mit mir vollends hin zum Gesandten des allmächtigen Gottes begeben, damit er uns segne?"

12. Und die Gewählte aber erwiderte ihm darauf ganz barsch: „Wozu sollte uns sein Segen wohl dienlich sein? Haben nicht viele tausend Weiber von allen Zeiten her empfangen und geboren ohne solch einen

Segen? Warum sollen denn nun gerade wir eine Ausnahme machen?

13. Willst du dich aber zu einem ewigen Sklaven Jehovas segnen lassen, so tue das allein; ich aber werde frei verbleiben und dir zeigen, dass ich auch ohne einen solch dummen Segen Kinder gebären kann!"

14. Hier erstaunte der Thubalkain vor solch einer Frechheit, ließ die Gewählte stehen und begab sich allein hin zum Kisehel. Dieser aber wusste wohl, was ihm der Thubalkain vorbringen werde, und sagte darum sogleich zu ihm:

15. „Bruder Thubalkain, siehe, du hast eine arge Wahl gemacht; solches weiß ich aus dem Grunde. Ich sage dir aber, wähle du mit Gott, da wirst du auf keine solche mehr kommen, die da gar nicht lange schon über die Zahl der Gerechten steht!

16. Siehe, mit dieser deiner Gewählten verhält es sich wie mit der früheren Trug-Naëme! Daher gehe hin, spucke ihr ins Angesicht, und wähle dir sogleich eine andere!" Und der Thubalkain tat alsbald solches.

17. Die arg Gewählte verschwand alsbald, und eine Neugewählte folgte, Gott lobend und preisend, alsogleich dem Thubalkain hin zum Kisehel.

18. Dieser segnete sie im Namen Jehovas, und der Thubalkain ward heiteren Mutes, lobte und pries mit seinem neuen schönen Weib Gott und lud endlich alle, teilzunehmen an seinem Hochzeitsmahl.

19. Und alle begaben sich zu den zwei Brauttischen, segneten dieselben und aßen und tranken mit dem neuen Paar.

20. Also ward dem Thubalkain der bedungene Lohn wohlgesegnet gegeben.

Kapitel 203

Rebellion gegen Lamech und Stürmung des Palastes

Am 3. Dezember 1842

1. Als sie aber noch alle also fröhlich untereinander sich unterhielten über die Führungen Gottes und die Boten so manches erzählten, was höchst Liebewunderbares sich auf den Höhen zugetragen hatte, und wie der Herr unter ihnen gewandelt ist und hat sie belehrt über das ewige Leben des Geistes, und wie die Liebe im Herzen des Menschen zu Gott an und für sich eigentlichst das ewige Leben einzig und allein ausmacht, siehe, da entstand auf einmal in den Gassen der großen Stadt Hanoch ein gewaltiger Tumult! Gar bald vernahm man Stimmen, und diese lauteten: „Fluch dem Lamech, Fluch allem seinem Anhang!

2. Tod und Verderben seinem ganzen Haus; denn er hat sich auf schändliche Weise berücken lassen und hat uns alle verraten an die Gebirgsbestien!

3. Darum soll er sterben eher als wir! Schon entstürzen Scharen riesenhafter Streiter von allen Seiten her den Bergen; sie kommen, um uns zu vertilgen! Ja, ja, um uns alle auszurotten, kommen sie erschrecklich herbei!

4. Darum aber sollst du, elender Lamech, auch eher noch unter unseren Händen büßen, dieweil du uns also schändlichst in die Hände der Mörder überantwortet hast!

5. Deine Gebirgsleibwache soll dir nun wenig mehr helfen; vernichtet musst du sein samt deinem Anhang und samt deiner neuen Leibwache!"

6. Auf solch eine löbliche Proklamation ward der Tumult noch stärker, und eine große Menge von Rebellen fing an, in den Palast Lamechs mit Keulen und anderen Waffen zu dringen. Bald vernahm man ein starkes, vielfaches Traben, Schelten und Fluchen und Schlagen über die Treppen des Palastes; näher und näher drang solcher todbringende Tumult und Lärm.

7. Der Lamech und der Thubalkain erschraken darüber so sehr, dass sie darob beinahe aller Besinnung ledig wurden; auch die Weiber und Mägde samt dem neuen Weib Thubalkains erschraken so allgewaltigst darüber, dass sie darob schrien und bebten.

8. Der Kisehel aber sagte darauf mit starker Stimme zum Lamech: „Bruder Lamech, was ist dir, darum du also dastehst und zagst wie einer, dem das Messer schon an die Kehle gelegt wäre?!

9. O du törichter Mensch! Hast du denn nicht erfahren, wie viel dir alle deine Macht, gegen mich gehalten, genützt hat?! Mussten nicht Hunderte vor unseren Blicken wie erstarrt ihre Waffen von sich werfen, mussten sich fügen unseren Worten?!

10. So du die göttliche Kraft an uns also erfahren hast, wie magst du dich denn nun gar so entsetzen vor diesem Tumult?

11. Daher ermanne dich, und sei heiteren Mutes! Lasse die Rebellen erst heranrücken, und wenn sie dich werden samt uns im Ernst überwältigt haben, dann erst entsetze dich! Solange aber solches mitnichten der Fall ist, so lange auch sei ruhig, und vertraue auf Gott lebendig; denn Seine Macht ist größer denn die Macht aller blinden Rebellen der Erde! Also ermannet ihr euch alle! Amen."

12. Nach dieser Rede fing der Lamech samt den übrigen wieder an, freier um sich zu blicken, und sagte endlich:

13. „O Freunde! Zürnt mir nicht, darum ich mich in eurer Gegenwart also entsetzen mochte; es hat aber ja solch ein plötzlich entstandener Lärm schon an und für sich etwas Erschreckliches – und sicher Erschrecklicheres noch, so er begleitet ist mit solchen Drohungen! Darum ist es uns schwachen Kindern der Tiefe ja auch gar wohl zu verzeihen, so wir von einer großen Angst befallen werden bei einer solchen Gelegenheit; doch nun soll den Lamech nichts mehr erschrecken, nicht einmal der Tod selbst!

14. Denn von nun an will ich mein ganzes noch übriges Leben hindurch ein Kämpfer gegen ihn sein, und will allzeit kämpfen für die Verherrlichung des göttlichen Namens!"

15. Und der Kisehel erwiderte ihm: „Bruder, also erst gefällst du mir ganz, denn also bist du ein vollkommener Bruder zu mir! Siehe aber, die Rebellen kommen; mache dich daher auf, und ziehe allein gegen sie, und du sollst ihnen allen ein gewaltiger Sieger sein!

16. Denn sie sollen nun vor dir wie Staub und Spreu auseinanderfliehen; und so denn erhebe dich! Amen."

Kapitel 204

Der Kampf mit den Rebellen

Am 5. Dezember 1842

1. Es hatte aber der Kisehel kaum noch den Lamech darauf aufmerksam gemacht, dass er merken solle auf die Rebellen, wann sie zur Tür hereinbrechen werden,

so waren sie auch schon da, in aller Wut entbrannt.

2. Als der Lamech solche grimmsprühenden Gesichter ersah und ihr furchtbares Geheul vernahm, da entsetzte er sich abermals also heftig, dass er darob nahe bewusstlos auf den Boden dahinfiel und kaum noch während seines Hinstürzens ausrief: „Wehe mir! Ich bin verloren!"

3. Nur der Thubalkain blieb diesmal standhaft, stellte sich der eindringenden Masse standhaft entgegen und schob sie kräftig zu mehreren Malen zurück.

4. Da sich aber die Masse durchaus nicht besiegen ließ, so fragte sie der Thubalkain ganz donnerernstlich und sagte: „Was wollt ihr denn haben von uns? Warum dringt ihr also auf uns ein?"

5. Die Masse aber schrie: „Nichts – als euch und euer verfluchtes, schändliches Leben!"

6. Nach solcher Äußerung erhob der Thubalkain seine Hände, wie sein Herz, empor zu Gott und sprach: „O du allmächtiger, gerechter, heiliger Gott, Vater und Schöpfer aller Dinge! Verleihe mir jetzt die rechte Kraft und Stärke, auf dass ich dadurch vermöchte, diese Ruhestörer wieder zur gerechten Ordnung zurückzutreiben!"

7. Nach solchem gewaltigen Ausruf trat alsbald der Kisehel an die Seite des Thubalkain und sprach zu ihm: „Thubalkain, mein Bruder! Höre, der liebevollste, heilige Vater hat wohl vernommen dein Flehen und hat erhört deine Bitte! Darum sei voll Trostes und Mutes, denn bald wirst du die Kraft Gottes in uns und in dir erfahren!

8. Nun aber ziehe aus gegen die argen Meuterer, und schlage sie mit deinem Wort aufs Haupt! Amen."

9. Der Thubalkain aber hatte gar wohl gemerkt, wie die Kraft aus Gott über ihn ist gekommen; und so denn richtete er sich auf und sprach mit starker Stimme zu den Rebellen:

10. „Hört, ihr Meuterer an den heiligen Rechten Gottes! Gegen wen habt ihr euch entboten zu kämpfen? Gegen Gott ist euer böses Herz gerichtet, gegen Ihn seid ihr mit Keulen, Spießen und Knitteln ausgezogen!

11. O ihr armseligsten Kämpfer! Habt ihr je schon erfahren die Macht des allerhöchsten, allmächtigen Gottes?!

12. Ihr schreit: ‚Nein, was haben wir mit der zu tun!'? Wir wollen nur euch und euer Leben!' Ich aber sage euch: Jetzt habt ihr es mit der Kraft und Macht Gottes zu tun; darum bedenkt euch wohl, bevor ihr vollends eure Mordwerkzeuge gegen und über uns erhebt!

13. Denn wahrlich, wahrlich, sage ich euch allen im Namen des allmächtigen Gottes, so ihr nicht alsbald euch umkehrt, da wird es euch ergehen wie jemandem, der da gefallen wäre in den Trichter eines wütendst stark brennenden Berges; zu Staub und Asche soll der werden, der als erster wagen wird, seine Keule gegen uns zu erheben!

14. Nun wisst ihr, gegen wen ihr zum Kampf ausgezogen seid, und was für ein Los euer harrt! Tut nun, was ihr wollt, ihr habt den freien Willen; nach der Tat aber wird auch genau euer Kampfpreis bemessen sein!"

15. Nach diesen Worten fingen die Rebellen erst recht an, zu toben und zu fluchen, so dass solcher Lärm den Lamech wieder erweckte.

16. Als er aber wieder zu sich kam, da erst ergrimmte er über die Rebellen und schrie laut: „Mächtige Brüder und

Freunde! Vernichtet sie, diese Wüteriche gegen Gott!"

17. Der Kisehel aber sagte ganz gelassen darauf zum Lamech: „Bruder, ereifere dich nicht vergeblich; denn Gott ist nicht wie ein Mensch, dass Er möchte alsbald vernichten Seine Werke, – sondern das ewige Gesetz Seiner ewigen Ordnung lautet und heißt: ewige Erhaltung aller geschaffenen Dinge!

18. Diese aber haben nun vom Thubalkain ein Gesetz empfangen, und solches wurde geheiligt von oben. Wer aus ihnen dem zuwiderhandeln wird, der wird auch alsbald sein Gericht finden; daher magst du ja ruhig sein! Amen."

19. Ein Meuterer aber schwang alsbald seine Keule über den Kisehel; aber im Augenblick ergriff ihn ein Feuer und verzehrte ihn im Angesichte aller zu Asche. Dieses machte alsbald all die anderen stutzen, und einer um den anderen fing an, sich ganz bescheiden zurückzuziehen.

20. Einige fluchten noch, andere aber ermahnten sie zur Reue. Und so hatte dieser Aufstand bald ein Ende, und Ruhe trat wieder an seine Stelle.

Kapitel 205

Kisehels Rede über die Versuchungen und die Nichtigkeit der Welt

Am 6. Dezember 1842

1. Nachdem sich somit der Tumult gelegt hatte und Ruhe und Ordnung an seine Stelle trat, da fielen der Lamech und der Thubalkain auf den Boden nieder und lobten und priesen Gott, darum Er solche Kraft allgnädigst dem Menschen verliehen hat, und baten Ihn, dass Er mit solch Seiner heiligen Kraft sie nimmerdar verlassen möchte, sondern stets bei ihnen verbleiben durch ihr ganzes Leben lang, und möchte mit solcher Gnade ja auch ihre Nachkommen segnen und sie gnädigst fort und fort erhalten in derselben.

2. Nach diesem Lob, Dank und nach solcher Bitte begab sich der Kisehel hin zu den beiden noch am Boden Liegenden, richtete sie auf, und sagte dann zu ihnen:

3. „Freunde, Brüder, der heilige, liebevollste Vater hat eine rechte Freude an euch, dessen könnt ihr vollends versichert sein; denn ihr habt nun drei starke Proben eurer angetretenen Treue gegeben.

4. Doch, glaubt es uns, solange wir Menschen dieses sterbliche Fleisch umhertragen, so lange auch tragen wir unsere sich stets erneuernden Versuchungen umher und sind darum nicht sicher also, dass wir sagen können: Nun hat es ein Ende mit den Versuchungen!

5. Ja, je mehr wir uns der Vollendung nähern, desto mehr werden wir auch stets gewahr, dass unser Fleisch, die Welt und der Ehrgeiz unseres fleischlichen Herzens dem lebendig wach werden wollenden Geist stets neue Steine unter die Füße legen, damit er nur wieder fallen möchte zurück in seinen ursprünglichen Todesschlaf!

6. Allein, sollen wir darum etwa ängstlich und kleinmütig werden?

7. O mitnichten, meine lieben Freunde und Brüder! Denn eben darinnen liegt ja die große erbarmende Liebe des heiligen, überguten Vaters in den Himmeln; denn durch solche Prüfungen werden wir ja fürs Erste geweckt in unserem Geist und sodann wach erhalten bis zur gerechten Zeit, in welcher dem Geist ein neuer, ewiger Tag werden wird, in dem er von keinem Schlaf

und somit auch von keiner Versuchung mehr belastet wird!

8. Dieser glückliche Zustand wird einst nach dem Abfalle des Leibes sicher erfolgen, kann aber auch schon beim Leibesleben des Menschen gerechter Anteil werden, der da sich in allem den göttlichen Willen zur ausschließend alleinigen Richtschnur genommen hatte.

9. Wie aber kann solches geschehen? Auf die leichteste Art von der Welt! Man achte nur alle Welt für nichts, Gott aber allein über alles; man liebe nichts, was nur immer der Welt ist, sondern Gott allein über alles, und erfasse aus dieser heiligen Liebe heraus alle seine Nebenmenschen als Brüder und Schwestern, und die ganze, schwer scheinende Lebensaufgabe ist vollends gelöst!

10. Wenn da aber jemand dagegen einwenden möchte und sagen: ‚Ja, solches ist leichter gesagt – als vollends gerecht getan!', dem sage ich nichts als das: Freund, was hast du denn soviel Gutes an der Welt, darum du sie also achtest und liebst, und scheust, sie zu treten mit deinen unsterblich werden sollenden Füßen?

11. Siehe, nichts als eine kümmerliche Stopfung deines Magens und Bauches, eine elende Decke über deine Haut, einen fluchbeladenen Dienst von Seiten deiner Brüder und Schwestern, und endlich nach kurz abgelaufener Zeit den zeitlichen und ewigen qualvollsten Tod!

12. Siehe, das also sind alle die Vorteile, welche uns die nichtige Welt bietet!

13. Sagt mir, sind sie wohl wert, dass ein Mensch auch nur ihrer gedenkt?

14. Wer sie, die Welt nämlich, also nur einmal recht ins Auge fasst, wie leicht ist es ihm dann alsbald umzukehren, aller Welt den Rücken zuzuwenden und zu folgen

munteren und überfröhlichen Herzens dem heiligen Ruf des ewigen, heiligen, liebevollsten Vaters in und aus den Himmeln des ewigen, allerseligsten Lebens!

15. So du hättest einen Traum, in dem du so recht von allen Seiten als ein förmlicher Gott geachtet warst, und hast gegessen die süßesten Leckerbissen, und hattest dann die schönsten und reizendsten Beischläferinnen; so du aber wach geworden bist, möchtest du dann seufzen nach dem Traum?

16. Ein Narr wohl täte das; ein Weiser aber weiß es, dass es nur ein eitler Traum war, und wird daher nicht seufzen.

17. Also ist es aber ja auch mit der Welt; sie ist nichts als ein eitel leerer Traum, der alsbald vergeht, sobald der Geist erwacht ist im neuen Tag! Daher haltet nicht mehr an der Welt, die nichts ist, so werdet ihr auch alle ihre Versuchungen ebenso leicht besiegen, wie das Erwachen am Tag leicht besiegt alle eitlen Träumereien der Nacht!

18. Solches achtet, und tuet danach, so wird das ewige Leben euer Anteil sein, – nun aber seid wieder fröhlich und heiter! Amen."

Kapitel 206

Das rätselhafte Wesen der Begierde und Versuchung

Am 9. Dezember 1842

1. Nachdem ward wieder alles heiter und voll Munterkeit, nur der Lamech konnte sich noch nicht so recht fassen und schien voll Gedanken zu sein.

2. Da aber der Kisehel solches gar wohl merkte, so nahte er sich dem Lamech und fragte ihn: „Bruder Lamech, was alles

verarbeitest denn du noch in dir? Sage es mir geradeheraus, was es ist, das dich noch also beschäftigt! Scheue dich nicht, denn nun sind wir ja Brüder und müssen sein eines Sinnes! Darum sage mir nur ganz unverhohlen, was deine Seele noch also gewaltig geschäftig macht, nach deinem Willen! Amen."

3. Und der Lamech, eine kurze Zeit nachsinnend und seine Gedanken ordnend, sagte endlich: „Mächtiger Freund und Bruder! Siehe, du hast nicht unrecht, da du mich also fragst; denn gar starke Zweifelgedanken treiben sich in meiner Seele umher, und ich weiß es im Ernst nicht, was ich da aus denselben machen soll!

4. Du wirst mir darüber sicher die beste Auskunft zu geben imstande sein!

5. Und da du mich schon darum gefragt hast, so will ich denn auch alsogleich dir meinen Hauptkummer nun kundgeben, – und so vernehme es, denn also lautet das Wesen meiner Gedanken:

6. Siehe, ich kann mir alle die steten Versuchungen nicht wohl zusammenreimen und habe dagegen folgende Gedanken: Ich habe mein Leben hindurch viel Überarges getan; warum aber habe ich es denn getan?

7. Weil ich nicht anders habe handeln können; mein Gemüt, meine ganze Natur war ja also beschaffen, dass ich also ja habe handeln müssen!

8. Denn zu jeder Handlung ergriff mich eine heftige Begierde, welcher ich so wenig zu widerstreben vermochte als einem heftigen Sturm der Elemente!

9. Wer aber hat in mir solche arge Begierde erschaffen; wer die zügellose in meine Brust geschoben? Habe ich solches getan? Oder konnte ich wohl solches tun?

Da ich doch nicht einmal im Allergeringsten weiß, was da die Begierde ist für ein Ding in mir, und woher sie kommt!

10. Zufolge solcher Begierde verrichte ich alle meine Taten; kann ich aber dafür, dass ich sie verrichtet habe? Ward ich nicht getrieben aufs Heftigste von solch meiner Begierde dazu!? In dieser Begierde liegt aber ja alle Versuchung!

11. Wenn aber der Mensch durch solch eine unbesiegbare Kraft in sich selbst versucht wird und kann mit seiner eigenen Schwäche nicht einer Versuchung Meister werden; sage mir demnach, wer dann der eigentliche Schuldträger ist, wenn der Mensch der mächtigen Versuchung unterliegt!

12. Und so der Mensch aber unmöglicherweise solche Kraft hat, dass er der Versuchung widerstehen möchte, wofür ist dann die Versuchung, was ist ihr Endzweck?!

13. Siehe, mächtiger Freund und Bruder, das sind meine Gedanken! Gebe mir darüber nur einen kurzen Aufschluss, und ich will mein ganzes Leben lang nicht einen Gedanken mehr dieses Zweifelpunktes würdigen!"

14. Und der Kisehel erwiderte dem Lamech darauf folgendes: „Bruder Lamech! Leichteres gibt es wohl nicht leichtlich für den Geist zu begreifen – denn gerade dieses!

15. Siehe, ich setze den Fall, es wäre dir auch möglich, einen willensfreien Menschen zu erschaffen! So du es wolltest, da wäre er auch schon da; du hättest ihn ausgerüstet mit allerlei Talenten und Fähigkeiten und möchtest dann zu ihm sagen:

16. ‚Nun, du mein aus meiner Kraft erschaffener Mensch, ich sage dir, du bist frei und kannst tun, was du willst!' Wird jetzt

dieser von dir erschaffene Mensch im Ernst schon frei sein? O nein, denn er weiß ja noch nicht, was die Freiheit ist!

17. Er wird auch gar nicht zu handeln anfangen zufolge der Talente und Fähigkeiten in ihm, sondern wird dastehen wie ein mit Wasser angefülltes Gefäß, voll – wenn auch des allerreinsten Wassers. Was wirst du wohl tun müssen, um ihn freitätig zu machen? Du wirst ja doch auch müssen ihm eine Handlungsbegierde einhauchen.

18. Wenn er nun solche in sich haben wird, so wird er zwar alles also ergreifen, wie ihn die Begierde ziehen wird, – wird aber solch ein Handeln auch ein freies und geordnetes sein? Du sagst: ‚Mitnichten!‘

19. Nun gut; damit aber sein Handeln ein freies und geordnetes werde, wird da nicht nötig sein, ihm durch Gesetze anzuzeigen, was er tun oder nicht tun soll?!

20. Wenn du aber die Gesetze streng in ihn legen wirst, so wird er handeln wie ein Tier.

21. Wirst du sie zu laß [lasch, kraftlos] legen, das heißt ohne Sanktion, so werden sie ihn nicht anfechten.

22. Also wirst du sie müssen sanktionieren, und der Mensch wird dann erst anfangen, das Rechte vom Falschen, oder das Ordentliche vom Unordentlichen zu unterscheiden.

23. Damit er aber dann tätig werde und ein freier Geist, so werden von deiner Seite ihm doch auch müssen solche Gelegenheiten bereitet werden, in denen er seine freie Tatkraft wird versuchen können, – und siehe, diese Gelegenheiten sind aber nichts anderes als die von dir so scharf bedachten Versuchungen!

24. Und so muss uns ja Gott auch solche Versuchungen zukommen lassen, sonst würden wir ja gleich sein entweder den Steinen, oder den Bäumen, oder den Tieren!

25. Gott aber will, dass wir freie Menschen sein sollen, also muss Er uns ja dann auch stets Gelegenheiten bereiten, durch welche wir wahrhaft frei werden können!

26. Die Versuchungen aus der Welt und unseren Begierden aber sind ja solche Gelegenheiten! Daher sei nur ruhig, und betrübe dich fürder nicht mehr; in deinem Geist aber wirst du erst dieses Rätsel völlig gelöst finden!

27. Und so sei fröhlich mit uns allen! Amen.“

Kapitel 207

Lamechs Traurigkeit, weil der Mensch Gott nichts Verdienstliches tun kann. Die Demut als Anfang der reinen Liebe

Am 10. Dezember 1842

1. Nach dieser Rede Kisehels ward der Lamech zwar wohl um vieles heiterer, aber dennoch also wie jemand, der da den besten Willen hat, recht fröhlich zu sein, kann aber dabei dennoch nicht verbergen, dass er einen sehr engen Schuh am Fuß hat, der ihn fortwährend drückt.

2. Solchen Zustand merkte wieder alsobald der Kisehel, nahte sich dem Lamech und sagte dann zu ihm: „Höre, Bruder Lamech, ich muss es dir sagen, dass du noch durchaus nicht frei bist in deiner Seele!

3. Heimlich verarbeitest du noch so manches und magst damit zu keinem Ende gelangen; sage mir, wo es dich noch drückt, und ich will dir ja überall gerne Licht verschaffen und mit der Gnade des Herrn helfen aus jeglicher Not!“

4. Und der Lamech wandte sich gar freundlich zum Kisehel und sprach: „Mächtiger Freund und Bruder, ich lobe und preise nun Den, der da ewig lebt, dessen Gewalt kein Ende hat, und dessen Reich und allmächtige Herrschaft unendlich ist und währt ewiglich für und für!

5. Ja, ich, Lamech, ehre, lobe und preise nun Den, gegen welchen alle, die da auf der Erde wohnen und mächtig sind, als pur nichts zu rechnen sind!

6. Denn Er macht es, wie Er will, sowohl mit den Kräften im Himmel, als auch mit denen auf der Erde, und niemand kann Ihm wehren und niemand Ihn fragen und sagen zu Ihm: ‚Was machst Du, Allmächtiger?‘

7. Denn Er ist ein alleiniger Herr und kann tun, was Er will. Wen Er will züchtigen, den züchtigt Er; wen Er demütigen will, den demütigt Er; den Er versuchen will, den versucht Er.

8. Dem Er die Sünde vergeben will, dem vergibt Er sie ohne Vorhalt; so Er jemanden töten will, so tötet Er ihn, wann Er will, und braucht nicht zu ihm zu sagen: ‚Morgen will ich dich töten!‘, sondern wann Er will; und niemand kann Ihn zur Rechnung ziehen und niemand Ihn richten, denn Er ist erhaben über alle Himmel und über alle Menschen der Erde!

9. Siehe, Bruder, solches alles weiß ich nun! Aber es ist mir mit allem dem dennoch nicht viel geholfen; denn ich kann nun denken, wie ich nur kann und mag, so kommt am Ende dennoch nichts anderes heraus als: Gott allein ist alles in allem, wir alle zusammengenommen aber sind eitel nichts gegen Ihn!

10. Das Einzige, dass wir Ihn nämlich lieben, ehren, loben und preisen können und dürfen, ist etwas im Anbetracht unter uns nur; aber im Anbetracht Seiner allmächtigen, unendlichen und ewig göttlichen Wesenheit ist es eben auch nichts! Denn so wir, alle Menschen und Tiere der Erde und alle Kräfte der Himmel, gegen Ihn nichts sind, was sollte Ihm demnach unsere Liebe, unser Lob, unsere Ihm gegebene Ehre und all unser Preisen sein?!

11. Also können wir Ihn im eigentlichen Sinne auch gar nicht lieben, nicht loben, nicht ehren und nicht preisen, sondern da wir solches tun, so tun wir es nur im Anbetracht unserer eigenen Wohlfahrt! Denn wer mag Gott erhöhen, da Er von Ewigkeit der Allerhöchste ist?

12. Wer kann Gott durch sein Lob verherrlichen, Ihn, vor dem Himmel und Erde nichts sind?! Wer kann Ihn lieben, Ihn, die unendliche Macht, Kraft und Gewalt?! Wer Ihm ein gerechtes Opfer darbringen, Ihm, dem alles ist ein urewiges Eigentum?!

13. Also tun wir solches alles ja nur rein unsertwegen und können im eigentlichen Sinne wegen Gott ja doch unmöglich etwas tun!

14. Und doch möchte ich solches alles nur wegen Gott tun – und nicht auf diese Art notgedrungen nur wegen meiner Wohlfahrt!

15. Wie aber ist solches möglich, von diesem wahren Standpunkt aus betrachtet?

16. Ich sehe nun gar wohl, dass alle die Versuchungen allein von der großen Gnade Gottes abhängen und wir dafür Ihm nur ewig danken können, darum Er unser also gedenkt, Er, der unendliche, ewige Gott!

17. Dass wir Ihm aber dagegen gar nichts tun können, siehe, das bedrückt nun meine Seele, macht traurig mein Herz!

18. O Bruder, solches kannst du also nicht in der Tiefe und Fülle empfinden wie ich, der große Schuldner! Warst du auch ein Schuldner, so warst du es aber dennoch nicht in dem Umfang, wie ich es war, und so kannst du auch, wie gesagt, das nicht so sehr empfinden wie ich, was das heißt, ein Schuldner zu sein und für die Schuld keinen Ersatz bieten zu können!

19. Nun weißt du alles, was mich drückt; rate mir daher, so du es kannst, oder so es dir möglich ist!"

20. Solche Rede machte den Kisehel stutzen, und er wusste im Ernst sich anfangs nicht alsogleich zu fassen; als aber zu dem Behuf wieder Mein Geist über ihn kam, da vertröstete er den Lamech alsbald mit folgenden Worten:

21. „O Bruder Lamech, was du nun empfindest, das empfanden wir alle lange schon und empfinden es jetzt umso lebendiger, da du es mit uns empfindest; aber dabei wissen wir aber solches aus des Herrn eigenem heiligen Munde, dass Ihm eben gerade der Dank von unserer Seite am angenehmsten ist, so wir unsere vollste Nichtigkeit gegen Ihn begreifen!

22. Wenn du keine Worte mehr findest in dir, Ihm zu danken, und kein vollends würdiges Opfer für Ihn, so bist du ein rechter Danker, Preiser und Anbeter Gottes, des heiligen Vaters!

23. Siehe, das ist die rechte Demut, und diese ist der Same fürs ewige Leben in Gott.

24. Sie ist der Anfang der reinen Liebe, diese aber das ewige Leben selbst.

25. Darum sei nun überfroh und heiter, denn gerade in dem hast du eben jetzt den ewigen Geist des wahren, ewigen Lebens überkommen!

26. O Lamech! Bruder! Meine Freude über dich ist groß geworden!

27. Bleibe also, so wirst du leben ewig, ewig, ewig! Amen."

Kapitel 208

Lamechs Gelübde und Liebesbund mit dem Herrn

Am 12. Dezember 1842

1. Als der Lamech vom Kisehel solches vernommen hatte, da ward er überfroh und heiter und sagte darauf zum Kisehel: „Mächtiger Freund und Bruder! Dem allmächtigen, ewigen Gott und Schöpfer aller himmlischen Kräfte, dieser Erde, und alles dessen, was in ihr, auf ihr und über ihr ist, lebt, atmet und denkt, sei ewig alle meine Liebe, Ehre und Anbetung dafür, dass Er also barmherzig ist und also überaus gnädig, dass Er nun durch dich zu mir geredet hatte und hat mir gezeigt des Lebens rechten Weg!

2. Denn jetzt erst bin ich vollends hergestellt und weiß, wie da die Dinge stehen.

3. Darum aber wird von nun an auch der Lamech alle seine Kräfte aufbieten, an allen den noch Lebenden das gutzumachen, was er mit und an ihnen Arges vollzogen hatte.

4. Solches alles gelobe ich, Lamech, euch allen jetzt bei dem allerheiligsten, lebendigen Namen des Allerhöchsten!"

5. Und der Kisehel sagte darauf zum Lamech: „Höre, Bruder Lamech, der Herr hat dich nicht aufgefordert, auf dass du Ihm ein Gelübde machen sollst; da du aber somit freiwillig Gott deine Treue gelobt hast, so hast du damit mit Ihm, dem allerheiligsten Vater, einen festen Liebesbund

geschlossen! Er hat ihn angenommen; darum auch wird Er dich stärken, aber dabei nicht unterlassen, dich nach dem gerechten Maße zu prüfen, damit du stets eine Menge Gelegenheiten haben sollst, deine Ihm gelobte Treue stets mehr und mehr zu befestigen.

6. Bleibe daher deinem Bund getreu; der Herr wird dir alle Wege vorzeichnen, welche du zu wandeln wirst haben in Seinem allerheiligsten Namen!

7. Welche Schwierigkeiten sich dir auch immer entgegenstellen möchten, so sollst du sie aber dennoch nicht ansehen, sondern allzeit handeln nach dem Willen des Herrn, und sei gläubig versichert, der allmächtige, heilige Vater wird dir jedes Unternehmen in Seinem Namen segnen und vollends gelingen machen!

8. Siehe, es war keine kleine Aufgabe für uns, dich, lieber Bruder, von deinem Untergang zu retten; allein der Herr war mit uns, und du stehst nun da, uns wohl der herrlichste Lohn für alle unsere Angst, Mühe und Arbeit! Denn wir hatten nicht nur mit dir, sondern mit einem bei weitem ärgeren und mächtigeren Feind zu kämpfen gehabt, als du selbst es warst; und dieser war der große, dir unsichtbare, alte Fürst der Lüge, der Selbstsucht, aller List und alles Truges, der abgesagteste Feind Gottes, der da vom Anbeginn mehr sein wollte als Gott.

9. Da ihn aber Gottes Macht gestürzt hat, so ist er voll Grimm und denkt und sinnt nun nach nichts anderem, als wie er nur immer könnte Gott einen Schaden zufügen!

10. Dieser große Feind ist nun noch sehr mächtig, und sein Reich ist noch maßlos groß; denn er weiß es gar wohl, wie groß die göttliche Vaterliebe und Geduld ist, sündigt darauf los zu jeder Zeit, darum ihm Gottes Erbarmung noch den freien Willen belassen hatte, wie sein Reich.

11. Und siehe darum, lieber Bruder, mit diesem Feind hatten wir zuerst zu tun und mussten zuvor seiner vollends Meister werden, bevor wir uns dir erst haben nahen können, um dich zu retten; also haben wir um dich einen großen und überstarken Kampf zu bestehen gehabt!

12. Auf dieselbe Art wirst auch du, lieber Bruder, allzeit einen starken Kampf zu bestehen haben; aber sei allzeit deines heiligen Bundes mit Gott vollends eingedenk, und verbleibe demselben allzeit vollends treu, so wirst du siegen über jede Gefahr und wirst am Ende als ein mächtiger Herold, mit der Siegerkrone angetan, einhergehen in das ewige, unvergängliche, allerseligste, freieste Leben!

13. Nun nehme unseren Segen hinzu; des Herrn Liebe, Gnade und Erbarmung sei allzeit mit dir und all deinem Volk!

14. Und so denn lasse uns Gott danken, loben und preisen und uns sodann begeben zur stärkenden Ruhe unseres Leibes!"

15. Darauf begaben sich alle in den Thronsaal, lobten und priesen da den allerheiligsten Namen, begaben sich dann zur Ruhe, und die sieben Boten blieben im Vorgemach Lamechs.

Kapitel 209

Lamech wundert sich über die rasche Austrocknung der Moraste. Warum der allmächtige Gott Seine Geschöpfe arbeiten lässt

Am 13. Dezember 1842

1. Beim Anbruch des nächsten Tages noch viel vor dem Aufgang [der Sonne] begab sich alles in den Thronsaal, gab allda Gott die Ehre.

2. Nach beendigter Verehrung und Anbetung des allerheiligsten Namens, welche bis zum völligen Aufgang angedauert hatte, begab sich dann alles wieder in den Speisesaal, allda schon ein reichliches Morgenmahl bereitet der Gäste harrte.

3. Dieses wurde nach einem rührenden Lobgesang eingenommen.

4. Und nach dem dargebrachten Dank für solch ein gutes Morgenmahl sagte der Kisehel: „Nun, liebe Brüder, lasst uns hinausgehen zu unseren Arbeitern und sehen, was alles sie schon zuwege gebracht haben!

5. Die Weiber und Mägde aber sollen nach einiger Zeit einige Körbe voll Speisen hinausbringen als gute Stärkung für die kommenden Arbeiter.“

6. Nachdem begaben sie sich alle hinaus. Als sie aber allda anlangten, wie staunten da der Lamech und der Thubalkain, als sie fürs Erste nicht nur einen nahe berggroßen, glänzenden Goldklumpenhaufen entdeckten, sondern auch schon eine Menge Streckhämmer in der größten Tätigkeit erblickten und dazu schon eine ganze Menge allerschönster, überaus stark glänzender Goldblechtafeln, – und fürs Zweite, dass sie von den Pfützen und

Morasten weit und breit keine Spur mehr zu entdecken imstande waren!

7. Nach solchen Betrachtungen wandte sich der Lamech zum Kisehel und fragte ihn: „O mächtiger Freund und Bruder, – sage mir doch, wie solches möglich war! Denn mit menschlichen Kräften ist solches wohl nicht zu gedenken!

8. Ich lasse mir mit der allergenauesten Not das Erz gefallen, aber die Austrocknung der Pfützen, Sümpfe und Moraste, die sich mehrere Stunden weit nach allen Seiten ausbereiteten, ist mir rein unbegreiflich!

9. Sage mir doch, wie ging denn solches zu?!“

10. Und der Kisehel antwortete dem Lamech und sagte: „Lamech, weißt du wohl, wie es zuging, dass es heute wieder Tag wurde?

11. Du sagst es: Solches ist dir völlig fremd; und doch will solches unendlich viel mehr gesagt haben als da diese Pfützenaustrocknung, und da mag um das Größere niemand fragen!

12. Weißt du denn nicht, dass bei Gott alle Dinge möglich sind?!

13. Siehe, auf der Höhe hat der große nächtliche Sturm in der Nacht vor dem Sabbat einen ganzen Kristallberg von großer Herrlichkeit nahe zu Staub zertrümmert!

14. Am Morgen sahen alle stark geprüften Bewohner mit großem Bedauern diese große Höhenpracht wie völlig vernichtet in einem noch dampfenden Schutthaufen; mehrere Trümmer lagen zertrümmert und kleinst zersplittert auf dem weiten Gebirgsboden in großer Unordnung zerstreut.

15. Und siehe, es kostete den Herrn einen leisesten Gedanken, eines Hauches

kaum, eines Wörtleins, und die ganze zerstörte und zerstäubte Grotte, ein der Erde sicher wunderbarst größter, erhabenster und prachtvollster Palast, stand im Augenblick wieder also da, als wäre sie nie von irgendeinem leisesten Wind auch nur angehaucht worden!

16. Siehe nun, lieber Bruder Lamech, wenn dem Herrn eines gar so leicht möglich ist, da wird Ihm wohl auch ein anderes sicher nicht weniger möglich sein!

17. Dem, der die Erde erschaffen konnte, wird es wohl nicht eben so schwer fallen, diese Sümpfe trocken zu machen, so Er es nur will! Solches aber hat Er gewollt, und siehe, darum ist es also, wie Er es gewollt hatte! Bist du nun zufrieden mit dieser Beleuchtung?"

18. Und der Lamech erwiderte: „Freund und Bruder, – ganz vollkommen; aber nur möchte ich dich noch um eines fragen, und dieses eine ist und besteht darinnen, nämlich:

19. Wie der allmächtige Gott doch mag Seine Geschöpfe tätig sein lassen in den verschiedenen Dingen, und bedarf genau genommen doch ihres Dienstes nicht im Allergeringsten?"

20. Und der Kisehel sagte darauf zum Lamech: „Solches geschieht alles aus dem endlos weisen Grunde, damit dadurch alles von Ihm ausgehende Leben so oder so eine genügende und notwendige Übung seiner Kräfte finden soll, ohne welche es aufhören würde, ein Leben zu sein!

21. Die Tätigkeit ist die Erhaltung und stete Stärkung des Lebens; darum sind alle Dinge tätig, und der Mensch soll darum überaus tätig sein, weil er am meisten von Gott mit dem Leben beteilt ist.

22. Da aber der Mensch vorzugsweise ein geistiges Leben hat, so soll er auch dasselbe vorzugsweise üben in der Liebe zu Gott, damit er es nicht verliere!

23. Siehe, darum lässt der allmächtige Gott uns arbeiten!

24. Doch siehe, dort kommen schon von allen Seiten her Arbeiter für den Bau des Tempels einher; daher mache dich nun gefasst, und teile sogleich jedem seine Arbeit zu!

25. Doch vor dem Beginn der Arbeiten sollen sie essen und trinken!

26. Und so denn lassen wir das Werk beginnen! Amen."

Kapitel 210

Mura wird als Tempelbaumeister berufen

Am 14. Dezember 1842

1. Als die Arbeiter, bei dreitausend an der Zahl, nun vollends mit den Weibern an der Stelle angelangt waren, allda sich der Lamech mit den sieben Boten aus der Höhe befand, da hieß der Lamech sie alle, dass sie sich niederlassen sollen auf den Boden und allda nehmen Speise und Trank, welches alles in reichlicher Fülle die Weiber und Mägde Lamechs soeben herbeigeschafft hatten.

2. Nachdem aber bat er den Kisehel, dass er diesen Gästen möchte segnen die Speise und den Trank; und der Kisehel tat solches.

3. Als sich die Arbeiter hinreichend gesättigt hatten und dennoch die Körbe statt leerer nur stets voller wurden, bemerkten etliche solches und konnten sich nicht genug verwundern, denn sie wussten nicht, woher solches käme.

4. Aber der Lamech sagte zu ihnen: „Wundert euch des Segens aus der

heiligen Höhe? Ja, ihr habt recht, dass ihr euch dessen wundert; aber ihr werdet noch ganz andere Dinge schauen, die euch noch ums Unaussprechliche mehr wundernehmen werden als das, was ihr soeben seht!"

5. Ein vornehmer Mann aber aus der Stadt Farak, der ein Baumeister war, erhob sich, verneigte sich tief vor dem König und sagte zu ihm:

6. „Mächtiger, glänzender König und Herr! Der allmächtige Gott Faraks und aller unserer Väter verleihe dir ein langes Leben!

7. Ich, einer deiner Knechte, möchte dich darum bitten, dass du mich allergnädigst anhören möchtest; siehe, ich habe etwas gar Wichtiges auf meinem Herzen!"

8. Und der Lamech, diesem Mann seine Hand freundlichst reichend, sprach: „O rede, rede, Bruder und Freund, und fürchte nicht mehr den Lamech; denn die Hyäne ist zu einem sanften Lamm geworden! Also rede, was dir am Herzen liegt!"

9. Und der Mann aus Farak verneigte sich abermals tief vor dem Lamech und sagte dann:

10. „Großer König und Herr, siehe, ich hatte heute Nacht einen Traum gehabt, als seien sieben große Männer, mit überstark leuchtenden Kleidern angetan, zu mir gekommen!

11. Einer aus ihnen aber trat zu mir hin und sagte zu mir: ‚Mura! Du bist mein Mann; ziehe hin nach Hanoch, da du ein Baumeister bist, und du sollst dort einen herrlichen Bau aufführen!

12. Lamech wird dem Gott Faraks einen Tempel errichten, und du sollst den Bau leiten!

13. So du morgen erwachen wirst, wirst du auch schon einen fertigen Plan auf deinem Tisch finden; nach diesem Plan sollst du den Tempel erbauen!

14. Zeige aber zuvor den Plan dem König, und dieser wird ihn alsbald als den rechten erkennen und wird dich dann zum Bauführer erwählen!‘

15. Und ferner sprach er noch zu mir: ‚Ich aber, der dir solches nun im Traum anzeige, bin samt diesen sechs Brüdern aus der Höhe, und mein Name ist Kisehel, ein Bote des Herrn an die Kinder der Tiefe!‘

16. Siehe, solches ist zu mir geredet worden, und hier ist der wunderbare Plan, den ich, Mura, wahrhaftig wunderbarst heute früh morgens noch viel vor dem Aufgang [der Sonne] auf meinem Tisch gefunden habe!

17. O König und Herr, wolle ihn gnädigst beschauen!"

18. Der Lamech, ganz im höchsten Grade fröhlichst erstaunt über diese Erzählung, erkannte alsobald die volle Richtigkeit des Planes und sagte darauf zum Mura:

19. „Freund und Bruder! Durch diesen meinen Handdruck ernenne ich dich dazu, wozu dich der mächtige Bote des Herrn berufen hatte im Geiste!

20. Diese meine königliche Kette, die ich dir jetzt überreiche, soll dich als den von mir bevollmächtigten Baumeister allzeit auszeichnen!"

21. Darauf aber fragte der Lamech den Mura: „Hast du dir auch die Züge des Kisehel gemerkt?"

22. Und der Mura erwiderte: „O König und Herr! Also sehr, dass mir dieselben wohl nie aus meiner Seele entschwinden werden!"

23. Und der Lamech sagte darauf zum Mura: „Freund und Bruder, siehe dort den

großen Mann, der soeben mit dem Thubal-kain redet! Sieht der ihm nicht ähnlich?"

24. Und der Mura, ganz außer sich vor Freuden, sprach: „O König und Herr, nicht nur ähnlich, sondern – dieser ist es ja selbst leibhaftig! Ja, ja, er ist es, er ist es!"

25. Und der Lamech berief den Kisehel zu sich, und dieser trat alsbald zum Lamech und sagte zu ihm: „Nun, wie gefällt dir der Baumeister Mura aus Farak?"

26. Der Lamech konnte vor zu großen Freuden nicht reden, und der Mura fiel vor dem Kisehel nieder.

27. Der Kisehel aber sagte zu beiden: „Ersteht, gebt Gott die Ehre! Du, Lamech, bist ein rechter König nun, und du, Mura, ein rechter Baumeister!

28. Daher macht euch ans Werk; des Herrn Segen sei mit euch und dem Werk eurer Hände! Amen."

Kapitel 211

Muras Begierde nach Licht wird von Lamechs Weisheit gestillt. Die Aussteckung des Tempelbauplatzes

Am 15. Dezember 1842

1. Der Mura aber getraute kaum seinen Augen und seinen Ohren; als er sich aber nach der Beheißung Kisehels wieder völlig aufgerichtet hatte, da sagte er zum Lamech:

2. „Mein weiser König und Herr, gestatte mir, deinem Knecht, zu reden nur wenige Worte; denn in dieser Sache muss mir Licht werden, oder ich will eher sterben und gar übel umkommen, als verbleiben in dieser Finsternis, in der ich nicht erschauen kann die Möglichkeit und die Art

der Begebenheit, die an mir ist so wunderbar geoffenbart worden!

3. So dir, o König und Herr, etwas davon bekannt sein sollte, da künde es mir!

4. Denn sonst werde ich nicht wohl bestehen in der Führung des Baues, so mein Geist in dieser Finsternis sein Licht vergeblich suchen wird!"

5. Und der Lamech erwiderte dem Mura: „Höre, Freund und Bruder, lobenswert ist dein Eifer! Solches kann ich dir wohl sagen; aber dir die Wege Gottes enthüllen, – siehe, da hast du dich an einen untüchtigen Mann gewendet, denn solches ist mir so gut ein Rätsel, als es dir ist!

6. Ich aber will mich fügen in des Herrn Willen! Ist es recht und lebendig gut für mich, so werde ich es zur rechten Zeit erfahren; ist es aber nicht also, da soll es mich auch gar nicht weiter anfechten.

7. Solches weiß ich aber nun genau, dass alles, was da geschieht, nach dem Willen des Herrn geschieht; und siehe, das ist einstweilen ja auch genug!

8. Mir und dir hat der Herr Seinen Willen wunderbar kundgegeben; so denn erfüllen wir denselben zuerst, und dann wird der Herr mit uns schon weiter verfügen, was da ist Sein allheiligster Wille!

9. Siehe, was wir ansehen, ist nichts als pur Wunder! Die Sonne am Himmel, der Mond und all die Sterne und unsere Erde sind voll der unbegreiflichsten Wunder! Wer begreift sie in ihrer Art?

10. Möchtest du wohl deshalb sterben, da du solches nicht begreifst?

11. Siehe, solches ist demnach eitel von dir! Daher lasse es, und füge dich nach dem Willen Gottes; alles andere wird schon hinzukommen, so es dem Herrn wird angenehm sein!

12. Sollte es Ihm aber nicht angenehm sein, da ist es ja bei weitem besser für uns, dass wir solches nicht erfahren, als dass wir es erfahren sollen gegen den Willen des Herrn!

13. Und so denn begeben wir uns lieber auf den Bauplatz, stecken da nach dem Plan alles richtig aus und verteilen sodann die Arbeit an die Arbeiter! Bist du damit nicht einverstanden?"

14. Und der Mura sagte darauf, ganz zerknirscht von dieser Rede Lamechs:

15. „O König und Herr! Gott, der Allmächtige, verleihe dir ein langes Leben; denn jetzt erkenne ich erst vollends, dass du die wahre Weisheit von Gott überkommen hast, – denn du hast zur völligen Ruhe gebracht meine Begierden.

16. Darum aber will ich dir auch sein allzeit mein ganzes Leben hindurch ein dienstwilligster Knecht! Gott sei alle Ehre und alles Lob dafür ewig! Amen."

17. Darauf berief er zu sich seine Unterbauleute und hieß sie ihm und dem lichten König folgen auf den Bauplatz, welchen ihnen der König anzeigen werde.

18. Und alsbald traten bei dreißig an der Zahl aus der Menge. Es kam aber nun der Lamech in eine kleine Verlegenheit.

19. Denn der für den Tempelbau bestimmte Platz war nun mit lauter Erz, Gruben, Arbeitern und Hämmern und Schmelzfeuern angefüllt, und so wusste der Lamech nicht, was er da tun sollte.

20. Aus dem Grunde wandte er sich denn wieder an den Kisehel und fragte ihn, was da nun zu machen sein wird.

21. Der Kisehel aber sagte darauf zum Lamech: „Höre du, mein lieber Bruder Lamech, an der Stelle der Erde ist gar wenig gelegen, wo der Tempel stehen soll, sondern an deinem Herzen! Hast du in dieser deiner lebendigen Erde dem allerheiligsten Namen, den du verscharrt hast ehedem in den Unrat derselben, einen gerechten Tempel auf der rechten Stelle erbaut, so hast du das rechte Maß schon gelegt.

22. Was dann aber betrifft diesen Außenbau, da messe du ihn auf der bequemsten Stelle, und dem Herrn wird es recht sein!

23. Dass ich aber zu dir gerechnet habe also redend, als sollst du auf eben der Erdstelle den Tempel erbauen, auf welcher da ausgegraben wurde die Tafel, siehe, da ward nur gemeint dein Herz; im selben aber hast du den Bau schon aufgeführt, und so ist es recht!

24. Also magst du nun auf der Erde messen, wo du willst, und es wird auch recht sein, so nur dein inneres Maß richtig ist!"

25. Hier dankte der Lamech dem Kisehel für ein solches Licht und begab sich mit dem überaus erstaunten Mura hinaus auf einen schönsten, freiesten Platz und steckte da mit dem Mura meisterlich den Plan aus.

Kapitel 212

Muras Anweisungen zur Errichtung des Tempels

Am 16. Dezember 1842

1. Als der Plan nun vollends ausgesteckt war, da berief der Baumeister Mura seine dreißig Unterbauleute zusammen und sprach zu ihnen:

2. „Seht hierher in den Plan! Also ist die Einteilung des Grundbaues, und also die des Unterbaues, also die des Überbaues, und also die des Oberbaues!

3. Verständigt euch darüber, und verteilt dann die Arbeit danach!

4. Ihr fragt mich um die Bausteine? Da seht hinüber gegen den Berg! Es dürften kaum bei siebentausend Schritte geraden Weges sein, allda werdet ihr der Steine in größter Menge antreffen, die da gut sind für den Grund!

5. Gleich daneben befindet sich ein herrlicher Steinbruch; den benützt für den Unterbau! Es ist ein ädriger Graumarmor, welcher aber rau zu behauen ist in gevierte gleichmäßige Blöcke.

6. Für den Über- und Oberbau aber seht dorthin gegenüber diesen besagten Steinbrüchen! Seht die weißen Steinwände! Es ist der feinste weiße Marmor; dieser wird genommen für den Über- und Oberbau.

7. Dies Gestein aber muss zuvor allerfeinst an der Wandseite sowohl nach innen, wie nach außen beschnitten, dann mit Öl geschliffen und wohl geglättet sein, bevor es soll zum Bau verwendet werden.

8. Das Bindungsmittel soll für den Grund- und Unterbau aus dem gewöhnlichen Steinbrei bestehen; zur Bindung des Über- und Oberbaues aber diene der euch wohlbekannte Steinschleim.

9. Für die inneren, ehernen Wandklammern aber wird nach guter Maßgabe und nach gerechtem Bedarf schon der Thubalkain sorgen.

10. Was die Eindachung betrifft, so wird solche den Zimmerleuten zukommen und dann den Erzarbeitern.

11. Jetzt wisst ihr alles, beginnt mit dem alleinig wahren Gott Faraks, des weisen Lehrers der Menschheit, das Werk, so werdet ihr dasselbe auch mit Gott enden!

12. Für Speise, Trank und gerechten Lohn sorge sich ja niemand, denn solches alles wird jedem im gerechtesten Maße gegeben werden!

13. Ein jeder Arbeiter aber bedenke, dass dieser Bau dem alleinig wahren Gott zur Ehre von unserer Seite aufgeführt wird, so wird er einen großen Segen finden in seiner Arbeit!

14. Und so denn geht in dem Namen des alleinig wahren Gottes, und beginnt das Werk!"

15. Einer aus den Unterbauleuten aber fragte den Mura: „Meister, der Plan enthält ja auch eine Ringmauer! Was ist denn mit dieser?"

16. Und der Mura erwiderte dem Fragesteller: „Höre du, mein Cural! Hast du dich schon je um ein Hemd gesorgt für ein Kind, wenn es noch erst kaum gezeugt war?

17. Du sagst: ‚Mitnichten, sondern erst dann, wenn es völlig zur Welt geboren ward!'

18. Also lassen wir auch hier das Kind erst geboren werden und sodann erst sorgen wir für das Hemd!

19. Also geht nun, und beginnt tätigst das geheiligte Werk! Amen."

20. Auf diese Beheißung Muras legte alsogleich alles gleich Ameisen und Bienen die Hände ans Werk.

21. Der Lamech und der Mura aber begaben sich hin zu den sieben Boten, und namentlich zum Kisehel, der soeben mit dem Thubalkain bezüglich der erforderlichen Erzarbeiten verhandelte, und zeigten ihm an, wie sie alles angeordnet hatten.

22. Und der Kisehel sagte darauf zu den beiden: „Liebe Brüder, also ist es recht und Gott wohlgefällig! Er wird darum das Werk segnen, und in sieben Tagen wird alles in seiner Vollendung dastehen, des seid vollends versichert!

23. Nun aber lasst uns wieder nach Hause in die Stadt ziehen und dort Anstalten treffen, dass alle die Arbeiter gehörig versorgt werden!

24. Du, Sethlahem, bestelle die Weiber und Mägde in ihre Arbeit, und du, Bruder Lamech, aber beheiße deine nun gegenwärtigen Diener und Knechte nach deiner Art, dass sie sollen – jeglicher wieder in seinem gerechten Fach – ihre Ämter beziehen und sorgen für die gute Ordnung in der Stadt, wie im ganzen Land!

25. Ich werde bei dir verbleiben und der Sethlahem bei der Sorge der Weiber und Mägde.

26. Du, Joram, aber gehe mit den vier Brüdern in die anderen Städte, und zeigt ihnen kräftig und mächtig, was da Gott getan hatte an dem Bruder Lamech, und gewinnt sie alle für Gott!

27. Am siebenten Tag aber kehrt alle wieder hierher zurück, und ladet alle Amtleute Lamechs hierher nach Hanoch, auf dass sie teilnehmen möchten an der Weihe des neuen Tempels in der Tiefe!

28. Und also geschehe alles nach dem Willen des Herrn! Amen."

Kapitel 213

Die Reinigung des nahe der Stadt Hanoch gelegenen Schlangenberges durch Kisehel

Am 19. Dezember 1842

1. Nach solcher Rede begab sich alles an Ort und Stelle und tat daselbst nach der Beheißung. Gerne wäre der Lamech durch die sieben Tage hindurch zum öfteren Male zum Bau herausgegangen, zu schauen, wie derselbe gedeihe, aber der Kisehel widerriet ihm solches aus gutem Grunde und ging mit ihm dafür viel in der großen Stadt herum und zeigte es allen Bewohnern an, dass der Lamech nun ein rechter, von Gott gesalbter König ist.

2. Und die Bewohner riefen Jubel über Jubel, darum Sich der alleinig wahre, allmächtige Gott Faraks des Königs und ihrer also erbarmt hatte.

3. Am sechsten Tag aber führte ihn der Kisehel sogar auf einen ziemlich bedeutenden Berg, der da gar nahe bei der Stadt gelegen war.

4. Diesen Berg konnte wegen der großen Menge großer und überaus giftiger Schlangen niemand betreten; daher warnte der Lamech auch den Kisehel davor.

5. Der Kisehel aber entgegnete darauf dem Lamech und sagte zu ihm: „Lieber Bruder Lamech, siehe, aus eben dem Grunde führe ich dich auf diesen Schlangenberg, auf dass du die Größe der göttlichen Kraft im Menschen erschauen sollst!

6. Denn ich sage dir, alles Getier der Erde ist besserer Art denn dieses, indem es ist ein Geschöpf der Hölle; darum aber ist auch kein Tier so hartnäckig und widerspenstig und voll der bösesten heimlichen List denn gerade dieses.

7. Und doch werden sie müssen allesamt diesen Berg räumen und sodann eiligst fliehen dorthin, allda du gegen Abend einen brennenden Berg ersiehst, über dessen Rücken sich gerade ein glühender Strom herab in die Tiefe stürzt.

8. In diesem Strom sollen sie zu Haufen von vielen Tausenden und Tausenden verzehrt werden!"

9. Nach dem griff der Kisehel nach einer Haselstaude, beschnitt sie unten und oben, segnete sie und schlug damit sieben Male an den Berg.

10. Auf den siebenten Schlag erhob sich ein großes Gezische etwa so, wie da ein nächtlicher Wintersturm durch das laublose Geäste und Gezweige der Bäume saust.

11. Und gar bald sah man ein zahlloses Heer der riesigsten Schlangen und Nattern aller Arten diesem Berge entstürzen und über eine große Sandsteppe hinziehen, da der besagte Berg brannte.

12. Als der Lamech solches sah, da ward er außer sich vor Freuden und sagte: „Nun sei dem Herrn alles Lob und aller Preis, darum Er dem Menschen solche Kraft verliehen hatte!

13. Gar lange schon war mir dieser Berg ein allerwidrigster Anblick; da er aber so ganz frei dastand, so habe ich auch öfter daran gedacht, ob er von diesem allerekelhaftesten Geschmeiß nicht zu reinigen wäre.

14. Allein es konnte sich ihm ja niemand auch nur auf tausend Schritte nahen, ohne in die große Gefahr zu geraten, von diesen Bestien gefangen und gefressen zu werden!

15. Und jetzt ist auch dieser mein Wunsch auf das Herrlichste erfüllt worden; darum Gott alles Lob und alle Ehre!"

16. Und der Kisehel sagte zu ihm: „Ja, Bruder, also ist es recht und billig; Gott allein gebührt alles Lob, alle Ehre, aller Dank und alle unsere Anbetung und Liebe!

17. Das alte Geschmeiß ist zwar fortgezogen, aber es hatte noch siebenmal soviel Brut hinterlassen; auch diese muss hinaus und muss gänzlich vertilgt werden! Amen. In dem Namen des Herrn! Amen."

18. Hier schlug der Kisehel noch sieben Male an den Berg, und alsogleich darauf kroch die junge Brut in solch dichter Masse über die Abhänge des Berges hinab, dass man kein Erdreich sah.

19. Da ward es dem Lamech bange, und er sagte darum zum Kisehel: „O mächtiger Freund und Bruder, sage mir, ist nun der Berg schon völlig gereinigt?"

20. Der Kisehel aber erwiderte: „Bis auf die zehntausend Millionen Eier in den alten Nestern!

21. Damit aber auch diese vertilgt werden, so soll der Berg von innen aus erglühen, all das Gesträuch und schlechtes Gebäume durch diese Glut verzehren und so von innen aus, wie dann von außen nach innen alle diese Eier zerstören und vernichten!"

22. Darauf schlug der Kisehel wieder sieben Male an den Berg; dieser fing plötzlich an zu dampfen, das Gesträuch und schlechte Gebäume ging in Flammen auf, und alle Eier der Schlangen und Nattern wurden vernichtet.

23. Darauf erst begaben sich die beiden auf einer freien Stelle hinauf zum Scheitel und nach einer kleinen Anstrengung dann auch völlig auf denselben, Gott lobend und preisend.

Kapitel 214

Die herrliche Aussicht vom Schlangenberg. Die geistige Entsprechung der Reinigung des Schlangenberges

Am 20. Dezember 1842

1. Als der Lamech mit dem Kisehel sich nun vollends auf der Höhe befand, da fing er an zu weinen; denn der herrliche Anblick der weitgedehnten Landschaft, die über die niederen Vorberge emporgetauchten Hochgebirge mit ihren weißen

Zinnen, ein bedeutender Teil der Morgengegend der Kinder der Höhe, gegen Mittag in weiter Ferne ein Teil eines großen Sees, an dessen Ufer die Stadt Uvrak erbaut war, und endlich noch der Anblick der anderen neun Städte und der von ganz Hanoch, wie der des neuen Tempels, der bis auf einen kleinen Teil der Ringmauer schon ganz vollendet war, war zu viel auf einmal für unseren armen Lamech, der noch nie seinen Fuß auf einen Berg hatte setzen können.

2. Als er sich gewissermaßen satt gesehen hatte, das heißt für den ersten Augensturm, und wieder zu Atem kam, da erst machte er seinem von Wonnegefühl überfüllten Herzen etwas Luft und entledigte sich durch Worte eines Teiles seiner wonnigsten Herzensbürde, indem er gegen den Kisehel ausrief:

3. „Welch Freund, o Bruder! Eine Herrlichkeit voll der seligsten Wonne thront hier auf dieser Höhe! Oh, dahier ist wohl gut sein! Hier, hier möchte ich ewig wohnen!

4. O ihr armen Städte in der Tiefe unter mir nun, du mein armseligster Palast! Was seid ihr nun gegen diesen großen, endlos herrlichen Bau des allmächtigen Schöpfers?!

5. Nichts, nichts als armseligste Ameisenhaufen voll stechender und beißender Brut!

6. Kann, o Freund, o Bruder, es in den Himmeln Gottes wohl noch herrlicher aussehen als hier? Nein, nein, es ist unmöglich!

7. Da sieh nur einmal hin, dort zwischen Morgen und Mittag die weißen fünf Spitzen! Es sieht ja also aus, als wenn die Erde, oder wenigstens ein mächtiger, sie schützender Geist, eine Hand gegen den Himmel ausstrecken möchte und geloben dem Herrn die ewige Treue!

8. O Du großer, allmächtiger Gott, wie herrlich doch sind Deine Werke! Welche Lust hat der daran, so er ihrer in seinem Herzen achtet!

9. Und da sieh einmal gegen Abend hin, welch ein Getümmel von hellen Flammen dort um die hohen Scheitel der dampfenden Berge spielt!

10. Und dort auch gegen Morgen erheben sich himmelanragende Spitzen der Berge, jede gekrönt mit einer leuchtenden Flammensäule und umzuckt von tausend Blitzen.

11. Welch ein unaussprechlich großartigstes Handeln, Treiben und Wirken erschaut mein Auge nun allenthalben, dahin es sich nur immer wenden mag!

12. Ach, Freund und Bruder, nun sieh einmal da hinauf zu den heiligen Höhen, die da von hier aus gegen die Mitternacht gestellt sind! Was ist wohl dort in schwindelnder Höhe, das da also stark glänzt, als ginge dort eine zweite Sonne auf?"

13. Hier erst konnte der Kisehel zum Worte kommen und erwiderte auf diese Frage dem Lamech folgendes:

14. „Lieber Bruder Lamech, siehe, das ist eben diejenige berühmte Grotte, die ich dir schon erwähnt hatte; in gar kurzer Zeit sollst du sie näher kennenlernen!

15. Siehe aber nun, lieber Bruder Lamech, auf dieselbe Weise, wie wir aber nun diesen Berg uns dienstbar gemacht und denselben erstiegen haben, kann und soll ein jeder Mensch sich selbst reinigen, so wird er auch in sich danach mit der leichtesten Mühe von der Welt den lichten höchsten Standpunkt seines Lebens erreichen!

16. Was taten wir aber zur Reinigung und Schlangenräumung dieses Berges, der uns nun also herrlich auf seiner Höhe erquickt?

17. Siehe, mit einem schwachen Haselstab trieben wir zuerst die großen alten Bestien hinaus ins Feuer der Vernichtung!

18. Der Stab ist aber unser Glaube und unser volles Vertrauen auf die Gnade und Erbarmung des Herrn; sieben Male schlugen wir mit dem Stab an den Berg, und das alte und grobe Geschmeiß wurde flott und musste abziehen.

19. Diese sieben Schläge bezeichnen das Vollvertrauen auf die Gnade und Erbarmung des Herrn durch den festen, unerschütterlichen Glauben an Ihn.

20. Aber nun war der Berg noch nicht völlig gereinigt, denn er enthielt noch eine zahllose Nachkommenschaft der argen Brut. Abermals schlugen wir sieben Male an den Berg, und du sahst da eine unzählige Menge des jungen Geschmeißes dem Berge entkriechen. Was besagt dieses?

21. Siehe, wenn der Mensch sich losgemacht hatte von seinen groben Sünden, die da in seiner Materie hausten, da muss er dann alsbald über seine Seele gehen, in ihr erforschen alle die Neigungen und Begierden! Hat er sie durch seinen großen Ernst erkannt, so muss er abermals mit seinem Glauben und Vertrauen an den Berg seines Lebens schlagen, sich dem Herrn ganz übergeben, und alle die arge Neigungen- und Begierdenbrut wird die Seele verlassen müssen!

22. Aber nun gibt es noch eine Unzahl Eier der Brut im Berg des Lebens. Das sind noch allerlei weltliche und eigenliebige Gedanken.

23. Wie aber aus den Eiern die junge Brut ausgeheckt wird und diese dann gar bald heranwächst zum groben, schädlichen Geschmeiß, also werden aus den Gedanken auch leichtlich wieder Neigungen und Begierden ausgeboren, und aus diesen dann gar bald wirkliche Taten.

24. Wie aber werden dann diese Sündeneier vertilgt im Berg des Lebens? Durch die Erweckung des inneren Feuers, welches ist die Liebe zum Herrn, durch den Glauben und durch das lebendige Vertrauen zu Ihm!

25. Ist solches geschehen, dann ist der Berg schon auch so gut wie erstiegen. Also stellt dieser Berg nun dich selbst dar, und du kannst dir nun eine Wohnung hier erbauen lassen und in ihr nachdenken über Gott und über Seine Gnade und große Erbarmung.

26. Da wir aber nun solches wissen, so haben wir auch den Zweck dieser Besteigung vorbildlich erreicht und können uns im Namen des Herrn wieder hinab in die Stadt begeben, allda schon gar viele unser harren. Gott allein die Ehre ewig! Amen."

Kapitel 215

Kisehels Rede über das Verhältnis des Glaubens zur Liebe und der Liebe zur Erkenntnis

Am 21. Dezember 1842

1. Als nach einem noch einmal gemachten Rundblick sich die beiden wieder vom Berg in die Stadt hinab begaben, da bat unterwegs der Lamech den Kisehel, dass er möchte für bleibend segnen den Berg, damit fürder in ihm kein Geschmeiß sich mehr ansiedeln möchte.

2. Und der Kisehel tat solches, sagte aber darauf zum Lamech: „Lieber Bruder

Lamech, siehe, ich habe erfüllt deinen Wunsch nach aller der vom Herrn mir verliehenen Kraft und wirkenden Macht!

3. Aber die Reinheit dieses Berges wird dennoch stets von der Reinheit deines Herzens abhängen!

4. Wirst du und deine Nachkommen in der Gott allein wohlgefälligen Reinheit des Herzens verbleiben, so wird solches auch stets der Fall sein mit diesem Berg; wirst du aber dein Herz durch eine Sünde vor Gott verunreinigen, so wird auch der Berg wieder einen alten Einwohner überkommen. Desgleichen wird der Fall sein mit jenen, die dir folgen werden.

5. Wenn du aber erschauen wirst eine Schlange den Berg bekriechen, da gedenke, was ich dir nun aus dem Herrn der Herrlichkeit geoffenbart habe, und tue Buße in Sack und Asche, und faste so lange, bis dein Herz gereinigt wird! Wird solches der Fall sein, so wird der Berg auch wieder seinen Einwohner von sich treiben.

6. Die Liebe zum Herrn aber ist das Größte. Solange dein Herz mit der Liebe zu Gott erfüllt sein wird, so lange auch wirst du und deine Nachkommen völlig unfähig sein, in irgendeine Sünde zu verfallen.

7. Wirst du aber oder irgendeiner deiner Nachkommen in der Liebe nachlassen, so werdet ihr in dem alleinigen Glauben einen gar schwachen Schutz gegen die Macht der Sünde in euch haben!

8. Denn es genügt zum Leben bei weitem nicht, dass da jemand nur wisse, glaube und dann sage: ‚Es ist ein Gott!‘ Wahrlich, solches ist nicht schwer!

9. Aber um vieles schwerer und um vieles mehr sagender ist es, einen Gott über alles zu lieben, da man Ihn nicht sieht.

10. Wer somit Gott lieben will, der muss nicht nur wissen und glauben, dass Er sei, sondern er muss Gott wahrhaftig erkennen in sich; und wenn er Gott stets mehr und mehr erkennen wird durch sein emsiges Forschen nach Ihm in den Werken, so wird er Ihn ja auch stets mehr und mehr lieben müssen, indem er stets heller erkennen wird, dass Gott in Sich die allerhöchst reinste, das heißt, die alleruneigennützigste Liebe und die allerhöchste und allerheiligste Weisheit Selbst ist!

11. Also ist die wahre Erkenntnis Gottes der Grund der Liebe zu Ihm; daher sei auch jedermanns vorzüglichstes Geschäft, Gott zu erkennen, damit er Ihn dann über alles wird zu lieben vermögen!

12. Das aber ist dann auch das ewige Leben, dass wir Gott erkennen und Ihn dann über alles lieben; denn aus der Liebe des allgütigen, allerheiligsten Vaters sind wir aus Ihm hervorgegangen und können daher nur wieder durch die Liebe zu Ihm gelangen.

13. Solches aber merke dir wohl noch hinzu zu diesem Wort Gottes aus meinem Mund an dein Herz, dass da zwei Wege sind, die zum Vater führen: der eine heißt die wahre, eifrige Erkenntnis Gottes; der andere aber heißt die Liebe!

14. Du sagst: ‚Nach der vorangegangenen Beleuchtung scheint es ja, dass solches völlig einerlei ist, indem der Liebe die Erkenntnis Gottes ja doch notwendig vorangehen müsse!‘

15. Ja, also erscheint die Sache wohl auf den ersten Anblick; wenn wir aber diese Sache näher ans Licht des Geistes stellen, so stellt sich da aber dann dennoch ein gewaltiger Unterschied hervor.

16. Damit du aber einen solchen bedeutungsvollsten Unterschied desto kräftiger merkst, so will ich dir solchen durch ein

gutes gleichlautendes Beispiel so recht knapp und helle vor die Augen stellen.

17. Stelle dir sonach vor, es wäre irgend in einem verborgenen Teil deines großen Landes eine überaus herrliche schönste Tochter, die da reif wäre, dass sie jemand nehme zum Weib! Damit aber dennoch solches die Menschen erfahren möchten, so sendet sie Boten aus und lässt durch dieselben im Land bekanntgeben, dass solches der Fall ist.

18. Nachdem aber solches verkündigt war, so sagten einige: ‚Wenn an der Sache etwas wäre, so wäre sie wohl selbst gekommen und hätte sich uns gezeigt, auf dass wir sie erkennten und erwählten für unser Herz!

19. Da sie aber nur durch Boten von sich aussagen lässt, wie herrlich sie sei, so können wir solches wohl glauben, aber auch ebenso gut bleiben lassen.

20. Dazu lässt sie noch bedeuten, dass sie niemandem ihre Hand reichen wird, der nicht zuvor völlig erkennen wird, dass sie also ist, wie es die Herolde von ihr aussagten!

21. Wer wird wohl der Tor sein und wird sich da eine solche Mühe nehmen?!'

22. Unter den vielen solche Kunde Missachtenden und Verlachenden aber finden sich dennoch zwei vor. Der eine spricht bei sich: ‚Ich will denn doch hinziehen und will sie mit scharfen Augen besehen; ist sie also, wie es die Boten von ihr aussagten, da will ich sie auch ohne Bedenken wählen für mein Herz!'

23. Der andere aber spricht aus der vollen Liebesglut zum Boten: ‚Führt mich zu ihr! Ich will sie nicht erforschen und langzeitlich erst erkennen, sondern ich habe sie schon in meinem Herzen auf das Glühendste umarmt; ich liebe sie schon mehr als alles in der Welt!'

24. Wenn nun beide bei dieser Tochter anlangen werden, da wird der erste alsbald hoch erstaunen, wird sie erkennen und wird sie erwählen; der zweite aber wird zu ihr sagen: ‚O du endlos herrliche Tochter der Himmel, vergebe mir armem Tropf, denn ich habe mich unterfangen, dich eher zu lieben, als dich zu erkennen, und sehe erst jetzt ein, wie unwürdig meine Liebe deiner himmlischen Wesenheit war! Daher lasse mich wieder von dannen ziehen, damit ich dich im Verborgenen aus allen Kräften meines Herzens lieben kann!'

25. Was meinst du wohl, welchem diese Braut ihre Hand reichen wird? Jawohl, ganz sicher dem, der sie schon zuvor liebte, als er sie noch erkannt hatte.

26. Der erste aber wird sich begnügen müssen – um nicht aus ihrer himmlischen Nähe zu kommen – allein mit der Anschauung als einer ihrer Knechte, während der zweite die Fülle der Seligkeit in ihren Armen allzeit schmecken wird.

27. Siehe, das ist der bedeutende Unterschied: Wer Gott liebt schon vor der Erkenntnis, der wird des Lebens Fülle überkommen; der aber Gott liebt nach der Erkenntnis, der wird auch leben, aber nicht im Herzen, sondern im Reich der Gnade als ein wohlbelohnter Diener.

28. Solches beachte gar wohl, lieber Bruder Lamech; denn es ist fürs Leben von größter Wichtigkeit! Und so lasse uns denn wieder betreten die Stadt! Amen."

Kapitel 216

Lamech erkennt seinen Irrtum und Grund seiner Scheußlichkeit

Am 22. Dezember 1842

1. Als der Lamech solches vom Kisehel vernommen hatte, da ward er wie von einer hellen Flamme durchleuchtet und erwärmt und rief nach einer kurzen Weile also aus, sagend nämlich:

2. „O du mein lieber Bruder und Freund! Was überaus Großwichtiges und unaussprechlich Herrliches hast du mir jetzt aus deiner dir von Gott verliehenen Weisheit kundgetan?!

3. Ja, jetzt sehe ich es erst vollends ein, wo es bei mir und uns allen am allermeisten gesteckt hatte! Wir suchten Gott zwar in allen Ecken und Winkeln in der sogenannten Gerechtigkeit, wollten darauf in eine beschauliche Weisheit gelangen und uns dadurch Gott erschaulich machen, haben aber dabei anfangs schon als eine schweigende Bedingung im Hintergrund folgendes aufgestellt:

4. ‚Wenn Gott irgend Einer ist, so muss Er Sich auf diese Art finden lassen, und das beschaulich; lässt Er Sich aber auf diese Art nicht finden, so ist Er entweder gar nicht, oder Er ist irgendein Schwächling!

5. Und eines wie das andere berechtigt uns dann, sich selbst zu einem Gott aufzuwerfen!'

6. Ich habe einst bald darauf, als mich mein schon mehr denn halbgöttlich sich dünkender Hochmut an meinen Brüdern den Gräuel begehen ließ, zwar wohl in aller Wahrheit vernommen ein göttliches Wort, welches mich, den sich ob der verübten Gräueltat sehr Beängstigten, in den Schutz nahm; aber da solches Wort auf mich eben

so sanft und überaus gutartig erging, so brachte am Ende meine Weisheit den überaus ärgerlichen Schluss zuwege: also sei Gott zwar wohl vorhanden, aber Er müsse ein Schwächling sein, habe Furcht vor mir und getraue Sich mir nicht zu nahen!

7. Dieser Schluss war dann der Grund zu aller meiner Scheußlichkeit, die dir wohlbekannt ist.

8. Du hast mir zwar schon so manches gesagt, aber so hell war mir noch keines deiner Worte, daraus ich hätte also klärlichst erschauen mögen, welch ein Verhältnis zwischen Gott und dem Menschen obwaltet, als gerade aus diesem!

9. Nun erst erschaue ich die ganze Fülle meines Irrtums!

10. Wer sonach von Gott nur etwas Weniges gehört hatte, der kann Ihn schon auch lieben, kann sich stets mehr stärkend üben in dieser Liebe, damit sie gar bald der allermächtigste Grund seines Lebens wird.

11. Und wenn sie solches ist geworden, dann hat auch der Mensch sich dem allmächtigen Gott auf die alleinig gerechte Weise genähert, und Gott wird Sich ihm zu erkennen geben nach der Gerechtigkeit der alleinigen Liebe, die des Menschen Herz, Seele und Geist alleinig nur für Gott zu beleben vermag!

12. Da ich aber solches nun klar fasse aus deinen Worten, so möchte ich dich denn noch um ein ähnliches Beispiel gar bruderfreundlichst bitten, auf dass mir dadurch diese heilige Lehre desto fester würde und ich auch noch mehr ähnlich herrlichsten Stoff hätte zur Belehrung gar vieler armen Sünder, die da teils durch mich, teils aber auch durch ihren eigenen Willen auf Abwege geraten sind!"

13. Und der Kisehel erwiderte dem Lamech darauf und sagte zu ihm: „Lieber Bruder Lamech, du hast mir durch diese deine wahre Herzensbitte eine der allergrößten Freuden bereitet, wie überhaupt durch dein ganzes gegenwärtiges Benehmen!

14. Ich möchte dir darum ja auch noch tausend solcher Beispiele kundgeben; aber siehe, es ist solches nun bei dir nicht vonnöten!

15. Du hast die Wahrheit dadurch in der Tiefe erschaut; alles andere aber wird dir die Liebe zum Herrn schon ohnehin in der reichlichsten Fülle bieten, des sei vollends versichert!

16. Siehe aber, so es in dir noch Nacht wäre, so hättest du den Grund der Wahrheit schwerlich erschaut!

17. Denn so in der Nacht noch einige Sterne mehr oder weniger am Firmament schimmern, so macht solches den Boden der Erde nicht heller, und du wirst bei solchem Licht schwer unterscheiden, was da auf dem Boden liegt.

18. Wenn aber die eine Sonne aufgegangen ist, da bedarf es der Sterne nimmer, wie zweier Sonnen nicht, denn der einen Licht ist stark genug, um alles zur Übergenüge zu erleuchten!

19. Daher auch begnüge du dich einstweilen mit der einen Sonne, bis die wahre, lebendige in dir selbst aufgehen wird!

20. In dieser Sonne Strahlen aber wirst du dann schon ohnehin alles in höchster Überfülle treffen, was dir nötig sein wird!

21. Und so lasse uns denn ziehen zur Stadt, da schon gar viele unser harren! Amen.“

Kapitel 217

Lamechs Rede an sein jubelndes Volk. Die Rede des unbekannten Alten an das Volk

```
Am 23. Dezember 1842
```

1. Nach dieser Rede Kisehels ward der Lamech völlig beruhigt und begab sich ohne Rückhalt mit dem Kisehel in die Stadt.

2. Als beide nun vor dem Palast anlangten, da waren schon große Scharen aufgestellt und schrien:

3. „Ehre dem großen Gott in der Höhe, dass Er uns alle also gnädig und barmherzig heimgesucht hatte und hat uns allen gegeben einen rechten König, indem Er nachgesehen hatte die Missetat Lamechs und hat ihn gewendet zu Sich, darum er nun sein möchte uns allen ein rechter König!

4. Ja, Lamech ist uns geworden zu einem rechten König voll Gnade nun und voll Weisheit aus Gott; darum sei alle unsere Ehre und Anbetung Gott, dem Allmächtigen in der Höhe, und über alles geheiligt werde Sein erhabenster Name jetzt, wie ewig! Amen.“

5. Nach solcher Anpreisung stellte sich der Lamech auf einen Pfeiler, der vor dem Palast eigens zu dem Behuf errichtet war, um von ihm eines oder das andere dem Volk zu verkündigen, und richtete da folgende Worte an das in großen Scharen von allen Seiten her versammelte Volk:

6. „Hört, nun nicht mehr meine Knechte, meine Untertanen, Sklaven und Menschenlasttiere, sondern hört nun ihr, meine geliebten Brüder und Schwestern! Ich, Lamech, war euch ein König und habe euch beherrscht mit eurer Kraft – denn ich war unter euch wohl der Ohnmächtigste –

, und ihr habt gezittert vor meinem ohnmächtigsten Wort.

7. Ihr habt mir gehorcht, genötigt durch eure Kraft, und fluchtet mir, darum ich euch Gesetze gab des Unheils und der Grausamkeit!

8. Nun aber will ich euch kein König mehr sein und durchaus kein Herr, sondern euer Bruder, der euch führen und leiten will zur wahren Erkenntnis und Liebe Gottes, welcher ist der alleinige Herr und König von Ewigkeit über alle Menschen und über alle Kreatur.

9. Diesem König habe ich einen neuen Palast erbaut draußen an der freien und reinen Stätte; Der wird allzeit über uns herrschen also, wie da herrscht ein guter, weisester Vater über seine Kinder!

10. Morgen ist der Tag, an welchem Sein allererhabenst heiliger Name in solch neuem Palast Seine bleibende Wohnung nehmen wird.

11. Diesen Tag wollen wir feiern nach aller unserer Lebenskraft! Also bereitet euch wohl vor auf diesen Tag der Tage; denn an diesem Tag wird uns ein großes Heil widerfahren.

12. Also bereitet euch wohl vor, damit wir als reine Brüder vor Gott möglichst würdig diesen Platz betreten möchten und wohlgefällig Dem, der da heilig, heilig, heilig unter uns armen Sündern Wohnung nehmen wird! Sein heiliger Wille geschehe allzeit und ewig!"

13. Nach solchen Worten ward es völlig aus bei den Scharen; es war nur ein Freudengeschrei, und man konnte nichts vernehmen als allein: „Ehre, Ehre, Ehre dem großen Gott in der Höhe! Sein erhabenster Name werde geheiligt!"

14. Als sich nun das Geschrei etwas legte und man ganze Scharen vor Dank und Freude weinen sah, und sah, wie auch gar viele ihre Hände an die Brust legten und taten, als wollten sie ihre Herzen aus dem Leibe reißen und sie dann gegen den Himmel schleudern – was eine Folge ihrer erwachten Liebe zu Gott war –, da drang auf einmal ein großer, alter, aber sonst kräftiger Mann aus der Menge hervor.

15. Lamech und Kisehel konnten ihn aber nicht zu Gesicht bekommen, denn er hatte sein Angesicht mit einer Hand bedeckt.

16. Der Kisehel wandte sich an seine Liebe, auf dass er erführe, wer das sei; aber diese sagte zu seinem Geist: „Höre ihn, und du wirst ihn aus seinem Wort erkennen!"

17. Als der Kisehel solches vernommen hatte, ermannte er sich und sagte auch zum Lamech: „Bruder! Höre, dieser wird reden; danach erst werden wir ihn erkennen!"

18. Und der Fremde stellte sich auf den Pfeiler und sagte darauf mit lauter Stimme:

19. „Hört, ihr zahlreichen Scharen! Gott, der allerheiligste und liebevollste Vater hat Sich euer erbarmt und hat euch frei gemacht aus aller Sklaverei und hat die arge Schlange hinweggetan aus dieser Gegend, indem Er den Lamech gesalbt hatte mit dem köstlichen Öl Seiner Erbarmung und Gnade.

20. Liebt Ihn aus allen euren Kräften, denn Er ist euch ein wahrer Vater! Er hat Seinen Zorn Selbst gefangengenommen und hat Sich als alleinig wahrer Vater euer erbarmt und will euch aufnehmen zu Seinen Kindern.

21. Daher eilt Ihm in euren Herzen entgegen, denn morgen will Er, von mir geleitet, hier einziehen.

22. O Kinder der Höhe, meine Väter und Brüder! Als der Vater unter uns

wandelte, da sah man niemanden sich das Herz aus dem Leibe reißen wollend und Dir, o heiliger Vater, entgegentragend! Diese armen Kindlein aber tun solches!

23. O, so komme Du, liebevollster heiliger Vater, und nehme sie auf, und mache sie uns gleich, damit wir Dich dann mit einer Stimme loben und mit einem Herzen lebendig lieben möchten!

24. Freut euch ihr alle, Kinderchen, denn der Vater wird zu euch kommen und wird euch alle umfassen mit Seiner Vaterhand und wird euch geben das ewige Leben!

25. Denn darum hat Er mich, Seinen Hohepriester, zu euch gesandt, auf dass ich euch solches künde aus der Höhe!

26. Freut euch des heiligen Vaters, denn Er ist überaus gut, und voll Erbarmung!

27. Morgen sollt ihr Seine Herrlichkeit sehen! Amen."

Kapitel 218

Henoch in der Tiefe

Am 24. Dezember 1842

1. Nach der Beendigung der Rede des noch fremden Redners ergriff der Lamech die Hand des Kisehel und fragte ihn allerdringendst:

2. „Mächtiger Freund und Bruder, hast du ihn erkannt, diesen göttlichen Redner? Wahrlich, von gemeiner Herkunft kann der unmöglich sein! Er sprach von der Höhe, von da du bist; ist er nicht von da?

3. Ja, er muss es sein, will er es oder nicht; denn also zu reden versteht wohl niemand in der Tiefe!

4. Die Stadt Farak hatte sonst wohl auch im Geheimen weise Männer noch gehabt, die sich vor mir aus Furcht verborgen hielten; aber von solch einer Weisheit ist gar keine Rede!

5. Denn dieser wahrhaft überaus erhabene Mensch hatte ja doch Worte von sich gegeben, die gerade also klangen, als hätte sie der allmächtige Gott Selbst geredet!

6. Solches wirst du selbst noch besser haben merken können denn ich, und so bitte ich dich, lehre mich diesen Menschen kennen; denn es liegt mir überaus viel daran!"

7. Und der Kisehel sagte darauf zum Lamech: „Bruder, siehe, er kommt von selbst auf uns zu, und ich meine, von ihm wirst du am untrüglichsten erfahren, wer da hinter seiner Hand steckt! Mir ist wohl seine Stimme bekannt, denn sie klang wie die des obersten Priesters Henoch, den Gott Selbst als solchen für die ganze Erde gesetzt hatte!

8. Aber die Gestalt ist mir selbst noch nahe gänzlich unbekannt, indem ich nicht sein Angesicht erschauen kann, darum er es verdeckt, so er sich gegen uns kehrt, und hält es doch offen – wie es mir vorkam – gegen das Volk, was mir eben von Seiten des Henoch ein wenig rätselhaft vorkommt.

9. Denn noch sehe ich selbst den Grund nicht ein, warum er vor mir, vor dir und vor den hinter uns stehenden anderen sechs Brüdern sein Angesicht verbirgt! Doch er ist uns nahe; daher nichts mehr weiter!"

10. Und alsbald trat der noch fremde Mann zum Kisehel hin, reichte ihm die Hand und sagte darauf: „Die ewige Liebe und Gnade unseres überguten heiligen Vaters sei mit dir, deinen lieben Brüdern und

mit diesem neuen Bruder Lamech und allem seinem Volk!

11. Es lassen dich und deine Brüder grüßen der Erzvater Adam, wie die Erzmutter Eva, der Seth, der Enos, der Kenan, der Mahalaleel, mein Vater Jared, mein Sohn Mathusalah und sein Sohn, der liebe Lamech, und es haben alle eine endlos große Freude an dem herrlichen Gelingen eures euch vom heiligen Vater Selbst auferlegten Werkes.

12. Der Adam segnete täglich zu hundert Malen die Tiefe und alle seine Hauptstammkinder mit ihm; denn er war sehr besorgt um euch, und das umso mehr aus dem Grunde, indem uns allen der liebevollste heilige Vater bis auf den heutigen Morgen nichts hatte anzeigen wollen, wie es mit euch stehe.

13. Aber heute gar früh sagte Er zu mir: ‚Henoch! Mache dich auf, und zeige es den Vätern an, dass Meine Erbarmung über die Tiefe gesiegt habe, und morgen will Ich, von dir geleitet, dort Meinen Triumph feiern und will einziehen in die Stadt Hanoch!

14. Daher begebe dich heute noch hinab, und verkündige solches Meinen Brüdern!

15. Dein Gesicht aber bedecke im Anfang mit deiner Hand zum Zeichen, dass Ich langmütig und überaus geduldig bin!

16. Dann aber ziehe in das Haus des Königs, und tue die Hand hinweg von deinem Angesicht!'

17. Siehe, solches hatte heute früh morgens der heilige, liebevollste Vater zu mir geredet, und so ging ich zum ersten Male herab und bin nun da vor euch nach dem Willen des lieben, guten, heiligen Vaters!

18. Und so lasst uns denn in das Haus des Königs ziehen!

19. Zuerst aber zeigt mir die Tafel, auf welcher gezeichnet ist der allerheiligste Name unseres Gottes, unseres allerheiligsten, liebevollsten Vaters, damit ich, Sein Oberpriester, Ihm darbringe mein Herz!"

20. Alsogleich lief der Lamech voraus, öffnete selbst die Türe des Thronsaales, eilte dann dem hohen Gast entgegen und sagte zu ihm:

21. „O du großer Freund des allmächtigen Gottes, komme nun, komme in mein schmutziges Haus, in dem es noch gar viel zu reinigen wird geben, und heilige an unserer unwürdigsten Stelle das Allerheiligste, das da nun allergnädigst wohnt in meinem schmutzigen Haus!"

22. Hier wurde der Lamech vom Gefühl übermannt und weinte vor Liebe, Reue und Freude ob der großen Gnade, die nun seinem Hause widerfahren ist.

23. Der Henoch aber umfasste den Lamech, drückte ihn an seine Brust und sagte dann zu ihm: „O du mein geliebter, noch schwacher Bruder, jetzt hast du das ewige Leben überkommen!

24. Denn du liebst Ihn, den heiligen Vater, nun mehr, als es dir begreiflich ist; darum aber wirst du auch erfahren, wie überaus gut der Vater ist!

25. Wahrlich, so viel Liebe habe ich auf der Höhe nicht gefunden; und so erfreust du mich nun auch mehr denn neunundneunzig auf der Höhe, die zwar allzeit gerecht vor Gott gewandelt sind, aber ihre Herzen noch nie von der Liebe zu Ihm haben also erglühen lassen!

26. Und so denn führe du mich in das Allerheiligste deines Hauses! Amen."

Kapitel 219

Henochs Verehrung des heiligen Namens.
Allein die Liebe ist Gott angenehm

Am 27. Dezember 1842

1. Und alsbald nach diesen Worten Henochs ging der überaus hocherfreute Lamech voraus und geleitete als Führer somit den Henoch zum Thronsaal und sagte allerehrerbietigst zum Henoch an der Türschwelle:

2. „Mächtiger Freund des allerhöchsten Gottes, siehe, dort in der Mitte ist der Thron; und die glänzende Tafel, die auf demselben ruht, ist diejenige, auf welcher der Name nach unserer Art gezeichnet ist, den auszusprechen meine Zunge nimmerdar würdig sein wird!"

3. Und der Henoch, seine Hand an seine Brust legend, blieb eine kleine Weile an der Schwelle stehen, und schwieg.

4. Dann aber streckte er seine Hände aus und eilte hin zum Thron, ergriff die Tafel und drückte sie an seine Brust, küsste sie und stellte sie dann wieder auf am Thron.

5. Als er nun solche Liebehre dem allerheiligsten Namen dargebracht hatte, da stellte er sich etwas seitwärts vom Thron, und zwar auf die rechte Seite desselben, und richtete dann folgende Worte an alle die Anwesenden – denn es waren auch viele ansehnliche Bürger und Amtsleute Lamechs mit in den Saal hinaufgegangen –, und die Worte lauteten also:

6. „Brüder und Kinder eines Vaters im Himmel, es hat diesem über alles guten, liebevollsten und heiligen Vater wohlgefallen, euch Seinen Namen zu geben, welcher in Sich ist heilig, überheilig.

7. Was aber wollt ihr dafür Ihm, dem alleinigen heiligen liebevollsten Geber aller guten Gaben, bieten?!

8. Eure Gedanken suchen, und ihr könnt nichts finden, was ihr hättet, das ihr nicht zuvor von Gott empfangen hättet!

9. Ja wahrlich, da ist alle eure Mühe und Arbeit vergeblich!

10. Wollt ihr den Namen loben, preisen, rühmen und anbeten euer Leben lang?

11. Ja, solches könnt ihr gar wohl tun; aber merkt, ich will euch da etwas sagen, und solches zeigt uns das Firmament und die ganze Erde!

12. Himmel und Erde sind voll von Seinem Lob, von Seiner Ehre, und alle endlosen Räume sind voll der höchsten geheiligten Engel, die da allzeit sagen: ‚Heilig, heilig, heilig ist der Herr, unser Gott; Ehre sei Ihm als dem Vater, Seinem Wort und der Allmacht Seiner ewigen Liebe!

13. Wir loben Dich ewig, o großer Gott, und preisen allzeit Deine endlose Stärke, denn Dir allein ja nur gebührt alles Lob, alle Ehre, aller Ruhm, aller Preis, alle Hochachtung, alle Anbetung und alle unsere Liebe!'

14. Seht, wie viel der Ehre, des Ruhmes, des Preises und der wahren Anbetung Gott allzeit und ewig dargebracht wird!

15. Wenn ihr denn auch also den Vater ehren und preisen wollt, um wie vieles wird dadurch wohl Seine unendliche göttliche Ehre und Herrlichkeit größer werden?!

16. Wahrlich, so der leiset kleinste Tropfen Wassers ins Meer gefallen ist, so hat dadurch das Meer im Vergleich schon endlos Größeres empfangen, als da wäre eure lebenslange ununterlassene Anbetung und Ehrung gegen die endlose Ehre und ewige Herrlichkeit Gottes, die Er schon

eher im allervollkommensten Maße in Sich hatte, als noch irgendetwas erschaffen war!

17. Was wollt ihr hernach denn tun dem heiligen Vater für solche Gnade, Liebe und Erbarmung?

18. Ihr sagt: ‚Wir wollen Ihm danken unser Leben lang!'

19. Solches tut auch, denn Ihm, dem alleinigen Geber, gebührt auch allein nur aller Dank!

20. Doch, so ihr danken möchtet, dass darob eure Zunge bis an die Wurzel sich verbrauchen möchte, wird Er dadurch wohl reicher und herrlicher werden, als Er es ohnehin schon von Ewigkeit her ist?!

21. Also seht, solches alles ist eitel an sich, und der Herr aller Herrlichkeit und Macht bedarf dessen nicht!

22. So aber da jemand hat eine Braut, der frage sein eigenes Herz, was ihm an ihr wohl das Angenehmste ist, und es wird ihm sagen: ‚Ich bin reich an allen Schätzen und bedarf weder des Goldes noch der Edelsteine, noch der Baumfrüchte, noch der zahmen Tiere, noch dass du mich ehrst und mir Brandopfer darbringst!

23. Nur eines hast du, geliebte Braut, für mich; danach sehnt sich mein Leben! Und dieses eine ist deine Liebe!

24. Liebe mich, so hast du mir mehr gegeben, als was mir Himmel und Erde bieten können!'

25. Ist es nicht also, meine Brüder?! Ihr sagt: ‚Ja, also ist es ewig wahr!'

26. Also tut auch ihr desgleichen! Liebt den Vater; denn Liebe ist Sein Wesen und Liebe Sein unendliches Bedürfnis. So habt ihr Ihm alles gegeben und geopfert, alles, was Er euch gegeben hatte! Denn mehr als Sein eigenes Leben konnte Er euch nicht

geben; die Liebe aber ist euer Leben und das Leben Gottes in euch.

27. Wenn ihr sonach Gott, den Vater, liebt, so tut ihr das, was Er ansieht, und was Ihm allein angenehm ist!

28. Solches aber ist der Wille Gottes, dass wir Ihn über alles lieben sollen; also tun wir das, so werden wir das Leben haben ewig! Amen."

Kapitel 220

Die Macht der Liebe

Am 28. Dezember 1842

1. Nach dieser Rede Henochs schlugen sich alle Anwesenden auf die Brust, und einer sagte zum anderen: „Was war das für eine Rede, und was waren das für Worte!

2. O Wahrheit, du ewig heilige Wahrheit, der Weg zu dir ist für den, der dich nicht kennt, unaussprechlich schwer zu finden!

3. So du aber dem müden Wanderer entgegenkommst, dann bist du alsbald also wohl erkennbar für ihn, wie da erkennbar ist für jedes Auge die aufgehende Sonne!

4. Ja, man kann nun denken, wie man will, und es lässt sich durchaus kein anderer Satz ausfindig machen, der aber auch nur neben dem bestehen könnte!

5. Also gibt es nur eine Wahrheit: Gott ist diese ewige Wahrheit, und diese zeigt das allein wahre Verhältnis zwischen Ihm und dem Menschen an und sagt, dass dieses die alleinige Liebe ist!

6. Kann aber die beste und reinste Vernunft auch ein anderes möglich finden?

7. Nein, wir wissen es ja, dass da alle menschlichen Verstandeswerke in

lauterem Zerstreuen bestehen, und das Zerstören ist am Ende sein Sinn.

8. Wir sind suchende, versuchende, bauende, verbauende, zerbauende und zerstörende Planmacher; wir wollen stets etwas Neues, stets etwas Besseres und Vollkommeneres, und vergessen bei solchen Bemühungen ganz und gar, dass wir uns selbst nie übertreffen können und somit alle unsere Werke nichts sein können als das nur, was da ist ihr Grund: unser Verstand!

9. Wir haben große Augen für Torheiten anderer, aber die bei weitem größeren eigenen mögen wir nicht erschauen.

10. Solches alles aber liegt ja eben darinnen begraben, weil wir noch nie eine volle Wahrheit erschaut haben.

11. Nun aber hat uns dieser mächtige große Freund Gottes die reinste Wahrheit gezeigt! Darum mögen wir auch wie auf einen Hieb die ganze Masse unserer großen und groben Torheiten erkennen; denn die Liebe ist ja das Einzige im Menschen, das ihn versammelt und zusammenhält, das Einzige, wodurch noch jeder seine Gedanken ins Werk gesetzt hatte!

12. Ja, die Liebe ist die offenbare Grundbedingung alles Seins und somit auch alles Werdens; ja, sie ist – wenn wir es so recht nehmen wollen – das eigentliche Sein selbst; sie ist die einzige Realität, also die einzige Wahrheit! Und solches konnte uns so viele Jahrhunderte hindurch entgehen?!

13. Ja, großer, mächtiger Freund und wahrhaftigster, alleiniger Hohepriester Gottes, du hast ganz vollkommen recht, da die Liebe die alleinige wirkliche Realität ist, das alleinig wahre Sein, und ist sowohl das Grundwesen Gottes, als auch somit das unsrige vollkommen aus Ihm.

14. Was können wir Ihm dann wohl anderes bieten als das nur, welches allein etwas ist vor Ihm, nämlich die Liebe, das heißt alle unsere Liebe, da unser alles eben ja auch der Liebe Gottes entstammt!

15. Nehme daher unsere vollste und teuerste Versicherung an, dass wir solches tun werden und wollen aus allen unseren Kräften; und Gott möge uns so, wie bis jetzt, gnädig und barmherzig sein!

16. Gelobt und über alles geliebt sei Sein heiligster Name!"

17. Und der Henoch sagte: „Amen! Gelobt und geliebt sei von uns allen ewig der heilige, allerliebevollste Vater, der uns schon ehedem geliebt hatte, bevor wir noch waren; denn wäre es nicht also, so wäre nie etwas erschaffen worden!

18. Gott als die ewige, unendliche Liebe und Weisheit, also die ewige Wahrheit, sah von Ewigkeit her, dass Ihre Werke gut waren, sind und ewig bleiben werden; darum trägt uns noch die alte Erde, und die alte Sonne spendet uns stets ein gleiches, herrliches Licht!

19. Der Mensch nun ward gesetzt zur höchsten Vollendung auf diesen engen Kreis; der Kreis ist zwar enge, aber desto mächtiger erfüllt mit der Liebe Gottes.

20. Daher erkennt alle in diesem engen Liebekreis, dass Gott die Liebe ist; erkennt mit Liebe die Liebe, so wird diese Liebe ein mächtig Feuer werden, welches gar bald den engen Kreis zerreißen wird!

21. Und ihr werdet dann frei hinaustreten in den unendlichen Kreis der göttlichen Liebe, Gnade und Erbarmung und werdet da ein Leben leben, welches da heißt: ,Seid vollkommen, wie Ich, euer Vater, es bin!'

22. Nun aber lasst uns ein Mahl nehmen, Bruder Lamech! Wie wir hier

beisammen sind, lasse uns auch gemeinschaftlich in die Schüssel greifen! 23. Und so denn führe uns in den Speisesaal! Amen."

Kapitel 221

Fertigstellung und Übergabe des Tempels

Am 29. Dezember 1842

1. Und alsbald begab sich alles in den Speisesaal, in welchem nach alter Sitte von Seiten der Diener Lamechs stets Sorge getragen werden musste, dass die Speisetische fortwährend mit den auserlesensten Früchten besetzt sein mussten.

2. Als da alle sich gesättigt hatten, kam gerade der Thubalkain mit dem Mura und Cural in den Saal und trat alsogleich hin zum Lamech und Kisehel, ihnen überfreudigen Antlitzes anzeigend, dass der Tempel nun vollends fertig sei, und dass sein Erzmeister aus dem übriggebliebenen edlen Metall ein gar überprachtvollstes Tor verfertigt habe, welches sogar mit einem künstlichen Riegel versehen ist, damit der Tempel außer der bestimmten Zeit völlig geschlossen werden kann.

3. Nach solcher Anzeige lobte der Lamech Gott, dass Er den Bauleuten solche Einsicht und Kraft verliehen hatte, damit so ein großes Werk in einer so kurzen Zeit habe vollendet werden können, während sonst auch nur ein unbedeutendes Wohnhaus eines ganz gemeinen Bürgers der Stadt schon mehrere Jahre erforderte, bis es völlig auferbaut wurde.

4. Nach solcher Lob- und Danksagung Lamechs traten aber dann auch der Mura und Cural zum Lamech hin, und der Mura nahm das Wort und sprach zum Lamech:

5. „Lichter, mächtiger, weiser König und Herr, du möchtest mich nun wohl fragen und sagen: ‚Da der Bau also herrlich und bis zur bestimmten Zeit ganz vollendet worden ist, so zeige mir die Rechnung, damit ich dir gebe allen baulichen Arbeitssold!'

6. Allein solches, o König, wäre nun eitel von dir; denn siehe, also wie stets wahrhaft wunderbar uns das große Werk vonstattenging, eben also auch ganz rein wunderbar erhielt ich und jeglicher Arbeiter einen überaus reichlichen Lohn!

7. Es ist kaum noch eine Stunde der Zeit her, als das große Werk völlig beendet ward, da kamen Männer herbei, und ihnen folgten große Herden edler zahmer Tiere, als da sind Ochsen, Kühe, Ziegen und gar schöne weiße Schafe.

8. Davon erhielt ein jeder Arbeiter ohne Unterschied zehn Stücke männlich und weiblich von jeder Gattung, also zwar, dass da einer hatte zehn Ochsen und zehn Kühe, zehn Böcke und zehn Ziegen, und zehn Schafe und zehn Widder, also ein jeglicher sechzig Stücke; und ich und der Cural bekamen ein jeder das Zehnfache samt den noch anderen Unterbauleuten!

9. Also sind wir überaus gut belohnt und haben darum von dir nichts anderes mehr für uns und unsere Nachfolger zu bitten als fürs Erste um dein königliches Wohlgefallen, und dass du uns allzeit gnädig sein möchtest!

10. Der Cural aber hatte aus besonderer Dankbarkeit gegen Gott, sowie auch ich an seiner Seite, beschlossen, den ganzen Raum innerhalb der Ringmauer mit weißen geglätteten Steinen zu belegen.

11. Über drei Viertel sind bereits schon belegt, und in kurzer Zeit wird auch das übrige Viertel belegt sein, und du sollst alles

in dem gereinigtsten und prachtvollst glänzendsten Zustand antreffen!

12. Hier ist der Torschlüssel des Tempels und hier der kleinere zum ebenfalls goldenen Gittertor der herrlichen Ringmauer!

13. Den Tempeltorschlüssel magst du alsogleich behalten; den kleinen aber werde ich durch einen Diener dir sodann überbringen lassen, so der Platz ganz belegt sein wird.

14. Und so lasse uns wieder gehen zu der letzten freiwilligen Arbeit; dein Wille! Amen."

15. Solche Nachricht überraschte unseren Lamech so sehr, dass er vor lauter Freuden sich gar nicht zu helfen wusste und konnte auch gar kein Wort herausbringen.

16. Und so trat denn der Henoch vor und sagte zum Thubalkain, Mura und Cural:

17. „Ich bin ein neuer Bote des Herrn aus der Höhe; mein Name ist Henoch, ein alleiniger Hohepriester Gottes.

18. Als solcher sage ich euch, freut euch nicht so sehr des Lohnes und auch nicht so sehr des vollendeten Werkes, sondern freut euch vielmehr der großen Gnade und Erbarmung Gottes! Erkennt eure Mängel, reinigt eure Herzen, seid eifrige Täter des Willen Gottes, und liebt Ihn über alles und euch untereinander wie jeder sein eigenes Leben, so werdet ihr in solcher Liebe erst den größten Lohn finden, welcher da heißen wird das ewige Leben in Gott!

19. Du, Thubalkain, bleibe hier; du, Mura, und Cural, aber geht, beendet euer Werk, und kommt dann selbst wieder, denn ich habe mit euch noch Wichtiges zu verhandeln! Amen.""

Kapitel 222

Henoch lehnt leibliche Ehrbezeigungen ab. Die wahre Ehrung. Über die Verwandtenehe. Vorbereitung auf das Kommen des Herrn

Am 30. Dezember 1842

1. Nach dieser kurzen Bemerkung Henochs verneigten sich die beiden tiefst und gingen dann zu ihrem Geschäft.

2. Der Thubalkain aber stürzte hin zum Henoch und bat ihn um Vergebung, darum er solches nicht schon eher bemerkt habe, dass ein unaussprechlich hoher Gast sich unter ihnen befinde und er ihm nicht alsogleich die allerhöchste Ehrfurcht bezeigt hätte.

3. Der Henoch aber hob den Thubalkain alsogleich vom Boden auf und sagte zu ihm: „Bruder, armer Bruder! Was tust du vor mir, deinem Bruder?

4. Siehe, solches hat uns allen sogar der Herr, unser Gott und Vater, trotz Seiner unendlichen, unantastbaren Heiligkeit verwiesen, indem Er uns haarklein bewiesen hatte, dass es für den Menschen bei weitem leichter ist, vor Ihm die Knie zu beugen denn das Herz!

5. Solches aber gereiche dem Menschen durchaus nicht zum Leben, sondern allein die Beugung des Herzens!

6. Hat daher jemand ein unbeugsames Herz und mag selbes nicht demütigen und läutern vor Gott, da mag er sich sein Leben lang im Staub herumwälzen, und es wird ihm solches alles nichts nützen.

7. Wer aber sein Herz beugt, und läutert es, und erfüllt es mit Liebe, der bedarf da nicht mehr, seinen Leib in den Staub zu senken; denn sein Geist weiß es in aller Demut und vollster Liebe zu Gott, dem

heiligen Vater, dass der Leib dem Staub der Erde angehört und wird wieder dahin kehren, woher er genommen ward.

8. So du aber ein Haus bewohnen möchtest, und es käme vor dein Haus ein vornehmer, hoher Gast, – wirst du da wohl aus lauter Ehrfurcht das ganze Haus vor dem hohen Gast niederreißen und es in den Staub legen und dann erst wieder aufbauen, um den Gast in dein Haus aufzunehmen?

9. Ich meine aber, solches würde wohl überaus lächerlich töricht sein; denn fürs Erste verlangt solches der hohe Gast nicht, und fürs Zweite wird er nur darauf sehen, wie ihm du als Bewohner des Hauses entgegenkommen wirst, – nicht aber, wie sich dein totes, an und für sich unbewegliches Haus gegen ihn benehmen wird!

10. Also ist auch unser Leib nur ein Wohnhaus des Geistes, nicht aber etwa mit dem Geist eines und dasselbe, und der heilige, liebevollste Vater sieht dann nur, was da tut der Geist –

11. das ist die Liebe und ihr freier Wille –, nicht aber auf den Leib, was dieser täte, der doch nichts tun kann, als nur stumm verrichten sein natürliches, gerichtetes Bedürfnis.

12. Daher sei du, Thubalkain, mein lieber Bruder im Geiste!

13. Beuge allein vor Gott dein Herz, liebe Ihn über alles, mich, deinen Bruder, aber also wie dich selbst, so hast du alles getan, was da ist ehrlich und billig vor Gott und aller Welt!

14. Du hast dir auch ein Weib genommen, das ist recht und billig; da du aber deine eigene Schwester beschliefst, solches war ein Gräuel vor Gott. Es durften solches wohl die ersten Kinder Adams tun zur Zeit, da Gott das Blut noch nicht geschieden hatte und war sonach in allen ein Blut und ein Fleisch.

15. Da sich aber mit der Zeit die Menschen sehr vermehrten, da schied Gott das Blut untereinander, damit es nicht bald versäuere und aussterbe.

16. Aus dem Grunde sind dann bestimmt worden stets mehr und mehr die Stufen der Blutsverwandtschaft, und darf dieser Bestimmung zufolge ohne besondere Einwilligung Gottes niemand im ersten Gliede ein Weib sich nehmen, sondern erst im zweiten, dritten und so fort; ein je ferneres Glied jemand wählt, desto billiger tut er demnach.

17. Du aber hast dir nun ein Weib aus einem gar fernen Gliede genommen; also hast du auch daran wohl und recht und billig getan, und so magst du selbes herführen, damit auch ich dich segne!"

18. Hier rief der Thubalkain sogleich sein Weib herbei und stellte sie ehrerbietigst dem Henoch vor.

19. Henoch aber legte alsbald beiden die Hände auf, und segnete sie im Namen des Herrn.

20. Nach solcher Handlung aber berief der Henoch den Lamech und die sieben zu sich und sagte zu ihnen:

21. „Brüder! Hört, also lautet der Wille des Vaters: ‚Am Abend aber, so ihr euch gestärkt habt mit mehreren Brüdern aus der armen Tiefe, segnet sie in Meinem Namen, und lasst sie dann zur nötigen Ruhe gehen!

22. Ihr aber samt dem Lamech begebt euch auf den Berg, den der Kisehel in Meinem Namen gereinigt hatte, und wacht da bis an den Morgen!

23. Wenn ihr aber merken werdet das erste Grauen des Morgens, da versammelt euch tief, denn um diese Zeit werde Ich

zuerst fühlbar und dann auch hör- und endlich sichtbar unter euch sein!'

24. Also tun wir solches alles, auf dass wir solcher Gnade teilhaftig werden! Amen."

25. Und alsbald traten die Brüder samt dem Lamech auf, segneten alle die zahlreich Anwesenden und beschieden sie dann zur Ruhe.

26. Als sich darauf alles entfernt hatte unter lauter Lobpreisung des göttlichen Namens, da auch verließen gar bald der Henoch und alle die anderen sieben samt dem Lamech das Haus und begaben sich eiligen Schrittes auf den Scheitel des etwa bei dreihundert Klafter hohen Berges.

27. Als sie nun auf der Höhe angelangt waren, da brachten alle einstimmigen Herzens dem Vater eine Dank- und Lobpreisung dar; nach dem aber unterhielten sie sich mit allerlei großen Betrachtungen über die Führungen Gottes und über die Herrlichkeit der großen Werke, wobei der Lamech stets ganz Herz und Ohr war und wusste sich vor lauter Seligkeit nicht zu helfen.

28. Als aber der Henoch die Nähe des Morgens merkte, da sagte er zu den Brüdern:

29. „Jetzt verstumme unsere Zunge! Ein jeder versammle sich tiefst in seinem Herzen und bereite sich vor zum heiligen Empfang des Herrn, unseres Gottes, unseres allerheiligsten Vaters; denn Er ist schon auf dem Weg zu uns!"

30. Darauf ward alles stille, und der Vater kam in aller Stille zu den Seiner Harrenden.

Kapitel 223

Der mächtige Wind und das reinigende Flammenmeer. Das Kommen des Herrn

Am 2. Januar 1843

1. Das erste Grauen des werdenden Tages hatte begonnen, und mit diesem Grauen fing alsbald an ein mächtiger Wind zu wehen, welcher aber bei aller seiner Heftigkeit dennoch niemandem wehe tat, sondern nur bei jedem eine höchst angenehm erheiternde Wirkung erfolglich machte.

2. Als das Grauen in eine hellere Röte überzugehen anfing, da legte sich der Wind, aber desto heftiger begannen sowohl die nahen als die fernen brennenden Berge zu lodern.

3. Und es brachen bald so helle Flammen allerorts auch neben den schon gewöhnlichen Feuerbergen aus anderen Bergen und Hügeln hervor, dass darob die Morgenröte vor lauter Flammenglanz nahe kaum auszunehmen war.

4. Denn die ganze Gegend schien in ein Flammenmeer überzugehen.

5. Am Ende bemerkte der Lamech sogar auch aus seinem Berg hie und da helle Flammen hervorbrechen, und fing an, sich darob ein wenig zu ängstigen.

6. Denn er gedachte bei sich, solches werde sein Untergang sein, und geriet darum förmlich in ein kleines Misstrauen.

7. Da aber die Flammen stets heftiger und heftiger wurden, so konnte das der Lamech nicht mehr ganz gleichgültig ansehen, sondern erhob sich und sagte ganz ehrfurchtsvoll zum Henoch:

8. „Mächtiger, großer Freund des Herrn, siehe, die verheerenden Flammen schlagen schon nahe zu uns heran! Meinst

du wohl, dass es noch länger geheuer sein wird, hier zu verweilen?

9. Wenn es auf mich ankäme, so möchte ich diesen Ort wohl verlassen!"

10. Der Henoch aber erwiderte dem Lamech und sagte zu ihm: „Bruder Lamech, meinst du wohl, der Allerheiligste wird einen unreinen Boden betreten?

11. Siehe, also reinigt für Sich der Herr Seine Wege, so Er zu uns kommen will.

12. Und so jemand zu Ihm kommen will, so muss er auch durchs Feuer der Liebe gehen, sonst kann er nicht zu Ihm gelangen!

13. Siehe, wenn der Herr kommt, so kommt Er im Feuer Seiner Liebe; und dennoch ist Er weder im Wind, noch im Feuer, sondern Sein Wesen ist ein sanftes Wehen.

14. Daher ängstige dich nicht des Feuers wegen – denn dieses wird dir kein Haar versengen –, sondern harre geduldig und völlig unerschrocken mit uns, und horche, denn nun sollst du des Vaters Stimme vernehmen!"

15. Diese Worte beruhigten den Lamech völlig wieder, und er horchte auf die Stimme des Vaters.

16. Als die Flammen schon einen hellsten Kreis um die Harrenden bildeten, da ertönte auf einmal eine Stimme über dem Flammenkreis, und ihr Wort lautete also:

17. „Der Friede sei mit euch, und mit dir, Lamech! Denn heute will Ich einziehen in die Hütte, welche du Mir errichtet hast.

18. Mein Name Jehova soll wohnen lebendig innerhalb der Hütte.

19. Außer dir aus deinem Volk soll niemand in die Hütte treten, so er ist, wie er ist.

20. Wenn aber jemanden die Flamme der großen Liebe zu Mir treiben wird, dem sollst du die Pforte in Mein Haus auftun; also soll es allzeit geschehen!

21. Auf diesem Berg aber sollst du Mir ein Denkmal errichten nach deiner Art, auf dass sich jedermann beim Anblick desselben erinnere, dass Ich hier mit dir geredet habe!

22. So wahr Ich aber lebe, ein ewiger, heiliger Gott: So je die Kinder der Höhe, wie die der Tiefe Meiner vergessen sollten, so will Ich darob richten den ganzen Erdkreis, und will treiben eine mächtige Wasserflut so hoch über alle Berge, als wie hoch du jetzt die Flammen über den höchsten Bergen erblickst, und will verderben lassen alle Kreatur des Erdbodens!

23. Solches spricht nun zu dir, Lamech, dein Gott und dein Herr!"

24. Hier erbebte Lamech tiefst in der Seele und fiel vor Gott nieder auf sein Angesicht und gelobte in seinem Herzen Ihm die allzeitige Treue seiner ganzen Lebenszeit.

25. Hier ging auch die Sonne auf, und eine kräftige Hand ergriff den Lamech und richtete ihn auf.

26. Als er nun wieder seine Augen auftat, siehe, da erblickte er zu seinem großen Erstaunen alle Flammen auf dem Erdboden erloschen! Herrlich strahlte die gereinigte Erde, vom hellen Licht der Morgensonne erleuchtet, und an seiner Seite erschaute er einen kräftigen, jungen, ernstschönen Mann und fragte Ihn:

27. „Bist auch du ein neuer Gast aus der heiligen Höhe?"

28. Und der ihm noch fremde Mann sagte zu ihm: „Du hast recht; ja, Ich bin auch daher, und zwar aus der höchsten Höhe!

29. Lass uns aber jetzt hinabgehen in dein Haus; da erst sollst du Mich näher erkennen! Henoch, geleite Mich! Amen."

Kapitel 224

Henochs liebesschwärmerische Rede an den heiligen Vater. Die Liebe ist die größte Macht

Am 3. Januar 1843

1. Ganz liebeglühend stürzte der Henoch hin zum Vater, und sagte in seinem Herzen: „O Du überguter, überheiliger, überliebevollster Vater, welch ein überschwänglichstes Glück hast Du meinem Herzen bereitet! Ich, ein schwacher Mensch der Erde, darf Dich geleiten?!

2. Wenn ich auch der von Dir gestellte und berufene Hohepriester bin, was aber ist dennoch solches gegen Dich, Du allerheiligster, liebevollster Vater?!

3. Doch nicht ich, ja ewig nicht ich habe mich selbst dafür gewürdigt, sondern – o heiliger Vater! – Deine unendliche Milde, Gnade, Liebe und Erbarmung hat ja solches an mir getan; darum aber möchte ich mich gerade auch zu Tode in Dich hinein lieben!

4. O wäre es mir doch möglich, Dich mit der Kraft und Mächtigkeit aller Himmel zu lieben; wie endlos seligst gerne möchte ich solches tun!

5. O Vater, Du ewige, allerreinste und allmächtigste Liebe, lasse mich noch zu Unfähigen für solch überhöchste Genüsse der Himmel doch hier [nicht] gar so unaussprechlich selig sein, denn beinahe verträgt mein Herz solch einen Liebebrand kaum mehr!

6. Aber was rede ich doch alles zusammen in meinem Taumel?!

7. Es ist solches ja alles Dein heiligster Wille; darum geschehe es auch allzeit alles also, wie es Dir angenehm ist!

8. O Du heiliger Vater! Wie gut musst Du Dir sein, da ich, ein Nichts vor Dir, schon so unmäßig viel von dieser Deiner unendlichen Güte empfinde!

9. O du Erde, erbebe vor zu großer Entzückung, denn der Schöpfer, der dich lebendig erschuf, wandelt nun auf dir! Und du, arme Sonne, mit deinem Licht getraust du dich wohl jetzt deine Strahlen herabzusenden auf den Erdboden, wenn Der über denselben wandelt, dessen leisester Hauch dich einst werden hieß?

10. Aber ich rede ja schon wieder wie ein Liebeverwirrter! Die Erde schweigt ja vor übergroßer, erhabenster Ehrfurcht; denn sie empfindet es ja, wer Der ist, den sie nun trägt! Und die Sonne bringt dem Herrn mit ihren sanften Strahlen ein ihr möglich liebegrößtes Lob dar!

11. Alles, alles ist von einem erhabenen, andächtigen und ehrfurchtsvollsten Stillschweigen ergriffen; nur ich plappere beständig in mir!

12. Ich fehlte offenbar gegen die gebührendste Ehrfurcht, – aber ich kann mir aber ja auch nicht helfen, denn ich liebe Ihn zu sehr, als dass es mir möglich wäre, das stets mehr und mehr liebegesprächige Herz im Zaum zu halten!

13. Welche Wonne und welche Seligkeit aber kann der auch in Ewigkeit gleichen: bei Ihm zu sein, an Seiner liebevollsten, väterlichen, allmächtigen Seite zu wandeln, und Ihn aus allen Kräften lieben zu dürfen?!

14. Doch nun stille, mein Herz; denn Er macht ja eine Miene, als wollte Er mir etwas sagen!

15. O freue dich, mein ganzes Wesen, denn du wirst wieder aus dem allerheiligsten Munde des Vaters Worte des Lebens vernehmen!"

16. Bei der Gelegenheit gelangten die nun neun Personen auch in die Ebene vom

Berg herab, und der Herr an der Seite Henochs blieb stehen und sagte zu allen:

17. „Freunde, hier wollen wir ein wenig anhalten! Denn Ich sehe, dass einige von euch etwas müde geworden sind; und du, Mein geliebter Henoch, bist am müdesten, denn dein Herz hätte sich ja beinahe vergriffen an Mir!

18. Ich sage dir aber, überschwänglich groß ist deine Liebe zu Gott, deinem Vater; aber wäre es dir möglich, die Freude des Vaters zu verkosten über die große Liebe eines Kindes zu Ihm, und dann zu ermessen Seine großen Liebesphantasien und Gedanken, in denen Er allmächtig, unendlich und ewig große Pläne macht, ein solch Ihn über alles liebendes Kind auch so unendlich glücklich zu machen, als es nur immer Seiner unendlichen Allmacht möglich ist, da würdest du wohl vergehen schon bei der leisesten Annäherung zu einem solchen Gedanken Gottes!

19. Schwärme aber du in deiner reinen Liebe zu Gott nur immer also fort, wie du, Mein geliebter Henoch, bis jetzt geschwärmt hast, so wird aus solch einer Schwärmerei einst eine große Wirklichkeit hervorgehen, über die sich dein Geist höchst erstaunen wird!"

20. Nach dem aber wandte sich der Herr zum Kisehel und sagte zu ihm: „Kisehel, erkennst du jetzt die Macht der Liebe des Vaters?

21. Siehe, als du gesandt warst herab in die Tiefe, da zweifeltest du noch heimlich an dem Gelingen und dachtest nach dem ersten Auftritt heimlich bei dir:

22. ‚Des Herrn Macht ist zwar endlos größer, als sie je auch ein allervollkommenster Geist nur im allergeringsten Teil zu begreifen vermag; aber was den Lamech betrifft, da wird nicht viel zu richten

sein, und auf dem Wege der Liebe schon am allerwenigsten!

23. Es müsste nur der Lamech getötet werden und dann neu belebt mit einem ganz anderen Willen, sonst wird hier jeder Versuch scheitern!'

24. Nun siehe, wir haben aber nichts gebraucht als eben nur die Liebe, und die ganze Tiefe steht gereinigt nun vor uns!

25. Also bleibe es auch ewig dabei! Wo die Liebe nichts mehr wird auszurichten und zu gewinnen vermögen, da soll auch keine andere Macht etwas zu bewirken imstande sein!

26. Sind doch alle Werke der Schöpfung aus der Liebe hervorgegangen; wie sollten die Werke dann wohl mächtiger sein denn die Liebe als ihr Urgrund? Also bleibt nur alle allzeit bei der Liebe, und es soll am Ende doch alles gewonnen sein!

27. Da wir uns aber nun erholt haben, so lasst uns wieder weiterziehen, denn es gibt schon eine große Menge der Harrenden.

28. Darum gehen wir, auf dass unser Segen sie zur gerechten Zeit treffe! Amen."

Kapitel 225

Lamech erkundigt sich bei Kisehel nach dem ihm unbekannten jungen Mann. Die Rede des Herrn an das Volk

Am 4. Januar 1843

1. Auf diese Worte des Herrn erhoben sich wieder alle und zogen nach der Stadt.

2. Der Lamech aber, zwischen tausend Gedanken über diesen fremden Mann umherschweifend, wandte sich unterwegs an den Kisehel und fragte ihn: „Höre, großer, mächtiger Freund und Bruder! Kennst du

diesen überaus merkwürdig jungen und dennoch also überaus weisen Mann? Ist er denn noch mehr als der hohe Priester Henoch?

3. Denn siehe, mir kommt es doch etwas sonderbar vor, dass der mir endlos mächtig weise vorkommende Henoch, hohen Alters noch dazu, vor diesem jungen Mann eine so überaus große Ehrfurcht zu haben scheint!

4. Ich muss es zwar wohl auch selber gestehen: Was die Weisheit und große Liebegüte betrifft, so scheint der Henoch eben nicht viel vor ihm, dem herrlichen Mann, zu haben.

5. Aber dessen ungeachtet scheint es mir doch etwas sonderbar, dass sich der Henoch gar so liebedemütig zu ihm verhält, als hänge er lediglich von ihm ab!

6. Wenn du sonach diesen sonderbaren Mann näher kennst, da gebe es mir kund, was da hinter ihm steckt, damit auch ich mich gegen ihn benehmen könnte also, wie es sich gebührt!

7. Dass er überaus weise sein muss und mächtig, entnahm ich aus der Rede, die er an dich gerichtet hatte.

8. Allein das seid ihr alle aus der Höhe, darum vor euren Augen kein Herz sicher ist.

9. Das ist er also auch, da er wohl wusste, wie es in dir vorging, als du an mich abgesandt wurdest.

10. Solches also beirrt mich nicht, sondern nur, wie schon gesagt, nur allein das Benehmen Henochs gegen ihn!

11. Darum ersuche ich dich noch einmal, dass du mir diesen jungen Mann näher bezeichnest, das heißt, so es dir gefällig ist und du solches tun darfst!"

12. Und der Kisehel erwiderte dem Lamech folgendes, sagend nämlich: „Lieber Bruder Lamech! Was da diesen jungen Mann betrifft, und dass der Henoch sich, wie wir alle, gegen Ihn so höchst untergeordnet verhält, so hat solches einen so tiefen und geheimnisvollsten Grund, dass du solchen für diesen Augenblick gar nicht zu fassen vermöchtest.

13. Daher gedulde dich vorderhand nur noch eine kurze Zeit, und du wirst Ihn dann gar wohl erkennen!

14. Solches aber magst du ja von mir erfahren, dass Er, wie Er dir es Selbst auf dem Berg bemerkt hatte, fürwahr der allerhöchste Herr auf der höchsten Höhe über alle Kinder der Höhe und somit auch der der Tiefe ist!

15. Mehr brauchst du vorderhand auch nicht zu wissen über diesen jungen Mann!

16. Denn der Zeitpunkt ist ja ohnehin nahe, in dem du Ihn näher wirst kennenlernen; daher gedulde dich nur bis dahin!"

17. Bei dieser Gelegenheit aber gelangten sie auch schon zwischen den jubelnden Reihen zum Hause Lamechs, und so blieb dem Lamech auch kein weiterer Frageraum mehr übrig.

18. Als sie aber vor dem Hause Lamechs standen, da bestieg der junge Mann alsbald den schon bekannten Rednerblock und richtete an das Volk folgende segnende Worte:

19. „Hört ihr, Meine armen Kinder! Denn also spricht der Herr, euer Gott, euer Schöpfer und euer aller liebevollster heiliger Vater zu euch an diesem Tag aus Seinem Munde:

20. Der Friede sei mit euch! Erkennt den alleinigen wahren Gott und Vater, den alleinigen Herrn Himmels und der Erde, und liebt Ihn über alles, so wird Er euch allzeit erhören, ansehen und helfen in allem,

das euch nottut, und geben allzeit, das ihr bedürft.

21. Und fürder spricht der Herr: Ich will euch beschützen, so lange ihr in Meiner Liebe verharren werdet; wenn ihr aber werdet eigenmächtig über Mich zu urteilen anfangen, da werde Ich zurückziehen Meine Gnade, und euch leuchten lassen untereinander mit eurem Licht.

22. Mein Licht aber werde Ich zurücknehmen; dann werdet ihr bald in große Trübsal und Finsternis geraten, die noch viel ärger sein wird, denn die da war vom Anfang bis jetzt.

23. Jetzt habe Ich euch mächtige Boten zugesandt, dieweil ihr von der Kindheit aus schwach und elend wart.

24. Dann aber werde Ich euch nur schwache Boten senden, die da allein haben sollen eine weise Zunge, aber einen ohnmächtigen Willen, und ihr werdet sie dann ergreifen und töten und so euch bereiten Meinen Zorn zu einem unerbittlichen Gericht, und das darum, weil Ich euch jetzt eine große Gnade und Erbarmung erwies und habe euch stark gemacht aus Mir!

25. Heute gebe Ich euch Meinen Namen. Bleibt bei diesem Namen, so werde auch Ich bei euch sein; so ihr aber den Namen verlassen werdet, dann auch werde Ich euch verlassen.

26. Denn ihr sollt allzeit frei vor Mir einhergehen. Und so denn nehmt hin Meinen Segen! Amen."

27. Hier segnete der Herr die Tiefe, und alles Volk fiel vor dem mächtigen Redner nieder und betete Ihn an im Namen des Herrn.

28. Der Herr aber kehrte dann wieder zu Seiner Gesellschaft zurück und begab Sich, vom Henoch geleitet, in das Haus Lamechs; und niemand getraute sich nun, dem Hause Lamechs zu nahen.

Kapitel 226

Lamech erkundigt sich bei Kisehel weiter über den merkwürdigen Mann. Der Herr als Schlüssel und Türe

Am 5. Januar 1843

1. Als sie nun vor der Türe des Thronsaales ankamen, da ging der Lamech schnell hin zum fremden Mann und sagte zu Ihm:

2. „Du noch viel mächtigerer Freund, als da sind der Kisehel und seine Brüder, und als da ist selbst der hohe Priester Henoch, hier ist der Thronsaal, in welchem der allerheiligste Name Gottes auf dem Thron sich befindet!

3. Da du also überaus ergreifend mächtig zuvor dem Volk von diesem Namen wie aus dem Munde Gottes gesprochen hast, so wird es dir gewiss auch wohlgefällig sein, diesen allerheiligsten Namen zu besichtigen!

4. So du solches vorderhand möchtest, bevor wir noch ein Morgenmahl zu uns nehmen wollen, so ließe ich augenblicklich den Saal öffnen! Denn siehe, dort im Hintergrund harren hundert dienstbare Menschen beiderlei Geschlechtes; ich darf ihnen nur winken, so sollen sie sogleich bei der Hand sein und uns aufschließen die schweren ehernen Türen!"

5. Und der Herr erwiderte dem Lamech: „Wozu dem Volk eine unnötige Plage? Siehe, solches können ja auch wir tun, und das um sehr vieles leichter denn das arme, schwache Volk!"

6. Der Lamech aber sagte darauf: „Solches ist wohl wahr, aber die Schlüssel müssen wir uns doch geben lassen?"

7. Und der Herr entgegnete dem Lamech: „Höre, Lamech! Ich Selbst bin der Schlüssel und die Türe! Mit Mir kannst du alles öffnen, was immer irgendwo verschlossen ist, und durch Mich kannst du in das Gemach des ewigen Lebens gelangen!

8. Dass Ich aber auch der Schlüssel bin, vor dem keine Türe sicher ist, da sehe nur auf die Türe! Wenn Ich zu ihr sagen werde: ‚Tue dich auf!', so wird sie sich auftun auch ohne deinen Schlüssel!"

9. Hier sprach der Herr zur Türe: „Tue dich auf!", und sogleich sprangen die zwei schweren Flügel also schnell auf, dass es der Lamech gar nicht merken konnte, wie und wann solches geschah.

10. Das nahm den Lamech außerordentlich wunder. Schnell eilte er darum wieder zum Kisehel zurück und sagte zu ihm: „Höre, Bruder, das ist mir etwas zu stark!

11. Mir wird's angst und bange vor dem Menschen; denn ich glaube, dieser könnte mit seinen Worten auch Berge versetzen!

12. Sage mir, hättest solches wohl auch du mit deiner Willens- und Wortmacht zuwege gebracht?"

13. Und der Kisehel erwiderte dem Lamech: „Allerdings, aber nur, wie alles bisher, mit der Macht und Gnade des Herrn, außer welcher es nicht gibt weder Macht noch Kraft, noch irgendeine Gnade!

14. Und so vermag jeder mit dem Herrn alles, ohne den Herrn aber nichts; denn nur der Herr allein ist allmächtig und vermag alles aus Sich – und niemand mehr außer dem Herrn etwas aus sich!"

15. Und der Lamech fragte den Kisehel wieder: „Also muss dieser merkwürdige junge Mann von Gott doch sehr viel Gnade haben, weil er solches wirkt und sich vor euch allen so hervortut?!"

16. Und der Kisehel erwiderte: „Allerdings, mein lieber Bruder Lamech! Er hat den höchsten Grad der Gnade aus Gott und ist daher auch der Allermächtigste und Allerweiseste!"

17. Und der Lamech sagte wieder: „Das kommt mir aber doch sonderbar vor, dass Gott gerade diesem jungen Mann mehr Gnade, Weisheit und Macht verliehen habe denn euch hochjährigen, erfahrenen Männern! Befremdet dich das nicht auch?"

18. Und der Kisehel entgegnete ihm: „O mitnichten; siehe, solches tut der Herr, wie Er will! Es prangt und duftet ja nicht selten auch ein kleines Blümchen bei weitem stärker denn die größte Sonnenrose. Warum? Das weiß allein der Herr.

19. Siehe nun aber, der junge Mann nähert sich der Tafel; geben wir daher Acht, was Er damit machen wird!"

20. Der Herr aber besah die Tafel nur und machte eben gar keine weitere Zeremonie, sondern kehrte Sich bald wieder um und sagte dann zum Lamech:

21. „Nun, Mein Freund, gehen wir wieder, und du lasse uns ein Morgenmahl richten!"

22. Schnell war der Lamech bei der Hand und sagte zum jungen Mann: „Mein allerhochgeschätztester Freund, voll der allergediegensten Macht und Weisheit! Wir dürfen uns nur in den Saal begeben, und es wird schon alles in der Ordnung sein!"

23. Und der Herr entgegnete: „Also lasse uns gehen!"

24. Hier bewegte Sich der Herr an der Seite Henochs voraus, und der Kisehel und

der Lamech mit den anderen sechsen folgten Ihm.

25. Unter dem Gehen aber äußerte sich der Lamech zum Kisehel: „Bruder, das kam mir schon wieder ganz sonderbar vor, dass dieser von Gott so hochgestellte Mann nicht die allerleiseste Verbeugung vor der Tafel machte, sondern hatte sie nur ganz flüchtig angesehen und kehrte ihr dann den Rücken!

26. Ich sage dir, das befremdet mich noch am allermeisten!"

27. Und der Kisehel sagte darauf zum Lamech: „Lieber Bruder, mache dir aus allem nichts daraus; denn über ein kurzes wird dir solches alles ganz sonnenklar werden!

28. Tue aber nur alles genau, was Er sagt, so wird alles Gott überaus wohlgefällig sein!"

Kapitel 227

Lamech wird zum Priester seines Volkes ernannt. Henochs Rede über Priestertum und Königtum. Das versäumte Tischgebet. Der heilige Vater gibt Sich Lamech zu erkennen

Am 7. Januar 1843

1. Als aber die hohen Gäste in den Speisesaal traten, da kamen ihnen alsbald der Thubalkain, der Mura und der Cural entgegen, welche beiden letzten schon nach der gänzlichen Beendigung ihrer Arbeit noch am späteren Abend vorher den Schlüssel vom Ringmauertor dem Lamech überbracht hatten.

2. Der Mura übergab alsbald dem Lamech den Schlüssel und versicherte ihm, dass bereits alles im größten Glanze dastehe.

3. Der Lamech aber lud beide dafür zum Morgenmahl, und sagte zum Mura ganz flüchtig:

4. „Freund und Bruder Mura, entlasse deine Arbeiter noch nicht; denn du wirst noch ein Werk zur Ausführung von mir überkommen!

5. Nun aber verbleibe hier, das heißt bei dieser Gesellschaft!"

6. Der Mura aber bemerkte den jungen Mann an der Seite Henochs und fragte darob ganz heimlich den Lamech: „Lichter und weiser König Lamech, möchtest du mir denn nicht sagen, wer da ist dieser herrliche junge Mann an der Seite Henochs?

7. Er sieht gar so liebernstweise aus! Ist er denn auch aus der Höhe?"

8. Und der Lamech erwiderte dem Mura: „Mein lieber, schätzbarster Bruder! In dieser Hinsicht hast du dich schlecht beraten, darum du dich an mich gewendet hattest; denn bisher weiß ich über ihn selbst kaum mehr als du!

9. So viel weiß ich aus meiner Beobachtung und dann aus den sehr auf die Waage gestellten Worten Kisehels, dass dieser junge Mann überaus weise und wahrhaft erschrecklich wort- und willensmächtig ist, und dass er eben nach der klaren Aussage Kisehels auch der allerhöchste Herr auf der Höhe ist, dem selbst der hohe Priester Henoch untertan ist, also ganz sicher ein König auch!

10. Siehe, das aber ist auch alles, was ich von ihm weiß; begnüge dich einstweilen mit dem, bis vielleicht etwas Helleres nachkommen wird, und setze dich mit dem Cural zu einem Tisch, und esse und trinke! Wende aber dein Auge nicht ab von dem

Mann, vielleicht wirst du an ihm mehr entdecken als ich!"

11. Hier nahm der Lamech den Schlüssel und trug ihn zum Henoch hin, zu ihm auch bei dieser Gelegenheit sagend:

12. „Mächtiger Freund und alleiniger Hohepriester des alleinigen, wahren, allmächtigen, ewigen Gottes! Siehe, hier sind beide Schlüssel beisammen! Ich übergebe sie dir; denn nur dir gebührt es, damit zu öffnen das, was Gottes ist, das heißt, was da ist zu Seiner Ehre und Seiner Liebe errichtet von uns nach Seinem allerheiligsten Willen!"

13. Der Henoch aber sagte zum Lamech: „Bruder Lamech, es will aber der Herr, dass auch du deinem Volk nicht so sehr ein König, sondern auch ein Priester sein sollst, indem der Herr allein ein Herr ist in aller Macht, Kraft und Gewalt von Ewigkeit!

14. Daher behalte du nur auch die Schlüssel deines Priestertums, und öffne uns den Tempel und den Vorhof, wenn es an der Zeit sein wird!

15. Solches aber lasse dir noch hinzugesagt sein: Ein Priester ist ein wahrer Bruder der Brüder nach der Liebeordnung Gottes; aber ein König ist dem Volk schon ein Gericht!

16. Wann je Völker sich unter Königen befinden werden, so werden sie – die Völker nämlich – auch gerichtet sein! Das Erdreich wird ihnen genommen werden, und sie werden müssen dem König große Steuern entrichten; sogar ihr Leben wird sein Eigentum sein.

17. Und wer darüber murren und schmollen wird, den wird der König nicht selten züchtigen bis auf den letzten Blutstropfen!

18. Dann wird viel Wehe und große Trübsal sein auf der ganzen Erde!

19. Also sei du von nun an auch lieber ein Priester denn ein König deinem Volk!"

20. Und der Lamech, ganz außer sich vor Freuden über diese neue Ernennung zum Priestertum des Herrn, sagte zum Henoch:

21. „Mächtiger Freund und Hohepriester Gottes! Höre, wenn ich ein wahrer Tausendkönig wäre, so legte ich alle tausend Könige nieder, damit ich würdiger könnte darum ein Priester sein in deiner Ordnung!"

22. Und der Henoch erwiderte ihm: „Bruder, setze dich nun zum Tisch; denn was du sein möchtest, das bist du schon! Lasse uns aber nun das Mahl einnehmen und stärken uns zum Dienst des Herrn!"

23. Der Lamech behielt danach die Schlüssel und setzte sich überfröhlich zum Tisch und aß und trank all den anderen gleich.

24. Als er aber sich's recht wohl schmecken ließ, da fiel ihm plötzlich ein, dass zuvor niemand die Speisen nach der Art Kisehels gesegnet hatte und auch niemand Gott gelobt, gepriesen und gedankt.

25. Eiligst stand er auf und sagte: „O meine geliebten Freunde und Brüder! Es ist entsetzlich! Gerade am heutigen Tag, an dem wir schon so viele unaussprechliche Wohltaten von Gott empfangen hatten und dazu noch die große, große Gnade unter uns soll ausgegossen werden, dass der Herr, der große, allmächtige Gott in Seinem allereiligsten Namen in dem errichteten Tempel unter uns Wohnung nehmen soll, haben wir alle vergessen, Ihm, dem heiligen Geber aller guten Gaben, zuvor ein allergebührendstes Lob darzubringen, bevor wir uns hätten getrauen sollen, auch

nur den kleinsten Bissen in den Mund zu stecken!

26. Nein, nein, was haben wir getan?! Ich für mich will eher sterben, als darum vor drei Tagen mehr etwas zu essen!"

27. Der Herr aber lächelte den Lamech an, hieß ihn zu Sich kommen, und sagte dann zu ihm: „Lamech, wenn du ein Kind hättest, das da gegen dich einen völlig nichtigen Fehler begangen hätte; so es aber den Fehler an sich gewahrte, möchte es alsbald voll Verzweiflung zu dir ausrufen: ‚Vater, es ist entsetzlich, – siehe, ich habe mich gegen dich versündigt! Wehe mir, ich will darum drei Tage keinen Bissen zu mir nehmen, und sollte ich darob auch schon am zweiten Tag vor Hunger sterben!'

28. So du aber dann möchtest zum Kind sagen: ‚Höre, mein geliebtes Kind! Dein Fehler war ja nur ein gar kleines, unwillkürliches Versehen, darum mache dir nichts daraus! Komme aber her, und liebe mich darum; denn ich habe ja nicht geachtet deines vermeintlichen Fehlers!'

29. Was möchte dir da wohl lieber sein, ob das Kind zu dir hingeht und umfasst dich liebend mit seinen zarten Händen, oder ob es beharrt bei seinem strengen Vorsatz?

30. Du sagst: ‚So das arme Kind zu mir geht und mich liebend umfasst, solches wäre mir ums Unaussprechliche lieber!'

31. Gut, sage Ich dir, – also tue auch du gegen den himmlischen Vater, was du als besser erkennst, denn du bist ja auch ein Kind zu Ihm, und es wird Ihm solches wohlgefälliger sein ums Vielfache denn all dein Fasten!"

32. Und der Lamech fragte: „Wo aber ist der Vater, dass ich zu Ihm ginge und täte gleich dem Kind?"

33. Und der Herr sprach: „Lamech! Siehe her, hier steht Er sichtbar vor dir! Ich bin der Vater, der Gott Himmels und der Erde!"

34. Hier fiel alles nieder, und der Lamech stammelte: „O Du heiliger Vater! Sei mir armem Sünder gnädig und barmherzig! Dein heiliger Wille geschehe ewig! Amen."

Kapitel 228

Die wahre Gottesverehrung

Am 9. Januar 1843

1. Der Herr aber behieß alsbald alle die Kinder der Tiefe, sich wieder zu erheben vom Boden, und sagte dann zu ihnen:

2. „Hört ihr alle, Meine Kindlein! Ich bin der alleinige, heilige, allmächtige Gott und Schöpfer aller Dinge und Wesen im Himmel und auf Erden! Außer Mir gibt es keinen Gott mehr, und alle Unendlichkeit und alle Ewigkeiten sind vollkommen von der Macht Meiner Liebe, Weisheit, Erbarmung und Gnade erfüllt; und so bin Ich von Ewigkeiten her ein Herr über alles vollkommen, da alles aus Mir ist und alles Meiner unendlichen Macht notwendig untertan ist!

3. Denn wie sollte solches auch anders sein, da alles, was da ist, nur da ist aus Meinem Willen und besteht aus demselben und kann daher auch nimmer entweichen demselben?! Denn könnte es möglich sein, dass da etwas entweichen könnte Meiner Macht, so müsste es dadurch auch notwendig seinem Dasein entweichen, indem in aller Unendlichkeit ewig nichts da sein kann außer allein nur durch und in Meinem Willen, welcher da ist die ganz alleinige Grundbedingung alles Seins und

allenthalben vollkommenst erfüllt den unendlichen Raum ewig!

4. Da es aber demnach also ist und unmöglich anders sein kann, so müsst ihr Mich auch als das zwar erkennen, was Ich bin, also als den alleinigen Gott und als den alleinigen Herrn!

5. Denn nur der ist ein Herr, der da im ewigen Vollbesitz aller unendlichen Macht, Kraft und Gewalt ist aus Sich.

6. Ich aber besitze solches ewig und unendlich; also bin Ich auch ein alleiniger Herr! Aber dessen ungeachtet sollt ihr euch vor Mir nicht im Staub herumwälzen und beschmutzen euren Leib und desselben Umhüllung für nichts und wieder nichts; denn Ich habe euch ja nicht darum einen aufrechtstehenden Leib gegeben, dass ihr denselben gleich den Würmern vor Mir gebrauchen sollt, sondern nur, dass ihr als freie Menschen, als Meine Kinder und untereinander als lauter Brüder und Schwestern vor Mir, eurem Vater, allzeit aufrecht wandeln sollt.

7. Daher sollt ihr auch erfahren nun aus Meinem Munde, dass Ich durchaus kein Wohlgefallen habe an irgendeinem Leibesdienst! Denn darum auch habt ihr den Leib nicht erhalten, dass ihr mit demselben Mir dienen sollt, entweder auf die eine oder auf die andere Art; denn der Leib ist ja nur euch gegeben, damit er euch diene zur rechten Zeit und im billigen wohlgeordneten Maße zur Kräftigung eures Geistes, der da ist euer eigentliches Wesen.

8. Was sollte demnach das heißen, so da jemand seinen Leib hinwirft vor Mir in den Staub?

9. Sollte Ich dadurch etwa ein Wohlgefallen daran gewinnend nehmen, oder werdet ihr dadurch besser, so ihr euch eine Zeit lang im Staub herumgewälzt habt?

10. Ich aber sage euch, solches alles ist eitel töricht! Seht, so jemand ist ein Handwerker und hat dazu nötig irgendein Werkzeug, wäre es nicht völlig töricht von ihm, so er vor irgendeiner Verrichtung das Werkzeug eine Zeit lang möchte im Staub und Kot herumwälzen aus lauter Hochachtung vor der Arbeit, die er mit dem Werkzeug verrichten soll?

11. Ich meine aber, es wird der Handwerker besser tun, so er das Werkzeug nur rechtlich dazu verwendet, dazu es taugt, und nicht auch dazu, dafür es nicht gemacht ist!

12. Es wird aber schon im gut dargestellten Werk sich die Achtung vor der Arbeit zeigen, aber nicht in dem Werkzeug!

13. Ich aber bin ja die Hauptarbeit für euren Geist und bin stets gleichmäßig ein und derselbe Gott!

14. Wer Mich aber ehrt und sich vor Mir demütigt, der ehre Mich beständig und sei ohne Unterlass demütig vor Mir; denn Ich bin ja beständig heilig vor jedermann!

15. Wer Mich demnach aber mit seinem Leib im Staub ehren will, da muss er ja auch Tag und Nacht ohne Unterlass sich im Staub herumwälzen!

16. Wenn Ich aber von euch solches wollte, da hätte Ich euch zu Würmern gestaltet, aber nicht zu freien Menschen.

17. Die wahre Ehrung aber besteht darinnen, dass ihr alle ohne Unterlass Meinen Willen tut, welcher euch dreifach geoffenbart ist, nämlich in der Ordnung der Natur der Dinge, dann durch euer eigenes geistiges Herz, welches ist die reine Liebe, und dann durch Meine Boten, und nun bestätigend durch Mich Selbst.

18. Liebt Mich über alles und euch untereinander wie jeder sich selbst, so

werdet ihr Mich im Geiste und somit in aller Wahrheit ehren!

19. Solches also ist Mein Wille und gilt bei Mir allein als etwas; alles andere aber ist eitel und töricht.

20. Also tut danach, so werdet ihr Mir allzeit wohlgefällig sein! Amen."

Kapitel 229

Lamechs Frage wegen des leiblichen Ausdrucks der Gefühle. Was die reine Liebe tut, sieht der Herr mit Wohlgefallen an

Am 10. Januar 1843

1. Nach dieser Rede des Herrn bekamen alle mehr Mut und lobten und priesen Gott in ihren Herzen ob Seiner übergroßen Güte, Gnade und Erbarmung.

2. Der Lamech aber fasste mehr Mut denn ein anderer und fragte nun den Herrn, sagend: „O Herr, Du alleiniger, großer Gott Himmels und der Erde, Du alleinig wahrer, allerbester Vater der Menschen, der Du heilig bist, überheilig! Ist es denn aber schon durchaus sündhaft gefehlt, so irgendein Mensch, von seinem Gefühl genötigt und getrieben von seiner Demut und mächtigen Liebe zu Dir, nahe unwillkürlich auch schon vor Deinem alleinigen allerheiligsten Willen und Namen sich sowohl geistig, wie auch leiblich vor Dir hinwirft und Dich also innerlich und äußerlich zugleich im Staube der völligen eigenen Nichtigkeit anbetet und sich Dir sonach ganz aufopfert?

3. Denn also meine ich meinesteils: Gegen Deine endlose Güte und Erbarmung kann der Mensch ja doch je unmöglich zu viel tun!

4. Mag ja immer der Geist des Menschen nach Deiner heiligen Ordnung und nach Deinem allerheiligsten Liebewillen sich unablässig mit Dir, o heiliger Vater, beschäftigen – solches wird ihm auch sicher ein allerangenehmstes Geschäft sein ewig –,

5. aber in so manchen Momenten, wenn er zu sehr von Deiner Liebe und Gnade durchdrungen wird, wenn ihm Reue-, Liebe- und Freudetränen den Augen enttriefen, wenn er Dich, o heiliger Vater, tausend und tausend Male mit der heißesten Liebe umarmen möchte, da meine ich nun aus meinem innersten Gemüt, kann der Mensch wohl unmöglich umhin, auch mit dem Leib solche Bewegungen zu machen, die denen des Geistes völlig entsprechen!

6. Es umarmen sich ja auch Freunde, Brüder und Liebende bei der besonderen Gelegenheit einer mächtigeren Anregung; die Kindlein umfassen oft krampfhaft ihre Eltern, durch ihre Liebe genötigt; Du Selbst hast ja Deine große, herrliche Schöpfung also geordnet eingerichtet, dass da alles ganz besondere Momente aufweist, in denen es mehr erregt wird, und wieder Momente, in denen es minder erregt zu sein scheint.

7. Die Sonne spendet zwar stets ein gleiches Licht; das kommt mir vor wie die von Dir ausgesprochene unablässige Beschäftigung mit Dir.

8. Aber nicht also ist es der Fall mit der Spendung der Wärme; da scheint die Sonne auch eine gewisse Gradation zu beachten und scheint manchmal mehr und wieder manchmal weniger erregt zu sein!

9. Die Bäume blühen nicht beständig und haben auch nicht fortwährend Früchte.

auf ihren Zweigen, und doch stehen sie stets da in Deiner Ordnung!

10. Die Luft selbst artet oft mächtig aus und bewegt sich in großer und mächtiger Aufregung über uns hinweg.

11. Auch die Berge brennen nicht stets, während sie doch immer in Deiner Ordnung dastehen; nur zuzeiten werden sie heftiger und heftiger erregt und scheinen dann mit ihren Feuerarmen Dich heftigst liebend ergreifen zu wollen!

12. Also wirst Du, o heiligster Vater, es ja mit uns auch nicht also genau nehmen, so wir auch, von unserer Liebe getrieben, mit den Bewegungen des Leibes Dich samt denen des Geistes ehren, loben, preisen, danken und anbeten?!

13. Es lässt sich ja sogar der Stein im mächtigen Feuer zerschmelzen, welches auch ist eine Kraft aus Dir; warum sollte nicht auch unser belebter und empfindlicher Leib manchmal bei einer besonderen Erregung der Liebe zu Dir vom Dich stets liebenden Geist mitgerissen und im Feuer der Liebe ein wenig mitgeschmolzen werden?!"

14. Der Herr aber legte dem Lamech Seine Hände auf und sagte zu ihm: „Lamech! Du warst ein Sohn der Welt, und damals wusstest du nichts von all dem, was du jetzt vor Mir geredet hast.

15. Wie kommt es denn, dass du jetzt also sprichst wie ein mit Meinem Geist gesalbter Priester der Höhe?!"

16. Und der Lamech erwiderte ehrfurchtsvollst: „O Herr, ich rede, wie es mir nun mein Herz und meine Liebe zu Dir gibt!"

17. Und der Herr sagte darauf zum Lamech: „So Mich jemand über alles liebt, und sein Herz sagt, in solcher großen Liebe zu Mir erbrennend, zu ihm: ‚Tue das!‘ oder: ‚Tue jenes!‘, so tue er es, und Ich will alles mit Wohlgefallen ansehen, was die reine Liebe zu Mir tun wird!

18. Aber die Liebe sei euer aller Licht und alleiniger Wegweiser ewig in Meinem Namen!"

Kapitel 230

Über das Gericht im Gesetz und die Freiheit in der Liebe

Am 11. Januar 1843

1. Nach dieser hohen Belehrung nahm dankbarst und allerdemütigst wieder der Lamech das Wort und fragte den Herrn:

2. „O Herr, da ich Dich schon einmal zu bitten und zu fragen habe angefangen, so unterfange ich mich, Deiner unendlichen Güte und Geduld volltrauend, Dich noch ferner zu bitten und zu fragen!

3. Darob aber möchte ich Dich fragen, um nun unmittelbar aus Deinem allerheiligsten Munde zu erfahren, wie es Dir im Sonderheitlichen wohlgefallen möchte, dass der Mensch danach in allen seinen irdischen Verhältnissen handeln möchte.

4. Denn siehe, o heiliger Vater, wenn von einem Ort bis zum anderen ein Weg vollends gemacht ist, so kann sich auf solch einem Weg wohl niemand verirren, außer er müsste sich nur absichtlich haben verirren wollen oder hätte eigenliebig etwa gar wollen eine kürzere Strecke ausfindig machen, bei welcher Gelegenheit er sich dann auch verirrt haben könnte und gelangen in ein dichtes Gesträuch, welches da angefüllt wäre mit Schlangen und Nattern!

5. Also wäre für uns alle ja nichts wünschenswerter als ein für unseren Geist von Dir, o heiliger Vater, genau

vorgezeichneter Weg, also ein bestimmtes Gesetz, also und nicht anders zu handeln!

6. Denn haben wir von Dir Selbst eine vorgezeichnete Regel, da wissen wir auch, was Du willst, und was Deiner göttlichen Ordnung gemäß ist, und wir können dann mit großer Leichtigkeit nur Deinem Wohlgefallen leben.

7. Haben wir aber keine Regel, so muss jeden unserer Schritte eine große Ängstlichkeit begleiten, damit wir nicht gar leichtlich einen Fehltritt tun wider Deine allerheiligste Ordnung!

8. Wenn es Dir, o heiliger Vater, angenehm wäre, da möchte ich Dich wohl im Namen der ganzen Tiefe darum bitten, Dir aber auch meine unablässige, allerpünktlichste Treue für allzeitig und ewig angeloben!"

9. Und der Herr hob Seine Hand auf, und sagte zum Lamech, wie auch zu allen: „Wahrlich, wahrlich, sage Ich, nun noch euer aller heiliger und liebevollster Vater:

10. Wenn Ich euch durch Gesetze binden werde, dann auch werde Ich euch binden durch das Gericht; denn ohne Gericht ist kein Gesetz möglich, aber somit auch ohne Gesetze kein Gericht!

11. Hättest du, Lamech, bisher Gesetze von Mir, so wäre Ich nun nicht gekommen zu euch als ein Vater und darum ein Helfer euch allen, sondern als ein unerbittlichster Richter wäre Ich zu euch gekommen, um euch zu verdammen für all euer arges Tun!

12. Ihr aber hattet vom Anbeginn keine Gesetze; also wie die Kindlein in der Wiege wart ihr. Ihr habt viel Arges, ja himmelschreiend Arges habt ihr getan. Da ihr aber kein bestimmtes Gesetz unmittelbar von Mir hattet, sondern nur einen mittelbaren Rat, so wart ihr auch bis jetzt keines

Gerichtes fähig, und Ich bin nun da, um euch zu helfen!

13. Wie magst du, Lamech, demnach Mich um Gesetze bitten?!

14. Was ist wohl besser, entweder ganz frei zu sein in der Liebe zu Mir und Mich dadurch zu haben zum Vater, oder aber gebunden zu sein durch Gesetze und dadurch Mich zu haben zum steten Richter?

15. Wahrlich, sage Ich euch allen: Ich will eher die ganze Schöpfung vernichten, als Meine Kinder mit Gesetzen fesseln, ihnen dadurch aufhören ein Vater zu sein, und sie richten zum ewigen Tode!

16. Darum nehme du, Lamech, deine Bitte zurück, und lasse sie gänzlich verderben in dir; denn du warst Mir in aller deiner Argheit dennoch lieber, als du Mir wärest in der allergewissenhaftesten Strenge der Beachtung der Gesetze.

17. Denn das Gesetz hebt alle Liebe zwischen dem Gesetzgeber und dem mit Gesetzen Beladenen auf und stellt statt der Liebe das unerbittliche strengste Recht auf.

18. Wer aber kann von sich sagen: ‚Ich vermag das Gesetz vollends zu erfüllen!'?

19. Siehe, nur Mir allein wäre solches möglich, sonst aber keinem freien Wesen; das Geschöpf müsste nur im Gerichte wandeln gleich den Tieren!

20. Wenn aber solches, wo bleibt dann die freie Lebenstätigkeit des Geistes?!

21. Wehe euch, und wehe jedem Volk, dem Ich Gesetze geben werde; denn da wird das Haus des Vaters mit ehernen Riegeln verschlossen werden!

22. Und wenn Ich nicht Selbst werde kommen, dasselbe zu erfüllen, so geht alle Schöpfung zugrunde!

23. Also gebe Ich euch nun auch kein Gesetz, sondern sage euch als Vater nur,

dass ihr Mich liebt über alles und euch untereinander wie jeder sich selbst! Das ist Mein Wille; alles andere aber tut aus der Weisheit, welche euch in Meiner Liebe wird, so werdet ihr also leben, wie es Mir am wohlgefälligsten ist!

24. Solches also beachtet, und tut danach, so werdet ihr allzeit Meine Liebe haben, und Mein großes Vaterhaus soll vor euch nicht verschlossen werden ewig! Amen!"

Kapitel 231

Lamechs Furcht vor dem Zorn Gottes.
Aufklärung über den Zorn Gottes

Am 12. Januar 1843

1. Nach dieser Rede stutzte die ganze Gesellschaft bis auf die aus der Höhe, und ganz besonders der Lamech; denn nun dachte er bei sich:

2. Er sieht zwar sonst wohl überaus gut aus, so, dass man bei Seinem Anblick stets wieder neuen Mut bekommt, mit Ihm wieder ein neues Wort anzuknüpfen; Sein Auge ficht einen dazu an.

3. Aber nach dieser Rede zu urteilen, ist Ihm denn doch nicht so ganz zu trauen; daher werde ich sicher das Weisere tun und mich des Redens enthalten!

4. Denn man kann doch nicht wissen, wie Er am Ende ein nur etwas dummes Wort aufnähme, – und man könnte sich mit Ihm am Ende die gute Sache also sehr verderben, dass dann einem in alle Ewigkeit nimmer zu helfen wäre!

5. Sein Zorn müsste etwas unaussprechlich Erschrecklichstes sein!

6. Man bedenke nur einmal den Zorn eines allmächtigen Gottes!

7. Da wäre es ja ums Unendliche besser, gar nicht zu sein, als zu sein neben einem zornigen Gott!

8. O daher nur stille, stille, meine dumme Zunge, du elendstes Stückchen Fleisch im Mund! Du könntest unserer Menschheit ein schönes Los bereiten! Einen Gott erzürnen! Um Gottes willen!

9. Nein, nein, ich mag dergleichen gar nicht mehr denken; denn ein Gedanke an den möglichen Zorn Gottes ist ja schon schrecklicher als alles, was aller menschliche Verstand nur je ersinnen könnte!

10. Und ich dumme Bestie von einem Menschen habe mich können unterfangen, mit Ihm gerade also wie mit einem gewöhnlichen Menschen zu reden und alle meine Dummheit vor Ihm auszulegen!

11. Nein, je länger ich jetzt nachdenke und dazu noch bedenke, was für ein Frevler ich war, desto entsetzlicher kommt mit jedem Augenblick mir meine dreiste Torheit vor!

12. Ich tat ja dabei, als hätte ich Ihn, Gott den Allmächtigen, über Seine Willensäußerung belehren wollen?!

13. Am Ende ist Er schon heimlich erzürnt?! Um Gottes willen, was habe ich elender, dummer Esel denn getan?!

14. Sein ernster Blick nun! Ja, ja, es ist, wie ich es mir erst gedacht habe! Er ist heimlich erzürnt!

15. Wer wird mich nun beschützen vor Ihm, wenn Er über mich etwa wird den Zorn losbrechen lassen?

16. O wenn Er mich nur diesmal verschonte! Ich möchte darum ja für mein ganzes Leben stumm sein!

17. Er redet auch nichts mehr, weder mit den Seinigen, noch mit jemandem von uns!

18. Das ist schon ein sicheres Zeichen, dass Er ganz gewaltig erzürnt ist!

19. Stille nun auch, mein Herz, und erwarte mit der größten Furcht, Angst und Zittern den erschrecklichsten Ausbruch! Oh, ich bin verloren, bin ewig verloren!"

20. Hier trat der Herr zum Lamech hin, sah ihn überaus freundlich an und sagte dann zu ihm:

21. „Mein lieber Lamech, mit was für elenden, Meiner allerunwürdigsten Gedanken zerfleischst du dein Herz?!

22. Wie kannst du dir wohl einen zornigen Gott vorstellen?

23. Siehe, Liebe und Zorn ist das Allerentgegengesetzteste, was sich nur je ein allertiefst denkender lebendigster Geist denken kann!

24. Liebe ist das alles ewig erhaltende –, und der Zorn aber das alles ewig zerstörende Prinzip.

25. Wäre somit aber in Mir je irgendein barster Zorn möglich, so würde dieser ja alsbald alle Liebe vernichten und mit ihr alles, was da von ihr erschaffen wurde, – ja endlich sogar sich selbst!

26. Siehe, nun aber ist alles noch da; wo wäre demnach Mein Zorn?

27. Es kann wohl ein Mensch zornig werden, weil er ist zufolge seiner Freiheitsprobe ein von Mir entferntes Wesen, und somit ein zeitweiliger Gegensatz zu Mir, darum er sich dann eben auch nur wieder durch die Liebe zu Mir mit Mir vereinen kann, – aber Ich als die allerreinste Liebe bin durchaus des Zornes unfähig!

28. Ja einst war die Liebe in Mir wohl auch mit dem Zorn umfangen; da aber war die Unendlichkeit auch noch leer von allen Geschöpfen, sowohl geistig als materiell!

29. Aber die Liebe ergriff den sie drückenden Zorn und stellte ihn körperlich wesenhaft außer Sich.

30. Und siehe, aus diesem Zorn sind dann geschaffen worden alle die zahllosen Geister, Sonnen und Welten, diese Erde und alles, was auf ihr ist!

31. Willst du demnach in der Wahrheit den Zorn Gottes sehen, da schaue die geschaffenen Dinge an; diese sind der Zorn Gottes!

32. Aber sie sind nicht etwa ein ledig Zorn, sondern Meine Liebe ist allenthalben das mächtigste Wesen dabei.

33. Diese hält und trägt nun alles, und außer ihr gibt es keine Macht mehr, die da stärker wäre denn sie.

34. Darum soll auch der Mensch nicht an der Welt hängen, sondern sich von ihr ganz losreißen, damit er am Ende nicht von ihr verschlungen wird und somit nicht gerät in Meinen Zorn! Denn die Welt ist ja Mein gefesselter Zorn; wer aber mit der Welt ist, der wird auch mit ihrer ewigen Todesfessel sein!

35. Was du aber bei Mir etwa als Zorn ansehen möchtest, siehe, das ist nur Mein göttlicher, allerlebendigster Liebeeifer, welcher an und für sich ist Meine Erbarmung!

36. Also magst du vor Mir wohl reden, was du willst, und Ich werde dir nicht zürnen, wohl aber dich belehren in törichten Sachen!

37. Was dir somit noch am Herzen liegt, das gebe Mir unverhohlen kund, und Ich will dir an die Hand gehen; also rede! Amen."

Kapitel 232

Wie die Liebe zu Gott beschaffen sein soll. Das Gleichnis vom Fürsten und seinen Kindern

Am 16. Januar 1843

1. Da der Lamech aber solches vom Herrn vernommen hatte, ward er überfroh und heiter in seinem Gemüt und fasste sonach wieder den gehörigen Mut, sich mit einer Frage an den Herrn zu wenden.

2. Da er sich also gefasst hatte, so begab er sich alsbald wieder zum Herrn hin und richtete folgende Worte an Ihn, sagend nämlich:

3. „O Herr, Du allerliebevollster, allerheiligster Vater! Es ist ewig gut und wahr, dass man nur dann Dir wohlgefällig und angenehm sein kann, wenn man Dich über alles liebt und seine Brüder und Schwestern wie sich selbst.

4. Wie aber soll die Liebe zu Dir wohl beschaffen sein? Wie kann der schwache Mensch Dich über alles lieben?

5. Wie soll er das anstellen? Kann und darf er Dich auch also lieben, wie er da liebt seinesgleichen, mit demselben Herzen, mit demselben Gemüte?

6. Siehe, o heiliger, liebevollster Vater, solches ist wenigstens für mich etwas außerordentlich Wichtiges! Denn Du bist nicht gleich wie ein Mensch, also kann die Liebe zu Dir ja auch keine menschliche sein! Und da Du heilig, überheilig bist, so wird ja auch die Liebe zu Dir eine reinste, geheiligte sein müssen; denn etwas Unlauteres und Ungeheiligstes kann sich Dir ja doch weder auf die eine noch auf die andere Art nahen?!

7. O Herr und über alles heiliger und liebevollster Vater, so es Dein heiligster Wille wäre, da möchtest Du uns denn doch nun ja wohl kundgeben, wie geartet und gestaltet die Liebe von uns aus zu Dir sein soll, auf dass wir Dich dann gerecht zu lieben vermöchten!"

8. Und der Herr sah den Lamech liebfreundlich an und sprach zu ihm: „Höre du, nun auch ein wahrer Lamech (der Mann für Mich, oder der Mann nach Meinem Herzen), wahrlich, solch eine Frage hatte noch niemand an Mich gestellt!

9. Und Ich sage dir, Lamech, dass deine Frage von größter Wichtigkeit ist, denn wahrlich, es liegt alles an dem, wie ihr Mich liebt!

10. Mit einer ungerechten und somit Meiner unwürdigen Liebe kann und soll sich Mir niemand nahen!

11. Wie aber mag Ich dir, Mein Lamech, das kundgeben, wie du einen Gott lieben sollst?

12. Siehe, es wird sich solches etwas schwer tun lassen; ja Ich meine, es dürfte dir leichter sein, mit deinen viel zu kurzen Armen die ganze Erde und den ganzen Himmel zu umspannen, als zu fassen und zu begreifen das, was da in der vollen Antwort auf deine großwichtige Frage gelegen sein dürfte!

13. Darum wird es wohl notwendig sein, dass Ich Mich in solch einer Antwort etwas leichter fasse, – und so höre denn!

14. Ich setze den Fall, ein Vater sehr vornehmen Standes, etwa wie ein Fürst einer der zehn Städte, hätte mehrere Kinder. Diese Kinder wissen die Ordnung, wie sie sich zu ihrem Vater begeben dürfen, nämlich ganz geziemend geschmückt, gemessenen Schrittes, die Hände kreuzweise über ihre Brust gelegt und das Haupt demütigst zum Boden gesenkt.

15. Wenn diese Kinder also vor den fürstlichen Vater kommen, da belobt er sie und entlässt sie dann.

16. Eines unter den Kindern, ein rüstiger Knabe, aber ist ganz keck, erscheint nicht mit den abgerichteten Kindern – denn solches bringt er nicht über sein Herz, welches den hohen Vater zu sehr liebt –, sondern kommt ganz allein zum Vater gerannt, ist sonst auch mehr nachlässig in seiner Kleidung.

17. Wenn aber dieser Knabe den Vater ersieht, da breitet er seine Arme aus, umfasst ihn mit aller kindlichen Liebeglut und schreit dabei: ‚O Vater, Vater! Du mein lieber Vater, wie sehr doch liebe ich dich!

18. Siehe, du mein herrlicher, lieber, guter Vater, ich liebe dich zu sehr, als dass es mir möglich wäre, mich vor dir in den gesetzlichen höflichen Schranken zu bewegen!

19. Ja, ich will eher sterben, als vor dir, o mein Vater, meinem Herzen einen unterdrückenden Liebezwang antun!'

20. Ich setze aber nun den Fall, du wärest der Vater solch eines Kindes, was würdest du, rein nach deinem Vatergefühl geurteilt, da einem solchen Kind wohl tun?

21. Du sprichst: ‚Oh, das würde ich auch über die Maßen lieben!'

22. Gut geantwortet! Ich sage dir aber, gerade ein solcher Vater bin Ich auch! Wer demnach auch zu Mir kommt wie dieser kecke Knabe, alle die zahllosen törichten Höflichkeitsschranken übersteigend, der wird auch Mir der allerliebste Sohn sein!

23. Gott kannst du für Sich nicht lieben, aber den Vater kannst du lieben gleich dem kecken Knaben, und Gott als der Vater wird dann dich auch mit aller Macht Seiner Liebe ergreifen und wird dich setzen in Seinen Schoß als ein wahres Ihm über

alles teures Kind, und wird all den anderen dann deinetwegen gnädig sein und ihnen erlassen die leere Höflichkeit!

24. Siehe, das ist die rechte Liebe; solche also beachte! Amen.“

Kapitel 233

Lamechs gute Rede an sein Volk

Am 18. Januar 1843

1. Nach dieser Belehrung fiel der Lamech vor dem Herrn auf seine Knie nieder und dankte im Namen aller laut dem Herrn für solche große Gnade, darum Er ihnen nun gar klärlichst gezeigt hatte, wie man Ihn lieben solle.

2. Als der Lamech seinen Dank also in und aus seinem Herzen dem Herrn dargebracht hatte, da behieß ihn der Herr alsbald, dass er sich erheben solle vom Boden.

3. Der Lamech erhob sich und richtete dann folgende Worte an die, denen er früher ein König war:

4. „Nun lauter Brüder und Schwestern! Samt mir habt ihr nun in euer Herz empfangen, habt es gehört mit den eigenen Ohren und gesehen mit den eigenen Augen, dass der Herr, der allein einig wahre, allmächtige Gott, der Schöpfer aller Dinge, uns allen sein will ein wahrer, heiliger, liebevollster Vater und hat uns nun Selbst gezeigt, dass wir Ihn lieben dürfen, wie da lieben wohlgeratene Kinder mit aller Herzensglut ihre Eltern.

5. Welche noch endlos größere Gnade hätte uns da wohl widerfahren können?!

6. Daher fassen wir unsere Herzen und bringen sie allzeit liebebrennend Ihm zum Opfer dar, und sie werden Ihm, wie Er uns

nun Selbst gelehrt hat, das wohlgefälligste Opfer sein!

7. Aber mit unlauteren Herzen wollen wir Ihm auch kein Opfer bereiten, denn Er ist ja heilig, überheilig!

8. Ich meine aber, so wir stets in Seiner Liebe lebendig wachsam verbleiben werden, da werden wir ja auch gar leicht uns stets eines solchen Gemütszustandes zu erfreuen haben, der dem allerheiligsten, liebevollsten Vater wohlgefällig sein wird!

9. Nun aber bereitet euch alle wohl vor in euren Herzen, damit wir alle würdig sein möchten, an Seiner Seite zu wandeln, so es Ihm, dem heiligen, liebevollsten Vater wohlgefällig sein wird, Seinen allerheiligsten, lebendigsten Namen in den neuerbauten Tempel übertragen zu lassen!

10. Er ist unserer sündigen Schwachheit hier wohl als ein wahrer, liebevollster, allerbarmender Vater entgegengekommen; aber wir dürfen bei solch Seiner unendlichen Liebe nicht vergessen, dass Er auch ein überheiliger, unendlicher Gott ist und uns durch endlose Gnade Sein Heiligtum in dem Tempel will aufstellen lassen also, wie Er es uns durch Seine mächtigen Boten hatte anzeigen lassen!

11. Also müssen wir alle in unserem Herzen durch die reine, mächtige Liebe zu Ihm gar wohl vorbereitet sein, um sicher zu betreten Sein Heiligtum!"

12. Hier wandte sich der Lamech zum Herrn und sprach: „O Du heiliger Vater! Nehme Du diese meine mangelhaften Worte also auf, als wären sie Deiner würdig, und segne sie in unseren Herzen, damit diese allzeit Dir, o heiliger Vater, wohlgefällige Früchte der reinen Liebe tragen möchten!

13. O heiliger Vater, ich habe noch zwei Söhne, den Jubal und den Jabal! Sie haben sich vor einer kurzen Zeit erst aus meinen Augen verloren; Du weißt es, es war bald nach der Zeit, da ich meine Tochter vergab und dann mir auch meine zwei Weiber, die Ada und die Zilla, entführt wurden.

14. Siehe, ich weiß nun wohl, dass meine Tochter und meine Weiber gar wohl versorgt sind, – daher kümmert mich derselben wenig; aber die zwei Söhne kümmern mich, denn ich weiß nicht, wohin sie sind.

15. Wenn es Dein heiliger Wille wäre, so möchte ich diese wohl noch einmal sehen und sie dann auch führen zu Dir hin!"

16. Hier sprach der Herr zum Lamech: „Höre, mein lieber Lamech! Was da betrifft deine frühere Rede an dein Volk, so soll sie in aller Herzen vollends gesegnet sein, jedoch ohne Zwang und ohne die geringste Beschränkung der Freiheit des Geistes; denn deine Rede war in Meinem Namen vollends wahr und gut.

17. Was aber da betrifft deine beiden Söhne, so können sie jetzt nicht hierher gelangen, denn sie haben sich mit dem Horadal begeben auf die Höhe und sind nun bei ihm.

18. Zur rechten Zeit aber will Ich sie schon vor dein Angesicht führen, wie deine beiden Weiber und deine Tochter; doch jetzt ist es noch nicht an der Zeit!

19. Nun aber lasse uns gehen und die Tafel setzen in den Tempel!

20. Gehe daher hin und bringe die Tafel hierher; Ich werde sie anhauchen, und du wirst sie dann vor Mir und dem Henoch tragen in den Tempel!

21. Alle anderen aber sollen uns folgen; denn vor dir soll niemand einhergehen! Amen."

Kapitel 234

Lamechs vergeblicher Versuch, die heilige Tafel zu tragen

Am 19. Januar 1843

1. Auf diese Anordnung und Beheißung des Herrn verfügte sich der Lamech alsogleich in den Thronsaal, um zu holen die Tafel.

2. Mit der größten Andacht begab er sich hin zum Thron, gab Gott die Ehre und griff dann mit der höchsten Ehrfurcht nach der Tafel, welche da am Thron aufgestellt war.

3. Als er sie aber nun heben und forttragen wollte, siehe, da ward die Tafel plötzlich also schwer, dass es ihm zur allerreinsten Unmöglichkeit ward, dieselbe weiterzuschaffen.

4. Als er mehrere Versuche machte, die heilige Tafel aufzuheben und sie dann nach dem Willen des Herrn in den Speisesaal zu tragen, dass Er sie dort anhauche, und er – der Lamech nämlich – sie dann trage in den Tempel, und trotz aller der Versuche dennoch nichts auszurichten vermochte, da fing er darüber ernstlich an nachzudenken, und es kam ihm vor, als ob er einmal schon entweder vom Kisehel, vom Henoch oder vom Herrn Selbst vernommen hätte: „Ohne Mich vermögt ihr nichts, mit Mir aber vollkommen alles!"

5. Nach diesem glücklichen Einfall verließ er, sich vor der mächtigen Tafel allerehrerbietigst verneigend, alsobald den Thronsaal und kam somit wieder unverrichteter Dinge zu der erhabensten Gesellschaft in den Speisesaal.

6. Es fing sich aber alles zu verwundern an und fragte ihn emsigst von allen Seiten:

„Aber Bruder Lamech, – was ist denn mit der heiligen Tafel?

7. Hast du sie etwa gar nicht mehr vorgefunden, darum du also leer wieder zurückkommst?"

8. Der Lamech aber sagte zu all denen, die ihn also fragten: „O liebe Brüder, nehmt euch samt mir ob dieser Erscheinung diese kurze, aber sonst wohl allerwichtigste Lehre zu Herzen:

9. Wenn der allmächtige Herr und allerliebevollste Vater mit uns ist, dann vermögen in Ihm und durch Ihn wir alles; ohne Ihn aber vermögen wir nichts!

10. Ich war ein Tor, darum ging ich ohne Ihn in den Saal, um zu holen das Heiligtum! Aber die Erfahrung hat es mir da hinreichend gezeigt, was der Mensch ohne den Herrn vermag!

11. Daher eile ich nun zum Herrn, auf dass Er mit mir sein möchte, und ich werde sodann sicher nicht wieder mit leeren Händen hierher gelangen!

12. Solches also werde allzeit von mir, wie von euch allen gar wohl und gar tief gemerkt und allzeit allertreulichst beachtet!"

13. Hier ging der Lamech hin zum Herrn, der Sich unterdessen mit dem Henoch und mit den anderen sieben besprochen hatte, fiel vor Ihm nieder und sprach:

14. „O Herr und heiliger Vater, siehe gnädigst auf mich, einen allergrößten Toren, herab! Ich, ein allergrößter Dummkopf, wollte ohne Dich Dein Heiligtum heben und es nach Deiner allergnädigsten Beheißung hierherbringen; aber als ich armseligster Tropf solches versuchte und die heilige Tafel nicht von der Stelle zu bringen vermochte ihrer unendlichen Schwere zufolge, da erst ward es mir klar, dass man ohne Dich nichts vermag – und

schon am allerwenigsten, was da unmittelbar Dich betrifft –, wohl aber alles mit Dir, in Dir und durch Dich, o Du heiliger, allerliebevollster Vater!

15. Daher komme ich denn auch nun unverrichteter Dinge wieder zu Dir und bitte Dich aus dem Grunde meines Herzens, dass Du mit mir gehen möchtest in den Thronsaal, und mir helfest, Dein Heiligtum von der Stelle zu schaffen!

16. Denn sonst wird es unmöglich je in den Tempel zu bringen sein!"

17. Hier bog Sich der Herr zur Erde nieder, hob den Lamech wieder auf und sagte zu ihm: „Ja, also ist es, Mein Lamech, mit Mir vermagst du alles, ohne Mich aber nichts!

18. Wer vermag sich auch nur um den zehnten Teil einer Handspanne in seiner Leibesgröße zu erhöhen?! Wer kann sagen: solches oder anderes geschehe, auf dass es alsbald werde nach seinem Willen?!

19. Mir allein nur sind alle Dinge ewig untertan!

20. Wer aber demnach mit Mir ist, der ist auch mit Meiner Kraft – denn Ich Selbst bin ja die ewige unendliche Kraft – und kann demnach in und mit Mir alles vermögen!

21. Nun also gehe denn mit Mir, und Ich werde mit dir sein; da werden wir denn sehen, ob die Tafel wohl noch also unüberbringlich schwer sein wird!"

22. Und so denn ging der Lamech mit dem Herrn in den Thronsaal wieder, und alles folgte diesen und sah allda erheben die heilige Tafel und dann wieder tragen in den Speisesaal, allda sie der Lamech auf den Hauptspeisetisch aufstellte und sie sodann der Herr anhauchte.

Kapitel 235

Die Rede des Herrn über göttliche Gebote und wie sie nur Gott ganz erfüllen kann

Am 20. Januar 1843

1. Nach dem aber, da der Herr die Tafel angehaucht hatte, wandte Er Sich zum Lamech und sprach zu ihm, wie zu allen seines Landes:

2. „Höre nun, du Lamech, und ihr alle, auch Kinder Kahins! Du, Lamech, hast Mich um Gesetze angesprochen, und siehe, Ich habe euch keines gegeben, damit nicht ein Gericht über dich und all dein Volk komme!

3. Wie schwer aber da ist ein Gesetz aus Mir, solches hast du, Lamech, erprobt an der Tafel, da du sie heben wolltest ohne Mich!

4. Siehe, Ich Selbst habe es dir befohlen, zu holen die Tafel! Du erfülltest alsogleich pünktlich Meinen Willen; denn du gingst alsogleich, um zu holen die Tafel.

5. Konntest du sie aber auch von selbst hierherbringen?

6. ‚Nein', sagst du, ‚denn sie war mir zu unendlich schwer!'

7. Siehe, also hätten auch im Besitz der Gesetze aus Mir gar viele Menschen den redlichen Willen, dieselben zu erfüllen, solange sie dabei auf keine sie prüfenden Schwierigkeiten stoßen möchten!

8. So sie aber an die Schwierigkeiten kommen würden, was und wie dann, so Ich nicht also wie eben jetzt unter euch Mich sichtbar befände und von den späteren Nachkommen auch der feste, unerschütterliche Glaube an Mich und mit ihm die notwendige Liebe zu Mir dürfte verlorengehen, darob sich dann auch niemand also, wie du jetzt, könnte zu Mir begeben und zu

446

Mir sagen: ,Herr, nun sehe ich ein, dass man ohne Dich nichts vermag; daher komme und helfe mir überheben und überbringen die große, schwere Last!'?

9. Ich habe dir dadurch also zeigen wollen, dass der Mensch ein göttliches Gebot nie völlig erfüllen kann; und wer da auch aus seinem festesten Willen alles Mögliche getan hätte und sagte dann aber: ,Herr, siehe, ich habe erfüllt Dein Gesetz bis zum letzten Häkchen!', so wäre er ein großer Lügner und ein grober Täter des Übels!

10. Denn ein göttliches Gesetz kann niemand vollkommen erfüllen außer Gott allein! Warum denn also?

11. Weil das Gesetz göttlich ist, weil aus Gott, und daher unendliche Bedingungen in sich birgt!

12. Wenn aber der Mensch alles getan hatte nach Meinem ihm geoffenbarten Willen und will dadurch vor Mir gerechtfertigt sein, da muss er in seinem demütigen Herzen sagen:

13. ,O Herr und Vater, sei mir faulem und nichtsnutzigem Knecht gnädig und barmherzig!

14. Denn ich habe wohl an der Rinde genagt, aber das Holz und das Mark des Gesetzes ist vom Zahn meiner Willenskraft noch völlig unberührt geblieben!'

15. Wenn jemand also tut Meinen Willen, der tue es immerhin, als täte er solches aus eigener Kraft, freilich wohl stets im Vollvertrauen auf Meine kräftige Unterstützung; wenn er aber irgendetwas vollzogen hatte nach Meinem Willen, so muss er sich alsogleich lebendigst erinnern, dass er nichts, sondern nur alles Ich durch ihn vollzogen habe!

16. Wer solches lebendig in sich erkennen wird, der auch wird vor Mir gerechtfertigt sein durch diese seine demütige Erkenntnis.

17. Der aber die Taten sich selbst zuschreiben wird, der wird einst vor Mir auch eine unendlich schwere Rechenschaft zu bestehen haben, bei welcher schwerlich je eine vollgültige Probe herauskommen wird, – außer, wenn solch ein Rechner noch frühzeitig genug wird zur Rechentafel der Demut seine Zuflucht nehmen und wird auf dieser Tafel offenbarlichst bekennen, dass er vor Mir der größte Schuldner ist!

18. Um aber dich und dein Volk soviel als möglich vor dem Gericht zu schonen, weil die Erfüllung Meines Gesetzes zu schwer, ja für euch rein unmöglich ist, so gebe Ich euch auch kein Gebot als allein das der Liebe – welches aber eigentlich kein Gebot ist, weil die Liebe eigentlich eines jedweden ganz eigenes Leben ist –, und dass ihr Meinen Namen nicht eitel nennt – denn er ist der Name Gottes, der da ewig ist heilig, heilig, heilig! –, und dass ihr allzeit glaubt, dass Ich der einige und alleinige Gott und Schöpfer bin Himmels und der Erde und noch von zahllosen Sonnen und Welten in Meiner Unendlichkeit!

19. Also liebt, ehrt Mich allzeit über alles, und glaubt, dass Ich euer Gott und allgütigster Vater es bin, der nun solches euch kundgibt, so habt ihr mehr getan, als so ihr zehntausend Gesetze auf das Pünktlichste erfüllt hättet!

20. Diese Tafel aber erinnere euch allzeit an Mich und erfülle eure Herzen mit Liebe, Ehrfurcht und Glauben an Mich, so werde Ich auch im Geiste allzeit bei euch sein, und ihr werdet in Mir haben und finden das ewige Leben!

21. Und so denn lasst uns erheben diese Tafel und sie tragen an den Ort ihrer

hohen Bestimmung zu eurem allzeitigen Heil! Amen."

Kapitel 236

Die Volksmenge blockiert das Ausgangstor. Liebe und Geduld als die Hauptschlüssel des Herrn

Am 21. Januar 1843

1. Nach dieser Rede und Lehre verneigte sich der Lamech allertiefst vor der Tafel, nahm sie in seine Hand und trug sie langsamen und wohl abgemessenen Schrittes; denn er dachte nun bei jedem Schritt nach, wer Der ist, der ihm mit dem Henoch folgt, und welch einen Namen er trägt.

2. Als sie nun aber das große Ausgangstor des Palastes erreichten, so war dieses, wie der ganze große Platz vor dem Palast, aber mit Menschen also angefüllt, dass es dem Lamech rein unmöglich war, irgend aus dem Tor zu gelangen; denn die im Tor stehenden Menschen konnten nicht zurückweichen, da sie von den außen Stehenden zu sehr gedrängt wurden. Was war da wohl zu machen?

3. Der Lamech, dadurch in eine große Verlegenheit gebracht, wandte sich an den Herrn und sagte, voll der tiefsten Ehrfurcht zu Ihm:

4. „O Herr, siehe meine große Verlegenheit und Angst! Was ist da zu machen?

5. Gewalt gebrauchen wäre hier am allerunrechtesten Platze und würde auch gar wenig fruchten.

6. Durch die Macht einer Wunderkraft aus Dir sie zurückdrängen, wäre doch auch unbillig; denn es sind ja doch lauter geladene Gäste und ebenfalls, o heiliger Vater, ja lauter Deine Kindlein!

7. Und endlich gar bei einem anderen Tor hinausgehen, dürfte sich doch wohl gerade für diese heutige ewig allererhabenste Gelegenheit nicht schicken!

8. Dir aber, o heiligster Vater, werden noch tausend Auswege offen stehen; möchtest Du mir denn nun nicht den besten allergnädigst anzeigen?!

9. Oh, ich bitte Dich vom Grunde meines Herzens darum! Dein heiliger Wille geschehe allzeit wie ewig! Amen."

10. Der Herr aber sagte zum Lamech: „Mein Lamech, kennst du noch nicht den Hauptschlüssel, mittels welchem jeder das Tor des ewigen Lebens sogar für sich eröffnen kann?

11. Siehe, der Schlüssel heißt die Liebe! Versuchen wir daher mit diesem Schlüssel die Kindlein aus dem Tor zurückzudrängen! Und geht es mit diesem Schlüssel nicht, so gibt es dann noch einen zweiten, und dieser heißt die Geduld; mit der Geduld überwindet man alles!

12. Also versuchen wir einmal den ersten Hauptschlüssel und halten aber daneben gleichzeitig den zweiten schon auch in der vollsten Bereitschaft; und sei dadurch versichert, wir werden mit diesen zwei Lebensschlüsseln bestimmt nicht steckenbleiben!"

13. Hier rief sogar der Henoch laut aus: „O Du heilige Lehre und Du heiliger Lehrer, ja Du, o Vater, bist allein ganz die heiligste, ewig reinste Liebe!"

14. Der Herr aber sagte zum Henoch: „Ja, ja, Mein geliebter, teurer Henoch, siehe, also müssen wir ja die armen Kindlein auf unseren Händen tragen und unterrichten, damit sie dadurch stark werden

und dadurch reich an Liebe, Gnade und ewigem Leben vor uns!

15. Vermeidet daher auch auf der Höhe alles Gewaltige und erhaben und geheimnisvoll Pomphafte, sondern geht Mir gleich liebevoll klein und schlicht einher, so werden alle Herzen in euch Ruhe finden, wie in Mir durch euch das ewige Leben!"

16. Hier ging der Lamech hin zu den Menschen, die im Tor standen, und sagte zu ihnen: „Brüder, wenn es euch übrigens möglich ist, so macht uns nur so viel Platz, dass wir einzeln durchkommen können, doch soll niemand von euch an seinen Nachbarn eine Gewalt brauchen!

17. Denn wir wollen ja recht gerne Geduld haben, bis ihr euch gut einverständlich geordnet haben werdet!"

18. Und alsogleich berichteten die Ersten solches ihren Nachbarn, und diese wieder weiter, und das so fort bis zum letzten Mann.

19. Und es dauerte keine Viertelstunde, dass das Tor gänzlich geräumt ward und nun alle hinreichend Platz hatten, den vorbestimmten Weg ungehindert fortzusetzen.

20. Nun rief der Herr den Lamech ein wenig zurück und fragte ihn: „Nun, Mein Lamech, was sagst du zu diesen Meinen zwei Hauptschlüsseln?"

21. Und der Lamech, ganz vernichtet von der großen Güte des Herrn, sagte weinend: „O heiliger Vater! Dass Du nur ganz allein gut und ganz allein die Liebe bist, das kann ich nun sagen! Ich liebe Dich aber nun auch über alles!"

22. Und der Herr sagte zu ihm darauf: „Also wandle fürbass! Amen."

Kapitel 237

Lamechs Bedenken wegen der ihm vorausziehenden Volksmenge. Die Fröhlichkeit ist des Menschen Bestimmung

Am 23. Januar 1843

1. Als dieser erhabenste Zug durch die Gassen der großen Stadt sich bewegte, da drängte sich das Volk allenthalben dem Zuge nach, und eine große Menge eilte aber auch vor dem Zuge hinfort.

2. Lamech aber ward eingedenk der Worte des Herrn, welche da lauteten: „Vor dir aber soll niemand einherziehen!", und verfiel darauf schon wieder in eine große Verlegenheit, getraute sich aber nun wegen der Störung der Ordnung nicht umzukehren, auf dass er fragte den Herrn, was da zu tun sein dürfte.

3. Es fing sich aber in einer breiten Gasse, die sie nun erreicht hatten, stets eine größere Menge Volkes hinvorzudrängen an; das ward dem Lamech denn doch zu viel.

4. Er blieb darum stehen und ward sehr bewegt in seinem Gemüt.

5. Der Herr aber sah, wie es mit dem Lamech stand, und tat darum, als merkte Er nicht die Not des Lamech.

6. Da aber der Lamech sich nicht weiterzubewegen getraute, so fragte ihn endlich doch der Herr: „Lamech! Warum bleibst du denn stehen?

7. Siehe, wir haben noch den halben Weg, und Meine Zeit ist nahe!

8. Darum solltest du wandeln, aber nicht stehenbleiben!"

9. Hier erst fasste der Lamech wieder Mut und sagte zum Herrn: „O heiliger, liebevollster Vater, siehe, ich habe mich

erinnert, dass Du ehedem verordnet hast, es solle vor mir niemand einhergehen! Und da siehe: Tausende sind vor uns!"

10. Der Herr aber erwiderte darauf dem Lamech und sagte: „Das sehe Ich auch, Mein Lamech! Hast du aber wohl ehedem verkünden lassen, dass da vor uns niemand einhergehen soll?

11. Du sprichst: ‚Ach! Daran habe ich nicht gedacht!'

12. Nun, wenn also, warum ärgert dich demnach die vortrabende Menge?

13. Ich aber habe nicht diesen Gang gemeint, den wir jetzt tun, sondern nur den Amtsgang deines Priestertums.

14. Daher sei nun völlig ruhig, und wandle vorwärts; denn also ist es ja recht, und also soll es auch bleiben, dass das Volk allzeit vor unserem Angesicht wandeln soll!

15. Bei dieser Ordnung soll es fürder auch allzeit verbleiben leiblich und geistlich!

16. Behalte du demnach das Volk allzeit im Angesichte, so wirst du Mir ein rechter Hirte dieser Meiner Herde sein! Amen."

17. Solche Rede beruhigte den Lamech, und er ging nun munter vorwärts.

18. Als sie nun aus der Stadt kamen, und der Lamech in der Nähe erschaute den prachtvollen Tempel, da ward er überfröhlich und fing beinahe aus lauter Freude zu hüpfen an.

19. Solches hätte er auch getan, wenn er sich nicht gescheut hätte vor dem Volk.

20. Der Herr aber sagte zu ihm: „Höre, Lamech, Meine Kinder dürfen in Meinem Namen schon auch ganz nach reiner Herzenslust fröhlich sein! Daher magst du auch hüpfen wie ein Hirsch; denn Mir ist der in Meinem Namen Heitere lieber als einer, der da trauert an Meinem Herzen!

21. Denn Ich habe euch für die Seligkeit nur, aber nicht für die Traurigkeit geschaffen!"

22. Hier fing der Lamech im Ernst zu hüpfen an.

23. Da solches aber das Volk sah, so fing es sich gar gewaltig zu wundern an, und einige aus dem Volk lobten und priesen Gott darum und hüpften mit vor großen Freuden in die Höhe.

24. Andere aber sagten: „Seht, seht, unser ehemaliger Würgekönig ist ein Tänzer geworden!

25. Solches haben ihm gewiss die aus der Höhe angetan; denn es sollen lauter mächtigste Magier sein also, dass ihnen sogar die Steine gehorchen!"

26. Wieder andere aber verwiesen ihnen solche Reden und sagten: „Seht ihr nicht die Tafel mit dem Namen Gottes geziert und die Mächtigen einhergehen?!

27. Daher redet nicht scheeles Zeug, sondern betet an das Heiligtum des ewigen, allmächtigen Gottes, den uns gelehrt hatte einst der große Seher Gottes, der Fürst Farak!"

28. Und unter solchen Begebnissen erreichten sie nun auch das goldene Tor der Ringmauer.

29. Der Mura öffnete die Türe, und der Zug bewegte sich zum Tempel; aber das Volk wagte die Füße nicht mehr über diese Schwelle zu setzen, sondern blieb ganz ruhig außerhalb der Mauer.

Kapitel 238

Die Ausstattung des Tempels und die Tempelordnung

Am 25. Januar 1843

1. Als der erhabene Zug nun vollends den Tempel erreicht hatte, da öffnete alsbald wieder Mura das goldene Tor, und der Lamech erstaunte allgewaltigst über die große Pracht.

2. Als er sich von seinem großen Erstaunen etwas erholt hatte, da erst fiel es ihm auf, dass da durch eine jede Fensterreihe ein anderes Licht in das Innere des Tempels fiel, und zwar durch die untere Reihe ein sehr rosenrotes, durch die mittlere Reihe ein grünes, gegen die Seiten zu den beiden letzten Fenstern aber jedoch sich mehr ins Gelbe verlierend, und durch die oberste Reihe aber ein blaues, gegen die beiden Seiten aber ins Hellviolette hin übergehend.

3. Er konnte solches nicht unterdrücken, denn seine Neugierde war durch diese Erscheinung zu sehr in Anspruch genommen worden.

4. Er wandte sich daher an den Herrn und sprach zu Ihm: „O Herr, Du allerweisester, allgütiger, allerliebevollster Vater, der Du heilig bist, überheilig, Du siehst sicher gar wohl, was mich nun an Dich gewendet hatte?!

5. So es Dein allerheiligster Wille wäre, da könntest Du ja wohl mein Herz beruhigen!"

6. Der Herr aber sprach zum Lamech: „Höre, Mein Lamech! Mein Dienst, den du jetzt verrichtest, geht allem vor; daher lasse nun die Farbe der Fenster Farbe sein, und verrichte, was da Mir gebührt aus deiner Art!

7. Hast du solches vollbracht, dann erst wende dich an den Mura, und er wird es dir kundtun, was da ist der Grund des gefärbten Lichtes!

8. Siehe, vor dir schon steht der Altar; trete hin an die rechte Seite desselben, und harre, bis Ich den Altar werde gesegnet haben mit Meiner Hand!

9. Wenn solches geschehen wird, sodann setze die Tafel auf den Altar; Ich aber werde dann zu beiden Seiten des Altars zwei Cherube hinzutun, und diese sollen allzeit bewachen dieses Mein Heiligtum unter euch.

10. Über dem Namen werde Ich hinhauchen eine lichte Wolke zum Zeichen, dass Ich, der ewig allmächtige, lebendige, alleinige Gott und Herr Himmels und der Erde solches allhier verordnet habe zu eurer Rettung vom ewigen Untergang.

11. Wer da sich diesem Tempel würdigen und reinen, liebeerfüllten Herzens nahen wird, der soll gestärkt werden mit Meiner Gnade.

12. Wer sich aber unwürdigen, unlauteren, welt- und eigenliebigen Herzens diesem Tempel nahen wird, den wird ein vom Dach des Tempels herabstürzendes Feuer ergreifen und wird ihn töten und dann gänzlich verzehren.

13. In den Tempel aber soll niemand gehen denn allein du als der von Mir gestellte Oberpriester der Tiefe – und so da jemand käme aus der Höhe –, und nach dir aber dann dein ältester Sohn, so du ihn zuvor in Meinem Namen wirst zum Oberpriester an deiner statt gesegnet haben.

14. Solches Oberpriestertum aber soll stets bei deinem Hauptstamm verbleiben.

15. Wer sich aber sonst in den Tempel begeben würde, der soll von den Cheruben alsogleich getötet werden.

16. Also soll sich auch kein Weib in dieses Heiligtum wagen, so sie will das Leben erhalten, weder aus der Höhe – und noch um vieles weniger aus der Tiefe!

17. Du selbst aber sollst auch nur viermal des Jahres in den Tempel gehen und dich vorher sieben Tage lang vorbereiten und wohl überlegen, wohin und vor wen du da trittst!

18. So du aber solches nicht beachten möchtest, wahrlich, es würde dir nicht besser ergehen als jedem anderen!

19. Wenn du aber in den Tempel gehst, sollst du die Türe hinter dir nicht verschließen, damit auch das Volk von der gerechten Ferne in das Heiligtum blicken mag und erschauen allda Meine große Herrlichkeit.

20. Im Vorhof aber sollt ihr euch an jedem Sabbat versammeln, und sollt Mir danken, und sollt Mir eure Liebe zum Opfer darbringen, aber ja kein anderes Opfer!

21. Denn euer Opfer ist ein Opfer Kahins, und dieses will Ich nicht ansehen, außer allein in eurem Herzen.

22. Es soll aber kein Mann mit bedecktem Haupt in den Vorhof gehen und kein Weib mit entblößtem Angesicht.

23. Solange unter euch diese Meine Ordnung beobachtet wird, so lange auch wird diese Meine Gnade sicht- und allzeit wirkbar unter euch verbleiben!

24. Werdet ihr aber diese Meine Ordnung je wieder verlassen, so wird dies Heiligtum euch genommen werden, und statt desselben werdet ihr das Gericht über dem Altar in einer allverzehrenden Flamme erschauen.

25. Dann werden die Kinder der Höhe mächtig kommen über euch und werden euch schlagen mit glühenden Ruten.

26. Siehe, das ist vorderhand Mein Wille!

27. Und so denn lasse Mich den Altar segnen, und du setze hernach die Tafel auf denselben, und dann Mein Wille! Amen."

Kapitel 239

Lamechs große Furcht hinsichtlich der Tempelordnung

Am 26. Januar 1843

1. Nach solcher Rede ging der Lamech alsogleich zur rechten Seite des Altars, stellte sich da auf mit der Tafel in der Hand und machte aber dabei ein überaus bedenkliches Gesicht, das da zu sehen war erfüllt von großer Angst und großer Furcht.

2. Da aber der Herr solches gar wohl merkte, da hielt Er alsbald inne mit der nahe schon begonnenen Segnung des Altars und sprach zum Lamech, sagend nämlich:

3. „Lamech, was ist dir wohl, dass dein Gesicht und alle deine Gebärde nun anzeigt, als gehe solches vor in deinem Gemüt?

4. Macht dich beben denn Meine dir nun aus Mir gegebene Ordnung, auf dass du wissest, wie da zu halten ist Mein Heiligtum, und darum sich ihm nichts Unvorbereitetes und Unreines nahen kann und darf?!

5. Also rede, und Ich will dir gnädig sein!"

6. Und der Lamech erwiderte dem Herrn: „O mein Herr und mein Gott! Was soll der ohnmächtige Wurm im Staube denn da noch reden zu Dir, so Du einmal Deinen allmächtigen, allerheiligsten Willen ausgesprochen hast!

7. Da heißt es nur nach solch einem Ratschluss aus Dir: ‚Mensch, Geschöpf, lebe

unabänderlich danach, oder Ich, dein allmächtiger Gott und Schöpfer, will dich plötzlich zunichte machen und verderben auf ewig!'

8. Siehe, Du gäbest uns armen Würmern der Tiefe nun wohl Dein Heiligtum, und dadurch eine endlos große Gnade; was aber wird uns solches nach Deinem ewig unabänderlichen Ausspruch bringen?

9. Nichts, als Tod, Verderben, und dann ein schreckliches Martergericht!

10. Oh, ich müsste die menschliche Natur nicht kennen, wenn ich nicht wissen sollte, wie gar leicht dieselbe auf unreine Wege gerät! Und wenn solches Übel dem schwachen Menschen widerfährt, was ist hernach mit ihm an der Seite dieses Heiligtums?!

11. Warum darf denn nur ich allein in den Tempel, da ich doch der größte Sünder war vor Dir allzeit, die tausendfach Reineren aber dürfen solches beim Verlust ihres Lebens nicht wagen?!

12. Dass sich niemand unlauteren Herzens diesem Tempel nahen soll, das ist nicht mehr als billig; wer aber ist wohl reinen Herzens vor Deiner Heiligkeit?!

13. Und so steht ja jedem der Tod bevor, der sich je wagen wird, zu nahen diesem Tempel!

14. O du herrliche, heilige Tafel, jauchzend trug ich dich heraus, aber wehklagend werde ich wieder von dir nach Hause kehren, denn du bist uns Armen nicht zu einem Segen, sondern zu einem unerbittlichen Gericht bist du uns gegeben worden!

15. O Herr, wenn es aber schon auf unsere endliche Vernichtung abgesehen ist, so geschehe Dein dessen ungeachtet doch allzeit allmächtiger heiliger Wille! Amen."

16. Als der Lamech solches geredet hatte, da sah ihn der Herr mitleidigst an

und sagte zu ihm: „O Lamech, du wahrhaft armer Sohn der Trübsal und Finsternis, warum ängstigst du dich denn vergeblich?!

17. Siehe, wenn Ich denn so ein Freund des Tötens Meiner Kinder wäre, wäre es da wohl nötig gewesen, dass Ich zu euch gekommen wäre sichtbar?!

18. O siehe, es genügte ein Gedanke, und die ganze Schöpfung wäre zunichte also, als wäre sie nie dagewesen!

19. Ich aber kam ja nur zu euch Geistestoten, um euch das Leben, das ihr verwirkt habt, freiwillig aus Meiner großen Erbarmung ganz neu wieder zu bringen und euch hier auch eine Anstalt zu geben, in welcher ihr allzeit das verlorene Leben wieder erhalten könnt.

20. Dass diese Anstalt aber in einer reinen Ordnung erhalten werden muss, damit durch allerlei Unordnung solche Kraft nicht geschwächt werde zu eurem Heil, – sage, ist solches wohl ein Gericht?

21. Wenn Ich nur dem Oberpriester gestatte, in dies Heiligtum zu treten, was verlieren denn da wohl die anderen?

22. Wenn sie mit Liebe an Mir hangen, wahrlich, so ist dies mehr denn tausend solche Tempel!

23. Wer Mich aber liebt, der ist schon im Inwendigsten des Tempels, ja im Inwendigsten des geistigsten Tempels, und wird dann auch sicher den Tod nicht finden, so er mit dir geht in diesen Tempel.

24. Denn der Mich liebt, der ist schon von oben her und kann zu jeder Zeit in den Tempel.

25. Solches aber kannst du doch ja unmöglich von Mir verlangen, dass Ich euch einen Tempel geben soll, erfüllt mit Meiner lebendigen Gnade, zu einem Schweinestall!

26. Daher verbleibe es nur bei Meinem früheren Ausspruch, und sei versichert, es soll niemand daran einen Schaden leiden!

27. Denn Ich bin ja ein Vater von euch allen, aber kein Mörder!

28. Und so denn segne Ich diesen Altar! Amen."

Kapitel 240

Der Altar mit den zwei Cherubim und der Wolkensäule. Abschließende Anweisungen des Herrn

Am 27. Januar 1843

1. Als somit der Herr den Tempel gesegnet hatte, da setzte auch alsobald der Lamech die Tafel auf den Altar, und der Herr berührte mit Seiner Hand die Tafel.

2. Und siehe, zwei überaus ernste Cherube wurden, zu beiden Seiten des Altars stehend, auf lichten Wölkchen erblickt, und das von allen den Anwesenden.

3. Alsdann hauchte der Herr über die Tafel hin, und alsbald stand eine lichte Wolkensäule über der Tafel und dem Altar, hinauf bis zur goldenen Decke reichend.

4. Als nun solches alles die Anwesenden erschauten, da ward es allen angst und bange, ja selbst der Henoch beobachtete solche Erscheinung mit der größten und ehrfurchtsvollsten Aufmerksamkeit, und sagte bei sich selbst:

5. „O Du heiliger, liebevollster Vater! Wie endlos gut bist Du doch! Auf Deiner heiligen Höhe wolltest Du beinahe gar keinen Altar, und ließest Dich sogar bereden zur Annahme eines gemeinsten Opferaltares, und wolltest uns Kindern der Berge kein anderes sichtbares Zeichen hinterlassen als die wieder aufgerichtete Grotte Adams und die allereinfachste Hütte der Purista.

6. Hier aber hast Du ein so großartiges Denkmal gesetzt, dass auf dasselbe Sonne, Mond und alle Sterne des Himmels ehrfurchtsvollst darniederblicken werden, und die Kinder der Höhe werden mit großer Eifersucht herabschauen in die nun so hoch gesegnete Tiefe.

7. O heiliger, liebevollster Vater, Du tust sonderbare Dinge, und niemand mag den Sinn Deines Ratschlusses zu erschauen; nur solches weiß ich, dass Du solches alles aus Deiner unendlichen Liebe und Erbarmung tust, und darum sei Dir allein allzeit und ewig alle meine Liebe!"

8. Der Herr aber sah den Henoch an und sagte durch das Herz zu ihm: „Henoch, siehe, hier der Name, oben der Träger desselben; hier ein Zeichen, oben der Geber des Zeichens; hier Mein Schein, oben Mein Sein; hier des Zeichens Pracht, oben des Vaters Macht; hier alles aus Edelsteinen und Gold der Erde, oben des Vaters Liebe und Milde lebendig!

9. Mein Henoch, welches dünkt dir besser zu sein?"

10. Hier sprach der Henoch, bis in die innerste Fiber gerührt: „O Du unaussprechlich liebevollster, heiliger Vater! Hier verstummt mein Herz in zu mächtiger Liebe zu Dir, und ich kann nichts sagen als: O Vater, wie endlos gut bist Du!"

11. Der Herr aber sagte darauf zum Henoch vor allen laut: „Henoch, du Mein alleiniger Hohepriester dieser Zeit, da nun Himmel und Erde in eines geflossen sind und die Gemeinschaft der Engel des Himmels mit euch, Meinen Kindern, bewerkstelligt ist. Ich sage dir, auch diese Herde sei deiner Obhut von nun an anvertraut!

12. So du ihre Not sehen wirst, da begebe dich hierher, und schaffe wieder gute Ordnung in Meinem Namen!

13. Dem Sehel auf der Höhe aber sage, er solle nun wieder kommen zu Mir, denn Ich habe seiner vonnöten; und sage ihm ferner, er solle ein Schwert nehmen und mit selbem einhergehen wie ein zum beständigen Kampf gerüsteter oberster Fürst aller Engel des Himmels!

14. Solches unterlasse ja nicht, denn des Sehels Zeit ist gemessen gleich der Meinen!"

15. Hier wandte Sich der Herr zum Lamech wieder, und sagte zu ihm: „Lamech, siehe, nun ist alles geordnet; bleibe in dieser dir nun klarst bekannt gegebenen Ordnung, so wirst du stets in der lebendigen Gemeinschaft der Himmel verbleiben, und es wird dir und allem deinem Volk wohlergehen auf Erden!

16. Wer aber Mich über alles lieben wird und wird sich aus großer Liebe zu Mir in all dem Weltlichen verleugnen, der soll das ewige Leben haben, und wird nicht sehen, nicht fühlen und nicht schmecken den Tod.

17. In diesem Heiligtum aber sollst du allzeit erfahren Meinen Willen, so du zuvor Mir dein Herz betend opfern wirst.

18. Wenn aber je der Henoch zu dir kommen wird, oder du zu ihm, so sollst du ihn allzeit hören für dich und all dein Volk!

19. Also richtet ihr euch alle nach dem Henoch; denn aus seinem Munde will Ich zu euch reden!

20. Nun aber nehmt alle hin Meinen Vatersegen! Meine Liebe mit euch allen! Amen."

21. Hier verschwand der Herr, und alles schluchzte und weinte.

Kapitel 241

Wie das Gericht des durch die sichtbare Gegenwart des Herrn genötigten Glaubens und der genötigten Liebe überwunden werden kann

Am 28. Januar 1843

1. Als sich alle von ihrer großen Wehmut etwas erholt hatten, da erhob sich alsbald der Henoch, trat zum Lamech hin und sagte folgende Worte:

2. „Höre du, Bruder Lamech, und hört es ihr alle! Ihr alle habt den Herrn, den heiligen, liebevollsten Vater, nun mit euren Augen wirkend gesehen und habt alle gehört Seine göttliche, allmächtige, heilige Vaterstimme, und ein jeder hat es sich selbst bekennen müssen und sagen im eigenen Herzen: ‚Wahrlich, also mag kein Mensch sprechen!'

3. Und also habt ihr auch gesehen Taten von Ihm, die kein Mensch aus sich tun kann, außer es tut sie nur der Herr, den ihr nun gesehen und gehört habt, durch ihn.

4. Ihr glaubt nun freilich wohl ungezweifelt, dass es der Herr ist; aber seht, weder dieser euer Glaube, noch diese eure Liebe zu Ihm ist euch zu etwas nütze, weil ihr genötigt wart, an den Sichtbaren zu glauben und den Tastbaren zu lieben, indem ihr unmöglich umhinkönnt, solches zu unterlassen, da euch alle Seine allmächtige Gegenwart getrieben hat und hat euch alle unwiderstehlich gezogen zu Ihm hin.

5. Da euch aber solches zu nichts nütze ist, so fragt es sich, was sollt ihr denn nun tun, damit euch der Glaube an Ihn und die Liebe zu Ihm nütze sein möchten!

6. Seht, liebe Brüder, das ist nun eine gar wichtige Frage, und diese Frage muss ich euch allen beantworten!

7. Ihr fragt nun zwar in eurem Herzen und sagt: ‚Ja, warum soll denn uns solches alles zu nichts nütze sein? Hat es uns nicht schon unendlich genützt und wird uns ewig nützen?'

8. Ihr habt recht, meine lieben Brüder, dass ihr also fragt. Ich sage euch aber, hier ist von solch einem Nutzen gar keine Rede. Denn alles, was der Herr tut, ist zu unserem Nutzen, wenn wir dasselbe recht verwenden; verwenden wir es aber verkehrt, sodann kann es uns aber auch zum allergrößten Schaden sein.

9. Dass uns der Herr erschaffen hatte und hatte uns gegeben ein freies, selbständiges Dasein und dazu noch, für uns erschaffen, eine herrliche Erde, die uns trägt und uns mit allem Möglichen versorgt, wer wird da sagen, solches sei uns zu nichts nütze?!

10. Aber wann ist uns alles solches zum Nutzen? Nur dann, wenn wir alles dieses nach dem göttlichen Liebewillen gebrauchen!

11. Gebrauchen wir es aber nicht also, dann gereicht es uns alsbald zum Gericht, welches schon ist des Geistes erster Tod, und befördert uns dann aus diesem Tode, der da nämlich ist das Gericht, zum wirklichen und ewigen.

12. Nun seht, gerade also, wie euch der Herr einst alle erschaffen hatte zu einem freien, selbständigen Wirken mittels der euch verliehenen lebendigen Kraft aus Ihm, hatte Er euch auch jetzt gläubig und liebend gestaltet neu aus Sich!

13. Dieser Glaube und diese Liebe ist nun noch nicht im Geringsten euer Eigentum und gereicht euch somit auch nicht zum Leben, sondern es ist für alle nur ein Gericht, indem ihr nun genötigt seid, also zu glauben und zu lieben.

14. Was sollt ihr aber denn nun tun, um euch aus dieser Klemme des Gerichtes zu ziehen?

15. Seht, dazu haben wir alle nur ein einziges Mittel, und dieses heißt die wahre, große Demut des Herzens! Worin besteht aber diese?

16. Diese besteht darinnen, dass ihr euch dieser Gnade für höchst unwürdig haltet, die euch allen nun zuteilgeworden ist, und euch haltet für die Geringsten im Volk, und lehrt das Volk alleremsigst Gott als den Herrn und alleinig wahren Vater erkennen; und ferner, dass ihr, so ihr den ganzen Tag im Namen des Herrn gearbeitet habt, dann am Ende des Tages sagt in eurem Herzen, voll der lebendigsten Liebe zu Ihm:

17. ‚O Herr und Vater, siehe gnädig auf uns faule und träge Knechte herab, und sehe unsere Arbeit also an, als wäre sie etwas vor Dir! Denn wir sehen es ein und bekennen es lebendig vor Dir, dass all das Gute, das da ist an unserer Arbeit, eine Tat ist von Dir; wir aber waren Dir nur hinderlich an Deiner Arbeit durch unsere ungeschickten Hände. Nehme daher unseren Willen anstatt des Werkes an, und allzeit geschehe nur Dein heiliger Wille!'

18. Seht, bei solcher Verfassung eures Gemütes erst wird euch dieser Glaube und diese Liebe zum Nutzen werden!

19. Solches also gelobt nun dem Herrn in eurem Herzen, so werdet ihr wahrhaft lebendigen Geistes werden, und eure Kinder und Kindeskinder werden euren Segen mit euch teilen ewig im Herrn! Amen."

Kapitel 242

Henoch erklärt Lamech seine Aufgaben im Tempel. Die Prüfung der Besucher des Tempelvorhofes

Am 30. Januar 1843

1. Nach dieser mehr allgemeinen Rede wandte sich der Henoch an den Lamech allein und sagte zu ihm:

2. „Und nun, mein geliebter Bruder Lamech, höre mich an allein für dich; denn also lautet der Wille des Herrn ausschließend an dich:

3. Du sollst nun den Tempel schließen auf einundneunzig Tage lang; am einundneunzigsten Tag aber, von dem morgigen Tag an mit eins gezählt, sollst du am Morgen den Tempel wieder öffnen und sollst aber erst am Abend in den Tempel gehen und dich dann bei einer Schattenwende lang aufhalten im selben.

4. Wenn du aber im Tempel stehst vor Gott, dann sollst du deinen Mund nicht gebrauchen und ebenso wenig deine Hände, sondern in aller Ruhe sollst du harren des Geistes Gottes und sollst Ihn erwarten in aller Demut und Liebe deines Herzens.

5. Du sollst aber nicht sagen weder mit dem Herzen, und also noch viel weniger mit dem Mund: ‚Großer, allmächtiger Gott, Du heiliger Geist aller ewigen Kraft und Macht, komme zu mir, und tue mir kund aus Deinem heiligen Mund Deinen allerheiligsten Willen!'

6. Sondern du sollst in dir, nur lebendig empfindend, also reden vor Gott: ‚O Gott, Du alleiniger Herr Himmels und der Erde, hier stehe ich, ein allerunwürdigster Sünder vor Dir, und bin nicht würdig, dass Du mich ansähest in diesem Deinem gestellten Heiligtum!

7. Aber Du Selbst hast mich berufen, zu treten hierher in dieses heilige Haus; also geschehe denn allzeit wie ewig Dein heiliger Wille mit mir!

8. O Gott! Da Du aber Selbst uns gelehrt hast, Dich als Vater zu lieben und als den allein wahren Vater anzuerkennen und sonach auch zu rufen, so rufe ich denn auch zu Dir:

9. O Du heiliger, liebevollster Vater, sei mir armem Sünder gnädig und barmherzig und vergebe mir, dass ich es wage, Dich mit meinem unlauteren Herzen zu lieben und als ein grober und großer Sünder Dich als Vater zu rufen!'

10. Siehe nun, mein geliebter Bruder Lamech, das soll allzeit dein Geschäft in dem Tempel sein!

11. Hast du solches aber lebendigst in dir verrichtet, dann begebe dich in eine völlige Ruhe, und erwarte des Herrn Wort und Willen.

12. Wird es kommen, dann achte allersorgfältigst darauf, zeichne es dann auf Tafeln, und verkündige es dann dem Volk.

13. Wird es aber nicht kommen, sodann gebe Gott in deinem Herzen die Ehre, trete dann ehrfurchtsvollst aus dem Tempel, und schließe denselben wieder auf einundneunzig Tage lang.

14. Was aber da den Vorhof betrifft, so soll dieser an dem Sabbat allzeit dem Volk morgens geöffnet werden und soll dann offen gelassen werden bis zum Morgen des anderen Tages, damit ferne wohnende Menschen auch noch daran könnten teilnehmen, so sie am Sabbat nicht hätten erreichen können die heilige Stätte.

15. Es sollen aber am Tor des Vorhofes allzeit zwei Hüter gegenwärtig sein und sollen alle die in den Vorhof Tretenden wohl prüfen und warnen.

16. Denn wer da unwürdigermaßen sich dem Tempel nahen möchte, so hast du es vom Herrn Selbst vernommen, was solch einen erwartet!

17. Darum also soll ein jedweder eintreten Wollende ehedem geprüft werden in seinem Gemüt von den Torhütern; und haben sie ihn nicht für würdig befunden, so sollen sie ihn dann auf das Dringendste warnen, auf dass er nicht eintrete ehedem in den Vorhof, als bis er sich gereinigt und also gewürdigt hätte, dass er fähig würde, einzutreten in den Vorhof.

18. Die Prüfung aber soll allzeit gerichtet sein auf das Herz des eintreten Wollenden; und die Hüter müssen aber selbst nach dir die ersten Männer vom reinsten Herzen sein und ihr Amt in aller Demut und Liebe zum Herrn verwalten.

19. Solches aber musstest du noch erfahren; und da du jetzt in allem unterrichtet bist, und zwar hier im Heiligtum, so lasse uns denn aus demselben treten, den Tempel dann schließen, und uns noch über so manches beraten im Vorhof, und endlich zurückkehren in dein Haus!

20. Und also geschehe solches alles im Namen des Herrn! Amen."

Kapitel 243

Henochs Rede über die Notwendigkeit des Von-Gott-gelehrt-Seins des Oberpriesters im Heiligtum des Herrn

Am 31. Januar 1843

1. Auf diese Worte Henochs gaben alle Gott in ihrem Herzen die Ehre, begaben sich dann alsbald aus dem Tempel, und der Lamech schloss nun denselben.

2. Nun erst fing der Lamech an, den Bau des Tempels so recht zu betrachten; und als er von allen Seiten seine große Herrlichkeit ersah, da ward er wieder voll hoher Freuden und lobte darum Gott, dass Er dem Menschen solche Einsicht verliehen hatte, der zufolge er also Ehrfurcht erregend Erhabenes und Prachtvollstes zuwege hatte zu bringen vermocht.

3. Der Henoch aber nahm den Lamech bei der Hand und sagte zu Ihm: „Geliebter Bruder Lamech, dich spricht dieses Tempels Pracht außerordentlich an, wie ich es gar wohl merke; verstehst du aber auch diesen Tempel und seinen Bau?

4. Du sagst es mir in deinem Herzen: ‚Nein, Bruder, woher sollte ich das verstehen?‘

5. Gut, sage ich dir, du bist nun ehrlich und bist voll redlichen Herzens; darum auch musst du mir solches eingestehen.

6. Siehe aber ein wenig tiefer, und du wirst in der gerechten Tiefe deines Herzens finden, allda es wird geschrieben stehen mit einer glühenden Schrift:

7. ‚Du, ein Oberpriester im Heiligtum des Herrn, musst das Werk im Geiste der Wahrheit erkennen, darüber dich der Herr gesetzt hat, sonst bist du ein blinder Frevler im selben!

8. Wehe dir, so du deinen Bruder willst etwas lehren, das du nicht verstehst; denn der Herr spricht da und sagt:

9. ‚Da will Ich den Meister und den Jünger züchtigen und will ehedem weder den einen noch den anderen ansehen!' — Lamech, verstehst du solches?

10. Siehe, wer da über Gott und Seine Werke reden will und will seinen Bruder darinnen unterrichten, der muss zuvor selbst von Gott es gelernt haben.

11. Warum denn? Weil Gott und Seine Werke niemand kennt als nur Gott allein!

12. Alles dieses ist dir jetzt noch fremd, und du weißt es nicht, wie Gott den Menschen lehrt und zieht.

13. Ich sage dir aber: Heute noch, bevor die völlige Nacht kommen wird, sollst du die ersten Elemente kennenlernen, und dann so fort, bis du als ein völliger Gottesgelehrter dastehen wirst!"

14. Hier fing der Lamech wieder gar gewaltig zu stutzen an und fragte den Henoch ganz eifriger Rede: „Bruder Henoch! Was redest du denn für Dinge zu mir, die mein Herz nicht zu fassen vermag?!

15. Ich bitte dich darum und sage dir, erkläre dich verständig, sonst taugt deine Rede nicht für mich!

16. Du sagtest ehedem: ‚Wehe dem Lehrer, der da seinen Bruder etwas lehren will, das er selbst nicht versteht!'

17. Was soll denn aber nun ich sagen, so du Dinge vor mir redest, die mir fremder sind denn das Ende der Welt, wenn es irgendwo ist?!"

18. Hier nahm wieder der Henoch das Wort und sagte zum Lamech: „Bruder Lamech, ereifere dich nicht vergeblich; denn so der Schüler schon eher wüsste, was er von seinem Lehrer erst erfahren sollte, sage mir, wäre da ein Lehrer nicht das allerentbehrlichste Wesen auf der Welt?

19. Das aber ist ja der große Unterschied zwischen dem Lehrer und dem Schüler, dass da kein Schüler gleich anfangs so vollkommen ist wie sein Lehrer.

20. Wenn er aber wird wie sein Lehrer, so ist er vollkommen, und es ist dann keines Unterschiedes mehr zwischen dem Lehrer und dem Schüler!

21. Siehe, mich hatte der Herr dir zu einem Vorlehrer herabgesandt von der Höhe; also hast du mich auch zu hören!

22. Wie töricht aber müsste da ein Lehrer zu Werke gehen, so er seinem Schüler zuvor möchte über einen Stoff die Erklärung geben und eine völlige Zerlegung des Stoffes, bevor er demselben noch gezeigt hatte den zu behandelnden Stoff selbst?

23. Siehe, ich habe aber dir nun zuvor den rohen Stoff nach der göttlichen Ordnung gegeben; also bin ich ja ein rechter Lehrer nach der Ordnung Gottes!

24. Daher also ereifere dich nicht vor der Zeit; habe ich dir den Stoff gegeben, so werde ich dir auch die Erklärung geben.

25. Aber es braucht alles seine Zeit und seine Geduld.

26. In deinem Haus sollst du erst mehreres erfahren; und so lasse uns denn nun dahin ziehen! Amen."

Kapitel 244

Die Rückkehr der Gesellschaft ins Haus Lamechs. Lamech wird vom Volk zu Unrecht verdächtigt

Am 1. Februar 1843

1. Nach dieser Rede Henochs begaben sich alsbald alle die Anwesenden – als: der Lamech, der Thubalkain, der Mura, der Cural, die sieben Boten und also auch der Henoch – aus dem weiten Vorhof in die Stadt und allda in das Haus Lamechs.

2. Als diese Gesellschaft aber aus dem Garten Gottes (also wurde später der Vorhof des Tempels genannt) trat und wollte sich zur Stadt begeben, siehe, da wurde sie vom Volk aufgehalten!

3. Denn dieses vermisste den früher gesehenen jungen, herrlichen Mann, und da es ihn nicht sah weder früher aus dem Tempel treten, noch jetzt unter der Gesellschaft, so war es der Meinung, Lamech und seine Gesellschaft hätten ihn etwa gar im Tempel eingesperrt, allwo er dann verhungern und zugrunde gehen müsste.

4. Da aber der Lamech sah, dass das Volk stets ungestümer ward und in den Lamech drang und schrie: „Lamech, du alter Wüterich, du alter Tyrann, gebe uns den herrlichen Mann wieder, sonst reißen wir dich in Stücke!", da ward es ihm überaus angst und bange, dass er darob zum Henoch schrie:

5. „Henoch, du mächtiger Freund des Herrn! Siehst du denn nicht die große Kalamität, in der wir uns befinden?!

6. Muss ich denn zugrunde gehen? Ich bitte dich, rate, wie wir uns hier aus den Händen des wütenden Volkes zu retten werden imstande sein!"

7. Und der Henoch wandte sich darauf zum Lamech und sagte zu ihm: „O du Kleingläubiger! Hast denn du nicht die Schlüssel in der Hand?

8. Sage dem törichten Volk, es solle hingehen mit dir und sich den jungen herrlichen Mann aus dem Tempel holen! Wenn es sich überzeugen wird, dass in selbem kein Mann mehr vorhanden ist, so wird es sich wohl zur Ruhe begeben, und wir werden dann ganz ungehindert nach Hause ziehen können; also tue solches! Amen."

9. Hier bekam der Lamech wieder Mut und sagte zu den Hauptschreiern: „Hört, der junge herrliche Mann lässt Sich von uns durchaus nicht einsperren; denn Er ist ein allmächtiger, alleiniger Herr!

10. Sein heiliger Name nur ist lebendig in diesem Tempel geblieben; Er aber ward zu unserem größten Leidwesen unsichtbar, als Er uns Seinen heiligen Willen zu erkennen gab und dann allerwunderbarst lebendig gesegnet hatte den Altar und den ganzen Tempel!

11. Solches ist wahrlich wahr geschehen, und die mächtigen lebendigen Cherube auf lichten Wolken zu beiden Seiten des Altars, auf dem der allerheiligste Name des herrlichen Mannes ruht, bezeugen solches, und die lichte Wolke über dem Altar zeigt auch solches an.

12. Wollt ihr meinen Worten nicht trauen, so sind hier die Schlüssel! Nehmt sie, und geht hin, durchsucht den Tempel, und bringt dann hierher den herrlichen Mann, und dieser solle Sich dann vor euren Augen Selbst rächen an mir! Werdet ihr Ihn aber nicht finden, so werdet ihr etwa doch wohl glauben, dass es also ist, wie ich es euch nun gesagt habe, und werdet mir nichts mehr anhaben können?!

13. Seht aber zu, dass euer Herz rein ist, sonst würde es euch bei der Annäherung zum Tempel gar übel ergehen!"

14. Als die Schreier nun solches von Lamech vernommen hatten, da fingen sie an, ganz gewaltig zu stutzen, und es hatte keiner den Mut, den Schlüssel anzugreifen, und auch keiner aus ihnen wusste dem Lamech etwas zu erwidern auf seine Anrede.

15. Der Lamech aber fragte sie nun ganz ernstlich, sagend nämlich: „Nun, was zaudert ihr denn noch? Ist das des Beweises noch nicht genug, so ich euch das eigene Untersuchungsrecht einräume?!"

16. Hier wichen die Schreier zurück und sprachen: „Nun glauben wir, dass es also ist, wie du uns gesagt hast! Vergebe uns aber unsere grobe Zudringlichkeit; denn jener junge Mann hat also ja unsere Herzen für sich gestimmt!"

17. Und der Lamech erwiderte dem Redner: „Ich sage euch aber noch hinzu: Bleibt ihr allezeit in dieser lebendigen Stimmung für den jungen Mann, so werdet ihr den gerechten Weg ziehen; denn dieser Mann ist Gott von Ewigkeit, Er ist der Gott Faraks!"

18. Hier schauderte alles Volk zurück, und unsere Gesellschaft zog, wie schon anfangs gezeigt wurde, ungehindert in die Stadt und also auch ins Haus Lamechs.

Kapitel 245

Der Mensch lebt nicht nur vom irdischen Brot, sondern vielmehr vom Wort Gottes. Henochs Mahnung zur Mäßigkeit bei der naturmäßigen Kost

Am 3. Februar 1843

1. Als alle die Vorbenannten nun vollends im Hause Lamechs anlangten, da fragte alsbald der Lamech den Henoch, ob es nicht an der Zeit wäre, ein Mahl zu sich zu nehmen.

2. Und der Henoch erwiderte dem Lamech: „Bruder, du wünschst es in deiner Natur nach deiner alten Gewohnheit; also lasse es auch geschehen nach deinem Wunsch! Doch sei dabei unsertwegen nicht besorgt; denn wir empfinden noch das Bedürfnis eines Mahles nicht, indem wir noch übersättigt sind von der großen Liebe und Gnade des Herrn, die uns an diesem Tag so überschwänglich reichlich zuteilgeworden ist!

3. Denn siehe, nicht allein vom irdischen Brot lebt der Mensch, sondern vielmehr vom Wort Gottes!

4. So du aber isst das natürliche Brot und wirst dadurch gesättigt und genährt, da frage dich und sage: ‚Warum und wie hat mich denn das naturmäßige Brot oder überhaupt die naturmäßige Speise gesättigt und genährt?'

5. Und du wirst in dir allezeit die vollgültige Antwort bekommen: ‚Weil auch all die naturmäßige Leibeskost dem ewigen, allmächtigen Wort Gottes entstammt!'

6. Nun siehe, wenn dich schon das gefestete und hart gebannte Wort Gottes sättigt und nährt, um wie viel mehr wird solches das freie, ungebannte, lebendigste Wort, frisch aus dem Munde Gottes gehend, zu bewirken imstande sein!

7. Wir selbst entstammen ja dem Wort Gottes, also kann es ja auch für uns ewig nichts Ernährenderes und Sättigenderes geben als eben nur das lebendige Wort Gottes!

8. Also lebt der Mensch nicht allein vom Brot und aller anderen weltlichen Kost, sondern er lebt vielmehr von jeglichem Wort, das aus dem Munde Gottes entstammt!

9. Es soll aber damit gar nicht gesagt werden, als solle der Mensch die natürliche Kost nicht genießen, da sie doch Gott darum erschaffen und sogar sichtbar dieselbe vor uns allen und mit uns gegessen hatte, aber nur zum Hauptbedürfnis soll sie uns nicht werden!

10. Siehe, Lamech, auch solches gehört in die Ordnung der göttlichen Dinge!

11. Ich sage dir aber, sei allezeit mäßig im Genuss der naturmäßigen Kost; denn in ihr liegt eine große Versuchung.

12. Du kannst es mir vollends glauben, wenn wir das natürliche Brot essen und die Früchte des Erdbodens, so müssen wir dabei sehr behutsam sein, dass wir durch ihre grobe sinnliche Last nicht den unsterblichen Geist erdrücken!

461

13. Denn solches magst du schon an den gefräßigen Kindern gar klar erschauen, wie sie eben durch ihre starke Gefräßigkeit sich verdummen und also dann zu nichts Geistigtüchtigem fähig sind; dagegen die stets mehr nüchternen Kinder gar bald feine Denker werden.

14. Wie aber solches bei den Kindern ersichtlich der Fall ist, also ist es auch umso mehr der Fall bei dem erwachsenen Menschen, indem dieser ausgebildeter Leidenschaften fähig ist, die dem Kind noch fremd sind.

15. Ich sage dir, lieber Bruder Lamech, in der naturmäßigen Kost nimmst du Naturmäßiges auf, und dieses wird in dir nicht vergeistigt, sondern es vernaturmäßigt nur deinen Geist; aber im Wort nimmst du Geistiges auf, und dieses sättigt, nährt und stärkt den Geist zum ewigen Leben.

16. In der naturmäßigen Kost wird der Leib genährt und der Geist gedrückt und zum Fasten genötigt; aber durch die geistige Kost gewinnen beide: der Geist wird kräftig und mächtig und seine Sinne endlos scharf, und der Leib wird dann durch den Geist geschmeidig, genügsam, dauerhaft und wird kräftig erhalten wie ein gut gewebtes Kleid aus feinen, aber in sich desto zäheren und stärkeren Fäden.

17. In der naturgemäßen Kost ruhen verdorbene Geister, und hat der Mensch deren zu viel in sich aufgenommen, so werden sie dann des eigenen Geistes Meister und untergraben seine Wesenheit gleich also, wie die argen Nagekäfer und Nagewürmer einen Baum untergraben, seine Wesenheit zerstören und ihn endlich wohl ganz zugrunde richten.

18. Die geistige Kost aber ist dem Geist ein belebender Segen vom Himmel, unter welchem er gar bald zu einer kräftigen und wohlduftenden Blume des ewigen Lebens erblühen wird.

19. Solches also, Bruder Lamech, solltest du auch allezeit beachten und dein Volk danach ziehen!

20. Da du nun aber solches erfreulich und wohlwillig vernommen hast, also magst du denn auch für uns alle ein gerechtes Mahl richten lassen, aber mit Maß und Ziel! Amen."

Kapitel 246

Der Speisemeister Brudal wundert sich über die Wandlung Lamechs. Lamech ordnet ein Festmahl für die Armen und Gefangenen an

Am 4. Februar 1843

1. Nach dieser Rede, welche den Lamech ganz lebendig erbaute und von der großen Wahrheit der Sache überzeugte, begab er sich alsbald zu seinem Speisemeister in ein Nebenkabinett und bestellte ein mäßiges, einfaches Mahl.

2. Der Speisemeister, ganz erstaunt über diese Bestellung, fragte den Lamech, ob dies wohl sein Ernst wäre.

3. Der Lamech aber erwiderte ihm: „Warum fragst du mich darum? Ich werde doch wissen, was ich zu tun habe!

4. Ich sage dir aber, frage nun nicht weiter, sondern tue, wie ich es dir anbefohlen habe, so wirst du ein rechter Diener dessen sein, der dir nun von Gott zu einem rechten Führer gesetzt worden ist!"

5. Diese Worte machten den Speisemeister stutzen, und er sagte bei sich so mit etwas halblaut gehaltener Stimme: „Ist denn Lamech kein König mehr? Was ist denn das, da er spricht: ,Der dir von Gott

zu einem rechten Führer gesetzt worden ist'? Das verstehe, wer es kann und mag; ich aber verstehe es nicht!"

6. Der Lamech aber merkte gar wohl, was sein Speisemeister in seinen Bart gemurmelt hatte, wandte sich darob zu ihm und sprach: „Höre, Brudal! Was du nicht verstehst, das kann dir ja alsogleich erläutert werden! Siehe, zwischen Lamech, dem König, und Lamech, dem Führer, ist solch ein Unterschied:

7. Der Lamech als König hätte dich für diese Widerrede alsogleich binden und ermorden lassen; Lamech, der von Gott gestellte Führer, aber tritt zu dir hin, und spricht zu dir: Mein lieber Brudal, gehe und tue, wie ich es dir anbefohlen habe; denn also will es ja der Herr, der große, ewige, allmächtige Gott Faraks!

8. Hast du aber schon einen Überfluss an Speisen und Getränken zusammengebracht, so lasse die Armen und Gefangenen im Thronsaal zusammenkommen und bewirte sie, als wären sie alle meine Brüder und Kinder!

9. Schicke Eilboten durch die ganze Stadt, und sage ihnen: wen sie nur immer finden, den sollen sie bringen in mein Haus! Und alle Gefängnisse sollen geöffnet werden, und nicht ein Gefangener soll zurückgelassen werden, auch meine schwersten und größten Lebensfeinde nicht, deren Kost bisher in gesottenen großen Sumpfinsekten (Krebsen) bestand; die sollen nun mit meiner Königskost gesättigt werden!

10. Denn von nun an will ich meinem Volk kein richtender König und Herr über Leben und Tod mehr sein, sondern ein weise leitender Bruder nur will ich allen sein in der Ordnung Gottes.

11. Siehe, mein lieber Bruder Brudal, das ist nun der Unterschied zwischen dem König Lamech und dem Führer Lamech! Gehe aber eilends, vollführe das, was ich, nun ein Bruder zu dir, dir anbefohlen habe!"

12. Vor übergroßen Freuden sprang der Brudal in die Höhe und sagte laut: „O großer, allmächtiger Gott! Nur dir war es möglich, das eherne Herz des Lamech in ein warmes Bruderherz umzugestalten!

13. O Gott, o Gott, wie endlos glücklich hast Du mich auf einmal gemacht! Ich werde heute noch ein getreues Weib, meine zwei Brüder und meine sieben Kinder – drei Knaben und vier erwachsene Töchter – sehen, welche, zum Tode verurteilt, ins Gefängnis kamen, da sie nicht wollten den Lamech als Gott anbeten!"

14. Hier lief er, besorgte alles, und im Verlaufe von einer Stunde waren alle Gefangenen schon im Thronsaal und auch eine Menge anderer Armen.

15. Der Brudal aber setzte alle Hofdienerschaft in die tätigste Bewegung und bewirtete alle die Armen und Gefangenen; diese aber lobten den großen Gott Faraks, darum Er sie also wunderbar erlöst hatte, und aßen und tranken.

16. Die Familie Brudals aber wollte nicht eher essen, bis sie sähe, dass der Lamech wirklich also umgestaltet wäre; denn sie meinte, solches könnte wohl auch eine Laune des Königs sein.

17. Aber der Lamech kam nach einer Zeit wieder zum Brudal und fragte ihn: „Brudal, warum hast denn du uns keine Speisen gereicht? Siehe, die hohen Gäste aus der Höhe Gottes sind ja bei uns! Was werden diese wohl von uns denken, wenn wir sie also vernachlässigen? Daher sorge

doch ein wenig, dass wir bald etwas zu essen bekommen!"

18. Und der Brudal zeigte dem Lamech seine zitternde Familie und sagte dann zu ihm: „O Bruder Lamech, erhebe doch auch diese Armen, auf dass sie glauben, welche Gnade dir von Gott gegeben ward!"

19. Als der Lamech diese Armen sah, da ward er alsbald zu Tränen gerührt, beugte sich zu ihnen nieder, erhob sie und sagte: „Kommt zu mir! Ich habe euch geplagt, ich habe mich grob versündigt an euch; aber ich will euch nun alle die Unbilden also vergüten, dass euch allen die Worte fehlen sollen, dieselben auszusprechen!

20. Folgt mir nun in meinen Speisesaal, auf dass ihr an meiner Seite sitzen sollt und essen jetzt und allezeit an meinem Tisch!"

21. Hier fingen die Armen vor Freude beinahe zu schreien an, lobten und priesen Gott und folgten dem Lamech in den Speisesaal.

Kapitel 247

Lamech erklärt den Grund für die Verzögerung des Festmahls. Henoch beschreibt die Entsprechungen des Tempels

Am 6. Februar 1843

1. Als der Lamech mit seiner neu aufgenommenen Gesellschaft wieder in den Speisesaal kam, da ging ihm der Henoch alsogleich entgegen und sprach zu ihm:

2. „Lamech, mein geliebter Bruder, was ist heute mit dir? Sonst war alles in der größten Ordnung, du durftest nur winken, und die Speisen standen am Tisch; nun aber läufst du schon das zweite Mal, und von deiner ersten Anschaffung für Speise und Trank ist bereits eine Zeit von nahe zwei Schattenwenden verflossen, und noch sind die Tische völlig leer!

3. Ist vielleicht dein Vorrat verzehrt worden, und deine Kammern stehen leer, oder ist sonst etwas vorgefallen? Kurz und gut, sage es mir doch, was solches nun zu bedeuten hat!"

4. Der Henoch und alle die anderen von der Höhe aber wussten es wohl, was da der Grund war, und der Henoch setzte [dem Lamech] nur darum solche Frage, damit dieser dadurch Gelegenheit bekäme, tiefer und demütiger in sich zu gehen.

5. Und so denn stutzte der Lamech auch ganz gewaltig bei sich und wusste im Augenblick nicht, was er dem Henoch hätte erwidern sollen. Nach einer kleinen Weile aber ermannte er sich endlich doch und richtete folgende Worte an den Henoch:

6. „Hoher, mächtiger Freund des Herrn! Siehe, als ich meinem Speisemeister mein Verlangen nach deinem Rat kundgab, da verwunderte sich dieser über meine Worte, ich aber zeigte ihm den Unterschied zwischen dem König und Führer Lamech.

7. Damit er aber solchen noch klarer sehe und begreife, behieß ich ihn und habe es ihm anbefohlen, dass er alsbald möchte alle meine Dienerschaft zusammenberufen und dann durch sie alle Armen in der Stadt aufsuchen lassen und alle die noch Gefangenen freilassen, auf dass sie alle hierher, und zwar in den Thronsaal, kommen sollen, um daselbst mit Speise und Trank, als lauter Brüder und Schwestern zu mir, wie auch hoffentlich zu uns allen, auf das Beste bedient zu werden.

8. Hier an meiner Seite ersiehst du schon acht solcher Brüder und

Schwestern, an denen sich der König Lamech tiefst versündigt hatte; der Führer Lamech aber will nun dafür im Namen des Herrn sorgen für ihr zeitliches und ewiges Wohl und ist auch eisenfest entschlossen, solches allen möglichst vollkommenst angedeihen zu lassen, die je der König auf was immer für eine Art gedrückt hatte, namentlich aber alle jene vorzugsweise zu beachten, die der König in den Gefängnissen hatte schmachten lassen.

9. Der nun schon mit derlei Brüdern und Schwestern gefüllte Saal kann dich, hoher Freund des Herrn, von allem dem von mir dir jetzt Kundgegebenen überzeugen.

10. Darum also sind auch die für uns bestimmten Speisen so lange ausgeblieben; doch jetzt sollen sie alsobald auch unsere Tische zieren!"

11. Hier umarmte Henoch den Lamech und sagte zu ihm: „O du mein überaus nun geliebter, wahrhaftiger Bruder im Herrn! Siehe, jetzt hat der Herr alle Sünde von dir hinweggenommen! Du stehst nun reiner da als die Sonne am reinsten Mittagshimmel!

12. Siehe, das ist die Bedeutung des Tempels und aller seiner Einrichtung:

13. Du bist der Tempel, dein Wesen ist nun die männliche Festigkeit des Tempels; die Fenster sind die Erkenntnisse in dir, welche dem Flammenlicht deiner Liebe entstammen; das goldene Dach ist dein erleuchtetes Haupt; der Altar im selben ist dein Herz; die Cherube zu den beiden Seiten des Altars bezeichnen deine Nächstenliebe, und der lebendige Name auf dem Altar und die lichte Wolke über demselben ist deine lebendige Liebe zum Herrn, aus welcher heraus du nun alles dieses tust; und die Wolke, welche bis zur Decke

reicht, bezeichnet aber noch darauf, dass du mit dem Herrn einen vollkommenen Liebesbund gemacht hast; der Vorhof aber ist dein Leibesleben, in welchem du nun übst die Nächstenliebe!

14. O Bruder, siehe, also hat dir der Herr eine große Herrlichkeit bereitet und hat dich gemacht zu Seinem Kind! Also sei Heil dir und deinem Volk!

15. Damit du aber sehest, wie solches dem Vater wohlgefällt, so gehen wir in den Thronsaal; alldort wirst du erfahren, mit welchem Wohlgefallen Er solche Handlungen ansieht!

16. Dort wollen wir denn auch das Abendmahl halten! Amen."

Kapitel 248

Die wunderbaren Früchte des Festmahls als ein Symbol der Wandlung von Schlechtem zu Gutem

Am 7. Februar 1843

1. Nach dieser Rede Henochs begab sich sogleich alles in den Thronsaal, und dem Brudal ward es gesagt, dass er nun die Speisen in den Thronsaal auch für die hohen Gäste schaffen solle und alldort für sie einen bequemeren Tisch bestellen.

2. Solches geschah auch alsobald. Als aber diese Hauptgäste in den Thronsaal gelangten, da entstand auf einmal ein großer Jubelruf, und der Lamech erstaunte freudigst über die Menge der Gäste und noch mehr aber über die große und reichhaltigste Auswahl von den allerköstlichsten Früchten.

3. Er berief darum auch alsobald den Brudal zu sich und fragte ihn, zu ihm sagend: „Aber höre mich du, mein lieber

Bruder! Was ist denn das? Wo hast du diese von mir noch nie gesehenen Früchte hergenommen? Hast du denn auch etwa Wunder gewirkt? Wie ist solches vor sich gegangen?"

4. Und der Brudal sagte darauf zum Lamech selbst ganz erstaunt über diese außerordentliche Erscheinung: „O hochgestellter Führer des Volkes! Darüber fragst du mich vergeblich; denn solches entdecke ich selbst nun erst!

5. Ich meine aber, die hohen, mächtigen Gäste aus der Höhe werden dir selbst sicher den allertriftigsten Bescheid zu geben imstande sein; also magst du dich wohl an sie mit deiner würdigsten Frage wenden!"

6. Als der Lamech solches vom Brudal vernommen hatte, da wandte er sich auch alsogleich an den Henoch und richtete folgende Frage an ihn, sagend nämlich: „Höre, mächtiger Freund des Herrn! Du siehst hier sicher dasselbe, was mich vor lauter Staunen beinahe vergehen macht; sage mir doch, worin da wohl der Grund liegen möchte! Denn es ist wohl wahr, dass da dem Herrn wohl alle Dinge möglich sind und euch auch Großes durch Ihn; aber aus meinen schlechten Früchten diese edlen zu machen, siehe, das ist mir unbegreiflich!

7. Dem Herrn wird es wohl ein Leichtes sein, die wunderedelsten Früchte zu erschaffen auf dem Wege Seiner ewigen Ordnung; aber ist das nicht etwa wider Seine heilige Ordnung, aus Schlechtem Edelstes und Allerbestes zu machen? Kurz und gut, diese Sache ist mir zu rund und daher auch zu unbegreiflich; daher gebe mir Bescheid darüber!"

8. Und der Henoch lächelte den Lamech an und sagte dann zu ihm: „O lieber Bruder, du eiferst in deiner Frage nach einer Schafwolllocke, aber das Wichtige bei dieser Sache scheint dir gar nicht aufzufallen.

9. Du fragst mich nun in deinem Gemüt und sagst in dir: ‚Was ist denn dieses Wichtige, und wo ist es?'

10. Sagtest du doch soeben, als scheine es dir, der Herr vermöchte zufolge Seiner ewigen, heiligen Ordnung nicht aus Schlechtem Edles und Gutes zu gestalten.

11. Hast du denn nicht gehört, dass der Herr bei der Erschaffung Selbst alle die geschaffenen Dinge gut hieß; wo sollen demnach die schlechten sein?

12. Ich sage dir aber, nichts in der Welt ist schlecht als allein der Mensch, wenn er sich in seinem Herzen abwendet vom Herrn; ist aber der Mensch alsogestaltig arg und schlecht, dann ist für ihn auch die ganze Welt schlecht und arg.

13. Bist du rein in deinem Herzen, so wird für dich alles rein sein, das heißt, du wirst da alles in der Wahrheit erschauen; ist dein Herz aber unlauter, so wird auch alles also sein vor dir, wie da ist dein Herz.

14. Wie warst du ehedem als König? Du warst schlecht, arg, voll Hinterlist und Trug, also war auch dein armes Volk zumeist gegen dich, und du mochtest selbst in dem Redlichsten nichts als nur einen tückevollsten Schurken erschauen und ließest ihn darum ins Gefängnis werfen.

15. Siehe, der Herr aber hat Sich deiner erbarmt, errettete dich vom Untergang, und siehe, du ersiehst nun keinen Schurken mehr, und die du in die Gefängnisse hast werfen lassen, sind nun freundliche Gäste in deinem Thronsaal, und sind lauter Brüder und Schwestern.

16. Nun siehe ferner, wenn aber der Herr dich bessern und reinigen konnte, der du wahrhaft arg und schlecht warst, so wird es Ihm etwa wohl auch gar leicht

möglich sein, die Früchte dieses Bodens zu veredeln?!

17. Diese Früchte aber zeigen dir an die Tatfrüchte deines Herzens und somit auch lebendig das Wohlgefallen des Herrn an ihnen; und somit hast du hier vor Augen, was ich dir zuvor im anderen Saal vorhergesagt habe, nämlich das Wohlgefallen des Herrn.

18. Siehe, das steckt hinter dieser Erscheinung; und so lasse uns denn nun auch an den für uns bereiteten Tisch gehen und uns stärken im Namen des Herrn. Amen."

Kapitel 249

Das Festmahl. Der Streit zwischen den verspäteten Armen und den Dienern. Ein halbnackter Armer gibt Sich als der Herr zu erkennen

Am 8. Februar 1843

1. Und so denn begab sich die ganze Gesellschaft, dem Henoch folgend, an den schon mit allerlei Früchten belegten Tisch.

2. Alle dankten dem Herrn inbrünstig für solche Gnade im Herzen und baten Ihn auch, dass Er fürder und allezeit mit Seiner so sehr segnenden Gnade bei ihnen verbleiben möchte und möchte sie beschützen vor jeglichem Übel am Geiste, wie auch am Leibe.

3. Nach solcher innersten, lebendigen Anrufung segnete der Henoch die Speise und den Trank im Namen des Herrn und sagte darauf: „Nun denn, liebe Brüder und liebe Schwestern, wollen wir wohlgemut stärken unseren Leib, und so denn essen und trinken wir im Namen des Herrn!"

4. Und alsbald griff alles nach den Früchten, welche aber auf diesem Herrentisch nicht verändert wurden; der Lamech aber hatte einen starken Appetit nach den edlen Früchten.

5. Aber der Henoch sagte zu ihm: „Bruder Lamech, der Herr hat eine Menge Tiere erschaffen, die da sind allein, dass sie fressen Tag und Nacht; aber uns Menschen hat Er nicht darum das Dasein gegeben, dass wir nur leben sollen, um zu essen, sondern dass wir uns im Geiste vervollkommnen sollen und sollen daher nur des dazu nötigen Leibeslebens wegen essen mit gutem Ziel und gerechtem Maß, aber nicht dies alleinige Scheinleben darum haben, um zu essen ebenfalls die besten und edelsten Früchte der Erde ohne Ziel und ohne Maß!

6. Lasse es dich daher nicht gelüsten nach jenen edleren Früchten, die da die Tische deiner Gäste zieren, sondern bleibe dankbarst bei dem, was uns der Herr beschert hatte!"

7. Diese Rede machte den Lamech alsogleich vollends zufrieden mit dem, was da war auf seinem Tisch, und er ließ sich's recht gut schmecken.

8. Als aber alles also recht fröhlich und munter aß und trank, da erhob sich vor der Türe des Thronsaales ein Wortstreit, der aber immer heftiger zu werden drohte.

9. Der Lamech aber stand auf und ging nachzusehen, was da etwa vor sich gehe.

10. Als er aber sogestaltet an die Türe kam, siehe, da ersah er alsobald mehrere Arme, welchen einige derbe Diener Lamechs den Eintritt darum verweigerten, indem sie zu spät gekommen wären und es sich jetzt nicht zieme, in den Saal zu treten, da sich schon die hohe Herrschaft im selben befinde.

11. Da der Lamech aber solchen Unfug von Seiten seiner Diener sah, da ergrimmte er beinahe und sagte zu den Dienern: „O

ihr arge Schlangenbrut! Dankt Gott dem Herrn, dass Er jetzt meinen gerechten Zorn im Zaum hält! Wahrlich, für diese eure Tat wäre sonst wohl das tiefste aller meiner Gefängnisse auf die Zeit eures ganzen Lebens euer Teil geworden!

12. Seid ihr meine Diener, so harret auf mein Geheiß, und tuet dann danach also, wie es euer Vorstand, der Brudal tat; aber ferne bleibe von euch alle Eigenmächtigkeit!

13. Gott ist nun mein und euer alleiniger Herr; dieser aber hat euch sicher nicht beheissen, die Armen abzuhalten von mir! Also habt ihr blind eigenmächtig gehandelt!

14. Ich sage euch aber nun zum letzten Mal, dies sei eure letzte Eigenmacht! Noch einmal solches von euch getan, und ihr sollt nackt von mir in die ödeste Wüste hinausgestoßen werden!

15. Jetzt aber geht in euer Gemach, und bereut eure Tat, damit sie euch Gott vergebe!

16. Ihr, meine armen Brüder, aber kommt mit mir, und stärkt euch im Saal mit Speise und Trank!"

17. Einer aber unter den zehn Armen sah gar kläglich aus, denn er war beinahe zur Hälfte nackt; diesem verwehrten die Diener auch am meisten den Eintritt.

18. Als aber der Lamech diesen ersah, ward er zu Tränen gerührt und sagte zu ihm: „O du mein armer Bruder du, komme her in meine Arme! Sicher bist du durch mich arm geworden! Wahrlich, du sollst aber an meiner Seite durch die Gnade des Herrn der Reichste werden! Komme also mit mir an meinen Tisch!"

19. Der Arme aber sagte zum Lamech: „O gerechter König, ich will dir ja folgen; aber nur die Diener, die mich misshandeln

wollten, lasse nicht in deiner Ungnade, sondern vergebe es ihnen so ganz und gar, wie ich es ihnen von ganzem Herzen vergeben habe!"

20. Diese Worte des Armen brachen dem Lamech völlig das Herz, dass er weinte; er sandte auch alsbald einen anderen Diener hin und ließ den harten Dienern ihre Freiheit verkünden. Lamech aber begab sich mit seinem Armen alsbald in den Saal und räumte demselben seinen Sitz ein.

21. Es kamen aber nun auch die harten Diener, ganz erweicht, und fielen dankbarst vor Lamech nieder. Lamech aber hob sie alsbald mit seinen Händen auf und begrüßte sie als Brüder.

22. Der Arme aber stand auf, ward gerührt bis zu Tränen, umarmte den Lamech und sagte dann zu ihm:

23. „Lamech, jetzt hat dich das ewige Leben umfangen, und Ich, dein Gott und dein Herr, will dir nicht nur ein Vater, sondern auch ein wahrer Bruder sein! Also werde Ich diese Erde bewohnen ewig!"

24. Hier erkannten alle den Herrn in dem armen Bruder.

Kapitel 250

Gottes Armut und Reichtum

Am 9. Februar 1843

1. Diese Worte des Armen drangen wie tausend Blitze durch die Herzen aller Anwesenden. Selbst der Henoch war nicht gefasst auf diese Erscheinung, darum er auch schon früher weise dem Lamech des Herrn Wohlgefallen aus der wunderbaren Fruchterscheinung bezeugte.

2. Darum auch wandte sich der Henoch selbst alsobald an den Armen und sagte zu Ihm: „Wenn ich mein Herz frage, so sagt es mir wohl ganz geheim: ‚Du bist es!' –, aber wenn ich dann in des Geistes Auge blicke aus des Herzens Tiefe, so mag ich es allda nicht entdecken, wie der allmächtige, heilige Vater, Gott, der Schöpfer aller Dinge, auch ein Armer sein kann! Darum bitte ich Dich darüber um ein Wort, auf dass ich Dich erkennen möchte!"

3. Der Arme aber sah den Henoch nur an; und da der Henoch das Auge des Armen sah, eilte er hin zu Ihm und sagte: „Ja, ja! Du bist es! Du, guter Vater Du, Du bist es wahrlich; denn solche Milde, solche Sanftmut, solche Liebe, solche Treue und dabei doch eine solch göttliche Erhabenheit strahlt aus keines Menschen Auge!"

4. Nach solchem Ausruf erst begann der Vater in der Gestalt des Armen folgende Worte an unsere Gesellschaft zu richten und sagte wie zum Henoch:

5. „Henoch, und auch du, Lamech, hört! Was euch der Arme sagt, das behaltet tiefst! Wenn der Arme zu dir kommt, und du nimmst ihn auf in Meinem Namen, so hast du Mich aufgenommen.

6. Du sagst: ‚Wie ist solches möglich? Dir, o Gott, ist ja nur das Erhabene, das Mächtige, das Kräftige verwandt!'

7. Ich sage aber: Wahrlich, wahrlich, du kannst Mich weder in Meiner Erhabenheit, noch in Meiner Macht und Kraft ewig je erkennen, wohl aber in Meiner Erbarmung und wahrhaftigsten Vaterliebe!

8. Die Liebe aber zieht alles an sich und will alles im engsten Kreis um sich versammeln! Und siehe, solches tut der Vater!

9. Wenn du aber alles willst nach Meiner Göttlichkeit bemessen, so liebst du den Vater nicht, sondern willst dich nur der Gottheit nahen, welche unendlich ist in Ihrem Wesen, zerstreust dich dadurch und tötest dich am Ende!

10. Begreife aber ferner die Tiefe des Geistes Gottes! Du bist ein geschaffener Mensch; als solcher bestehst du aus einem Leib und aus einer lebendigen Seele, in welcher da wohnt der Geist der Liebe.

11. Aus der Gottheit ist dein Leib; sein Gesetz ist ein unabänderliches Muss, nämlich – sein also, und anders nicht sein! Du kannst tun, was du willst, und du kannst die Form nicht ändern!

12. Da aber dein Leib ein Werk der unwandelbaren göttlichen Macht ist, also bestehend aus dem allmächtigen Muss aus Gott, darum ist er auch sterblich und zerstörbar.

13. Du fragst: ‚Wie ist solches möglich?' – Siehe, weil in Gott die endloseste Freiheit waltet und Er somit nimmer ein Muss halten kann!

14. Wäre Gott allein Gott, so wäre ewig nie etwas erschaffen worden, sondern alles wäre noch ein nur für Ihn schaubarer ewiger unendlicher Gedanke; aber kein Wesen erfreuete sich des freien Daseins in Gott!

15. Gott aber ist nicht allein Gott in und aus Sich, sondern Er ist Gott aus der Liebe in Sich.

16. Gott geht hervor aus Seiner Liebe, und die Unendlichkeit ist Sein Wesen; dieses Wesen aber kehrt allzeit wieder in Seine Liebe zurück und sättigt Sich da mit der unendlichen Kraft und Macht.

17. Nun höre weiter! Deine Seele ist gezeugt vom Vater, welcher ist die ewige Liebe in Gott.

18. Wie aber diese Liebe das eigentliche Grundwesen in Gott ist, also ist auch demnach diese Seele ein Grundwesen

deines Seins und ist ein Aufnahmegefäß fürs ewige Leben, und es kann in ihr alles zum ewigen Leben verkehrt werden, auch der Leib, welcher ist ein Werk oder ein Tempel des Geistes Gottes durch das göttliche Muss.

19. Du fragst: ‚Warum durch ein Muss?‘ – Siehe, solange du einen Stein in deiner Hand hältst, so lange auch befindet er sich in deiner freien Gewalt, und du kannst mit ihm tun, was du willst!

20. So du aber einmal den Stein von dir geschleudert hast, so hast du ihn zwar deiner Willkür entbunden, aber dennoch muss da der Stein nach der Richtung hinfliegen, welche du ihm mit der Macht deiner Hand gabst, und du magst aber dem freigewordenen Stein während seines Fluges demnach kein Richter mehr sein.

21. Wenn aber der Stein wieder zurückfällt, da er für sich keine Kraft hat, so kannst du ihn wieder richten nach deiner Willkür.

22. Wer nun Ohren hat, der höre! Siehe, der Vater hat als die ewig unendlich große Liebe in Gott oder in Seiner Auswirkung alles von Sich gegeben!

23. Durch die große Wurfschleuder Seiner unendlichen Macht hat Er mit allen Seinen endlos großen Gedanken alle Unendlichkeit ewighin erfüllt. Er behielt nichts für Sich, sondern alles, das Er hatte, gab Er her.

24. Also ist der Vater in Sich arm, und die Armut ist nun Seine Liebe; Sein Reichtum aber ist nun die freie Liebe und Sein alleiniges ewiges Leben, in dem allein alle Macht und Kraft daheim ist.

25. Diese Armut aber ist nun des Vaters größte Seligkeit, indem Er nun wieder alles zu Sich zurückkehren sieht und Er alles

wieder, endlos vervollkommnet, in Seiner Liebe ergreifen kann.

26. Siehe, – Sonne, Mond und alle Sterne, kurz alles, was du erschauen und ergreifen kannst, entspricht demnach Meiner Gottheit oder Meiner Macht! Mein Muss bindet es.

27. Aber es kann nicht also bleiben, wie es ist; denn alles ist da des Vaters wegen, damit Er Sich bereichere ewig, ewig, weil Er wollte aus Sich arm sein auf eine Zeit.

28. Also seid auch ihr aus euch heraus Meine getreuen Ebenmaße. Seid wahrhaftig Meine Kinder! Gebt, Mir gleich, alles her, macht frei eure Liebe und euer Leben aus Mir, so werdet ihr mit Mir reich werden ewig, ewig! Werdet arm, damit ihr reich werden mögt! Amen."

Kapitel 251

Die unendliche Liebe des göttlichen Vaters zu Seinen Kindern, der sogar Sein Leben für sie zu geben bereit ist

Am 10. Februar 1843

1. Als der Henoch und alle die anderen solches vom Vater in der Gestalt des Armen vernommen hatten, da fielen sie alle zu Ihm hin, beteten Ihn an und lobten Seine unendliche Güte und solche unendliche Liebe.

2. Und der Henoch sprach, voll der höchsten Entzückung: „O Du heiliger Vater! Viele Jahre beschäftigte sich mein armseliges Herz mit Dir und fand in sich selbst, dass Du die ewige, allerreinste und unendliche Liebe bist.

3. Ich lernte aus meinem Gefühl schon frühzeitig, nur mit aller Liebe an Dir, o heiliger Vater, zu hangen, und lernte aus eben

dem Gefühl Dich als einen alleinig wahren, unendlich guten Vater kennen, und es vermochte da keine Gegenlehre mich auf andere Begriffe und Vorstellungen von Dir zu bringen, – kurz, ich erkannte in Dir zuerst für mein Herz vollkommen den endlos guten Vater.

4. Als uns allen auf der Höhe aber das endlose himmlische Gnadenglück zuteil ward, da Du uns heimsuchtest, da fand ich denn auch meine frühere Herzenslehre vollkommen auf das Allerherrlichste bestätigt.

5. Aber bei allem dem hätte ich es mir doch nimmer getraut, auch von fernehin eine solche Idee von Dir zu fassen!

6. Wie gänzlich vernichtet aber stehe ich nun hier vor Dir, o Du heiliger Vater, da Du Dich Selbst arm nennst, ja nicht nur nennst, sondern wahrhaftig arm sein willst, um uns alle, wie auch alle die Millionen und Millionen, die uns nach deinem heiligsten Willen noch folgen werden, als einen zurückgekehrten Gnadenstrahl, der einst aus Dir ging, wieder durch Deine Liebe und Erbarmung endlos verherrlicht in Dir aufzunehmen und uns allen dann zu sein ein sichtbarer, allmächtiger, allerheiligster Vater!

7. O du heiliger, aller endlos unaussprechlich höchsten Liebe vollster Vater! Wahrlich, wahrlich, wahrlich, diese Enthüllung ist zu unnennbar groß und heiligst erhaben für einen sterblichen Menschen!

8. Heilig, heilig, heilig bist Du, o Vater, und Himmel, Sonne, Mond, Sterne und diese Erde sind voll von Deiner unendlichen Ehre!

9. Ich will Dich darum in meinem Herzen allerheftigst loben, preisen und lieben über alles, alles, alles!

10. O Du endlos guter Vater Du! Wäre es mir doch möglich, Dich wieder reich zu machen, Dir alles zurückzubringen, was Deine endlose Liebe an uns alle so reichlichst, ja in solch endloser Fülle übergab, welch eine Seligkeit wäre doch das für mich!"

11. Hier umarmte der Vater den Henoch und sprach: „Mein geliebter Henoch, sorge dich nicht um Unnötiges! Siehe, wenn es Mir darum zu tun wäre, um all das Gegebene wieder besitzen zu wollen, so könnte Ich es ja auch wieder nehmen; denn Ich allein hätte ja die Macht und Kraft dazu, indem es doch außer Mir weder irgendeine Macht, noch eine Kraft gibt.

12. Ich sage dir aber, ob du Mir auch zu geben vermöchtest Sonnen, Monde und alle die zahllosen Erden im endlosen Raum, so wäre vor Mir solches alles endlos weniger, als so du Mich liebst über alles als ein wahrer Sohn deinen allein wahren Vater.

13. Denn das ist das Allerhöchste, dass Ich euch ein wahrer Vater bin und ihr Mir wahrhaftige Kinder seid.

14. Wahrlich, wahrlich, Ich will um eines Kindes willen Milliarden von Sonnen und Welten aller Art opfern, könnte Ich es sonst nicht wieder bekommen zu Mir zurück!

15. Ja, höre, mein Henoch, Ich will dir noch bei weitem mehr sagen, denn das ist, das Ich dir jetzt gesagt habe.

16. Siehe, du weißt es, dass Ich allein das Leben ungeteilt als Meine Liebe in Mir zurückbehalten habe, als Ich sonst alles hintangegeben habe! Dieses ewige alleinige Leben bin Ich Selbst; außer Mir ist alles Tod, und hat nichts ein Leben, außer nur aus Mir!

17. Wenn es sich aber darum handeln würde, dass da ein Kind nur dadurch zu retten wäre, dass Ich für dasselbe dahingebe dieses Mein alleiniges ewigstes Leben, so möchte Ich auch dieses eher von Mir lassen, als eines Meiner Kinder verlieren. Henoch, fasst du diese Liebe?"

18. Der Henoch aber und alle fielen vor dem Vater nieder, und alle weinten vor zu großer Liebe, und keiner vermochte auch nur ein Wort über seine Lippen zu bringen.

19. Der Vater aber sprach: „O Kindlein, solches hat nun euer guter Vater geredet, damit ihr Seine Liebe erkennen möchtet! Aber nicht umsonst hat Er solches geredet; denn was Er geredet hat, das wird Er einst auch tun durch Sein fleischgewordenes Wort in der großen Zeit der Zeiten.

20. Ja, einen Sohn werde Ich zeugen, und Ich werde diesem Sohn geben all Mein Leben, und Ich werde sein im Sohn, und der Sohn wird sein in Mir, und der Vater und der Sohn werden dann ewig vollkommen eins sein! Amen."

Kapitel 252

Wie Gott Sein Leben lassen kann, ohne dass alles getötet wird. Ankündigung des Gottmenschen als fleischgewordenes Wort Gottes

Am 11. Februar 1843

1. Nach diesen Worten erwachte wieder der Henoch, machte einen wehmütig-ernsten Blick in sich und auf den Vater und blieb eine kleine Weile wie völlig verloren stehen. Endlich aber fasste er sich doch wieder und richtete folgende Worte an den Vater:

2. „O heiliger, endlos liebevollster Vater! Zu endlos erhaben und geheimnisvollst klangen Deine letzten heiligsten Worte. Wer außer Dir mag deren Sinn in seinem Geiste erfassen?!

3. Wenn Du, eben Dir nicht unmöglicher Weise, von Dir ließest Dein Leben und möchtest Dich Selbst töten lassen von irgend dazu bedingten Geschöpfen, wird da nicht alsbald alles im ganzen unendlichen Raum getötet werden im Augenblick, so Du getötet würdest?

4. Denn alles, was da lebt, lebt ja nur ein Leben aus Dir, also Dein Leben; welches Leben aber würde es dann wohl leben, so Du Grundquell des Lebens in den Tod gingest?!

5. O Du allerheiligster Vater, erläutere uns das, und lasse uns ein mächtigeres Licht zukommen, denn sonst hast Du uns mit diesen Worten ja die unfehlbare ewige Vernichtung aller Dinge und alles Seins verkündet!"

6. Hier erhob Sich der Vater und sagte zum Henoch: „Dir, Mein Henoch, soll es gegeben sein, das große Geheimnis Meines Reiches zu erfahren und zu erfassen, aber sonst keinem außer dir!

7. Und so versiegle auch in dir diese Worte, die Ich jetzt zu dir zu reden werde; denn nur du und sonst niemand soll bis zur großen Zeit der Zeiten deren Sinn erfassen, die Welt aber soll mit Blindheit geschlagen sein bis ans Ende.

8. Und also höre denn! Liebe und Leben sind eins und sind doch zwei, Liebe der Grund und Leben die Wirkung. Also sind auch Licht und Weisheit eins und sind dennoch wieder zwei, Licht der Grund und Weisheit die Wirkung.

9. Aus Liebe und Leben aber geht noch ein Drittes hervor, und das ist die

Tatenkraft, welche aber ist der mächtige Geist. Und aus dem Licht und der Weisheit geht auch ein Drittes hervor, und das ist die Ordnung, aus welcher da ist das Gestaltliche aller Dinge und das den Endzweck Bestimmende.

10. Und aus der Liebe und dem Leben und aus dem Licht und der Weisheit geht hervor der Geist aller Heiligkeit, und dieser ist das Wort aus dem Munde Gottes.

11. Dieses Wort ist wesenhaft und ist der Grund, aus dem alle Dinge urwesentlich geschaffen worden sind.

12. Wenn du nun betrachtest das Wesen der Liebe und des Lebens und die aus beiden hervorgehende Tatkraft und betrachtest das Wesen des Lichtes und der Weisheit und die aus beiden hervorgehende Ordnung und endlich noch betrachtest die aus all dem Früheren hervorgehende Heiligkeit oder das Wesen des ewigen Wortes aus dem Munde Gottes, so hast du sieben Geister, welche alle hervorgehen aus der Liebe, und die Liebe selbst ist der erste aus sich gehende Geist und die anderen sechs zu gleicher Zeit hervorgehend aus der Liebe und mit ihr dennoch eins von Ewigkeit seiend.

13. Liebe und Leben aber kann getrennt werden, und dann gleicht die Liebe einem Eisklumpen, da keine Wärme inne ist; das Leben für sich aber wird ein ledig Feuer, welches zerstört und sucht sich darin eine erträgliche Sänftung.

14. Also kann auch Licht und Weisheit geschieden werden; das Licht ist dann im zerstörenden Feuer wie tot, und die Weisheit wird zur Nacht, zum Trug, zum Falschen und zur Lüge.

15. Also kann auch das aus der Liebe und dem Leben und aus dem Licht und der Weisheit hervorgehende Wort getrennt werden wesenhaft.

16. Dass solches möglich ist, zeigt dir die ganze Schöpfung, und in der Schöpfung magst du alle die vorbenannten Trennungen erschauen; sie sind schon alle aus Mir bewerkstelligt worden, und ihr Grund bin Ich, und der Endzweck alles dessen heißt: die Lebensprobe oder des ewigen Lebens fortwährende Übung und Stärkung.

17. Und siehe, trotz aller dieser Trennungen bin Ich dennoch ungeteilt da im Vollbesitz aller Meiner Geister!

18. Also wird es auch sein in der großen Zeit der Zeiten, da das ewige Wort als der wesenhafte Grund aller Dinge in Sich Selbst Fleisch wird, in dem da wohnen wird alle Fülle Meines Wesens.

19. Das Fleisch aber wird die Welt töten, aber die im Fleisch wohnende Gottesfülle, also die ewige Liebe, wird das Fleisch alsbald wieder beleben aus Sich; und dann wird wohnen die Fülle Gottes ewig in Seinem fleischgewordenen Wort als ein Mensch gegenüber Seinen Geschöpfen, und diese werden Ihn schauen und sprechen wie einen rechten Bruder.

20. Dieser Gottmensch erst wird euch allen bringen das wahre, ewige Leben. Bis dahin aber werdet ihr leben nur ein aus Meiner Liebe getrenntes Leben.

21. Siehe, das ist der Sinn Meiner Worte; du fasse ihn, aber sonst keiner außer dir, und die Welt nicht – bis ans Ende! Amen.

22. Und nun esst und trinkt alle! Amen.“

Kapitel 253

Die Ansichten verschiedener Gäste zu
dem geheimnisvollen Armen

Am 14. Februar 1843

1. Nach dieser Rede des Vaters setzte
sich alles ehrfurchtsvoll zu Tische und aß
und trank. Aber es getraute sich am Tisch
niemand, etwas zu reden; denn des Vaters
endlose Weisheit, die Er gegen den
Henoch ausgesprochen hatte, hatte einem
jeden den Mut dazu benommen.

2. Aber unter den übrigen Gästen ging
es so ziemlich gesprächig zu. Einige konnten die Veränderung beim Lamech nicht
begreifen und besprachen sich daher über
diese Erscheinung, konnten aber eben
nicht viel Erspießliches herausbringen,
denn sie wussten zuallermeist gar nicht,
was sich mit dem Lamech in dieser kurzen
Zeit alles zugetragen hatte.

3. Den unserer Hauptgesellschaft sich
zunächst Befindlichen aber fiel der Arme
und Seine große Weisheit auf, und sie
wussten ebenfalls nicht, was sie aus Ihm
machen sollten.

4. Einige wispelten sich zu: „Das muss
ein Seher sein!"

5. Andere wieder sagten: „Das ist doch
sicher ein Schlangenbanner; denn also sollen ja die aussehen, denen die Schlangen
und Nattern gehorchen!"

6. Und wieder andere bemerkten dagegen: „Wenn das ein solcher wäre, da
müsste er ja einen Zauberstab haben und
müsste dazu haben ganz geheime Zeichen!
Wir meinen daher, dass er ein weiser
Sterndeuter ist. Solches leuchtet auch zumeist aus dem heraus, dass er von allen ein
Vater genannt wird; denn mit solcher

Benennung ehrt man ja gewöhnlich einen
solchen Weisen."

7. Wieder ein anderer bemerkte dagegen und sagte: „Da bin ich durchaus nicht
eurer Meinung! Ich werde mich kaum irren; denn ich habe ein scharfes Gesicht
und getraue mir daher ganz fest zu behaupten, dass eben dieser Arme niemand
anderer ist als nun verkleidet derjenige
herrliche Mann, der heute um die Tagesmitte an der Seite der greisen Weisen aus
der Höhe sich befand, als der Lamech die
mit dem Namen des Gottes Faraks bezeichnete Tafel hinaustrug in den Tempel.
Die Züge sind auf ein Haar dieselben; nur
werden sie durch die überaus dürftige Kleidung bedeutend entstellt."

8. Ein anderer fand auch dasselbe; nur
konnte er dazu nicht einsehen, wozu sich
jener herrliche Mann also verkleidet hätte,
indem dazu doch kein Grund auszumitteln
ist.

9. Noch ein anderer bemerkte: „Wenn
er derjenige ist, was mir auch zu sein
scheint, so muss er sich nur etwa der Über-
raschung wegen also gekleidet haben,
denn er ward überaus geliebt von Lamech
und soll sich im Tempel heimlich davonge-
macht haben, wie ich es so im Vorüberge-
hen vernommen habe, – denn es soll darob
ja ein förmlicher Aufstand gewesen sein;
um aber nun den Lamech und die anderen
umso mehr zu überraschen, hat er sich also
verkleidet."

10. Ein anderer aber bemerkte wieder
dagegen und sagte: „Das wäre alles recht,
aber ich kann es nur immer nicht begreifen, warum sie, die viel Älteren, ihn denn
beständig Vater nennen! Denn eine Auszeichnung kann das doch nicht sein, darum
er ein Weiser ist; denn da müssten die anderen Weisen aus der Höhe ja auch diesen

Ehrennamen führen! Es müsste denn nur sein Name sein, sonst könnte ich es mir wahrhaftig nicht erklären!"

11. Einer aber, der dem Redenden sich zunächst befand, sagte zu ihm: „Es wäre alles recht, was du meinst; aber nur einen Umstand habe ich dabei bemerkt, und dieser ist außerordentlich wichtig! Hast du denn nicht gesehen, wie ehedem die ganze erhabene Gesellschaft vor ihm niederfiel und hat vor ihm geweint und hat ihn ja förmlich angebetet?!

12. Wenn er bloß nur ein großer Weiser wäre, etwa wie es dereinst der große Lehrer Farak war, und wie die großen und sogar wundermächtigen Weisen aus der Höhe es sind, da würden sie samt dem Lamech nicht solches tun!

13. Es muss also ganz etwas außerordentlich Besonderes hinter diesem Mann stecken! Worin aber solches bestehen möchte, das herauszubringen, wird für uns zwei wohl überaus schwer werden.

14. Daher seien wir hübsch stille und ruhig und wollen nicht blasen dahin, da es uns nicht brennt; greifen wir dafür lieber nach den Früchten! Verstehst du mich?!"

Kapitel 254

Die armen Gäste misstrauen Lamech. Des Herrn guter Rat

Am 15. Februar 1843

1. Da aber alle sich hinreichend gesättigt hatten, erhoben sie sich von ihren Plätzen und dankten dem Herrn für das herrliche und gar köstlich schmeckende Mahl.

2. Desgleichen taten alle die Geladenen, welche da waren zum Teil arm und zum Teil als ehedem Gefangene.

3. Alle diese Gäste dankten auch dem Gotte Faraks, denn sie wussten es nicht, dass der heilige Geber in ihrer Mitte Sich befand.

4. Als sie dem Gotte Faraks ihren inneren Dank dargebracht hatten, dann erst ging ein jeder hin zum Lamech, legte seine Hände kreuzweise über die Brust und brachte somit auch ihm den Dank für solche seine große Güte.

5. Der Lamech aber wandte sich alsbald zu den Dankenden und wies solches von sich ab und deutete den armen Gästen mit seinen Blicken, dass sie dem armen Mann danken sollen, und sagte, so etwas verstohlen, zu solcher gutmütigen Deutung hinzu: „Nicht ich, sondern dieser ist der wahre Geber aller solcher und noch zahllos anderer guter Gaben!"

6. Die armen Gäste aber sahen sich untereinander groß an und fragten sich heimlich untereinander, ganz verdutzt: „Was will denn der erhabene König Lamech dadurch anzeigen? Dem Armen sollen wir danken, der doch selber gleich uns nichts hat?! Der König war von jeher der sonderbarsten Launen voll, und so ist das sicher auch wieder eine solche Laune von ihm! Wer weiß, ob er uns alle nicht heute noch sieden und braten lässt?! Sehen wir daher nur zu, sobald als nur immer möglich aus seiner zu gefährlichen Nähe zu kommen!"

7. Da aber Lamech solch ein Gewispel vernahm, ergriff er alsbald die Hand eines solchen Misstrauischen und fragte ihn nach seiner alten Gewohnheit etwas barsch: „Bedauernswerter Freund, warum denkst denn du Arges von mir?"

8. Diese Frage versetzte den Gefragten in eine solche Angst, dass er darob beinahe ganz besinnungslos vor dem Lamech auf den Boden niederfiel.

9. Solches entsetzte aber auch den Lamech so sehr, dass er sich nicht zu helfen wusste; er eilte daher zum Vater hin und zeigte ihm solches an.

10. Der Vater aber sagte zum Lamech: „Siehe, also musst du fürder nicht ohne Mich ausgehen, willst du der Welt nützen!

11. Siehe, dieses Volk weiß es noch nicht, dass du nun nicht mehr ein König, sondern ein leitender Oberpriester dem Volk durch Mich und aus Mir geworden bist; darum traut dir das Volk auch noch nicht, da es in dir noch den fürchterlichen Tyrannen vor sich erblickt.

12. Daher besteige nun den Thron, und erkläre dem Volk in Meinem Namen, was du nun bist, und was du mit dem Volk vorhast, und es wird dann alles in die gute Ordnung sich begeben! Also gehe hin, und tue mit wenig Worten, was Ich dir geraten habe!"

13. Der Lamech aber fragte den Vater, ob es sich wohl tun wird lassen, zu besteigen den Thron, indem doch früher der heiligste Name auf demselben geruht hatte.

14. Der Vater aber sprach zum Lamech: „Wie bist du denn nun gar so dumm geworden?! Siehe, mit Mir magst du reden, und den Thron fürchtest du darum schon, weil Mein Name eine Zeit hindurch auf demselben, von dir selbst gezeichnet, ruhte?! Sage Mir, was ist denn mehr: Ich oder Mein Name?

15. Willst du schon aber auf dem Thron aus lauter Ehrfurcht vor Meinem Namen nicht stehen und vom selben deine Bestimmung von Mir ausgehend und angeordnet verkünden, so steige denn auf diesen Stuhl, und verkündige dasselbe, denn Ich will dir keinen Zwang antun!"

16. Solches ließ sich der Lamech nicht zweimal sagen, bestieg alsbald den Stuhl und predigte vom selben dem Volk und zeigte ihm liebefreundlichst, was alles mit ihm vorgegangen ist, und was er nun vor ihnen geworden ist, und was er denn nun auch unveränderlich fortan bleiben wird.

17. Da das Volk solches vernommen hatte, da fing es an plötzlich zu jubeln, und jede Zunge lobte und pries den Gott Faraks.

18. Da aber der Lamech wieder von seinem Stuhl abtrat, da machte ihn der Vater aufmerksam, dass er nun auf den Stuhl stand, auf welchem Er als der heilige, allmächtige Gott Selbst gesessen ist.

19. Da fiel der Lamech vor Ihm nieder und bat Ihn um Vergebung.

20. Der Vater aber hob ihn auf und sagte zu ihm: „Mein geliebter Lamech! Nicht darum habe Ich dir solches angezeigt, als hätte Ich dir damit anzeigen wollen, du hättest dich vor Mir versündigt, sondern darum nur, dass du zu Lehrzwecken deinen Thron dessen ungeachtet benützen kannst, wenn auch zuvor die Tafel darauf gelegen ist.

21. Ich sage dir: Nur auf das Herz ist Mein Auge gerichtet! Alles andere hat vor Mir keinen Wert; denn Ich bin die Liebe Selbst und will daher nichts als nur die Liebe.

22. Nun aber gehe auf den Thron, und mache Mich durch eine gute Rede diesem Volk bekannt, auf dass es nicht mehr wispele über Mich und rate, sondern vollends erfahre, wen es in seiner Mitte hat! Amen."

Kapitel 255

Lamech verkündet die Gegenwart des heiligen Vaters in Gestalt des armen Mannes. Die Drohrede der einstigen Gefangenen unter den Gästen und des Herrn ernste Worte an sie

Am 16. Februar 1843

1. Und der Lamech ging nun ohne Bedenken auf den Thron und verkündete in einer wohlgeordneten Rede des allerheiligsten, liebevollsten, ewigen Vaters Gegenwart in dem armen Mann.

2. Als alle die armen und gefangen gewesenen Gäste solches aus dem Munde des Lamech vernommen hatten, wie auch, wie der Tempel von eben diesem allerheiligsten Vater ist angeordnet und wunderbarst erbaut worden, da fielen alsbald die Armen nieder und beteten Ihn an.

3. Aber die Gefangenen sprachen untereinander: „Mir ist es unbegreiflich, wie da der allmächtige Gott, der mit Seiner Allmacht Himmel und Erde umfasst, dem Sonne, Mond und alle Sterne gehorchen und die Winde, die Wolken, die Blitze und alle die großen Gewässer, ein so armseliger Mensch sein soll!

4. Das ist sicher wieder eine verstohlene Windfechterei Lamechs! Er hat gesehen, dass er mit den großen Gebirgsbewohnern mit Gewalt nichts auszurichten vermochte, so musste er sich's denn bequemen lassen, entweder ihre Bedingungen anzunehmen, oder über die Flamme zu springen.

5. Er musste daher auch fürs Erste seine lächerliche Gottheit fahren lassen und dann fürs Zweite aber auch sein Königtum; damit er aber dennoch herrsche über uns, so ersah er sicher sehr schlau, mit der freundlichen Hilfe der mächtigen und weisen Gebirgsbewohner für uns eine sichtbare Gottheit auszuhecken, welche ihn gewisserart vor unseren Augen solle zu einem vollends rechtmäßigen Alleinherrscher salben.

6. O Lamech, so weise du bist, also sind es auch wir! Willst du die Sehenden blenden, da musst du es anders anfangen, denn auf diese Art geht es auf keinen Fall!

7. Wir wollen aber hin zum Armen gehen und ihn so ziemlich ernstlich fragen, wie es mit seiner Gottheit stehe, und es soll sich alsobald zeigen, was alles hinter der Windfechterei Lamechs steckt!

8. Wehe aber dir, Lamech, wenn dein Armer das nicht ist, als was du ihn uns zeigtest! Dann wollen wir dich über eine wohlgenährte Flamme treiben!

9. Und alsbald begaben sich mehrere solche Gegner zum Armen hin, und ein Hauptredner öffnete den Mund und tat folgende Frage an den armen Mann:

10. „Höre, du sonst redlich und ehrlich aussehender armer Mann! Bist du wohl das, was der schlaue Lamech auf dem Thron von dir ausgesagt hat?

11. Bedenke dir's aber wohl, bevor du redest, denn merken wir, dass du in das Horn Lamechs stößt, so soll es dir ganz entsetzlich geahndet werden!

12. Farak hat den wahren Gott gelehrt, und seine heilige Lehre erhielt sich bis zu den Brüdern Lamechs, die er darum erschlug draußen im Gebüsch, da die großen Pfützen, Sümpfe und Moraste sind, weil er selbst ein Gott und ein Herr sein wollte. Wer weiß, was der Schlaue nun im Sinne hat!

13. Daher also rede vor uns die vollste Wahrheit, sonst soll es dir gar übel

ergehen – und dann dem Lamech nicht besser denn dir!"

14. Nach solcher Aufforderung erhob Sich der Herr und sagte zu den Brausenden: „Was fragt ihr Mich? Hat es euch nicht der Lamech gesagt? So ihr aber zweifelt, warum geht ihr denn nicht dorthin, euch des besseren Rates zu erholen, von da solche Rede über Mich erging?

15. Warum können es denn die Armen glauben, was Lamech sprach, und warum denn ihr nicht? Werdet ihr es glauben, so Ich nun vor euch die Aussage Lamechs bejahe?

16. Seht, ihr seid noch voll des argen Geistes, und darum könnt ihr es nicht glauben.

17. Lamech legte für alle Zeiten den Herrscherstab nieder, da er Mich erkannt hatte, und ergriff dafür den ihm von Mir dargereichten Hirtenstab; ihr aber möchtet nun euch den Herrscherstab zu eigen machen und den Lamech in die Flammen treiben!

18. Darum seid ihr voll Argens und mögt Mich nicht erkennen.

19. Ich aber werde es euch nicht sagen, wer Ich bin; geht darum hin zum Lamech, und rechtet mit ihm über Mich!

20. Wahrlich, ihr sollt den Vater nicht eher erkennen, als bis Er verziehen wird! Und nun geht, wenn ihr nicht sterben wollt! Amen."

21. Hier fingen sich die Brausenden hinter den Ohren zu kratzen an, und fingen an, sich hin zum Thron Lamechs zu ziehen. Da sie aber allda anlangten, wurden sie also beklommen und verwirrt, dass da keiner wusste, was er reden solle, denn die Worte des Armen gingen ihnen durch Mark und Bein.

Kapitel 256

Die einstigen Gefangenen besprechen sich mit Lamech über die Göttlichkeit des armen Mannes

Am 17. Februar 1843

1. Der Lamech aber bemerkte, dass diese seine ehemaligen Feinde, die er darum in den Gefängnissen schmachten ließ, etwas von ihm haben mochten, aber keiner aus ihnen sich getraute, ihm ihr Bedürfnis vorzutragen. So fragte er sie denn: „Was sucht ihr, was wollt ihr, oder habt ihr etwas verloren?"

2. Einer aus ihnen fasste endlich Mut und sprach: „Höre mich, o gestrenger König Lamech! Uns allen geht es gar arg hier, nicht aber etwa, was da betrifft unseren Leib, sondern was da betrifft unser Verständnis!

3. Siehe, du hast ehedem in deiner guten Rede dargetan, dass jener Arme dort der wahrhaftige, alleinige Gott und Schöpfer Himmels und der Erde ist, also derselbe Gott und Schöpfer aller Dinge, den wir alle noch von deinen Brüdern haben kennengelernt, wie Ihn einst Farak verkündete!

4. Solches aber können wir nicht einsehen, nicht begreifen und somit auch nicht glauben! Denn Farak lehrte das Volk einen unendlichen Gott kennen, der da mit Seiner Rechten Himmel und Erde umfasst und mit Seiner Linken hinausreicht, da Seines Wesens kein Ende ist.

5. Er lehrte ferner: Gott ist ein Geist und ist als solcher allenthalben wie ein ewiger, unendlicher Gedanke gegenwärtig, den aber nie ein geschaffenes Wesen schauen kann, weil er unendlich ist.

6. Ferner lehrte der große Lehrer: Gott ist wegen solcher Seiner unendlichen

Eigentümlichkeit auch unaussprechlich heilig; daher kann sich Ihm nichts nahen, und Er wohnt Seiner nur Ihm allein möglichen Beschaulichkeit nach, das heißt Seiner Selbst, im ewig unzugänglichen Licht.

7. Wenn du nun diese gotteswürdige Lehre Faraks zu jenem armen Mann hinzuhältst, der nach deiner früheren Rede eben dieser erhabenste Gott Faraks sein soll, wie nimmt Er Sich da aus?

8. Da machten wir, deine befreiten Gefangenen, ja noch bessere Gesichter zu einem Gott denn dieser Arme dort, der zwar an und für sich ein recht ehrlicher und weiser Mensch zu sein scheint und wir dagegen auch nichts einzuwenden haben!

9. Aber nur zu bedauern ist entweder er, oder du, gestrenger König! Er, so er sich wirklich einbilden sollte, der allmächtige Gott zu sein, und du und alle mit dir, so sie solches im Ernst glauben sollten!

10. Wir möchten dich darum wohl bitten, so es dir genehm wäre, uns darüber eine nähere Erörterung zu geben!"

11. Und der Lamech, da er solches vernommen, entstieg alsbald dem Thron, ergriff des Redners Hand, sah ihn freundlich an und sagte dann zu ihm:

12. „Höre, Bruder und Freund, deine Begriffe von Gott nach der Lehre Faraks, die mir auch noch wohl im Gedächtnis steckt, sind völlig eines Gottes würdig; denn diese Begriffe sind rein geistig und lassen allenthalben die endlos erhabene Gottheit erschauen.

13. Wenn ich dich aber nach deinen Begriffen fragen würde und sagen: So Gott ohne Zweifel völlig also ist, wie Ihn der Farak gelehrt hatte, wie ist Ihm da aber dann die Erschaffung endlicher, höchst unansehnlicher Wesen auch nur möglich denkbar zuzuschreiben? Wie die Erschaffung

einer Schmeißfliege, wie die einer Mücke und die einer Blattmilbe?

14. Wie konnte Sich der unendliche Gott mit solchen ganz entsetzlich begrenzten, allerunbedeutendsten Kleinigkeiten abgeben?!

15. Ja, ist es nicht sogar empörend zu denken, so wir annehmen müssen, dass der unendlich erhabene Gott Faraks uns Menschen so unvollkommen gestaltet hat und hat als unendlicher Schöpfer können so große Lücken in Seiner Schöpfung lassen?!

16. Warum muss denn auf der Erde einmal Nacht und einmal Tag sein? Ist die Nacht nicht ein Widerspruch zum ewigen Licht in Gott, ist Ihm denn bei der Erschaffung der Stoff für eine zweite Sonne ausgegangen, die da der Nacht der Erde hätte ein Ende gemacht?!

17. Wir erschauen zwischen der Erde und dem Firmament einen großen leeren Raum; warum hat denn der allmächtige Gott Faraks solch einen ungeheuren Schöpfungsplatz leer gelassen?

18. Wie verträgt sich solch eine Leere mit der endlosen Erhabenheit und Allgegenwart Gottes? Wie unser Unrat voll Gestankes und wie noch so gar manches?

19. Ich frage dich nun, und du gebe mir eine genügende Antwort darüber, wie du solches findest, und ich will dir auf deine Frage dann eine vollgültige Antwort geben!

20. Du schweigst und bist nun um eine Antwort ganz gewaltig verlegen; mir aber hat jetzt jener arme Mann dort gegeben, dass ich lese in deinem Herzen, und dieses sagt dir: Wenn es unbezweifelt also ist, was die ganze Schöpfung klärlichst aufweist, so gibt es entweder gar keinen Gott, und alles ist ein eigenmächtiges Werk

eines Dinges, das sich gestaltet hatte durch einen zufälligen Umstand irgendeiner Kraftwendung, oder es gibt einen Gott, der da bloß nur ein ewiger Zuschauer ist, was da wirken die Kräfte durch ihre zufälligen Wendungen.

21. Sieh, sieh, welche Früchte dir deine Gotteskenntnis bringt! Ich sage dir aber, gehe hin, und falle vor dem armen Mann nieder, und bitte Ihn um Gnade und Erbarmung, und du sollst da gar bald einsehen, wie Gott so ganz eigentlich bestellt ist!

22. Ich aber kann dir nun nichts mehr sagen, sondern rate dir nur, was du tun sollst. Solches also tue, damit du nicht zugrunde gehst! Werde völlig frei in Gott! Amen."

Kapitel 257

Der Herr im Gespräch mit den Zweiflern. Demütige Gottesliebe als Weg zum Licht

Am 18. Februar 1843

1. Auf diese Rede begaben sich die Zweifler, ganz schüchtern und in die völlige Enge getrieben, hin zum armen Mann, und zwar geleitet vom Lamech.

2. Als sie dort anlangten, verneigten sie sich vor dem Armen, und der Wortführer richtete folgende Frage an Ihn und sprach: „Ist es mir gestattet, vor dir zu reden wie vor einem Menschen, so zeige mir solches an, und ich will reden!"

3. Und der Herr sprach: „Ich weiß, worum es sich handelt, dass du mit Mir nun reden möchtest. Also Meinetwegen brauchst du deine Zunge keiner Tätigkeit preiszugeben; so du aber reden willst, da rede deiner Brüder und deiner selbst willen!"

4. Hier stutzte unser Redner gewaltig und sagte nach einer Weile: „Ja, wenn es im Ernst also ist, da kann ich wohl schweigen und dich bloß nur bitten, dass du mir Licht geben möchtest und dadurch ein Ende machen unserer beständigen Zweifelei, denn das Licht, ja das wahre Licht, tut uns vor allem not! Solches kannst du ja wohl tun, so wir dich inständigst darum bitten!"

5. Und der Herr sprach: „Höre, wer da seine Zunge legt an die Meinige, dessen Zunge soll gelähmt werden; wer sein Auge legt an das Meine, der soll erblinden! Wer seinen Arm gegen den Meinen ausstreckt, der soll gedemütigt werden bis zu seinem letzten Blutstropfen; wer seine Füße vor die Meinen hinsetzen will, der soll zu einem Krüppel werden! Will jemand sein Haupt an das Meinige legen, wahrlich, dessen Gehirn soll zu einem trüben Wasser werden und die Hirnschale zu einem Gefäß voll Unrates!

6. Wer aber in aller Demut sein Herz zum Meinigen erheben wird, dessen Leben will Ich erleuchten in der hellen Flamme seiner Liebe zu Mir, und es soll ihm also licht werden sein ganzes Wesen, dass er in diesem Licht ewig nimmer den Tod sehen soll!

7. Farak lehrte euch einen unzugänglichen Gott kennen, und seine Lehre war vollends recht; denn damals war für euch der Gott des Himmels und aller Erden unzugänglich, weil in der Zeit eine Hyäne euch in der Liebe beschämt hätte.

8. Wahrlich, es sind nur erst wenige Monde verflossen, als Ich aus freiwilliger großer Erbarmung eure Kinder unter Meduhed und Sihin hinausführte, indem sich in ihnen ein leises Fünklein der Liebe zu zeigen anfing. Damit aber dieses

Fünklein nicht alsbald wieder erstickt werden möchte in dieser Schlammtiefe, so schob Ich sie hinaus mit Meiner Rechten.

9. Und siehe, in die Wüste führte Ich den Sihin und gab ihm da eine Hyäne zum Lehrer, und ließ ihn unterrichten dann durch einen Löwen, dann durch einen Bären, durch einen Tiger und durch einen Wolf; denn diese reißendsten Tiere hatten damals mehr Liebe und Schonung denn der Mensch.

10. Wenn aber der Mensch also bestellt war noch vor wenigen Monden in seinem Herzen, wie war er wohl vor Jahrhunderten zu den Zeiten Faraks?

11. Du sagst: ‚Wir wissen, dass da bis zum Lamech nie ein Menschenblut ist vergossen worden! Also mussten die Menschen auch besser gewesen sein!'

12. Ja, Ich sage dir, sie waren besser; aber nicht als freie Menschen, sondern als gerichtete, die nicht anders tun und handeln konnten, als wie Ich es ihnen durch Meine Allmacht gestattete!

13. Sie waren genötigt, also zu handeln, und ihre Handlung war nicht ein Werk ihres freien Wollens, sondern sie war ein Werk Meiner Allmacht; damit sie aber dennoch erhalten würden, so mussten sie Gott als einen unerbittlichen Richter vor den Augen ihres Gemütes erschauen.

14. Als aber die Menschen die Gebote des ewigen Richters in großer Furcht vor Ihm hielten, da dauerte Mich des Volkes, und Ich ließ es frei.

15. Und siehe, kaum waren sie, die ehemaligen Gefangenen Meiner Macht, freigelassen, – und alle reißenden Tiere flohen vor ihnen; denn sie ersahen lauter giftigste Schlangen in den freigelassenen Menschen!

16. Ich sah solches auch schon von Ewigkeit her, aber Ich wusste auch Meine Zeit und wusste es und weiß nun gar wohl, warum vor dem fruchtenden Regen ein Sturm gehen muss. Und Ich tue, was Ich tue, und weiß, warum. Wer aber kann von Mir eine Rechnung verlangen? Und so er es verlangt, werde Ich sie ihm wohl geben?!

17. Siehe, also war es, also ist es nun, und wie wird es sein fürder? Soll Ich dir's aber sagen? – Nein, dazu kannst du Mich nimmer bereden, denn Ich bin ewig frei und tue, was Ich will!

18. Ich will dir heute weiß machen die Erde, und morgen sollst du alles schwarz sehen; denn Ich bin ein Herr und lasse Mir's nicht sagen, was Ich tun soll.

19. Du zweifelst über Mich, darum Ich arm hier bin. Wahrlich, ein Gott und ein Herr ist nicht arm; das bin Ich auch nicht! Aber der Herr hat Sich euer erbarmt und hat euch frei gemacht, damit Er euch ein lieber Vater würde; der Vater hat aber aus großer Liebe alles hergegeben, um euch als Kinder zu gewinnen, und so ist Er, wie du Ihn hier vor dir siehst!

20. Glaube Mir nicht, aber liebe Mich, so wirst du Mich erkennen, dass Ich ein wahrer Vater bin!

21. Die Liebe wird dich heilen und wird vernichten alle deine Zweifel. Und so denn gehe hin und erforsche dein Herz; werde demütig, und Ich werde dir ein rechter Gott und Vater sein ewig! Amen."

Kapitel 258

Die weise Rede eines Zweiflers

Am 20. Februar 1843

1. Nach diesen Worten des Herrn ward unsere ungläubige Gesellschaft sehr betroffen, und ein jeder beriet sich mit seinen Nachbarn, wie da zu nehmen wären die Worte des armen Mannes:

2. „Soll man ihn im Ernst für das wahrste allerhöchste Wesen halten, oder soll man ihn noch weiter fragen, wie sich's verhalte mit seiner Natur?

3. Und sollte er doch etwa wirklich das sein, was er von sich aussagt, und was so ganz eigentlich am bestimmtesten der König von ihm am Thron ausgesagt hatte, da könnte er uns ja wohl ein Zeichen geben, durch welches wir ihn unfehlbar und völlig ungezweifelt erkennen müssten!

4. Denn was seiner Rede Weisheit betrifft, so ist sie wohl freilich für unsere Begriffe über alle Maßen hoch und überaus erhaben groß; aber lassen wir einen anderen aus der Höhe reden, so wird das vollkommen derselbe Fall sein, – denn auch diese werden also reden, dass wir von ihrer Rede eben nicht zu viel fassen werden."

5. Einer aus der Gesellschaft sagte zu den sich untereinander Beratenden: „Brüder, hört, mir ist jetzt ein köstlich guter Gedanke geworden! Was sollen wir denn tun, und was soll geschehen? Was wollen wir denn erfahren? Seht, um das dreht sich unsere ganze Beratung! Ich aber habe dafür eben einen guten Gedanken.

6. Wir möchten von diesem Mann ein Zeichen, auf dass wir glaubten, dass er im Ernst das sei, was zu sein der König von ihm ausgesagt hatte.

7. Fragen wir aber, welch ein Zeichen uns denn der große Farak zum Bürgen der Wahrheit seiner Lehre gab!

8. Meines Wissens kein anderes als eben nur die erhabene Lehre selbst; und dennoch glaubten wir seiner Lehre und dachten dabei nicht nach, inwiefern sie wahr oder unwahr sein dürfte!

9. Wie verlangen wir denn hier ein Zeichen zur Bekräftigung unseres Glaubens, um ihn auszutauschen für das Unbegreifliche der Lehre Faraks gegen das sehr Begreifliche der Lehre dieses Mannes, der nicht einmal einen Glauben fordert, sondern spricht nur mit gar sanften weisen Worten: ‚Glaubt Mir nicht, sondern liebt Mich als den alleinig wahren Vater, so wird die Flamme der Liebe euch zur reinen hellsten Leuchte werden, und ihr werdet es dann in euren Herzen überklar erschauen, ob Ich das bin, als was zu sein Mich der Lamech vor euch verkündete!' Was wollen wir denn noch mehr?

10. Ich weiß aber nur zu gut, dass zwei Menschen sich gegenseitig nie eher völlig erkennen, als so sie sich vollends als wahrhaftige Brüder und somit auch als allerintimste Freunde zu lieben anfangen. Wer mag ein Weib erkennen, wenn er sie nicht liebt und sie ihn nicht liebt?

11. Fürwahr, wer da behaupten möchte und sagen: ‚Ich bin zufolge meines hellen Verstandes ein Menschenkenner, und der Weiber Schlauheit steht offen vor mir!', dem sage ich, dass er ein großer Lügner ist!

12. So wir aber sehen, dass es mit der Liebe gegen unsere Brüder und Schwestern niemals gefehlt war und auch niemals gefehlt sein wird, so sehe ich es wahrlich nicht ein, warum es mit der Liebe gegen Gott gefehlt sein sollte!

13. Und was da diesen armen Mann betrifft, so muss ich euch offenbar gestehen, ich liebe ihn ganz über alle Maßen schon; denn ein Mensch mit solch einer Weisheit ist ewig nicht arm. Wenn er aber selbst, durch seine Liebe genötigt, alles hergab, was er hatte, wer sollte solch eine Liebe nicht wieder lieben?!

14. Ich aber meine nun also, Er ist ein liebevollster, weiser Mann, ein herrlichster Bruder, ja, er ist ein Mann voll Bruder- und voll höchster, echter Vaterliebe; also sollen wir ihn auch also lieben, wie wir ihn erkennen!

15. Ob er Gott oder nicht Gott ist an und für sich, solches zu beurteilen liegt nun noch stark außer der Sphäre unserer Fähigkeit; dass er aber wahrhaft Göttliches in sich birgt, das liegt in seinem ganzen Wesen und in jeglichem seiner Worte!

16. Und somit will ich denn auch der Erste sein, der sich ihm mit einem stark lodernden Herzen nahen wird und sich soeben schon naht!"

17. Hier trat dieser Redner hin zum Herrn und sagte zu Ihm: „Allerliebster Bruder, voll göttlicher Weisheit und voll der wahrsten väterlichen Liebe! Sei du, wer und was du nur immer wollest, ich liebe dich einmal, da ich dich aller Liebe würdigst gefunden habe, und ich weiß es ja nur zu gut, dass mit solch einer wahrsten Liebe es auch bei dir nicht gefehlt sein wird!"

18. Hier umarmte er den Herrn und drückte Ihn an sein Herz.

19. Der Herr aber sagte zu ihm: „Jetzt hast du das ewige Leben umfangen; deine Liebe werde dir ein helles Licht! Amen."

20. Hier fing der Redner an zu seufzen und sprach zu seinen Brüdern: „Hierher, hierher kommt! O Brüder, wahrlich, wahrlich, hier ist mehr als nur ein Mensch! Hier ist wahrhaftig der Vater!"

Kapitel 259

Die Zweifler erkennen den ewigen Vater. Die Rede des Herrn über die verschiedenen Gottesbegriffe der Menschen

Am 21. Februar 1843

1. Zufolge dieses Aufrufes begaben sich auch die anderen hin zum Herrn, und schon bei der ersten Annäherung empfanden sie, dass die Aussage ihres Vorgängers die vollste Realität hat.

2. Als sie nun vollends sich voll Liebe hinneigten zum armen Mann, da fielen alsbald alle vor Ihm nieder und seufzten und weinten und baten Ihn mit aufgehobenen Händen um Vergebung ihrer Sünden und ihrer groben Torheit und Blindheit, darum sie nicht erkennen mochten, welch eine endlose Gnade ihnen allen widerfahren ist.

3. Der Herr aber stand auf vom Stuhl, hob alle die Gefangenen auf und richtete dann folgende Worte an sie: „Kindlein, seht Mich an in euren Herzen, und ihr werdet mit erleuchteter Seele erschauen, dass Ich, euer Vater von Ewigkeit, es bin, der Ich nun zu euch sage, dass ihr Meine Kindlein seid!

4. Ihr habet euch alle nun bis auf einen vor Mir in der Liebe eingefunden und habt erkannt Mich, euren Gott und Vater, auch in dieser armen Gestalt.

5. Doch aber sage Ich euch, dass Ich nur also arm erscheine dem Armen, und den Reichen aber unendlich reich.

6. Arm aber wart ihr in euren Herzen, da in selben wenig Liebe wohnte und Ich

euch dann nicht anders erscheinen konnte, als also nur, wie ihr Mich hattet in eurem Herzen, nämlich arm und überaus dürftig.

7. Denn arm war eure Erkenntnis und arm eure Liebe; darum konnte Ich euch nun auch in der Wahrheit nur also erscheinen, wie ihr selbst in euch gegen Mich bestellt wart in euren Herzen.

8. Wärt ihr aber reich gewesen, wahrlich, ihr hättet Mich auch reich erschaut. Denn Ich bin arm den Armen, reich den Reichen, barmherzig den Barmherzigen, sanft den Sanften, mild den Milden, gerecht den Gerechten, gnädig den Lichtdurstigen, ein liebevollster Vater den Mich Liebenden, mächtig den Mächtigen, stark den Starken, ein Richter den Richtern, das Leben den Lebendigen, tot den Toten, ein Feuer dem Feuer, ein Sturm dem Sturme, ein Zorn dem Zorne, ein Gericht dem Gerichte, der Himmel den Himmeln, ein Schöpfer den Geschöpfen, ein Vater den Kindern, ein Gott dem Weisen, und den rechten Brüdern bin Ich sogar Selbst ein rechter Bruder!

9. Also bin Ich alles in allem! Wie eines Menschen Herz beschaffen ist, also bin Ich auch beschaffen für ihn; und Ich will ewig nicht anders für den Menschen Mich gestalten, als wie er Mich selbst gestaltet hat in sich!

10. Denn es hat niemand eine Kraft, noch eine Macht des Lebens in sich als die nur, die Ich ihm verliehen habe; aber auf dass der Mensch selbständig sei, gab Ich ihm aus Mir auch einen völlig freien Willen und machte alle die ihm verliehenen Lebenskräfte untertan diesem völlig freien Willen, der da von Meinem göttlichen Grundwillen ganz gleich einem zweiten Gott an und für sich völlig getrennt ist. Wie aber der Wille frei ist, also ist es auch seine Liebe und dann all seine Erkenntnis.

11. Warum aber habe Ich denn den Menschen also eingerichtet? Weil Ich ihn Mir zu einem vollkommenen Ebenmaß setzte und er sich dann Mir gegenüber vollständig selbst bilden solle, das heißt: der Mensch soll Mich in sich bilden dann nach seinem Maße, wie Ich ihn zuvor gebildet habe nach Meinem Maße.

12. Also bildet Mich auch der Mensch in sich nach seinem Maße, verzerrt aber Mein ihm zuvor gegebenes Grundmaß oft so sehr, dass diese neue Bildung im Menschen nicht die allerleiseste Ähnlichkeit mit Meinem Grundmaß mehr hat!

13. So bildet der eine Mich, als allzeit die ewige Liebe, zu einem Richter, ein anderer zu einem Rachegott, ein dritter zu einer Buhldirne, ein vierter zu einem alleinig Weisen, ein fünfter zu einer unerbittlichen ewigen Allmacht, ein sechster zu einem Fatum, ein siebenter zu einem Weltenlenker, ein achter zu einem unmäßig erhabenst großen König und Herrn Himmels und der Erde, ein neunter zu einem Zornfeuer, ein zehnter zu einer ewig unendlichen Kraft, ein elfter versenkt Mich gar in die Materie, und ein zwölfter gar in seinen Bauch!

14. Und so bildet Mich der eine bald in dies und der andere bald in jenes; aber nur wenige geben sich die Mühe und bilden in ihrem Herzen Mich als den heiligen und ewig und allzeit liebevollsten Vater aus.

15. Nun hört, Meine Kindlein! Da der Mensch aber nicht ewig auf der Erde leben kann und darf, sondern muss diese Scheinunterlage wieder verlassen, so wird sich dann in und an seinem Geist alsobald zeigen, wie er Mich in sich bei diesen seinen Erdlebenszeiten ausgebildet hat.

16. Zum Vater werden dann nur jene kommen, die Ihn wohlausgebildet in ihrem Herzen mitbringen werden, und diese auch werden nur imstande sein, das wahre Urangesicht des ewigen Vaters zu schauen.

17. Wie aber ein jeder andere Mich in sich verbildet hat nach seinem Behagen, also auch soll er Mich haben fürder, und es soll die Liebe die Liebe, die Erbarmung die Erbarmung, die Weisheit die Weisheit, der Zorn den Zorn, der Richter den Richter, das Gericht das Gericht, der Tod den Tod, das Feuer das Feuer, die Hölle die Hölle und so weiter getreu finden.

18. Ihr aber wart alle arm, und so kam Ich denn auch arm zu euch, weil Ich arm in euch bin; werdet nun aber reich in der Liebe zu Mir und allen Brüdern und Schwestern, so werde Ich reich sein in euch!

19. Und so ihr zu Mir kommen werdet, da werdet ihr auch treffen einen überreichen Vater, – und so Ich zu euch kommen werde, da werde Ich nicht als ein Armer zu euch kommen, sondern auch als ein überreicher Vater!

20. Henoch und Lamech, beachtet auch ihr für Meine Kinder diese Lehre, denn sie ist die wahre, lebendige Schule zum ewigen Leben! Also lehrt die Völker und Kinder, und lehrt sie den Vater, nicht aber den Richter kennen, so wird die Erde gereinigt werden vom Fluch des Richters!

21. Und ihr, Meine Kindlein, aber geht nun wieder hin bis auf den einen, und dieser soll kommen zu Mir! Amen!"

Kapitel 260

Die Rede des letzten Zweiflers. Gott solle sich durch das menschliche Verständnis zu erkennen geben

Am 24. Februar 1843

1. Nach dieser Rede begab sich die Gesellschaft allehrerbietigst wieder an ihre früheren Plätze zurück.

2. Der ehemalige Hauptredner aber begab sich dafür zum Herrn hin und sprach zu Ihm: „Siehe, ich bin hier vor dir, wie du mich hast durch meine Brüder berufen lassen; doch weiß ich kaum, warum du mich berufen hast!

3. Ich will aber dennoch reden vor dir und will dir zeigen, was es ist, das mich abhält zu glauben, was nun meiner Bemerkung nach alle meine Freunde, Brüder und Schwestern glauben und sind darob auch sichtbar seligst zufolge des Glaubens an deine unmittelbare Göttlichkeit.

4. Du bist doch also endlich und begrenzt, wie ich es bin, und kannst mit deiner Hand natürlicherweise sicher nicht weiter greifen als ich und kannst auch mit deinen Füßen sicher keinen weiteren Sprung tun als ich mit den meinen.

5. Solches kannst weder du, noch jemand anderer mir streitig machen. Dazu bist du hier ganz gegenwärtig, und es fehlt an dir kein Teil deines Leibes und so auch sicher nicht deines Geistes.

6. Ich will aber damit nicht etwa dadurch behaupten, als seiest du nicht das, als was dich der König oder nun der Führer (Fürst) Lamech bezeichnet hatte, und du nun überaus weise von dir selbst ausgesagt hast; aber nur möchte ich denn nun erfahren, wer denn so ganz eigentlich nun die ganze Schöpfung erhält, trägt und führt!

Wer belebt das endlos große Erdreich, wer erzeugt die Winde, wer hält nun das endlos große Meer in seinen Schranken, wer schiebt nun die Fluten der Ströme vorwärts, wer unterstützt das natürliche Feuer der Berge, wer reift nun wohl die Saaten, und wer bewacht nun das Leben aller Wesen, während du, wie gesagt, dich nun ungeteilt unter uns befindest?

7. Siehe, das ist für einen denkenden Menschen eine Frage von der größten Wichtigkeit; bevor diese nicht völlig berichtigt wird in mir, kann ich's immerhin nicht völlig annehmen, dass du im Ernst und zugleich in aller Fülle der Macht und Kraft der alleinige ewige Gott und Schöpfer und Erhalter aller Dinge bist.

8. Es ist wahr, die Liebe des Herzens kann solches wohl tun, gleichwie es tun die Kinder, da sie unbezweifelt für wahr halten, dass die für sie sorgenden Menschen ihre Eltern sind. Aber ist dadurch der Satz auch schon ganz allgemein richtig?

9. Ich sage: Nein! Denn man gebe nur den Säugling aus dem Hause hübsch weit weg in die Fremde, und zeige sich dann nach zwanzig Jahren ihm als der rechte Vater; und man wird sich als Vater gar bald überzeugen, dass es mit der alleinigen Liebe etwas schwer halten wird, um dadurch dem Sohn die Vaterschaft zu erweisen, sondern man wird da müssen zu anderen Beweismitteln seine Zuflucht nehmen, durch welche der Sohn verstandesmäßig überzeugt wird, dass der sich ihm als Vater ankündigende Vater im Ernst sein wahrhaftiger Vater ist.

10. Ist solches geschehen, so wird die Liebe im Sohn schon ohnehin den ersten Gefühls- und Lebensplatz gegen den Vater einnehmen; solange solches aber nicht geschieht, kann es dem Sohn abgeraten werden, den Vater eher als solchen zu lieben, bevor er ihn als solchen noch verstandesmäßig erkannt hatte?

11. Wahrlich wahr, es müsste dem Vater alle Einsicht völlig mangeln, so er das im Ernst verlangte von seinem Sohn!

12. Siehe, du verlangst aber nun dasselbe von uns, und also auch von mir! Wie ist aber das mit deiner sonstigen Weisheit zu vereinbaren?

13. Es glauben nun bis auf mich freilich wohl alle, dass du vollkommen wahrhaftig Gott bist von Ewigkeit; aber siehe, das ist ein schwacher Glaube, den nur des Lamech und deine eigene weise Beredung zuwege gebracht hatte, und wird daher auch so leicht wieder verrauchen, wie er entstanden ist, und das Volk wird bald wieder in großer Finsternis wandeln und wird sich Gottes Gericht über den Hals ziehen.

14. Denn so diese eingeredete Liebe gar leicht und gar bald erkalten wird, da wird auch der schwache Glaube mit zugrunde gehen.

15. Wenn wir aber durch unser Verständnis dich erkennen mögen – und das natürlich ganz unbezweifelt also, als wir einsehen, dass da eins und eins zwei sind – , so wird sich die Liebe von selbst geben und wird sich fortan unvergänglich erhalten müssen so wie die unumstößlich wahre Grundrechnung, und Gott wird nie vonnöten haben, Seine Völker zu richten, sondern sie nur stets zu beglücken.

16. Beantworte mir daher meine Frage, und ich will dir ungezweifelt glauben; beantwortest du sie mir aber nicht, so bleibe ich, wie ich bin, und bleibe beim Gott Faraks."

Kapitel 261

Die Aussichtslosigkeit des Verstandesweges als Weg zur Gotteserkenntnis. Man kann Gott nur aus seinem Herzen erfassen

Am 25. Februar 1843

1. Und der Herr wandte Sich zu unserem Hauptredner, sah ihn sehr bedeutungsvoll an und begann dann folgende Worte an ihn zu richten, sagend nämlich:

2. „Höre Mich nun wohl, du harter Verstandesgeist; denn Ich will dir zeigen, wie sehr töricht du bist und wie sehr unverständig mit all deinem Verstand!

3. Ich habe euch alle ehedem erschaulichst belehrt, welch ein Unterschied ist zwischen Mir nun und dem Gott, den euch gelehrt hatte der Farak, und siehe, es ist außer dir keiner, der da nicht verstanden hätte in seinem Herzen Meine Worte! Woher rührt wohl das?

4. Ich sage dir, das rührt aus deinem ganz verkehrten Weltherzen, das da keine Demut hat und hat daher keine Liebe.

5. Wenn aber ein Herz keine Liebe hat und somit auch kein Feuer des Lebens und darum auch keine leuchtende Flamme, welche da für alle höheren und tieferen Wahrheiten erhellen soll sein ganzes Wesen, – sage mir, woher soll denn dem Herzen demnach ein Licht werden?

6. Durch welche Worte, durch welche Zeichen kann denn wohl ein Tauber und Blinder zugleich von einer Wahrheit überführt werden?

7. Du aber bist in deinem Herzen taub und blind zugleich; daher auch verstandest du nicht, was doch alle anderen mit der geringsten Mühe von der Welt verstanden haben.

8. Du sagtest, man müsse dem Sohn in der Fremde, der als Säugling aus dem elterlichen Hause kam, andere verständige Beweise geben, als da ist die Vaterliebe, will man von ihm als einem Sohn, der den wahren Vater erkannt hat, geliebt werden; denn wird der Sohn den Vater vollends als solchen erkennen, so wird er ihn auch sicher von selbst lieben.

9. Gut, sage Ich dir; was aber soll man dann tun, so der Sohn unglücklicherweise zugleich taub und blind ist?

10. Siehe, du stutzt nun und bist um eine Antwort verlegen. Ich aber sage dir, wenn der rechte Vater solches Unglück an seinem Sohn merken wird, da wird er alles Mögliche aufbieten, um den armen Sohn wieder hörend und sehend zu machen,

11. und wird ihn bringen vor einen geistmächtigen Weisen, auf dass dieser ihm wieder verschaffe das Gehör und das Gesicht.

12. Und wenn dann der Sohn möglicherweise wieder haben wird das Gehör und das Gesicht und wird dann bald vom Vater lernen die Sprache, sage Mir, wird der Sohn dann auch noch nach anderen Beweisen fragen, darum er erkennen möchte den Vater, oder wird es ihm nicht die große Liebe des Vaters zuerst und am untrüglichsten sagen, dass er den wahren Vater vor sich hat?!

13. Siehe, Ich aber als der ewig alleinig wahre und liebevollste Vater kam eben also zu euch Tauben und Blinden und mache euch alle hörend und sehend und lehre euch reden Meine Worte, ja Meine lebendigen Worte lehre Ich euch!

14. Und siehe, viele verstehen Mich, sehen Mich und haben in Mir den alleinig wahren Gott und Vater erkannt!

15. Warum magst denn du solches nicht? Weil du dich nicht willst auf die allein mögliche und lebendige Art heilen lassen! Du bist in deiner Taub- und Blindheit selbst ein Weiser und weißt selbst dafür die besten Mittel; daher sträubst du dich in deinem Gefühl und magst dich nicht heilen lassen!

16. Ich sage dir aber, du magst tun, treiben und verlangen, was du nur immer willst, und es soll dir nicht gelingen zeitlich und ewig, dich auf einem anderen Weg dem Licht des Geistes zu nahen als nur alleinig auf dem, den Ich euch nun gelehrt habe!

17. Wahrlich, du sollst kein Zeichen von Mir sehen denn alleinig das Meiner Liebe und großen Erbarmung; genügt dir aber dieses, so wirst du keines anderen bedürfen, – denn es wird dir dieses ohnehin das Höchste sein!

18. Du willst wie eins und eins gleich zwei einen Beweis haben. Siehe, als solch ein Beweis stehe Ich ewig lebendigst vor dir; denn Ich und der Gott Faraks sind vollkommen eins. Aber solches wirst du nicht eher einsehen, als bis du Mich aus deinem Herzen wirst erfasst haben!

19. Mit deinem Verstand wirst du Mich ewig nie begreifen, denn für den bin Ich unendlich; und nur Ich weiß es, wie Ich alle die geschaffenen Dinge erhalte, wenn Ich, dir scheinbar, auch nicht weiter greifen und springen kann als du!

20. Gehe aber nun hin, und berate dich mit den Sehenden eines Besseren, und sage Mir dann, wie weit Ich zu greifen und zu springen vermag!

21. Erwarte aber ja kein Zeichen von Mir! Denn so Ich Zeichen tun werde, da werde Ich euch richten; jetzt aber mache Ich euch nur lebendig. Solches verstehe und gehe! Amen."

Kapitel 262

Der Zweifler bespricht sich mit einem seiner Freunde

Am 27. Februar 1843

1. Nach dieser eindringlichen lebendigen Lehre machte unser Hauptredner eine tiefe Verbeugung vor dem Armen und begab sich alsogleich ganz schweigend zu seiner Gesellschaft zurück. Als er nun dort angelangt war, wandte er sich alsobald an einen seiner Freunde und richtete folgende Frage an ihn, sagend nämlich:

2. „Lieber Bruder, sage es mir doch ganz aufrichtig: Glaubst du wohl ganz vollkommen ungezweifelt, dass jener arme Mann dort das allerhöchste göttliche Wesen Selbst ist?

3. Sage mir, wenn du so alle Umstände, alle Eigenschaften, welche zur reinen Göttlichkeit doch unerlässlich erforderlich sind, ganz völlig reiflichst erwägst, stoßen dir da keine Bedenklichkeiten auf?

4. Es ist wahr, die Worte, die der Mann spricht, strotzen von tiefster Weisheit, und die Liebe ist überall der Grundzug derselben; aber so ich daneben wieder den ganz entsetzlich einfachen Menschen, aus dessen Munde solch herrlichen Worte kommen, so recht fest ins Auge fasse und zu mir sage: ‚Soll das, kann das wohl Gott sein, Gott, der Ewige, der Unendliche, der Allmächtige?!' O siehe, da sträubt mein Verstand sich dagegen allzeit!

5. Darum möchte ich denn doch ein Urteil von dir hören in dieser überaus allerwichtigsten Angelegenheit. Glaubst du

solches im Ernst, oder glaubst du solches nur aus reiner, auch allzeit zu billigender Politik? Solches also gebe mir kund!"

6. Der andere spricht zu unserem Hauptredner: „Höre du, unser aller Freund und Bruder: Du weißt es ja noch, dass ich vom Lamech darum ins Gefängnis bin geworfen worden, weil ich ihn durchaus nicht habe als einen Gott anerkennen wollen!

7. Siehe, damals haben ihn gar viele aus nicht reiner, sondern allerschmutzigster Politik als einen Gott anerkannt. Habe ich solches getan?

8. Du sagst: ‚Mitnichten!' Aber da ich jetzt die Gefängnisse verkostet habe, so dürfte es denn nun doch eine reine oder schmutzige Politik von meiner Seite sein, den armen Mann nach dem ausgesprochenen Willen Lamechs als den alleinig wahren Gott Himmels und der Erde anzuerkennen!

9. O Bruder, ich sage dir: Und wenn der Lamech mir mit tausend Gefängnissen gedroht hätte, den Mann als einen Gott anzuerkennen, – wenn Er es nicht wäre, wahrlich, ich hätte es nimmer getan!

10. Im Gegenteil wäre ich allzeit eher aufgelegt, dem Lamech einen tausendfachen Trotz zu bieten, als ihm zu gehorchen, denn du weißt es, wie er mir Weib und Kinder nahm und das Weib machte zu einer Sklavin und die Kinder an die Fürsten verkaufte um den schnödesten Sold!

11. Höre, Bruder! Solch eine Wunde, dem Vater geschlagen und dem getreuen Gatten eines allerliebenswürdigsten Weibes, heilt das Gefängnis samt diesem Mahl nicht!

12. Wenn du das so recht erwägst, da wirst du ganz entsetzlich wenig Politik bei mir entdecken!

13. So ich aber den Mann ungezweifelt für den alleinig wahren Gott anerkenne und nun dem Lamech alle Unbill vergebend fest und lebendig glaube, dass es außer diesem Gott ewig keinen anderen mehr gebe und geben kann, da kannst du wohl annehmen, dass ich einen ganz guten Grund dafür haben muss.

14. Und dieser Grund ist eben der arme Mann Selbst! Lerne Ihn kennen mit deinem Herzen – und nicht mit dem Verstand –, und du wirst in dir selbst den unaussprechlichen Grund finden, der dir es selbst sagen wird:

15. Siehe, dieser arme Mann ist der große, heilige, liebevollste, himmlische Vater aller Engel und Menschen, Schöpfer aller Dinge, und alle Ewigkeit und alle Unendlichkeit sind Seinem allerheiligsten und allermächtigsten Willen untertan!

16. Und es bedürfte von Seiner göttlichen Seite nur des allerleisesten Winkes, und alle sichtbare Schöpfung wäre nicht mehr, oder tausend neue Sonnen brennten am Firmament!

17. Siehe, also ist es und wird es bleiben ewig! Das ist nun mein Grund, und darum glaube ich es, weil die Liebe zu Ihm mir solches sagt und zeigt.

18. Daher liebe Ihn auch du über alles, und du wirst alsbald das einsehen; denn der Vater will eher geliebt als erkannt sein. Das ist Sein Wille.

19. Lieben doch die Kindlein auch eher ihre Eltern, bevor sie dieselben noch erkennen, und wir haben uns noch nie darüber beschwert, als wäre solches nicht in der Ordnung!

20. Warum sollte es denn der allmächtige, göttliche Vater nicht mit uns auch also haben wollen? Er will es so; also tue es, Bruder! Ja, verstehe es wohl! Amen."

Kapitel 263

Der Zweifler wird von seinem Freund zur Gotteserkenntnis geleitet

Am 1. März 1843

1. Nach den Worten, welche unser Hauptredner als eine gute Antwort auf seine Frage von seinem Freund zu hören bekam, fing er an, ganz gewaltig und ganz besonders aber darüber nachzudenken, wie die unmündigen Kindlein ganz richtig auf dem Wege der Liebe, wenn sie auch noch gewisserart instinktmäßig ist, am allerersten zur untrüglichen Erkenntnis ihrer Eltern gelangen.

2. Ja, er dehnte seine Gedanken sogar ins Tier- und Pflanzenreich aus und fand diesen Satz auf eine ihn zum ersten Mal überraschende Weise bestätigt.

3. Er gewahrte es aus seinen vielen Erfahrungen, dass alle Tiere, die er kenne, sich als Tierkinder an ihre Zeuger kleben und dieselben nicht eher verlassen, als bis sie mit der erforderlichen tierischen Kraft völlig ausgerüstet worden sind; und bei dem Pflanzenreich entdeckte er jetzt auch, dass – wie man zu sagen pflegt – der Apfel nie gar zu weit seinem Baum entfällt.

4. Nach derlei guten Gedanken wandte er sich wieder zu seinem Freund und sagte zu ihm: „Höre du, mein geliebtester Freund und Bruder, je mehr ich nun deinen Worten nachdenke, desto mehr Licht finde ich in ihnen. Anfangs schienen sie mir so ganz bedeutungslos zu sein; aber siehe, sie gewinnen nun bei mir stets einen größeren Bedeutungskreis! Darum denn kommt es mir auch vor, als wären sie nicht so ganz eigentlich auf deinem Grund und Boden gewachsen.

5. Ich will damit aber durchaus nicht sagen, als hielte ich dich etwa solcher Weisheit für unfähig; denn ich weiß es ja von früher her, dass du ein sehr kluger Mann warst und warst von irgendeiner gründlich gefassten Idee durch nichts abzubringen, selbst durch Lamechs Gefängnisse nicht.

6. Aber nur, weißt du, lieber Bruder, mache ich da einen kleinen Unterschied, da es doch zweierlei ist: weise reden – und vernünftig und dem Verstand gemäß reden und handeln.

7. Du hast zu mir aber offenbar weise gesprochen, und ich kam daher auch auf den Gedanken, dass solche Weisheit nicht auf deinem Grund und Boden gewachsen ist. Denn sie ist zu umfassend, zu allgemein; wir Menschen können aber unsere beschränkten Begriffe nicht so weit ausdehnen, da uns dazu die allgemeine Anschauung noch allzeit gemangelt hatte, und besonders hat es damit im Kerker seine geweisten Wege gehabt!

8. Wenn du mir aber solche Sätze auftischst, in denen eine ganze Schöpfung vom Anfang bis zum Ende zugrunde liegt, da bin ich der Meinung, dir dadurch keine Beleidigung anzutun, so ich solches von deiner Aussage behaupte.

9. Ich sage dir nun aber auch, dass mich diese deine Worte dem Ziel näher geführt haben, als du es vielleicht meinen möchtest! Ja, du kannst es mir glauben, es wird mir auch die gottmenschliche Idee heller und heller, und es sträubt sich mein Gemüt nicht mehr so sehr dagegen; nur die Verkleidung des armen Mannes geht mir noch nicht so recht ein.

10. Hättest du vielleicht auch da ein Wort, das da für mein Verständnis passender wäre als jenes Mannes zu hochweise Rede, so wäre ich nicht abgeneigt, [den

armen Mann völlig als das anzuerkennen,] als was ich ihn anerkennen sollte und nun auch im Ernst selbst möchte! Wenn du sonach noch irgendein Wörtlein hast, da spreche es aus zu meiner völligen Beruhigung!"

11. Und der andere nahm das Wort und sagte zu unserem Hauptredner: „Bruder, wahrlich, wenn du nicht blinder bist als der Mittelpunkt der Erde, so will ich keinen Namen haben!

12. Was nennst du denn reich, und was arm?

13. Ist denn das reich bei dir, so jemand sich über und über den Leib bedeckt hatte mit Erzeugnissen entweder seiner oder seiner Brüder Hände, welche Erzeugnisse den Naturdingen sind entlockt worden, oder so jemand aus Lehm und müßigen Steinen sich erbaut hatte eine Wohnung?

14. Und nennst du das arm, so jemand alles dessen entweder notgedrungen durch Härte seiner Brüder oder aber auch freiwillig ledig ist mehr oder weniger?

15. O siehe, das ist grundfalsch! Gott hat den Menschen geschaffen nach Seinem Maße und stellte ihn völlig nackt auf die Erde, und also werden noch heutzutage alle Menschenkinder nackt zur Welt geboren. Ist aber der nackte Mensch das armseligste Geschöpf Gottes? Oder ist er nicht vielmehr überschwänglich reich durch das ihm gegebene Ebenmaß seines Schöpfers?

16. Wie, wenn nun der Schöpfer in seinem urgrundmenschlichen Maße zu uns kam in aller Fülle Seiner ewigen Liebe und Weisheit, kannst du da noch in deinem Herzen solche Seine Urgrundwesenheit bemängeln?!

17. Ich sage dir daher, erkenne deine große und grobe Blindheit, eile hin zu Ihm, falle nieder zu Seinen Füßen, auf dass dir Licht werde in deines Lebens größtem Irrsal!

18. Erkenne die endlose Gnade, Gott, den allmächtigen Schöpfer, als einen allermildesten Bruder und liebevollsten Vater unter uns zu haben!

19. Wahrlich, der Gedanke ist zu groß und heilig für den Menschen; und siehe, hier ist mehr als der höchste Gedanke! Hier ist Er, der allmächtige Vater Selbst!

20. Kannst du da noch zaudern in deinem Geist, da alle Unendlichkeit vor zu großer Ehrfurcht bebt?!

21. Siehe, Er, Er, der allmächtige, ewige Gott, der Schöpfer der Unendlichkeit, harrt dort deiner!

22. Daher eile, eile hin zu Ihm, ehe es zu spät wird, und bete Ihn an in aller Tiefe deines Herzens!

23. Eile, eile hin zu Ihm, dem heiligen Vater! Amen."

Kapitel 264

Der Zweifler Terhad gerät in große Furcht vor dem Herrn

Am 2. März 1843

1. Nach diesen Worten bedachte sich der Hauptredner nicht lange mehr und nahm den armen Mann im vollen Maße als den Herrn Himmels und der Erde in sich auf.

2. Aber nun fing ihn an etwas anderes zu bedrücken, und er wandte sich darob bald an den Freund wieder und sprach zu ihm:

3. „Höre, du mein überaus lieber Freund und Bruder! Ich habe nun, deine Worte reifer und tiefer erwägend in mir,

nicht nur die Möglichkeit, sondern die volle Wirklichkeit gefunden, dass jener Mann im Ernst das allerhöchste göttliche Wesen in Sich Selbst ist, und es bedarf demnach solches keines Beweises mehr, da es mir nun mein Herz selbst untrüglich laut verkündet.

4. Aber etwas ganz anderes steigt nun in mir auf, und dieses ist um vieles ärger denn all meine früheren Zweifel.

5. Du siehst mich nun wohl sehr groß an und forschst in meinen Augen und auf meiner Stirne, um zu erfahren, was in mir solches doch sein möchte. Ich sage dir, tue das nicht; denn ich will es dir ja eben eines guten Rates willen kundgeben.

6. Siehe, es ist eine ganz entsetzliche Furcht, der etwas Ähnliches ich in meinem ganzen Leben nicht empfunden habe!

7. Du aber sagtest in gar dringlichen Worten zu mir, dass ich hineilen solle und solle mich hinwerfen zu Seinen Füßen und solle Ihn dort anbeten; wie aber kann ich nun solches tun, da die zu übermäßige Furcht vor der zu endlos großen göttlichen Erhabenheit mir alle Glieder lähmt?!

8. Rate mir demnach, rate, was ich tun soll!

9. Ich möchte ja hinfliehen, wenn es mir möglich wäre, aber es ist mir solches ja ganz rein unmöglich! In meinem bebenden Herzen bin ich wohl nun ganz völligst bei Ihm; aber eben dieses schreckliche Bei-Ihm-Sein lähmt mir alle meine Kraft!"

10. Hier erhob Sich der Herr und ging schnurgerade auf unseren Hauptredner los.

11. Da aber dieser solches bemerkte, wollte er fliehen. Aber sein Freund fasste ihn am Arm und sagte zu ihm:

12. „Bruder, aber bedenke, was du tun willst! Wohin willst denn du wohl fliehen und wo dich verbergen vor Gott?! Siehe, der Herr kommt dir schon an den Leib; was willst du tun?!"

13. Hier ward unser Redner ganz wie besinnungslos und fiel alsobald wie tot auf den Boden nieder.

14. Als aber der Herr vollends zu ihm kam, rührte Er ihn an und sagte zu ihm: „Terhad! Ich sage dir, erhebe dich, und sei nicht tot, sondern lebendig!"

15. Alsobald erhob sich der Terhad und starrte den Herrn, noch ganz entsetzlich erschrocken aussehend, an.

16. Der Herr sah ihn mild und freundlichst an und sagte zu ihm: „Terhad, du hast ja immer ein Zeichen haben wollen, auf dass du auch glauben möchtest, was alle die anderen glauben!

17. Ich sagte es Selbst zu dir, so Ich dir oder jemand anderem oder einem ganzen Volk Zeichen Meiner Gegenwart geben werde, dann ist ein Gericht über sie ergangen, das da in sich hat den Tod.

18. Wer Mich aber erkennt im Herzen, der hat Mich frei erkannt und dadurch in sich gefunden das wahre, ewige Leben, und der Tod wird ihm ferne sein ewig.

19. Siehe, also war der Sinn Meiner Rede; allein dir genügte solche Rede nicht, sondern du wolltest Mich mit deinem Verstand zuvor – denn mit deiner Liebe erfassen.

20. Ich ließ es denn auch zu und redete zu dir verstandesmäßig durch den Mund deines Bruders, auf dass es dir einleuchtend würde, dass Ich im Ernst das bin, was Lamech am Thron von Mir verkündigt hatte.

21. Du erfasstest Mich denn dadurch in deinem Verstand und fülltest denselben stets mehr und mehr mit Meiner urewigsten Göttlichkeit aus.

22. Durch die Ausdehnung deines Verstandes mit Mir aber vergaßt du dein Herz; dieses schrumpfte darob ein, und als du Mich in dein Herz aufnehmen wolltest, da entsetzte sich dieses vor Meiner Größe in deinem Verstand und ward erdrückt von Meiner Last in dir, und du bebtest vor Furcht und fielst bei Meiner Annäherung wie tot darnieder.

23. Und siehe, das war dir denn auch ein Zeichen, dass Ich Der bin, als den du Mich im alleinigen Herzen um vieles leichter und bequemer gefunden hättest, ohne dabei nötig gehabt zu haben, ein wenig das Gericht zu verkosten.

24. Doch da du Mich nun erkannt hast, so erfasse Mich nun denn auch mit deinem Herzen, und sei ein getreuer Wächter Meines Heiligtums, das Ich euch gegeben habe!

25. Und nun sei heiter und fröhlich, denn Ich, dein Vater, habe dir nun solches geoffenbart.

26. Liebe Mich, so wirst du es nie nötig haben, Mich zu fürchten; denn Ich bin euch allen nur ein Retter, aber ewig kein Verderber. Also sei nun heiter und froh! Amen."

Kapitel 265

Terhads feurige Liebeserklärung an den Herrn. Des Herrn Verheißung an die Erde

Am 3. März 1843

1. Nach dieser Rede, vom Herrn ausgehend, fing der Terhad erst freier zu atmen an; sein Herz war der Furcht ledig geworden, und eine mächtige Liebe zum Herrn fing nun sein ganzes Gemüt zu erfüllen an.

2. In diesem neuen Lebenszustand öffnete nun wieder unser Hauptredner den Mund und machte durch die folgenden Worte seinem Herzen Luft; die Worte aber lauteten also:

3. „O Du, dem keiner gleicht, Du alleinig ewig wahrer Vater, Du also bist Der, den ich mir nie so ganz zu denken getraute; denn zu endlos heilig erhaben erklang in mir schon der Name, der Ihn, den allmächtigen Schöpfer Himmels und der Erde bezeichnet, und ich sprach es gar oft ganz heimlich bei mir aus:

4. ‚O Du heiliger Name, wenn ich dich denke, so erbebt mein ganzes Wesen in allen seinen Fundamenten!'

5. Oh, was muss der endlos erhaben heiligste Träger dieses heiligsten Namens in Sich erst sein, welch eine Heiligkeit, welch eine ewige, unendliche Glorie muss Ihn umfassen, wenn Sein Name mich schon also vernichtet und ich mir bei dessen Aussprechung vorkomme wie ein allerelendester Wurm, der da kaum sichtbar allermühseligst den toten Staub der Erde bekriecht!

6. Siehe, siehe, o Du, den Meine Augen ewig unwürdig sind anzuschauen, also war mein Gemüt von jeher beschaffen gewesen bei aller meiner sonstigen wahrhaft großen Not!

7. Was aber soll ich nun denken, was empfinden und was reden, da Du nun vor uns allen in der größten Einfachheit stehst wie ein Bruder zu uns, während doch der ganze endlose Himmel in zahllosen Lichtern aus Dir erbrennt, die Sonne Dein Licht zur Erde spendet und der Mond sich allezeit mit Deinem Glanz umgürtet und alle geheiligte Pracht der Erde Dein Werk ist?!

8. Ja, was soll ich reden vor Dir, o Du endlos guter, heiliger Vater, so ich bedenke, dass Du dieses mein Leben in jedem Augenblick mit Deinem allmächtigen

Willen erhältst und ein jeder Atemzug ein freies, allerwunderbarstes Geschenk ist von Dir?!

9. O Du endlos erhaben heiligst guter Vater, ich weiß mir nun ja vor lauter Liebe zu Dir nicht zu helfen! Ja, es ist wahrlich wahr – o Gott, o Vater, lasse es mich aussprechen, wie ich es empfinde –, ja, es ist wahrlich wahr, ich kann es vor Liebe ja nicht aushalten in dieser Deiner allerheiligsten Gegenwart!

10. Und doch ist es mir unmöglich, auch nur einen Blick von Dir, o Du heiliger, guter Vater, abzuwenden!

11. O so lasse Dich denn lieben von mir so stark, dass mich das Feuer der Liebe zu Dir gänzlich verzehren möchte und ich völlig ersterbe in der Liebe zu Dir, o Du mein Gott, mein Jehova, mein heiliger, guter Vater!

12. O Vater, ich kann nicht mehr reden, denn zu mächtig erfasst die Liebe zu Dir mein ganzes Wesen! Ja, es ist mir, als flüsterten mir schon meine eigenen Haare zu: ‚O liebe, liebe, liebe den Vater; denn Er hat dich schon Ewigkeiten zuvor geliebt, ehe du noch warst! Er ist die reinste, ewige Liebe, und deine Liebe ist Seine Liebe in dir, lebendig machend deinen Geist in deinem Herzen; darum liebe, liebe, liebe Ihn, den guten, heiligen Vater! Liebe deinen Gott, liebe deinen Schöpfer, denn Er ist heilig, heilig, heilig!'

13. Ja, sogar meine Haut wird redend und alle meine Knochen und alle meine Eingeweide, und ich höre sie sagen: ‚Gott, dein Vater, ist ein lebendiges Wort in Dir! Du bist ein ausgesprochener Gedanke Dessen, der vor dir steht; du bist mit Haut, Haar, Gebeinen, Eingeweiden, mit Herz und Blut, mit Seele und Geist selbst ein Wort aus dem Munde Dessen, der vor dir

steht! Liebe, liebe, liebe Ihn, denn Er ist dein Alles, Er ist dein Leben, Er ist dein Licht, wie das Licht der Unendlichkeit, Er ist alle deine Kraft, deine Rede!'

14. O Du Vater, Du heiliger Vater, so lasse Dich denn ewig lieben von mir, ja von uns allen lasse Dich ewig lieben! Geliebt, gelobt und angebetet sei Du, o allerheiligster Vater, und allzeit und ewig werde durch unsere Liebe geheiligt und allerhöchst geehrt und gerühmt Dein allerheiligster Name!

15. O Du heiliger Vater Du! Ich stehe als ein Sünder vor Dir, und Du lässt Dich lieben von mir?! Oh, wie unendlich gut musst Du sein, dass Du Dich von einem Sünder sogar lieben lässt!

16. O Brüder, fallt doch mit mir alle hin zu Seinen allerheiligsten Füßen, denn seht, seht, wie unendlich gut Er, der heilige Vater, ist!

17. O Vater, vergebe mir, dass ich es wage, Dich als ein Sünder zu lieben; sei mir und uns allen darum gnädig und barmherzig!"

18. Hier fielen alle vor dem Vater nieder und weinten vor Liebe.

19. Der Vater aber verbarg Sein Angesicht mit der Hand und sagte wie zu Sich:

20. „O Erde, was gibst du Mir! Wahrlich, deine Kinder sollen Meine Kinder sein! Ich will dich erheben, dass vor dir die Sonnen und Engel ihre Knie beugen sollen; und wenn Ich zu dir kommen werde, da will Ich allezeit die Sünder suchen und haben mit ihnen eine große Erbarmung.

21. O Terhad, deine Liebe ist groß; darum sollst du aber eine ebenso große Erbarmung von Mir empfangen, und diese sei, dass Ich ein treuer Hirte werde dem Sünder der Erde!"

22. Hier schwieg der Herr und weinte Selbst heimlich vor großer Liebe und Erbarmung mit den armen Kindlein.

Kapitel 266

Der Herr warnt Terhad vor Seinem Gericht über die abgefallenen Menschen und bestellt ihn zum Oberwächter des Tempelvorhofes

Am 6. März 1843

1. Nach einer kleinen Zeit aber tat der Herr wieder die Hand von Seinem Angesicht und sagte zum Terhad: „Terhad, Ich kannte dich und wusste es lange schon, dass du ein Mann starken Geistes bist und bist kräftig in deinem Gemüt; darum denn verbarg Ich Mich auch vor dir und ließ es zu, dass du Mich suchen musstest, während Mich die anderen auf den ersten Augenblick ersehen konnten.

2. Da du aber schon von jeher eines so starken Geistes und eines so kräftigen Gemütes warst und ließest dich selbst durch den Kerker Lamechs nicht abwendig machen von Mir, wie du Mich erkannt hast nach der Lehre Faraks, so sage Ich dir denn nun auch, dass du ein Hauptgrund warst, dass Ich Mich der Tiefe erbarmt habe; denn wahrlich, ein mächtiger Geist in der wahren Erkenntnis, ein treuer Geist, ein unwandelbarer Geist kann allein ein Retter des Weltenalls werden.

3. Und so bist du nun ein Retter Lamechs und ein Retter der Tiefe und bist ein Schirm vor Meinem Gericht, das sonst in dieser Zeit wäre ausgegossen worden über euch, und bist eine Schutzwand, die da steht zwischen Meinem Feuer und zwischen der Sünde Kahins in der Tiefe der Nacht des Todes!

4. Und wie es nun ist, so soll es bleiben fürder! So lange ein Ort der Erde drei Menschen haben wird, die da gerecht sind vor Mir, da will Ich den Ort nicht richten. So lange eine Stadt in der Tiefe haben wird zwei Gerechte, da will Ich sie verschonen um der Gerechtigkeit der zwei willen. So lange ein Land wird haben sieben Gerechte, da will Ich dasselbe nicht heimsuchen in Meinem Zorn, und so lange ein Volk wird haben zehn Gerechte, da will Ich es verschonen vor dem Ausbruch Meines Feuers.

5. Und so lange noch zwei Väter unter all Meinen Kindern leben werden, die Mich erkennen und lieben, und lehren Mich auch also erkennen und lieben ihre Kinder und Nachbarn, da will Ich kein Gras zornig ansehen auf dem ganzen Erdboden.

6. Wenn aber am ganzen festen Land hier in der Tiefe, wie in der Höhe nicht mehr als nur ein Gerechter wird anzutreffen sein, so will Ich noch hundert und etliche Jahre warten, ob sich niemand zu Mir wende, und will darum auch zu dem Behuf allenthalben durch von Mir aus gelehrte Boten aller Kreatur predigen lassen.

7. Werden sich die abgefallenen Menschen danach kehren, so will Ich sie wieder aufnehmen zu Meinen Kindern; werden sie sich aber nicht zu Mir kehren, sondern nur umso fester verharren in aller Bosheit und werden sogar erschlagen die Boten, wahrlich, da soll der eine Gerechte nicht imstande sein, Meinen Grimm von der Erde abzuhalten, und Ich will dann vertilgen alle Übeltäter der Erde und Mir errichten ein neues Geschlecht auf derselben!

8. Diese Worte habe Ich nun vor dir, Terhad, geredet wie zu der ganzen Erde;

du sollst sie darum aufzeichnen, und die sie mit dir in diesem Saal hier gehört haben, die sollen dir Zeugnis geben, dass Ich es war, der nun solches zu dir geredet hatte, auf dass, so je eine solche Zeit kommen sollte, sich niemand wird entschuldigen können, als habe er solches nicht vernommen. Dieses Zeugnis sollst du allzeit und allem Volk verkünden und sollst ein wahrer Wächter dieses Meines Heiligtums sein – wie in dir, also auch in allen deinen Nachkommen!

9. Also sollst du auch allezeit am Sabbat ein Oberwächter sein an der Pforte des Vorhofes, der da umgibt Meinen neuen Tempel bei euch, den du erst morgen sollst kennenlernen!

10. So oft du aber die Wache halten wirst, sollst du dem Volk diese Meine Worte kundtun, damit sie ja nie in Vergessenheit geraten möchten!

11. Da du nun solches weißt, so empfange denn nun auch zu diesem Amt Meinen Segen, auf dass du kräftig werdest, allezeit zu handeln nach Meinem Willen! Amen."

Kapitel 267

Die scheelsüchtigen Murrer

Am 7. März 1843

1. Diese Worte brachten den Terhad beinahe ums Leben, aber der Herr des Lebens wusste auch dem neuen Wächter das Leben zu erhalten und dazu noch überaus und zwar also zu kräftigen, dass dieser darauf noch zweihundertsechzig Jahre lebte, und gar kräftig sein Amt verwaltete.

2. Da aber solche Worte aus dem Munde des Herrn auch alle anderen Gäste im Saal vernommen hatten, da verwunderten sich einige bei sich selbst und sprachen sich auch leise gegenseitig also aus:

3. „Da seht einmal diese Geschichte an! Dem Hartnäckigen, der da einen steinharten Eigensinn hatte und war kaum zum Glauben an diesen Gottmann zu bewegen, wird eine so große Gnade zuteil; uns aber, die wir Ihn sogleich in unseren Herzen ohne die geringste Widerrede aufgenommen haben, wird auch nicht ein Wörtlein beschieden! Nein, das ist doch etwas sonderbar!

4. Er kann ja als der alleinige Herr Himmels und der Erde freilich wohl tun, was Er nur immer will, und es kann darob niemand zu Ihm sagen: ‚Herr, was tust Du?', aber dessen ungeachtet bleibt eben diese Geschichte dennoch höchst sonderbar!

5. Wenn wir diese Geschichte wörtlich geben müssten, fürwahr, wir könnten nicht anders sagen als: Gerade dem Stützigsten [wird eine so große Gnade zuteil]! Dem Sanften, dem Gleichwilligen, dem Liebenden aber höchstens ein bisschen Erbarmung, und sonst nichts!

6. Man kann die Sache drehen, wie man nur immer will, so bleibt diese Geschichte denn doch – *nota bene* von der göttlichen Seite betrachtet – wie gesagt sehr sonderbar!"

7. Hier unterbrach der Herr das Volk und sagte zum selben: „Ja wahrlich, es ist sonderbar, dass Ich solches tue; aber noch ums sehr Bedeutende sonderbarer ist es, dass ihr hier in Meiner sichtbaren Gegenwart an Mir darum Ärgernis nehmt, da Ich einem armen Bruder aus euch eine Gnade erwies, die Ich euch Schwächlichen nicht erweisen konnte!

8. Wäret ihr, wie ihr sein solltet, so hättet ihr nur eine große Freude daran, so Ich

einem Sünder gnädig bin; da ihr aber noch verkehrten Sinnes seid, und also noch lange nicht seid, wie ihr sein solltet, so findet ihr ärgerlicherweise das sonderbar, wenn Ich einem Sünder gnädig bin!

9. Hört, Ich will euch nun etwas sagen und will euch zeigen die Ursache, warum ihr euch darüber ärgert, da Ich dem Terhad solche Gnade erwies!

10. Seht, ihr seid Feinäugler und seht den Staub im Auge des Bruders; aber so in euren Augen ganze Berge herumschwimmen, das seht ihr nicht! Darum aber könnt ihr auch hier den Grund nicht erschauen, warum Ich hier dem Terhad solche Gnade erwies!

11. Ich aber sage euch: Ich sah das alles schon gar lange, dass eure Herzen erfüllt sind mit Scheelsucht; darum ließ Ich euch auch nur so viel Gnade zukommen, der zufolge Ihr Mich erkennen mochtet, dass Ich der Herr Himmels und der Erde bin.

12. Aber scheelsüchtige Amtleute kann Ich in Meiner großen Haushaltung durchaus nicht brauchen.

13. Reinigt sonach zuvor eure Herzen von aller Scheelsucht, und denkt allezeit, – selbst wenn ihr euch noch so sehr werdet gereinigt haben, als es euch nur immer möglich sein dürfte –: ‚Wir sind auch der allergeringsten Gnade nicht wert!'

14. Dann erst werde Ich euch erforschen, ob ihr im Ernst völlig rein seid vor Mir, und werde die völlig Reinen dann auch wohl erwählen für eine höhere Amtsgnade des Lebens aus Mir; sonst aber genüge euch allen die freie Gnade des Lebens aus Mir!

15. Achtet der kleinen Gaben aus Meiner Hand, wollt ihr Meine Kinder sein; dann werde Ich euch schon ohnehin zur rechten Zeit der größeren teilhaftig machen!

16. Wenn aber schon ihr euren kleinen Kindlein kleine Spielereien gebt und habt dann selbst eine große Freude daran, wenn solche Gaben eure Kindlein erfreuen, – sagt, bin Ich denn weniger Vater zu euch allen, denn ihr es seid zu euren Kindlein? Ich meine, solches wird wohl mitnichten der Fall sein!

17. Freut euch also dessen, was ihr von Mir empfangt als Kindlein; wenn ihr aber kräftiger werdet, dann werde Ich auch schon sehen, für welch ein Amt ihr taugt!"

18. Hier wurde allen heiß ob dieser Worte des Herrn, und sie fielen vor Ihm nieder und baten Ihn um Vergebung einer solchen Versündigung.

19. Der Herr aber hieß sie alle erstehen, gab ihnen einen guten Trost und begab Sich dann wieder zu Seiner Hauptgesellschaft.

Kapitel 268

Der Herr beschreibt Lamech, wie ein weiterer Tempel auf dem gereinigten Schlangenberg konstruiert sein soll

Am 8. März 1843

1. Bei der Hauptgesellschaft angelangt, gab der Herr alsbald dem Lamech kund, dass Er den Terhad zum Hauptwächter des Vorhofes berufen habe; und solches zeigte Er darum dem Lamech an, auf dass dieser es ganz bestimmt wisse, an wen er sich zu halten habe, so er noch mehrere Tempelvorhofwächter benötigen möchte, was da mit der Zeit auch wegen des großen Zudranges sehr erforderlich wurde und den Lamech und den Terhad dahin bestimmte,

dass sie eine Vorhofwache von dreihundert Mann statuieren mussten, welche Männer vom Terhad erwählt und dann in Meinem Namen vom Lamech bestätigt wurden.

2. Da aber der Lamech solche Anzeige vom Herrn erhielt, da fiel er aus übergroßem Dank- und Liebegefühl vor dem Herrn nieder und lobte und pries Ihn aus allen seinen Lebenskräften, dass Er ihm gerade in diesem wichtigen Punkt aus der Verlegenheit geholfen hatte.

3. Denn über diesen Punkt hatte der Lamech schon immer bei sich deliberiert und konnte nicht ins Klare kommen darin, wem er so ganz eigentlich, dem Herrn wohlgefällig, die Vorhofwache anvertrauen sollte.

4. Da aber, wie nun bekanntgegeben, nun der Herr Selbst diesen wichtigen Posten bestellt hatte, so ward dadurch dem Lamech ein großer Stein von seinem Herzen genommen.

5. Nachdem durch den gerechten Herzensdank sich der Lamech dem Herrn also angenehm bezeigt hatte und auch alle die armen Gäste an dem Lob den allerwärmsten Anteil genommen hatten, da behieß der Herr den Lamech erstehen und sagte zu ihm:

6. „Höre nun weiter, Mein geliebter Lamech! Nun wäre hier alles geordnet; aber siehe, der gereinigte Berg, auf dem du Mich zuerst ersahst, nachdem du zuvor Meine Stimme vernommen hattest, ist noch ohne Zierde!

7. Du weißt es, dass Ich dir anbefohlen habe, Mir auch dort ein Denkmal zu errichten. Doch hatte Ich es dir nicht näher angezeigt, wie da soll der Tempel gestaltet sein, damit er könnte in Meine Ordnung völlig eingerechnet werden.

8. Nun aber will Ich dir die Gestalt näher angeben, nach der du ihn erbauen sollst, und so höre es denn:

9. Zehn drei Manneslängen hohe Säulen sollst du aus dem reinsten Marmor meißeln lassen also, wie Ich es dem Mura und dem Cural anzeigen werde.

10. Diese Säulen sollen in einem Kreis gestellt werden also, dass da eine jede Säule eine Manneslänge von der anderen abstehe.

11. Der Grund aber soll von blauem Marmor sein, die Fußgestelle der Säulen von rotem Marmor und die Kapitäle von grünem.

12. Über den Kapitälen müssen die Säulen mit Balken, aus gelblichem Marmor gemeißelt, miteinander gar fest verbunden sein, und ein jeder solcher Querbalken muss wieder mit dem nächsten mittels gehörig fester Metallklammern eigens verbunden sein.

13. Über diesen Querbalken sollst du erst ein goldenes Dach nach der Art des Haupttempels anbringen; nur sollen die drei Kugeln auf dem Dach nicht von gleicher Größe sein, sondern das soll also bestellt sein, dass die unterste Kugel die größte und die zwei oberen stets eine um die Hälfte kleiner denn die untere vorhergehende sei.

14. Wenn du nun auf diese Weise Mir wirst diesen Tempel baldmöglichst erbauen und wirst in der Mitte desselben errichten einen Brandopferaltar, ebenfalls aus reinem Gold angefertigt, und wirst Mir an jedem Sabbat abends ein Getreideopfer abbrennen, so werde Ich alle Felder der Tiefe segnen, und sie werden dir und deinem Volk hundertfältige Früchte tragen.

15. Und die Gebirge und Wälder will Ich reinigen von den bösen Getieren und

somit zwischen der Tiefe und der Höhe eine Wiederverbindung (Re-ligio) herstellen, damit auch die Tiefe unter dem Henoch als Meinem alleinigen Hohepriester stünde.

16. Siehe, solches ist Mein Liebewunsch an euch Kinder Kahins, damit auch ihr völlig möchtet Meine Kinder sein! Also tue solches ehestens!

17. Wenn du aber dies Werk vollenden wirst, dann sollst du auch auf die Höhe Meiner Kinder geführt werden, und der Henoch wird kommen mit vielen dann von der Höhe und wird in Meinem Namen segnen den neuen Tempel zu eurer vollkommenen Heiligung zu Meinen Kindern!

18. Nun weißt du alles, daher nehme hin Meinen Segen, und vollende das Werk! Amen."

19. Hier verschwand der Herr plötzlich wieder. Alle suchten Ihn, aber Er war nirgends mehr zu finden.

Kapitel 269

Wie Gott erschaut werden kann. Die Stimme des Herrn im Herzen

Am 9. März 1843

1. Als nach einem lange anhaltenden Suchen ohne Erfolg die suchenden Gäste wieder in den Thronsaal ganz betrübten Angesichtes zurückgekehrt waren, traten einige aus ihnen zum Henoch hin und fragten ihn, ob er denn nicht wisse, wie und wohin Sich denn der Herr gar so plötzlich verloren oder versteckt hätte.

2. Der Henoch aber erwiderte ihnen und sagte: „Liebe Freunde und Brüder, es treibt euch euer Herz an, zu suchen den allmächtigen, heiligen, liebevollsten Vater, und das ist recht und billig; denn wer Gott sucht, der soll Ihn allezeit mit dem Herzen suchen, sonst wird er Ihn ewig nimmer finden! Aber dessen ungeachtet ist euer gegenwärtiges Suchen ein wenig töricht!

3. Seht: Gott, der Vater, den ihr soeben persönlich wesenhaft gesehen und gesprochen habt, ist ein Geist und kann mit den fleischlichen Augen nimmerdar erschaut werden! Wenn Er aber erschaut werden will, da öffnet Er dem Menschen, der Ihn erschauen soll, die inneren Augen des Geistes, und dann kann der Geistmensch durch den Fleischmenschen hindurch Gott erschauen – so es der Wille Gottes erheischt – und sieht und hört Ihn also, wie ihr Ihn soeben alle gesehen und gehört habt.

4. Wenn aber dann der Herr nach Seinem allerweisesten Ratschluss wieder unsichtbar werden will, da schließt Er durch Seinen allmächtigen Willen dem Menschengeist alsbald wieder die Augen, und der Mensch kann dann tun, was er nur immer will, nimmer doch mag er den Herrn erschauen.

5. Merkt euch aber solches noch gar wohl hinzu! Das Schauen bringt niemandem das ewige Leben, wohl aber das Hören und das Leben nach dem gehörten Wort.

6. Der Herr hat nun wohl eurem Geist das Gesicht verschlossen, aber nicht dessen Gehör, welches im Herzen ist. Demnach kann ein jeder aus euch allzeit die Stimme des Herrn vernehmen, und ein jeder kann sich allzeit an Seine Vaterliebe wenden, so er etwas vonnöten hat, und der Vater wird es ihm geben, so es ihm gut ist, aber auch vorenthalten, wenn es ihm nicht gut sein sollte. Ob aber gut oder nicht gut, darum mögt ihr allezeit den Vater

bitten, und seid versichert, Er wird euch den wohlvernehmbaren Rat nicht schuldig bleiben und wird reden zu eurem Herzen, wann ihr Ihn immer vollernstlich darum bitten werdet.

7. Wenn ihr immer aus wahrer innerer Bruderliebe im Namen des Herrn zu euren Brüdern reden werdet und werdet ihnen sein liebeerfüllte Lehrer über Gott, über Seine Werke, welche voll sind Seiner endlos großen Ehre, über Seine unendliche Güte, Gnade, Erbarmung und wie Er ist ein allerliebevollster, heiliger Vater allen jenen Menschen, die Ihn aus allen ihren Lebenskräften lieben, – da gebe ich euch allen die vollste Versicherung, nicht ein Wort werdet ihr reden, das nicht zuvor Gott in euren Herzen geredet hätte.

8. Wer euch da hören wird, der wird die Stimme Gottes hören, wie ihr sie eben jetzt hört aus mir.

9. Wehe aber dem, der da reden möchte wie Worte Gottes aus sich selbst, des Eigennutzes und des weltlichen Ansehens wegen, ohne dass er zuvor in sich vernähme das lebendige Wort! Wahrlich, dessen Zunge soll zu einer Natter werden voll giftigen Geifers, und wer ihn hören wird, dem wird es geschehen, als wäre er von einer giftigen Natter gestochen worden!

10. Daher hütet euch vor allem ganz besonders vor dem Eigennutz; sondern ein jeder vergesse seiner ganz und sei lediglich aus dem Grunde seines Herzens für das Wohl seiner Brüder und Schwestern besorgt, so wird er sich auch des beständigen Umganges mit Gott, dem allerliebevollsten, heiligen Vater, zu erfreuen haben, zeitlich und dann auch im Geiste ewig sichtbar!

11. Seht, also müsst ihr in aller Zukunft den Herrn suchen, so werdet ihr Ihn auch allzeit gar leichtlich finden! Und so ihr dann in eurem liebeentflammten Herzen fragen werdet: ‚Vater, wo bist du?', so wird Er zu euch sagen: ‚Kindlein, Ich bin ja mitten unter euch! Fürchtet euch nicht; denn Meine allmächtige Hand schützt euch ja Tag und Nacht!'

12. Seht, also wird es sein, da es also ist des Herrn Wille! Beachtet daher diese Worte und tuet danach, so werdet ihr fürder nicht nötig haben, den Herrn in allen Winkeln zu suchen und Ihn am Ende dennoch nicht zu finden, sondern da wird der Herr allzeit euch entgegenkommen, wohin ihr euch nur immer wenden werdet; denn der Vater ist um uns allzeit ums Endlose mehr besorgt, als alle Kinder zusammengenommen es sind um Ihn.

13. Also merkt euch dieses überaus wohl, auf dass ihr nimmerdar mögt arm und gefangen werden! Amen.“

Kapitel 270

Nachtruhe im Haus des Lamech

Am 10. März 1843

1. Nach dieser guten Rede Henochs begab sich alsbald der Lamech hin zu ihm und fragte ihn, sagend nämlich: „Geliebter, mächtiger Freund und Bruder in unserem Gott und allerliebevollsten, allmächtigen, heiligen Vater! Da wir nun an diesem Tag im Namen des Herrn alles nach Seinem Zeugnis geordnet haben also, wie es Ihm wohlgefällig ist, und ich nun nichts mehr weiß, was wir noch heute vornehmen könnten oder sollten, außer dem heiligsten Vater ein allerlebendigstes Lob darzubringen, so wolle du im Namen des Herrn

die Liebe haben und uns allen kundgeben, was da nun geschehen soll!"

2. Und der Henoch erwiderte ihm: „Höre, lieber Freund und Bruder, also lautet der Wille des heiligen Vaters: Wir sollen uns nun zur Ruhe begeben, und alle die Gäste sollen diese Nacht in deinem Haus übernachten!

3. Dann soll sich niemand kümmern und sorgen, was etwa der morgige Tag alles bringen wird, denn dieser wird ebenso das Seinige mit sich bringen, als wie es getan hat der heutige.

4. Daher auch wollen wir uns zur Ruhe begeben und nichts mehr für morgen beschließen, denn der Herr wird uns für morgen eben auch morgen anzeigen, was wir zu tun haben werden.

5. Und so denn zeige solches den Gästen an, und lasse sie bringen in reine Schlafgemächer!

6. Ich und meine sieben Brüder werden unser Lager hier nehmen. Du aber tue mit deinen Angehörigen, was du willst!

7. Willst da hier verbleiben, so wird es recht sein; und willst du mit den Deinen dich in ein anderes Gemach begeben, so wird es auch recht sein, – denn hier ist nicht eines besser als das andere. Und so denn lasse es geschehen! Amen."

8. Diesen Worten zufolge begab sich der Lamech sogleich zu den Gästen und kündigte ihnen solches an; den Terhad aber behielt er in seiner Gesellschaft.

9. Lamechs Diener kamen und führten die Gäste ehrerbietigst in die Schlafgemächer, und die Weiber und Mägde brachten alsbald Teppiche und wohlriechende weiche Polster in den Thronsaal und bereiteten das Lager für die hohen Gäste und nach dem Wunsch Lamechs auch für ihn und für die Seinen eben auch im Thronsaal.

10. Es brannten aber noch die Naphthatöpfe stark vor den Fenstern (denn in Hanoch war es Sitte, vor jedem Fenster einen tönernen Topf zu haben, welcher am Abend mit Erdöl und etwas wenig Stroh gefüllt und sodann bald angezündet wurde), und der Lamech fragte darob den Henoch, ob die Töpfe etwa sollten verlöscht werden.

11. Der Henoch aber erwiderte ihm: „Lasse leuchten, was da leuchtet; denn es ist besser, im Licht zu ruhen, als zu schlafen in der Nacht!"

12. Auf diese Worte entließ der Lamech alsbald alle die Dienerschaft, nachdem er ihr zuvor auf das Lebendigste noch die Erinnerung gab, des Herrn ja wohl zu gedenken vor dem Schlafengehen.

13. Als sich nun alles entfernt hatte, da fiel Lamech alsbald auf sein Angesicht nieder, lobte und pries Gott laut.

14. Nach einer Weile aber, nachdem der Lamech sich in Lobeserhebungen des Herrn nimmer erschöpfen wollte, sprach eine Stimme, die da war die Stimme des Vaters, zu ihm:

15. „Lamech, deine Worte klingen zwar schöner denn die große Musik der Sphären im ewigen Schöpfungsraum; aber die Liebe im Herzen des Geistes ist noch schöner als all dies herrliche Getöne! Daher gebe Rast deinen Lippen, damit dadurch zum ruhigen Spiegel werde das lebendige Gewässer in deiner Seele und Ich Mich beschauen kann in dir und du erschauest Mein Wesen im Spiegel deines Gewässers!"

16. Hier stand der Lamech auf, dankte im Herzen dem guten Vater für diese herrliche Ermahnung und begab sich dann mit den anderen zur stärkenden Ruhe.

Kapitel 271

Morgenandacht und Morgenrede des Henoch

Am 13. März 1843

1. Als der nächste Tag zu grauen begann, da erhob sich alsobald der Henoch, lobte und pries in seiner Liebe den Vater und segnete aus dieser seiner mächtigen Liebe alle die noch schlummernden Brüder.

2. Nach dieser herrlichen, Mir am meisten wohlgefälligen Verrichtung erweckte er erst die Brüder und sprach zu ihnen:

3. „Brüder, lasst uns erstehen in der Liebe, Gnade und Erbarmung des Herrn und preisen Seinen allerheiligsten Namen!

4. Seht, wieder hat uns alle der gute, heilige, liebevollste Vater erleben lassen einen neuen werdenden Tag!

5. Schon brechen die ersten Strahlen vom Morgen her, die Nacht flieht vor ihnen; mächtiger und mächtiger wird ihr anfangs wie schüchternes Walten, und mit stets zunehmender Kraft drängen sie die Nacht hinab in die Tiefen der Erde, damit die Flächen und Berge derselben gereinigt würden zum endlich vollen Empfang des mächtigen Lichtes und der belebenden Wärme aus der Sonne, so sie gar bald sich hehr über die Berge der Erde erheben wird.

6. Eilen wir daher hinaus und bringen unter dem freien Himmel dem Vater als wahre, Ihn über alles liebende Kinder ein gemeinsames Lob dar!

7. In unseren Herzen wollen wir Ihm ein wohlgefälliges Morgenbrandopfer darbringen, da Er, um uns als Seine Kinder zu ehren und zu beglücken, uns ein so großherrlichstes Morgenbrandopfer Seiner Liebe, Gnade und Erbarmung in der aufgehenden und den ganzen Tag hindurch göttlich brennenden, alles erleuchtenden, ernährenden und belebenden Sonne anzündet!

8. O liebe Brüder, fasst doch solches so recht in der Tiefe eures Herzens, was alles der endlos ewig gute Vater tut, und eure Liebe zu Ihm muss zu einer wahren Sonnenglut werden!

9. Seht die noch am Firmament höher prangenden Sterne, seht die ganze Majestät der Erde, seht die Heere der herrlichsten Blumen an und behorcht das herrlichste Getöne der befiederten Sänger in der stets lebendiger und lebendiger werdenden Luft!

10. Richtet dann eure Blicke auf die stets wachsende Glorie des Morgens und beachtet es, wie ihr mit jedem Atemzug eine vermehrte Fülle des göttlichen Gnadenlichtes einatmet, wie eure Brust stets weiter und lebendiger wird und jeder Blutstropfen in euch verklärter und wahrhaft himmlisch ätherischer, je näher die herrliche Sonne des Herrn dem erhabenen Aufgang zueilt!

11. Seht, o Brüder! Umfasst es, ihr Kinder des heiligen Vaters! Das alles ist für uns von Seiten des unaussprechlich guten Vaters ein dargebrachtes Opfer!

12. Also ehrt uns der heilige Vater! Wie sollten wir das wohl übersehen und sollten nicht hinauseilen und Ihm dafür entgegen in unseren Herzen ein Ihm allein wohlgefälliges Liebeopfer anzünden und dieses fortbrennen lassen, ja stets mehr und mehr fortbrennen lassen allzeitig und dann im Geiste auch ewig?!

13. O Brüder, lasst uns sogleich hinaustreten, und in der großen Opferhalle, in dem großen Thronsaal der göttlichen

Gnade und Erbarmung lasst uns Ihm unser Opfer darbringen! Amen."

14. Nach dieser wahren Morgenrede erhoben sich alle und eilten mit zerknirschten Herzen hinaus, und zwar auf den nahen gereinigten Berg.

15. Und als sie da gar bald anlangten, da zeigte ihnen allen der Henoch im weiten Umkreis die großen Herrlichkeiten Gottes und machte sie auf alle Erscheinungen des Morgens aufmerksam und erklärte sie ihnen im Sinne der Liebe.

16. Und alle wurden so ergriffen von der großen Herrlichkeit, endlosen Güte und Weisheit des heiligen Vaters, dass sie sich darob vor lauter Liebe zu Gott nicht zu helfen wussten.

17. Und der Lamech rief, ganz zerknirscht aus dem innersten Grunde seines Herzens, aus: „O Du großer, heiliger, allmächtiger, allerliebevollster Vater! Solches alles tust Du für uns?! Oh, wie kann ich denn noch leben, wenn ich bedenke, was ich war?!

18. Henoch, Henoch, du herrlicher Bruder! Du hast mir jetzt die Augen geöffnet, und nun erkenne ich erst die ganze Fülle meiner Schuld vor Gott!

19. Er hat uns allzeit ein solches Opfer Seiner Liebe, Gnade und Erbarmung bereitet, – und was haben wir Ihm dagegen getan?! Nein, Bruder, nein, ich darf es nicht denken, denn zu schändlich war allezeit mein Leben!"

20. Hier tröstete der Henoch den Lamech, sagend nämlich: „Sei mir getröstet, lieber Bruder Lamech! Wahrlich, und wären deiner Sünden mehr, denn da ist des Sandes im Meer, so sind sie dir nachgelassen, da du eine solche große Liebe zum Vater in dir lebendig hast werden lassen!

21. Bleibe aber in dieser Liebe, und du wirst noch ganz andere Dinge erfahren, als diese da sind, und das dann, so in dir die ewige Sonne Gottes aufgehen wird!

22. Nun aber lasst uns in der süßen Lieberuhe die kommende Sonne erwarten! Amen."

23. Also brachte dann unsere Gesellschaft den Morgen auf dem Berg zu und lobte und pries Gott im Herzen geistig und wahr.

Kapitel 272

Die Aussendung der Armen und Gefangenen zu den Kindern Kahins. Henochs Abschiedsworte an Lamech

Am 15. März 1843

1. Nach dem Sonnenaufgang aber begaben sie sich alle nach der Anordnung Henochs in die Stadt, und da wieder in die Wohnung Lamechs.

2. Allda angelangt, ließ der Lamech sogleich Sorge tragen für ein gutes Morgenmahl, bei welchem alle die armen und gefangen gewesenen Gäste beiderlei Geschlechtes sich einfanden und am selben, Gott lobend und Ihn hoch preisend teilnahmen.

3. Nach dem Morgenmahl aber legte der Henoch allen den Armen und Gefangenen im Namen des Herrn die Hände auf und behieß sie, hinauszugehen, so weit die Erde bevölkert ist von den Kindern Kahins, und allenthalben Zeugnis zu geben von dem, was sie alle gehört und gesehen haben; doch sollten die Weiber daheim verbleiben und ihr Haus bestellen; denn es sei den Weibern in der Tiefe nicht bestimmt,

zu weissagen im Namen des Herrn, außer ihren Kindern.

4. Nach solcher Beheißung sagte der Henoch zum Lamech: „Du aber, mein geliebter Lamech, mein Bruder und mein Amtsgefährte, weißt ohnehin des Herrn Willen und hast nun nichts mehr von mir nötig!

5. Doch solches behalte du am meisten in deinem Herzen, dass du Gott, den allerliebevollsten Vater, allzeit und überall liebst über alles und alle deine Brüder und Schwestern nach dem Stammvater Kahin ums Doppelte mehr denn dich selbst, so wirst du im Licht Gottes wandeln für und für, und Seine heilige Vaterstimme wird dich die Wunderwege Gottes wandeln lehren zu jeder Zeit!

6. Erbaue den Tempel auf dem Berg, wie es dir befohlen ward; und so er vollendet sein wird, da werden wir zahlreich von der Höhe herab nach des Herrn Verheißung wiederkommen zu dir in dein Haus und werden dann segnen den neuen Tempel und dich dann auch führen auf die Höhe, damit du dort den Segen Adams, des noch lebenden ersten Menschen der Erde und somit des Urzeugers aller jetzt lebenden Menschen, empfangen möchtest, wodurch dann der Fluch über Kahin von deiner Stirne gelöscht werden möchte.

7. Also wirst du auch die Stammmutter Eva erschauen, die dich auch segnen wird, und sollst dann wiederbekommen deine Weiber Ada und Zilla, und deine Tochter Naëme sollst du sehen und ihren vom Herrn angetrauten Mann, den großherzigen Hored.

8. Und so du den Vater darum lebendig in deinem Herzen bitten wirst, da kann es sogar geschehen, dass dieser dein neuer und wahrer Schwiegersohn auch mit dir ziehen wird herab in die Stadt deiner Väter.

9. Also sollst du auch deine beiden Söhne, den Jabal und den Jubal, wieder bekommen; aber wie gesagt, du musst aber auch allergenauest des Herrn Willen erfüllen!

10. Ist der Herr aber auch die ewige, endlose Liebe Selbst, so lässt Er aber dennoch mit Sich nicht handeln; denn da Er unendlich treu ist in allen Seinen Verheißungen, so fordert Er aber auch mit göttlichem und schöpferischem Recht eine solche Treue von uns nach unserer Kraft, und wir müssen daher Seinen Willen unbedingt erfüllen, und koste es, was es nur immer wolle!

11. Und du kannst vollends versichert sein, dass Er alles pünktlich halten wird, was Er dir verheißen hatte, wenn du Seinen allerheiligsten Willen vollends werktätig beachten wirst.

12. Im Gegenteil aber lässt Er jedermann sitzen bis in den Tod. Und wer da sich um Ihn nicht kümmert und hängt nur sorglich an der Welt, um den kümmert auch der Herr Sich nicht und lässt ihn gehen seine Wege, die ihn allzeit sicherst ins Verderben und so in den ewigen Tod ziehen.

13. Also sei alle deine Sorge in Gott, und Sein allerheiligster Wille sei alle deine Tatkraft, so wird dir Gott getreu sein allzeit und ewig! Amen.“

14. Nach dieser Rede entfernte sich der Henoch mit den sieben durch die Kraft Gottes ebenfalls so plötzlich, dass der Lamech nicht wusste, wie er sich die Sache erklären soll.

15. Aber der Terhad sagte zum Lamech: „Weil diese wahre Kinder des Herrn sind,

so sind sie Ihm ja auch gleich in allem, da Er ihnen ist alles in allem!

16. Werde Er auch uns also nach unserer Liebe zu Ihm, und wir werden sein diesen gleich! Aber Sein Wille muss uns heilig sein, wie er es diesen ist ohne Vergleich!

17. Also wundern wir uns dessen nicht, sondern begeben uns dafür an das anbefohlene Werk! Gottes Wille geschehe allezeit und ewig! Amen."

18. Der Lamech begriff sogleich diese Worte und berief den Mura und den Thubalkain zu sich und beriet sich über den neuen Tempelbau mit ihnen.[5]

19. Der Mura entwarf den Plan, und am nächsten Tag schon wurden tausend Hände ans Werk gelegt.

Kapitel 273

Ein Drache verlegt Henoch und den sieben Boten den Weg zur Höhe. Des Drachen Lügenrede

Am 16. März 1843

1. Der Henoch, Kisehel, Sethlahem, Joram und die anderen vier Brüder, die da hießen Hil, Bael, Julel und Darel, aber wurden nur siebentausend Schritte von der Kraft des Herrn außer der Stadt, da der Höhe Fuß begann, entrückt.

2. Allda wurden sie alle dann wieder ihrer eigenen Kraft anheimgegeben und gingen von da Schritt für Schritt die Berge hinan.

3. Unterwegs aber, da sie ungefähr den halben Weg mochten zurückgelegt haben und gerade an einer großen Gebirgshöhle

vorüberzogen, siehe, da kroch alsbald ein mächtiger Drache aus der Höhle und verlegte den Reisenden den Weg.

4. Seine Gestalt war ein schrecklicher Anblick, und seine Kraft dräute die Berge zu verschlingen; seine Augen waren wie kochendes Erz, sein Rachen gleich einer gähnenden Erdkluft, aus der da hervorbräche ein dichter Qualm, mit dumpfen Flammen untermengt; sein Kopf glich dem eines Wolfes der Form nach, war aber an und für sich größer denn ein Riesenochse; sein Hals aber war gleich dem eines Leviathans, welcher ist des Meeres größtes und mächtigstes Ungeheuer; sein Leib, mit mächtigen Schuppen und flügelartigen, scharfgespitzten Doppelflossen bedeckt und versehen, hatte einen Umfang von sechshundertsechsundsechzig Ellen; seine Füße glichen mächtigen entwurzelten Eichen, und sein Schweif, eben auch sechshundertsechsundsechzig Ellen [vom Leibe an lang] und mit Schuppen bedeckt, war in sieben Ringe gewunden.

5. Also sah der Drache schrecklich aus und gebärdete sich, als wollte er unsere Wanderer verderben oder sie wenigstens zu einem Kampf auffordern.

6. Da der Henoch aber gar wohl erkannte die arge Natur des Ungeheuers, so sprach er den Drachen folgendermaßen an: „Höre, du Auswurf der Schöpfung, du eigenmächtiger Bildner dieser deiner scheußlichen Truggestalt, ich kenne deine Wesenheit und kenne deinen Sinn! Mich wirst du ewig nimmer täuschen, also wie du mich bis jetzt nie hast zu täuschen vermocht! Denn meine Liebe zu Gott ist mächtiger als alle deine Kraft, und aus ihr geht

---

[5] Die Verse 18 und 19 dieses Kapitels sind nicht in der Erstauflage zu finden und wurden von der 5. Auflage (1981, Lorber-Verlag) übernommen.

ein großes, heiliges Licht hervor, in welchem Licht du nackt vor mir stehst in aller deiner grundlosen Tücke; aber diese deine arge Tücke ist eine ebenso große Schwäche, die meine Liebe mit einem Hauch verwehen kann.

7. Solches sei dir offen gesagt, auf dass du erfahrest, vor wem du stehst! Ich, Henoch, der alleinige Hohepriester Gottes auf Erden, aber sage und gebiete es nun dir im Namen meines und deines Gottes und Herrn, dass du weichst von dieser Stelle und zueilst dem Meer deiner grundlosen Bosheit und nie mehr dann betretest diese Gegend, sondern verweilst in deinem Grund und nährst dich dort vom Schlamm deiner Tücke!

8. Also weiche und fliehe, und lasse es nicht darauf ankommen, dass ich dich anrühren möchte mit meinem Finger, denn da weißt du schon seit gar lange her, welch ein Los dir solch eine Anrührung bereiten dürfte! Also weiche und fliehe im Namen des Herrn! Amen."

9. Hier wandte sich der Drache gen Henoch und sprach mit einer Stimme, wie da ist die einer Hure: „Ja, Henoch, ich kenne dich, und keiner aus euch ist mir unbekannt, da ich euch allen bin ein fester Grund vom Anfang!

10. Denn ehe noch eine Sonne leuchtete am Firmament, und ehe noch an die Gestaltung der Dinge und Wesen aller Art gedacht wurde, war ich als ein erster Ausgang aus Gott allein da. In mir hat Sich die Gottheit geteilt, und ich war das Licht in Gott; und Gott sah, dass das Licht mächtiger ward denn Er und geriet darob in große Furcht vor der Macht des Lichtes.

11. Dennoch aber ließ Er das Licht Ewigkeiten hindurch heller und heller leuchten, da Er also bedachte, als müsse sich dadurch das Licht verzehren und somit schwächen vor Ihm, auf dass Er in Seiner Wesenheit daraus vollends wieder erstarke.

12. Ich aber, als das freie Licht in Gott, sah doch gar leicht ein, welchen Plan der ewige Urgott gefasst hatte und sah auch ein, dass ich bei aller meiner ewig weit gedehnten Macht Seiner Urgrundmacht ewig nie werde trotzen können; daher sprach ich in gar sanften Tönen zu Ihm:

13. ‚Höre, du mein ewiger, unbesiegbarer Urgrund! Da Du Dich vor meiner Macht fürchtest, als wäre sie größer als die Deine, die mich doch werden hieß, so nehme all dies Dein Licht von mir, und gebe mir bloß nur ein Dasein, das Dir gegenüberstehe und Dich betrachte und sich mit Dir bespräche.'

14. Gott aber, statt mich zu erhören, ergrimmte nur, schuf aus Sich andere Wesen und stellte sie mir als Herren gegenüber und befahl ihnen, mich zu fangen in meinem Zentrum und dann auf allen Punkten der Unendlichkeit.

15. Also ward ich gefangen ohne Grund. Es wurde mir alles genommen bis auf den Grund meiner Wesenheit, und was du hier siehst, ist alles, was mir allerunschuldigstermaßen belassen ward, also nichts als diese elendeste Gestalt, das Bewusstsein dessen, was ich war, und die alleinige Fähigkeit, Böses zu tun, damit ja nie ein erbarmender Grund für mich ewig mehr entstehen solle, und dann auch noch dazu die volle Erkenntnis des göttlichen Willens, dazu aber der stets verkehrte Tätigkeitssinn!

16. Ich bin ein ewig verfluchtes Wesen ohne Grund, bloß weil es Gottes Grimm so haben will! Ich muss ein Teufel sein aus dem Zorn Gottes; ich muss darum ewig

leiden und von aller Wesenheit verflucht sein, weil es die göttliche Grimm- und Zornlaune so haben will.

17. O Henoch, ich bin ein gar armseligstes Wesen! Ich muss solches ewig allerbitterst empfinden, und doch ist es mir ewig unmöglich, mich zu bessern! Mir ist alle Möglichkeit zur Umkehr für ewig abgeschnitten, und ich kann diese Gestalt nicht ändern! Ich muss lügen und betrügen, um mich einer desto größeren Rache Gottes fähig zu machen! Ich muss das Gute und Wahre begierlichst schauen, muss aber durch den mir angeschaffenen Grimm nur Böses tun, um darum verdammlicher und strafbarer zu werden!

18. O Henoch, das ist ein arger Zustand für mich! Wird denn meiner sich ewig niemand mehr erbarmen?

19. O Henoch, schaffe mich daher nicht von hier, mache mich nicht noch unseliger, als ich es ohnehin bin! Kannst du mich aber auf ewig vernichten und verwehen, so tue es, und das Bewusstsein an solche Tat soll dir mein ewiger Dank sein!"

Kapitel 274

Die weitere Rede des Drachen

Am 17. März 1843

1. Der Henoch aber fasste den Drachen fest ins Auge und sagte zu ihm in einem ernstlich-lieblichen Ton: „Gut, du armseligstes Wesen, ich habe deine Klage gegen Gott von dir vernommen und habe sie auch ganz verstanden!

2. Wenn es also ist, dann bist du wahrlich das beklagenswerteste Geschöpf in der ganzen Unendlichkeit!

3. Denn elender und unglückseliger kann da wohl kein Wesen gedacht werden als ein solches, das da das Gute und Wahre in aller Tiefe erkennen muss, muss dazu noch den höchsten Trieb haben, dasselbe zu tun, und so es nach dem Trieb im vollsten Ernst tätig werden will, da ergreift es alsbald die Gottheit mit Ihrem Grimm und treibt es wider den eigenen Willen und die gute Erkenntnis an, Böses zu tun, damit dann für die Gottheit dadurch sich an dem unglückseligen Wesen ein neuer Grund bilde, vermöge dessen es dann von Seiten der allerlieblosesten und ungerechtesten Gottheit sich einer neuen und allzeit mächtigeren Verdammnis schuldig machen muss.

4. Wenn es denn aber also ist, so sage mir, wie es denn kommt, dass der Herr gegen uns so gnädig und barmherzig ist, dass wir darum nicht umhin können, Ihn fürs Erste als die allerhöchste und allerreinste, ewige, unendliche Liebe anzuerkennen und Ihn darum auch über alles zu lieben, und fürs Zweite daneben noch alleroffenkundigst von Ihm Selbst zu erfahren, dass Er als der allerliebevollste Vater nur alles Mögliche aufgeboten hatte und noch ferner eben also alles Erdenkliche aufbieten will, um nur dir deinen ewigen Starrsinn zu brechen, auf dass du wieder gewonnen werden möchtest?!

5. Ja, sage mir, wie es denn kommt, dass der Herr die ganze sichtbare Schöpfung allein deinetwegen hervorrief, um durch die harte Probe des materiellen Todes dich wieder zur völligen Umkehr zu bewegen, und du dennoch nicht zum Vater zurückkehren willst und der Vater nun genötigt ist durch Seine endlose Liebe, deine totale Lebenskraft in ein zahlloses spezielles Leben der Menschen auf dieser Erde,

wie auf den zahllosen anderen Weltkörpern zu zerteilen und dich auf diese Art deines Eigensinnes ledig zu machen und dich also auch in uns Menschen geteilt wieder zurückzuführen, weil du ungeteilt dich dazu wohl ewig nimmer entschließen würdest?! Sage, sage mir, wie denn solches kommt, und ich will dir dann ja tun, was du von mir verlangt hast!"

6. Hier öffnete wieder der Drache seinen Mund und sprach zum Henoch: „O du unzeitiger Mensch! Du weißt noch nicht, wie tausend Jahre der Erde schmecken, und willst Gott, den Ewigen, schon besser kennen denn ich, der ich doch schon Ewigkeiten Ihn geschmeckt habe in allen Seinen Wendungen?! O siehe, wie endlos schwach und töricht du bist!

7. Höre, ich will dir deine gar jungen Augen öffnen, auf dass du nur wenigstens ein Fünklein erschauen sollst, wie es mit deinem von dir vermeintlich erkannten Gott steht! Und so höre denn!

8. Solche Schöpfungen, wie diese gegenwärtige da ist, kenne ich schon zu zahllosen großen Milliarden! Eine jede bestand etwa eine große Milliarde von Erdjahren (NB.: Eine solche große Milliarde ist eine Zahl von tausend Stellen oder Ziffern, da man zu der Einheit neunhundert Nullen rechts hinstellt.), für dich, armer junger Mensch, schon an und für sich eine undenkliche Zahl!

9. Wenn solch eine Schöpfungszeit abgelaufen ist und Gott Seiner Geschöpfe satt geworden ist, dann ließ Er dies Sein großes Gedankenspiel wieder fahren, das heißt – wohlverstanden! – Er machte die ganze endlose Schöpfung wieder zunichte, und es bestand dann wieder eine endlose Leere mehrere große Milliarden von deinen Erdjahren hindurch, und außer Ihm

und mir, der ich mich aller Vernichtung allzeit gar mächtigst habe widersetzen können, da ich ein wesenhafter Teil der Gottheit selbst bin und allezeit war, bestand nichts.

10. Wenn dann wieder die Gottheit in solch einer für dich allerundenklichsten Zeit einen neuen großen Schöpfungsplan aufgestellt hatte, dann ging es bald wieder ans Erschaffen los, und wenn die Schöpfung ihre Zeit wieder also durchgemacht hatte und die Gottheit Ihrer Geschöpfe abermals satt und müde geworden war, dann wurde es bald wieder gar mit solch einer neuen Schöpfung, die gänzliche Vernichtung aller Dinge, die ohnehin nichts sind als auf eine bestimmte Zeit fixierte Gedanken Gottes nur, erfolgte, und eine wie ewige Leere trat wieder an die Stelle der früheren Schöpfungspracht.

11. Dass Gott solches stets in Seinem urewigen Macht- und Unterhaltungsplan führt, kannst du ja schon auf der Erde erschauen, da die Dinge immer zwischen dem Entstehen, Bestehen und Vergehen wechseln. Heute siehst du eine Blume herrlichst erblühen, morgen erstirbt sie schon wieder und wird dann für ewig zunichte, und so geht es mit zahllosen Dingen im Großen wie im Kleinen ewig fort! Davon bin ich schon ein gar alter, unzerstörbarer Zeuge.

12. Wenn du demnach an ein ewiges Leben glaubst, da bist du sehr irrig daran; denn außer Gott und mir hat nichts einen ewigen und somit unzerstörbaren Bestand, – Gott, weil Er in Sich Selbst urwesentlich im eigentümlichsten ewigen Sein ist, und ich, weil ich kein Gedanke, wie du und alle die Schöpfung aus Gott, sondern ein unzerstörbarer, wesenhafter, getrennter Teil der Gottheit Selbst bin!

508

13. So du demnach aber fragst, wie es kommt, dass trotz aller Mühe Gottes ich aber dennoch nicht umkehren will, während du Ihn doch als die reinste Liebe gefunden hast, da sage ich dir: Der Grund liegt nun ja offen am Tage vor dir und ist kein anderer als der: weil ich Gott urgründlich kenne, was dir ewig unmöglich sein wird, da du fürs Erste die Ewigkeit, wie sie war, unmöglich als eine Ephemeride fassen kannst, und ebenso wenig, wie sie fürder sein wird!

14. Du könntest zwar mit deiner jetzigen Lebenskraft, die ebenfalls ein überaus kleiner Teil des göttlichen Wesens ist, dich von Gott gleich mir völlig trennen und also auch einen ewigen Bestand nehmen, wenn du es verstündest; würdest du aber solches tun, so würde dich dann die endlos größere Macht der Gottheit eben also schrecklichst behandeln, wie Sie nun mich behandelt, und du hättest dann mit deinem ewigen Bestand überaus wenig gewonnen, da es doch besser ist, nicht zu sein, als also zu sein, wie ich bin!

15. Da ich aber dieses ewigen Wankelwaltens der Gottheit nun einmal im vollsten Ernst satt und müde geworden bin, so habe ich bei mir nun auch zwei Dinge beschlossen: entweder Gott Seiner Macht für ewig gänzlich zu entsetzen und alle Seine Macht an mich zu reißen, um dann endlich eine wahrhaft ewige Bestandordnung zu gründen für alle Geschöpfe; und sollte mir solches nicht gelingen, so will ich mich aber für den zweiten Fall selbst auf ewig töten, um dadurch der Gottheit Selbst ein ewiges Ende zu machen!

16. Denn wie oft schon habe ich die Gottheit gebeten, in der Schöpfung eine ewige feste Bestandordnung zu gründen; allein es war allezeit alles rein umsonst!

17. Mein Licht wollte ich Ihr zurückstellen; Sie nahm mich durch andere, ephemeridisch geschaffene Wesen gefangen. Da Sie mich aber dennoch nicht zu überwinden vermochte, so beließ sie mir ein elendestes Dasein, da meine frühere Wesenheit aus ihrem unbegrenzten Sein in diese Gestalt zusammenschrumpfte.

18. Nun aber erst ersieht die Gottheit in meinem Licht, dass ich Ihr jetzt bei weitem gefährlicher bin denn in meiner früheren Allheit; daher gibt Sie Sich auch alle Mühe, mich zu fangen!

19. Aber du kannst samt deinem Liebegott völlig versichert sein, dass Ihr solches ewig nie gelingen soll! Eher will ich mich und die Gottheit töten, als mich Ihr gefangen geben, damit Sie dann einen desto freieren Spielraum bekäme, zu erschaffen und dann nach Laune das Geschaffene wieder zu vernichten!

20. Daher werden die denkenden Wesen von der Gottheit stets zur Demut geleitet, damit es ja keinem gelingen soll, sich der göttlichen Laune ledig zu machen!

21. Ich aber habe diesmal fest beschlossen, der Gottheit einen Streich zu spielen, der Ihr Ihre Laune vertreiben soll auf ewig! Wahrlich, diesmal will ich Ihr meine Macht zeigen und will Sie züchtigen wie einen alten Verbrecher! Verstehe du, Henoch, solches! Amen."

22. Hier verschwand der Drache plötzlich.

Kapitel 275

Die betörende Wirkung der Drachenrede auf die sieben Boten. Henoch deckt die Widersprüche und Lügen des Drachen auf

Am 18. März 1843

1. Bei dieser Rede des Drachen fing bis auf den Henoch allen den anderen sieben Boten ganz gewaltig zu schwindeln an, so zwar, dass sie sich weder zu raten noch zu helfen wussten.

2. Da der Henoch aber gar bald solches bei ihnen merkte, so fragte er auch alsobald den Kisehel, was ihm denn wohl bei dieser Rede des Drachen also sehr befangend vorkomme.

3. Und der Kisehel erwiderte laut dem Henoch: „Du fragst mich, da du doch des Herrn alleiniger erleuchteter Hoheprieser bist?! Siehe, es wird sich aber besser schicken, wenn ich dich frage, was du von dem allem hältst! Und so habe ich nun an dich die Frage gestellt; beantworte sie mir, so es dir in gewissen Punkten möglich ist!

4. Die Sache ist von der entsetzlich größten Wichtigkeit! Daher werde ich dir auch bei der Gelegenheit die gehörigen Einwendungen machen, welche du zu beschlichten haben sollst; denn hier haben wir alle des allermächtigsten Lichtes vonnöten, wollen wir nicht in den vernichtenden Tod übergehen! Und so rede du, Bruder Henoch, was du zu dieser Drachenrede gültigst einzuwenden hast, und zeige mir, was wir alle von ihr im Ernst zu halten haben!"

5. Und der Henoch erwiderte dem Kisehel: „Aber höre, Bruder! Wenn man das, was von dieser Drachenrede zu halten ist, nicht auf den ersten Augenblick erschaut, da muss man doch noch so ziemlich blind

sein! Wie gebrauchst denn du die Gnade des heiligen Vaters, dass du mir da mit einer solchen Frage kommen kannst?

6. Das hat ja bei dir im Ernst einen Schein, als hättest du dich von dieser allerlügenhaftesten Rede des Erzfeindes des Herrn berücken lassen?!

7. Hast du denn nicht gemerkt, wie er von einem Extrem zum anderen sprang und sich selbst allergewaltigst widersprochen hat?

8. Hat er mich nicht gebeten, dass ich ihn vernichten solle? Und nun am Ende tat er so mächtig, als hänge die Erhaltung Gottes Selbst von der seinigen ab!

9. Hat er nicht gesagt, wie im höchsten undenklichsten Grade er vom Herrn auf die liebloseste und ungerechteste Weise geleitet, getrieben und dann auf das Allerunbarmherzigste verdammlichst gezüchtigt wird? Und nun am Ende brach er selbst in eine Grimmwut aus und beteuerte, er wolle und werde den Herrn züchtigen wie einen alten Verbrecher!

10. Maßte er sich auf der einen Seite nicht eine übergöttliche Macht an? Und auf der anderen Seite lässt er sich von neugeschaffenen Ephemeriden gefangen nehmen, und das in der ganzen Unendlichkeit zugleich, und muss sich begnügen mit dieser seiner elendesten Gestalt!

11. Sagte er nicht, die Gottheit sehe erst jetzt ein, dass er Ihr in dieser seiner Gestalt am gefährlichsten ist? Somit muss diese Gestalt für ihn als den größten Feind Gottes ja eben doch die vorteilhafteste sein! Wie nannte er sie denn aber früher eine allerelendeste?

12. Muss er in diesem Falle nicht einmal die Gestalt Gottes als die beste ansehen, so er dagegen die seine als eine elendeste bezeichnete; und im Gegenteil doch

wieder die seine für die unvergleichlich vollkommenere halten, da er sich in dieser Gott als seinem Feind am allergefährlichsten wähnt?!

13. Einmal bezeichnet er die ganze herrliche Schöpfung als ein loses, launenhaftes Gedankenspiel der Gottheit, dazu wir also auch gehören; gleich darauf aber gesteht er doch wieder ein, dass unsere Lebenskraft ein kleinstes Teilchen der wirklich göttlichen Wesenheit sei, welches sich sogar etwa gar nach seiner Art vor der Zerstörung sichern könnte, ohne jedoch dabei etwas zu gewinnen!

14. Siehe, also ist alles voll der grellsten Widersprüche! Wie kann es da wohl möglich sein, dass du als ein hoch geweckter Bote des Herrn solches nicht auf den ersten Augenblick hast einsehen mögen!?

15. Warum verbarg sich denn der große Lügner nun so schnell? Hätte er die Wahrheit geredet, da hätte er fürwahr solches zu tun nicht vonnöten gehabt; da er aber den Braten gerochen hatte, der ihm von meiner Seite dagegen wäre aufgetischt worden, so floh er auch eiligst uns aus dem Gesicht, um von mir ja zu keiner weiteren Verantwortung gezogen zu werden.

16. Ist das doch seine alte, leicht erkennbare Trugmanier, durch welche er sich dem Vater Adam entwand und brachte ihn dann selbst zum Fall zweifach, einmal bei der ungesegneten Zeugung, und das andere Mal bei der Entweihung des Tages des Herrn! Und du kannst da mich noch fragen in einem Sinne, als möchtest du dem alten Erzlügner und Betrüger Glauben schenken!?

17. O wehe dir, du heilige Höhe des Herrn! Wenn deine Kinder so leicht den Trugworten des Drachen glauben, so wirst du dich noch einmal vor der Tiefe schämen müssen und wirst über dieselbe herfallen wie ein Geier und wirst sie verderben bis in den innersten Grund!

18. Ja, die Kinder Gottes werden das Gericht herbeilocken, während die Kinder der Welt für sich bis ans Ende der Welt getreu verbleiben möchten!

19. So wir aber als die Stütze der Welt zu wanken anfangen, was wird dann wohl mit der Welt werden?

20. Ich sage euch, meine lieben Brüder, aber: Selig und glücklich ist der, der die Anfechtung erduldet; denn nachdem er bewährt worden ist, wird er erst das wahre Ziel des Lebens empfangen, welches uns allen der heilige, liebevollste Vater verheißen hatte, so wir Ihn wahrhaft von ganzem Herzen liebhaben.

21. Du aber behaupte ja nicht etwa, als habe uns nun der Vater versucht; denn also versucht der gute Vater wohl niemanden zum Argen, und Er braucht niemanden zu versuchen. Aber Er sah in dir noch einen finsteren Lustreiz, und so hatte Er es zugelassen, dass dieser aus dir trat und du ihn hast nun beschauen müssen und selbst erfahren, ob du keine Lust mehr daran hast.

22. Du aber hast noch eine gläubige Lust gezeigt; also wisse denn auch, dass, so jemand eine Lust im Falschen gezeigt hatte, der hat auch das Falsche mit der Lust empfangen, und solches ist ein Same der Sünde! Wenn aber dann die Sünde ausgeboren wird in ihrer Reife, da gebiert sie auch alsbald den Tod, welcher in ihr ist.

23. Wollet euch sonach nicht irren, liebe Brüder; denn alle gute Gabe und alle wahrhaftige Spende kommt nur vom Vater alles Lichtes und alles Lebens her. In Ihm ist keine Veränderung, noch irgendein Wechsel ewig; wie Er ist, so war Er von Ewigkeit.

24. Er hat uns gezeugt als Erstlinge Seiner Kreatur aus Seiner Liebe nach Seinem Willen durch Sein ewiges Wort der Wahrheit, und so sind wir auch Erstlinge und nicht Milliardlinge nach des Drachen Lüge. Dieses hat uns der Vater geoffenbart.

25. Ich meine aber, der heilige, gute Vater wird doch mehr Glauben verdienen denn der Lügendrache!? Und so lasst uns denn im Frieden weiterziehen! Amen."

Kapitel 276

Ankunft und Empfang von Henoch und den sieben Boten auf der Höhe

Am 20. März 1843

1. Diese Rede Henochs genügte vollkommen, um die anderen wieder zurechtzubringen, und so denn zogen sie hinauf und gelangten in sieben Stunden nach jetziger Zeitbestimmung schon zu den Kindern des Morgens.

2. Und als diese des Henoch und der anderen sieben ansichtig wurden, da eilten sie alsbald hin in die Hütte des Uranion und verkündeten solches ihm und denen seines Stammes, nämlich, dass sich der Hohepriester Henoch mit den anderen sieben, die aus dem Mittag sind, nahe.

3. Bei dieser Nachricht erhob sich alles urplötzlich und eilte mit ausgebreiteten Armen den Kommenden entgegen.

4. Auch die herrlichste Purista mangelte nicht und war wohl die Erste, die sich dem Henoch in die Arme stürzte und ihm fast außer Atem mit der größten überraschendsten Freude ihres Gemütes ankündigte, dass der überheilige Vater vor drei Schattenwenden zu ihr in die neue Küche gekommen sei und habe ihr anbefohlen, dem sich der Höhe nahenden Henoch und den anderen sieben Boten ein gutes Liebesmahl zu bereiten und dann ihnen auch zu vermelden, dass Er sie in der Hütte der Liebe treffen werde.

5. Als der Henoch und all die anderen solche Nachricht aus dem Munde der Purista vernommen hatten, da ward der Henoch überfröhlich, grüßte und segnete alle, die ihm entgegenkamen, und dann auch alle, die ihm nicht hatten entgegenzukommen vermocht.

6. Desgleichen tat auch der Kisehel mit den anderen. Aber was da die Freude über die Nachricht der herrlichen Purista betrifft, so war diese eher eine Furcht zu nennen; denn die Geschichte mit dem Drachen schwebte ihm noch zu lebhaft vor den Augen, als dass er sich nicht erinnern sollte, wie nahe er daran war, über die Trugklinge des Drachen zu springen.

7. Da aber der Henoch solches merkte, so sagte er alsbald zum Kisehel: „Hört, mitnichten gefällt mir euer Herz, darum es sich vor dem Vater fürchtet!

8. Kisehel, weißt du noch, als du eigenwillig aus deiner alten, falschen Begründung heraus dem Vater der Herrlichkeit am großen Sabbat widerstrebtest? Was geschah dir da wohl? Siehe, da hast du große Gnade und Erbarmung nur gefunden!

9. So du aber solches doch noch sicher weißt, wie mag es dich nun denn wohl also bangen vor Ihm, während du nur vom Drachen gehechelt wurdest, aber jeder freie Wille zum Fall dir mangelte?

10. Daher sei du ein Mann und ein würdiger Sohn Adams, aber nicht ein törichter Feigling, und freue dich darum des Vaters aus dem tiefsten Liebegrunde deines

Herzens, so wird Er dich stärken in dem Punkt, da du noch schwach bist!

11. Fürchtest du dich aber vor Ihm, so kannst du aber auch versichert sein, dass dir die Furcht bleiben wird zur Untergrabung deiner Liebe zu Gott, und der Vater wird Sich, deiner Schwachheit schonend, dir nicht zu zeigen vermögen!

12. Glaube mir, mein Bruder Kisehel, nicht der Herr straft den Ungerechten, sondern solches tut der Ungerechte selbst; denn seine Tat hat sein Herz erfüllt mit großer geheimer Furcht vor Gott, und die Furcht ist dann der Schöpfer des Gerichtes und der Strafe im eigenen Herzen.

13. Mit dem Herzen aber sich jemand durch seine mächtige Liebe zum Vater das ewige himmlische Leben bereiten kann, mit ebendemselben Herzen aber kann er auch der Schöpfer seines eigenen Todeskerkers sein.

14. Daher lasse ab von deiner Furcht, und freue dich im Herrn, so wird Er dich aufnehmen mit offenen Armen und wird dich stärken zu jedem Kampf!

15. Lasse fahren die Geschichte des Drachen, und denke, wessen Geistes Kind er ist aus sich, und du kannst versichert sein, der Vater wird dir über den Drachen deine innerste Sehe also öffnen, dass du darob in der Tiefe der Tiefen seine Wesenheit ganz überklar erschauen wirst! Dieses wünsche ich dir und allen aus meinem innersten Liebegrunde.

16. Und so lasst uns zueilen der Hütte der Purista und allda erwarten mit dem liebesehnsüchtigsten Herzen den heiligen, liebevollsten Vater! Amen."

17. Nach dieser guten Vermahnung wandte sich der alte Uranion an den Henoch und fragte ihn, wie es denn nun in der Tiefe aussehe.

18. Und der Henoch sagte darauf zu ihm: „Höre, was da nun die Tiefe betrifft, so bleibt sie wohl noch in naturmäßiger Hinsicht, das heißt gegen die Berge gehalten, eine Tiefe; im Geiste ist sie aber eine völlig wahre Höhe geworden, die leichtlich die unsrige überragen wird.

19. Lamech, der ehedem so fürchterlich grausame Wüterich der Tiefe, ist nun mir gleich ein Liebesachwalter des Herrn geworden, und der Herr hat ihn, so wie mich, persönlich dazu gesegnet! Mehr brauche ich euch allen vorderhand nicht zu sagen; in der Gegenwart des Herrn aber werdet ihr zu eurer größten Freude alles erfahren!

20. Sende du, Uranion, aber alsbald den Lamel hin zum Adam, zum Seth und all den anderen Stammvätern, dann zum Sehel, dem großen Sohn Seths, und so auch zum Hored, dem Bruder Lamels, und dessen Weib Naëme, auf dass sie sich alle samt den Weibern hierher begeben möchten; denn jetzt müssen sie gegenwärtig sein, um zu vernehmen die herrlichen Früchte aus der Tiefe!

21. Die Naëme aber soll auch vernehmen, was aus ihrem Vater geworden ist, aber erst hier! Daher soll der Lamel auch nichts tun, als alle die Benannten hierher berufen; alles andere werden sie hier erfahren! Amen."

22. Und alsbald ging eilends der Lamel ab und besorgte seine Geschäfte.

Kapitel 277

Adam und die Stammväter begrüßen die Zurückgekehrten. Adams Bericht über das Geschehen auf der Höhe, während Henoch und die sieben Boten sich in der Tiefe aufhielten

Am 21. März 1843

1. In der Zeit von zwei Schattenwenden kamen alle die Geladenen herbei, und unser alter Adam war einer der ersten, die sich auf den Henoch völlig hingestürzt hatten.

2. Als aber der erste Liebeserguss des Wiedersehens vorüber war, in welchem sich die Stammväter vor Liebe und übergroßer Freude beinahe erdrückt hätten, da erst fragte der Adam den Henoch, sagend nämlich:

3. „O du, mein überaus geliebter Henoch, und du auch, mein Kisehel, du, Sethlahem, du, Joram, und du, Hil, Bael, Julel und Darel, erzählt mir alles nacheinander und einer nach dem anderen, wie es euch in der Tiefe ergangen ist, wie sich der Lamech benommen hatte, und was da alles Erfreuliches vorgefallen ist!

4. Hat euch die Gnade und Liebe des ewigen, heiligen Vaters nie verlassen? Hat sich niemand aus euch etwa von der Weiblichkeit der Tiefe berücken lassen?

5. Was ist mit der bewussten Tafel geschehen, von der uns der heilige Vater kundgab, was da der Lamech mit ihr Gräuelhaftes unternommen hatte?

6. Habt ihr nicht mein beständiges Beten und Segnen in der Tiefe wahrgenommen?

7. Denn solange ihr euch in der Tiefe aufgehalten habt, hatte ich Tag und Nacht keine Ruhe; nicht aushalten konnte ich es in meinem Haus, sondern auf der Vaterhöhe brachte ich nahe die ganze Zeit zu und betete über euch und über die Tiefe und segnete euch fortwährend.

8. Desgleichen auch taten die anderen zumeist mit mir, und ganz besonders aber, muss ich dir sagen, hat die Naëme zum heiligen, allmächtigen, guten Vater fast ohne den geringsten Unterlass gefleht um die Heilung ihres irdischen Vaters Lamech in der Tiefe, und das fortwährend mit den rührendsten Herzensworten, dass ich selbst sie nicht ohne die tiefste Rührung anhören konnte.

9. Desgleichen taten auch der Hored und die beiden Weiber Lamechs, die auch zu uns auf die Höhe gekommen sind und jetzt stets während eurer Abwesenheit sich in unserer Mitte aufhalten.

10. Noch muss ich dir, mein geliebtester Henoch, der armen Pura, des Mädchens aus der Tiefe, lobenswürdigst erwähnen. Dieses Kind setzte uns alle in das größte Erstaunen; ja, wer es nicht angesehen hat, der kann es gar nicht glauben!

11. Du weißt, wie schrecklich der Lamech mit ihren Eltern und Anverwandten verfuhr! Und siehe, dessen ungeachtet betete niemand auf der Höhe mehr für den Lamech als eben dieses Kind, und das auf eine so ergreifende Weise, mit so viel Liebe und Vertrauen zum heiligen Vater, dass ich nicht umhinkonnte, fürs Erste fest zu glauben, der heilige Vater sei beständig ihr allein sichtbar, und fürs Zweite konnte ich mich der Meinung nicht erwehren, sie förmlich für eine wahre Tochter des heiligen Vaters anzusehen.

12. Fürwahr, Henoch, wenn du sie so gesehen und gehört hättest, du wärest selbst auf diesen Gedanken gekommen!

13. Aus diesem Grunde aber habe ich dieses Kind nun auch zu mir genommen, und wie du sie hier siehst, so habe ich sie auch jetzt mitgenommen, auf dass sie auch erfahren solle aus deinem Munde, wie es mit der Tiefe stehe, für die sie so viel gebetet und so viele Seufzer zum heiligen Vater gesendet hatte.

14. Siehe, liebster Henoch, und ihr auch, die ihr vor dem Henoch seid in die Tiefe gesandt worden, also ging es während eurer Abwesenheit auf der Höhe zu.

15. Ich, euer aller noch lebender irdischer Vater, habe euch solches sicher zu eurer großen Freude kundgegeben; daher aber macht ihr nun auch mir die schon so manche Tage und Nächte tiefst ersehnte Freude, und gebt mir kund, darum ich euch gefragt habe, jedoch nach dem alleinigen Willen des heiligen Vaters! Amen."

16. Hier segnete der Adam den Henoch und alle die anderen wieder Angesichts.

17. Und der Henoch öffnete seinen Mund und sagte zum Adam und also auch zu all den anderen: „Höre, Vater Adam, und ihr alle meine Väter und Kinder! Also hat Sich der heilige, liebevollste Vater die Freude für Sich vorbehalten, euch alles das kundzutun, was alles sich mit der Tiefe zugetragen hatte, und wie es mit dieser nun steht; daher darf ich dir nun nicht alsbald deinen Wunsch erfüllen und dir enthüllen das Verhältnis der Tiefe.

18. Solches aber magst du wohl zum Voraus erfahren, dass sich in der Tiefe unerhörte Dinge zugetragen haben; ja – ich sage dir – Dinge, von denen uns auf der Höhe nie etwas geträumt hatte! Des kannst du völlig versichert sein!

19. Gedulde dich aber nur eine kurze Zeit, und die Enthüllung wird vor dir und euch allen leuchtend stehen wie eine Morgensonne! Darum aber musste ich euch ja rufen lassen, auf dass euch die helle Kunde werde; also geduldet euch nur, bis der Vater kommen wird, wie Er es der Purista verheißen hatte, und eurem Geist wird das wahre Licht werden über die Tiefe!

20. Lasst uns aber nun in die Hütte der Purista treten, dahin wir beschieden sind; jedoch außer der Mutter Eva soll nach dem gegebenen Gesetz kein weiblich Wesen dieselbe betreten, und so denn sollen auch die anderen Weiber samt der Naëme und der Pura sich unterdessen in die Hütte des Uranion begeben! Du, herrliche Purista, aber geleite uns nun in die Hütte der Liebe des Herrn! Amen."

21. Die Purista aber fragte den Henoch, ob es gefehlt wäre, auch wenigstens nur die arme Pura und die Ghemela, des Lamech Weib, mit in die Hütte zu nehmen.

22. Der Henoch aber sagte: „Höre, wenn es auf mich ankäme, da möchte ich wohl die ganze Welt hineintreten lassen; aber ich bin kein Herr über die göttliche Ordnung! Der Herr aber hat es also angeordnet, also müssen wir auch so lange Seinen Willen in allem tun, bis Er nicht Selbst uns einen anderen Tatengrund anzeigen wird.

23. Und so denn hängt es ja nicht von mir, sondern allein nur vom Herrn ab, ob die Weiber in diese Hütte nun treten dürfen oder nicht; daher tun wir nun auch, was uns geboten ist, und der Herr wird dann tun, was Ihm wohlgefällt! Amen."

24. Also traten die Väter, von der Purista geleitet, in die Hütte; die Weiber aber, außer der Eva, verblieben draußen.

25. Die Pura aber ging mit der Naëme etwas fürbass, und beide flehten zu Gott und ergaben sich ganz zufrieden in ihr

Schicksal, opferten ihre fromme Neugierde dem Herrn auf und lobten und priesen also seufzend den Vater voll Liebe, Gnade und Erbarmung.

26. Als diese zwei aber also seufzten, siehe, da kam alsobald vom Mittag her ein Mann und ging schnurgerade auf die zwei Seufzenden los. Als aber diese solches merkten, da wollten sie fliehen; der Mann aber setzte ihnen nach und hatte sie auch bald eingeholt.

Kapitel 278

Der fremde Mann mit Pura, Naëme und Ghemela auf dem Platz der Begattung

Am 22. März 1843

1. Da aber der Mann die beiden eingeholt hatte, und das noch eine ziemliche Strecke früher, als es den zweien möglich gewesen wäre, die Gesellschaft der anderen Weiber zu erreichen und sich dann mit denselben in die Hütte Uranions zu flüchten, so fingen diese an, um Hilfe zu rufen.

2. Aber der Mann sagte zu ihnen: „Hört mich an, ihr beiden, du, Naëme, und du, Pura!

3. Ich sage euch wahrlich und getreu, dass ihr euch vor mir nicht also fürchten sollt; denn nicht irgendetwas Schlimmes habe ich mit euch vor, sondern nur etwas überaus Gutes, nur etwas, das euch im höchsten Grad frommen wird!

4. Daher geht nun ganz furchtlos mit mir gegen die Hütte der Purista hin, und dort, etwa dreißig Schritte vor der Hütte, wo da steht in der Mitte eines kleinen Rasenhügels eine schöne Zeder, wollen wir uns miteinander von gar herrlichen und wichtigen Dingen unterhalten!"

5. Als die beiden solches vernommen hatten von dem Mann, da ward es ihnen leichter ums Herz, und die Pura bekam so viel Mut, dass sie es wagte, den Mann zu fragen, wer und woher er denn sei, dass er wisse ihre Namen und wolle ihnen Gutes nur tun, da sie sich im Gegenteil doch unmöglich entsinnen könnten, ihn je ihrerseits irgendwo, weder in der Tiefe noch in der Höhe, gesehen zu haben.

6. Der Mann aber sagte darauf zu ihnen: „Meine geliebten Töchter eines überaus guten Vaters, ist denn das in der jetzigen schon sehr volkreichen Zeit etwas Wunderbares?!

7. Seht, ihr seid auf der Vollhöhe der Hauptstammväter zu Hause, und diese werden ja alle samt und sämtlich von allen Bewohnern der Höhe gar wohl gekannt; somit werdet auch ihr gekannt, da ihr, wie schon gesagt, bei den Hauptstammvätern zu Hause seid! Wenn ich euch sonach auch gar wohl erkenne, was Wunders ist da wohl?

8. Woher und wer ich aber bin, solches werdet ihr doch auch gar wohl ohne vieles Nachdenken erraten können! Denn fürs Erste habt ihr mich vom Mittag herkommen gesehen und da ist ja das Woher schon von selbst beantwortet; denn woher ich komme, von daher bin ich auch.

9. So ihr in mir doch sicher einen Menschen und durchaus keinen Vogel oder ein anderes Getier erschaut, da wird das ‚Wer ich sei' doch noch klarer vor euch stehen denn das Woher!

10. Daher fragt mich nicht mehr um Dinge, die euch, insoweit es vorderhand nottut, von selbst doch gar gewaltigt in die Augen springen, sondern begebt euch dafür lieber alsbald mit mir auf den vorbestimmten Platz! Dort werde ich alles

klärlichst dartun, wie sich's nun mit der Tiefe verhält; denn ich war Zeuge vom Anfang bis zum Ende von allem, was sich in der Zeit in der Tiefe zugetragen hatte, und weiß sogar bestimmt, was sich heute in der Tiefe zuträgt.

11. Daher also geht mit mir, damit ihr zu eurem großen Trost solches alles ehedem erfahrt denn alle die anderen in der Hütte der Purista; denn ihr habt für die Errettung der Tiefe vor dem Untergang meines Wissens doch ja auch in dieser Zeit am meisten und am lebendigsten zu Gott Tag und Nacht gefleht! Darum ist solches auch billig, und also folgt mir!"

12. Auf solche Zusicherungen kehrten die beiden sich alsbald nach dem Willen des Mannes und gingen dann ohne weitere Furcht auch alsbald mit ihm auf den vorbestimmten Platz.

13. Es wussten aber die beiden nicht, dass dieser Platz ein geheiligter war, den kein weibliches Wesen betreten durfte; daher geschah es denn auch, als die anderen Weiber von der Hütte des Uranion her solches bemerkten, dass sich die zwei gar mit einem fremden Mann auf diesen geheiligten Platz begaben, dass sie hinzuliefen und ihnen gar ängstlich solches anzeigten. Selbst die Ghemela rief die beiden ängstlich zurück.

14. Der Mann aber fragte die Weiber und ganz besonders die Ghemela: „Was soll's denn da mit diesem Platze? Ist nicht die ganze Erde von Gott erschaffen und somit allenthalben gleich geheiligt?

15. Ist euch Weibern nicht gestattet, wegen der Heiligkeit dieser Stelle eben diese Stelle zu betreten, da könnt ihr wohl alsbald von der ganzen Erde abziehen, denn weniger heilig ist kein Platz auf ihr – denn dieser da!

16. Ihr habt es aber ja selbst im freilich wohl etwas töricht gesetzlichen Gebrauch, dass ihr euch eben unter dem Baum vor dem Aufgang der Sonne begatten dürft, und das also zwar, dass in dieser Morgengegend eine anderortige Begattung als eine Sünde erklärt wird!

17. Wenn ihr aber mit der fleischlichen Begierde diesen Platz nicht zu verunreinigen wähnt, so werden ihn wohl diese zwei mit ihrer reinen geistigen Begierde in Gott noch umso weniger verunreinigen!

18. Zieht euch daher nur wieder zurück; denn ich werde mit meinen beiden Geliebten nicht weichen von diesem Platz! – Dir, Ghemela, aber sei's gestattet, auch zu uns heraufzukommen; denn ich kenne dich, dass du in deiner Liebe getreu bist!"

19. Die Ghemela aber antwortete dem Mann: „Was verlangst du von mir? Weißt du denn nicht, dass mich der Herr dem Lamech angebunden hat, und dass mein Herz in dem Herrn zu verbleiben hat allzeit und ewig?!"

20. Der Mann aber sprach zu ihr: „Eben, weil ich solches gar wohl weiß, darum rufe ich dich zu mir herauf! Es steht aber nun, wie allezeit, bei dir, diesem Ruf zu folgen, oder nicht zu folgen! Willst du, so komme, und willst du nicht, da kehre mit den anderen wieder zur Hütte Uranions alsbald zurück!"

21. Die Ghemela aber sagte darauf zum Mann: „Guter, weiser Mann, deine Stimme zieht mich gar gewaltig zu dir hinan; so du mich beim Lamech entschuldigen möchtest und könntest, da möchte ich ja wohl auch zu dir mich begeben!"

22. Der Mann aber erwiderte der Ghemela, sagend: „Nicht ich, sondern der Lamech, dein Mann, wird dich selbst

entschuldigen, und das bei mir! Daher tue, was dir gut dünkt!"

23. Hier entriss sich die Ghemela den anderen Weibern und eilte zum Mann und den zweien hinauf und setzte sich gleich zu den Füßen des Mannes und bewunderte alsbald die erschaute Reinheit derselben.

24. Die unten stehenden Weiber aber schmollten ganz gewaltig über die Dreistigkeit des Mannes sowohl, als auch ganz besonders über die der nun drei weiblichen Wesen.

25. Und des Uranions Weib schrie laut und sagte: „Aber gerade heute muss uns solch eine unerhörte Schande begegnen, da eben in der Hütte der Herr erwartet wird! Was werden nur die Väter dazu sagen, wenn sie solcher Schande ansichtig werden!? Drei Weiber, und das die schönsten noch obendrauf, mit einem Mann von starkem Aussehen am hellen Tag auf dem Ort der Zeugung! O Schande, Schande, Schande!"

26. Der Mann aber sprach: „Ja, wohl eine große Schande, − aber nicht über mich, sondern über eure große Torheit! Geht aber nun und schweigt, sonst werde ich euch wohl den Mund zu binden wissen!"

27. Hier verstummten die Weiber, und der Mann fing an, den dreien alles kundzugeben, was sich in der Tiefe alles zugetragen hatte, und wie es nun mit der Tiefe stehe.

28. Als aber solches die drei vernommen hatten in überzeugender Klarheit, da fingen sie laut zu jauchzen an und lobten und priesen Gott für solche große Erbarmung.

29. Die anderen Weiber aber meinten, der Mann habe eine Sache mit den dreien; daher liefen sie vor die Hütte der Purista und schrien zu den Männern, was draußen geschehen.

Kapitel 279

Die Liebesszene auf dem Platz der Begattung und das Zetergeschrei der Weiber. Der fremde Mann gibt sich als der heilige Vater zu erkennen

Am 23. März 1843

1. Nach längerem Rufen der Weiber vor der Hütte der Purista kam endlich der Uranion heraus und fragte etwas ärgerlich dieselben, was es denn also Gefahrvollstes gebe, dessentwegen sie also gar sehr unsinnig plärrten, und ob ihnen etwa jemand das Leben nehmen wollte.

2. Die Weiber aber zeigten mit den Fingern hin auf die Rasenhöhe und sprachen: „Da sehe nur an die große Schande! Und das gerade heute, da der Herr von euch erwartet wird! Ein kräftiger, stämmiger, junger Mann, der − Gott weiß woher gekommen ist − hat gerade die drei jüngsten Weiber aufgekapert, führte sie auf den geheiligten Hügel und hat dort sehr wahrscheinlich seine Sache mit ihnen!

3. Da! Sieh nur hin, wie ihn die drei umarmen und sich an ihn schmiegen, dass es nur eine Freude anzusehen ist!

4. Nein, diese Schande am heutigen Tag, da die Boten des Herrn mit dem erhabenen Henoch hier angelangt sind, und, wie schon bemerkt, an dem der Herr unserer Purista verheißen hatte, uns allen zu erscheinen!

5. Gehe doch hin, und treibe die Ehr' und alle Achtung Vergessenden von der Stelle wenigstens hinweg!"

6. Uranion aber erwiderte ihnen: „Wisst ihr was? Wenn euch diese Sache gar so in die Augen sticht, da seht nicht hin, und es wird sogleich besser gehen mit euch! Für was soll ich denn die geladenen Gäste auseinandertreiben, so sie uns nichts zuleide tun?

7. Was aber da die geheiligte Rasenhöhe betrifft, so hat sie in der gewissen Hinsicht ja nur unter uns eine Bedeutung; für Fremde aber, die das nicht wissen, ist sie gleich wie jeder andere Platz!

8. Daher begebt euch nur wieder zur Ruhe, und stört uns nicht mehr in der Hütte, da wir des Herrn harren! Wenn der Herr aber erscheinen wird, so wird Er dann schon derlei Vergehungen zu rügen wissen; ihr aber bleibt so hübsch stille und in der Ruhe! Amen."

9. Nach diesen Worten verschloss der Uranion wieder die Türe der Hütte und ließ die Weiber gehen.

10. Da aber die Weiber sahen, dass sie mit ihrem Geklage nichts ausgerichtet hatten, da gaben sie sich ärgerlich zufrieden und schmähten nur ganz in der Stille über die drei Weiber und nicht minder auf den Mann; aber nur ganz vorzüglich waren sie auf die Weiber erbost.

11. Die Ghemela aber fragte den Mann, ob er wohl auch zugegen gewesen sei, als der Herr auf der Höhe mehrere Tage verweilt hatte und hatte sie gelehrt die wahren Wege des Heils.

12. Der Mann aber erwiderte der Ghemela: „Höre, du Geliebte des Herrn, ob ich damals zugegen war? – Sei versichert, mir ist da nicht das Geringste entgangen! Ich weiß sogar, wie dich der Herr auf den Händen trug, wie Er die Naëme tröstete und stärkte, und wie Er diese Pura aufnahm, sie an Sein Herz drückte und ihr eine gar große

Verheißung gemacht hatte! Aus dem wirst du wohl entnehmen können, dass ich damals sicher auch zugegen war!"

13. Hier errötete die Ghemela und sagte, so ganz sehnsüchtigst seufzend, zu sich selbst: „Ach! Solch eines unendlich allerseligsten Augenblickes werde ich mich auf der Erde wohl sicher nimmer zu erfreuen haben!"

14. Der Mann aber sprach zu ihr: „Wer weiß, was heute noch alles vor sich gehen wird, so der Herr kommen wird, wo Er nicht etwa schon gekommen ist?!

15. Ghemela, sieh mich so recht an! Gefiele es dir denn nicht auch, dich auf meine Arme zu setzen?"

16. Hier blickte die Ghemela den Mann, so ganz entbrannt vor geheimer Liebe zu ihm, etwas verstohlen an und entdeckte in ihm eine starke Ähnlichkeit mit dem ihr ewig allergeliebtesten Abedam, dem Herrn Himmels und der Erde, und sagte dann nach einigem Stillschweigen:

17. „Höre, du überaus weiser und eben also auch aller Liebe würdigster Mann, deine Erzählung über den Stand der Tiefe, welche doch so lebendig war, dass ich gerade glaubte, selbst von allem dem eine Zeugin gewesen zu sein, wie solches auch soeben die Naëme und die Pura, dich liebkosend und über dich jauchzend, versicherten und noch an deinen Lenden schmachtend versichern, war mehr als menschlich nur!

18. Wenn ich nun dich dazu näher betrachte und in dir noch dazu eine große Ähnlichkeit zwischen dir und dem Abedam bemerke – und dazu noch deiner Einladung süßeste Stimme mich gar so mächtig ergreift, – siehe, da möchte ich wohl mich sogleich auf deinen Arm hinwerfen, wenn die anderen Mütter nur nicht gar so

schlimm wären, die dort immer gar emsig herspionieren, was wir da machen!

19. Oh, wenn es auf mich ankäme, da wäre ich schon lange auf deinen Händen! Aber die schlimmen Mütter dort! Nein, ich getraue mich denn doch nicht! Und wenn dann etwa gar der Herr dazu käme und der Lamech! Ach, da könnte es dann mit mir wohl recht schlimm aussehen!

20. Ich habe dich freilich nur deswegen so lieb, weil du gar so viel Ähnlichkeit mit dem Herrn hast und auch gerade so redest wie Er und deine Stimme auch ganz der Seinigen gleicht; das müsste mich aber auch entschuldigen! Ja, ja, das müsste mich ganz vollkommen entschuldigen!

21. Ach, ich möchte daher wohl auf deinen Arm mich setzen! Es müsste wohl auch gar selig sein, auf deinem Arm zu sitzen! Wenn ich nur wüsste, dass sich deshalb niemand ärgern würde, und ganz besonders aber, wenn es mir der Herr nicht übelnähme, da möchte ich wohl deiner Einladung folgen!"

22. Der Mann aber sprach zur Ghemela: „Höre, du Meine Tochter, sei des Herrn wegen unbesorgt! Wenn dich der Vater auf Seine Arme nimmt, da wird der Herr dich darob nicht zornig ansehen; daher komme zu Mir, dem Vater, getrost!"

23. Hier erst erkannte die Ghemela vollends, wer der Mann war, tat einen Schrei höchster Entzückung und warf sich etwas ungebührlich Ihm an die Brust. Und der Vater drückte sie ebenfalls mit Seinen Händen auf Sein Herz und sagte zu ihr und den anderen zweien:

24. „O Meine liebsten Töchterlein, liebt nun euren Vater mit aller Kraft eures Herzens! Denn ihr wart die Letzten und seid aus der Hütte ausgeschlossen worden; dafür aber seid ihr nun auch die Ersten, zu

denen Ich kam! Genießt denn nun aber auch die Fülle Meiner Liebe! Aber noch müsst ihr Mich nicht verraten; denn die anderen müssen Mich aus sich erkennen!"

25. Als aber diese Szene die anderen Weiber erschauten, da war es aus bei ihnen; sie fingen alsbald an, ein Zetergeschrei zu erheben, rannten abermals zu der Hütte der Purista und machten dort einen so gewaltigen Lärm, dass darob alle Gäste samt der Purista aus der Hütte geschreckt wurden.

26. Als sich alles draußen befand, da machten die Weiber sie auf die Szene am Rasenhügel aufmerksam.

27. Der Henoch aber deutete, zu schweigen, und sprach dann: „Wenn es nichts anderes als das nur ist, da ist dieser Lärm im Ernst ganz unnötig gewesen; doch des Friedens wegen will ich hingehen und den vieren bedeuten, dass sie sich von dieser dummen Stelle entfernen sollen."

28. Und der Henoch ging hin und erkannte alsbald den Herrn.

29. Der Herr aber sagte zum Henoch: „Henoch, sende Mir zur Heilung der großen Torheit dieser Weiber noch die Purista her, damit die Torheit in der Wurzel erstickt werde! Verrate Mich aber nicht; nur dem Sehel zeige an, dass Ich hier bin, und bescheide ihn nach einer Zeit zu Mir! Amen."

Kapitel 280

Adams neugierige Frage und Henochs Bescheid. Puristas Berufung zum Herrn auf den Hügel. Der Ärger der Weiber. Ein Weiberevangelium der Eva. Henoch und Sehel. Die Verklärung Sehels

Am 24. März 1843

1. Der Henoch aber, als er solches vom Herrn vernommen hatte, lobte und pries im Geiste seiner großen Liebe den allergetreuesten und allerliebevollsten Vater und folgte alsogleich dessen erhabenstem Wink.

2. Als er aber gar bald umkehrte und der Herr mit den drei reinen Wesen aber dennoch nicht die Stelle verlassen wollte, da fragte sogar der Adam den Henoch, wer denn etwa doch der Mensch sein müsse, der nicht einmal dem Henoch Folge leiste.

3. Der Henoch aber sagte darauf zum Adam und auch zu den anderen: „Der Mann weicht darum nicht von der Stelle, weil ich es Ihm durchaus nicht geschafft und also eben auch nicht geraten habe; und ich habe solches darum nicht getan, weil ich es für ganz unnötig gefunden habe. Das ist der vorläufige Grund; der nachläufige wird euch schon noch frühzeitig genug von selbst gar hell in die Augen springen."

4. Hier trat die Purista hin zum Henoch und fragte ihn: „Erhabener, alleiniger Hohepriester des allmächtigen Gottes auf dieser Erde! Meinst du denn nicht, dass der Allerheiligste darum verziehe, weil wir diejenige, den Müttern ungebührlich vorkommende Szene also dulden und du selbst gar nichts dagegen zu haben scheinst?"

5. Der Henoch aber fragte die Purista, sagend nämlich: „Höre, du herrliche Purista, findest du denn etwas Ungebührliches an dieser Szene?

6. Siehe, ich habe den Mann auf den ersten Blick erkannt und habe in Ihm gefunden wahre, reinste Liebe und die erhabenste, göttliche, tiefste Weisheit, da Er in wenigen Worten mir gar wohl zu erkennen gab, dass ich mit all meiner hohepriesterlichen Weisheit ein allerbarster Pfuscher gegen Ihn bin.

7. So aber das doch nach diesem meinem Zeugnis der unwiderlegbarste Fall ist, da sehe ich nicht ein, warum wir das nicht dulden sollten, und warum das gerade der Grund wäre, dass darob der Herr verzöge.

8. Im Gegenteil wird Er darum nur bei weitem eher da sein, als du Ihn erwartet hättest.

9. Sehe nur den Lamech und den Hored an, deren Weiber sich doch bei dem Mann befinden und Ihn lieben bis zum Sterben. Siehe, diese beiden hätten das erste Recht, ihren Weibern solche Benehmungsweise vorzuhalten und sie darum von der Stelle zu treiben; aber sie sind ruhig und opfern liebewillig alles dem Herrn auf und sagen bei sich: ‚Der Herr weiß darum und hat Seinen heiligen Liebesgrund, warum Er solches geschehen lässt!'

10. Wenn aber diejenigen, die der Schuh drückt, nicht wehklagen, welchen Grund sollen wir Ledigen dazu haben?

11. Höre mich aber noch weiter, du herrliche Purista! Siehe, der Mann dort hatte zu mir geredet und sprach: ‚Henoch, sende Mir zur Heilung der Torheit dieser Weiber auch die Purista hierher!' – Was wirst du nun tun?"

12. Hier errötete die Purista und sagte nach einer Weile mit großer Verlegenheit

zum Henoch: „Aber Henoch! Was verlangst du von mir, und was jener Mann dort? Weißt du denn nicht, welch ein Gebot mir der Herr gegeben hatte?!"

13. Und der Henoch erwiderte: „Dafür weiß ich so gut wie du; denn deine Hütte muss mir ja untertan sein, da mir der Herr ja doch alles geistliche Oberamt auf der Erde übergeben hat! Aber dennoch sage ich, der alleinige Hohepriester Gottes auf Erden, zu dir: Gehe hin zu jenem Mann zur Wohlfahrt aller der Weiber dieser Gegend; denn wirst du nicht hingehen, so wird der Herr nicht erscheinen! Also folge meinem Rat!"

14. Die Purista ward bei dieser Rede Henochs ganz schamglühend und wusste nicht, was sie tun sollte. Nach einiger Zeit aber ermannte sie sich doch wieder und wandte sich wieder, also fragend, an den Henoch:

15. „Du hast doch ehedem gesagt, dass du den Mann alsogleich völlig erkannt hast; möchtest du mir denn daher nicht auch sagen, wer der Mann sei?"

16. Und der Henoch erwiderte ihr: „Herrliche Purista, nun bist du gereinigt, und so kann ich dir nun ganz im Stillen sagen, dass der Mann zu mir gesagt hatte, ich solle dir sagen, dass du darum zu Ihm kommst, da Er der Herr ist! Aber schweige vorderhand, und gehe hin! Amen."

17. Als die Purista solches vernommen hatte, tat sie auch gleich der Ghemela einen lauten Schrei voll der höchsten Entzückung und lief hin zum Herrn. Bei Ihm angelangt, warf sie sich alsbald zu Seinen heiligen Füßen, umfasste dieselben und bedeckte sie mit Tränen der Freude und höchst reinster Liebe.

18. Der Herr aber erhob sie dann und nahm sie auch auf Seinen Arm.

19. Als aber solches die anderen Weiber sahen, da ward es aber auch ganz und gar völlig aus. Sie fingen förmlich an zu heulen und zu verwünschen diesen Platz und stürzten sich also zu der Eva hin und zeigten ihr solchen Gräuel an und klagten gewaltigst über solche Ungebührlichkeit.

20. Die Eva aber sagte zu den jammernden Weibern: „So lasst doch die Männer zuerst klagen, die da unsere Herren sind, und greift ihnen nicht vor! Wenn sie klagen werden, dann könnt ihr weinen, aber es soll nie des Rechtens sein, so da ein Weib klagt!

21. Ich bin eure Mutter und bin euch allen noch ein lebendiges Ebenmaß; so ihr aber anders sein werdet, wie ich es bin, da wird die Welt durch euch zugrunde gerichtet werden!

22. Ich habe einmal nur meinem Herrn vorgegriffen, und dieser Vorgriff hätte nahe der ganzen Schöpfung das Dasein gekostet!

23. Hat Sich aber schon der Herr meiner Schwäche erbarmt, so geschah aber solches doch auf Kosten des Todes unseres Leibes.

24. Was werdet aber demnach ihr durch euer Geklage bewirken, da ihr dadurch der Ruhe der Herren vorgreift?! Besinnt euch daher, und ertragt alles mit Geduld und großer Hingebung, so werdet ihr gerecht sein vor Gott! Denn die Gerechtigkeit des Weibes besteht in der alleinigen Sanftmut ihres Herzens; ein klagendes Weib aber ist ein Dorn im Auge Gottes.

25. Daher klagt nicht, da ihr sanftmütig und duldsam sein sollt! Denn die Klage des Weibes ist ein scharfes Messer und zerschneidet die Treue des männlichen Herzens; aber die Sanftmut ist ein starkes Band, welches die Herzen der Herren an

uns fesselt, und die Herren werden es nicht zerreißen.

26. Versteht solches, fügt euch in die göttliche Ordnung, und schweigt! So ihr kein Gesetz habt, warum tut ihr denn, als hättet ihr eines? Lasst daher die Herren walten und schlichten!"

27. Nach dieser Rede Evas verstummten endlich die Weiber, und der Henoch berief den Sehel zu sich und sagte zu ihm: „Bruder, der Herr bedarf deiner! Daher gehe hin zu Ihm, da du Ihn siehst auf jenem Rasenhügel; aber verrate Ihn nicht vor der rechten Zeit!

28. Der Herr aber wird dich nun verklären und dann ermächtigen zu Seinem großen Weltendienst!

29. Gedenke aber in deiner großen Klarheit meiner, denn auch mich wird der Herr dereinst verklären also, wie Er nun dich verklären und endlos bevollmächtigen wird.

30. Eile daher nun hin zu Ihm, zu deinem und meinem Gott! Amen."

31. Voll der höchsten Freude und Liebe eilte der Sehel alsobald hin zum Herrn. Als er aber den Hügel erreichte, da stand der Herr auf, reichte ihm die rechte Hand und sprach:

32. „Sehel, sieh, Meine großen Äcker sind bestellt, der Same ist in die Furchen gelegt; nun braucht er der guten Pflege, damit er aufgehe und reife zur ewig lebendigen Frucht!

33. Daher berufe Ich dich nun zurück, und gebe dir eine große Macht, zu wirken im endlosen Weltenraum nach Meinem Willen.

34. Hier ist das Schwert Meiner Macht, und dort der Feind Meiner Liebe; ergreife es, gehe hin und kämpfe allezeit gegen den Drachen! Amen."

35. Hier verschwand plötzlich der Sehel und ward fürder nicht mehr gesehen.

36. Als solches die Gäste und die Weiber sahen, überfiel sie eine große Angst, und alle sagten: „Dieser Mann muss ein großer Machtbote des Herrn sein!" und fielen dann auf ihre Angesichter nieder und beteten Gott an.

Inhalt

534

Über diese Edition

Der Text dieser Edition entspricht dem Originalmanuskript (bis Kapitel 241) und der Erstausgabe von 1882. Angepasst wurde lediglich die Rechtschreibung. Die Kapitelüberschriften wurden neu hinzugefügt. Anmerkungen oder Ergänzungen des Editors befinden sich in eckigen Klammern.

Bei der Überprüfung des Textes der 5. Auflage (2000, Lorber-CD) des Lorber Verlages wurden im Vergleich mit der Erstausgabe und dem Manuskript die folgenden inhaltlichen Unterschiede festgestellt:

„Löschung" bedeutet, der Text in Klammern ist in der Erstausgabe oder im Manuskript vorhanden, nicht aber in der 5. Auflage. „Einfügung" bedeutet, der Text in Klammern ist nur in der 5. Auflage vorhanden.

Etliche Superlative wurden in der 5. Auflage durch die Grundform ersetzt (und umgekehrt). Diese Eingriffe werden hier nicht aufgelistet, obwohl es sich auch um inhaltliche Unterschiede handelt.

2.3 Denn diese Muttermilch enthielt damals, selbst materiell genommen, nicht selten mehr, denn jetzt in dieser sogenannten aufgeklärten Zeit die größten von Staub und Motten [Löschung (vgl. Manuskript): <u>der Gelehrten</u>] zernagten Bibliotheken [Einfügung (vgl. Manuskript): <u>der Gelehrten</u>].

Staub und Motten der Gelehrten (nicht der Bibliotheken) bezeichnen die Vergänglichkeit (Staub) und zerstörerische Natur (Motten) ihrer Lehren.

3.9 O Du mein [Löschung (vgl. Manuskript): <u>allein</u>] allergeliebtester Jehova, siehe, ich kann nichts herausbringen; denn ich fürchte mich ganz gewaltig vor ihm!

3.20 ... und gestatte mir, zu schweigen auf die Frage, obschon sie ist voll des reinsten Verlangens, aber dennoch kam aus einem Munde<u>, einen</u> [Manuskript: <u>einer</u>] solchen ich noch nie erkannt habe!

Lamech hat Ghemela noch nicht erkannt (d.h. als seine Frau begehrt), nicht nur ihren Mund nicht.

8.26 Aber hütet euch ja, <u>jemandem</u> [Manuskript: <u>niemanden</u>] etwas zuleide zu tun, – sondern trachtet nur, <u>jedermann</u> [Manuskript: <u>jemanden</u>] zu helfen!

12.16 Was Meine Liebe <u>zu</u> [Manuskript: <u>in</u>] euch? – Das Wehen eines sanften Windes über ein unempfindliches Steingeröll!

18.8 Denn wie ich jetzt gesehen habe, so sind dir ja Himmel und Erde in einem so hohen Grade untertan, daß, so ich nicht mit der größten mir denkbar möglichen Liebe an dem heiligen Vater der Himmel [Einfügung (vgl. Manuskript): <u>und</u>] aller Erden hinge, ...

22.22 … verwaltet es getreu, so werde Ich euer euch allzeit segnender Gast verbleiben hier, wie einst jenseits [Löschung (vgl. Manuskript): ewig] in Meinem großen Vaterhause!

24.8 Nun weißt du aber auch, daß Ich vom Grunde des Herzens [Manuskript: Grundes] aus demütig, überaus sanftmütig, milde, langmütig und überaus geduldig bin!

24.13 … wenn es sie aber hungert und dürstet, da laufen sie doch in aller kindlichen Liebe und Ergebung zu den Eltern und bitten sie um [Manuskript: ums] Brot, und so sie das Brot empfangen aus den Händen der Eltern, danken sie den Eltern mehr durch den frohen, heiteren Genuß desselben als durch eine zu übertriebene Ehrfurcht und Angst vor ihnen und daneben mit einem viele Arme [Manuskript: Amen] langen, wenigsagenden Wortdanke!

25.16 Und der Henoch dankte dem hohen Abedam für diese große Befreiung und Stärkung im Herzen auf das inbrünstigste und sprach redlich [Manuskript: endlich]: „Amen; Dein heiliger Wille geschehe!

25.69 Aber eben aus dieser Vernichtung [Manuskript: Verrichtung] geht erst dann ein neues Leben hervor, ja ein Leben in Gott, unser aller liebevollstem heiligem Vater!

Aus bloßer weltlicher Vernichtung geht kein neues Leben in Gott hervor, sondern aus der Verrichtung der Opferung. Siehe dazu auch Vers 74.

25.75 … so lassen wir es bei dem alleinigen Vernehmen nicht verbleiben, sondern machen das Vernommene durch Worte im eigenen Herzen [Löschung (vgl. Manuskript): stets] vernehmbar, damit es von da übergehe in das Blut und vom Blute in alle Glieder unseres Wesens zur lebendigen Tat;

27.19 Bevor jedoch, als du mich zu würgen und in Stücke zu zerreißen wirst anfangen, muß ich dir noch sagen [Manuskript: doch zeigen], …

27.31 Ist er wirklich von irgendeinem höchsten Wesen zu mir gesandt, etwa von dem alten Gotte, dessen gewaltige Stimme ich schon einmal lebhaft [Manuskript: selbsten] vernommen hatte, …

28.12 Hast Du gestern denn all die Blitze verbraucht?! Siehe, hier wären nun einige Tausende ja überaus gut zu gebrauchen gegen diese Frevler [Manuskript: diesen Frevel]!

28.14 O Sonne, du leuchtende große Werkstätte der großen [Manuskript: straffenden] Blitze des Herrn, …

34.16 … daß eben dieses scheinbare Strafmittel ein gar großes Mittel, ja eines der allerwichtigsten Mittel zur Erreichung des wahren, vollkommenen, allerseligsten, ewigen [Manuskript: wahren vollkommen allerseligsten ewigen] Lebens in Mir ist?!

38.10 Und du, Seth, du Enos, du Kenan, du Mahalaleel, du Jared, und du auch, Mathusalah, aber gehet nach Hause mit euren Weibern und [Löschung (vgl. Manuskript): anderen] Kindern, und sorget für Speise und Trank in gerechter Menge;

39.2 Als sie aber ungefähr den halben Weg zurückgelegt hatten, da auch erst fing der Hored an, ein wenig aufzutauen von seiner übermäßigen Liebwonnestummheit und einen tiefen Odem zu schöpfen für ein ernstes, [Manuskript: erstes] großes Wort in diesem neuen Zustande.

40.5 Darum auch der Adam alsbald anfing, den neuen [Manuskript: neun] Lobschreiern ihren Ungehorsam gegen des Herrn Wort heftig zu verweisen.

41.21 Wenn du aber bis jetzt nur zwei Pole an Mir entdeckt hast, so ist das nur deine Schuld; frage aber diese neu [Manuskript: neun] Angekommenen, – sie werden dir vom dritten Mittelpole große Wunder erzählen!

42.12 ... verlor all seine frühere Furcht und begann folgende sehr bemerkenswerte Worte an den Erzvater [Manuskript: Erdvater] Adam zu richten, welche also lauteten:

51.8 So aber da jemand ein Licht nähme zur Nachtzeit und möchte es stellen bald auf einen Berg [Manuskript: Weg], bald in ein Tal und bald an verschiedene Orte, – wird sich da das Licht irgend ausnehmen, als wäre es nicht am rechten Platze?

53.14 Lasse aber, liebster Bruder, vorderhand deine zu großen Gedanken; denn wahrlich wahr, mir kommt es vor, als wäre das zu endlos Große auch zu endlos heilig für unsere noch ungefegten [Manuskript: ungesegneten] Herzen!

55.4 ... mit dem Sinne meiner leeren Zungenwetzerei vergleichen dürfte, welcher Unterschied endlos ist und ist für jede geschaffene Zunge [Löschung (vgl. Manuskript): ewig] unaussprechlich.

55.9 Und alle respondierten [Manuskript: corespondirten], sagend: „Ja, ewig überhoch gelobt und über alles gepriesen sei unseres großen heiligen Vaters überheiliger Name! Amen."

Respondieren bedeutet „antworten", korrespondieren „mit etwas übereinstimmen".

68.12 Doch, wie Ich es aber [Manuskript: oben] schon anfangs bemerkte, soll dir für diesmal dieser Fehler zu keiner Sünde gerechnet werden;

Die Figuren der Neuoffenbarung sind sich der Aufzeichnung ihrer Rede bewusst. Sie durchbrechen die vierte Wand und sprechen zum Leser. Dies ist nicht die einzige Stelle in der Neuoffenbarung, wo dies vorkommt.

70.3 Und der Juribael trat ehrfurchtsvollst aus der Mitte seiner Brüder hin vor den Abedam und fing im Vollergusse seiner echten [Manuskript: rechten] Liebe zu Mir also zu reden an:

72.23 Bald darauf aber streckte der neue Keimherzmensch seinen Arm [Manuskript: seine Arme] aus und wollte mich äußeren Menschen gefangennehmen.

73.14 Daher sage mir wenigstens nur drei Worte, damit ich nicht gar so dumm dastehe und blind anhöre, was alles da verhandelt [Manuskript: verkündet] wird;

76.2 Höre und verstehe, du, Mein [Löschung (vgl. Manuskript): lieber] Thuarim:

76.15 Der Sand aber bedeutet alle die Wißtümlichkeiten [Manuskript: Weltwissthüm-lichkeiten], wenn sie anfangen, völlig das Herz der Seele gefangenzunehmen, wodurch dann dieses in große Angst und Verwirrung gerät ob des Druckes und der Nacht, – was alles der Verstand über das arme Herz verhängt.

78.10 Gott, [Einfügung (vgl. Manuskript): Vater], Du ewige, allerreinste Liebe, der Du heilig, heilig, heilig bist!

81.7 Der Horedon aber meldete sich sogleich aus einem ganz entgegengesetzten Punkte und sagte [Löschung (vgl. Manuskript): nahe] weinend:

83.5 Denn er hat Mich, Gott, den ewigen, unendlichen, ja den über alles erhabenen Gott voll Macht, Kraft und Heiligkeit, als den liebevollsten, allein nur wahren Vater [Manu-skript: Gott] in sich und ist also völlig in Mir, das heißt in aller Meiner Vollkommenheit, welche da ist Meine unendliche Liebe, Gnade, Weisheit und Stärke.

83.19 Ihr sollet aber als wahre Kinder nur [Manuskript: nun] das erkennen, daß da ein großer Unterschied waltet zwischen jenen, die da erkennen einen Gott und Schöpfer, und jenen, deren Herz Gott alsbald heißliebend erfaßt und Ihn nimmerdar ausläßt und sich auch dann um nichts mehr kümmert als nur darum, wie es könnte Gott [Einfügung (vgl. Manuskript): stets] liebender erfassen.

85.4 Aber darum, daß ihr euch gewisserart usurpatorisch dieses Namens bedientet und Mich Selbst eben also ‚Vater' riefet, waret ihr noch nie [Manuskript: nicht] Meine wah-ren Kinder; da waret ihr nur noch pure Wortkinder [Manuskript: Weltkinder], wie Ich nur ein Vater in eurem Munde.

86.4 Wer also liebt wie er, der wird auch das erfahren, was nun [Manuskript: nur] er erfährt!

Nur Jorias ist dem Leibe nach weißglühend geworden. Was die anderen erfahren, wird in der Folge beschrieben.

88.3 Aber noch bist du dem Geiste [Manuskript: Gefühle] nach nicht reif genug, daß du verbleiben könntest in dieser Glut schon als für beständig;

88.4 An dem Weibe wirst du dich erst erproben und festen nach und nach für solche bleibende Glut der mächtigsten [Manuskript: nächsten] Liebe zu Mir;

93.20 Ich habe nicht umsonst den unendlichen Raum eines Bruders wegen erfüllt mit zahllosen Wesen [Manuskript: Welten] aller Art, habe nicht zahllose Geisterheere um-sonst aus Mir gerufen!

94.15 Jetzt aber, da deine Liebe sich auch mit der [Löschung (vgl. Manuskript): dir] mög-lich größten Demut vereinigt hat, bist du in aller Wahrheit und Wirklichkeit ein vollkom-men rechter lieber Bruder Meiner Liebe!

95.4 Heiliger Vater, siehe, sollen wir nicht den sonst üblichen Sonnengruß singen, der mich so lange schon an jedem heiteren Morgen so hehr [Manuskript: sehr] erbauend erquicket hat?

101.2 Meine Worte, die da kommen aus Meinem Munde, sind tötend für solche, die nun [Manuskript: nur] mehr aus dem Geiste der Schlange leben.

103.2 Denn siehe, bis auf die Helfershelfer des Befehlshabers samt ihren Weibern und Kindern [Löschung (vgl. Manuskript): und bis auf den Anführer selbst mit eben auch seinen Weibern und Kindern] haben alle andern, einige Tausend an der Zahl, seit drei Tagen nichts gegessen außer etwas saures Gras und einige bittere, wilde Waldwurzeln!

104.5 ... übergebend zugleich auch dem Ersten der Zeile das Gefäß mit dem Getränke und ein Gefäß mit dem allerreinsten [Manuskript: allerfeinsten] Honig, damit, wenn der Erste davon nach Bedarf genossen hatte, er es gebe seinem Nachbarn, und das also fort bis ans Ende der Zeile.

105.5 Da ich aber also gesetzt wurde zum ersten Menschen und somit auch zum Vater der gesamten Menschheit in leiblicher Hinsicht, so kannst du ja wohl bedenken, wie grob [Manuskript: groß] deine Lästerung war, da du mich ein Scheusal nanntest –

106.14 Oder, so er aber alle behält und sorgt für die Herzen aller der Kinder seiner zehn Weiber, und die Weiber [Löschung (vgl. Manuskript): und Kinder] aber, ...

110.2 Nachdem er aber gedankt hatte dem Herrn für so viel Gnade, Liebe und Erbarmung, da bat er aber auch alsbald [Löschung (vgl. Manuskript): den heiligen Geber aller guten Gaben] fragend, ...

111.25 Daher wirst Du mir ja wohl vergeben, so ich dadurch über Dein Gebot [Manuskript: Deine Gebothe] hinaus gehandelt habe;

113.17 Wehe aber dir, so du dir würdest zu einem Selbstmörder; Ich sage dir: Es gibt keinen so schnellen Augenblick, als wie schnelle Ich da dich samt aller Schöpfung [Manuskript: Schöpfungen] preisgeben würde Meinem Zornfeuer mit Ausnahme der wenigen Treuen!

114.6 Siehe mich daher allergnädigst an in der einfachen Person, die da vor Dir liegt im Grunde [Manuskript: Staube] aller Nichtigkeit, und erhebe diese zum Lichte und somit zur Einheit mit Dir!

117.17 Um des allein einig [Manuskript: ewig] wahren Gottes willen, was habe ich Blinde getan?

119.17 Nach dem verließen die Träger die Hütten [Manuskript: Hütter] und eilten aus den Kammern hinaus.

Gemeint sind die Hüter des Hauses, was sich aus dem Zusammenhang ergibt.

120.24 Darauf richteten sich die zehn alsbald wieder auf, nahmen ihre Körbe und folgten Ihm auf die Höhe und schämten sich ihrer großen [Manuskript: groben] Torheit und baten darob den Abedam um Vergebung ihrer so großen Torheit.

121.10 Jehova, Du allmächtiger [Manuskript: überheiliger] Schöpfer aller sichtbaren und unsichtbaren Dinge, Du weißt es ja, wie arg es sicher wider Deinen allerheiligsten Willen dort unten zugeht!

121.11 Du bist ja jetzt auch noch gerade also allmächtig, wie Du es damals warst, als Du hast Himmel und Erde werden lassen; wäre es denn Dir nicht möglich, die Tiefe augenblicklich zu bessern und vollkommen Deinen Wünschen [Manuskript: Deinem Willen] gemäß umzugestalten?!

124.29 ‚O setze nicht Schranken dem großen Fluge Deiner freiesten Gedanken, sondern lasse sie wieder frei schweben in den großen Kreisen Deines ewigen Lebens im vollkommenen Bewußtsein ihrer lebendigsten Kraft aus Dir [Manuskript: Mir]!'
Der göttliche Wille tritt den göttlichen Gedanken in den Weg, damit sie ins Dasein treten. Ihre lebendige Kraft haben die Gedanken aber aus der göttlichen Liebe, durch die das Dasein der göttlichen Gedanken dann wieder ein freies wird.

126.5 Doch nimm dies Wort nicht also auf, / Als zwäng' es dich zum Lebenslauf; / In deinem Herzen mußt du's finden / Und Mir es alsdann frei [Manuskript: Mir's dann frey und treu] verkünden!

129.3 Kenan, du wohlgeordneter Sänger Meiner Tage, Ich erblicke schon seit längerer Zeit ein gutes Lied in deiner Seele, und sehe, wie es dich drängt, darob du es von dir geben möchtest Mir zum freien [Manuskript: feinen] Preise;

130.26 Willst du es aber fallen lassen auf zeitweise oder auf immer, so steht dir solches auch frei, darum du nun geworden bist vollends ein Leben und wirst als solches verbleiben vollkommen [Manuskript: vollkommener] stets ewig!
Obwohl die Rechtschreibung der eigentlich verkehrten Ansicht ist, dass zum Adjektiv „vollkommen" kein Superlativ gebildet werden kann, macht dies die Neuoffenbarung in etlichen Fällen. Das ewige Leben ist zwar vollkommen, aber diese Vollkommenheit kann dennoch ewig gesteigert werden.

132.10 ... daß die damalige Voraussage [Manuskript: Vorsage] Adams so gut wie ganz vollkommen leer war, aus welchem Grunde hauptsächlich Ich auch bei dieser Gelegenheit diesem verhängnisvollen Berge ein Ende machte und somit auch der noch verhängnisvolleren Voraussage [Manuskript: Vorsage] Adams!
Es war keine Voraussage, sondern eine Vorsage, womit ausgedrückt wird, dass Adam eine falsche Meinung hatte.

132.11 Was aber deine Gemütsfragen betrifft, so sage Ich dir fürs zweite, daß sie noch um sehr vieles leerer sind denn die Voraussage [Manuskript: Vorsage] Adams.

136.2 Es staunten [Manuskript: standen] aber einige und fragten sich gegenseitig: „Was ist es denn, darüber sich der Vater Mahalaleel gar so freut?
Dass sie standen ergibt sich auch aus Vers 13 dieses Kapitels und Vers 1 des nächsten.

136.10 Was bebet ihr nun allhier vor dem Angesichte eines Fröhlichen, dessen Herz voll Freuden geworden ist, darum es [Manuskript: er] verstanden hat und aufgenommen Meine Gnade?!

137.21 Saget daher nicht untereinander: ‚Dieser Fleck Erde gehört mir, und dieser Baum ist mein Eigentum, und mit meinem Leibe [Manuskript: meiner Liebe] kann ich tun nach meinem Behagen!'

139.21 … da auch äußert Er Sich möglicherweise für endliche Wesen, wie ihr es seid, durch Seine Liebe, welche da ist das eigentliche Grundwesen Gottes und der Sammelpunkt aller Macht, Kraft und Heiligkeit [Manuskript: Herrlichkeit] des unendlichen Geistes.

142.10 Darauf berief Er die [Löschung (vgl. Manuskript): fünf] Brüder Lamechs zu Sich …

147.20 Ich glaube heimlich bei mir, Jehova hat uns allen in Abedam einen neuen Prüfungsstein gegeben, an dem wir etwa unsere Festigkeit erforschen sollen; denn sonst wäre [Einfügung (vgl. Manuskript): mir] meine bleibende Dummheit bei meinem Berufe ja noch unerklärlicher [Manuskript: unerträglicher] als ein Stern, der noch nie aufgegangen ist!

162.27 Denn der blinde Zufall hat dich sicher nicht weiser gestaltet denn uns; und warum solltest gerade du mehr sein [Manuskript: sehen] denn wir, …

166.8 Höre aber noch ein [Löschung (vgl. Manuskript): kleines] Gleichnis!

168.12 Nun sollte nur noch unser Vorstand [Manuskript: Verstand] seine Äußerung von sich geben, und es wird sich dann gar bald zeigen, wohin die Mehrheit der Stimmen sich neigt!

Aus dem Zusammenhang wird ersichtlich, dass eher der Vorstand als der Verstand gemeint ist, wobei allerdings der Vorstand als wie der Verstand spricht und die ganze Geschichte überhaupt weniger historisch als vielmehr ein Entsprechungsbild der Gotteserkenntnis sein dürfte.

168.14 Er, der durch ein Wort einst Himmel und Erde und alle zahllosen Geschöpfe daraus [Manuskript: darauf] erschaffen hat, hat nun so viele Worte zu uns geredet!

172.5 Es wurde ihnen alles gezeigt, und es fehlten nicht zierliche [Manuskript: zirlich geschmückte] Zofen, …

173.7 Was haben die armen Mägde, die da Lamechs endlose Grausamkeit [Löschung (vgl. Manuskript): und teufliche List] verführt und verlockt hatte zu seinen niedrigsten Zwecken, …

180.21 Verstehe es, du machtstolzer Frevler [Manuskript: herzloser] an mir, dem Könige dieses unglücklichen Fluchlandes!

182.16 Meine Sache dabei ist daher, dasselbe nur allergetreuest [Manuskript: allergenauest] zu überbringen und es dann dem Bedürftigen genauest zu verabfolgen;

184.15 Solches beachte sonach auch stets zu deinem großen Troste in dir, so wirst du dem heiligen Vater auch stets angenehm sein, und Er wird [Löschung (vgl. Manuskript): dir] um solchen Dank eher tausend Gnaden verleihen – denn für den Munddank eine!

185.6 O der unendlichen Kluft zwischen mir und euch! Ihr, geboren aus dem ewigen Lichte Gottes und für ewig belebt [Löschung (vgl. Manuskript): durch Seine unendliche Liebe, ja] durch Seine unendliche Vaterliebe, – ich, ein Kind der Schlammesbrut der Erde, ein Sohn der Schlange, wie es war der Vater Kahin!

187.13 Doch ihr seid ja nicht mir ungehorsam, sondern Gott dem Allmächtigen [Manuskript: Allerhöchsten];

188.23 Hier sprang der Lamech, nahe vor Freude toll [Manuskript: voll], in die Höhe, lobte und pries Gott für diese für ihn nun unaussprechlich große Gnade und schickte alsbald die Weiber und Mägde, daß sie brächten das Allerbeste aus seinen Speisekammern.

190.1 Als sich nun alle hinreichend gesättigt hatten, da standen sie auf, dankten Mir für die Gabe [Manuskript: Gnade], und der Sethlahem sagte zu den Weibern und Mägden:

202.17 Die arge [Manuskript: arg] Gewählte verschwand alsbald, und eine Neugewählte folgte, Gott lobend und preisend, alsogleich dem Thubalkain hin zum Kisehel.

Obwohl die Gewählte zwar eine arge war, bezieht sich diese Aussage auf die arge Wahl, was auch aus Vers 15 in diesem Kapitel hervorgeht.

209.14 ... mehrere Trümmer lagen zertrümmert und kleinst zersplittert auf dem weiten Gebirgsboden in krasser [Manuskript: großer] Unordnung zerstreut, –

210.1 Als die Arbeiter, bei dreitausend an der Zahl, nun vollends mit den Werbern [Manuskript: Weibern] an der Stelle angelangt waren, ...

217.20 Liebet Ihn [Einfügung (vgl. Manuskript): darum] aus allen euren Kräften;

Die wahre Gottesliebe ist rein und ohne materielle Motivation, was hier durch die Einfügung impliziert wird.

218.9 Denn noch sehe ich selbst den Grund nicht ein, warum er vor mir [Löschung (vgl. Manuskript): , vor dir] und vor den hinter uns stehenden anderen sechs Brüdern sein Angesicht verbirgt!

220.11 Nun aber hat uns dieser mächtig [Manuskript: mächtige] große Freund Gottes die reinste Wahrheit gezeigt!

222.21 Am Abende aber, so ihr euch gestärkt habt mit mehreren Brüdern aus der [Löschung (vgl. Manuskript): armen] Tiefe, segnet sie in Meinem Namen, und lasset sie dann zur nötigen Ruhe gehen!

224.26 Also bleibet nur allezeit [Manuskript: alle allzeit] bei der Liebe, und es soll am Ende doch alles gewonnen sein!

227.12 Ich übergebe sie dir; denn nur dir gebührt es, damit zu öffnen das, was Gottes ist, das heißt, was da ist zu Seiner Ehre und Seinem Lobe [Manuskript: seiner Liebe] errichtet von uns nach Seinem allerheiligsten Willen!

234.9 Wenn der allmächtige Herr und allerliebevollste [Einfügung (vgl. Manuskript): heilige] Vater mit uns ist, dann vermögen wir in Ihm und durch Ihn alles; ohne Ihn aber vermögen wir nichts!

236.10 Mein Lamech, kennst du noch nicht den Hauptschlüssel, mittels welchem jeder das [Einfügung (vgl. Manuskript): große] Tor des ewigen Lebens sogar für sich eröffnen kann?

238.2 … und durch die oberste Reihe aber ein blaues, gegen die beiden Seiten hin aber ins [Löschung (vgl. Manuskript):hell] Violette übergehend.

244.11 Solches ist wahrlich wahr geschehen, und die mächtigen lebendigen Cherube auf lichten Wolken zu beiden Seiten des Altars, auf dem der allerheiligste Name des herrlichen Mannes ruht, bezeugen solches, und die lichte [Einfügung (vgl. Erstausgabe): große] Wolke über dem Altare zeigt auch solches an!

245.14 Wie aber solches [Einfügung (vgl. Erstausgabe): gar leicht] ersichtlich bei den Kindern der Fall ist, also ist es auch um so mehr der Fall bei dem erwachsenen Menschen, indem dieser ausgebildeter Leidenschaften fähig ist, die dem Kinde noch fremd sind.

245.18 Die geistige Kost aber ist dem Geiste ein belebender Regen [Erstausgabe: Segen] vom Himmel, unter welchem er gar bald zu einer [Einfügung (vgl. Erstausgabe): herrlich] kräftigen und wohlduftenden Blume des ewigen Lebens erblühen wird.

246.7 Der Lamech als König hätte dich für diese Widerrede alsogleich binden und ermorden lassen; Lamech, der von Gott gestellte Führer, aber tritt zu dir hin, [Einfügung (vgl. Erstausgabe): umarmt dich] und spricht zu dir:

246.13 Ich werde heute noch mein [Erstausgabe: ein] getreues Weib, meine zwei Brüder und meine sieben Kinder – drei Knaben und vier erwachsene Töchter – sehen, welche, zum Tode verurteilt, ins Gefängnis kamen, da sie nicht wollten den Lamech als Gott anbeten!

247.12 Siehe, das ist die [Einfügung (vgl. Erstausgabe): große lebendige] Bedeutung des Tempels und aller seiner Einrichtung:

249.2 … daß Er fürder und allezeit mit Seiner so hehr [Erstausgabe: sehr] segnenden Gnade bei ihnen verbleiben möchte und möchte sie beschützen vor jeglichem Übel am Geiste, wie auch am Leibe.

250.14 Wäre Gott allein Gott, so wäre ewig nie etwas erschaffen worden, sondern alles wäre noch ein nur für Ihn schaubarer [Löschung (vgl. Erstausgabe): ewiger] unendlicher Gedanke, – aber kein Wesen erfreuete sich des freien Daseins in Gott!

250.17 Deine Seele ist gezeugt vom Vater, welcher ist die [Löschung (vgl. Erstausgabe): ewige] Liebe in Gott.

253.7 … der heute um die Tagesmitte an der Seite jenes [Erstausgabe: jener] greisen Weisen aus der Höhe sich befand, als der Lamech die mit dem Namen des Gottes Faraks bezeichnete Tafel hinaustrug in den Tempel.

253.13 Worin aber solches bestehen möchte, das herauszubringen, wird für uns zwei [Einfügung (vgl. Erstausgabe): , wie für jeden von uns,] wohl überaus schwer werden!

254.17 Als das [Einfügung (vgl. Erstausgabe): arme] Volk solches vernommen hatte, da fing es plötzlich an zu jubeln, und jede Zunge lobte und pries den Gott Faraks.

257.17 Siehe, also war es, also ist es nun, und wie wird es sein fürder? [Einfügung (vgl. Erstausgabe): Solches weiß Ich wohl;] soll Ich dir's aber sagen?

258.1 … und ein jeder beriet sich mit seinem Nachbar [Erstausgabe: seinen Nachbarn], wie da zu nehmen wären die Worte des armen Mannes:

258.9 Glaubet Mir nicht, sondern liebet Mich als den alleinig wahren Vater, so wird die Flamme der Liebe euch zu einer [Erstausgabe: zur reinen] hellsten Leuchte werden, …

259.4 Ihr habet euch alle nun bis auf einen vor Mir in der Liebe eingefunden und habet erkannt Mich, euren [Einfügung (vgl. Erstausgabe): ewigen] Gott und Vater, auch in dieser armen Gestalt.

261.11 [Einfügung (vgl. Erstausgabe): Ja, er wird den Sohn auf die Schulter nehmen] und wird ihn bringen vor einen geistmächtigen Weisen, auf daß dieser ihm wieder verschaffe das Gehör und das Gesicht.

261.17 [Einfügung (vgl. Erstausgabe): Genügt dir dieses nicht, so bleibe, wie du bist;] genügt dir aber dieses, so wirst du keines andern bedürfen, – denn es wird dir dieses ohnehin das Höchste sein!

261.18 Du willst wie eins und eins [Löschung (vgl. Erstausgabe): gleich 2] einen Beweis haben.

265.11 O so laß Dich denn lieben von mir nach aller meiner Kraft; ja, laß dich doch von mir so stark lieben [Erstausgabe: , so stark], daß mich das Feuer der Liebe zu Dir gänzlich verzehren möchte und ich völlig ersterbe in der Liebe zu Dir, o Du mein Gott, mein Jehova, mein heiliger, guter Vater!

266.2 … denn wahrlich, ein mächtiger Geist in der wahren Erkenntnis, [Löschung (vgl. Erstausgabe): , ein treuer Geist,] ein unwandelbarer Geist kann allein ein Retter des Weltenalls werden!

267.5 Wenn wir diese Geschichte wörtlich geben müßten, fürwahr, wir könnten nicht anders sagen als: Gnade [Erstausgabe: Gerade] dem Stützigsten;

Gemeint ist, dass gerade dem Stützigsten eine besondere Gnade zuteilwurde.

267.14 Dann erst werde Ich euch erforschen, ob ihr im Ernste völlig rein seid vor Mir, und werde die völlig Reinen dann auch wohl erwählen für eine höhere Amtsgnade [Löschung (vgl. Erstausgabe): des Lebens aus] aus Mir;

268.2 Als aber der Lamech solche Anzeige vom Herrn erhielt, da fiel er aus übergroßem Dank- und Liebesgefühle vor dem Herrn nieder und lobte und pries Ihn aus allen seinen Leibeskräften [Erstausgabe: Lebenskräften], daß Er ihm gerade in diesem wichtigen Punkte aus der Verlegenheit geholfen hatte.

268.9 Zehn drei Manneslängen hohe Säulen sollst du aus dem reinsten [Einfügung (vgl. Erstausgabe): weißen] Marmor meißeln lassen also, wie Ich es dem Mura und dem Cural anzeigen werde.

269.11 Sehet, also müsset ihr in aller Zukunft den Herrn [Einfügung (vgl. Erstausgabe): Himmels und der Erde] suchen, so werdet ihr Ihn auch allezeit gar leichtlich finden!

270.5 Und so denn zeige solches den Gästen an, und lasse sie bringen in ein reines Schlafgemach [Erstausgabe: reine Schlafgemächer]!

270.6 Ich und diese meine sieben Brüder werden unser Lager hier nehmen; du aber tue [Einfügung (vgl. Erstausgabe): mit dir] und deinen Angehörigen, was du willst!

270.10 Es brannten aber noch die Naphthatöpfe stark vor den Fenstern (denn in Hanoch war es Sitte, vor jedem Fenster einen tönernen [Einfügung (vgl. Erstausgabe): oder auch ehernen] Topf zu haben, ...

271.7 ... uns ein so großherrlichstes Morgenbrandopfer Seiner Liebe, Gnade und Erbarmung in der aufgehenden und den ganzen Tag hindurch göttlich brennenden, alles erleuchtenden, erwärmenden [Erstausgabe: ernährenden] und belebenden Sonne anzündet!

271.9 Sehet die noch am Firmamente hehr [Erstausgabe: höher] prangenden Sterne;

274.4 ... Ihn fürs erste als die [Löschung (vgl. Erstausgabe): allerhöchste und] allerreinste, ewige, unendliche Liebe anzuerkennen und Ihn darum auch über alles zu lieben, ...

275.9 Hat er nicht gesagt, wie im höchsten undenklichsten Grade er vom Herrn [Einfügung (vgl. Erstausgabe): allezeit] auf die liebloseste und ungerechteste Weise geleitet, getrieben und dann auf das allerunbarmherzigste verdammlichst gezüchtigt wird?!

275.23 Wollet euch sonach nicht irren, liebe Brüder; denn alle gute Gabe und alle wahrhaftige [Einfügung (vgl. Erstausgabe): , vollkommene] Spende kommt nur vom Vater alles Lichtes und alles Lebens her.

276.7 Da aber der Henoch solches merkte, so sagte er alsbald zum Kisehel [Einfügung (vgl. Erstausgabe): , wie auch zu den anderen sechsen mit dem Kisehel]:

277.21 Die Purista aber fragte den Henoch, ob es gefehlt wäre, auch wenigstens nur die arme [Einfügung (vgl. Erstausgabe): reinste] Pura und die Ghemela, des Lamech Weib, mit in die Hütte zu nehmen.

279.16 ... dem Herrn [Einfügung (vgl. Erstausgabe): und Vater] Himmels und der Erde, und sagte dann nach einigem Stillschweigen:

Den Originaltext der Erstausgabe und des Manuskriptes in ursprünglicher Rechtschreibung finden Sie unter www.jakob-lorber.cc